中國古代史學叢書

史記會注考證

［漢］司馬遷　撰　［日］瀧川資言　考證
楊海崢　整理

修訂本

陸

上海古籍出版社

史記會注考證卷六十五

孫子吴起列傳第五　　史記六十五

【考證】史公自序云：「非信廉仁勇，不能傳兵論劍。與道同符，内可以治身，外可以應變，君子比德焉。作孫子吴起列傳第五。」

孫子武者，齊人也。〔一〕以兵法見於吴王闔廬。闔廬曰：「子之十三篇，吾盡觀之矣，可以小試勒兵乎？」〔二〕對曰：「可。」闔廬曰：「可試以婦人乎？」曰：「可。」於是許之，出宫中美女得百八十人。〔三〕孫子分爲二隊，以王之寵姬二人各爲隊長，〔四〕皆令持戟。令之曰：「汝知而心與左右手背乎？」婦人曰：「知之。」孫子曰：「前，則視心；左，視左手；右，視右手；後，即視背。」〔五〕婦人曰：「諾。」約束既布，乃設鈇鉞，即三令五申之。於是鼓之右，〔六〕婦人大笑。孫子曰：「約束不明，申令不熟，將之罪也。」復三令五申，而鼓之左，〔七〕婦人復大笑。孫子曰：「約束不明，申令不熟，將之罪也；既已明，而不如法者，吏士之罪也。」乃欲斬左右隊長。吳王從臺上觀，見且斬愛姬，大駭，趣使使下令曰：「寡人已知將軍能用兵矣。寡人非此二姬，食不甘味，願勿斬也。」〔八〕孫子曰：「臣既已受命爲將，將在軍，君命有所不受。」〔九〕遂斬隊長二人以徇。用其次爲隊長，〔一〇〕於是復鼓之。婦人左右前後跪起，皆中規矩繩墨，無敢出聲。〔一一〕於是孫子使使報王曰：「兵既整齊，王可試下觀之，唯王所欲用之，雖赴水火猶可也。」〔一二〕吳王曰：「將軍罷休就舍，寡人不願下觀。」孫子曰：「王徒好其言，不能用其實。」於是闔廬知孫子能用兵，卒以爲將，西破彊楚，入郢，北威齊、晉，顯名諸侯，孫子與有力焉。〔一三〕

〔二〕【正義】魏武帝云：「孫子者齊人。事於吳王闔閭，爲吳將。作兵法十三篇。」【考證】羣書治要無〔子〕字。

〔三〕【正義】七録云「孫子兵法三卷」。案：十三篇爲上卷，又有中、下二卷。【考證】漢書藝文志云「吳孫子兵法八十二篇，圖九卷」。沈欽韓曰：隋志「孫子兵法二卷，吳孫子八變陣圖二卷，孫子兵法雜占四卷」。新唐志「吳孫子三十二壘經一卷」。按：周官車僕注「孫子八陳，有苹車之陳」，此即八變陣圖也。御覽三百二十八孫子占曰：「三軍將行，其旌旗從容以向前，是爲天送，必亟擊之，得其大將。三軍將行，其旌旗墊然若雨，是爲天霑，其帥失。三軍將行，旍旗亂於上，東西南北，無所主方，其軍不還。三軍將陳，雨甚，是爲浴師，勿用陣戰。三軍將戰，有雲其上而赤，勿用陳，先陳戰者莫復其迹。三軍方行，大風飄起於軍前，右周絶軍，其將亡，右周中其師，得糧。」此即雜占也。御覽三百五十七，吳孫子三十二壘經靈輔曰：「務軍移旗，以順其意。銜枚而陳，分師而伏。後至先生，以戰則克。」此三十二壘經也。按：通典兵類有吳王問孫武答，其文亦與六韜答問相似，並在十三篇之外。杜牧序云：「武書十數萬言，魏武削其繁剩，筆其精切，凡十三篇，成爲一編。」按：史武傳闔廬曰：「子之十三篇，吾盡觀之矣。」則十三篇，其初見時所進。杜牧乃謂曹操所定，非也。

〔三〕【考證】楓山、三條本「女」作「人」。愚按：宮中不得出入，故曰「許」。

〔四〕【索隱】上音徒對反，下音竹兩反。

〔五〕【考證】治要「左」下、「右」下有「則」字，「即」作「則」。

〔六〕【考證】治要「鉞」下無「即」字。中井積德曰：鼓使之右也。其左右前後，蓋以鼓節知之也。其法乃在約束中。

〔七〕【考證】治要作「三令而五申鼓之左」。

〔八〕【索隱】趣，音促，謂急也。下「使」音色吏反。

〔九〕【考證】孫子九變篇云「將受命於君，君命有所不受」，義詳于司馬穰苴傳。

〔一〇〕【正義】徇，行示也。

〔一一〕【考證】治要「聲」下有「者」字。

〔一二〕【考證】楓山本、三條本「王」下無「可」字。

〔一三〕【考證】治要「兵」下有「也」字。楓山本、三條本無「彊」字，「孫子」作「孫武」。姚鼐曰：左氏序闔閭事，無孫武。太史公爲列傳，言武以十三篇見於闔閭。余觀之，吳客有孫武者，而十三篇非所著，戰國言兵者爲之，託於武焉爾。春秋大國用兵不過數百乘，未有興師十萬者也，況在闔閭乎？田齊、三晉既位君侯，臣乃稱君曰「主」。「主」在春秋，大夫稱也。是書所言皆戰國事耳，其用兵法乃秦人以虜使民法也。梁玉繩曰：吳世家、伍胥傳並有「將軍孫武」語。然孫子之事與穰苴媲美，而皆不見于左傳，何耶？通考引葉氏辨，孫子乃春秋末處士所爲。言得用于吳者，其徒夸大之說也。又胡應麟九流緒論曰：「武灼灼吳楚間，丘明不應盡沒其實。蓋戰國策士，以武聖于譚兵，恥以空言令天下，爲說文之耳。」齋藤謙曰：據吳世家，孫武之從伐楚，距專諸殺王僚僅四年。其著孫子，不知與諸之死孰先，要之同時人耳。而九地篇云「殺之無所往，諸劌之勇也」。曹劌，魯莊公時人，相距殆二百年。以同時親見之人，配二百年前耳聞之人，何其不倫也！可疑。又曰：戰國策稱孫臏爲孫子，史記列傳亦然，蓋皆從當時之稱呼也。列傳又敘孫臏破魏事云「臏以此名顯天下，世傳其兵法」，安知其非十三篇乎？蓋武與臏本一人，武其名，而臏其別字，後世所謂綽號也。世以其被刖，號爲孫臏，猶接輿稱「狂」，英布稱「黥」耳。太史公不察，分爲祖孫，誤矣。

孫武既死，〔一〕後百餘歲有孫臏。〔二〕臏生阿、鄄之閒，臏亦孫武之後世子孫也。〔三〕孫臏嘗與龐涓俱學兵法。〔四〕龐涓既事魏，得爲惠王將軍，而自以爲能不及孫臏，乃陰使召孫臏。〔五〕臏至，龐涓恐其賢於己，疾之，則以法刑斷其兩足而黥之，欲隱勿見。〔六〕

〔一〕**【集解】**越絶書曰：「吳縣巫門外大冢，孫武冢也，去縣十里。」**【索隱】**按：越絶書云是子貢所著，恐非也。其書多記吳越亡後土地，或後人所録。**【正義】**七録云：越絶十六卷，或云伍子胥撰。**【考證】**越絶書，漢袁康撰，其友吳平同定。原本二十五篇，今佚五篇。

〔二〕**【考證】**梁玉繩曰：武死不知何時。若以吳入郢，至齊敗魏馬陵計之，則百六十六年矣。蕭山來氏集之樵書云：「腓刑曰臏，則是斬龐涓之孫子無名，不過指其刑黥兩足而名之。傳其事，不傳其名，何哉？」

〔三〕**【考證】**楓山、三條本無「子孫」二字。

〔四〕**【索隱】**臏，頻忍反。龐，皮江反。涓，古玄反。

〔五〕【考證】楓山、三條本「使」下有「人」字。

〔六〕【考證】韓非子難言篇：「孫子臏脚於魏。」楓山、三條本「隱」下有「而」字。愚按：與李斯、韓非事相似。

齊使者如梁，〔一〕孫臏以刑徒陰見說齊使。齊使以爲奇，竊載與之齊。齊將田忌善而客待之。〔二〕忌數與齊諸公子馳逐重射。〔三〕孫子見其馬足不甚相遠，馬有上、中、下輩。〔四〕於是孫子謂田忌曰：「君弟重射，〔五〕臣能令君勝。」田忌信然之，與王及諸公子逐射千金。〔六〕及臨質，〔七〕孫子曰：「今以君之下駟與彼上駟，取君上駟與彼中駟，取君中駟與彼下駟。」既馳三輩畢，而田忌一不勝而再勝，卒得王千金。於是忌進孫子於威王。威王問兵法，遂以爲師。〔八〕

〔一〕【正義】今汴州。

〔二〕【考證】楓山、三條本無「而」字。愚按：與魏齊、范雎事相似。

〔三〕【考證】董份曰：重射，謂以重相射，即下千金是也。愚按：顧亭林說同。索隱以爲好射，測義以爲再射，皆非。

〔四〕【考證】林伯桐曰：此倒句也。謂其馬有上、中、下之等，然馬足皆差不多。楓山、三條本「遠」下無「馬」字。

〔五〕【索隱】弟，但也。重射，謂好射也。【考證】重射，見上。

〔六〕【正義】射，音石。隨逐而射賭千金。【考證】李笠曰：逐，謂競争也。逐千金，即争射千金。

〔七〕【索隱】按：質，猶對也。將欲對射之時也。一云質謂堋，非也。【考證】中井積德曰：質，後說似長。射場設堋，故呼爲質。射場、馬場，一也。愚按：荀子勸學篇「質的張而弓矢至」，注「質，射侯也」。

〔八〕【考證】楓山、三條本無「遂」字。

其後魏伐趙，趙急，請救於齊。齊威王欲將孫臏，臏辭謝曰：「刑餘之人，不可。」於是乃以田忌爲將，而孫子爲師，居輜車中，坐爲計謀。〔一〕田忌欲引兵之趙，孫子曰：「夫解雜亂紛糾者不控捲，〔二〕救鬭者不搏撠，〔三〕批亢擣虚，〔四〕形格勢禁，則自爲解耳。〔五〕今梁、趙相攻，輕兵鋭卒必竭於外，老弱罷於内。君不若引兵疾走大梁，據其街路，衝其方虚，彼必釋趙而自救。是我一舉解趙之圍，而收獘於魏也。」〔六〕田忌從之，魏果去邯鄲，與齊戰於桂陵，大破梁軍。〔七〕

〔一〕【考證】楓山、三條本無「坐」字。王念孫曰：文選注引此，「坐」作「主」。

〔二〕【索隱】雜亂紛糾，按：謂事之雜亂紛糾擊挐也。不控捲，按：謂解雜亂紛糾者，當善以手解之，不可控捲而擊之。捲即拳也。劉氏云「控，綜；捲，縮」，非也。【考證】中井積德曰：雜亂紛糾，以亂絲喻之也。控，引也。捲、拳同，擊也。言治亂絲，宜用爪頭鍼末，徐徐解之，不宜手引拳擊也，則益亂耳。談允厚曰：控拳者，奮臂欲速之意。

〔三〕【索隱】博戟二音。按：謂救鬭者，當善撝解之，無以手助，相搏撠，則其怒益熾矣。按：撠，以手戟刺人。【考證】余有丁曰：撠義當爲擊，非矛戟也。中井積德曰：撠字，從手從戟，蓋手刺擊物如戟也。五行志「物如蒼狗撠高后腋」。愚按：鬭，私鬭也。

〔四〕【索隱】批，音白結反。亢，音苦浪反。按：批者，相排批也，音白滅反。亢者，敵人相亢拒也。擣者，擊也，衝也。虚者，空也。按：謂前人相亢，必須批之。彼兵若虚，則衝擣之。欲令擊梁之虚也。此當是古語，故孫子以言之也。【考證】張文虎曰：御覽引此文，有注云「亢，音剛，又音坑，人喉也」，疑是集解文。中井積德曰：亢，吭也。批亢，擊其要處也。擊亢衝虚，並喻走大梁之便。談允厚曰：批之爲言撇也，謂撇而避亢滿之處，擣其虛空無備之所。愚按：若解「亢」爲咽喉，則不與「虛」字對。談說爲長。

〔五〕【索隱】謂若批其相亢，擊擣彼虛，則是事形相格，而其勢自禁止，則彼自爲解兵也。【考證】中井積德曰：「自爲解」之「爲」，平聲。村尾元融曰：以上四句，孫子引舊語，汎言道理，要未說出梁、趙。下文「今梁、趙」云云，可見。

〔六〕【索隱】謂齊今引兵據大梁之衝，是衝其方虛之時，梁必釋趙而自救，是一舉釋趙而弊魏。【考證】錢大昕曰：案魏世家，此事在魏惠王十八年。而魏之徙都大梁，乃在惠王卅一年，則其時大梁未爲魏都也。下文「齊使田忌將而往，直走大梁」，疑與此同。通鑑於此二條皆改爲「魏都」，不云「大梁」。中井積德曰：按世家，先是魏已拔邯鄲而還，後數年而歸邯鄲於趙也。愚按：魏久圍邯鄲，未必拔之。說在趙、魏世家。

〔七〕【考證】中井積德曰：桂陵、馬陵之役，元是一事，而傳録者異也，太史公併録之。愚按：孟子盡心篇云「梁惠王以土地之故，糜爛其民而戰之，大敗，將復之，恐不能勝，故驅其所愛子弟以殉之」。所謂「驅其所愛子弟以殉之」者，指馬陵事。則桂陵之敗，未必爲無其事。梁惠王篇亦云「東敗於齊，長子死焉」。

後十三歲，〔一〕魏與趙攻韓，韓告急於齊。齊使田忌將而往，直走大梁。魏將龐涓聞之，去韓而歸，齊軍既已過而西矣。〔二〕孫子謂田忌曰：「彼三晉之兵素悍勇而輕齊，齊號爲怯，善戰者因其勢而利導之。兵法，百里而趣利者，蹶上將，五十里而趣利者，軍半至。〔三〕使齊軍入魏地爲十萬竈，明日爲五萬竈，又明日爲三萬竈。」〔四〕龐涓行三日，大喜曰：「我固知齊軍怯，入吾地三日，士卒亡者過半矣。」〔五〕乃弃其步軍，與其輕鋭倍日并行逐之。〔六〕孫子度其行，暮當至馬陵。〔七〕馬陵道狹，而旁多阻隘，可伏兵，〔八〕乃斫大樹，白而書之曰「龐涓死于此樹之下」。於是令齊軍善射者萬弩，夾道而伏，期曰：「暮見火舉而俱發。」龐涓果夜至斫木下，見白書，乃鑽火燭之。〔九〕讀其書未畢，齊軍萬弩俱發，魏軍大亂相失。龐涓自知智窮兵敗，乃自剄，曰：「遂成豎子之名！」〔一〇〕齊因乘勝，盡破其軍，虜魏太子申以歸。孫臏以此名顯天下，世傳其兵法。〔一一〕

〔一〕【索隱】王劭〔云〕：紀年云「梁惠王十七年，齊田忌敗梁于桂陵，至二十七年十二月，齊田盼敗梁於馬陵」，計相去無十三歲。【考證】各本「十三」作「十五」，今從索隱本。桂陵役齊威二十六年，魏惠十八年。馬陵役，齊宣二年，魏惠三十年。相去正十三年。梁玉繩曰：小司馬引紀年謂「無十三歲」，非也。

〔二〕【考證】徐孚遠曰：已過而西者，謂龐涓歸救，欲邀齊師之未至，而今已過。故涓視利疾趨也。閻若璩曰：此句不可解。曾案輿圖思之，恍悟相承，傳寫之譌。元本應是「齊軍既已退而東矣」。退而東者，誘敵之計。通鑑亦知「過而西」之不可通也，削此句。錢大昕曰：閻氏因上文已云「直抵大梁」，而馬陵在大梁東，故臆造此說，然非也。齊揚言走大梁，非真抵大梁。及龐涓棄韓而歸，齊軍始入魏地，齊在魏東，過而西者，過齊境而西也。齊軍初至，未知虛實，故爲減竈之計以誤之。若已抵大梁而退，則入魏地不止三日，毋庸施此計矣！

〔三〕【集解】魏武帝曰：蹶，猶挫也。【索隱】蹶，音巨月反。劉氏云：蹶，猶斃也。【考證】孫子軍争篇。

〔四〕【考證】張文虎曰：中統、舊刻、游、毛本「三」作「二」，御覽引或作「三」，或作「二」。洪邁曰：孫臏勝龐涓之事，兵家以爲奇謀，予獨有疑焉。云「齊軍入魏地爲十萬竈，又明日爲五萬竈，又明日爲二萬竈」，方師行逐利，每夕而興此役，不知以幾何人給之，又必人人各一竈乎？龐涓行三日，大喜曰「齊士卒亡者過半」，則是所過之處，必使人枚數矣，是豈救急赴敵之師乎？又云「度其行，暮當至馬陵，乃斫大樹，白而書之曰『龐涓死乎此樹之下』，遂伏萬弩，期曰『暮見火舉而俱發』」，夫軍行遲速，非他人所料，安能必以其暮至，不差晷刻乎？古人坐於車中，既云暮矣，安知樹間之有白書，且必舉火讀之乎？齊弩尚能俱發，而涓讀八字未畢，皆深不可信。殆好事者爲之，而不精攷耳。愚按：爲十萬竈，爲五萬竈，猶言爲竈爨十萬人食，爨五萬人食。唐制十人爲火，言其共一竈也。洪氏解爲人人各爲一竈，太拘。但其事則未可悉信。

〔五〕【考證】楓山、三條本「軍」作「卒」。

〔六〕【考證】楓山、三條本「軍」作「兵」。

〔七〕【考證】類聚、御覽引史記「度」作「量」。馬陵在今直隸大名縣東南。

〔八〕【考證】御覽「隘」作「險」。

〔九〕【考證】類聚「鑽」作「舉」。

〔一〇〕【索隱】豎子，謂孫臏。【考證】御覽「剄」作「刎」。中井積德曰：涓之語蓋言吾今自殺者，欲因此遂成就臏之名聲耳，是臨死之夸言矣。左傳齊侯曰「是好勇，去之以爲之名」，語意與此相肖。

〔一一〕【考證】漢書藝文志云「齊孫子兵法八十九篇，圖四卷」。通典一百四十九兵二孫臏曰：「周騎有十利。一曰『迎敵始至』，二曰『乘敵虛背』，三曰『追散亂擊』，四曰『迎敵擊後使敵奔走』，五曰『遮其糧食，絶其軍道』，六曰『敗其津關，發其橋梁』，七曰『掩其不備卒，擊其未整旅』，八曰『攻其懈怠，出其不意』，九曰『燒其積聚，虛其市里』，十曰『掠其田野，係纍其子弟』。此十者騎戰利也。夫騎者能離能合，能散能集。百里爲期，千里而赴。出入無閒，故名離合之兵也。」御覽二百八十二「戰國策齊孫臏謂王曰：『凡伐國之道，攻心爲上，務先伏其心。今秦之所恃爲心者燕、趙也，當收燕、趙之權。今說燕、趙之君，弗言空辭，必將以實利以得其心，所謂攻其心者也。』」此孫臏兵法存乎今者。

吳起者，衞人也，好用兵。嘗學於曾子，事魯君。〔一〕齊人攻魯，魯欲將吳起，吳起取齊女爲妻，而魯疑之。吳起於是欲就名，遂殺其妻以明不與齊也。〔二〕魯卒以爲將。將而攻齊，大破之。

〔一〕【考證】呂覽當染篇「曾子學於孔子，吳起學於曾子」。黄式三曰：通鑑「曾子」作「曾參」，本於呂覽。據劉向別録，起受春秋左傳于曾申。禮檀弓魯穆公母卒，使人問于曾子，對曰「申也聞諸申之父」，是曾申亦稱「曾子」。

〔二〕【考證】韓非子外儲説右上云：「吳起，衞左氏中人也。使其妻織組，而幅狹於度，吳子使更之，其妻曰『諾』。及成復度之，果不中度。吳子大怒，其妻對曰：『吾始經之，而不可更也。』吳子出之。其妻請其兄而索入。其兄曰：『吳子爲法者也。其爲法也，且欲以與萬乘致功，必先踐之妻妾，然後行之。子毋幾索入矣。』其妻之弟又重於衞君，乃以衞君之重請於吳子，吳子不聽，遂去衞而入荆也。」所傳不同。

魯人或惡吳起曰：「起之爲人，猜忍人也。其少時家累千金，游仕不遂，遂破其家。鄉黨笑之，吳起殺其謗己者三十餘人，而東出衞郭門。〔一〕與其母訣，齧臂而盟曰：『起不爲卿相，不復入衞。』遂事曾子。居頃之，其母死，起終不歸。曾子薄之，而與起絶。起乃之魯學兵法，以事魯君。魯君疑之，〔二〕起殺妻以求將。夫魯小國而有戰勝之名，則諸侯圖魯矣。且魯、衞，兄弟之國也，而君用起，則是弃衞。」〔三〕魯君疑之，謝吳起。

〔一〕【考證】楓山、三條本「東」下疊「東」字。

〔三〕【考證】何倬曰：一二「魯」字衍。

〔三〕【考證】凌稚隆曰：魯人言至此，論語子路篇「魯，衛之政兄弟也」，集解「魯，周公之封。衛，康叔之封。周公、康叔爲兄弟」。

吳起於是聞魏文侯賢，欲事之。〔一〕文侯問李克曰：「吳起何如人哉？」李克曰：「起貪而好色，〔二〕然用兵，司馬穰苴不能過也。」〔三〕於是魏文侯以爲將，擊秦，拔五城。

〔一〕【考證】楓山、三條本「之」作「魏」。

〔二〕【索隱】按：王劭云：「此李克言吳起貪。下文云『魏文侯知起廉，盡能得士心』，又公叔之僕稱，起爲人節廉。豈前貪而後廉，何言之相反也？」今按：李克言起貪者，起本家累千金，破產求仕，非實貪也。蓋言貪者，是貪榮名耳，故母死不赴，殺妻將魯是也。或者起未委質於魏，猶有貪迹，及其見用，則盡廉能，亦何異乎陳平之爲人也？

〔三〕【考證】楓山、三條本「用」上有「其」字。徐孚遠曰：或言穰苴齊湣王時人。今觀此言，則爲景公時人審矣。沈欽韓曰：漢志「吳起四十八篇」，隋志「吳起兵法一卷」，賈詡注「按：今存者圖國、料敵、治兵、論將、變化、勵士六篇而已」。文選注兩引，俱作「三十八篇」。

起之爲將，與士卒最下者同衣食，臥不設席，行不騎乘，〔一〕親裹贏糧，與士卒分勞苦。〔二〕卒有病疽者，起爲吮之。〔三〕卒母聞而哭之。人曰：「子，卒也，而將軍自吮其疽，何哭爲？」〔四〕母曰：「非然也。往年吳公吮其父，其父戰不旋踵，遂死於敵。吳公今又吮子，妾不知其死所矣。是以哭之。」〔五〕

〔一〕【考證】中井積德曰：起之時，中國未有跨馬者。恐文士之疎脫。愚按：說詳于趙武靈王條下。

〔二〕【考證】羣書治要引史無「贏」字。楓山、三條本及藝文類聚無「裹」字。愚按：「贏」當作「贏」，即「裹」字，二字當衍其一。楓山、三條本無「卒」字。治要、類聚無「苦」字。

〔三〕【索隱】吮，鄒氏音弋軟反，又才軟反。

〔四〕【考證】楓山本、三條本「子」上有「母」字，「將」下無「軍」字。

〔五〕【考證】「卒有病疽者」以下本韓非子外儲篇。楓山、三條本、群書治要「其子」作「此子」，「所」作「處」。

文侯以吳起善用兵，廉平，盡能得士心，〔一〕乃以爲西河守，以拒秦、韓。

〔一〕【考證】楓山、三條本無「平」字。

魏文侯既卒，起事其子武侯。武侯浮西河而下中流，顧而謂吳起曰：「美哉乎，山河之固，此魏國之寶也。」〔一〕起對曰：「在德不在險。昔三苗氏，左洞庭，右彭蠡，德義不修，禹滅之。〔二〕夏桀之居，左河、濟，右泰、華，伊闕在其南，羊腸在其北，〔三〕修政不仁，湯放之。殷紂之國，左孟門，右太行，常山在其北，大河經其南，〔四〕修政不德，武王殺之。由此觀之，在德不在險。若君不修德，舟中之人盡爲敵國也。」〔五〕武侯曰：「善」。

〔一〕【考證】群書治要「哉」下無「乎」字。

〔二〕【考證】沈家本曰：國策「左」、「右」二字與此互易。

〔三〕【集解】瓚曰：「今河南城爲直之。」皇甫謐曰：「壺關有羊腸阪，在太原晉陽西北九十里。」【考證】中井積德曰：策與此「左」、「右」皆相反，不必考論。羊腸，蓋指大行山也。

〔四〕【索隱】劉氏按：紂都朝歌，今孟山在其西。今言「左」，則東邊別有孟門也。【考證】中井積德曰：索隱不疑洞庭、河、濟之左，而特疑于孟門之左，何也？又曰：桀與紂，其居不甚相遠，而起之立論，强別敘之，故有不較著痛快者。

〔五〕【集解】楊子法言曰：「美哉言乎！使起之用兵每若斯，則太公何以加諸！」【考證】楓山本、三條本、治要「舟」作「船」，「敵」上無「爲」字。索隱引法言寡見篇。

即封吳起爲西河守，甚有聲名。〔一〕

〔一〕【考證】「武侯浮西河」以下本魏策。中井積德曰：起初爲西河守，至此再任也。且此稱封，是以西河爲封邑也。與前稍不同。梁玉繩曰：守不可言封，且起已守西河，「即封」二字衍。愚按：梁説爲長。此句屬下。愚又按：左傳昭公四年，司馬侯對晉侯曰：「四嶽、三塗、陽城、大室、荆山、中南，九州之險也，是不一姓。冀之北土，馬之所生，無興國焉。恃險與馬，不可以爲固也，自古以然。是以先王務脩德音，以享神人，不聞務險與馬也。」吳起之對，蓋本於此。經典釋文云「左丘明作春秋傳以授曾申，申傳衛人吳起」，或然。

魏置相，相田文。〔一〕吳起不悦，謂田文曰：「請與子論功，可乎？」田文曰：「可。」起曰：「將三軍，使士卒樂死，敵國不敢謀，子孰與起？」文曰：「不如子。」起曰：「治百官，親萬民，實府庫，子孰與起？」文曰：「不如子。」起曰：「守西河，而秦兵不敢東鄉，韓、趙賓從，子孰與起？」文曰：「不如子。」起曰：「此三者，子皆出吾下，〔二〕而位加吾上，何也？」文曰：「主少國疑，大臣未附，百姓不信，方是之時，屬之於子乎？屬之於我乎？」起默然良久，曰：「屬之子矣。」文曰：「此乃吾所以居子之上也。」吳起乃自知弗如田文。〔三〕

〔一〕【索隱】按：呂氏春秋作「商文」。

〔二〕【考證】「此三者子」，各本作「此子三者」。今從楓山本。王念孫曰：「此子三者」，漢書朱浮傳注引此作「此三者子」，通鑑周紀、呂氏春秋執一篇亦同。

〔三〕【考證】「魏置相」以下采呂氏春秋執一篇，但「田文」作「商文」。

田文既死，公叔爲相，〔一〕尚魏公主，而害吳起。公叔之僕曰：「起易去也。」公叔曰：「奈何？」其僕曰：「吳起爲人節廉而自喜名也。〔二〕君因先與武侯言曰：『夫吳起賢人也，而侯之國小，又與彊秦壤界，臣竊恐起之無留心也。』〔三〕武侯即曰：『奈何？』君因謂武侯曰：『試延以公主，〔四〕起有留心，則必受之，無留心，則必辭矣。以此卜之。』〔五〕君因召吳起而與歸，即令公主怒而輕君。〔六〕吳起見公主之賤君也，則必辭。」〔七〕於是吳起見公主之賤魏相，果辭魏武侯。武侯疑之而弗信也。〔八〕吳起懼得罪，遂去，即之楚。

〔一〕【索隱】韓之公族。

〔二〕【考證】楓山、三條本無「名」字。王念孫曰：御覽引此無「名」字，可從。自喜，猶自好也。孟嘗君傳贊「好客自喜」，田叔傳「爲人刻廉自喜」，鄭當時「以任俠自喜」，皆其證。

〔三〕【考證】楓山、三條本「壤」作「接」。「壤界」二字連讀一意，猶言接也。梁玉繩曰：此及下三稱「武侯」，誤。史詮謂俱當作「魏侯」。

〔四〕【考證】岡白駒曰：延以公主，謂將妻公主。愚按：初學記周天子嫁女於諸侯，至尊不自主婚，必使諸侯同姓者主之，故謂之「公主」。魏此時未稱王，不可有「公主」稱，蓋後人追記之辭也。

〔五〕【考證】以上，僕使公叔謂武侯。

〔六〕【考證】公叔尚公主。

〔七〕【考證】凌稚隆曰：僕言至此。岡白駒曰：必辭，必辭尚公主也。

〔八〕【考證】呂氏春秋先見篇云：「吳起治西河之外，王錯譖之於魏武侯。武侯使人召之，吳起至於岸門，止車而望西河，泣數行而下，其僕謂吳起曰：『竊觀公之意，視釋天下若釋躧。今去西河而泣，何也？』吳起抿泣而應之曰：『子不識，君知我而使我畢能西河，可以王。今君聽讒人之議，而不知我，西河之爲秦取不久矣。』又見觀表篇。依此，則譖吳起者王錯，非公叔。張照曰：按戰國策，公叔疑爲魏公叔痤，非韓公族也。公叔痤爲魏將，而與韓、趙戰澮北，禽樂祚，賞田百萬禄之，反走再拜而辭，以讓吳起之後，則非害吳起者也。此與國策參差不同。

楚悼王素聞起賢，至則相楚。明法審令，捐不急之官，廢公族疏遠者，以撫養戰鬬之士。〔一〕要在彊兵，破馳說之言從横者。〔二〕於是南平百越，北并陳、蔡，卻三晉，西伐秦。諸侯患楚之彊。〔三〕故楚之貴戚盡欲害吳起。〔四〕及悼王死，宗室大臣作亂而攻吳起，吳起走之王尸而伏之。擊起之徒，因射刺吳起，并中悼王。〔五〕悼王既葬，太子立，〔六〕乃使令尹盡誅射吳起而并中王尸者。坐射起而夷宗死者七十餘家。〔七〕

〔一〕**【考證】**韓非子和氏篇「吳起教楚悼王以楚國之俗曰：『大臣太重，封君太衆，不如使封君之子孫三世而收爵禄，絶滅百吏之禄秩，損不急之技官，以奉選練之士。』悼王行之，期年而薨矣。吳起技解於楚」，即此事。

〔二〕**【考證】**秦策蔡澤述吳起事曰：「破横散從，使馳說之士無所開其口。」愚按：吳起相楚，先蘇秦說趙五十年，秦孝未出，商鞅未用，何有言從横者？

〔三〕**【考證】**「明法審令」以下采韓非子和氏篇、戰國策秦策。梁玉繩曰：陳滅于楚惠王十一年，蔡滅于惠王四十二年，何待悼王始并之？此與蔡澤傳同妄，而實誤仍秦策也。

〔四〕**【考證】**故，猶舊也。毛本無「欲」字。

〔五〕**【索隱】**楚系家悼王名疑也。

〔六〕【索隱】肅王臧也。

〔七〕【考證】「故楚之貴戚」以下本呂氏春秋貴卒篇。

太史公曰：世俗所稱師旅，皆道孫子十三篇，吳起兵法，世多有，故弗論，論其行事所施設者。語曰：「能行之者未必能言，能言之者未必能行。」孫子籌策龐涓明矣，然不能蚤救患於被刑。吳起說武侯以形勢不如德，然行之於楚，以刻暴少恩亡其軀。悲夫！

【索隱述贊】孫子兵法，一十三篇。美人既斬，良將得焉。其孫臏腳，籌策龐涓。吳起相魏，西河稱賢。慘礉事楚，死後留權。

史記會注考證卷六十六

伍子胥列傳第六　　史記六十六

【考證】史公自序云：「維建遇讒，爰及子奢，尚既匡父，伍員奔吳。作伍子胥列傳第六。」凌稚隆曰：此傳事蹟悉出左傳，而文法少異。王世貞曰：伍員俠客之雄也，重在伸志。范蠡謀客之雄也，重在全身。員勇勝智，蠡智勝勇。

伍子胥者，楚人也，名員。員父曰伍奢，員兄曰伍尚。其先曰伍舉，以直諫事楚莊王，有顯，故其後世有名於楚。〔一〕

〔一〕【索隱】按：舉直諫，見左氏、楚系家。【考證】楓山、三條本「顯」下有「名」字。余有丁曰：按左傳，伍舉當康王、靈王時。其父伍參乃事莊王，奢其孫也。張照曰：按舉直諫，見楚世家，左氏無之。左氏載直諫者伍參也。愚按：「伍舉」當作「伍參」，史之錯文，說已在楚世家。

楚平王有太子，名曰建，使伍奢爲太傅，費無忌爲少傅。〔二〕無忌不忠於太子建。平王使無忌爲太子取婦於秦，秦女好，無忌馳歸報平王曰：「秦女絶美，王可自取，而更爲太子取婦。」平王遂自取秦女，而絶愛幸之，〔二〕生子軫。更爲太子取婦。

〔一〕【索隱】按：左傳作「費無極」。【考證】呂覽、淮南子作「無忌」。極、忌，聲之緩急。左傳作「奢爲師，無極爲少師」。

〔二〕【考證】「楚平王」以下采昭十九年左傳、呂氏春秋愼行篇。楓、三本「報」下無「平」字。

無忌既以秦女自媚於平王，因去太子而事平王。恐一旦平王卒，而太子立，殺己，〔一〕乃因讒太子建。建母蔡女也，無寵於平王，平王稍益疏建，使建守城父，備邊兵。〔二〕

〔一〕【考證】三條本「己」下有「也」字。凌稚隆曰：揣摩無忌心中事。

〔二〕【集解】地理志潁川有城父縣。【索隱】本陳邑，楚伐陳而有之。地理志潁川有城父縣。

頃之，無忌又日夜言太子短於王曰：「太子以秦女之故，不能無怨望，願王少自備也。自太子居城父，將兵，外交諸侯，且欲入爲亂矣。」〔一〕平王乃召其太傅伍奢考問之。伍奢知無忌讒太子於平王，因曰：「王獨柰何以讒賊小臣，疏骨肉之親乎？」無忌曰：「王今不制，其事成矣。王且見禽。」於是平王怒囚伍奢，而使城父司馬奮揚往殺太子。〔二〕行未至，奮揚使人先告太子：「太子急去，不然，將誅」。太子建亡奔宋。〔三〕

〔一〕【考證】「自太子」之「自」，楓山本三條本作「且」。中井積德曰：且欲，猶將欲也。

〔二〕【索隱】奮陽，城父司馬之姓名也。

〔三〕【考證】「使建守城父」以下采昭十九年二十年左傳、呂氏春秋愼行篇、淮南子人間訓。

無忌言於平王曰：「伍奢有二子，皆賢，不誅，且爲楚憂。可以其父質而召之，不然，且爲楚患。」王使使謂伍奢曰：「能致汝二子則生，不能則死。」伍奢曰：「尚爲人仁，呼必來。員爲人剛戾忍詢，能成大事，〔一〕彼見來之并禽，其勢必不來。」王不聽，使人召二子曰：「來，吾生汝父；不來，今殺奢也。」伍尚欲往，員曰：「楚之召我兄弟，非欲以生我父也，恐有脱者後生患，故以父爲質，詐召二子。二子到，則父子俱死。何益父之死？往而令讎不得報耳！不如奔他國借力，以雪父之恥，俱滅無爲也。」〔二〕伍尚曰：「我知往終不能全父命。然恨父召我以求生而不往，後不能雪恥，終爲天下笑耳。」謂員可去矣：「汝能報殺父之讎，我將歸死。」尚既就執，〔三〕使者捕伍胥。伍胥貫弓執矢嚮使者，使者不敢進，〔四〕伍胥遂亡。聞太子建之在宋，往從之。奢聞子胥之亡也，曰：「楚國君臣且苦兵矣。」伍尚至楚，楚并殺奢與尚也。〔五〕

〔一〕【集解】詢，音火候反。【索隱】鄒氏云「一作詬，罵也，音逅」。劉氏音火候反。【考證】詢，辱也。

〔二〕【考證】雪，音刷。

〔三〕【考證】楓山本、三條本「謂員可去矣」作「員去矣」，義長。

〔四〕【集解】貫，烏還反。【索隱】劉氏音貫爲彎，又音古患反。貫，謂滿張弓。

〔五〕【考證】「奢聞子胥之亡」以下，昭公二十年左傳。

伍胥既至宋，宋有華氏之亂，〔一〕乃與太子建俱奔於鄭。鄭人甚善之。太子建又適晉，晉頃公曰：「太子既善鄭，鄭信太子。太子能爲我内應，而我攻其外，滅鄭必矣。滅鄭而封太子。」〔二〕太子乃還鄭，事未會，會自私欲殺其從者，從者知其謀，乃告之於鄭。鄭定公與子産誅殺太子建。〔三〕建有子名勝。伍胥懼，乃與勝俱奔吴。到昭關，〔四〕昭關欲執之。〔五〕伍胥遂與勝獨身步走，幾不得脱。追者在後。至江，江上有一漁父乘船，知伍胥之急，乃渡伍胥。伍胥既渡，解其劍曰：「此劍直百金，以與父。」父曰：「楚國之法，得伍胥者，賜粟五萬石，爵執珪，豈徒百金劍邪！」不受。〔六〕伍胥未至吴而疾，止中道，乞食。〔七〕至於吴，吴王僚方用事，公子光爲將。〔八〕伍胥乃因公子光以求見吴王。

〔一〕**【索隱】**春秋昭二十年，宋華亥、向寧、華定與君争而出奔是也。

〔二〕**【考證】**楓山、三條本「矣」下「滅」上有「我」字。

〔三〕**【考證】**哀公十六年左傳述太子建自城父奔宋、適鄭、入晉、復鄭事，而未嘗言子胥與之俱。梁玉繩曰：案子胥亡楚至吴而已。乃此言其歷宋、鄭、晉而與太子俱，不知何據。又曰：鄭殺建，不知何時。而子産卒于定之八年，即建奔鄭之歲，恐未是子産誅之。

〔四〕**【索隱】**其關在江西，乃吴、楚之境也。

〔五〕**【考證】**「關」下疑脱「吏」字。

〔六〕**【考證】**吕覽異寶篇以爲子胥去楚時事，且不言與勝俱。

〔七〕**【集解】**張勃曰：「子胥乞食處，在丹陽溧陽縣。」**【索隱】**按：張勃晉人，吴鴻臚嚴之子也，作吴録，裴氏注引之是也。溧，音栗，水名也。**【考證】**戰國策秦策「伍子胥橐載而出昭關，夜行而晝伏。至於蔆水，無以餌其口，坐行蒲服，乞食吴市，卒興吴國」，亦言其去楚時事。

〔八〕【考證】用事，猶曰好事也。

久之，楚平王以其邊邑鍾離與吴邊邑卑梁氏俱蠶，兩女子争桑相攻，乃大怒，至於兩國舉兵相伐。吴使公子光伐楚，拔其鍾離、居巢而歸。〔一〕伍子胥説吴王僚曰：「楚可破也。願復遣公子光。」公子光謂吴王曰：「彼伍胥父兄爲戮於楚，而勸王伐楚者，欲以自報其讎耳。伐楚未可破也。」伍胥知公子光有内志，欲殺王而自立，未可説以外事，乃進專諸於公子光，〔二〕退而與太子建之子勝耕於野。〔三〕

〔一〕【索隱】二邑，楚縣也。按：鍾離縣在六安，古鍾離子之國。系本謂之「終犂」，嬴姓之國。居巢亦國也。桀奔南巢，其國蓋遠。尚書序「巢伯來朝」，蓋因居之於淮南楚地也。【考證】恩田仲任曰：楚世家、十二諸侯年表與此同。吴世家云「楚邊邑卑梁氏之處女與邊邑之女争桑」，蓋吴世家誤。

〔二〕【索隱】左傳謂之「專設諸」。

〔三〕【考證】「伍子胥説吴王」以下采昭二十年左傳，但左傳不言勝事。

五年而楚平王卒。〔一〕初平王所奪太子建秦女生子軫，及平王卒，軫竟立爲後，是爲昭王。〔二〕吴王僚因楚喪，使二公子將兵往襲楚。楚發兵絶吴兵之後，不得歸。吴國内空，而公子光乃令專諸襲刺吴王僚，而自立，是爲吴王闔廬。〔三〕闔廬既立得志，乃召伍員以爲行人，而與謀國事。

〔一〕【考證】村尾元融云：據世家，平王立十三年而卒，距居巢之役三年矣。此云五年，恐誤。

〔二〕【考證】「楚平王卒」以下，昭二十六年左傳。

〔三〕【考證】以上昭二十七年左傳。二公子，公子掩餘、公子燭庸。杜預云「皆王僚母弟」。

楚誅其大臣郤宛、伯州犂，伯州犂之孫伯嚭亡奔吳，〔一〕吳亦以嚭爲大夫。〔二〕前王僚所遣二公子將兵伐楚者，道絶不得歸。〔三〕後聞闔廬弒王僚自立，遂以其兵降楚，楚封之於舒。〔四〕闔廬立三年，乃興師，與伍胥、伯嚭伐楚，拔舒，遂禽故吳反二將軍，因欲至郢，將軍孫武曰：「民勞未可，且待之。」乃歸。〔五〕

〔一〕【集解】徐廣曰：「伯州犂者，晉伯宗之子也。伯州犂之子曰郤宛，郤宛之子曰伯嚭。宛亦姓伯，又別氏郤。楚世家云殺郤宛，宛之宗姓伯氏子曰嚭。吳世家云楚誅伯州犂，其孫伯嚭奔吳也。」【索隱】按：州犂，伯宗子也。郄宛，州犂子。伯嚭，郄宛子。嚭，音喜。伯氏別姓郄。【考證】梁玉繩曰：「伯州犂」三字衍。郤宛見殺，在魯昭公二十七年。州犂爲楚靈王所殺，遠在昭元年也。吳越春秋、闔閭内傳謂郤宛即州犂，蓋緣此致誤。而楚世家稱「郤宛之宗姓伯氏子嚭」，徐廣本潛夫論志氏姓，謂「伯州犂之子郤宛，郤宛之子伯嚭，宛亦姓伯，又別氏郤」，恐不足據。定四年傳云「楚殺郤宛，伯氏之族出。伯州犂之孫嚭爲吳太宰」，伯氏乃郤宛之黨，非同族也。

〔二〕【考證】「闔廬既立」以下，定四年左傳。

〔三〕【索隱】公子燭庸及蓋餘也。【考證】索隱「蓋餘」當作「掩餘」。

〔四〕【考證】昭三十年左傳云：二公子走楚，楚子使居養。梁玉繩曰：降楚、封舒皆非。說在吳世家。

〔五〕【考證】春秋内、外傳皆不言孫武。說在武本傳。

四年，吳伐楚，取六與灊。〔一〕五年，伐越，敗之。六年，楚昭王使公子囊瓦將兵伐吳。〔二〕吳使伍員迎擊，大破楚軍於豫章，〔三〕取楚之居巢。〔四〕

〔一〕【集解】六，古國，皋陶之後所封。灊縣有天柱山。【索隱】六，古國也，皋陶之後所封。灊縣有天柱山。【考證】北宋本「灊」，各本作「潛」。愚按：昭三十一年左傳作「潛」。

〔二〕【集解】案：左傳楚公子貞字子囊，其孫名瓦，字子常。此言公子，又兼稱囊瓦，誤也。【索隱】按：左氏楚公子貞，字子囊，其孫名瓦，字子常。此言公子，又兼稱囊瓦，蓋誤。【考證】陳仁錫曰：「公子」當作「公孫」。子囊之孫名瓦，稱囊瓦者孫以祖父字爲氏。中井積德曰：囊瓦是公子之孫，「公子」二字當削。

〔三〕【集解】豫章在江南。【索隱】按：杜預云「昔豫章在江北，蓋分後徙之於江南也」。

〔四〕【考證】定二年左傳言吳師，不言伍員。「居巢」作「巢」。

九年，吳王闔廬謂子胥、孫武曰：「始子言郢未可入，今果何如？」二子對曰：「楚將囊瓦貪，而唐、蔡皆怨之。王必欲大伐之，必先得唐、蔡乃可。」闔廬聽之，悉興師，與唐、蔡伐楚，與楚夾漢水而陳。吳王之弟夫概〔一〕將兵請從，王不聽，遂以其屬五千人擊楚將子常。子常敗走，奔鄭。〔二〕於是吳乘勝而前，五戰遂至郢。〔三〕己卯，楚昭王出奔。〔四〕庚辰，吳王入郢。

〔一〕【索隱】古賚反。

〔二〕【集解】子常，公孫瓦。【索隱】公孫瓦也。【考證】擊子常者夫概，其字承夫概。子常即囊瓦。

〔三〕【集解】郢，楚都。【索隱】郢，楚都也。音以正反，又一音以井反。

〔四〕【考證】「己卯」上奪「十一月」三字。顧炎武曰：自春秋以下紀載之文，必以日繫月，以月繫年，此史家之常法也。史記伍子胥傳「己卯楚昭王出奔，庚辰吴王入郢」，則不月而日。刺客傳「四月丙子，光伏甲士於窟室中」，則不年而月，史家之變例也。蓋二事已見於吴、楚二世家，故其文從省。愚按：是史之缺文，顧氏順爲之辭。

昭王出亡，入雲夢；盜擊王，王走鄖。〔一〕鄖公弟懷曰：「平王殺我父，我殺其子，不亦可乎！」〔二〕鄖公恐其弟殺王，與王奔隨。〔三〕吴兵圍隨，謂隨人曰：「周之子孫在漢川者，楚盡滅之。」〔四〕隨人欲殺王，王子綦匿王，已自爲王以當之。〔五〕隨人卜與王於吴，不吉，乃謝吴不與王。

〔一〕【集解】音云，國名。【索隱】奏雲二音。走，向也。鄖，國名。

〔二〕【考證】鄖公，蔓成然之子鬭辛。左傳昭二十四年，楚平王殺成然。

〔三〕【正義】今有楚昭王故城。昭王奔隨之處，宮之北城即是。

〔四〕【考證】吴、隨皆與周同姓。

〔五〕【考證】左傳「子綦」作「子期」。杜注：「子期，昭王兄公子結也。」

始伍員與申包胥爲交，〔一〕員之亡也，謂包胥曰：「我必覆楚。」包胥曰：「我必存之。」〔二〕及吴兵入郢，伍子胥求昭王，既不得，乃掘楚平王墓，出其尸，鞭之三百，然後已。〔三〕申包胥亡於山中，〔四〕使人謂子胥曰：「子之報讎，其以甚乎！〔五〕吾聞之，人衆者勝天，天定亦能破人。〔六〕今子故平王之臣，親北面而事之，今至於僇死人，此豈其無天道之極乎！」伍子胥曰：「爲我謝申包胥曰『吾日莫途遠，吾故倒行而逆施之』。」〔七〕於是申包胥走秦告急，求救於秦。秦不許。包胥立於秦廷，晝夜哭，七日七夜，不絕其聲。秦哀公憐之曰：「楚雖無道，有臣若是，可無存乎！」乃遣車五百乘，救楚擊吳。〔八〕六月，敗吳兵於稷。〔九〕會吳王久留楚求昭王，而闔廬弟夫概乃亡歸，自立爲王。闔廬聞之，乃釋楚而歸，擊其弟夫概。夫概敗走，遂奔楚。楚昭王見吳有内亂，乃復入郢，封夫概於堂谿，爲堂谿氏。〔一〇〕楚復與吳戰，敗吳，吳王乃歸。〔一一〕

〔一〕【考證】左傳「始」作「初」。

〔二〕【考證】「悉興師」以下采定四年左傳。

〔三〕【考證】中井積德曰：平王死經十有餘年，縱令掘之，朽骨而已，非有可鞭之尸。呂氏春秋首時篇云「伍子胥親射王宮，鞭荊王之墳三百」，是稍近人情，似得實。愚按：楚世家云「吳兵入郢，辱平王之墓，以伍子胥故也」，年表「伍子胥鞭平王墓」，季布傳亦云「伍子胥鞭平王之墓」，淮南子泰族訓「闔閭伐楚入郢，鞭荊平王之墓，舍昭王之宫」，賈子新書耳痺篇「撻平王之墓」，此與吳世家言「鞭尸」，蓋誤。梁玉繩曰：此事左氏、公羊所不載，其見于穀梁定四年傳者，但言撻平王之墓。撻墓，與鞭尸迥異。

〔四〕【考證】三條本「亡」下有「在」字。

〔五〕【考證】以、已通。以甚，連讀一意。

〔六〕【正義】申包胥言，聞人衆者雖一時凶暴勝天，及天降其凶，亦破於彊暴之人。【考證】詩小雅正月篇「視天夢夢，既克有定，靡人弗勝」，包胥所本。

〔七〕【索隱】按：倒，音丁老反。施，音如字。子胥言志在復讎，常恐且死不遂本心。今幸而報，豈論理乎！譬如人行，前途尚遠，而日勢已莫，其在顛倒疾行，逆理施事，何得責吾順理乎！【考證】岡白駒曰：無，蔑視也。又曰：按伍員意謂立白公勝爲楚後，而身相之，則恩怨皆可報。吾非不知出於此也。今求昭王既不得，則事之成否未可知，常恐且死不遂本志，故喻以「日暮塗遠」云爾。愚按：漢書主父偃傳偃曰「吾日暮，故倒行逆施之」，蓋述子胥語。

〔八〕【考證】「申包胥走秦」以下，定四年、五年左傳。

〔九〕【集解】稷丘，地名，在郊外。【索隱】按：左傳作「稷丘」。杜預云「稷丘，地名，在郊外」。【考證】梁玉繩曰：「六月」上缺書「十年」二字。愚按：定五年左傳云「秦子蒲、子虎，帥車五百乘以救楚。使楚人先與吳人戰，自稷會之，大敗夫概王於沂」，與史異。

〔一〇〕【集解】徐廣曰：「在慎縣。」駰案：地理志汝南有吳房縣。應劭曰：「夫概奔楚，封於堂谿，本房子國，以封吳，故曰吳房」，然則不得在慎縣也。【正義】案：今豫州吳房縣，在州西北九十里。

〔一一〕【考證】「會吳王久留」以下采定五年左傳。

後二歲，闔廬使太子夫差將兵伐楚，取番。〔一〕楚懼吳復大來，乃去郢徙於鄀。〔二〕當是時，吳以伍子胥、孫武之謀，西破彊楚，北威齊、晉，南服越人。〔三〕

〔一〕【集解】音普寒反，又音婆。【索隱】音普寒反，又音婆。蓋鄱陽也。【考證】「二歲」當作「一歲」。夫差當終纍，終纍蓋夫差兄。番，左傳作「繁揚」。

〔二〕【集解】楚地，音若。【索隱】音若。鄀，楚地，今闕。【考證】「闔廬使太子」以下，定六年左傳。左傳云遷郢於鄀，蓋徙都於鄀，仍稱郢也。

〔三〕【考證】茅坤曰：伍子胥之入吳也，以報父仇，一番事業已了，特著一總案。

其後四年，孔子相魯。〔一〕

〔一〕【考證】梁玉繩曰：相魯，誤也，説在孔子世家。趙翼曰：列傳與孔子毫無相涉者，亦書「孔子相魯」，以其係天下之輕重也。

後四年，伐越。越王句踐迎擊，敗吳於姑蘇，傷闔廬指，〔二〕軍卻。闔廬病創將死，〔三〕謂太子夫差曰：「爾忘句踐殺爾父乎？」夫差對曰：「不敢忘。」是夕闔廬死。〔三〕夫差既立爲王，以伯嚭爲太宰，習戰射。二年後伐越，敗越於夫湫。〔四〕越王句踐乃以餘兵五千人，棲於會稽之上，〔五〕使大夫種厚幣遺吳太宰嚭以請和，求委國爲臣妾。〔六〕吳王將許之。伍子胥諫曰：「越王爲人能辛苦。今王不滅，後必悔之。」〔七〕吳王不聽，用太宰嚭計，與越平。〔八〕

〔二〕【正義】「姑蘇」當作「檇李」，乃文誤也。左傳云「戰檇李傷將指，卒於陘」是也。解在吳世家。【考證】四年，各本作「五年」，今從楓山本、三條本。錢泰吉曰：吳世家無此條正義。下文「夫湫」條同。

〔三〕【集解】創，楚良反。【索隱】音瘡。

〔三〕【考證】「伐越」以下本定十四年左傳。

〔四〕【集解】音椒。【索隱】音椒，又如字。【正義】太湖中椒山也。解在吳世家。【考證】梁玉繩曰：案吳、越兩世家作「夫椒」，此作「夫湫」，蓋古通用。索隱云「湫音椒」是也。左傳襄廿六「椒鳴」，楚語作「湫鳴」，昭四年「椒舉」，楚語作「湫舉」，昭三年「子服椒」，昭十三作「子服湫」，並音椒。

〔五〕【正義】土地名，在越州會稽縣東南十二里。【考證】中井積德曰：會稽之上，謂會稽山之上也。左傳作「保於會稽」，越世家作「保棲於會稽」。鄒誕生云「保山曰棲，猶鳥棲於木以避害也」。愚按：今浙江紹興府會稽縣東南。

〔六〕【索隱】劉氏云「大夫姓，種名」，非也。按：今吳南有文種埭，則種姓文，爲大夫官也。【正義】高誘云：「大夫種，姓文氏，字子禽，楚之郢人。」

〔七〕【考證】能，音耐。

〔八〕【考證】「二年後伐越」以下本哀元年左傳、國語越語、吳語。

其後五年，而吳王聞齊景公死，而大臣爭寵，新君弱，乃興師北伐齊。〔一〕伍子胥諫曰：「句踐食不重味，弔死問疾，且欲有所用之也。此人不死，必爲吳患。今吳之有越，猶人之有腹心疾也。而王不先越而乃務齊，不亦謬乎！」吳王不聽，伐齊，大敗齊師於艾陵，〔二〕遂威鄒、魯之君以歸。益疏子胥之謀。〔三〕

〔一〕【考證】梁玉繩曰：此傳敘吳伐齊事之誤。說在吳世家。

〔二〕【正義】括地志云：「艾山在兗州博城縣南百六十里，本齊博邑。」【考證】「興師北伐齊」以下采哀十一年左傳。是役去夫湫之役十年，何以言「其後五年」也？此傳與吳世家顛倒錯亂甚多。

〔三〕【正義】鄒君居兗州鄒縣。魯，曲阜縣。【考證】威，淩本、殿本作「滅」。今從百衲宋本、毛本。張照曰：此與左傳及魯世家俱不符，且與下文「召魯衛之君會之橐皋」句相刺謬，疑文有誤。盧文弨曰：「遂滅鄒」句。「魯其君以歸」句。「鄒」即「邾」也。「魯其君」，「虜鄒君」也。「魯」與「虜」古通用，後人不知，以「鄒」、「魯」爲二國，而「其」字不可通，乃改爲「之」字，謬甚。錢大昕曰：魯，當作「虜」，音之譌也。左氏傳「邾子無道，吳子使太宰子餘討之，囚諸樓臺」。愚按：盧、錢氏所據之本作「滅」字，故有此說。但吳子囚邾子，左傳在哀八年，與艾陵役無交涉。作「威」爲是。

其後四年，吳王將北伐齊，越王句踐用子貢之謀，乃率其衆以助吳，〔一〕而重寶以獻遺太宰嚭。太宰嚭既數受越賂，其愛信越殊甚，日夜爲言於吳王。吳王信用嚭之計。伍子胥諫曰：「夫越，腹心之病，今信其浮辭詐僞而貪齊。破齊，譬猶石田，無所用之。且盤庚之誥曰：『有顛越不恭，劓殄滅之，俾無遺育，無使易種于茲邑。』〔二〕此商之所以興。願王釋齊而先越；若不然，後將悔之無及。」而吳王不聽，使子胥於齊。子胥臨行謂其子曰：「吾數諫王，王不用，吾今見吳之亡矣。汝與吳俱亡，無益也。」乃屬其子於齊鮑牧，而還報吳。〔三〕

〔一〕【考證】左傳吳敗齊艾陵，及子胥諫王、屬子、賜死事，繫于哀十一年，其後無伐齊事。國語吳語亦以艾陵役爲夫差十二年事，正與左傳合。史公分爲兩事，繫之其後五年、其後四年，何也？子貢無説越事，説在仲尼弟子列傳。

〔二〕【考證】書盤庚中篇。杜預曰：「顛越不恭，謂縱横不承命者也。劓，割也。殄，絶也。育，長也。俾，使也。易種，轉生種類。」愚按：易，延也。

〔三〕【考證】鮑牧見殺已四年。左傳但云「鮑氏」。中井積德曰：子胥屬子，不特失計，乃違人臣之禮，是自速譖也。穆文熙曰：子胥屬子，蓋誓以死諫，且不欲絶先人之後也。或謂屬鏤之劍，乃所自招，不知其心矣。

吳太宰嚭既與子胥有隙，因讒曰：「子胥爲人剛暴，少恩，猜賊，其怨望，恐爲深禍也。前日王欲伐齊，子胥以爲不可，王卒伐之而有大功。子胥恥其計謀不用，乃反怨望。而今王又復伐齊，子胥專愎彊諫，沮毁用事，〔一〕徒幸吳之敗，以自勝其計謀耳。今王自行，悉國中武力以伐齊，而子胥諫不用，因輟謝，詳病不行。〔二〕王不可不備，此起禍不難。且嚭使人微伺之，其使於齊也，乃屬其子於齊之鮑氏。夫爲人臣，內不得意，外倚諸侯，自以爲先王之謀臣，今不見用，常鞅鞅怨望。願王早圖之。」吳王曰：「微子之言，吾亦疑之。」乃使使賜伍子胥屬鏤之劍曰：「子以此死。」〔三〕伍子胥仰天歎曰：「嗟乎！讒臣嚭爲亂矣，王乃反誅我。我令若父霸。自若未立時，諸公子爭立，我以死爭之於先王，幾不得立。〔四〕若既得立，欲分吳國予我，我顧不敢望也。然今若聽諛臣言，以殺長者。」乃告其舍人曰：「必樹吾墓上以梓，令可以爲器；〔五〕而抉吾眼縣吳東門之上，〔六〕以觀越寇之入滅吳也。」乃自剄死。吳王聞之大怒，乃取子胥尸，盛以鴟夷革，〔七〕浮之江中。〔八〕吳人憐之，爲立祠於江上，〔九〕因命曰胥山。〔一〇〕

〔一〕【集解】沮，自呂反。【索隱】愎，皮逼反。【考證】楓山本、三條本「今」上無「而」字。

〔二〕【考證】詳，各本作「佯」，今從北宋、中統、舊刻、游本。

〔三〕【集解】鏤，音録于反。【考證】屬讀爲钃，刺也。書禹貢孔傳「鏤，鋼鐵也」，亦取其利也。

〔四〕【正義】幾，音祈。

〔五〕【正義】器，謂棺也。以吳必亡也。左傳云「樹吾墓檟，檟可材也。吳其亡乎」。【考證】「伍子胥諫」以下本哀十一年左傳。太宰嚭之讒、子胥之歎，史公以意敷衍。

〔六〕【索隱】抉，烏穴反。抉亦決也。【正義】東門，鯆門，謂鮒門也；今名葑門。鯆，音普姑反。鮒，音覆浮反。越軍開示浦，子胥濤盪羅城，開此門，有鯆鮒隨濤入，故以名門。顧野王云「鯆魚一名江豚，欲風則涌之也」。【考證】楓山、三條本「縣」作「著」。王念孫曰：匡謬正俗、藝文類聚、初學記、太平御覽引史記「縣」作「著」。

著，猶置也。今本作「縣」者，後人依吳語改之也。

〔七〕【集解】應劭曰：「取馬革爲鴟夷。鴟夷，榼形。」【正義】盛，音成。榼，古曷反。【考證】吳語云「王愠曰：『孤不使大夫得有見也。』乃使取申胥之尸，盛以鴟鴺，而投之江」，無「革」字。此「革」字疑衍。

〔八〕【集解】徐廣曰：「魯哀公十一年。」【正義】案：年表云吳王夫差十一年也。【考證】「而抉吾眼」以下采國語吳語。

〔九〕【正義】吳地記曰：「越軍於蘇州東南三十里三江口，又向下三里，臨江北岸立壇，殺白馬祭子胥，杯動酒盡，後因立廟於此江上。今其側有浦，名上壇浦。至晉，會稽太守麋豹移廟吳郭東門内道南，今廟見在。」

〔一〇〕【集解】張晏曰：「胥山在太湖邊，去江不遠百里，故云江上。」【正義】吳地記云：「胥山，太湖邊胥湖東岸，山西臨胥湖，山有古（葬）〔丞〕、胥二王廟。」按：其廟不干子胥事，太史誤矣，張注又非。【考證】中井積德曰：立祠于江上，直是岸側也。其處自有山，名胥山，不與湖上胥山相涉。

吳王既誅伍子胥，遂伐齊。〔一〕齊鮑氏殺其君悼公，而立陽生。吳王欲討其賊，不勝而去。〔二〕其後二年，〔三〕吳王召魯、衛之君，會之槖皋。〔四〕其明年，因北大會諸侯於黄池，以令周室。〔五〕越王句踐襲殺吳太子，破吳兵。〔六〕吳王聞之乃歸，使使厚幣與越平。〔七〕後九年，越王句踐遂滅吳，殺王夫差；〔八〕而誅太宰嚭，以不忠於其君，而外受重賂，與己比周也。〔九〕

〔一〕【考證】春秋内外傳、吕覽知化篇無此事。

〔二〕【考證】梁玉繩曰：「齊鮑氏殺其君」以下，疑當在前「益疏子胥之謀」句上，庶于左傳情事相協。此及吳世家敍伐齊事多倒亂失實。而悼公即陽生，此又誤説。當是殺其君悼公而立壬也。至弑悼公，非出鮑氏，已辨在齊世家中。

〔三〕【考證】梁玉繩曰：「二年，當作『一年』，戰艾陵之明年也。」

〔四〕【索隱】音拓皋二音。杜預云：「地名，在淮南逡遒縣東南。」【正義】橐皋故縣在廬州巢縣西北五十六里。

【考證】哀十二年春秋經傳。

〔五〕【正義】黄池在汴州封丘縣南七里。

〔六〕【索隱】左傳太子名友。

〔七〕【考證】哀十三年左傳。「令周室」采國語吴語。

〔八〕【考證】哀二十二年左傳，夫差蓋自殺也。

〔九〕【正義】己比，紀鼻二音。【考證】依左傳，太宰嚭吴亡後二年猶在。史公因滅吴牽連書之。

伍子胥初所與俱亡故楚太子建之子勝者，在於吴。吴王夫差之時，楚惠王欲召勝歸楚。葉公〔一〕諫曰：「勝好勇，而陰求死士，殆有私乎！」惠王不聽。遂召勝，使居楚之邊邑鄢，〔二〕號爲白公。〔三〕白公歸楚三年，而吴誅子胥。〔四〕

〔一〕【正義】上式涉反。杜預云：「子高，沈諸梁。」

〔二〕【集解】徐廣曰：「潁川鄢陵是。」【正義】鄢，音偃。括地志云：「故郾城在豫州郾城縣南五里，與褒信白亭相近。」

〔三〕【集解】徐廣曰：「汝南褒信縣有白亭。」【正義】括地志云：「白亭在豫州褒信縣南四十二里，又有白公故城。又許州扶溝縣北四十五里北又有白亭也。」【考證】梁玉繩曰：召勝者子西，不聽諫者亦子西，而以爲惠王，誤矣。愚按：左傳但云「使處吳竟」，不云鄢。

〔四〕【考證】白公歸楚之年，春秋內外傳不記，他書亦無徵。

白公勝既歸楚，怨鄭之殺其父，乃陰養死士，求報鄭。歸楚五年，請伐鄭，楚令尹子西許之。兵未發，而晉伐鄭，〔一〕鄭請救於楚。楚使子西往救，與盟而還。白公勝怒曰：「非鄭之仇，乃子西也。」〔二〕勝自礪劍，人問曰：「何以爲？」〔三〕勝曰：「欲以殺子西。」子西聞之笑曰：「勝如卵耳，何能爲也！」〔四〕

〔一〕【考證】梁玉繩曰：晉伐鄭，在魯哀公十五年、周敬王四十年，即依史記，乃白公歸楚八年，非五年也。

〔二〕【考證】岡白駒曰：言我讎非鄭，乃子西也。左傳云「勝怒曰：『鄭人在此，讎不遠矣。』」

〔三〕【索隱】左傳作「子期之子平見之曰：『王孫何自礪也？』」

〔四〕【考證】岡白駒曰：此喻小弱不濟事也。按：左傳子西曰「勝如卵，余翼而長之」，喻撫育之，如鳥孚卵而至生翼也。此與左傳義殊。愚按：王若虛滹南集辨惑已有此說。

其後四歲，〔一〕白公勝與石乞襲殺楚令尹子西、司馬子綦於朝。〔二〕石乞曰：「不殺王不可。」乃劫之王如高府。〔三〕石乞從者屈固〔四〕負楚惠王亡走昭夫人之宮。〔五〕葉公聞白公爲亂，率其國人攻白公。白公之徒敗，亡走山中，自殺。〔六〕而虜石乞，而問白公尸處，不言，將亨石乞。曰：「事成爲卿，不成而亨，固其職也。」〔七〕終不肯告其尸處。遂亨石乞，而求惠王復立之。〔八〕

〔一〕【考證】梁玉繩曰：「四」當作「一」。晉伐鄭之明年，白公作亂也。

〔二〕【索隱】左傳作「子期」也。

〔三〕【索隱】杜預云：「楚之別府也。」【考證】王念孫曰：「劫」下本無「之」字。左傳曰「白公以王如高府」，楚世家曰「因劫惠王，置之高府」，此曰「乃劫王如高府」，其義一也。「劫」下不當有「之」字。

〔四〕【集解】徐廣曰：一作「惠王從者屈固」。楚世家亦云「王從者」。【索隱】按：徐廣曰「一作惠王從者屈固」，蓋此本爲得。而左傳云「石乞尹門，圉公陽穴宮，負王以如昭夫人之宮」，則公陽是楚之大夫，王之從者也。【考證】梁玉繩曰：哀十六傳「負王者乃圉公陽」，世家言「惠王從者屈固」，此傳以爲「石乞從者屈固」，蓋「屈」乃「薳」之譌。薳固即箴尹固，見哀十八傳。然薳固、圉公陽是兩人，史誤也，必因左傳「圉公陽穴宮負王」與「石乞尹門」連文，而又有葉公遇箴尹固事，遂致斯舛耳。中井積德曰：公陽是圉之名，賤者，非大夫。

〔五〕【索隱】昭王夫人，即惠王母，越女也。

〔六〕【正義】左傳云白公奔而縊。

〔七〕【考證】「乞」下「而」字疑衍。卿、亨，韻。職，常也。漢書主父偃傳偃曰「丈夫生不五鼎食，死則五鼎亨耳」，蓋本此語。

〔八〕【考證】「故楚太子建之子勝」以下采哀十六年左傳。凌約言曰：白公爲父報仇，石乞爲主盡忠，其於子胥，皆類例也。太史公附此一段，正以例見子胥之長耳。

太史公曰：怨毒之於人，甚矣哉！〔一〕王者尚不能行之於臣下，況同列乎！向令伍子胥從奢俱死，何異螻蟻？〔二〕弃小義，雪大恥，名垂於後世，〔三〕悲夫！方子胥窘於江上，〔四〕道乞食，志豈嘗須臾忘郢邪？故隱忍就功名，非烈丈夫，孰能致此哉？白公如不自立爲君者，其功謀亦不可勝道者哉！

〔二〕【考證】奢、尚無罪而楚殺之，所謂怨毒也。

〔三〕【考證】楓山本、三條本無「向」字。

〔三〕【考證】王維楨曰：太史公蓋以自見也。

〔四〕【索隱】窘，音求殞反。

【索隱述贊】讒人罔極，交亂四國。嗟彼伍氏，被兹凶慝！員獨忍詬，志復冤毒。霸吴起師，代楚逐北。鞭尸雪恥，抉眼弃德。

史記會注考證卷六十七

仲尼弟子列傳第七　　史記六十七

【考證】史公自序云：「孔子述文，弟子興業，咸爲師傅，崇仁厲義。作仲尼弟子列傳第七。」

孔子曰「受業身通者，七十有七人」，皆異能之士也。〔一〕德行：顏淵、閔子騫、冉伯牛、仲弓。政事：冉有、季路。言語：宰我、子貢。〔二〕文學：子游、子夏。〔三〕師也辟，〔四〕參也魯，〔五〕柴也愚，〔六〕由也喭，〔七〕回也屢空。賜不受命而貨殖焉，億則屢中。〔八〕

〔一〕【索隱】孔子家語亦有七十七人，唯文翁孔廟圖作七十二人。【考證】孔子蓋無此語。「曰」字宜改爲「弟子」。鄭環曰：宋大觀四年議禮局言史記弟子傳曰「受業身通六藝者七十有七人」，據此，今本脫「六藝」二字。梁玉繩曰：案弟子之數，有作七十人者，孟子云「七十子」，呂氏春秋遇合篇「達徒七十人」，淮南子泰族及要略訓俱言七十，漢書藝文志序、楚元王傳所稱「七十子喪而大義乖」，是已；有作七十二人者，孔子世家、文翁禮殿圖、後書蔡邕傳鴻都畫像、水經注八漢魯峻冢壁象、魏書李平傳學堂圖皆「七十二人」，顏氏家訓誡兵篇所稱「仲尼門徒升堂者七十二」，是已；有作七十七人者，此傳及漢地理志是已。孔子家語七十二弟子解實七十七人，今本脱顔何，止七十六。其數無定，難以臆斷。愚按：經義考承師篇、史記志疑卷二十八論孔門弟子不著録者甚詳。

〔二〕【索隱】論語一曰德行，二曰言語，三曰政事，四曰文學。今此文「政事」在「言語」上，是其記有異也。

〔三〕【考證】「德行」以下，論語先進篇。朱氏集註云：「弟子因孔子之言，記此十人，而并目其所長。孔子教人，各因其材，於此可見。」程子曰：四科乃從夫子於陳、蔡者爾，門人之賢者固不止此。曾子傳道而不與焉，故知十哲世俗論也。愚按：十人不悉從陳、蔡，毛西河論語稽求篇論之詳矣。

〔四〕【集解】馬融曰：「子張才過人，失於邪辟文過。」【正義】音癖。【考證】辟，偏僻也。

〔五〕【集解】孔安國曰：「魯，鈍也。曾子遲鈍。」

〔六〕【集解】何晏曰：「愚直之愚。」

〔七〕【集解】鄭玄曰：「子路之行失於㕭喭。」【索隱】論語先言柴，次參，次師，次由。今此傳序之，亦與論語不同，不得輒言其誤也。【正義】㕭音畔，又音岸。【考證】論語先進篇。王弼曰：喭，剛猛也。

〔八〕【集解】何晏曰：「言回庶幾於聖道，雖數空匱，而樂在其中。賜不受教命，唯財貨是殖，億度是非。蓋美回，所以勵賜也。一曰：屢，猶每也。空，猶虚中也。以聖人之善道，教數子之庶幾，猶不至於知道者，各内有此害也。其於庶幾每能虚中者，唯回懷道深遠。不虚心，不能知道。子貢無數子之病，然亦不知道者，雖不窮理而幸中，雖非天命而偶富，亦所以不虚心也。」【正義】意，音億。【考證】論語先進篇。朱熹曰：億，意度也。言子貢不如顔子之安貧樂道。然其才識之明，亦能料事而多中也。正義本「億」作「意」。

孔子之所嚴事：於周則老子，於衛蘧伯玉，〔一〕於齊晏平仲，〔二〕於楚老萊子，〔三〕於鄭子

產，於魯孟公綽。〔四〕數稱臧文仲、柳下惠、〔五〕銅鞮伯華、〔六〕介山子然，孔子皆後之，不並世。〔七〕

〔一〕【集解】大戴禮云：「外寬而內直，自娛於隱括之中，直己而不直人，汲汲於仁，以善自終，蓋蘧伯玉之行。」【索隱】按：大戴禮又云「外寬而內直，自娛於隱括之中，直己而不直人，汲汲于仁，以善存亡，蓋蘧伯玉之行也」。【考證】集解、索隱所引大戴禮衛將軍文子篇。今本「娛」作「設」，「汲汲于仁以善存亡」作「以善存亡汲汲」。

〔二〕【集解】大戴禮云：「君擇臣而使之，臣擇君而事之，有道順命，無道衡命，蓋晏平仲之行也。」【索隱】大戴記曰：「君擇臣而使之，臣擇君而事之，有道順命，無道衡命，蓋晏平仲之行也。」

〔三〕【索隱】大戴記又云：「德恭而行信，終日言不在悔尤之內，貧而樂也，蓋老萊子之行也。」

〔四〕【考證】昭二十年左傳「子產卒，仲尼聞之出涕曰：『古之遺愛也。』」孔子時年三十。論語亦屢稱子產，而未聞其嚴事之。梁氏志疑引張孝廉云「以公綽爲孔子所嚴事，恐未然」。

〔五〕【集解】大戴禮云：「孝恭慈仁，允德圖義，約貨去怨，蓋柳下惠之行。」【索隱】大戴記又云：「孝恭慈仁，允德圖義，約貨亡怨，蓋柳下惠之行也。」【考證】梁玉繩曰：孔子屢貶文仲，何嘗稱之？不當與柳下惠並舉。

〔六〕【索隱】地理志縣名，屬上黨。【正義】鞮，丁奚反。按：銅鞮，潞州縣。

〔七〕【集解】大戴禮曰：「孔子云『國家有道，其言足以興，國家無道，其默足以容，蓋銅鞮伯華之所行。觀於四方，不忘其親，苟思其親，不盡其樂，蓋介山子然之行也』。」說苑曰：「孔子歎曰：『銅鞮伯華無死，天下有定矣。』」晉太康地記云：「銅鞮，晉大夫羊舌赤之邑，世號赤曰銅鞮伯華。」【索隱】按：自臧文仲已下，孔子皆後之，不並代。其所嚴事自老子及公綽已上，皆孔子同時人也。按：戴德撰禮號曰大戴禮，合八十五篇，其四十七篇亡，見今存者有三十八篇。今裴氏所引，在衛將軍篇。孔子稱祁奚對晉平公之辭，唯舉銅鞮、介山二人行耳。家語又云：「不克不忌，不念舊怨，蓋伯夷、叔齊之行。思天而敬人，服義而行信，蓋趙文子之行。事君不愛其死，謀身不遺其友，蓋隨武子之行。」【考證】大戴禮「介山子然」作「介山子推」。注：「晉大夫介之推也。離騷曰『封介山而爲之禁兮，報大德之優游』。」愚按：論語不載老子、老萊子、羊舌赤、介之推事。張文虎曰：案據索隱，是集解於蘧伯玉以下諸人並未引大戴記，故索隱引以補之，而不及銅鞮、介山二條者，以裴氏已引也。今各本於蘧伯玉、晏平仲、柳下惠三人，徑依大戴記引補，則索隱之文複。故删去索隱，而各條又失注「大戴禮」三字，乃「老萊子」下又獨存索隱。此皆坊刻以意去取，無從論其是非也。傳本已久，不能删削，今仍其舊，而依單本補入索隱，以質讀者。又曰：家語「又云」以下五十三字，單本所無，與史文無涉，蓋亦後人妄竄。

顏回者，魯人也，字子淵。少孔子三十歲。〔一〕

〔一〕【正義】少，戍妙反。【考證】古人名字相因。淵，回水也，故顏回字子淵。騫，損也，故閔損字子騫。貢、贛同，賜也，故端木賜字子貢。王引之、俞樾、胡元玉、洪恩波諸人論之甚詳。史不書回死之年，索隱及文選辨命論注引家語並作「三十二」，則今家語作「三十一」，誤也。但回少孔子三十歲。回死之時，孔子年六十一，當魯哀五年，而哀六年方有陳、蔡之厄，回何以死乎？又孔子二十生伯魚，三十一回生，伯魚五十而卒，則顏子亦當四十。而論語言伯魚先顏淵死，伯魚五十，孔子年六十九，是回先伯魚死矣。閻氏四書釋地曰「回少孔子三十歲」，「三十」下脱「七」字，蓋生于魯昭公二十八年丁亥，卒于哀公十二年戊午，方合三十二歲之數。是年伯魚亦卒，在前。此本薛應旂甲子會紀頗爲明確。列子力命篇「壽四八」可證。時孔子六十九歲。「有棺無槨」之言，政指見在事也。黄式三曰：公羊傳於獲麟後連識顔子、子路之死，則顔子之死，與獲麟及子路死之時不遠。伯魚先顔子死，於時正符。又曰：或謂史傳「少孔子三十歲」，「歲」上脱「八」字。家語雖僞書，然史記言髮白之年在二十九，則卒年在三十二。時孔子年七十，於數猶符。愚按：閻氏以顔卒爲孔子六十九歲時，黄氏爲七十歲時，皆無確證。竊謂閻説近是。楓山、三條本「歲」上有「七」字。

顔淵問仁，孔子曰：「克己復禮，天下歸仁焉。」〔一〕

〔一〕【集解】馬融曰：「克己，約身也。」孔安國曰：「復，反也。身能反禮則爲仁矣。」【考證】論語顔淵篇。中井積德曰：歸如字，服也。天下歸仁，極言其效也。孟子「其身正而天下歸之」。

孔子曰：「賢哉回也！〔一〕一簞食，一瓢飲，〔二〕在陋巷，人不堪其憂，回也不改其樂。」〔三〕「回也如愚，〔四〕退而省其私，亦足以發，回也不愚。」〔五〕「用之則行，捨之則藏，唯我與爾有是夫！」〔六〕

〔一〕【集解】衛瓘曰：「非大賢樂道，不能若此，故以稱之。」【索隱】衛瓘字伯玉，晉太保，亦注論語，故裴引之。【考證】論語皇疏多引衛瓘，而不録此解，邢疏亦無，但由集解而傳。

〔二〕【集解】孔安國曰：「簞，笥也。」

〔三〕【集解】孔安國曰：「顔回樂道，雖簞食在陋巷，不改其所樂也。」【考證】論語雍也篇。

〔四〕【集解】孔安國曰：「於孔子之言，默而識之如愚也。」

〔五〕【集解】孔安國曰：「察其退還，與二三子説釋道義，發明大體，知其不愚。」【考證】論語爲政篇。

〔六〕【集解】孔安國曰：「言可行則行，可止則止，唯我與顔回同也。」欒肇曰：「用己而後行，不假隱以自高，不屈道以要名，時人無知其實者，唯我與爾有是行。」【正義】肇字永初，高平人，晉尚書郎，作論語疑釋十卷、論語駁二卷。【考證】論語述而篇。「用之則行」二句，古語。行、藏，韻。欒肇是解賴集解而存。皇、邢疏不載。

回年二十九，髮盡白，蚤死。〔一〕孔子哭之慟，〔二〕曰：「自吾有回，門人益親。」〔三〕魯哀公問：「弟子孰爲好學？」孔子對曰：「有顏回者好學，不遷怒，不貳過。不幸短命死矣，今也則亡。」〔四〕

〔一〕【索隱】按：家語亦云「年二十九而髮白，三十二而死」。王肅云「此久遠之書，年數錯誤，未可詳也。校其年，則顏回死時，孔子年六十一。然則伯魚年五十，先孔子卒時，孔子且七十也。今此爲顏回先伯魚死，而論語曰顏回死，顏路請子之車，孔子曰『鯉也死，有棺而無椁』，或爲設事之辭」。按顏回死在伯魚之前，故以論語爲設詞。【考證】顏淵死後於伯魚，論語可證。梁玉繩曰：王肅以論語爲設事之詞，甚謬。朱子云「以人情言之，不應如此」。王肅本許慎，朱子本康成，見曲禮疏。

〔二〕【考證】孔子哭之慟，論語先進篇。鄭玄曰：慟，變動容貌。

〔三〕【集解】王肅曰：顏回爲孔子胥附之友，能使門人日親孔子。【考證】尚書大傳云：「文王胥附、奔輳、先後、禦侮，謂之四鄰，以免牖里之害。」懿子曰：「夫子亦有四鄰乎？」孔子曰：「文王得四臣，丘亦得四友焉。自吾得回也，門人加親，是非胥附邪？自吾得賜也，遠方之士日至，是非奔輳邪？自吾得師也，前有光，後有輝，是非先後邪？自吾得由也，惡言不至于耳，是非禦侮邪？」

〔四〕【集解】何晏曰：「凡人任情，喜怒違理。顏回任道，怒不過分。遷者移也，怒當其理，不移易也。不貳過者，有不善，未嘗復行。」【考證】「魯哀公」以下，論語雍也篇。朱熹曰：遷，移也。怒於甲者，不移於乙。聖門志復聖墓在曲阜縣城東二十里防山之陽。鄭環曰：東漢諸帝雖並祀七十二弟子，未嘗獨尊顏子也。顏子配享孔子，當自魏齊王正始七年始。唐明皇開元八年稱「亞聖」，坐於十哲之上。二十七年贈「兗公」。宋度宗咸淳三年，以顏子、曾子、子思、孟子並配先聖，「四配」之名自此始。元文宗至順元年，贈「兗國復聖公」。

閔損字子騫。少孔子十五歲。〔一〕

〔一〕【集解】鄭玄曰：「孔子弟子目録云魯人。」【索隱】家語亦云「魯人。少孔子十五歲」。

孔子曰：「孝哉閔子騫！人不閒於其父母昆弟之言。」〔一〕不仕大夫，不食汙君之祿。〔二〕「如有復我者，〔三〕必在汶上矣。」〔四〕

〔一〕【集解】陳羣曰：「言子騫上事父母，下順兄弟，動静盡善，故人不得有非閒之言。」【考證】論語先進篇「孝哉閔子騫」，與「賢哉回也」語氣正同。中井積德曰：論語中無名閔子騫者，豈以字行乎？胡安國曰：父母兄弟，稱其孝友，人皆信之，無異詞者。蓋其孝友之實，有以積於中而著於外，故夫子歎而美之。

〔二〕【索隱】論語季氏使閔子騫爲費宰，子騫曰「善爲我辭焉」，是「不仕大夫，不食汙君之祿」也。

〔三〕【集解】孔安國曰：「復我者，重來召我。」

〔四〕【集解】孔安國曰：「去之汶水上，欲北如齊。」【考證】「如有復我」以下，論語雍也篇。愚按：此閔子辭費宰，一時拒使者之言。「如」上當有「曰」字。鄭環曰：唐開元八年，詔閔子等十哲，悉令從祀。二十七年，贈「費侯」。明嘉靖九年，稱「先賢閔子」。按：自嘉靖九年議禮，盡罷唐宋贈爵，惟「四配」稱「復聖」、「宗聖」、「述聖」、「亞聖」。閔子而下，皆稱「先賢某子」。

冉耕字伯牛。〔一〕孔子以爲有德行。〔二〕

〔一〕【集解】鄭玄曰：「魯人。」【索隱】按：家語云魯人。

〔三〕【考證】論語先進篇。

伯牛有惡疾，〔一〕孔子往問之，自牖執其手〔二〕曰：「命也夫！斯人也而有斯疾，命也夫！」〔三〕

〔一〕【考證】論語無「惡」字。淮南子精神訓「子夏失明，冉伯牛爲厲」。

〔二〕【集解】包氏曰：「牛有惡疾，不欲見人，孔子從牖執其手。」

〔三〕【集解】包氏曰：「再言之者，痛之甚也。」【考證】論語雍也篇。

冉雍字仲弓。〔一〕

〔一〕【集解】鄭玄曰：「魯人。」【索隱】家語云：「伯牛之宗族，少孔子二十九歲。」

仲弓問政，孔子曰：「出門如見大賓，使民如承大祭。〔一〕在邦無怨，在家無怨。」〔二〕

〔一〕【集解】孔安國曰：「莫尚乎敬。」【考證】論語「政」作「仁」。【集解】楓、三本「曰」下有「仁之道」三字。

〔二〕【集解】包氏曰：在邦，爲諸侯。在家，爲卿大夫。【考證】「仲弓問」以下，論語顏淵篇。皇侃曰：在邦，謂仕諸侯。在家，謂仕卿大夫。程一枝曰：避諱，「邦」當作「國」。

孔子以仲弓爲有德行，〔一〕曰：「雍也可使南面。」〔二〕

〔一〕【考證】論語先進篇。

〔二〕【集解】包氏曰：「可使南面，言任諸侯之治。」【考證】論語雍也篇。朱熹曰：言仲弓寬洪簡重，有人君之度也。

仲弓父賤人。孔子曰：「犂牛之子騂且角，雖欲勿用，山川其舍諸？」〔一〕

〔二〕【集解】何晏曰：「犂，雜文。騂，赤色也。角者，角周正，中犧牲，雖欲以其所生犂而不用，山川寧肯舍之乎？言父雖不善，不害於子之美。」【考證】「孔子曰」以下，論語雍也篇。犂牛，耕牛也。

冉求字子有，〔一〕少孔子二十九歲。爲季氏宰。〔二〕

〔一〕【集解】鄭玄曰：「魯人。」

〔二〕【考證】「爲季氏宰」，孟子離婁篇。

季康子問孔子曰：「冉求仁乎？」曰：「千室之邑，百乘之家，〔一〕求也可使治其賦。仁則吾不知也。」〔二〕復問：「子路仁乎？」孔子對曰：「如求。」〔三〕

〔一〕【集解】孔安國曰：「千室，卿大夫之邑。卿大夫稱家。諸侯千乘，大夫故曰百乘。」

〔二〕【集解】孔安國曰：「賦，兵賦也。仁道至大，不可全名也。」

〔三〕【考證】翟灝曰：問由、求者，孟武伯也。而由、求兩傳皆誤作季康子。又孔子答仲由可使治千乘之賦，冉求可爲宰，事各不同。仲由傳依論語載之。而此乃曰求可使治賦，曰如求，何也？愚按：據論語公冶長篇。翟說是。

求問曰：「聞斯行諸？」〔一〕子曰：「行之。」子路問：「聞斯行諸？」子曰：「有父兄在，如之何其聞斯行之！」〔二〕子華怪之，「敢問問同而答異？」〔三〕孔子曰：「求也退，故進之；由也兼人，故退之。」〔四〕

〔一〕【集解】包氏曰：「賑窮救乏之事也。」【考證】聞，聞義也。不獨賑窮救乏。

〔二〕【集解】孔安國曰：「當白父兄，不可自專。」

〔三〕【考證】程一枝曰：宋本無「問同而答異」五字。

〔四〕【集解】鄭玄曰：「言冉有性謙退，子路務在勝尚人，各因其人之失而正之。」【考證】論語先進篇。

仲由字子路，卞人也。〔一〕少孔子九歲。

〔一〕【集解】徐廣曰：「尸子曰子路卞之野人。」【索隱】家語一字季路，亦云是卞人也。【考證】洪邁曰：三代之時，天下書同文。故春秋左氏所載人名字，不以何國，大抵皆同。鄭公子歸生、魯公孫歸父、蔡公孫歸生、楚仲歸、齊析歸父皆字子家；楚成嘉、鄭公子嘉皆字子孔；鄭公孫段、印段、宋諸師段皆字子石；鄭公子喜、宋樂喜皆字子罕；楚公子黑肱、鄭公孫黑、孔子弟子狄黑皆字子皙；魯公子翬、鄭公孫揮皆字子羽；鄅子克、楚鬭克、周王子克、宋司馬之臣克皆字曰儀；晉籍偃、荀偃、鄭公子偃、吳言偃皆字曰游；晉羊舌赤、魯公西赤皆字曰華；楚公子側、魯孟之側皆字曰反；魯冉耕、司馬耕皆字曰牛；顏無繇、仲由皆字曰路。

子路性鄙，好勇力，志伉直，冠雄雞，佩豭豚，陵暴孔子。〔一〕孔子設禮，稍誘子路，子路後儒服委質，因門人請爲弟子。〔二〕

〔一〕【集解】冠以雄雞，佩以豭豚，二物皆勇。子路好勇，故冠帶之。【考證】洪頤煊曰：莊子盜跖篇「使子路去其危冠，解其長劍，而受教於子」。佩豭豚，謂取豭豚之皮以爲劍飾。

〔二〕【索隱】按：服虔注左氏云「古者始仕，必先書其名於策，委死之質於君，然後爲臣，示必死節於其君也」。【考證】質，讀爲贄，音之利反。集解誤。沈家本曰：臣委質於君，弟委質于師，其義一也。

子路問政，孔子曰：「先之勞之。」〔一〕請益。曰：「無倦。」〔二〕

〔一〕【集解】孔安國曰：「先導之以德，使民信之，然後勞之。易曰『悅以使民，民忘其勞』。」【考證】論語集註引蘇氏曰「凡民之行，以身先之，則不令而行。凡民之事，以身勞之，則雖勤不怨」。愚按：勞之，勞者勞之也。孟子「放勳曰『勞之來之』」。

〔二〕【集解】孔安國曰：「子路嫌其少，故請益。曰『無倦』者，行此二事無倦則可。」【考證】「子路問政」以下，論語子路篇。

子路問：「君子尚勇乎？」孔子曰：「義之爲上。君子好勇而無義則亂，〔一〕小人好勇而無義則盜。」〔二〕

〔一〕【集解】李充曰：「既稱君子，不職爲亂階也。若君親失道，國家昏亂，其於赴患致命而不知正顧義者，則亦陷乎爲亂，而受不義之責也。」【索隱】按：充字弘度，晉中書侍郎，亦作論語解。

〔二〕【考證】論語陽貨篇。

子路有聞，未之能行，唯恐有聞。〔一〕

〔一〕【集解】孔安國曰：「前所聞未及行，故恐復有聞，不得並行。」【考證】論語子路篇。

孔子曰：「片言可以折獄者，其由也與！」〔一〕「由也好勇過我，無所取材。」〔二〕「若由也，不得其死然。」〔三〕「衣敝緼袍，與衣狐貉者立而不恥者，其由也與！」〔四〕「由也升堂矣，未入於室也。」〔五〕

〔一〕【集解】孔安國曰：「片猶偏也。聽訟，必須兩辭以定是非。偏信一言折獄者，唯子路可也。」【考證】論語顏淵篇。朱熹曰：「片言，半言。折，斷也。子路忠信明決，故言出而人信服之，不待其辭之畢也。」

〔二〕【集解】欒肇曰：「適用曰材，好勇過我用。故云『無所取』。」【索隱】按：肇字永初，晉尚書郎，作論語義也。

【考證】論語公冶長篇。朱氏集註引程子云「夫子美其勇，而譏其不能裁度事理以適於義也」。

〔三〕【集解】孔安國曰：「不得以壽終也。」【考證】論語先進篇。「然」猶「焉」。

〔四〕【集解】孔安國曰：「緼，枲著也。」【考證】論語子罕篇。

〔五〕【集解】馬融曰：「升我堂矣，未入於室耳。」【考證】論語先進篇。

季康子問：「仲由仁乎？」孔子曰：「千乘之國，可使治其賦，不知其仁。」〔一〕

〔一〕【考證】論語公冶長篇「季康子」作「孟武伯」。

子路喜從游，遇長沮、桀溺、荷蓧丈人。〔一〕

〔一〕【考證】論語微子篇。從游，從孔子遊也。

子路爲季氏宰，〔一〕季孫問曰：「子路可謂大臣與？」孔子曰：「可謂具臣矣。」〔二〕

〔一〕【考證】定十二年左傳、禮記禮運。

〔二〕【集解】孔安國曰：「言備臣數而已。」【考證】論語先進篇「季孫」作「季子然」。注云「子然，季氏子弟」。

子路爲蒲大夫，辭孔子。〔一〕孔子曰：「蒲多壯士，又難治。然吾語汝：恭以敬，可以執勇；〔二〕寬以正，可以比衆；〔三〕恭正以靜，可以報上。」〔四〕

〔一〕【索隱】蒲，衛邑。子路爲之宰也。

〔二〕【集解】言恭謹謙敬，勇猛不能害，故曰「執」也。【考證】釋名釋姿容「執，攝也，使畏攝己也」。說苑政理篇襲此文，改「執」作「攝」。攝，收也。

〔三〕【集解】音鼻。言寬大清正，衆必歸近之。【考證】比，親也。說苑「比」作「容」。

〔四〕【考證】恭正行政，士民安靜，此邑宰所以報上也。說苑「報」作「親」，史義長。

初，衛靈公有寵姬曰南子。〔一〕靈公太子蕢聵得過南子，懼誅出奔。〔二〕及靈公卒，而夫人欲立公子郢。郢不肯曰：「亡人太子之子輒在。」於是，衛立輒爲君，〔三〕是爲出公。出公立十二年，其父蕢聵居外，不得入。子路爲衛大夫孔悝之邑宰。〔四〕蕢聵乃與孔悝作亂，謀入孔悝家，遂與其徒襲攻出公。出公奔魯，而蕢聵入立，是爲莊公。方孔悝作亂，〔五〕子路在外，聞之而馳往。遇子羔出衛城門，謂子路曰：「出公去矣，而門已閉，子可還矣，毋空受其禍。」〔六〕子路曰：「食其食者，不避其難。」〔七〕子羔卒去。有使者入城，城門開，子路隨而入。〔八〕造蕢聵，蕢聵與孔悝登臺。〔九〕子路曰：「君焉用孔悝？請得而殺之。」〔一〇〕蕢聵弗聽。於是子路欲燔臺，〔一一〕蕢聵懼，乃下，石乞、壺黶攻子路，〔一二〕擊斷子路之纓。子路曰：「君子死而冠不免。」遂結纓而死。

〔一〕【考證】梁玉繩曰：南子是夫人，非寵姬也。且稱妾爲姬，亦非當時語。
〔二〕【考證】「初衛靈公」以下，本定十四年左傳。左傳及衛世家「蕢」作「蒯」，此疑誤。出奔，出奔宋也。
〔三〕【考證】哀二年左傳。
〔四〕【索隱】按：服虔云「爲孔悝之邑宰」。
〔五〕【索隱】按：左傳蒯聵入孔悝家，悝母伯姬劫悝於廁，强與之盟，而立蒯聵，非悝本心自作亂也。
〔六〕【考證】陳仁錫曰：「出公」當作「衛君」。
〔七〕【考證】「其」字皆指孔悝。子路仕孔悝，悝見殺，義可以死矣。
〔八〕【考證】翟灝曰：左傳云「有使者出，乃入」。此言使者入，不合。且門乃孔悝家之門，非城門也。

〔九〕【考證】劫孔悝登臺也。

〔一〇〕【考證】徐孚遠曰：此語與左傳異。陳子龍曰：子路救悝而來，豈應出此語？因知左氏爲當矣。岡白駒曰：衛世家與左傳同。左傳云「太子焉用孔悝？雖殺之，必或繼之」。又云「若燔臺半，必舍孔悝」，是子路志在救孔悝也。愚按：言「殺之」者權詞。燔臺，陽示殺之，而陰救之也。史文不鬯。

〔一一〕【考證】子路意謂「蒯聵無勇。若燔及半，以孔悝授我耳」。事詳衛世家。

〔一二〕【考證】錢大昕曰：左氏「壺黶」作「盂黶」，壺、盂聲相近。愚按：衛世家與左傳同。

孔子聞衛亂曰：「嗟乎，由死矣！」已而果死。〔一〕故孔子曰：「自吾得由，惡言不聞於耳。」〔二〕是時子貢爲魯使於齊。〔三〕

〔一〕【考證】「初衛靈公」以下，本哀十五年左傳。

〔二〕【集解】王肅曰：子路爲孔子侍衛，故侮慢之人，不敢有惡言，是以惡言不聞於孔子耳。【考證】尚書大傳。沈家本曰：按今家語注作「子路夫子禦侮之友」，疑「侍衛」乃「禦侮」之譌，而下又奪「之友」二字。

〔三〕【索隱】按：左傳子貢爲魯使齊，在哀十五年，蓋此文誤也。【考證】陳仁錫曰：「是時子貢爲魯使於齊」九字當刪。張文虎曰：此於上下文皆不相涉。索隱本出此九字於「子貢傳好廢舉與時轉貨貲」條後，疑今本錯簡。

宰予字子我。利口辯辭。〔一〕既受業，問：「三年之喪，不已久乎？〔二〕君子三年不爲禮，禮必壞；三年不爲樂，樂必崩。舊穀既沒，新穀既升，鑽燧改火，期可已矣。」〔三〕子曰：「於汝安乎？」曰：「安。」「汝安則爲之。君子居喪，食旨不甘，聞樂不樂，故弗爲也。」〔四〕宰我

出，子曰：「予之不仁也！子生三年，然後免於父母之懷。〔五〕夫三年之喪，天下之通義也。」〔六〕

〔一〕【集解】鄭玄曰：「魯人。」【索隱】家語亦云魯人。【考證】論語先進篇「言語宰予」。

〔二〕【考證】已，太也。論語作「期已久矣」。陸德明云「論語一本『期』作『其』」。

〔三〕【集解】馬融曰：「周書月令有更火之文。春取榆柳之火，夏取棗杏之火，季夏取桑柘之火，秋取柞楢之火，冬取槐檀之火。一年之中，鑽火各異木，故曰『改火』。」【考證】伊藤維楨曰：本文明是一年一改火，而非四時各變化，則不可專據周禮以解也。

〔四〕【集解】孔安國曰：「旨，美也。責其無仁於親，故言『汝安則爲之』。」

〔五〕【集解】馬融曰：「生未三歲，爲父母所懷抱也。」

〔六〕【集解】孔安國曰：「自天子達於庶人。」【考證】「問三年之喪」以下，論語陽貨篇。

宰予晝寢。〔一〕子曰：「朽木不可雕也，〔二〕糞土之牆不可圬也。」〔三〕

〔一〕【考證】晝寢有四義：皇侃云「寢，眠也。宰予惰學而晝眠也」，朱子從之，是一義；梁武帝改「晝」爲「畫」，以爲繪畫寢室，韓昌黎筆解從之，是又一義；劉原父以寢爲內寢，即曲禮所謂「晝居於內」，是一義；翟晴江論語考異讀「晝」若今「女晝」之「晝」，讀「寢」若「兵寢刑措」之「寢」，以爲休息，是又一義。皇說最穩。

〔二〕【集解】包氏曰：「朽，腐也。雕，雕琢刻畫。」

〔三〕【集解】王肅曰：「圬，墁也。二者喻雖施功猶不成也。」【考證】論語公治長篇。

宰我問五帝之德，子曰：「予非其人也。」〔一〕

〔一〕【集解】王肅曰：「言不足以明五帝之德也。」【考證】大戴記五帝德篇。

宰我爲臨菑大夫，〔一〕與田常作亂，以夷其族，孔子恥之。〔二〕

〔一〕【索隱】按：謂仕齊。齊都臨淄，故云「爲臨淄大夫」也。

〔二〕【索隱】按：左氏傳無宰我與田常作亂之文，然有闞止字子我，而因爭寵，遂爲陳恒所殺。恐字與宰予相涉，因誤云然。【考證】陳仁錫曰：「宰予爲臨菑」至「孔子恥之」二十字亦當削。趙翼曰：史記云「宰予與田常作亂，以夷其族，孔子恥之」，則宰予嘗助逆者。及閱呂氏春秋，與左傳相印證，乃知非宰予事，而傳聞之誤謬也。呂氏慎勢篇云「齊簡公有臣曰諸御鞅，謂公曰『陳常與宰予甚相憎，若相攻則危上矣，願君去其一人也』，簡公弗聽。未幾，陳常果攻宰予。即簡公于廟，簡公嘆曰『吾不用鞅之言至於此』」，亦見淮南人間訓。而左傳哀十四年，「宰予」作「闞止」，所載同一事也。而一以爲闞止，一以爲宰予，則以闞止字子我，宰予亦字子我，故呂氏遂誤以此事屬之宰予。而史記不知其詳，又以爲宰予與田常作亂而夷族。又曰：史記李斯上書二世，言田常爲簡公臣，布惠施德，陰取齊國，殺宰予于庭。東坡志林引之，以證弟子傳宰予與田常作亂之誤，謂李斯乃荀卿弟子，去孔子不遠，所引宜得其實。此亦但明宰予之非黨於田常，而不知宰予本無被殺之事也。

端木賜，衛人，字子貢。〔一〕少孔子三十一歲。

〔一〕【索隱】家語作「木」。【考證】索隱本「端木賜」作「端沐賜」。趙翼曰：史記子貢已列孔子弟子傳矣，而貨殖傳又列之。淳于髡已列孟子荀卿傳矣，而滑稽傳又列之，此文之失檢者。愚按：弟子傳、孟荀傳以人爲主，貨殖傳、滑稽傳以事爲主，所主各異，何嫌重出？梁玉繩曰：經史及諸子中多作「子贛」，左傳稱衛賜。錢大昕曰：古人名字必相應。說文「贛，賜也」，「貢，獻功也」，則端木之字，當爲子贛。

子貢利口巧辭，孔子常黜其辯。〔一〕問曰：「汝與回也孰愈？」〔二〕對曰：「賜也何敢望回！回也聞一以知十，賜也聞一以知二。」〔三〕

〔一〕【考證】論語先進篇「言語子貢」。

〔二〕【集解】孔安國曰：「愈，猶勝也。」

〔三〕【考證】論語公治長篇。此未必受業以前之語。

子貢既已受業，問曰：「賜何人也？」孔子曰：「汝器也。」〔一〕曰：「何器也？」曰：「瑚璉也。」〔二〕

〔一〕【集解】孔安國曰：「言汝器用之人。」

〔二〕【集解】包氏曰：「瑚璉，黍稷器。夏曰瑚，殷曰璉，周曰簠簋，宗廟之貴器。」【考證】「問曰」以下，論語公治長篇。

陳子禽問子貢曰：「仲尼焉學？」子貢曰：「文、武之道未墜於地，在人，賢者識其大者，不賢者識其小者，莫不有文、武之道。夫子焉不學，〔一〕而亦何常師之有？」〔二〕又問曰：「孔子適是國，必聞其政。求之與？抑與之與？」〔三〕子貢曰：「夫子温良恭儉讓以得之。夫子之求之也，其諸異乎人之求之也。」〔四〕

〔一〕【集解】孔安國曰：「文、武之道，未墜落於地，賢與不賢，各有所識，夫子無所不從學。」

〔二〕【集解】孔安國曰：「無所不從學，故無常師。」【考證】論語子張篇「陳子禽」作「衛公孫朝」。

〔三〕【集解】鄭玄曰：「怪孔子所至之邦，必與聞國政，求而得之邪？抑人君自願與之爲治者？」

〔四〕【集解】鄭玄曰：「言夫子行此五德而得之，與人求之異，明人君自與之。」【考證】論語學而篇亦作「子禽問」。子禽名亢。安井衡曰：子貢言「求之」者，承陳亢之問也。

子貢問曰：「富而無驕，貧而無諂，何如？」孔子曰：「可也；〔一〕不如貧而樂道，富而好禮。」〔二〕

〔一〕【集解】孔安國曰：「未足多也。」

〔二〕【集解】鄭玄曰：「樂，謂志於道，不以貧爲憂苦也。」【考證】論語學而篇。邢疏、朱註「樂」下無「道」字，蓋依鄭本、日本諸舊本，與史合。楓、三本「禮」下有「者也」二字。

田常欲作亂於齊，憚高、國、鮑、晏，故移其兵，欲以伐魯。〔一〕孔子聞之，謂門弟子曰：「夫魯，墳墓所處，父母之國，國危如此，二三子何爲莫出？」子路請出，孔子止之。子張、子石請行，〔二〕孔子弗許。子貢請行，孔子許之。

〔一〕【考證】蘇轍曰：齊之伐魯，本于悼公之怒季姬，而非陳恒。吳之伐齊，本怒悼公之反覆，而非子貢。吳、齊之戰，陳乞猶在，而恒未任事，所記皆非。蓋戰國說客，設爲子貢之辭，以自託于孔氏，而太史公信之耳。

〔二〕【索隱】公孫龍也。【考證】子石少孔子五十三歲，當伐魯之年，僅十三四歲耳，而曰「請行」，豈甘羅、外黄舍兒之比乎？

遂行，至齊，說田常曰：「君之伐魯，過矣。夫魯難伐之國，其城薄以卑，其地狹以泄，〔一〕其君愚而不仁，大臣僞而無用，其士民又惡甲兵之事，此不可與戰。君不如伐吳。夫吳城高以厚，地廣以深，甲堅以新，士選以飽，重器精兵盡在其中，又使明大夫守之，此易伐也。」田常忿然作色曰：「子之所難，人之所易；子之所易，人之所難。而以教常，何也？」子貢曰：「臣聞之，憂在内者攻彊，憂在外者攻弱。今君憂在内。吾聞君三封而三不成者，大臣有不聽者也。今君破魯以廣齊，戰勝以驕主，破國以尊臣，〔二〕而君之功不與焉，則交日疏於主。是君上驕主心，下恣羣臣，求以成大事，難矣。夫上驕則恣，〔三〕臣驕則争，是君上與主有郤，下與大臣交争也。如此則君之立於齊危矣。故曰不如伐吴。伐吴不勝，民人外死，大臣内空，是君上無彊臣之敵，下無民人之過，孤主制齊者唯君也。」田常曰：「善。雖然吾兵業已加魯矣，去而之吴，大臣疑我，柰何？」子貢曰：「君按兵無伐，臣請往使吴王，令之救魯而伐齊，君因以兵迎之。」田常許之，〔四〕使子貢南見吴王。

〔一〕【索隱】按：越絶書其「泄」字作「淺」。【考證】中井積德曰：「地」恐當作「池」，下文亦然。王念孫曰：越絶書、吴越春秋並「地」作「池」，「泄」作「淺」。下文「廣以深」正與「狹以淺」相對。

〔二〕【集解】王肅曰：「鮑、晏等帥師，若破國則臣尊矣。」

〔三〕【考證】張文虎曰：「上」疑當作「主」，涉上文而譌。

〔四〕【考證】韓非子五蠹篇云「齊將攻魯，魯使子貢説之。齊人曰『子言非不辯也。吾所欲者土地也，非斯言所謂也』，遂舉兵伐魯，去門十里以爲界」，其言與此傳相反，而亦未必實事。

説曰：「臣聞之，王者不絶世，霸者無彊敵，千鈞之重加銖兩而移。今以萬乘之齊，而私千乘之魯，與吴争彊，〔一〕竊爲王危之。且夫救魯，顯名也；伐齊，大利也。以撫泗上諸侯，誅暴齊以服彊晉，利莫大焉。名存亡魯，實困彊齊，智者不疑也。」吴王曰：「善。雖然吾嘗與越戰，棲之會稽。越王苦身養士，有報我心。〔一〕子待我伐越而聽子。」子貢曰：「越之勁不過魯，〔二〕吴之彊不過齊，〔三〕王置齊而伐越，則齊已平魯矣。且王方以存亡繼絶爲名，夫伐小越而畏彊齊，非勇也。〔四〕夫勇者不避難，仁者不窮約，〔五〕智者不失時，王者不絶世，以立其義。今存越示諸侯以仁，救魯伐齊，威加晉國，諸侯必相率而朝吴，霸業成矣。且王必惡越，〔六〕臣請東見越王，令出兵以從，此實空越，名從諸侯以伐也。」吴王大説，乃使子貢之越。

〔一〕【考證】萬乘，古天子之稱。及戰國之世，諸侯强大，有千里擁萬乘者亦有之，故孟子「萬乘之國行仁政」指齊，「以萬乘之國伐萬乘之國」指齊、燕。但春秋之時，諸侯稱千乘。論語「齊景公有馬千駟」，亦千乘之義。子貢不宜有是稱。

〔二〕【考證】吴王驕傲，不宜有此言。

〔三〕【考證】岡白駒曰：魯稱爲弱國。今越勁不過魯，則不足畏。

〔四〕【考證】岡白駒曰：吴雖彊不及齊，則齊當急慮。

〔五〕【考證】謂魯也。

〔六〕【索隱】惡猶畏惡也。

越王除道郊迎，身御至舍，而問曰：「此蠻夷之國，大夫何以儼然辱而臨之？」子貢曰：「今者吾説吴王以救魯伐齊，其志欲之，而畏越，曰『待我伐越乃可』。如此破越必矣。〔一〕且夫無報人之志，而令人疑之，拙也；有報人之意，使人知之，殆也；〔二〕事未發，而先聞，危也。三者舉事之大患。」句踐頓首再拜曰：「孤嘗不料力，乃與吴戰，困於會稽，痛入於骨髓，日夜焦脣乾舌，徒欲與吳王接踵而死，孤之願也。」遂問子貢。子貢曰：「吳王爲人猛暴，羣臣不堪；國家敝於數戰，士卒弗忍，百姓怨上，大臣内變，子胥以諫死，〔三〕太宰嚭用事，順君之過，以安其私：是殘國之治也。〔四〕今王誠發士卒佐之，以徼其志，〔五〕重寶以説其心，卑辭以尊其禮，其伐齊必也。彼戰不勝，王之福矣。戰勝必以兵臨晉，臣請北見晉君，令共攻之，弱吳必矣。其鋭兵盡於齊，重甲困於晉，而王制其敝，此滅吳必矣。」越王大説，許諾。送子貢金百鎰，劒一，良矛二。子貢不受，遂行。

〔一〕【考證】楓、三本無「乃可如此」四字。

〔二〕【考證】淩稚隆曰：家語、越絶書、吳越春秋並載此語。蘇代説燕王噲語與此同，見戰國策。中井積德曰：「意」下疑脱「而」字。愚按：家語、國策皆有「而」字。

〔三〕【索隱】王劭按：家語、越絶並無此五字。是時子胥未死。【考證】梁玉繩曰：子胥死于戰艾陵後，是時尚未賜屬鏤。

〔四〕【考證】楓、三本「國」下有「家」字。

〔五〕【集解】徼，結堯反。王肅曰：「激射其志。」【考證】李笠曰：家語屈節解作「以邀其志」，王肅注云「邀激其志」。

報吳王曰：「臣敬以大王之言告越王，越王大恐曰：『孤不幸，少失先人，内不自量，抵罪於吳，軍敗身辱，棲于會稽，國爲虚莽，〔一〕賴大王之賜，使得奉俎豆而修祭祀，死不敢忘，何謀之敢慮！』」後五日，越使大夫種頓首言於吳王曰：「東海役臣孤句踐使者臣種，敢修下吏，問於左右。今竊聞大王將興大義，誅彊救弱，困暴齊而撫周室，請悉起境内士卒三千人，孤請自被堅執鋭，以先受矢石。因越賤臣種，奉先人藏器甲二十領，鈇屈盧之矛，〔二〕步光之劍，以賀軍吏。」吴王大説，以告子貢曰：「越王欲身從寡人伐齊，可乎？」子貢曰：「不可。夫空人之國，悉人之衆，又從其君，不義。君受其幣，許其師，而辭其君。」吴王許諾，乃謝越王。於是吴王乃遂發九郡兵伐齊。〔三〕

〔一〕【集解】虚，音墟。莽，莫朗反。【索隱】有本作「棘」，恐誤也。【考證】抵，當也。

〔二〕【索隱】鈇，音膚，斧也。劉氏云「一本無此字」。屈盧，矛名。【考證】「鈇」字上當有鈇名，以與「屈盧」、「步光」相對，不則「鈇」字衍文。

〔三〕【考證】方苞曰：春秋時郡小于縣。定二年傳「上大夫受縣，下大夫受郡」是也。此曰「發九郡兵」，則爲後人所設之詞明矣。愚按：家語編者知其不可通，改作「國内之兵」。

子貢因去之晉，謂晉君曰：「臣聞之，慮不先定，不可以應卒，〔一〕兵不先辨，不可以勝敵。今夫齊與吴將戰，彼戰而不勝，越亂之必矣；與齊戰而勝，必以其兵臨晉。」晉君大恐曰：「爲之奈何？」子貢曰：「修兵休卒以待之。」晉君許諾。

〔一〕【索隱】按：卒，謂急卒也。言計慮不先定，不可以應卒有非常之事。

子貢去而之魯。吴王果與齊人戰於艾陵，〔一〕大破齊師，獲七將軍之兵而不歸，〔二〕果以兵臨晉，與晉人相遇黄池之上。〔三〕吴、晉争彊。晉人擊之，大敗吴師。〔四〕越王聞之，涉江襲吴，去城七里而軍。吴王聞之，去晉而歸，與越戰於五湖。三戰不勝，城門不守，越遂圍王

宮，殺夫差而戮其相。〔五〕破吳三年，東向而霸。〔六〕

〔一〕【索隱】按：左傳在哀十一年。

〔二〕【考證】梁玉繩曰：左傳「吳獲國書五人」，何云「獲七將軍」？

〔三〕【索隱】左傳黃池之會，在哀十三年。越入吳，吳與越平也。【考證】張文虎曰：索隱本無「之上」二字。梁玉繩曰：黃池之會，距戰艾陵二年。何言吳王不歸，以兵臨晉？

〔四〕【考證】中井積德曰：據左傳，黃池之會無戰鬭，此恐訛傳。且越入吳，在吳、晉爭彊之前。

〔五〕【索隱】按：左傳越滅吳在哀二十二年，則事並懸隔數年。蓋此文欲終說其事，故其辭相連。【考證】梁玉繩曰：會黃池，歸與越平，在哀十三年。越滅吳，在哀廿二年。何云會黃池，歸與越戰不勝見殺？

〔六〕【考證】梁玉繩曰：越滅吳稱霸，在孔子卒後七年。何云子貢之出，孔子使之？

故子貢一出，存魯亂齊，破吳彊晉，而霸越。〔一〕子貢一使，使勢相破，十年之中，五國各有變。〔二〕

〔一〕【考證】張文虎曰：據下「五國各有變」，索隱舊本無此十五字。

〔二〕【索隱】按：左傳謂魯、齊、晉、吳、越也，故云「子貢一出，存魯亂齊，破吳彊晉而霸越」。【考證】梁玉繩曰：自哀八年齊伐魯，至廿二年吳滅越，首尾十五歲，何云十年？傾人之邦以存宗國，何以爲孔子？縱橫捭闔，不顧義理，何以爲子貢？即其所言了無一實，而津津言之。子胥傳亦有句踐用子貢之謀、率衆助吳等語，豈不誣哉！崔述曰：論語列子貢於言語之科，孟子書中亦稱子貢善爲說辭，不過其才長於專對，若春秋傳中辭盟於吳之類耳，非若戰國縱橫之流巧言亂德，以傾覆人國家者比也。烏有佐陳恒以篡齊，欺夫差使亡國者哉？此蓋游說之士，因子貢之善於辭令而託之，非聖賢所爲。王安石曰：予讀史所載子貢事，乃與夫儀、秦、軫、代無以異也。孔子曰「己所不欲，勿施于人」，已以墳墓之國，而欲全之，則齊、吴之人豈無是心哉？奈何使之亂也？子貢之行雖不能盡當于義，然孔子賢弟子也，固不宜至于此。矧曰孔子使之也！太史公曰「學者多稱七十子之徒，譽者或過其實，毁者或損其真」，子貢雖好辯，詎至于此耶？亦所謂毁損其真者哉？

沈家本曰：索隱引左傳，今左傳無此事。

子貢好廢舉，與時轉貨貲。〔一〕喜揚人之美，不能匿人之過，常相魯、衛，家累千金，卒終于齊。〔二〕

〔一〕**【集解】**廢舉，謂停貯也。與時，謂逐時也。夫物賤，則買而停貯。值貴，即逐時轉易貨賣取資利也。**【索隱】**按：家語「貨」作「化」，王肅云「廢舉，謂買賤賣貴也。轉化，謂隨時轉貨以殖其資也」。劉氏云「廢，謂物貴而賣之。舉，謂物賤而收買之。轉貨，謂轉貴收賤也」。**【考證】**此依論語「不受命而貨殖」之言附會耳，説詳于貨殖傳。洪頤煊曰：貨殖傳云「廢著鬻財於曹、魯之間」，集解徐廣曰「著，猶居也」。此「廢舉」當作「廢居」。越世家「陶朱公廢居候時，轉物逐什一之利」，平準書「廢居居邑」，集解徐廣曰「廢居者，貯畜之名也」。中井積德曰：廢，居也。舉，發也。轉，通也。愚按：中説較長，不必改「廢舉」爲「廢居」。

〔二〕**【考證】**中井積德曰：相魯、衛，恐訛傳。

言偃，吴人，〔一〕字子游。少孔子四十五歲。

〔一〕**【索隱】**家語云魯人。按：偃仕魯爲武城宰耳。今吴郡有言偃冢，蓋吴郡人爲是也。

子游既已受業，爲武城宰。〔一〕孔子過，聞弦歌之聲。孔子莞爾而笑〔二〕曰：「割雞焉用牛刀？」〔三〕子游曰：「昔者偃聞諸夫子，曰：『君子學道則愛人，小人學道則易使。』」〔四〕孔

子曰：「二三子，〔五〕偃之言是也，前言戲之耳。」〔六〕孔子以爲子游習於文學。〔七〕

〔一〕【正義】括地志云：「在兖州，即南城也。」輿地志云南武城縣，魯武城邑，子游爲宰者也，在泰山郡。【考證】南武城，今嘉祥縣。

〔二〕【集解】何晏曰：「莞爾，小笑貌。」

〔三〕【集解】孔安國曰：「言治小何須用大道。」【考證】當時蓋有此俚言。蘇秦云「寧爲雞口，無爲牛後」，亦雞牛對言，皆取譬家畜。

〔四〕【集解】孔安國曰：「道，謂禮樂也。樂以和人，人和則易使。」

〔五〕【集解】孔安國曰：「從行者。」

〔六〕【集解】孔安國曰：「戲以治小而用大。」【考證】「爲武城宰」以下，論語陽貨篇。

〔七〕【考證】論語先進篇。

卜商字子夏。〔一〕少孔子四十四歲。〔二〕

〔一〕【集解】家語云衛人。鄭玄曰温國卜商。【索隱】按：家語云衛人，鄭玄云温國人，不同者，温國今河内温縣，元屬衛故。

〔二〕【考證】楓、三本「四十」作「三十」。

子夏問：「『巧笑倩兮，美目盼兮，素以爲絢兮』，何謂也？」〔一〕子曰：「繪事後素。」〔二〕曰：「禮後乎？」〔三〕孔子曰：「商始可與言詩已矣。」〔四〕

〔一〕【集解】馬融曰：「倩，笑貌。盼，動目貌。絢，文貌。此上二句在衛風碩人之二章，其下一句逸詩。」【考證】

「盼」字從分。盼，目黑白分也。從兮誤。

〔二〕【集解】鄭玄曰：「繪，畫文也。凡畫繪，先布衆色，然後以素分布其閒，以成其文。喻美女雖有倩盼美質，亦須禮以成也。」

〔三〕【集解】何晏曰：「孔言繢事後素，子夏聞而解知以素喻禮，故曰『禮後乎』。」

〔四〕【集解】包氏曰：「能發明我意，可與言詩矣。」【考證】「子夏問」以下，論語八佾篇。

子貢問：「師與商孰賢？」子曰：「師也過，商也不及。」〔一〕「然則師愈與？」曰：「過猶不及。」〔二〕

〔一〕【集解】孔安國曰：「言俱不得中。」

〔二〕【考證】論語先進篇。愈，猶勝也。

子謂子夏曰：「汝爲君子儒，無爲小人儒。」〔一〕

〔一〕【集解】何晏曰：「君子之儒，將以明道；小人爲儒，則矜其名。」【考證】論語雍也篇。楓、三本無「曰汝」二字。

孔子既没，子夏居西河教授，〔一〕爲魏文侯師。〔二〕其子死，哭之失明。〔三〕

〔一〕【索隱】在河東郡之西界，蓋近龍門。劉氏云：「今同州河西縣有子夏石室學堂也。」【正義】西河郡，今汾州也。爾雅云「兩河閒曰冀州」。禮記云「自東河至於西河」。河東，故號龍門河爲西河，漢因爲西河郡，汾州也，子夏所教處。括地志云「謁泉山，一名隱泉山，在汾州隰城縣北四十里。注水經云『其山崖壁五，崖半有一石室，去地五十丈，頂上平地十許頃。隨國集記云此爲子夏石室，退老西河居此』。有卜商神祠，今見在」。【考證】本禮記檀弓篇。梁玉繩曰：後書徐防傳注引史云「子夏居西河教弟子三百人」，與今本異。

〔二〕【索隱】按：子夏文學著於四科，序詩傳易。又孔子以春秋屬商，又傳禮，著在禮志。而此史並不論，空記論語小事，亦其疏也。【正義】文侯都安邑。孔子卒後，子夏教於西河之上，文侯師事之，咨問國政焉。【考證】洪邁云：子夏少孔子四十四歲，孔子卒時子夏年二十八矣。是時周敬王四十一年，歷元王、定王、考王，至威烈王二十三年魏始侯，去孔子卒時七十五年。文侯爲大夫二十二年而爲侯，又十六年而卒。姑以始侯之歲計之，則子夏已百三歲矣，方爲諸侯師，豈其然乎？愚按：此不必以爲侯之後言之。其曰「文侯」者追記之言耳。又按：「二十八」當作「三十」，「百三歲」當作「百五歲」。洪邁又云：孔子弟子唯子夏獨有書，雖傳記雜言未可盡信，然要與他人不同矣。於易則有傳，於詩則有序。而毛詩之學，一云子夏授高行子，四傳而至小毛公，一云子夏傳曾申，五傳而至大毛公。於禮則有儀禮喪服一篇。馬融、王肅諸儒爲之訓說。於春秋，所云「不能贊一辭」，蓋亦嘗從事於斯矣。公羊高實受之於子夏，穀梁赤者，風俗通亦云「子夏門人」。於論語，則鄭康成以爲仲弓、子夏等所撰定也。後漢徐防上疏曰「詩、書、禮、樂，定自孔子，發明章句，始於子夏」，斯其證矣。愚按：子夏有功於聖學，洪說略盡之矣。唯至其曰「弟子唯子夏有書」，則不然。史曾參傳云「孔子以爲通孝道，故授之業，作孝經」，漢藝文志云「孝經者孔子爲曾子陳孝道也」，又云「曾子十八篇，名參，孔子弟子」，「漆雕子十三篇，孔子弟子漆雕啓撰」，「宓子十六篇，名不齊，字子賤，孔子弟子」，其餘尚多，不獨子夏也。

〔三〕【考證】本禮記檀弓、淮南子精神訓。

顓孫師，陳人，字子張。〔一〕少孔子四十八歲。

〔一〕【索隱】鄭玄目録陽城人。陽城縣名，屬陳郡。【考證】姚範曰：左傳襄二十八年「顓孫自齊來奔」，子張疑其後也。

子張問干祿，〔一〕孔子曰：「多聞闕疑，慎言其餘，則寡尤；〔二〕多見闕殆，慎行其餘，則寡悔。〔三〕言寡尤，行寡悔，祿在其中矣。」〔四〕

〔一〕【集解】鄭玄曰：「干，求也。祿，祿位也。」【考證】論語「問」作「學」。中井積德曰：詩旱麓篇「豈弟君子，干祿豈弟」，假樂篇「干祿百福，子孫千億」，子張蓋因詩發焉，以作干祿之工夫也。俞樾曰：子張學干祿，猶南容「三復白圭」。曰「學」，曰「三復」，皆於學詩研求其義，非學求祿位之法也。愚按：梁氏志疑引趙佑詩細，亦有此說。

〔二〕【集解】包氏曰：「尤，過也。疑則闕之，其餘不疑，猶慎言之則少過。」

〔三〕【集解】包氏曰：「殆，危也。所見危者闕而不行則少悔。」

〔四〕【集解】鄭玄曰：「言行如此，雖不得祿，得祿之道。」【考證】「子張問干祿」以下，論語爲政篇。

他日從在陳、蔡閒，困，〔一〕問行。孔子曰：「言忠信，行篤敬，雖蠻貊之國行也；言不忠信，行不篤敬，雖州里行乎哉！〔二〕立則見其參於前也，在輿則見其倚於衡，夫然後行。」〔三〕子張書諸紳。〔四〕

〔一〕【考證】張文虎曰：北宋、淩本「困」譌「因」。

〔二〕【集解】鄭玄曰：「二千五百家爲州，五家爲鄰，五鄰爲里。行乎哉，言不可行。」

〔三〕【集解】包氏曰：「衡，軛也。言思念忠信，立則常想見，參然在前。在輿則若倚於車軛。」

〔四〕【集解】孔安國曰：「紳，大帶也。」【考證】「問行」以下，論語衛靈公篇。此問不必於陳、蔡。

子張問：「士何如斯可謂之達矣？」孔子曰：「何哉，爾所謂達者？」〔一〕子張對曰：「在國必聞，在家必聞。」〔二〕孔子曰：「是聞也，非達也。夫達者質直而好義，察言而觀色，慮以下人，〔三〕在國及家必達。〔四〕夫聞也者，色取仁而行違，居之不疑，〔五〕在國及家必聞。」〔六〕

〔一〕【考證】此倒裝法。孟子梁惠王篇「何哉，君所爲輕身先於匹夫者」，「何哉，君所謂踰者」同一句法。

〔二〕【集解】鄭玄曰：「言士之所在，皆能有名譽。」【考證】伊藤維楨曰：達者，内有其實，名譽自達也。聞者，務飾乎外，以到名聞也。楓、三本無「對」字。

〔三〕【集解】馬融曰：「常有謙退之志，察言語，觀顔色，知其所欲，其念慮常欲下於人。」

〔四〕【集解】馬融曰：「謙尊而光，卑而不可踰。」

〔五〕【集解】馬融曰：「此言佞人也。佞人假仁者之色，行之則違。安居其僞而不自疑。」

〔六〕【集解】馬融曰：「佞人黨多。」【考證】論語顔淵篇。

曾參，南武城人，〔一〕字子輿。少孔子四十六歲。

〔一〕【索隱】按：武城屬魯，當時魯更有北武城，故言「南」也。【正義】括地志云：「南武城在兗州，子游爲宰者。地理志云定襄有武城，清河有武城，故此云南武城也。」【考證】方密之曰：「曾參」當讀如「參乘」之「參」。王引之曰：參讀爲驂，名參字子輿者，駕馬所以引車也。洪恩波曰：説文「森」讀如「曾參」之「參」，「參」讀「森」音，其誤久矣。孫志祖曰：日知録以仲尼弟子列傳「曾參南武城人」、「澹臺滅明武城人」，爲同一武城，子羽傳次曾子，省文但曰武城，殊不然。大戴禮衛將軍文子篇注云「曾參魯南武城人，澹臺滅明魯東武城人」，其爲兩判然。東武城亦單稱武城，左傳、論語、孟子所言皆是，在今費縣。若曾子本邑之南武城，自在今嘉祥縣，於曲阜爲西南，與費縣之在曲阜東北者不同，故加「南」以別之。

孔子以爲能通孝道，〔一〕故授之業，作孝經。死於魯。〔二〕

〔一〕【正義】韓詩外傳云：「曾子曰：『吾嘗仕爲吏，禄不過鍾釜，尚猶欣欣而喜者，非以爲多也，樂道養親也。親没之後，吾嘗南游於越得尊官，堂高九仞，榱題三尺，轉轂百乘。然猶北向而泣者，非爲賤也，悲不見吾親也。』」

〔二〕【考證】漢藝文志云「孝經者，孔子爲曾子陳孝道也。夫孝，天之經，地之義，民之行也。舉大者言，故曰孝經」。愚按：呂覽察微篇引孝經云「高而不危，所以長守貴也。滿而不溢，所以長守富也。富貴不離其身，然後能保其社稷，而和其民人」。孝行篇云「愛其親，不敢惡人。敬其親，不敢慢人。愛敬盡於親，光耀加於百姓，究於四海，此天子之孝也」，其文與今本孝經略同。呂覽成於秦始皇八年，則孝經之行既久矣。陸賈新語慎察篇「孔子曰『有至德要道以順天下』」，禮記喪服四制「資於事父以事君而敬同，資於事父以事母而愛同」，曲禮「凡爲人子之禮，在醜夷不争」，經解「孔子曰『安上治民，莫善於禮』」，鄉飲酒義「君子之所謂孝者，非家至而日見之也」，問喪「故曰『辟踊哭泣，哀以送之』」。如是之類，蓋皆采之孝經。姚際恒古今僞書考疑之，以爲是書來歷出于漢儒，不惟非孔子作，併非周秦之言也。其説甚妄。又按：漢志云「曾子十八篇」，今大戴記存其十篇，小戴記祭義亦曾子大孝篇文。中井積德曰：曾子傳獨不引論語，且略，何哉？

澹臺滅明，〔一〕武城人，〔二〕字子羽。少孔子(二)〔三〕十九歲。

〔一〕【集解】包氏曰：「澹臺姓，滅明名。」【正義】括地志云：「延津在滑州靈昌縣東七里。注水經云『黄河水至此，爲之延津。昔澹臺子羽齎千金之璧渡河，陽侯波起，兩蛟夾舟。子羽曰：「吾可以義求，不可以威劫。」操劍斬蛟。蛟死，乃投璧於河，三投而輒躍出，乃毁璧而去，亦無怪意』。即此津也。」

〔三〕【正義】括地志云亦在兗州。

狀貌甚惡。欲事孔子，孔子以爲材薄。〔一〕既已受業，退而修行，行不由徑，非公事不見卿大夫。〔二〕

〔一〕【考證】說見下文。

〔二〕【集解】包氏曰：「言其公且方。」【考證】中井積德曰：滅明爲孔子弟子，不可信也。縱令爲弟子，其不由徑，不見卿大夫，在未見孔子之前，論語雍也篇可徵，此文失前後。

南游至江，〔一〕從弟子三百人，設取予去就，〔二〕名施乎諸侯。孔子聞之曰：「吾以言取人，失之宰予；以貌取人，失之子羽。」〔三〕

〔一〕【索隱】按：今吳國東南有澹臺湖，即其遺迹所在。

〔二〕【考證】岡白駒曰：唯義之從。

〔三〕【索隱】按：家語「子羽有君子之容，而行不勝其貌」，而上文云「滅明狀貌甚惡」，則以子羽形陋也。今此孔子云「以貌取人，失之子羽」，與家語正相反。【正義】按：澹子羽墓在兗州鄒城縣。【考證】大戴記五帝德云「吾欲以顏色取人，于滅明邪改之；吾欲以言取人，于予邪改之；吾欲以容取之，于師邪改之」，未明言滅明容貌美惡。韓子則云「澹臺子羽有君子之容，仲尼幾而取之」。梁玉繩曰：孔子斯言大戴禮五帝德、韓子顯學皆有之。史公取入留侯世家論及此傳，王肅取入家語子路初見及弟子解。中井積德曰：家語取之韓非子也，並不當信據。而「狀貌甚惡」之說，亦未見其可信。則此傳宜除去孔子言取貌取數言，併刪「貌惡」句方可。

宓不齊字子賤。〔一〕少孔子三十歲。〔二〕

〔一〕【集解】孔安國曰：「魯人。」【正義】顔氏家訓云：「兖州永昌郡城，舊單父縣地也。東門有子賤碑，漢世所立，乃云濟南伏生即子賤之後，是『虙』之與『伏』古來通字，誤爲『宓』較可明矣。『虙』字從『虍』，音呼；宓從『宀』，音緜。下俱爲『必』，世傳寫誤也。」【考證】虙、伏、宓、密古通用，顔説泥，説詳于梁氏志疑。

〔二〕【索隱】家語云「魯人，字子賤，少孔子四十九歲」。此云「三十」，不同。【考證】張文虎曰：各本「三十歲」作「四十九歲」，蓋後人依家語改。今據索隱本。

孔子謂子賤「君子哉！魯無君子，斯焉取斯？」〔一〕

〔一〕【集解】包氏曰：「如魯無君子，子賤安得此行而學？」【考證】論語公治長篇。漢藝文志儒家有宓子十五篇。

子賤爲單父宰，〔一〕反命於孔子曰：「此國有賢不齊者五人，〔二〕教不齊所以治者。」孔子曰：「惜哉不齊所治者小，所治者大則庶幾矣。」

〔一〕【正義】宋州縣也。説苑云：「宓子賤理單父，彈琴身不下堂，單父理。巫馬期以星出，以星入，而單父亦理。巫馬期問其故。宓子賤曰：『我之謂任人，子之謂任力。任力者勞，任人者逸。』」【考證】正義引説苑政理篇，又見呂覽察賢篇、韓詩外傳二。

〔二〕【索隱】按：家語云「不齊所父事者三人，所兄事者五人，所友者十一人」，不同也。【考證】索隱引家語辯政篇。又見説苑政理、韓詩外傳八。

原憲字子思。〔一〕

〔一〕【集解】鄭玄曰：「魯人。」【索隱】鄭玄云魯人。家語云：「宋人，少孔子三十六歲。」【考證】梁玉繩曰：檀弓稱仲憲，論語稱原思。

子思問恥。孔子曰：「國有道，穀。〔一〕國無道，穀，恥也。」〔二〕

〔一〕【集解】孔安國曰：「穀，禄也。邦有道，當食禄。」

〔二〕【集解】孔安國曰：「君無道，而在其朝，食其禄，是恥辱也。」【考證】論語憲問篇。

子思曰：「克伐怨欲不行焉，可以爲仁乎？」〔一〕孔子曰：「可以爲難矣，仁則吾弗知也。」〔二〕

〔一〕【集解】馬融曰：「克，好勝人也。伐，自伐其功。怨，忌也。欲，貪欲也。」【考證】論語「乎」作「矣」，與顓孫師傳「何如斯可謂之達矣」「矣」字同。史公彼仍舊文，此改易，何也？

〔二〕【集解】包氏曰：「四者行之難者，未足以爲仁。」【考證】論語憲問篇。

孔子卒，原憲遂亡在草澤中。〔一〕子貢相衛，而結駟連騎，排藜藿入窮閻，〔二〕過謝原憲。憲攝敝衣冠見子貢。子貢恥之曰：「夫子豈病乎？」原憲曰：「吾聞之，無財者謂之貧，學道而不能行者謂之病。若憲貧也，非病也。」子貢慙，不懌而去，終身恥其言之過也。〔三〕

〔一〕【索隱】家語云「隱居衛」。

〔二〕【考證】王念孫曰：藋，當作「藿」。藋，徒弔反，今灰藋也。藜、藋皆生於不治之地，其高過人，必排之而後得進，故言排。越世家「莊生家負郭，披藜藋到門」。彼言披，此言排，其義一也。若藿爲豆，豆之高不及三尺，斯不可以排矣。

〔三〕【考證】本莊子讓王篇。列子楊朱篇云「原憲窶於魯，子貢殖於衛」，又見韓詩外傳一、新序雜事。

公治長，齊人，字子長。〔一〕

〔一〕**【索隱】**家語云：「魯人，名萇，字子長。」范甯云「字子芝」。**【考證】**梁玉繩曰：釋文引家語「長字子張」，又引范甯云「名芝，字子長」。今本家語同史記。

孔子曰：「長可妻也，雖在累紲之中，非其罪也。」〔二〕以其子妻之。〔三〕

〔二〕**【集解】**孔安國曰：「累，黑索也。紲，攣也。所以拘罪人。」**【考證】**楓、三本「累」作「縲」，與論語合。

〔三〕**【集解】**張華曰：「公治長墓在城陽姑幕城東南五里所，墓極高。」**【考證】**論語公治長篇。

南宮括字子容。〔一〕

〔一〕**【集解】**孔安國曰：「容，魯人。」**【索隱】**家語作「南宮縚」。按：其人是孟僖子之子，仲孫閱也，蓋居南宮，因姓焉。**【考證】**梁玉繩曰：論語作「适」，又稱南容。檀弓作「南宮縚」，家語作「南宮韜」，蓋南容有二名。括與适，縚與韜，字之通也。自世本誤以南宮縚爲仲孫説，于是孔安國注論語、康成注禮記、陸德明釋文、小司馬索隱、朱子集註並因其誤。朱氏經義考載明夏洪基孔門弟子傳略，辨南宮括、縚，字子容，是一人，孟僖子之子仲孫説、閱、南宮敬叔是一人，確鑿可從。愚按：論語之南容與春秋傳敬叔自是别人。崔述洙泗考信餘録二卷論之甚詳。

問孔子曰：「羿善射，奡盪舟，〔二〕俱不得其死然；〔三〕禹、稷躬稼而有天下。」孔子弗答。〔三〕容出，孔子曰：「君子哉若人！上德哉若人！」〔四〕「國有道，不廢；〔五〕國無道，免於刑戮。」〔六〕三復「白珪之玷」，〔七〕以其兄之子妻之。〔八〕

〔一〕【集解】孔安國曰：「羿，有窮之君，篡夏后位，其徒寒浞殺之，因其室而生奡。奡多力，能陸地行舟，爲夏后少康所殺。」【正義】羿，音詣。盪，大浪反。【考證】佐藤坦曰：盪舟，蓋謂捉舟首左右搖盪也。

〔二〕【考證】楓、三本引集解云「孔安國曰：『此二子者皆不得以壽終也。』」

〔三〕【集解】馬融曰：「禹盡力於溝洫，稷播百穀，故曰『躬稼』也。禹及其身，稷及後世，皆爲王。括意欲以禹、稷比孔子，孔子謙，故不答。」【考證】中井積德曰：禹、稷一體人物。然躬稼切於稷身上，有天下切於禹身上，是互帶說也，非以稷之後有天下云然。

〔四〕【集解】孔安國曰：「賤不義而貴有德，故曰君子。」【考證】「問孔子」以下，論語憲問篇。論語「上」作「尚」。

〔五〕【集解】孔安國曰：「不廢，言見任用。」

〔六〕【考證】論語公治長篇。

〔七〕【集解】孔安國曰：「詩云『白珪之玷，尚可磨也；斯言之玷，不可爲也』。南容讀詩至此，三反之，是其心敬慎於言。」【考證】論語先進篇。

〔八〕【考證】論語公治長篇、先進篇。

公皙哀字季次。〔一〕

〔一〕【集解】孔子家語云齊人。【索隱】家語作「公皙克」。

孔子曰：「天下無行，多爲家臣仕於都；唯季次未嘗仕。」〔二〕

〔二〕【索隱】家語云「未嘗屈節爲人臣，故字特賞歎之」，亦見游俠傳也。

曾蒧〔一〕字皙。〔二〕

〔一〕【集解】音點。【索隱】音點，又音其炎反。

〔二〕【集解】孔安國曰：皙，曾參父。【索隱】家語云「曾點字子皙，曾參之父」。

侍孔子，孔子曰：「言爾志。」蒧曰：「春服既成，冠者五六人，童子六七人，浴乎沂，風乎舞雩，詠而歸。」〔一〕孔子喟爾歎曰：「吾與蒧也！」〔二〕

〔一〕【集解】徐廣曰：「一作『饋』。」駰案：包氏曰「暮春者，季春三月也。春服既成，衣單袷之時，我欲得冠者五六人，童子六七人，浴於沂水之上，風涼於舞雩之下，歌詠先王之道，歸於夫子之門」。

〔二〕【集解】周氏曰：「善蒧之獨知時也。」【考證】「侍孔子」以下，論語先進篇。此時侍坐者子路、冉有、公西華與曾點也，各言其志，彼是對比，方見點也之可與。史删其上文，何也？黄東發曰：夫子以行道救世爲心，而時不我與，方與二三子相講明於寂寞之濱。而忽聞曾點浴沂之言，若有獨契其浮海居夷之志，曲肱水飲之樂，故不覺喟然而嘆，蓋其意之所感者深矣。

顏無繇字路。路者顏回父，〔一〕父子嘗各異時事孔子。

〔一〕【集解】繇，音遥。【索隱】家語云「顏由字路，回之父也。孔子始教於闕里，而受學焉。少孔子六歲」，故此傳云「父子異時事孔子」，故易稱「顏氏之子」者，是父子俱學孔門也。【正義】繇，音由。【考證】李笠曰：案音由是也。家語正作「由」。古人名字相應。由字路，猶仲由字路也。張文虎曰：索隱本無「路者顏」三字。

顏回死，顏路貧，請孔子車以葬。〔一〕孔子曰：「材不材，亦各言其子也。鯉也死，有棺而無椁，吾不徒行以爲之椁，以吾從大夫之後，不可以徒行。」〔二〕

〔二〕【集解】孔安國曰：「賣以作椁。」【考證】顏路之請固悖矣，然使路爲此請，亦可以見孔子愛弟子之厚也。

〔三〕【集解】孔安國曰：「鯉，孔子子伯魚。孔子時爲大夫，言從大夫之後不可徒行，謙辭也。」【考證】「顏回死」以下，論語先進篇。

商瞿，〔一〕魯人，字子木。少孔子二十九歲。〔二〕

〔一〕【正義】具俱反。

〔二〕【索隱】家語云：「瞿年三十八，無子，母欲更娶室。孔子曰『瞿過四十，當有五丈夫子』，果然。瞿謂梁鱣勿娶，『吾恐子或晚生，非妻之過也』。」

孔子傳易於瞿，瞿傳楚人馯臂子弘，〔一〕弘傳江東人矯子庸疵，〔二〕疵傳燕人周子家豎，〔三〕豎傳淳于人光子乘羽，〔四〕羽傳齊人田子莊何，〔五〕何傳東武人王子中同，〔六〕同傳菑川人楊何。〔七〕何，元朔中，以治易爲漢中大夫。〔八〕

〔一〕【集解】徐廣曰：「音寒。」【索隱】馯，徐廣音韓，鄒誕生音汗。按：儒林傳、荀卿子及漢書皆云馯臂字子弓，今此獨作「弘」，蓋誤耳。應劭云子弓是子夏門人。【正義】馯，音汗。顏師古云：「馯，姓也。」漢書及荀卿子皆云字子弓，此作「弘」，蓋誤也。應劭云：「子弓，子夏門人。」【考證】張文虎曰：「『弘』當作『厷』，『厷』即「肱」字。名臂，故字子厷。諸書作「弓」者，同音假借。

〔二〕【集解】矯，音橋。疵，自移反。【索隱】儒林傳及系本皆作「蟜」。疵，音自移反。「疵」字或作「疪」。蟜是姓，疵名也，字子肩。然蟜姓魯莊公族也，禮記「蟜固見季武子」。蓋魯人，史儒林傳皆云魯人，獨此云江東人，蓋亦誤耳。儒林傳云馯臂江東人，橋疵楚人也。【正義】漢書作「橋疪」，云魯人。顏師古云橋疵字子庸。【考證】李笠曰：漢書儒林傳云「商受易孔子，以授魯橋庇子庸，子庸授江東馯臂子弓」，師承世次與史相反。

〔三〕【索隱】周豎字子家，有本作「林」。【正義】豎，音時與反。周豎字子家，漢書作「周醜」也。

〔四〕【索隱】淳于，縣名，在北海。光羽字子乘。【正義】光乘字羽。括地志云：「淳于國，在密州安丘縣東三十里，古之州國，周武王封淳于國。」【考證】恩田仲任曰：以上文律之，光姓，子乘字，羽其名也。李笠曰：左傳襄十年正義云「古人名字並言者，皆先字而後名」。

〔五〕【索隱】田何字子莊。【正義】儒林傳云「田何字子莊」。

〔六〕【集解】徐廣曰：「東武，屬琅邪。」【索隱】王同字子中。【正義】括地志云：「東武縣，今密州諸城縣是也。」漢書作「王同字子仲」。

〔七〕【索隱】自商瞿傳易，至楊何凡八代相傳。儒林傳何字叔元。【正義】漢書云字叔元。按：商瞿至楊何凡八代。【考證】事又見儒林傳。梁玉繩曰：漢儒林傳「瞿受易孔子，以授魯橋庇子庸，子庸授江東馯臂子弓，子弓授燕周醜子家，子家授東武孫虞子乘，子乘授齊田何子莊」，不但里居姓名不同，傳授亦互異。陸氏釋文、孔氏周易正義並從漢書爲說。

〔八〕【考證】梁玉繩曰：史、漢儒林傳皆作「元光」，此「朔」字誤。

高柴字子羔。少孔子三十歲。

子羔長不盈五尺，〔一〕受業孔子，孔子以爲愚。〔二〕

〔一〕【集解】鄭玄曰：「衛人。」【索隱】鄭玄云衛人。家語「齊人，高氏之別族。長不盈六尺，狀貌甚惡」。此傳作

「五尺」，誤也。【正義】家語云齊人。【考證】檀弓上疏引史作「子皋」，哀十七年左傳稱「季羔」。檀弓兩稱「子皋」，一稱「季子皋」，羔、皋古通用。論語釋文引家語作「子高」，蓋以羔、高音同通用而譌。字與氏不應同也。今本家語作「子羔」。「盈」字失避諱。

〔三〕【考證】論語先進篇云「柴也愚」。

子路使子羔爲費郈宰，〔一〕孔子曰：「賊夫人之子！」〔二〕子路曰：「有民人焉，有社稷焉，何必讀書然後爲學？」〔三〕孔子曰：「是故惡夫佞者。」〔四〕

〔一〕【正義】括地志云：「鄆州宿縣二十三里郈亭。」【考證】論語及楓、三本無「郈」字，此衍。沈濤曰：史記「費」字衍文，蓋古本論語作「郈宰」，不作「費宰」。論衡藝增篇正作「郈宰」，可見漢以前本皆如是也。正義但釋「郈」不釋「費」，可見所據本無此字，參存。

〔二〕【集解】包氏曰：「子羔學未熟習而使爲政，所以賊害人。」

〔三〕【集解】孔安國曰：「言治人事神，於是而習，亦學也。」

〔四〕【集解】孔安國曰：「疾其以口給應，遂己非而不知窮也。」【考證】論語先進篇。

漆彫開字子開。〔一〕

〔一〕【集解】鄭玄曰：「魯人也。」【索隱】郑玄云魯人。家語云：「蔡人，字子若，少孔子十一歲。」又云：「習尚書，不樂仕。孔子曰：『可以仕矣。』對曰：『吾斯之未能信。』」王肅云：「未得用斯書之意，故曰『未能信』也。」【正義】家語云：「蔡人，字子若，少孔子十一歲。習尚書，不樂仕。」【考證】漆雕氏之名字多有不同。漢藝文志及人表作「名啓」，家語作「字子若」，白水碑作「字子脩」。藝文志考證云「名啓，字子開。史避景帝諱也」。

然則「子若」、「子脩」皆誤耳。

孔子使開仕，對曰：「吾斯之未能信。」〔一〕孔子説。〔二〕

〔一〕【集解】孔安國曰：「仕進之道未能信者，未能究習。」

〔二〕【集解】鄭玄曰：「善其志道深。」【考證】「孔子使」以下，論語公冶長篇。漢藝文志儒家「漆雕子十二篇」，注：「孔子弟子漆雕啓後。」韓非子顯學篇「漆雕之議，不色撓，不目逃，行曲則違於臧獲，行直則怒於諸侯」，蓋啓之後有傳其學者也。

公伯繚字子周。〔一〕

〔一〕【集解】馬融曰：「魯人。」【索隱】馬融云魯人。家語無公伯繚而有申繚子周。而譙周云「疑公伯繚是讒愬之人，孔子不責而云『其如命何』，非弟子之流也」。今亦列比在七十二賢之數，蓋太史公誤，且「繚」亦作「遼」也。【正義】家語有申繚子周。古史考云：「疑公伯繚是讒愬之人，孔子不責，而云命。非弟子之流也。」【考證】論語「僚」作「寮」。公伯寮非孔子弟子，明嘉靖中罷其配食。

周愬子路於季孫，子服景伯以告孔子曰：「夫子固有惑志，〔一〕繚也，吾力猶能肆諸市朝。」〔二〕孔子曰：「道之將行，命也；道之將廢，命也。公伯繚其如命何！」〔三〕

〔一〕【集解】孔安國曰：「季孫信讒恚子路也。」【考證】子服，氏。景，謚。伯，字。魯大夫。夫子，指季孫。

〔二〕【集解】鄭玄曰：「吾勢猶能辨子路之無罪於季孫，使人誅繚而肆之也。有罪既刑，陳其尸曰肆。」

〔三〕【考證】「周愬」以下，論語憲問篇。

司馬耕字子牛。〔一〕

〔一〕【集解】孔安國曰：「宋人。」【索隱】家語云「宋人，字子牛」，孔安國亦云「宋人，弟安子曰司馬犂」也。牛是桓魋之弟，以魋爲宋司馬，故牛遂以司馬爲氏也。【正義】孔安國曰：「牛，宋人，弟子司馬犂也。」家語云：「宋桓魋之弟也。魋爲宋司馬，故牛以司馬爲氏。」【考證】索隱「安曰」二字衍。

牛多言而躁。問仁於孔子，孔子曰：「仁者其言也訒。」〔一〕曰：「其言也訒，斯可謂之仁乎？」子曰：「爲之難，言之得無訒乎！」〔二〕

〔一〕【集解】孔安國曰：「訒，難也。」

〔二〕【集解】孔安國曰：「行仁難，言仁亦不得不訒也。」

問君子，子曰：「君子不憂不懼。」〔一〕曰：「不憂不懼，斯可謂之君子乎？」子曰：「内省不疚，夫何憂何懼！」〔二〕

〔一〕【集解】孔安國曰：「牛兄桓魋將爲亂，牛自宋來學，常憂懼，故孔子解之也。」

〔二〕【集解】包氏曰：「疚，病。自省無罪惡，無可憂懼。」【考證】「問仁於孔子」以下，論語顔淵篇。

樊須字子遲。〔一〕少孔子三十六歲。

〔一〕【集解】鄭玄曰：「齊人。」【索隱】家語云「魯人也」。【正義】家語云魯人。

樊遲請學稼，孔子曰：「吾不如老農。」請學圃，曰：「吾不如老圃。」〔一〕樊遲出，孔子曰：「小人哉樊須也！上好禮，則民莫敢不敬；上好義，則民莫敢不服；上好信，則民莫敢

不用情。〔二〕夫如是，則四方之民襁負其子而至矣，焉用稼！」〔三〕

〔一〕【集解】馬融曰：「樹五穀曰稼，樹菜蔬曰圃。」

〔二〕【集解】孔安國曰：「情，實也。言民化上，各以實應。」

〔三〕【集解】包氏曰：「禮義與信，足以成德，何用學稼以教民乎！負子之器曰襁。」【考證】「樊遲請學稼」以下，論語子路篇。朱熹曰：繦，織縷爲之，以約小兒於背者。安井衡曰：樊遲蓋憂民貧力乏，田圃多荒，欲學農圃以教之。觀孔子所答，其意自見矣。

樊遲問仁，子曰：「愛人。」問智，曰：「知人。」〔一〕

〔一〕【考證】論語顏淵篇「智」作「知」。

有若少孔子四十三歲。〔一〕有若曰：「禮之用，和爲貴，先王之道斯爲美。小大由之，有所不行；知和而和，不以禮節之，亦不可行也。」〔二〕「信近於義，言可復也；〔三〕恭近於禮，遠恥辱也；〔四〕因不失其親，亦可宗也。」〔五〕

〔一〕【集解】鄭玄曰：「魯人。」【索隱】家語云：「魯人，字子有，少孔子三十三歲。」今此傳云「四十三歲」，不知傳誤，又所見不同也。【正義】家語云「魯人，字有，少孔子三十三歲」，不同。【考證】檀弓上疏引史作「四十三歲」。張文虎曰：各本脱「四」字，今依北宋本、毛本。索隱注作「四十二」，未知孰誤。愚按：楓、三本亦作「四十三歲」。

〔二〕【集解】馬融曰：「人知禮貴和，而每事從和，不以禮爲節，亦不可以行也。」【考證】俞樾曰：用，以古通。「斯」字專指禮而言。蓋謂先王之道，禮爲最美，小大由之，而有所不行者，不和故也。但言有所不行，而不言其不行之故，則「禮之用和爲貴」已見上文，故省。

〔三〕【集解】何晏曰：「復，猶覆也。義不必信，信非義也。以其言可反覆，故曰近義。」

〔四〕【集解】何晏曰：「恭不合禮，非禮也。以其能遠恥辱，故曰近禮。」

〔五〕【集解】孔安國曰：「因，親也。言所親不失其親，亦可宗敬。」【考證】「有若曰」以下，論語學而篇。

孔子既没，弟子思慕，有若狀似孔子，弟子相與共立爲師，師之如夫子時也。〔一〕他日，弟子進問曰：「昔夫子當行，使弟子持雨具，已而果雨。弟子問曰：『夫子何以知之？』夫子曰：『詩不云乎？「月離于畢，俾滂沱矣。」〔二〕昨暮月不宿畢乎？』他日，月宿畢，竟不雨。商瞿年長無子，其母爲取室。〔三〕孔子使之齊，瞿母請之。孔子曰：『無憂，瞿年四十後，當有五丈夫子。』〔四〕已而果然。敢問夫子何以知此？」有若默然無以應。弟子起曰：「有子避之，此非子之座也！」〔五〕

〔一〕【考證】本孟子滕文公篇。

〔二〕【集解】毛傳曰：「畢，噣也。月離陰星則雨。」【考證】詩小雅漸漸之石篇。楓、三本「俾」作「雨」。

〔三〕【正義】家語云：「瞿年三十八無子，母欲更娶室。孔子曰：『瞿年過四十，當有五丈夫子。』果然。」中備云：「魯人商瞿使向齊國，瞿年四十，今後使行遠路，畏慮，恐絶無子。夫子正月與瞿母筮，告曰：『後有五丈夫子。』子貢曰：『何以知？』子曰：『卦遇大畜，艮之二世。九二，甲寅木爲世。六五，景子水爲應。世生外象生象來爻生互内象，艮別子，應有五子，一子短命。』顔回云：『何以知之？』『内象是本子，一艮變爲二醜三陽爻五，於是五子，一子短命。』『何以知短命？』『他以故也。』」【考證】中井積德曰：正義「中備云」皆當削。張文虎曰：正義「世生外象」以下譌脱。考異雖以意推衍，未必盡合。其云「子水爲世，寅木爲應」，則「世」、

「應」互誤矣。

〔四〕【集解】五男也。【索隱】謂五男也。

〔五〕【考證】蘇轍曰：「月宿畢，而雨不應」，「商瞿四十而生五子」，此卜祝之事，鄙儒所以謂孔子聖人者，戰國雜說類此多矣。宋祁曰：此鄒、魯閒野人語耳。觀孟子書，嘗謀之，後弗克舉，安有撤座之論！洪邁曰：此兩事殆近於星曆卜祝之學，何足以爲聖人，而謂孔子言之乎？有若不能知，何所加損，而弟子遽以是斥退之乎？孟子稱子夏、子游、子張以有若似聖人，欲以所事孔子事之。曾子不可，但言江漢秋陽不可尚而已，未嘗深詆也。論語記諸善言，以有子之言爲第二章，在曾子之前。使有避坐之事，弟子肯如此哉！檀弓載有子聞曾子「喪欲速貧，死欲速朽」兩語，以爲非君子之言，又以爲夫子有爲言之，子游曰「甚哉有子之言似夫子也」，則其爲門人弟子所敬久矣。太史公之書，於是爲失矣。梁玉繩曰：賢如有若，必不僭居師座，弟子亦必不因不答所問，即令避座。

公西赤字子華。〔一〕少孔子四十二歲。

〔一〕【集解】鄭玄曰：「魯人。」

子華使於齊，冉有爲其母請粟。孔子曰：「與之釜。」〔一〕請益，曰：「與之庾。」〔二〕冉子與之粟五秉。〔三〕孔子曰：「赤之適齊也，乘肥馬，衣輕裘。吾聞君子周急不繼富。」〔四〕

〔一〕【集解】馬融曰：「六斗四升曰釜。」

〔二〕【集解】包氏曰：「十六斗曰庾。」

〔三〕【集解】馬融曰：「十六斛曰秉，五秉合八十斛。」

〔四〕【集解】鄭玄曰：「非冉有與之太多。」【考證】「子華使」以下，論語雍也篇。

巫馬施字子旗。〔一〕少孔子三十歲。

〔一〕【集解】鄭玄曰：「魯人。」【索隱】鄭玄云魯人。家語云：「陳人，字子期。」【正義】音其。【考證】論語作「巫馬期」。

陳司敗〔一〕問孔子曰：「魯昭公知禮乎？」孔子曰：「知禮。」退而揖巫馬旗曰：「吾聞君子不黨，君子亦黨乎？魯君娶吳女爲夫人，命之爲孟子。孟子姓姬，諱稱同姓，故謂之孟子。魯君而知禮，孰不知禮！」〔二〕施以告孔子，孔子曰：「丘也幸，苟有過，人必知之。臣不可言君親之惡，爲諱者禮也。」〔三〕

〔一〕【集解】孔安國曰：「司敗，官名。陳大夫也。」【考證】司敗即司寇。

〔二〕【集解】孔安國曰：「相助匿非曰黨。禮，同姓不婚，而君娶之。當稱『吳姬』，諱曰『孟子』。」

〔三〕【集解】孔安國曰：「以司敗之言告也。諱國惡，禮也。聖人之道弘，故受之爲過也。」【考證】「陳司敗」至「人必知之」，論語述而篇。李笠曰：「『臣不可言君親之惡』二語，不續，疑是旁注溷入。」

梁鱣字叔魚。〔一〕少孔子二十九歲。

〔一〕【集解】鱣，一作「鯉」。孔子家語曰齊人。【索隱】家語云齊人，字叔魚也。

顏幸字子柳。〔一〕少孔子四十六歲。〔二〕

〔一〕【集解】鄭玄曰：「魯人」。【索隱】家語云：「顏幸字柳。」按：禮記有顏柳，或此人。【考證】索隱引禮記檀弓篇。梁玉繩曰：宋本家語、宋史禮樂志「幸」作「辛」。

〔二〕【索隱】家語云「少三十六歲」，與鄭玄同。【考證】今本家語與史同。

冉孺字子魯。〔一〕少孔子五十歲。

〔一〕【集解】一作「曾」。【索隱】家語字子魯，魯人。作「冉孺」。

曹卹字子循。少孔子五十歲。〔一〕

〔一〕【索隱】家語同。

伯虔字子析。少孔子五十歲。〔一〕

〔一〕【索隱】家語作「伯處字子皙」，皆轉寫字誤，未知適從。【正義】家語云「子哲」。

公孫龍字子石。〔一〕少孔子五十三歲。

〔一〕【集解】鄭玄曰：「楚人。」【索隱】家語或作「寵」，又云「礱」，七十子圖非「礱」也。按：字子石，則「礱」或非謬。鄭玄云楚人，家語衛人。然莊子所云「堅白之談」，則其人也。【正義】家語云衛人，孟子云趙人，莊子云「堅白之談」也。【考證】梁玉繩曰：索隱、正義以趙人談堅白者當之，則誤甚。趙公孫龍在平原君門，與子思玄孫孔穿同時，安得以爲孔子弟子？中井積德曰：孟子不載龍。正義蓋援孟荀列傳，而有誤文也。

自子石已右三十五人，顯有年名，及受業聞見于書傳。〔一〕其四十有二人，無年，及不見書傳者，紀于左：〔二〕

〔一〕【考證】楓、三本「顯」作「頗」，「聞」作「問難」，義長。

〔二〕【索隱】按：家語此例唯有三十七人。其公良孺、秦商、顔亥、叔仲會四人，家語有事迹，史記闕。然自公伯繚、秦冉、鄡單三人，家語不載，而別有琴牢、陳亢、縣亶，當此三人數，皆互有也。如文翁圖所記，又有林放、蘧伯玉、申棖、申堂，俱是後人以所見增益，於今殆不可考。【考證】楓、三本「左」下有「方」字。【考證】梁玉繩曰：三十五人中，無年者十二人，不見書傳者五人。而四十二人中，有年及見書傳者，若顔驕、公良儒、秦商、申棖、叔仲會五人，史公疏也。

冉季字子產。〔一〕

〔一〕【集解】鄭玄曰：「魯人。」【索隱】家語冉季字產。【正義】家語云冉季字子產。【考證】今本家語與史同。王鳴盛曰：裴駰注引鄭玄注，如「冉季字子產」，「鄭玄曰魯人」，「秦祖字子南」，「鄭玄曰秦人」之類，既非論語注，鄭又不注史記，家語王肅私定，鄭亦不見，竟不知此鄭何書之注。太史公曰「弟子籍出孔氏古文」，然則亦是孔安國所得魯共王壞宅壁中取出書也。蓋康成曾注之壁中書。如逸書、逸禮，康成皆不注，而弟子籍則有注。

公祖句茲字子之。〔一〕

〔一〕【索隱】句，音鉤。【正義】句，音鉤。【考證】家語無「句」字。

秦祖字子南。〔一〕

〔一〕【集解】鄭玄曰：「秦人。」【索隱】家語字子南。【考證】梁玉繩曰：索隱本無「子」字。

漆雕哆字子斂。〔一〕

〔一〕【集解】哆，音赤者反。鄭玄曰：「魯人。」【索隱】哆，赤者反。家語字子斂。

顏高字子驕。〔一〕

〔一〕【索隱】家語名產。孔子在衛，南子招夫子爲次過市，時產爲御也。【正義】孔子在衛，南子招夫子爲次乘過市，顏高爲御。【考證】梁玉繩曰：顏子之名字，索隱引家語名產。通典字子精。孔子世家、漢書人表及今家語並作「顏刻」。包咸論語注及莊子釋文並作「剋」。論語釋文又云「或作『亥』」，蓋剋、刻古通，「亥」即「刻」字脱其半。名產，字子精，或顏名字有二，亦未可知。而此所書名高似誤。左傳定八年陽州之役有「顏高弓六鈞，傳」，王厚齋遂謂陽州之顏高即弟子顏驕，此說殊謬。家語謂少孔子五十歲，是生于定九年，其非定八年斃陽州之顏高明甚。又史正義云「孔子在衛，南子招夫子爲次乘，顏高爲御」，蓋本于家語，而改「刻」爲「高」耳。然家語「少五十歲」之言，亦不可信。孔子過匡，在定十四年，倘少五十，其時纔六齡，安能爲師御車乎！又攷孔子世家，顏刻爲御，在過匡時，若爲南子次乘，則未嘗及刻。王肅妄以刻之爲御過匡，撮合于在衛爲次乘之僕，張守節誤據之。

漆雕徒父。〔一〕

〔一〕【索隱】家語字固也。【考證】今本家語名從，字子文。

壤駟赤字子徒。〔一〕

〔一〕【集解】鄭玄曰：「秦人。」【索隱】家語字子徒者。【考證】廣韻「壤駟，複姓」。今本家語「壤」作「穰」。

商澤。〔一〕

〔一〕【集解】家語曰字子季。【索隱】家語字季。【考證】今本家語字子秀。

石作蜀字子明。〔一〕

〔一〕【索隱】家語同。【考證】廣韻「石作，複姓」。

任不齊字選。〔一〕

〔一〕【集解】鄭玄曰：「楚人。」【索隱】家語字子選也。

公良孺字子正。〔一〕

〔一〕【集解】鄭玄曰：「陳人，賢而有勇。」【索隱】家語作「良儒」。陳人，字子正，賢而有勇。孔子周遊，常以家車五乘從孔子遊。家語在三十五人之中。亦見系家，在三十五人不見，蓋傳之數亦誤也。鄒誕本作「公襄儒」。【正義】孔子周游，常以家車五乘從孔子。孔子世家亦云語在三十五人中，今在四十二人數，恐太史公誤也。【考證】今本家語與史同。

后處字子里。〔一〕

〔一〕【集解】鄭玄曰：「齊人。」【索隱】家語同也。【考證】今本家語作「石處字里之」。

秦冉字開。〔一〕

〔一〕【正義】家語無此人。王肅家語此等惟三十七人，其公良孺、秦商、顏亥、仲叔會四人，家語有事迹，而史記闕。公伯寮、秦冉、鄡單，家語不載，而別有琴牢、陳亢、縣亶三人。

公夏首字乘。〔一〕

〔一〕【集解】鄭玄曰：「魯人。」【索隱】家語同也。【考證】楓本「首」作「守」，今家語作「公夏守字子乘」。

奚容箴字子晳。〔一〕

〔一〕【索隱】家語同也。【正義】衛人。【考證】今本家語作「奚箴字子楷」。

公肩定字子中。〔一〕

〔一〕【集解】鄭玄曰：「魯人」。或曰「晉人」。【索隱】家語同也。【考證】今家語作「公肩定字子仲」。張文虎曰：毛本「肩」，他本作「堅」。愚按：楓、三本作「公肩定字子仲」，與索隱合。

顏祖字襄。〔一〕

〔一〕【索隱】家語無此人也。【正義】魯人。【考證】今家語有「顏相字子襄」，蓋同人。索隱誤。

鄡單字子家。〔一〕

〔一〕【集解】鄡，苦堯反。單，音善。徐廣曰：「一云『鄔單』。鉅鹿有鄡縣，大原有鄔縣。」【索隱】鄡，音苦堯反。單，音善，則單名。徐廣云「一作『鄔單』，鉅鹿有鄡縣，太原有鄔縣」。家語無此人也。【考證】梁玉繩曰：疑是晉人。家語所謂「懸亶字子象」者，「懸」爲「縣」之譌，即「鄡」字。單、亶古通，而「家」乃「象」之譌。魯峻壁作「子象」也。愚按：盧文弨說同，詳于龍城札記。

句井疆。〔一〕

〔一〕【集解】鄭玄曰：「衛人。」【正義】「句」作「鉤」。

罕父黑字子索。〔一〕

〔一〕【集解】家語曰：「罕父黑字索。」【索隱】家語作「罕父黑字索」。【考證】梁玉繩曰：今家語作「宰父黑字子索」，「罕」乃「宰」之譌。廣韻「父」字注作「宰父」。

秦商字子丕。〔一〕

〔一〕【集解】鄭玄曰：「楚人。」【索隱】家語：「魯人，字丕慈。少孔子四歲。其父堇與孔子父紇俱以力聞也。」【正義】家語云：「魯人字丕茲。」【考證】襄十一年左傳云「孟獻子以秦堇父爲右，生秦丕茲，事仲尼」。丕茲即商。

申黨字周。〔一〕

〔一〕【索隱】家語有申繚，字周。論語有申棖。鄭玄云「申棖，魯人，弟子也」，蓋申堂是棖不疑，以棖、堂聲相近。上又有公伯繚，亦字周。家語則無伯繚，是史記述伯繚一人者也。【正義】魯人。【考證】申黨，論語所謂申棖。棖、黨、堂，聲相通。

顏子僕字叔。〔一〕

〔一〕【集解】鄭玄曰：「魯人。」【索隱】家語並同。【考證】今家語字子叔。

榮旂字子祈。〔一〕

〔一〕【索隱】家語榮祈字子顏也。【考證】今家語作「榮祈字子祺」。楓本「祈」作「旗」。

縣成字子祺。〔一〕

〔一〕【集解】鄭玄曰：「魯人。」【索隱】家語作「子謀」也。【正義】縣，音玄。【考證】今家語作「子橫」。

左人郢字行。〔一〕

〔一〕【集解】鄭玄曰：「魯人。」【索隱】家語同也。【考證】梁玉繩曰：今家語作「左郢字子行」，誤也。廣韻注、通志言左人複姓，出魯郡。故鄭云魯人。

燕伋字思。〔一〕

〔一〕【索隱】家語同也。【考證】今家語云「字子思」。

鄭國字子徒。〔一〕

〔一〕【索隱】家語薛邦字徒，史記作「國」而家語稱「邦」者，蓋避漢祖諱而改。「鄭」與「薛」字誤也。【正義】家語云薛邦字徒，史記作「國」者，避高祖諱。「薛」字與「鄭」字誤耳。

秦非字子之。〔一〕

〔一〕【集解】鄭玄曰：「魯人。」

施之常字子恒。〔一〕

〔一〕【考證】梁玉繩曰：「恒」字何以不諱？

顏噲字子聲。〔一〕

〔一〕【集解】鄭玄曰：「魯人。」

步叔乘字子車。〔一〕

〔一〕【集解】鄭玄曰：「齊人。」【考證】梁玉繩曰：廣韻注作「少叔氏」。

原亢籍。〔一〕

〔一〕【集解】家語曰名亢，字籍。【索隱】家語名亢字籍。【正義】「亢」作「宂」，仁勇反。【考證】梁玉繩曰：當云「字籍」，史脱之。

樂欬字子聲。〔一〕

〔二〕【索隱】家語同也。【正義】魯人。【考證】今家語「刻」作「欣」。

廉絜字庸。〔二〕

〔二〕【集解】鄭玄曰：「衛人。」【索隱】家語同也。【考證】梁玉繩曰：索隱本作「子庸」，今家語作「子曹」，譌也。

叔仲會字子期。〔二〕

〔二〕【集解】鄭玄曰：「晉人。」【索隱】鄭玄云晉人。家語「魯人，少孔子五十四歲。與孔璇年相比，二孺子俱執筆，迭侍於夫子，孟武伯見而訪之」是也。【正義】「魯人，少孔子五十四歲。與孔璇年相比，二孺子俱執筆，迭侍於夫子，孟武伯見而訪之」是也。【考證】楓、三本作「仲叔會」，與上文秦冄正義所引合。今家語「五十四歲」作「五十歲」。

顏何字冄。〔二〕

〔二〕【集解】鄭玄曰：「魯人。」【索隱】家語字稱。【考證】今本家語無顏何，蓋闕文。

狄黑字晳。〔二〕

〔二〕【索隱】家語同。【考證】今本家語作「字晳之」。

邦巽字子斂。〔二〕

〔二〕【集解】鄭玄曰：「魯人。」【索隱】家語「巽」作「選字子斂」。文翁圖作「國選」，蓋亦避漢諱改之。劉氏作「邽巽」，音圭。所見各異。【考證】楓、三本作「邦選」。梁玉繩曰：「邦」及「國」爲「邽」之譌，蓋後人傳寫以「邽」與「邦」字相近，而易「邽」爲「邦」，又或取邦與國義相當，而轉「邦」爲「國」，未可知。

孔忠。〔二〕

〔二〕【集解】家語曰：「忠字子蔑，孔子兄之子。」【索隱】家語云「忠字子蔑，孔子兄之子」也。【考證】楓、三本作

「孔思」，今本家語作「孔弗」。

公西輿如字子上。〔一〕

〔一〕【索隱】家語同。【考證】今本家語作「公西與」。

公西箴字子上。〔一〕

〔一〕【集解】鄭玄曰：「魯人。」【索隱】公西箴字子上，家語作「子尚」也。【考證】今本家語作「蒧」。史記桃源鈔云「正義本作『箴』」，又云「冉季以下四十二人，正義本位次不同。冉季第一，公祖句茲第二，公西輿如第三，秦商第四，公西箴第五，后處第六，顏高第七，原亢第八，左人郢第九，秦祖第十，商澤第十一，公堅定第十二，漆雕徒父第十三，縈旂第十四，向井疆第十五，秦非第十六，燕伋第十七，施之常第十八，叔仲會第十九，公良孺第二十，步叔乘第二十一，公夏首第二十二，石作蜀第二十三，邽巽第二十四，申黨第二十五，樂欬第二十六，顏之僕第二十七，漆雕哆第二十八，縣成第二十九，顏祖第三十，顏何第三十一，奚容蒧第三十二，廉絜第三十三，壤駟赤第三十四，鄭國第三十五，罕父黑第三十六，孔忠第三十七，鄡單第三十八，狄黑第三十九，任不齊第四十，顏噲第四十一，秦冉第四十二」。

太史公曰：學者多稱七十子之徒，譽者或過其實，毀者或損其真，鈞之未覩厥容貌則論言，〔一〕弟子籍出孔氏古文，近是。〔二〕余以弟子名姓文字悉取論語弟子問，并次爲篇，疑者闕焉。

〔一〕【考證】未覩容貌，猶言未見真相也。則，猶而也。

〔二〕【考證】王鳴盛曰：弟子籍出孔氏古文，所云「少孔子若干歲」云云，的確可信。

【索隱述贊】教興闕里，道在陬鄉。異能就列，秀士升堂。依仁遊藝，合志同方。將師宮尹，俎豆琳瑯。惜哉不霸，空臣素王！

史記會注考證卷六十八

商君列傳第八

史記六十八

【考證】史公自序云：「鞅去衛適秦，能明其術，彊霸孝公，後世遵其法。作商君列傳第八。」凌稚隆曰：太史公首言鞅好刑名之學，則鞅所以說君，而君說者刑名也，故通篇以「法」字爲骨，曰「鞅欲變法」，曰「卒定變法之令」，曰「於是太子犯法」，曰「將法太子」，而終之曰「嗟乎爲法之敝，一至此」，血脉何等串貫！

商君者，衛之諸庶孽子也，〔一〕名鞅，姓公孫氏，其祖本姬姓也。〔二〕鞅少好刑名之學，事魏相公叔痤，〔三〕爲中庶子。〔四〕公叔痤知其賢，未及進。會痤病，魏惠王親往問病，〔五〕曰：「公叔病，有如不可諱，將柰社稷何？」公叔曰：「痤之中庶子公孫鞅，〔六〕年雖少，有奇才，願王舉國而聽之。」王嘿然。王且去，痤屏人言曰：「王即不聽用鞅，必殺之，無令出境。」王許諾而去。〔七〕公叔痤召鞅謝曰：「今者王問可以爲相者，〔八〕我言若，王色不許我。我方先君後臣，因謂王，即弗用鞅，當殺之。王許我。汝可疾去矣，且見禽。」鞅曰：「彼王不能用君之言任臣，又安能用君之言殺臣乎？」卒不去。惠王既去，而謂左右曰：「公叔病甚，悲乎，欲令寡人以國聽公孫鞅也，豈不悖哉！」〔九〕

〔一〕【正義】秦封於商，故號商君。【考證】各本「孽」下有「公」字，今從楓山、三條本。王念孫曰：文選注引史記無「公」字。按：後人所加。愚按：呂不韋傳「子楚，秦諸庶孽孫」。

〔二〕【考證】楓山、三條本無「本」字。

〔三〕【索隱】公叔，氏；痤，名也。痤，音在戈反。【考證】刑名，解在韓非傳。痤，各本作「座」，今從殿本。魏策及呂覽長見篇亦作「痤」。座、痤，古通用。

〔四〕【索隱】官名也。魏已置之，非自秦也。周禮夏官謂之「諸子」，禮記文王世子謂之「庶子」，掌公族也。【考證】梁玉繩曰：魏策及呂覽「中庶子」作「御庶子」。中井積德曰：魏相之家非公族。中庶子，舍人之稍貴者。岡白駒曰：自戰國以來，大夫之家有中庶子，有舍人。

〔五〕【索隱】即魏侯之子，名罃，後徙大梁而稱梁也。【考證】楓山、三條本無「親」字。

〔六〕【索隱】戰國策云衛庶子也。【考證】家臣，故曰「痤之中庶子」，與藺相如傳「臣舍人藺相如」語意正同。

〔七〕【考證】「公叔痤知其賢」以下本魏策、呂覽長見篇。

〔八〕【考證】三條本「今」下無「者」字。

〔九〕【索隱】疾重而悖亂也。【正義】悖，音背。【考證】「惠王既去」以下本魏策、呂覽長見篇。

公叔既死，公孫鞅聞秦孝公下令國中求賢者，將修繆公之業，東復侵地，迺遂西入秦，因孝公寵臣景監以求見孝公。〔一〕孝公既見衛鞅，語事良久，孝公時時睡弗聽。〔二〕罷而孝公怒景監曰：「子之客妄人耳，安足用邪！」〔三〕景監以讓衛鞅。衛鞅曰：「吾説公以帝道，其志不開悟矣。」後五日，復求見鞅。〔四〕鞅復見孝公，益愈，然而未中旨。〔五〕罷而孝公復讓景監，景監亦讓鞅。鞅曰：「吾説公以王道，而未入也。請復見鞅。」〔六〕鞅復見孝公，孝公善之，而未用也。罷而去。孝公謂景監曰：「汝客善，可與語矣。」〔七〕鞅曰：「吾説公以霸道，其意欲用之矣。誠復見我，我知之矣。」〔八〕衛鞅復見孝公。公與語，不自知膝之前於席也。語數日不厭。景監曰：「子何以中吾君？吾君之驩甚也。」鞅曰：「吾説君以帝王之道比三代，〔九〕而君曰：『久遠，吾不能待。且賢君者各及其身顯名天下，安能邑邑待數十百年以成帝王乎？』故吾以彊國之術説君，君大説之耳。然亦難以比德於殷、周矣。」〔一〇〕

〔一〕【索隱】景姓，楚之族也。監，音去聲、平聲並通。【正義】監，甲暫反。閹人也，楚族。

〔二〕【考證】楓、三本不重「時」字，「聽」作「應」。御覽亦作「應」。

〔三〕【考證】此及下文「罷而」下，御覽有「去」字。

〔四〕【考證】岡白駒曰：鞅説已不可用矣，而使孝公求復見，此其説有機也。

〔五〕【考證】岡白駒曰：反覆前日之論，故云「益愈」，蓋自帝道漸入王道也。

〔六〕【考證】鞅言至此。

〔七〕【考證】御覽「善」作「蓋」。

〔八〕【考證】楓、三本「欲」下無「用」字。王若虛曰：皇降而帝，帝降而王，名號之異耳。堯、舜揖讓，湯、武征誅，世變之殊耳，若夫其道則未嘗不一。而商鞅乃謂初以帝道，再以王道。魏徵亦云「行帝道而帝，行王道而王」，鄭厚又云「王道備而帝德銷」，皆淺陋之見也。愚按：帝之與王，號異聖一，韓昌黎已言之矣。孟子云「以德行仁者王，以力假仁者霸」，王之與霸，截然有別，不可不知。

〔九〕【索隱】說，音稅，下同。比三，比者頻也，謂頻三見孝公，言帝王之道也。比，音必耳反。【正義】比，必寐反。說者以五帝三王之事比至孝公，以三代帝王之道方興。孝公曰「太久遠，吾不能」。【考證】楓、三本「帝王之道比三代」作「五帝三王比三」，司馬貞所見之本亦同，故出「比三」二字，解「比」爲「頻」。愚按：今本得之。比，猶並也。與下文「比德於殷周」之「比」同。

〔一〇〕【索隱】說，音悅。【考證】邑邑，與「悒悒」通，心不安也。

孝公既用衛鞅，鞅欲變法，恐天下議己。〔一〕衛鞅曰：「疑行無名，疑事無功。〔二〕且夫有高人之行者，固見非於世；〔三〕有獨知之慮者，必見敖於民。〔四〕愚者闇於成事，知者見於未萌。民不可與慮始，而可與樂成。論至德者，不和於俗，成大功者，不謀於衆。〔五〕是以聖人苟可以彊國，不法其故；〔六〕苟可以利民，不循其禮。」孝公曰：「善。」甘龍曰：「不然。〔七〕聖人不易民而教，知者不變法而治。因民而教，不勞而成功；緣法而治者，吏習而民安之。」〔八〕衛鞅曰：「龍之所言，世俗之言也。常人安於故俗，學者溺於所聞。以此兩者居官守法可也，非所與論於法之外也。三代不同禮而王，五伯不同法而霸。智者作法，愚者制焉；賢者更禮，不肖者拘焉。」〔九〕杜摯曰：「利不百不變法，功不十不易器。〔一〇〕法古無過，循禮無邪。」〔一一〕衛鞅曰：「治世不一道，便國不法古。故湯、武不循古而王，〔一二〕夏、殷不易禮而亡。〔一三〕反古者不可非，而循禮者不足多。」孝公曰：「善。」〔一四〕以衞鞅爲左庶長，〔一五〕卒定變法之令。

〔一〕【考證】王念孫曰：「欲」上「鞅」字因上文而衍。此言孝公欲從鞅之言而變法，恐天下議己，非謂鞅恐天下議己也，故鞅有疑事無功之諫。商子更法篇孝公曰：「今吾欲變法以治，更禮以教百姓，恐天下議我也。」公孫鞅曰「疑行無成，疑事無功」云云，是其明證矣。新序善謀篇同。

〔二〕【考證】名、功，韻。

〔三〕【索隱】商君書「非」作「負」。【考證】商君書「無名」作「無成」，「見非」與史文同，與司馬貞所見之本異。

〔四〕【索隱】商君書作「必見訾於人」也。【正義】敖，五到反。【考證】今本商君書與史文同。新序善謀篇作「謷」。敖、謷通，毀也。

〔五〕【考證】商君書、新序「愚者」上有「語曰」二字，「論至德者」上有「郭偃之法曰」(四)〔五〕字。

〔六〕【索隱】言救弊爲政之術，所爲苟可以彊國，則不必要須法於故事也。【正義】言聖人救弊之政，苟有可以彊國，不法故國之舊也。

〔七〕【索隱】孝公之臣，甘姓，龍名也。甘氏出春秋時甘昭公王子帶後。【考證】秦惠王將伐蜀，司馬錯、張儀爭論王前。始皇將郡縣海內，王綰、李斯各上其議。蓋軍國大事，付之廷議，秦家法爲然。

〔八〕【考證】商君書更法、新序善謀「教」下「不」上有「者」字。

〔九〕【索隱】言賢智之人作法更禮，而愚不肖者不明變通而輒拘制，不使之行，斯亦信然矣。

〔一〇〕【正義】言利倍百，乃可變舊也；功倍十，乃可新器也。【考證】李笠曰：漢書韓安國傳安國曰「利不十者不易業，功不百者不變常」，用此語而少變。

〔一一〕【考證】楓、三本「過」下、「邪」下有「者」字。
〔一二〕【索隱】商君書作「脩古」。
〔一三〕【索隱】指殷紂、夏桀也。
〔一四〕【考證】「孝公欲變法」以下采商君書更法篇。新序善謀上略同。
〔一五〕【正義】長，展兩反。【考證】梁玉繩曰：秦紀以鞅爲左庶長在變法後，當孝公五年。此在變法前，則是孝公三年矣，恐非。愚按：左庶長，秦第十二爵。

令民爲什伍，〔一〕而相牧司連坐。〔二〕不告姦者，腰斬；告姦者，與斬敵首同賞；〔三〕匿姦者，與降敵同罰。〔四〕民有二男以上不分異者，倍其賦。〔五〕有軍功者，各以率受上爵；〔六〕爲私鬭者，各以輕重被刑。大小僇力，本業耕織，致粟帛多者復其身。事末利及怠而貧者，舉以爲收孥。〔七〕宗室非有軍功，論不得爲屬籍。〔八〕明尊卑爵秩等級，各以差次。〔九〕名田宅臣妾衣服，以家次。〔一〇〕有功者顯榮，無功者雖富無所芬華。

〔一〕【索隱】劉氏云：「五家爲保，十保相連。」【正義】或爲十保，或爲五保。【考證】中井積德曰：五家爲伍，十家爲什。什猶保也，伍猶鄰也。鄰與保有親疏，則連坐亦必有輕重。註「四家」、「九家」宜並揭，不當特舉「什」而没「伍」也。
〔二〕【索隱】牧司，謂相糾發也。一家有罪，而九家連舉。發若不糾舉，則十家連坐。恐變令不行，故設重禁。【考證】牧，各本作「收」，今從索隱本。王引之曰：「收」當「牧」字之誤也。方言曰：「監牧，察也。」鄭注周官禁殺戮曰「司猶察也」，凡相禁察謂之「牧司」，周官禁暴氏曰「凡奚隸，聚而出入者，則司牧之，戮其犯禁者」，酷吏傳曰「置伯格長以牧司姦盜賊」，皆其證也。索隱本作「牧」。中井積德曰：收司連坐，亦變令中之一條矣，非爲令不行而爲之。索隱謬。愚按：周官司徒爲比閭族黨，使民相保相受，孟子説滕文公云「鄉田同井，出入相友，守望相助，疾病相扶持」，鄰里相保之法，自古有之。但彼以親睦爲主，此以司察爲先。

〔三〕【索隱】案：謂告姦一人，則得爵一級，故云「與斬敵首同賞」也。【正義】謂告奸之人，賜爵一級。

〔四〕【索隱】案律，降敵者，誅其身，没其家。今匿姦者，言當與之同罰也。【正義】謂隱匿奸人人，身被刑，家口没官。【考證】中井積德曰：降敵之罰，秦國自有此例，不得援漢律作解。

〔五〕【正義】民有二男，不別爲活者，一人出兩課。【考證】賈誼治安策云「商君行政，其民富，子壯則出分，家貧子壯則出贅」，即此事。

〔六〕【集解】率，音律。

〔七〕【索隱】末，謂工商也。蓋農桑爲本，故上云「本業耕織」也。怠者懈也。周禮謂之「疲民」。以言懈怠不事事之人而貧者，則糾舉而收録其妻子，没爲官奴婢，蓋其法特重於古也。【考證】中井積德曰：以爲收孥者，指末利怠貧者當身而言，以爲奴役也。非指其妻子。愚按：孥讀爲奴。

〔八〕【索隱】謂宗室若無軍功，則不得入屬籍。謂除其籍，則無功不及爵秩也。【正義】屬籍，謂屬公族宗正籍書也。宗室無事功者，皆須論言不得入公族籍書也。

〔九〕【考證】以差次，與「以家次」對言。差，猶等也。次，次第也。

〔一〇〕【索隱】謂各隨其家爵秩之班次，亦不使僭侈踰等也。【考證】通典注「名田，占田也。各立限，不使過制，如漢時王侯公主，皆得名田。吏民名田，毋過三十頃」是也。

令既具未布，恐民之不信己，乃立三丈之木於國都市南門，募民有能徙置北門者予十

金。民怪之，莫敢徙。〔一〕復曰「能徙者予五十金」。有一人徙之，輒予五十金，以明不欺。卒下令。〔二〕

〔一〕【考證】楓、三本「徙」下有「者」字。

〔二〕【考證】韓非子內儲篇云：「吳起之爲西河守，倚一車轅於北門之外，而令之曰『有能徙此南門之外者，賜之上田上宅』，人莫之徙也。及有徙之者，旋賜之如初。俄又置一石赤菽東門之外，而令之曰『有能徙此於西門之外者，賜之如初』，人爭徙之，乃下令。」事又見呂覽愼小篇。商鞅初遊魏，豈襲吳起故智乎？抑一事兩傳，亦未可知也。

令行於民朞年，秦民之國都言初令之不便者以千數。〔一〕於是太子犯法，衞鞅曰：「法之不行，自上犯之。」〔二〕將法太子。太子君嗣也，不可施刑，刑其傅公子虔，黥其師公孫賈。〔三〕明日秦人皆趨令。〔四〕行之十年，秦民大説，道不拾遺，山無盜賊，家給人足，民勇於公戰，怯於私鬭，鄉邑大治。〔五〕秦民初言令不便者，有來言令便者，衞鞅曰：「此皆亂化之民也。」盡遷之於邊城。其後民莫敢議令。

〔一〕【索隱】謂鞅新變之法令爲「初令」。【正義】初令，謂鞅之新法。【考證】「初」字疑因下文衍。索隱、正義本既多「初」字。據秦紀鞅「以孝公元年入秦，三年説變法」。

〔二〕【考證】楓、三本「自」作「因」。鞅言止于此。

〔三〕【考證】後劓公子虔，則此時不知施何刑。

〔四〕【索隱】趨，音七踰反。趨者，向也，附也。

〔五〕【考證】中井積德曰：據秦紀，「十年」當作「七年」。是變法七歲，當孝公即位之十年，而以鞅爲大良造也。

於是以鞅爲大良造。〔一〕將兵圍魏安邑，降之。〔二〕居三年，作爲築冀闕宮庭於咸陽，〔三〕秦自雍徙都之。而令民父子兄弟同室内息者爲禁。〔四〕而集小都鄉邑聚爲縣，置令、丞，凡三十一縣。爲田開阡陌封疆，〔五〕而賦税平。平斗桶權衡丈尺。〔六〕行之四年，公子虔復犯約，劓之。居五年，秦人富彊，天子致胙於孝公，諸侯畢賀。〔七〕

〔一〕【索隱】即大上造也，秦之第十六爵名也。今云「良造」者，或後變其名耳。

〔二〕【考證】顧炎武曰：下文「魏遂去安邑，徙都大梁」，乃是自安邑徙都之事耳。安邑，魏都，其王在焉，豈得圍而便降？秦本紀「昭王二十一年，魏獻安邑」，若已降，於五十年之後何煩再獻乎？梁玉繩曰：「安邑」當作「固陽」，説在秦紀。

〔三〕【索隱】冀闕即魏闕也。冀，記也。出列教令，當記於此門闕。【正義】爲宮殿朝廷也。【考證】桃源鈔云「正義本『庭』作『廷』」。董份曰：既云「爲」，又云「築」，恐有衍字。梁玉繩引王孝廉曰：疑是「築冀闕，作爲宮庭於咸陽」。愚按：作爲，謂造作營爲也，原文自通。冀、魏通，大也，高也。莊子讓王篇公子牟謂瞻子曰「身在江海之上，心居乎魏闕之下」。

〔四〕【考證】不啻倍其賦。

〔五〕【正義】南北曰阡，東西曰陌。按：謂驛塍也。疆，音彊。封，聚土也。疆，界也。謂界上封記也。【考證】開阡陌，許民墾田也。井田之制，至此全壞。蔡澤傳「商君決裂阡陌」即此事。説在秦紀。

〔六〕【集解】鄭玄曰：「桶，音勇，今之斛也。」【索隱】音統，量器名。【考證】恩田仲任曰：桶，徒總切。説文「桶，木方器，受六斗」，古通作「甬」。愚按：同律度量衡，是民政之始。商君亦有見乎此。

〔七〕【正義】胙，音左故反。【考證】紀、表「致胙」作「致伯」。

其明年，齊敗魏兵於馬陵，虜其太子申，殺將軍龐涓。〔一〕其明年，衛鞅說孝公曰：「秦之與魏，譬若人之有腹心疾，非魏并秦，秦即并魏。何者？魏居嶺阸之西，都安邑，〔二〕與秦界河，而獨擅山東之利。利則西侵秦，病則東收地。今以君之賢聖，國賴以盛。而魏往年大破於齊，諸侯畔之，可因此時伐魏。魏不支秦，必東徙。東徙，秦據河山之固，東鄉以制諸侯，此帝王之業也。」孝公以爲然，使衛鞅將而伐魏。魏使公子卬將而擊之。〔三〕軍既相距，衛鞅遺魏將公子卬書曰：「吾始與公子驩，今俱爲兩國將，不忍相攻，可與公子面相見盟，樂飲而罷兵，以安秦、魏。」魏公子卬以爲然，會盟已飲，〔四〕而衛鞅伏甲士而襲虜魏公子卬，因攻其軍，盡破之以歸秦。〔五〕魏惠王兵數破於齊、秦，國內空，日以削，恐，乃使使割河西之地獻於秦以和。〔六〕而魏遂去安邑，徙都大梁。〔七〕梁惠王曰：「寡人恨不用公叔痤之言也。」〔八〕衛鞅既破魏還，秦封之於、商十五邑，號爲商君。〔九〕

〔一〕【考證】張文虎曰：中統、游本「將軍」上有「其」字。

〔二〕【索隱】蓋即安邑之東，山領險阸之地，即今蒲州之中條已東，連汾、晉之嶮嶝也。【考證】三條本「嶺」作「領」。

〔三〕【正義】卬，五郎反。

〔四〕【考證】胡三省曰：盟已而飲也。

〔五〕【考證】「使衛鞅將而伐魏」以下採呂覽無義篇。

〔六〕【考證】秦紀「惠文王八年，魏納河西地」，則事在商鞅死後。史將言其功，故併及後事。

〔七〕【索隱】紀年曰「梁惠王二十九年，秦衛鞅伐梁西鄙」，則徙大梁在惠王之二十九年也。【正義】從蒲州安邑徙汴州浚儀也。

〔八〕【考證】凌稚隆曰：應前「即不用鞅，卒殺之」。

〔九〕【集解】徐廣曰：「弘農商縣也。」【索隱】於、商，二縣名，在弘農。紀年云秦封商鞅在惠王三十年，與此文合。【正義】於、商在鄧州内鄉縣東七里，古於邑也。商洛縣在商州東八十九里，本商邑，周之商國。案：十五邑近此三邑。【考證】秦策云「衛鞅入秦，孝公以爲相，封之於、商，號曰商君」。張文虎曰：正義「三邑」疑當作「二邑」。

商君相秦十年，〔一〕宗室貴戚多怨望者。趙良見商君。商君曰：「鞅之得見也，從孟蘭皋，〔二〕今鞅請得交，可乎？」〔三〕趙良曰：「僕弗敢願也。孔丘有言曰：『推賢而戴者進，聚不肖而王者退。』〔四〕僕不肖，故不敢受命。僕聞之曰：『非其位而居之曰貪位，非其名而有之曰貪名。』僕聽君之義，則恐僕貪位貪名也。故不敢聞命。」〔五〕商君曰：「子不説吾治秦與？」〔六〕趙良曰：「反聽之謂聰，内視之謂明，自勝之謂彊。〔七〕虞舜有言曰：『自卑也尚矣。』〔八〕君不若道虞舜之道，〔九〕無爲問僕矣。」商君曰：「始秦戎翟之教，父子無别，同室而居。今我更制其教，而爲其男女之别，大築冀闕，營如魯、衛矣。子觀我治秦也，孰與五羖大夫賢？」〔一〇〕趙良曰：「千羊之皮，不如一狐之掖；千人之諾諾，不如一士之諤諤。武王諤諤以昌，殷紂墨墨以亡。〔一一〕君若不非武王乎，則僕請終日正言而無誅，可乎？」商君曰：「語有之矣：貌言，華也；至言，實也；苦言，藥也；甘言，疾也。〔一二〕夫子果肯終日正言，鞅之藥也。鞅將事子，子又何辭焉？」趙良曰：「夫五羖大夫，荆之鄙人也。〔一三〕聞秦繆公之賢，而願望見，行而無資，自粥於秦客，被褐食牛。期年，繆公知之，舉之牛口之下，而加之百姓之上，秦國莫敢望焉。〔一四〕相秦六七年，〔一五〕而東伐鄭，三置晉國之君，〔一六〕一救荆國之禍，〔一七〕發教封内，而巴人致貢；施德諸侯，而八戎來服。由余聞之，款關請見。〔一八〕五羖大夫之相秦也，勞不坐乘，暑不張蓋，〔一九〕行於國中，不從車乘，不操干戈，功名藏於府庫，德行施於後世。五羖大夫死，秦國男女流涕，〔二〇〕童子不歌謠，舂者不相杵。〔二一〕此五羖大夫之德也。〔二二〕今君之見秦王也，因嬖人景監以爲主，非所以爲名也。〔二三〕相秦，不以百姓爲事，而大築冀闕，非所以爲功也。刑黥太子之師傅，殘傷民以駿刑，是積怨畜禍也。〔二四〕教之化民也深於命，〔二五〕民之效上也捷於令。〔二六〕今君又左建外易，非所以爲教也。〔二七〕君又南面而稱寡人，〔二八〕日繩秦之貴公子。詩曰：『相鼠有體，人而無禮；人而無禮，何不遄死？』〔二九〕以詩觀之，非所以爲壽也。公子虔杜門不出，已八年矣，〔三〇〕君又殺祝懽而黥公孫賈。〔三一〕詩曰：『得人者興，失人者崩。』〔三二〕此數事者，非所以得人也。君之出也，後車十數，從車載甲，多力而駢脅者爲驂乘，〔三三〕持矛而操闟戟者，旁車而趨。〔三四〕此一物不具，君固不出。〔三五〕書曰：『恃德者昌，恃力者亡。』〔三六〕君之危若朝露，尚將欲延年益壽乎？則何不歸十五都，〔三七〕灌園於鄙，勸秦王顯巖穴之士，養老存孤，敬父兄，序有功，尊有德，可以少安。〔三八〕君尚將貪商、於之富，寵秦國之教，畜百姓之怨，〔三九〕秦王一旦捐賓客而不立朝，秦國之所以收君者，豈其微哉？〔四〇〕亡可翹足而待。」商君弗從。

〔一〕【索隱】戰國策云孝公行商君法十八年而死，與此文不同者。案：此直云相秦十年耳，而戰國策乃云行商君法十八年，蓋連其未作相之年耳。【考證】梁玉繩曰：鞅以孝公元年入秦，三年變法，五年爲左庶長，十年爲大良造，廿二年封商君，廿四年孝公卒，鞅死，則十年以何者爲始？索隱引秦策作「十八年」，亦不合。疑當作「二十年」，自爲左庶長數之也。中井積德曰：自爲大良造至死，得十五年。相秦十年，舉大數者邪？抑大良造之後，商君之前，別有相國之命，而記録漏脱邪？

〔二〕【索隱】孟蘭皐，人姓名也。言鞅前因蘭皐得與趙良相見也。

〔三〕【考證】楓、三本「交」上有「侍」。

〔四〕【考證】崔適曰：「王」字不可解，疑誤。愚按：斷章取義，崔説拘。俞樾曰：趙良本秦人，而能稱述闕里緒言。蔡澤亦云「不義而富且貴，於我如浮雲」「國有道則仕，無道則隱」，知戰國之世，已家有孔氏之書矣。

〔五〕【考證】楓、三本「義」上有「德」字。

〔六〕【索隱】説，音悦。與，音予。

〔七〕【索隱】謂守謙敬之人，是爲自勝。若是者乃爲强。若争名得勝，此非强之道。【考證】聰、明、彊，韻。楓、三本「反聽」作「外聽」。内視，自省也。自勝，克己也。韓非子外儲篇引申子曰「獨視者謂明，獨聽者謂聰，能獨斷者可以爲天下主」，語似而意反。

〔八〕【考證】尚，尊也。

〔九〕【考證】「若道」之「道」，由也。

〔一〇〕【考證】百里奚自賣以五羖羊之皮，爲人養牛。秦穆公舉以爲相，秦人謂之五羖大夫。

〔一一〕【正義】以殷紂比商君。【考證】掖，讀爲腋。墨，讀爲嘿。諤諤，謇直也。掖、諤、昌、亡，韻。趙世家趙簡子曰：「吾聞千羊之皮，不如一狐之腋，諸大夫朝，徒聞唯唯，不聞周舍之諤諤」。説苑正諫篇孔子曰：「武王諤諤而昌，紂嘿嘿而亡」，蓋古有此語，趙良稱之也。

〔一二〕【考證】貌言，飾辭也。實、疾，韻。

〔一三〕【正義】百里奚，南陽宛人。屬楚，故云荆。【考證】梁玉繩曰：百里奚虞人，非荆人。正義謂宛人，亦非。

〔一四〕【考證】岡白駒曰：人莫怨望者。

〔一五〕【考證】梁玉繩曰：奚之爲相，未知的在秦穆何年。然以伐鄭楚、三置晉君言之，則首尾已二十年。何云「六七年」也？愚按：困學紀聞亦疑之。

〔一六〕【索隱】謂立晉惠公、懷公、文公也。

〔一七〕【索隱】案六國年表，穆公二十八年，會晉救楚朝周是也。【考證】「救荆國之禍」，未詳。梁玉繩曰：救，謂救晉。錢大昕曰：秦穆公之時，楚未有禍，秦亦無救楚事。趙良所謂救荆禍者，即指城濮之役也。謂宋有荆禍而秦救之，非謂荆有禍也。愚按：此説亦未得。

〔一八〕【集解】韋昭曰：「款，叩也。」【考證】陳仁錫引史珥曰：「由余聞之」一語，已隱隱自薦，不説盡。下又宕開，文心極巧。

〔一九〕【考證】胡三省曰：古者車立乘，惟安車即坐乘耳。蓋所以覆車上也。

〔二〇〕【正義】音體。

〔二一〕【集解】鄭玄曰：「相，謂送杵聲以聲音自勸也。」【正義】相，謂送杵以音聲。曲禮「不舂不相」。

〔二二〕【考證】田汝成曰：歷誦五羖大夫之德，俱本虞舜有言自卑意。

〔二三〕【考證】孟子「觀近臣以其所爲主，觀遠臣以其所主」，注「主，舍於其家，以之爲主人也」。

〔二四〕【正義】駿刑，上音峻。

〔二五〕【索隱】劉氏云：「教，謂商鞅之令也；命，謂秦君之命也。言人畏鞅甚於秦君。」【正義】言鞅受孝公命行之，更添加命。

〔二六〕【索隱】上，謂鞅之處分；令，謂秦君之令。【正義】言民放效君上之命，須捷急遁之，畏商鞅也。【考證】二句蓋古語。命、令，韻。「命」、「令」二字異文同意。中井積德曰：教者躬行率先之謂也。謂以躬之教，深於號令。而下民效上人之所爲，亦捷於號令也。謂君上之行己，爲政之本也。注大謬。

〔二七〕【索隱】左建，謂以左道建立威權也。外易，謂在外革易君命也。【考證】中井積德曰：「外」字與「左」字相似。左建，其所建之事陪道理也。外易，其所變之法違道理也。

〔二八〕【考證】封於商。

〔二九〕【考證】詩鄘風相鼠篇。

〔三〇〕【考證】恥失鼻也。

〔三一〕【考證】祝懽，蓋亦太子師傅。

〔三二〕【考證】逸詩。興、崩，韻。或云「詩」當作「書」。

〔三三〕【考證】駢脅，肋骨相比，如一骨也。晉文公駢脅，見左傳，此言肌肉豐滿，不復見肋骨之條痕也。中井積德曰：駢脅者，多力之相，故以爲言。非實擇駢脅人也。

〔三四〕【集解】闟，所及反。徐廣曰：「戟，一作『尞』。屈盧之勁矛，干將之雄戟。」【索隱】「闟」亦作「鈒」，同，所及反。鄒誕音吐臘反。尞，音遼。屈，音九勿反。按屈盧、干將，並古良匠造矛戟者名。【正義】顧野王云：

「鋋也。」方言云：「矛，吴、揚、江、淮、南楚、五湖之閒謂之鋋。其柄謂之矜。」釋名云：「戟，格也。旁有格。」【考證】中井積德曰：集解「尞」、「撩」同，取持也。鈒，小矛也。梁玉繩曰：文選吴都賦注引史亦作「尞屈盧之勁矛干將之雄戟」。

〔三五〕【考證】唐順之曰：出盛車從，明與五羖大夫行于國中相反。

〔三六〕【索隱】此是周書之言，孔子所删之餘。【正義】周書，晉五經博士孔晁序録有九卷。【考證】昌、亡，韻。今本周書無此文。

〔三七〕【索隱】衛鞅所封商、於二縣以爲國，其中凡有十五都，故趙良勸令歸之。【正義】公孫鞅封商、於十五邑，故云「十五都」。【考證】正義是。

〔三八〕【考證】楓、三本「灌園於鄙」作「灌非於園」。「秦王」非當時語。孝公未嘗稱王。

〔三九〕【考證】胡三省曰：言以專秦國之政爲寵也。

〔四〇〕【索隱】謂鞅於秦無仁恩，故秦國之所以將收録鞅者，其效甚明。故云「豈其微哉」。【考證】中井積德曰：收，捕也。愚按：微，少也，輕也。言秦國收君，必不以輕罪也，死在目前。

後五月，而秦孝公卒，太子立。公子虔之徒告商君欲反，〔一〕發吏捕商君。商君亡，至關下，欲舍客舍。客舍人不知其是商君也，〔二〕曰：「商君之法，舍人無驗者坐之。」〔三〕商君喟然歎曰：「嗟乎，爲法之敝一至此哉！」〔四〕去之魏。魏人怨其欺公子卬而破魏師，弗受。〔五〕商君欲之他國。魏人曰：「商君，秦之賊。秦彊而賊入魏，弗歸不可。」遂内秦。〔六〕商君既復入秦，走商邑，〔七〕與其徒屬發邑兵，北出擊鄭。〔八〕秦發兵攻商君，殺之於鄭黽池。〔九〕秦惠王車裂商君以徇，曰：「莫如商鞅反者！」〔一〇〕遂滅商君之家。

〔一〕【考證】秦策「孝公疾且不起，欲傳商君，辭不受。孝公已死，惠王代後蒞政。有頃，商君告歸。人說惠王曰：『大臣太重國危，今秦婦人嬰兒，皆言商君之法，莫言大王之法，是商君反爲主，大王更爲臣也。且夫商君固大王仇讎也，願大王圖之。』商君歸還，惠王車裂之。」當時情事蓋如此，足以補史文。

〔二〕【考證】各本「人」上無「舍」字。今依楓、三本補。

〔三〕【考證】驗，印信傳引之類。

〔四〕【考證】中井積德曰：敝者以己之困而言，非不知法如此也。

〔五〕【考證】呂覽無義篇云「秦惠王疑公孫鞅，欲加罪。鞅以其私屬與母歸魏。襄疵不受，曰：『以君之反公子卬也。』」史公蓋本於此。呂覽注：「襄疵，魏人。」

〔六〕【考證】楓、三本無「商君秦之賊」五字，「遂」下有「送」字。歸，送還也。

〔七〕【索隱】走，音奏。走，向也。

〔八〕【集解】徐廣曰：「京兆鄭縣也。」【索隱】地理志京兆有鄭縣。秦本紀云「初縣杜、鄭」，按其地是鄭桓公友之所封。【考證】楓、三本「邑」上有「商」字。

〔九〕【集解】徐廣曰：「黽，或作『彭』」。【索隱】鄭黽池者，時黽池屬鄭故也。而徐廣云「黽或作彭」者，按鹽鐵論云「商君困於彭池」故也。黽，音亡忍反。【正義】黽池去鄭三百里，蓋秦兵至鄭破商邑兵，而商君東走至黽，乃擒殺之。【考證】中井積德曰：鄭國存時黽池屬鄭國，故稱鄭黽池，以別於他黽池耳。

〔一〇〕【考證】「莫」下添「或」字看。襄二十三年左傳「將盟臧氏，季孫召外史掌惡臣，而問盟首。對曰：『盟東門氏也，曰「毋或如東門遂不聽公命，殺適立庶」。盟叔孫氏也，曰「毋或如叔孫僑欲廢國常，蕩覆公室」。』季孫曰：『臧孫之罪，皆不及此。』孟椒曰：『盍以犯門斬關？』季孫用之，乃盟曰：『無或如臧孫紇干國之紀，犯門斬關！』」誓盟之辭，皆有「或」字，無「者」字。

太史公曰：「商君其天資刻薄人也。〔一〕跡其欲干孝公以帝王術，挾持浮説，非其質矣。〔二〕且所因由嬖臣，及得用，刑公子虔，欺魏將卬，不師趙良之言，亦足發明商君之少恩矣。余嘗讀商君開塞、耕戰書，與其人行事相類。〔三〕卒受惡名於秦，有以也夫！」〔四〕

〔一〕【索隱】謂天資其人爲刻薄之行。刻，謂用刑深刻。薄，謂弃仁義不悃誠也。【考證】「其」字疑因下文衍。天資，猶言天性。中井積德曰：刻薄，甚無恩情也。言殘忍不仁，出於天質也。

〔二〕【索隱】説，音如字。浮説即虚説也。謂鞅得用，刑政深刻，又欺魏將，是其天資自有狙詐，則初爲孝公論帝王之術，是浮説耳，非本性也。【考證】古鈔本、三條本「質」作「實」。中井積德曰：鞅之帝王是驅孝公入功利之序引，非實知之而欲實行之也。故曰「浮説非實」也。岡白駒曰：非其質，原非其意所欲爲。

〔三〕【索隱】按商君書，開謂刑嚴峻則政化開，塞謂布恩賞則政化塞，其意本於嚴刑少恩。又爲田開阡陌，及言斬敵首賜爵，是耕戰書也。【正義】商君書有農戰篇，有開塞篇，五卷三十六篇。開，謂峻法嚴刑，政化開行也。塞，謂布恩則政化杜塞也。耕，謂開阡陌封疆則農爲耕也。戰，謂斬敵首，等級賜爵，則士卒勇於公戰也。【考證】漢志云「商君書二十九篇」，隋志云「商君書五卷」，新唐志作商子，正義曰「三十六篇」者，不知何本。今本二十六篇，佚其二篇，第三爲農戰。史公所謂耕戰，或斥此篇。開塞亦篇名，第七。晁公武曰：司馬貞蓋未見鞅書，妄爲之説耳。今考其書，開塞篇謂道塞久矣，今欲開之，必刑九而賞一。刑用於將過，則大邪不生，賞施於告姦，則細過不失。大邪不生，細過不失，則國治矣。由此觀之，鞅之術無他，特恃告訐而止耳。故其治不告姦者與降敵同罰，告姦者與殺敵同賞。此秦俗所以日壞，至於父子相夷，而鞅不能自脱也。沈欽韓曰：商君書第十三來民篇云「今三晉不勝秦四世矣，自魏襄王以來，野戰不勝，城必拔」，又云「周軍之勝，華軍之勝，秦斬首而東之」。又弱民篇「秦師至鄢郢，舉若振槁。唐蔑死於垂沙，莊蹻發於内楚」，則皆在秦昭王時，非商君本書也。

〔四〕【集解】新序論曰：「秦孝公保崤函之固，以廣雍州之地，東并河西，北收上郡，國富兵彊，長雄諸侯，周室歸籍，四方來賀，爲戰國霸君，秦遂以彊，六世而并諸侯，亦皆商君之謀也夫！商君極身無二慮，盡公不顧私，使民内急耕織之業以富國，外重戰伐之賞以勸戎士，法令必行，内不阿貴寵，外不偏疏遠，是以令行而禁止，法出而姦息。故雖書云『無偏無黨』，詩云『周道如砥，其直如矢』，司馬法之勵戎士，周后稷之勸農業，無以易此。此所以并諸侯也。故孫卿曰：『四世有勝，非幸也，數也。』然無信，諸侯畏而不親。夫霸君若齊桓、晉文者，桓不倍柯之盟，文不負原之期，而諸侯畏其彊而親信之，存亡繼絶，四方歸之，此管仲、舅犯之謀也。今商君倍公子卬之舊恩，棄交魏之明信，詐取三軍之衆，故諸侯畏其彊而不親信也。藉使孝公遇齊桓、晉文，得諸侯之統，將合諸侯之君，驅天下之兵以伐秦，秦則亡矣。天下無桓、文之君，故秦得以兼諸侯。衛鞅始自以爲知霸王之德，原其事不諭也。昔周、召施善政，及其死也，後世思之，『蔽芾甘棠』之詩是也。嘗舍於樹下，後世思其德，不忍伐其樹，況害其身乎！管仲奪伯氏邑三百户，無怨言。今衛鞅内刻刀鋸之刑，外深鈇鉞之誅，步過六尺者有罰，棄灰於道者被刑，一日臨渭而論囚七百餘人，渭水盡赤，號哭之聲動於天地，畜怨積讎比於丘山，所逃莫之隱，所歸莫之容，身死車裂，滅族無姓，其去霸王之佐亦遠矣。然惠王殺之，亦非也，可輔而用也。使衛鞅施寬平之法，加之以恩，申之以信，庶幾霸者之佐哉！」【索隱】新序是劉歆所撰，其中論商君，故裴氏引之。藉，音胙，字合作「胙」，誤爲「藉」耳。按：本紀「周歸文、武胙於孝公者」是也。説苑云「秦法棄灰於道者刑」，是其事也。【考證】索隱「劉歆」當作

「劉向」。

【索隱述贊】衛鞅入秦，景監是因。王道不用，霸術見親。政必改革，禮豈因循。既欺魏將，亦怨秦人。如何作法，逆旅不賓！

史記會注考證卷六十九

蘇秦列傳第九　　史記六十九

【考證】史公自序云：「天下患衡秦毋饜，而蘇子能存諸侯，約從以抑貪彊。作蘇秦列傳第九。」愚按：此傳全採戰國策。又按：近時妄人有疑蘇秦有無者，云「策史所虛設」。而荀子、呂氏春秋諸書已有其名，則其人其事亦必有也。

蘇秦者，東周雒陽人也。〔一〕東事師於齊，而習之於鬼谷先生。〔二〕

〔一〕【索隱】蘇秦字季子，蓋蘇忿生之後，己姓也。譙周云：「秦兄弟五人，秦最少。兄代，代弟厲及辟、鵠並爲游説之士。」此下云「秦弟代，代弟厲」也。【正義】戰國策云：「蘇秦，雒陽乘軒里人也。」藝文志云蘇子三十一篇，在縱横流。敬王以子朝之亂，從王城東遷雒陽故城，乃號東周，以王城爲西周。

〔二〕【集解】徐廣曰：「潁川陽城有鬼谷，蓋是其人所居，因爲號。」駰案：風俗通義曰「鬼谷先生，六國時從横家」。【索隱】按：鬼谷，地名也。扶風池陽、潁川陽城並有鬼谷墟，蓋是其人所居，因爲號。又樂臺注鬼谷子書云「蘇秦欲神秘其道，故假名鬼谷」。【正義】鬼谷，谷名，在雒州城縣北五里。七録有蘇秦書，樂壹注云：「秦欲神祕其道，故假名鬼谷也。」鬼谷子三卷，樂壹注。樂壹字正，魯郡人。【考證】今本鬼谷子三卷，梁陶弘景注。

出游數歲，大困而歸。〔一〕兄弟嫂妹妻妾竊皆笑之曰：「周人之俗，治産業，力工商，逐什二以爲務。〔二〕今子釋本而事口舌，困不亦宜乎？」蘇秦聞之而慙，自傷，乃閉室不出，出其書偏觀之。〔三〕曰：「夫士業已屈首受書，〔四〕而不能以取尊榮，雖多亦奚以爲！」於是得周書陰符，伏而讀之。〔五〕期年，以出揣摩，〔六〕曰：「此可以說當世之君矣。」〔七〕求說周顯王。顯王左右素習知蘇秦，皆少之，弗信。〔八〕

〔一〕【索隱】按：戰國策此語在說秦王之後。【考證】梁玉繩曰：史置於說秦王前，誤也。

〔二〕【正義】言工商十分之中得二分利。【考證】貨殖傳云：洛陽東賈齊、魯，南賈梁、楚。逐什二，謂買賣逐利也。

〔三〕【索隱】偏觀，音遍官二音。按：謂盡觀覽其書也。

〔四〕【索隱】按：謂士之立操。業者，素也，本也。言本已屈首低頭，受書於師也。【考證】助字辨略云：業，既已也。史記外戚世家：「太后業已許其行酒，無以罪也。」留侯世家：「良業爲取履，因長跪履之。」劉敬傳「是時漢兵已踰句注，二十餘萬，已業行。」業已、已業，並重言也。

〔五〕【正義】鬼谷子有陰符七術。樂注云：「陰符者，私志於内，物應於外，若今符契，故云『陰符』。」本太公兵法。【考證】張文虎曰：依索隱本，上文「出其書偏觀之」六字當在「雖多亦奚以爲」下，今本錯簡。愚按：秦策「周書陰符」作「太公陰符之謀」。

〔六〕【集解】戰國策曰：「乃發書，陳篋數十，得太公陰符之謀，伏而誦之，簡練以爲揣摩。讀書欲睡，引錐自刺其股，血流至踵。曰：『安有説人主不能出其金玉錦繡，取卿相之尊者乎？』期年，揣摩成。」鬼谷子有揣摩篇也。【索隱】戰國策云「得太公陰符之謀」，則陰符是太公之兵符也。揣，音初委反。摩，音姹何反。鄒誕本作「揣靡」，靡讀亦爲摩。王劭云「揣情、摩意是鬼谷之二章名，非爲一篇也」。高誘曰「揣，定也。摩，合也。定諸侯使讎其術，以成六國之從也」。江邃曰「揣人主之情，摩而近之」，其意當矣。【正義】鬼谷子有揣及摩二篇，言揣諸侯之情，以其所欲切摩，爲揣之術也。按：鬼谷子乃蘇秦之書明矣。【考證】中井積德曰：摩，在揣度之後，如以手摩弄之也。既能曉通彼人之情懷，而以我之言動摇上下之，以導入于吾橐中也。或揚之，或抑之，皆有激發，即所謂摩也。沈欽韓曰：漢書藝文志縱横家蘇子三十一篇。今見於史記、國策者，灼然爲蘇秦者八篇，其短章不與。秦死後蘇代、蘇厲等並有論説。國策通謂之「蘇子」，又誤爲「蘇秦」。是三十一篇，容有代、厲并入。

〔七〕【考證】「出游數歲」以下本秦策。

〔八〕【索隱】謂王之左右素慣習知秦浮説，多不中當世，而以爲蘇秦智識淺，故云「少之」。劉氏云：「少，謂輕之也。」【正義】言顯王左右慣知蘇秦，有少，不知行，故不用。【考證】蘇秦説周，戰國策不載，或妄。少之，劉説是。

乃西至秦。秦孝公卒。説惠王曰：「秦四塞之國，被山帶渭，東有關河，〔一〕西有漢中，南有巴、蜀，北有代、馬，〔二〕此天府也。〔三〕以秦士民之衆，兵法之教，可以吞天下，稱帝而治。」〔四〕秦王曰：「毛羽未成，不可以高蜚，文理未明，不可以并兼。」〔五〕方誅商鞅，疾辯士，弗用。〔六〕

〔一〕【正義】東有黃河，有函谷、蒲津、龍門、合河等關；南山及武關、嶢關；西有大隴山及隴山關、大震、烏蘭等關；北有黃河南塞：是四塞之國，被山帶渭又爲界。地里。江渭岷江，渭州隴山之西南流入蜀，東至荊陽入海也。河謂黃河，從同州小積石山東北流，至勝州，即南流至華州，又東北流，經魏、滄等州入海，各是萬里已下。【考證】中井積德曰：正義多錯脫。張文虎曰：各本截正文「被山」二句別爲一節，而截正義「又界」以下系之，於文義不順，今并連爲一節。又曰：「南」下有脫文，當云「南有某山」云云。「又」字誤，疑當作「以」。「地里」字疑有誤。「渭州」上疑脫「西從」二字。愚按：楓、三本正義「帶渭」作「帶江」，「地里」作「地理」，「江渭岷江」作「江謂岷江」，頗足正正義之訛，然尚多錯誤，不可解。

〔二〕【索隱】按：謂代郡馬邑也，地理志代郡又有馬邑城。一云代郡兼有胡馬之利。【考證】楓、三本無「南有」二字。巴蜀，今四川嘉陵道東境，及東川道皆巴郡地，西川道及嘉陵道西境、建昌道北境，皆故蜀郡地。代馬，索隱前說是。秦策作「北有胡貉代馬之用」。胡，樓煩、林胡之類。貉，濊也，音亡格反。匈奴傳「趙襄子踰句注而破并代，以臨胡貉」。荀子彊國篇「今秦北與胡貉爲鄰」者此也。胡、貉、代、馬皆地名，鮑彪解馬、貉爲獸名，誤。梁玉繩曰：國策云「西有巴、蜀、漢中之利，南有巫山、黔中之限」，此殆非也。而是時諸郡未屬秦，未知蘇子何以稱也。

〔三〕【索隱】按：周禮春官有天府。鄭玄曰：「府，物所藏。言天尊，此所藏若天府然。」【正義】府，聚也。萬物所聚。【考證】中井積德曰：天府，其地饒富，如天所置府庫然，莫不有也，莫不庶也。愚按：天府，中說是。索隱引周禮非是。

〔四〕【考證】楓、三本無「以秦士民之衆兵法之教」十字，而下無「治」字。秦策有。

〔五〕【考證】「說惠王曰」以下采秦策。其加「秦孝公卒」四字者，遥接商君傳，又爲下文「方誅商鞅」之地。

〔六〕【考證】九字，記者之詞。

乃東之趙。趙肅侯令其弟成爲相，號奉陽君。奉陽君弗說之。〔一一〕

〔一一〕【考證】楓、三本「說」下無「之」字。凌稚隆曰：爲後奉陽君已死眼目。愚按：公子成封安平君，明載趙世家。成並不封奉陽。奉陽君是李兌。李兌之前，趙先有奉陽君，失其姓名，不說蘇秦者即是。說詳于國策吳注、梁氏史記志疑。

去游燕，歲餘而後得見，說燕文侯〔一〕曰：「燕東有朝鮮、遼東，〔二〕北有林胡、樓煩，〔三〕西有雲中、九原，〔四〕南有嘑沱、易水，〔五〕地方二千餘里，帶甲數十萬，車六百乘，騎六千匹，粟支數年。〔六〕南有碣石、鴈門之饒，〔七〕北有棗栗之利，民雖不佃作，而足於棗栗矣。此所謂天府者也。

〔一〕【索隱】說音稅，下並同。燕文侯，史失名。【考證】燕文侯二十八年。

〔二〕【索隱】朝鮮，潮仙二音。潮、仙，二水名。【考證】中井積德曰：朝鮮國與遼東鄰，亦非今之朝鮮。

〔三〕【索隱】地理志樓煩屬鴈門郡。二胡國名，朔、嵐已北。

〔四〕【索隱】按：地理志雲中、九原二郡名。秦曰九原，漢武帝改曰五原郡。【正義】二郡並在勝州也。雲中郡城在榆林縣東北四十里，九原郡城在榆林縣西界。

〔五〕【集解】周禮曰：「正北曰并州，其川嘑沱。」鄭玄曰：「嘑沱出鹵城。」【索隱】按：滹沱，水名，并州之川也，音呼沱。又地理志鹵城，縣名，屬代郡。滹沱河自縣東至參合，又東至文安入海也。【正義】嘑沱出代州繁畤縣東，南流經五臺山北，東南流過定州，流入海。易水出易州易縣，東流過幽州歸義縣，東與呼沱河合也。

〔六〕【索隱】按：戰國策「車七百乘，粟支十年」。

〔七〕【索隱】戰國策碣石山在常山九門縣。地理志大碣石山在右北平驪城縣西南。【正義】碣石山在平州，燕東南。鴈門山在代，燕西南。【考證】姚鼒曰：碣石在燕東，海中之貨自此入河。雁門在西北，沙漠之貨自此入路。皆達燕南，故有其饒也。愚按：慶長本索隱無「戰國策」三字。

「夫安樂無事，不見覆軍殺將，無過燕者。大王知其所以然乎？夫燕之所以不犯寇被甲兵者，以趙之爲蔽其南也。秦、趙五戰，秦再勝而趙三勝。〔一〕秦、趙相斃，而王以全燕制其後，〔二〕此燕之所以不犯寇也。且夫秦之攻燕也，踰雲中、九原，過代、上谷，彌地數千里，雖得燕城，秦計固不能守也。秦之不能害燕，亦明矣。今趙之攻燕也，發號出令，不至十日，而數十萬之軍軍於東垣矣。〔三〕渡嘑沱，涉易水，不至四五日而距國都矣。〔四〕故曰：秦之攻燕也，戰於千里之外；趙之攻燕也，戰於百里之內。夫不憂百里之患，而重千里之外，計無過於此者。〔五〕是故願大王與趙從親，天下爲一，則燕國必無患矣。」

〔一〕【考證】吳師道曰：秦、趙五戰，設辭也。

〔二〕【考證】斃，讀爲敝。策作「敝」。

〔三〕【索隱】地理志高帝改曰真定也。【正義】東垣，趙之東邑，在恒州真定縣南八里，故常山城是也。

〔四〕【考證】距，至也。

〔五〕【考證】徐孚遠曰：欲燕親趙，先以趙之威劫之，則其言易入。

文侯曰：「子言則可。然吾國小，西迫彊趙，〔一〕南近齊，〔二〕齊、趙彊國也。子必欲合從以安燕，寡人請以國從。」

〔一〕【正義】貝、冀、深、趙四州，七國時屬趙，即燕西界。

〔三〕【正義】河北博、滄、德三州，齊地北境，與燕相接，隔黄河。

於是資蘇秦車馬金帛以至趙。〔一〕而奉陽君已死，〔二〕即因説趙肅侯〔三〕曰：「天下卿相人臣及布衣之士，皆高賢君之行義，皆願奉教陳忠於前之日久矣。〔四〕雖然，奉陽君妬君而不任事，〔五〕是以賓客游士莫敢自盡於前者。今奉陽君捐館舍，〔六〕君乃今復與士民相親也，臣故敢進其愚慮。

〔一〕【考證】「得見説燕文侯」以下采燕策。

〔二〕【考證】凌稚隆曰：應前「奉陽君弗説」。

〔三〕【索隱】按：世本云肅侯名語。【考證】趙肅侯十六年，各本索隱「語」作「言」，今從楓、三本。趙世家亦引世本作「語」。

〔四〕【正義】奉，符用反。【考證】楓、三本「人臣」作「人君」，「及」下有「至」字。岡白駒曰：君斥肅侯，言以君之行義爲高賢。

〔五〕【考證】楓、三本「妬」下「君」字作「賢」，無「而」字，義長。策作「奉陽君妬大王不得任事」。

〔六〕【考證】捐館舍，謂死也。徐孚遠曰：奉陽君專國時，肅侯必内不善也。故以此爲説端。

「竊爲君計者，莫若安民無事，且無庸有事於民也。〔一〕安民之本，在於擇交，〔二〕擇交而得，則民安；擇交而不得，則民終身不安。請言外患：齊、秦爲兩敵，而民不得安；倚秦攻齊，而民不得安；倚齊攻秦，而民不得安。故夫謀人之主，伐人之國，常苦出辭，斷絶人之交也。〔三〕願君慎勿出於口。請別白黑所以異，陰陽而已矣。〔四〕君誠能聽臣，燕必致旃裘狗馬之地，齊必致魚鹽之海，楚必致橘柚之園，韓、魏、中山皆可使致湯沐之奉，〔五〕而貴戚父兄皆可以受封侯。夫割地包利，五伯之所以覆軍禽將而求也；封侯貴戚，湯、武之所以放弒而爭也。今君高拱而兩有之，此臣之所以爲君願也。

〔一〕【考證】楓、三本「有」下無「事於」二字。策「且無」一句作「請無庸有爲也」。

〔二〕【考證】交，與諸侯交。

〔三〕【考證】言謀人之君，伐人之國，其事極大，說者常難出之於口。其故何也？以其斷絕人之交也。

〔四〕【索隱】按：戰國策云「請屏左右，白言所以異陰陽」，其說異此。然言別白黑者，蘇秦言己今論趙國之利，必使分明有如白黑分別，陰陽殊異也。【考證】「請別白黑所以異」句。白黑，猶言利害。陰陽，暗斥從横。

〔五〕【考證】「旃裘」，策作「氈裘」。旃、氊通。禮記「方伯爲朝天(下)〔子〕，皆有湯沐之邑」，戰國策「效萬家之都，以爲湯沐之邑」。

「今大王與秦，則秦必弱韓、魏；與齊，則齊必弱楚、魏。〔一〕魏弱則割河外，韓弱則效宜陽。宜陽效，則上郡絕。〔二〕河外割，則道不通。〔三〕楚弱則無援。此三策者，不可不孰計也。

〔一〕【正義】楚東淮、泗之上，與齊接境。【考證】張文虎曰：正義不釋魏境，下文亦止云「楚弱」，疑此「魏」字涉上「弱韓魏」而衍。愚按：策亦有「魏」字。

〔二〕【正義】宜陽即韓城也，在洛州西，韓大郡也。上郡在同州西北。言韓弱，與秦宜陽城，則上郡路絕矣。【考證】宜陽，韓地。故城在今河南宜陽縣東。上郡，今陝西膚施縣等地，與宜陽相去遠，疑當作「上黨」。上黨，今山西長治縣等地，與宜陽隔河連近。

〔三〕【正義】河外，同、華等地也。言魏弱，與秦河外地，則道路不通上郡矣。華山記云：「此山分秦晉之境，晉之西鄙則曰陰晉，秦之東邑則曰寧秦。」

「夫秦下軹道，〔一〕則南陽危；〔二〕劫韓包周，〔三〕則趙氏自操兵；〔四〕據衛取卷，〔五〕則齊必入朝秦。秦欲已得乎山東，則必舉兵而嚮趙矣。秦甲渡河，踰漳，據番吾，則兵必戰於邯鄲之下矣。〔六〕此臣之所爲君患也。

〔一〕【正義】軹，音止。故亭在雍州萬年縣東北十六里苑中。【考證】軹道在今陝西咸寧縣東。

〔二〕【正義】南陽，懷州河南也，七國時屬韓。言秦兵下軹道，從東渭橋歷北道過蒲津攻韓，即南陽危矣。【考證】南陽，韓地，今河南南陽縣。

〔三〕【正義】周都，洛陽。秦若劫取韓南陽，是包裹周都也。趙邯鄲危，故須起兵自守。

〔四〕【索隱】戰國策作「自銷鑠」。

〔五〕【集解】丘權反。【索隱】地理志卷縣屬河南。按：戰國策云「取淇」。【正義】衛地濮陽也。卷城在鄭州武原縣西北七里。言秦守衛得卷，則齊必來朝秦。【考證】各本「卷」上有「淇」字。楓、三本無，今從之。王念孫曰：「『淇』字後人加之，史作『取卷』，策作『取淇』，索隱本出『據衛取卷』，正義言『守衛得卷』，則史無『淇』字明矣。」愚按：卷，魏邑，在今河南原武縣。

〔六〕【集解】徐廣曰：「常山有蒲吾縣。」【索隱】按：徐氏所引據地理志云然也。【正義】番，音婆，又音蒲，又音盤。疑古番吾公邑也。括地志云：「蒲吾故城，在鎭州常山縣東二十里。」漳水在潞州。言秦兵渡河歷南陽，入羊腸，經澤、潞，渡漳水，守蒲吾城，則與趙戰於都城下矣。【考證】大河故道，自今河南濬縣西南，北歷內黃、湯陰、安陽、臨漳，及直隸、成安、肥鄉、曲周、廣宗，至鉅鹿，皆趙地。漳水故道，自臨漳以北，經成安、肥鄉、曲周，而入大河。番吾，趙邑，故城在今直隸平山縣東南。邯鄲，趙都，故城在今直隸邯鄲縣西南。

「當今之時，山東之建國，莫彊於趙。趙地方二千餘里。帶甲數十萬，車千乘，騎萬匹，粟支數年。西有常山，〔一〕南有河漳，〔二〕東有清河，〔三〕北有燕國。〔四〕燕固弱國，不足畏也。秦之所害於天下者莫如趙。〔五〕然而秦不敢舉兵伐趙者，何也？畏韓、魏之議其後也。〔六〕然則韓、魏，趙之南蔽也。秦之攻韓、魏也，無有名山大川之限，稍蠶食之，傅國都而止。〔七〕韓、魏不能支秦，必入臣於秦。秦無韓、魏之規，則禍必中於趙矣。〔八〕此臣之所爲君患也。

〔一〕【正義】在鎮州西。【考證】常山亦曰恒山，在今直隸曲陽縣西北。

〔二〕【正義】「河」字一作「清」，即漳河也，在潞州。地理志濁漳出長子鹿谷山，東至鄴，入清漳。

〔三〕【正義】清河，今貝州也。【考證】中井積德曰：清河者，指其水也，不當以州名作解。

〔四〕【正義】然三家分晉，趙得晉陽，襄子又伐戎取代。既云「西有常山者」，趙都邯鄲近北燕也。

〔五〕【考證】策「所」下有「畏」字。

〔六〕【考證】楓、三本無「何也」二字，策有。

〔七〕【集解】傅，音附。

〔八〕【考證】策「規」作「隔」。

「臣聞堯無三夫之分，舜無咫尺之地，以有天下；禹無百人之聚，以王諸侯；湯、武之士不過三千，車不過三百乘，卒不過三萬，〔一〕立爲天子：誠得其道也。是故明主外料其敵之彊弱，内度其士卒賢不肖，不待兩軍相當，而勝敗存亡之機，固已形於胷中矣。豈揜於衆人之言，而以冥冥決事哉！

〔一〕【考證】策無「卒不過三萬」五字。王念孫曰：士即卒也。既云「士不過三千」，不當又云「卒三萬」。蓋史記本作「湯武之士不過百里，車不過三百乘，卒不過三千」，與趙策小異。

「臣竊以天下之地圖案之，諸侯之地五倍於秦，料度諸侯之卒，十倍於秦。六國爲一，并力西鄉而攻秦，秦必破矣。今西面而事之，見臣於秦。夫破人之與破於人也，〔一〕臣人之與臣於人也，豈可同日而論哉！〔二〕

〔一〕【正義】破人，謂破前敵也。破於人，爲被前敵破。

〔二〕【索隱】按：臣人，謂己爲彼臣也。臣於人者，謂我爲主，使彼臣己也。【正義】臣人，謂己得人爲臣。臣於人，謂己事他人。【考證】各本「與」下「破」上、「與」下「臣」上，並有「見」字，是涉上「見」字而衍。索隱本、趙策無。今削。

「夫衡人者，皆欲割諸侯之地以予秦。〔一〕秦成，則高臺榭，美宮室，聽竽瑟之音，前有樓闕軒轅，〔二〕後有長姣美人。〔三〕國被秦患，而不與其憂。〔四〕是故夫衡人日夜務以秦權恐愒諸侯，以求割地。〔五〕故願大王孰計之也。

〔一〕【索隱】按：衡人，即游説從横之士也。東西爲横，南北爲從。秦地形東西横長，故張儀相秦，爲秦連横。【正義】衡，音横。謂爲秦人。【考證】從衡之計，不始於秦、儀，但吳起傳「起相楚」，「破馳説之言從横者」，未足爲據耳。中井積德曰：山東之國，與秦締交，是東西之勢也，故謂之衡。六國相交，其形南北，故謂之從。

〔二〕【索隱】戰國策云「前有軒轅」。又史記俗本亦有作「軒冕」者，非本文也。【考證】中井積德曰：「軒轅」不可曉。豈謂飾輿邪？顧炎武曰：「軒轅」當作「軒縣」。周禮小胥「正樂縣之位，王宮縣，諸侯軒縣」，注謂「軒縣者，闕其南面」。愚按：軒轅，猶言輿車也。

〔三〕【索隱】姣，音交。說文云：「姣，美也。」

〔四〕【考證】「而」下添「其身」二字看。

〔五〕【集解】愒，音呼曷反。【索隱】恐，起拱反。愒，許曷反。謂相恐脅也。鄒氏愒音憩，其意疏。【考證】愒讀爲喝。

「臣聞明主絶疑去讒，屏流言之迹，塞朋黨之門。故尊主廣地彊兵之計，臣得陳忠於前矣。故竊爲大王計，莫如一韓、魏、齊、楚、燕、趙以從親，以畔秦。令天下之將相會於洹水之上，〔一〕通質，刳白馬而盟，〔二〕要約曰：『秦攻楚，齊、魏各出鋭師以佐之，〔三〕韓絶其糧道，〔四〕趙涉河漳，〔五〕燕守常山之北。秦攻韓、魏，〔六〕則楚絶其後，〔七〕齊出鋭師而佐之，〔八〕趙涉河漳，燕守雲中。〔九〕秦攻齊，則楚絶其後，韓守城皋，〔一〇〕魏塞其道，〔一一〕趙涉河漳、博關，〔一二〕燕出鋭師以佐之。秦攻燕，則趙守常山，楚軍武關，齊涉勃海，〔一三〕韓、魏皆出鋭師以佐之。秦攻趙，則韓軍宜陽，楚軍武關，魏軍河外，〔一四〕齊涉清河，〔一五〕燕出鋭師以佐之。諸侯有不如約者，以五國之兵共伐之。』六國從親以賓秦，〔一六〕則秦甲必不敢出於函谷以害山東矣。如此，則霸王之業成矣。」〔一七〕

〔一〕【集解】徐廣曰：「洹水出汲郡林慮縣。」【正義】洹，音桓。洹水，出相州林慮縣西北林慮山中也。

〔二〕【索隱】質，音如字，又音躓。以言通其交質之情。【正義】質，音致。令六國將相會於洹水之上，通洩疑質之嫌，約盟定縱。刳，割也。【考證】楓、三本無「盟」字。

〔三〕【正義】要約，上如字，又音於妙反。

〔四〕【索隱】謂擁兵於崤關之外，又守宜陽也。【正義】韓引兵至崤關、武關之外，絶其糧道。

〔五〕【索隱】謂趙亦涉河漳而西，欲與韓作援，以阻秦軍。【正義】趙涉漳河南，西南以相援。【考證】史記桃源抄云：「正義本『河漳』作『漳河』。」

〔六〕【正義】謂道蒲津之東攻之。

〔七〕【索隱】謂出兵武關，以絶秦兵之後。

〔八〕【考證】策「而」作「以」。中井積德曰：據文例，當作「以」。

〔九〕【考證】古雲中城在今山西大同縣西北。

〔一〇〕【正義】在洛州汜水縣。【考證】策「城皋」作「成皋」。

〔一一〕【索隱】按：其道即河内之道。戰國策「其」作「午」。【正義】戰國策「其道」作「午道」。

〔一二〕【集解】徐廣曰：「齊威王六年，晉伐齊到博陵。東郡有博平縣。」【正義】涉貝州南河而至博陵。今博州平縣即博陵。【考證】梁玉繩曰：策云魏塞午道，趙涉河漳、博關，此有脱誤。愚按：各本「河」下無「漳」字，今依楓、三、北宋本補。洪頤煊曰：張儀傳「悉趙兵渡清河，指博關」。正義「博關在博州，趙兵從貝州渡黄河，指博關」。

〔一三〕【正義】齊從滄州渡河至瀛州。

〔一四〕【索隱】河外謂陝及曲沃等處也。【正義】謂同、華州。

〔一五〕【正義】齊從貝州過河而西。

〔一六〕【索隱】謂六國之軍共爲合從相親，獨以秦爲賓，而共伐之。【考證】策「賓」作「儐」，與「擯」同。中井積德曰：賓只是擯斥不與通之意，不必有攻伐之意。

〔一七〕【考證】函谷，關名，故關在今河南靈寶縣南，新關在今新安縣東。自今潼關以東通稱函谷，古桃林塞也。

趙王曰：「寡人年少，立國日淺，未嘗得聞社稷之長計也。今上客有意存天下，安諸侯，寡人敬以國從。」乃飾車百乘，黃金千溢，〔一〕白璧百雙，錦繡千純，以約諸侯。〔二〕

〔一〕【索隱】戰國策作「萬溢」。一溢爲一金，則二十兩曰一溢，爲米二升。鄭玄以一溢爲二十四分之一，其說異也。【考證】凌稚隆曰：一本「乃」下有「封蘇秦爲武安君」句。愚按：此後人依策補之也。又按：儀禮喪服傳「朝一溢米，夕一溢米」，鄭注「二十兩爲溢，爲米一升二十四分升之一」，依此則索隱「二十四分」上當有一「升」字。

〔二〕【集解】純，匹端名。周禮曰：「純帛不過五兩。」【索隱】音淳。裴氏云「純端，疋名」。高誘注戰國策音屯。屯，束也。又禮鄉射云「某賢於某若干純」。純，數也，音旋。【考證】「說趙肅侯曰」以下，采趙策。

是時周天子致文、武之胙於秦惠王。惠王使犀首攻魏，禽將龍賈，取魏之雕陰，且欲東兵。〔一〕蘇秦恐秦兵之至趙也，乃激怒張儀，入之于秦。〔二〕

〔一〕【索隱】雕陰，魏地也。劉氏曰「在龍門河之西北」。按：地理志雕陰屬上郡。【正義】在鄜州洛交縣北三十四里。【考證】雕陰之戰，秦紀在惠文王七年，年表係之其五年，魏世家爲襄王五年事，年代不合，而共在蘇秦約從之後。此敘于約前，甚誤。說又在秦紀及魏世家。

〔二〕【考證】事詳于張儀傳。策不載。

於是說韓惠宣王曰：〔一〕「韓北有鞏、成皋之固，〔二〕西有宜陽、商阪之塞，〔三〕東有宛、穰、洧水，〔四〕南有陘山，〔五〕地方九百餘里，帶甲數十萬，天下之彊弓勁弩皆從韓出。谿子、〔六〕少府時力、距來者，皆射六百步之外。〔七〕韓卒超足而射，〔八〕百發不暇止，遠者括蔽洞胷，近者鏑弇心。〔九〕韓卒之劒戟皆出於冥山、〔一〇〕棠谿、〔一一〕墨陽、〔一二〕合膊、〔一三〕鄧師、〔一四〕宛馮、〔一五〕龍淵、太阿，〔一六〕皆陸斷牛馬，水截鵠鴈，當敵則斬堅甲鐵幕，〔一七〕革抉、〔一八〕㕹芮，無不畢具。〔一九〕以韓卒之勇，被堅甲，蹠勁弩，帶利劍，一人當百，不足言也。夫以韓之勁與大王之賢，乃西面事秦，交臂而服。〔二〇〕羞社稷而爲天下笑，無大於此者矣。是故願大王孰計之。

〔一〕【索隱】按：世本韓宣王，昭侯之子也。【考證】索隱本「宣」上無「惠」字。梁玉繩曰：此篇韓策置于昭侯時，是也。鮑注云，合在昭侯二十五年。宣之元年，從已解矣。

〔二〕【索隱】二邑本屬東周，後爲韓邑。地理志二縣並屬河南。【考證】鞏，今河南鞏縣，地屬周。言可恃以爲固耳。策「鞏」下有「洛」字。

〔三〕【集解】徐廣曰：「商，一作『常』。」【索隱】劉氏云「蓋在商、洛之閒，適秦、楚之險塞」是也。【正義】宜陽在洛州福昌縣東十四里。商阪即商山也，在商洛縣南一里，亦曰楚山，武關在焉。【考證】策「商阪」作「常阪」。商山在今陝西商縣東南。

〔四〕【集解】宛，於袁反。洧，于鬼反。【索隱】地理志宛、穰二縣名，並居南陽。洧，音于軌反，水名，出南方。【正義】洧水在新鄭東南，流入潁。【考證】宛，今河南南陽縣。穰，河南鄧縣東南。宛、穰皆在南，非在東也。

〔五〕【集解】徐廣曰：「召陵有陘亭，密縣有陘山。」【正義】在新鄭西南三十里。

〔六〕【集解】許慎云：「南方谿子蠻夷柘弩，皆善材。」【索隱】按：許慎注淮南子，以爲南方谿子蠻出柘弩及竹弩。【正義】谿子，蠻也。出柘弩及竹弩，皆善材。【考證】中井積德曰：許慎所謂南方，不稱於本文，此不得援引。豈谿子蠻所作之弩，韓倣而製焉，因名歟？

〔七〕【集解】韓有谿子弩，又有少府所造二種之弩。案：時力者，謂作之得時，力倍於常，故名時力也。距來者，謂弩勢勁利，足以距來敵也。【索隱】韓又有少府所造時力、距來二種之弩。按：時力者，謂作之得時，則力倍於常，故有時力也。距來者，謂以弩勢勁利，足以距於來敵也。其名並見淮南子。【正義】少府時力、距來者，皆弩名，具於淮南子。少府，韓府名也。言谿子之蠻出柘竹弩材，令少府造時力、距來二弩，皆射六百步外。【考證】王念孫曰：文選注引史記作「巨黍」。距、鉅古通用。廣雅曰：「繁弱鉅黍，弓也。」荀子性惡篇「繁弱鉅黍，古之良弓也」。小司馬緣文生義，非也。

〔八〕【索隱】按：超足，謂超騰用勢，蓋起足蹋之而射也。故下云「蹠勁弩」是也。【正義】超足，齊足也。夫欲放弩，皆坐舉足踏弩，兩手引揍機，然始發之。

〔九〕【考證】「括」當作「銛」。鏃之似鈹者，韓非子五蠹篇：「鐵銛距者及乎敵，鎧甲不堅者傷乎體。」「蔽洞」不與下「弇」字對，疑衍其一字。鏑亦矢鋒也。策作「遠者達胸，近者掩心」。掩、弇同。遠近，謂射之所及也。

〔一〇〕【集解】徐廣曰：「莊子云『南行至郢，北面而不見冥山』。」駰案：司馬彪曰「冥山，在朔州北」。【索隱】莊子云「南行至郢，北面而不見冥山」。司馬彪云「冥山在朔州北」。郭象云「冥山在乎太極」。李軌云「在韓國」。

〔一一〕【集解】徐廣曰：「汝南吳房有棠谿亭。」【索隱】地理志棠谿亭在汝南吳房縣。【正義】故城在豫州偃城縣西八十里。鹽鐵論云「有棠谿之劍」是。

〔一二〕【集解】淮南子曰：「墨陽之莫邪也。」【索隱】淮南子云「服劍者貴於剡利，而不期於墨陽莫邪」，則墨陽，匠名。【正義】墨陽，地名也。淮南子云「服劍者貴於剡利，而不期於墨陽莫邪」。

〔一三〕【集解】音附。徐廣曰：「一作『伯』。」【索隱】按：戰國策作「合伯」，春秋後語作「合相」。【考證】梁玉繩曰：合賻，此韓寶劍名。策作「合伯」，索隱引後語作「合相」，「相」乃「柏」之譌。柏、伯古通。

〔一四〕【索隱】鄧國有工，鑄劍而師名焉。【正義】鄧出鉅鐵，有善鐵劍之師，因名。

〔一五〕【集解】徐廣曰：「滎陽有馮池。」【索隱】徐廣云「滎陽有馮池」，謂宛人於馮池鑄劍，故號宛馮。

〔一六〕【集解】吳越春秋曰：「楚王召風胡子而告之曰：『寡人聞吳有干將，越有歐冶，寡人欲因子請此二人作劍，可乎？』風胡子曰：『可。』乃往見二人作劍，一曰龍淵，二曰太阿。」【索隱】按：吳越春秋楚王令風胡子請吳干將、越歐冶作劍二，其一曰龍泉，二曰太阿。又太康地記曰「汝南西平有龍泉水，可以淬刀劍，特堅利，故有龍泉之劍，楚之寶劍也。以特堅利，故有堅白之論云：『黃所以爲堅也，白所以爲利也。』齊辨之曰：『白所以爲不堅，黃所以爲不利也。』故天下之寶劍韓爲衆，一曰棠谿，二曰墨陽，三曰合伯，四曰鄧師，五曰宛馮，六曰龍泉，七曰太阿，八曰莫邪，九曰干將也」。然干將、莫邪，匠名也，其劍皆出西平縣，今有鐵官令一，別領户，是古鑄劍之地也。

〔一七〕【集解】徐廣曰：「陽城出鐵。」【索隱】按：戰國策云「當敵則斬甲盾鞮鍪鐵幕」也。鄒誕「幕，一作『陌』」。劉云：「謂以鐵爲臂脛之衣。言其劍利能斬之也。」【正義】幕者爲鐵臂衣之屬，言能斬之。【考證】中井積德曰：鐵幕即鐵盾，其排列如帳幕，故名焉。帷幕之屬，在上爲幕爲帟，在旁爲帷爲帳。然通而言之，在旁者亦謂之幕也。

〔一八〕【集解】徐廣曰：「一作『決』。」【索隱】音決。謂以革爲射決。決，射韝也。【考證】射韝以韋爲之，射者著于左臂。

〔一九〕【集解】㕹，音伐。【索隱】㕹，與「瞂」同，音伐，謂楯也。芮音如字，謂繫楯之綬也。【正義】㕹，音伐，下音仁鋭反。方言云：「盾自關東謂之瞂，關西謂之盾。」

〔二〇〕【考證】交臂，與交手同，謂拱手也。田完世家「交臂而事齊楚」，司馬相如傳「單于怖駭，交臂受事，屈膝請和」，義同。莊子天地篇「罪人交臂歷指」，田子方篇「交一臂而失之」，呂氏春秋順民篇越王曰「孤與吳王接頸交臂而僨」，義皆與此殊。

「大王事秦，秦必求宜陽、成皋。今茲效之，明年又復求割地。〔一〕與，則無地以給之。不與，則弃前功而受後禍。且大王之地有盡，而秦之求無已。以有盡之地，而逆無已之求，此所謂市怨結禍者也，不戰而地已削矣。臣聞鄙諺曰：『寧爲雞口，無爲牛後。』〔二〕今西面交臂而臣事秦，何異於牛後乎？夫以大王之賢，挾彊韓之兵，而有牛後之名，臣竊爲大王羞之。」

〔一〕【索隱】按：鄭玄注禮云「效，猶呈也，見也」。【考證】中井積德曰：效，致也，獻也。

〔二〕【索隱】按：戰國策云「寧爲雞尸，不爲牛從」。延篤注云「尸，雞中主也。從，謂牛子也。言寧爲雞中之主，不爲牛之從後也」。【正義】雞口雖小，猶進食，牛後雖大，乃出糞也。【考證】牛、雞，以大小言。口、後，以貴賤言。不以進食、出糞爲義。論語「割雞焉用牛刀」，亦雞、牛對言，皆取譬家畜。何孟春曰：口、後，韻叶。如「寧爲秋霜，毋爲檻羊」之類。古語自如此。

於是韓王勃然作色，攘臂瞋目，按劍仰天太息〔一〕曰：「寡人雖不肖，必不能事秦。今主君〔二〕詔以趙王之教，敬奉社稷以從。」〔三〕

〔一〕【索隱】太息，謂久蓄氣而大吁也。

〔二〕【索隱】指蘇秦也。禮，卿大夫稱主。今嘉蘇子合從諸侯，襃而美之，故稱曰主。【考證】中井積德曰：主君，只是尊稱已。

〔三〕【考證】「說韓惠王曰」以下采韓策。

又說魏襄王〔一〕曰：「大王之地，南有鴻溝、陳、汝南、許、郾、昆陽、召陵、舞陽、新都、新鄢，〔二〕東有淮、潁、煮棗、無胥，〔三〕西有長城之界，〔四〕北有河外、卷、衍、酸棗。〔五〕地方千里，地名雖小，然而田舍廬廡之數，曾無所芻牧。〔六〕人民之衆，車馬之多，日夜行不絶，輷輷殷殷，若有三軍之衆。〔七〕臣竊量大王之國不下楚。然衡人怵王，〔八〕交彊虎狼之秦，以侵天下，卒有秦患，不顧其禍。〔九〕夫挾彊秦之勢，以内劫其主，罪無過此者。魏，天下之彊國也；王，天下之賢王也。〔一〇〕今乃有意西面而事秦，稱東藩，築帝宫，〔一一〕受冠帶，〔一二〕祠春秋，〔一三〕臣竊爲大王耻之。

〔一〕【索隱】世本惠王子，名嗣。【考證】依紀年，「襄王」當作「惠王」。説在魏世家。

〔二〕【集解】鴻溝，徐廣曰：「在滎陽。」郾，徐廣曰：「在潁川。於幰切。」地理志潁川有昆陽、舞陽縣，汝南有新郪縣，南陽有新都縣。【索隱】郾，音偃，又於建反。戰國策作「鄢」。按：地理志潁川有許、郾二縣，又有傿陵縣，故所稱惑也。傿，音焉。地理志昆陽、舞陽屬潁川，召陵、新郪屬汝南。按：新郪即郪丘，章帝以封殷後於宋。新都屬南陽。按：戰國策直云新郪，無「新都」二字。【正義】陳、汝南，今汝州、豫州縣也。召陵在豫州，舞陽在許州。【考證】鴻溝即狼蕩渠，在河南滎陽東南，至陳入潁。宋以前汴河是其道，今謂之賈魯河。汝水，出今河南嵩縣南山，舊時自郾城南至西平。舞陽，今河南舞陽縣東。新郪故城在今安徽阜陽東南。梁玉繩曰：國策無「新都」二字，是也。

〔三〕【集解】煮棗，徐廣曰：「在宛句。」【索隱】按：無胥，其地闕。【正義】淮、潁，淮陽、潁川二郡。煮棗在宛朐。按：宛朐，曹州縣也。【考證】中井積德曰：淮、潁，稱其水也，不當以郡名爲解。煮棗故城在今山東清澤縣西。策「無胥」作「無踈」。

〔四〕【考證】自鄭濱洛以北，至固陽，秦、魏之界也。今陝西華縣西鄜西南有故長城，六國時遺址云。

〔五〕【集解】徐廣曰：滎陽卷縣有長城，經陽武到密。衍，地名。【索隱】徐廣云「滎陽卷縣有長城」，蓋據地險爲說也。【正義】河外謂河南地。卷在鄭州原武縣北七里。酸棗在滑州。衍，徐云地名。【考證】卷，魏邑，在今河南原武縣。衍在今河南鄭縣北。酸棗故城在今河南延津縣北。

〔六〕【考證】廬，田間屋。廡，廊下周室。數，數罟之數，密也。無所芻牧，言居民稠也。

〔七〕【正義】軥，麾宏反。殷，音隱。

〔八〕【正義】衡，音横。怵，音卹，誘也。

〔九〕【正義】卒，音恩忽反。【考證】凌稚隆曰：策「秦患」作「國患」，「顧」作「被」。鮑彪云「國，謂魏。不被患，謂衡人」。愚按：下文亦有此語。

〔一〇〕【考證】楓山、三條、寛永本「賢王」作「賢主」，與策合。

〔一一〕【索隱】謂爲秦築宮，備其巡狩而舍之。故謂之「帝宮」。

〔一二〕【索隱】謂冠帶制度皆受秦法。【考證】中井積德曰：受制度者，必實賜命服。

〔一三〕【索隱】言春秋貢奉，以助秦祭祀。

「臣聞越王句踐戰敝卒三千人，禽夫差於干遂；〔一〕武王卒三千人，革車三百乘，制紂於牧野。〔二〕豈其士卒衆哉，誠能奮其威也。今竊聞大王之卒，武士二十萬，〔三〕蒼頭二十萬，〔四〕奮擊二十萬，廝徒十萬，車六百乘，騎五千匹。〔五〕此其過越王句踐、武王遠矣。今乃聽於羣臣之說，而欲臣事秦。夫事秦必割地以效實，〔六〕故兵未用，而國已虧矣。凡羣臣之言事秦者，皆姦人，非忠臣也。夫爲人臣，割其主之地以求外交，偷取一時之功，而不顧其後。〔七〕破公家而成私門，外挾彊秦之勢，以內劫其主，以求割地。願大王孰察之。〔八〕

〔一〕【索隱】按：干遂，地名，不知所在。然按干是水旁之高地，故有「江干」、「河干」是也。又左思吳都賦云「長干延屬」，是干爲江旁之地。遂者，道也。於干有道，因爲地名。【正義】在蘇州吳縣西北四十餘里萬安山西南一里太湖。夫差敗於姑蘇，禽於干遂，相去四十餘里。【考證】李光縉曰：「戰」、「敝」、「卒」三字相聯。中井積德曰：其實多年之長育，非戰敝也。此云「戰敝卒」，誇張之辭，失實。

〔二〕【正義】今衛州城是也。周武王伐紂於牧野，築之。

〔三〕【集解】漢書刑法志曰：「魏氏武卒，衣三屬之甲，操十二石之弩，負矢五十，置戈其上，冠冑帶劍，贏三日之糧，日中而趨百里，中試則復其户，利其田宅。」【索隱】衣，音意。屬，音燭。按：三屬謂甲衣也。覆髆一也，甲裳二也，脛衣三也。甲之有裳，見左傳也。贏，音盈。謂齎糗糧。中，音竹仲反。謂其筋力能負重，所以得中試也。復，音福。謂中試之人，國家當優復賜之上田宅，故云「利其田宅」也。【考證】漢書刑法志采荀子議兵篇文。

〔四〕【索隱】謂以青巾裹頭以異於衆。荀卿「魏有蒼頭二十萬」是也。【考證】桃源抄云「正義『蒼』作『倉』」。

〔五〕【索隱】厮，音斯。謂厮養之卒。厮，養馬之賤者，今起爲之卒。【正義】厮，音斯。謂炊烹供養雜役。【考證】中井積德曰：魏之軍制，當時有武士、蒼頭、厮徒、奮擊之別。武士，即我邦武士。蒼頭，蓋賤卒，我邦足輕也。厮徒，役夫供雜役者，我邦人夫也。奮擊，蓋選其精鋭，用先鋒陷陣。陳子龍曰：韓、魏逼秦，地形相錯，非可以險阻自固，須堅意力戰，乃可自立。故季子皆以精兵利器爲言，所以鼓其氣也。

〔六〕【索隱】謂割地獻秦，以效己之誠實。【考證】策「效實」作「效質」。史義爲長。韓非子五蠹篇「事大未必有實，則舉圖而委地，效璽而請兵矣」。中井積德曰：效實，即割地之事。效，與上文「今茲效之」之「效」同。謂事秦不得用虛名，必用實地。

〔七〕【考證】楓、三本「一時」作「一旦」，與策合。

〔八〕【考證】「今乃聽於群臣之説」以下，與韓非子五蠹篇所言略同。但韓子並論縱横之害，此專排衡人耳。

「周書曰：『緜緜不絶，蔓蔓柰何？豪氂不伐，將用斧柯。』〔一〕前慮不定，後有大患，將柰之何？大王誠能聽臣，六國從親，專心并力壹意，則必無彊秦之患。故敝邑趙王，使臣效愚計，奉明約。〔二〕在大王之詔詔之。」〔三〕

〔一〕【考證】周書，周書和寤解武王之言。絶、伐，何、柯，隔句韻叶。劉伯莊曰：緜緜，謂細微。蔓蔓，謂長大也。言小時不滅，大則難除也。言今不絶緜緜之秦，則後日蔓蔓可用斧柯也。梁玉繩曰：此語亦見姜子守土、賈子審微、説苑敬慎、家語觀周，皆與策、史小異。是爲金人之銘，路史後紀據金匱謂黄帝所作也。

〔二〕【索隱】此「效」猶呈也，見也。【考證】楓、三本「王」下重「使」字，與策合。

〔三〕【考證】楓、三本不重「詔」字，與策合。此涉下文衍。下文説楚王，可證。

魏王曰：「寡人不肖，未嘗得聞明教。今主君以趙王之詔詔之，敬以國從。」〔一〕

〔一〕【考證】「又説魏襄王」以下采魏策。

因東説齊宣王〔一〕曰：「齊南有泰山，東有琅邪，〔二〕西有清河，〔三〕北有勃海，此所謂四塞之國也。齊地方二千餘里，帶甲數十萬，粟如丘山，三軍之良，五家之兵，〔四〕進如鋒矢，戰如雷霆，解如風雨。〔五〕即有軍役，未嘗倍泰山，絶清河，涉勃海也。〔六〕臨菑之中七萬户，臣竊度之，不下户三男子，〔七〕三七二十一萬，不待發於遠縣，而臨菑之卒固已二十一萬矣。〔八〕臨菑甚富而實，其民無不吹竽鼓瑟，彈琴擊筑，鬬雞走狗，六博蹹鞠者。〔九〕臨菑之塗，車轂擊，人肩摩，連衽成帷，舉袂成幕，揮汗成雨。〔一〇〕家殷人足，志高氣揚。夫以大王之賢，與齊之彊，天下莫能當。今乃西面而事秦。臣竊爲大王羞之。

〔一〕【索隱】世本名辟疆，威王之子也。

〔二〕【考證】琅邪，山名，在今山東諸城縣東南。

〔三〕【正義】即貝州。【考證】清河，即濟水。王應麟曰：濟水通得清水之名，以水道清深也。中井積德曰：濟水清，對黄河之濁有此名。太山、琅邪、勃海，皆以山川形勢言。此不當以州名作解，正義誤。

〔四〕【索隱】按：高誘注戰國策云「五家即五國也」。【正義】齊世家云「桓公既得管仲修齊國政，連五家之兵」。【考證】王維楨曰：五家之兵，管仲之制也。高誘註缺明。愚按：國語齊語云「五家爲軌，故五人爲伍，軌長帥之。十軌爲里，故五十人爲小戎，里有司帥之。四里爲連，故二百人爲卒，連長帥之。十連爲鄉，故二千人爲旅，鄉良人帥之。五鄉一帥，故萬人爲一軍，五鄉之帥帥之。三軍故有中軍之鼓，有國子之鼓，有高氏之鼓」。此曰「三軍」，曰「五家」，皆管仲之制。雖吕氏滅，田氏代，遺法猶存也。

〔五〕【索隱】按：戰國策作「疾如錐矢」。高誘曰「錐矢，小矢，喻徑疾也」。吕氏春秋曰「所貴錐矢者，爲應聲而至」。【正義】齊軍之進，若鋒芒之刀，良弓之矢，用之有進而無退。【考證】中井積德曰：鋒矢，謂鏃之細尖如鋒芒也。愚按：雷霆喻其威力，風雨喻其速捷。

〔六〕【正義】言臨淄自足也。絶、涉，皆度也。勃海，滄州也。齊有軍役，不用度河取二部。【考證】倍泰山，徵山南之兵也。是亦一部。

〔七〕【考證】「户」字當在「不」字上。策一本無「不」字，亦通。臨菑，齊都，故齊城，在今山東臨淄縣北。

〔八〕【考證】中井積德曰：泰山、清河、勃海之中，是臨菑國都也。三者之外，齊地尚廣也。此言不待取三者之外，而自有二十一萬兵也。此欲誇張臨菑之富而云然耳，非謂遠縣曾無軍役徵發也。

〔九〕【集解】劉向别録曰：「蹴鞠者，傳言黄帝所作，或曰起戰國之時。蹋鞠，兵勢也，所以練武士知有材也，皆因嬉戲而講練之。」蹋，徒獵反。鞠，求六反。【索隱】按：王逸注楚詞云「博，著也。行六棊，故曰六博」。蹋鞠，上徒臘反，下居六反。別録注云：「蹴踘，促六反。蹴亦蹋也。」崔豹云：「起黄帝時，習兵之埶。」【正義】筑，似琴而大，頭圓，五弦，擊之不鼓。【考證】中井積德曰：局界左右各六道，故云「六博」耳。

〔一〇〕【考證】中井積德曰：在旁爲帷，在上爲幕。

「且夫韓、魏之所以重畏秦者，爲與秦接境壤界也。〔一〕兵出而相當，不出十日，而戰勝存亡之機決矣。〔二〕韓、魏戰而勝秦，則兵半折，四境不守。戰而不勝，則國已危亡隨其後。是故韓、魏之所以重與秦戰，而輕爲之臣也。〔三〕今秦之攻齊則不然。倍韓、魏之地，過衛陽晉之道，〔四〕徑乎亢父之險，〔五〕車不得方軌，〔六〕騎不得比行，百人守險，千人不敢過也。秦雖欲深入，則狼顧恐韓、魏之議其後也。〔七〕是故恫疑，虚喝驕矜，而不敢進。〔八〕則秦之不能害齊亦明矣。

〔一〕【考證】策無「境壤」二字。中井積德曰：壤亦界也。吴起傳「與强秦壤界」是也。此重疊言之耳。

〔二〕【考證】胡三省曰：「而戰」句。「勝」下當有「負」字。愚按：「戰勝」當作「勝敗」。

〔三〕【考證】故讀爲固。或云當衍。

〔四〕【集解】徐廣曰：「魏哀王十六年，秦拔魏蒲坂、陽晉、封陵。」【索隱】按：陽晉，魏邑也。魏系家「哀王十六年，秦拔魏蒲阪、陽晉、封陵」是也。劉氏云「陽晉，地名，蓋適齊之道，衛國之西南也」。【正義】言秦伐齊，背韓、魏地，而與齊戰。徐説陽晉非也，乃是晉陽耳。衛地曹、濮等州也。杜預云「曹，衛下邑也」。陽晉故城在曹州乘氏縣西北三十七里。【考證】陽晉故城在今山東曹縣北，故衛地。張儀傳亦云「秦兵下攻衛陽晉，大關天下之胸」，又云「劫衛取陽晉，則趙不南」，陽晉之險可知矣。

〔五〕【索隱】亢，音剛，又苦浪反。地理志縣名，屬梁國也。【正義】故縣在兗州任城縣南五十一里。【考證】亢父故城在今山東濟寧縣南，故齊地。

〔六〕【正義】言不得兩車並行。【考證】車兩輪間爲軌。方，並也。

〔七〕【正義】狼性怯，走常還顧。

〔八〕【集解】喝，呼葛反。【索隱】恫疑，上音通，一音洞。恐懼也。猲，本一作「喝」，並呼葛反。高誘曰：「虛猲，喘息懼貌也。」劉氏云：「秦自疑懼，不敢進兵，虛作恐怯之詞，以脅韓、魏也。」【正義】言秦雖至亢父，猶恐懼狼顧，虛作喝罵驕溢矜誇，不敢進伐齊明矣。【考證】中井積德曰：秦恫疑，不能踰陽晉、亢父而前，且虛聲喝罵，云欲取齊。下文蘇代稱秦正告天下之辭，可以爲「虛喝」注脚。徐孚遠曰：以虛辭脅齊，非脅韓、魏也。愚按：策「驕矜」作「高躍」。

「夫不深料秦之無柰齊何，〔一〕而欲西面而事之，是羣臣之計過也。今無臣事秦之名，而有彊國之實。臣是故願大王少留意計之」。

〔一〕【考證】楓、三本，「何」下有「也」字，與策合。

齊王曰：「寡人不敏，僻遠守海，窮道東境之國也，〔一〕未嘗得聞餘教。今足下以趙王詔詔之，敬以國從。」〔二〕

〔一〕【考證】楓、三本「海」下有「嵎」字。

〔二〕【考證】「東說齊宣王」以下采齊策。

乃西南說楚威王〔一〕曰：「楚，天下之彊國也；王，天下之賢王也。〔二〕西有黔中、巫郡，〔三〕東有夏州、海陽，〔四〕南有洞庭、蒼梧，〔五〕北有陘塞、郇陽，〔六〕地方五千餘里，帶甲百萬，車千乘，騎萬匹，粟支十年，此霸王之資也。夫以楚之彊與王之賢，天下莫能當也。今乃欲西面而事秦，則諸侯莫不西面而朝於章臺之下矣。〔七〕

〔一〕**【索隱】**威王名商，宣王之子。

〔二〕**【考證】**楓、三本「賢王」作「賢主」。

〔三〕**【集解】**黔中，徐廣曰：「今之武陵也。」巫郡，徐廣曰：「南郡之西界。」**【正義】**今朗州，楚黔中郡，其故城在辰州西二十里，皆盤瓠後也。巫郡，夔州巫山縣是。**【考證】**黔中，今湖南辰沅道及武陵道皆是。巫郡，今四川巫山縣，郡據巫山之險，故名。

〔四〕**【集解】**徐廣曰：「楚考烈王元年，秦取夏州。」駰案：左傳「楚莊王伐陳，鄉取一人焉以歸，謂之夏州」。而注者不說夏州所在。車胤撰桓温集云：「夏口城上數里有洲，名夏州。」「東有夏州」謂此也。**【索隱】**裴駰據左氏及車胤說夏州，其文甚明，而劉伯莊以爲夏州侯之本國，亦未爲得也。按：地理志無海陽。劉氏云「楚之東境」。**【正義】**大江中州也。夏水口在荊州江陵縣東南二十五里。**【考證】**夏州在今湖南夏口縣北。

〔五〕**【索隱】**洞庭，今之青草湖是也，在岳州界也。蒼梧，地名。地理志有蒼梧郡。**【正義】**蒼梧山在道州南。**【考證】**洞庭湖在今湖南岳陽縣西南。蒼梧，漢零陽郡，今湖南零陵縣及廣西全縣等地。

〔六〕**【集解】**徐廣曰：「春秋曰『遂伐楚，次于陘』。楚威王十一年，魏敗楚陘山。析縣有鈞水，或者郇陽今之順陽乎？一本『北有汾、陘之塞』也。」**【索隱】**陘山在楚北境，威王十一年，魏敗楚陘山是也。郇，音荀。北有郇陽，其地當在汝南、潁川之界。檢地理志及太康地記，北境並無郇邑。郇邑在河東，晉地。計郇陽當是新陽，聲相近，字變耳。汝南有新陽縣，應劭云「在新水之陽」，猶豳邑變爲栒，亦當然也。徐氏云「郇陽當是慎陽」，蓋其疏也。**【正義】**陘山在鄭州新鄭縣西南三十里。順陽故城在鄭州穰縣西百四十里。**【考證】**陘塞，策作「汾陘之塞」。陘塞即陘山，在今河南新鄭縣南。洪頤煊曰：郇縣即旬陽。漢書地理志屬漢中郡，其地有關，與楚北境相近。

〔七〕【考證】章臺，秦臺，在咸陽。

「秦之所害莫如楚。楚彊則秦弱，秦彊則楚弱，其勢不兩立。故爲大王計，莫如從親以孤秦。大王不從，〔一〕秦必起兩軍，一軍出武關，一軍下黔中，則鄢郢動矣。〔二〕

〔一〕【考證】策「從」下有「親」字，當作補。

〔二〕【集解】徐廣曰：「今南郡宜城。」【正義】鄢鄉故城在襄州率道縣南九里。安郢城在荊州江陵縣東北六里。秦兵出武關，則臨鄢矣。兵下黔中，則臨郢矣。【考證】武關，秦之南關，在今陝西商縣西南。鄢，今湖南宜城縣西南。郢，今湖南江陵縣。徐孚遠曰：水陸兩軍也。

「臣聞治之其未亂也，爲之其未有也。患至而后憂之，則無及已。〔一〕故願大王蚤孰計之。

〔一〕【考證】王、柯、凌本「而」誤「其」。策亦作「而」。

「大王誠能聽臣，臣請令山東之國，奉四時之獻，以承大王之明詔。委社稷，奉宗廟，練士厲兵，在大王之所用之。大王誠能用臣之愚計，則韓、魏、齊、燕、趙、衛之妙音美人必充後宮，燕、代橐駝良馬必實外廄。〔一〕故從合則楚王，衡成則秦帝。今釋霸王之業，而有事人之名。臣竊爲大王不取也。

〔一〕【考證】李斯諫逐客書似用此語。橐駝，體高八九尺，背有駝峯。

「夫秦，虎狼之國也，有吞天下之心。秦，天下之仇讎也。衡人皆欲割諸侯之地以事秦，此所謂養仇而奉讎者也。夫爲人臣，割其主之地，以外交彊虎狼之秦，以侵天下。卒有秦患，不顧其禍。夫外挾彊秦之威，以内劫其主，以求割地。大逆不忠，無過此者。故從親則諸侯割地以事楚，衡合則楚割地以事秦。此兩策者相去遠矣。二者大王何居焉？故敝邑趙王使臣效愚計，奉明約。在大王詔之。」〔一〕

〔一〕【考證】楓、三本「臣」上重「使」字。

楚王曰：「寡人之國，西與秦接境，秦有舉巴、蜀并漢中之心。〔一〕秦，虎狼之國，不可親也。而韓、魏迫於秦患，不可與深謀。與深謀，恐反人以入於秦。〔二〕故謀未發，而國已危矣。寡人自料以楚當秦，不見勝也。内與羣臣謀，不足恃也。寡人卧不安席，食不甘味，心搖搖然如縣旌，而無所終薄。〔三〕今主君欲一天下，收諸侯，存危國，寡人謹奉社稷以從。」〔四〕

〔一〕【考證】巴蜀，見上。胡三省曰：自沔陽至上庸，皆漢中地。沔陽，今陝西沔縣。上庸，今湖北竹山縣。巴蜀，非楚地，連言之也。

〔二〕【考證】岡白駒曰：恐有反人以入於秦。

〔三〕【集解】白洛反。【考證】縣旌，言心不定也。薄，附著也。

〔四〕【考證】「説楚威王」以下采楚策。

於是六國從合而并力焉。〔一〕蘇秦爲從約長，并相六國。

〔一〕【考證】張儀傳儀説魏王曰「今從者一天下，約爲昆弟，刑白馬以盟洹水之上，以相堅也」，蓋斥是事。

北報趙王，乃行過雒陽，車騎輜重，諸侯各發使送之甚衆，疑於王者。〔一〕周顯王聞之，恐懼除道，使人郊勞。〔二〕蘇秦之昆弟妻嫂側目不敢仰視，俯伏侍取食。〔三〕蘇秦笑謂其嫂曰：「何前倨而後恭也？」嫂委虵蒲服，以面掩地而謝曰：〔四〕「見季子位高金多也。」〔五〕蘇秦喟然歎曰：「此一人之身，富貴則親戚畏懼之，貧賤則輕易之，況衆人乎！〔六〕且使我有雒陽負郭田二頃，吾豈能佩六國相印乎！」〔七〕於是散千金，以賜宗族朋友。初，蘇秦之燕，貸百錢爲資，及得富貴，以百金償之。〔八〕偏報諸所嘗見德者。其從者有一人獨未得報，乃前自言。蘇秦曰：「我非忘子。子之與我至燕，再三欲去我易水之上。方是時，我困，故望子深，是以後子。子今亦得矣。」〔九〕

〔一〕【索隱】「疑」作「擬」讀。【正義】輜，厠也。謂軍糧什物雜厠載之，以其累重，故曰「輜重」。卒，倉忽反。言車騎使送之甚多。疑是王者之行。【考證】楓、三本作「其衆疑於王者」。據桃源抄、正義本作「卒有疑於王者」。各本「疑」作「擬」，恐誤。今訂。「疑」讀如字，索隱非是。甚衆，其衆，兩通。據國策，蘇秦過洛陽，在說楚王前，與此異。

〔二〕【集解】儀禮曰：「賓至近郊，君使卿朝服，用束帛勞。」【正義】勞，郎到反。【考證】凌稚隆曰：反前求說周。愚按：策但云「將說楚王，路過洛陽，父母聞之，清宮除道，張樂設飲，郊迎三十里」，絶不言周王除道郊勞事。中井積德曰：集解不當援儀禮。

〔三〕【考證】側目，不敢正視也。凌稚隆曰：應前兄嫂皆笑。

〔四〕【索隱】委蛇，謂以面掩地而進，若蛇行也。蒲服，即匍匐，並音蒲仆。【正義】蒲服，猶匍匐。以面掩地而謝者，若蛇行，以面掩地而進。劉伯莊云：「蛇，謂曲也。」按：本作「委蛇」者非也。【考證】正義本「委蛇」作「蛇行」，與策合。

〔五〕【集解】譙周曰：「蘇秦字季子。」【索隱】按：其嫂呼小叔爲季子耳，未必即其字。允南即以爲字，未之得也。【考證】「金多」應前「逐什二以爲務」。索隱「允南」，譙周字。

〔六〕【考證】「蘇秦之昆弟妻嫂」以下采秦策。岡白駒曰：此一人之身。昔來，吾也；今來，吾也，嫂且如此，況衆人乎？

〔七〕【索隱】負者背也，枕也。近城之地，沃潤流澤，最爲膏腴，故曰「負郭」也。【正義】負，猶背也。近城郭之田，流澤肥沃也。

〔八〕【考證】北宋本「貸」下有「人」字。藝文類聚無「得富」二字。

〔九〕【考證】岡白駒曰：望，怨也。子亦得矣，言子亦得我報矣，謂與之。愚按：衣錦歸鄉，蘇秦得意可想。與晉文公、漢高祖、范雎、韓信、朱買臣、疏廣諸人，事似意殊。

蘇秦既約六國從親，歸趙，趙肅侯封爲武安君。乃投從約書於秦。〔一〕秦兵不敢闚函谷關十五年。〔二〕

〔一〕【索隱】乃設從約書。案：諸本亦作「投」。言設者，謂宣布其從約六國之事以告於秦。若作「投」亦爲易解。【考證】楓、三本「封」下有「之」字。

〔二〕【考證】通鑑考異云：「史記蘇秦傳『秦兵不敢闚函谷關十五年』，又云『秦使犀首欺齊、魏，與共伐趙』，『蘇秦去趙而從約皆解』，齊、魏伐趙，敗從約止，在明年耳。秦本紀『惠文王七年，公子卬與魏戰，虜其將龍賈』，後二年事耳。烏在其不鬭函谷十五年？此出於遊談之士，誇大蘇秦而云爾，今不取。」王懋竑曰：蘇秦傳「秦兵不出函谷關十五年」，考異以爲此游説之士，誇大蘇秦云爾，故不取。然張儀之説趙王言「秦兵不敢出函谷關十五年」，而范睢言於秦昭王，亦有「秦十五年不敢窺兵山東」之語，則非虚辭也。按：六國表自顯王三十六年，至慎靚王三年，凡十五年中，秦四伐魏，一圍魏，未嘗交兵他國。至慎靚王三年，五國共攻秦，則從約猶未解也。四年，秦攻韓，斬首八萬，諸侯震恐。可見前此之伐魏，特以偏師臨之，未嘗大出兵也。蓋魏河西與秦接壤，秦日以蠶食之。而諸侯如連鷄不能俱飛，從約雖在，而卒莫能相一。秦之不出兵十五年，未必以從約之故。而考其事實則誠有之，非盡虚辭也。蘇秦傳「秦使犀首欺齊、魏，與共伐趙」，此在顯王三十七年，距約從僅一年。然自此至四十年，魏敗楚於陘山。四十四年，魏敗韓舉，敗越護。四十六年，楚敗魏襄陵。十五年中，六國相攻，亦止此四五事爾。大抵天下皆宗蘇氏之從約，或從，或不從，而其名猶在。至赧王五年，張儀破從爲横。未一年，而諸侯復畔衡合從。則謂「蘇秦去趙而從約皆解」，亦未盡然也。崔適曰：案六國表，是爲燕文侯二十八年，趙肅侯十六年，韓宣惠王二十五年，魏襄王元年，齊宣王九年，楚威王六年。於周爲顯王三十五年，於秦惠文王四年也。秦本紀惠文王十四年更爲元年。七年，韓、趙、魏、燕、齊共攻秦。秦使庶長疾與戰修魚，虜其將申差，敗趙公子渴、韓太子奂，斬首八萬二千。自前四年至後六年，惟前七年，公子卬與魏戰，虜其將龍賈，斬首八萬。九年，渡河取汾陰皮氏，與魏會應，圍焦降之。案：七年與六國無大戰争。且此戰亦由五國攻秦，而秦出兵應之，非秦東伐。是謂「秦兵不敢闚函谷關十五年」也。即魏襄王四年，九年即六年。魏世家皆在五年，與秦本紀小異。愚按：中井積德、錢大昕諸人亦與王、崔二氏説同，可從。王氏以爲周顯王三十六年事，以從成之時言，從通鑑也。崔氏爲三十五年事，以始説之日言，從史表也，所以不同。

其後秦使犀首欺齊、魏，與共伐趙，欲敗從約。齊、魏伐趙，趙王讓蘇秦。蘇秦恐，請使燕，必報齊。蘇秦去趙，而從約皆解。〔一〕

〔一〕【集解】徐廣曰：「自初說燕，至此三年。」【考證】徐孚遠曰：正文云「秦兵不出十五年」，而徐云「自初說至此三年」，二說縣殊。崔適曰：秦兵出關，不得與從約皆解爲一事。趙世家「肅侯十八年，齊、魏伐我」，齊世家「宣王十一年，與魏伐趙」，魏世家無文，六國表於三國皆載之，與此傳合。是自三國交兵，非秦伐東諸侯也。從約自解，秦兵自不出。事殊年別，何謂「二說縣殊」？

秦惠王以其女爲燕太子婦。是歲文侯卒，太子立，是爲燕易王。〔一〕易王初立，齊宣王因燕喪伐燕，取十城。〔二〕易王謂蘇秦曰：「往日先生至燕，而先王資先生見趙，遂約六國從。今齊先伐趙，次至燕。以先生之故爲天下笑，先生能爲燕得侵地乎？」蘇秦大慙曰：「請爲王取之。」〔三〕

〔一〕【考證】史表周顯王三十七年，燕易王元年。

〔二〕【考證】「秦惠王」以下采燕策。

〔三〕【考證】燕策無此文，蓋史公以意補之也。

蘇秦見齊王，再拜，俯而慶，仰而弔。〔一〕齊王曰：「是何慶弔相隨之速也？」蘇秦曰：「臣聞飢人所以飢而不食烏喙者，爲其愈充腹，而與餓死同患也。〔二〕今燕雖弱小，即秦王之少壻也。〔三〕大王利其十城，而長與彊秦爲仇。今使弱燕爲鴈行，而彊秦敝其後，以招天下之精兵。〔四〕是食烏喙之類也。」齊王愀然變色曰：〔五〕「然則柰何？」蘇秦曰：「臣聞古之善制事者，轉禍爲福，因敗爲功。〔六〕大王誠能聽臣計，即歸燕之十城。燕無故而得十城，必喜；秦王知以己之故而歸燕之十城，亦必喜。此所謂弃仇讎而得石交者也。〔七〕夫燕、秦俱事齊，則大王號令，天下莫敢不聽。是王以虛辭附秦，〔八〕以十城取天下，此霸王之業也。」王曰：「善。」於是乃歸燕之十城。〔九〕

〔二〕**【索隱】**劉氏云：「當時慶弔，應有其詞，但史家不録耳。」

〔三〕**【集解】**本草經曰：「烏頭，一名烏喙。」**【索隱】**烏啄，音卓，又音許穢反。今之毒藥烏頭是。劉氏以「愈」猶「暫」，非也。謂食烏頭爲其暫愈飢而充腹，少時毒發而死，亦與飢死同患也。**【正義】**廣雅云：「蕉奚，毒附子也。一歲爲烏喙，三歲爲附子，四歲爲烏頭，五歲爲天雄。」**【考證】**燕策「俞」作「偷」。岡白駒曰：愈、偷通，苟且也。王念孫説同。

〔三〕**【正義】**少壻，謂少女壻也。**【考證】**楓本「少」作「女」。

〔四〕**【考證】**楓、三本「而」下有「前」字，二字屬上爲句。鴈行，謂相次而行，如鴈之有行列也。魏策「請爲天下雁行頓刃」，韓策「韓居爲隱蔽，出爲雁行」，韓非子存韓篇「先爲雁行以攻關」，義皆同。敝、蔽通。岡白駒曰：秦兵爲天下精兵。

〔五〕**【索隱】**愀，音自酋反，又七小反。

〔六〕**【考證】**齊策齊人曰「孟嘗君可謂善爲事矣，轉禍爲福」，史管晏列傳云「其爲政也，善因禍而爲福，轉敗而爲功」，下文蘇代遺燕昭王書，亦引此語。

〔七〕**【考證】**策「石交」作「厚交」，義同。

〔八〕**【考證】**使秦附從。

〔九〕【考證】「蘇秦見齊王」以下采燕策。

人有毁蘇秦者，曰：「左右賣國，反覆之臣也，將作亂。」〔一〕蘇秦恐得罪歸，而燕王不復官也。〔二〕蘇秦見燕王曰：「臣東周之鄙人也，無有分寸之功，而王親拜之於廟，而禮之於廷。〔三〕今臣爲王卻齊之兵，而攻得十城，宜以益親。〔四〕今來而王不官臣者，人必有以不信傷臣於王者。臣之不信，王之福也。臣聞忠信者所以自爲也，進取者所以爲人也。且臣之説齊王，曾非欺之也。臣弃老母於東周，固去自爲，而行進取也。今有孝如曾參，廉如伯夷，信如尾生。得此三人者，以事大王，何若？」〔五〕王曰：「足矣。」蘇秦曰：「孝如曾參，義不離其親一宿於外。王又安能使之步行千里，而事弱燕之危王哉？廉如伯夷，義不爲孤竹君之嗣，不肯爲武王臣，不受封侯而餓死首陽山下。〔六〕有廉如此，王又安能使之步行千里而行，進取於齊哉？〔七〕信如尾生，與女子期於梁下，女子不來，水至不去，抱梁柱而死。〔八〕有信如此，王又安能使之步行千里，卻齊之彊兵哉？臣所謂以忠信得罪於上者也。」燕王曰：「若不忠信耳。豈有以忠信而得罪者乎？」〔九〕蘇秦曰：「不然。臣聞客有遠爲吏，而其妻私於人者。其夫將來，其私者憂之。妻曰：『勿憂，吾已作藥酒待之矣。』〔一〇〕居三日，其夫果至，妻使妾舉藥酒進之。妾欲言酒之有藥，則恐其逐主母也，欲勿言乎，則恐其殺主父也。〔一一〕於是乎，詳僵而弃酒。〔一二〕主父大怒，笞之五十。故妾一僵而覆酒，上存主父，下存主母。然而不免

於笞，惡在乎忠信之無罪也？夫臣之過，不幸而類是乎！」〔一三〕燕王曰：「先生復就故官。」益厚遇之。〔一四〕

〔一〕【考證】策作「武安君天下不信人也」。

〔二〕【考證】官，下文「故官」之「官」。策作「館」，義異。

〔三〕【考證】策「王」作「足下」，下同。

〔四〕【考證】策「攻」作「利」。中井積德曰：當作「收」。張文虎曰：疑衍。

〔五〕【考證】莊子「尾生與女子期於梁下，水至不去，抱梁柱而死」。戰國策蘇代謂楚王曰「此方其爲尾生之時也」。高誘注淮南子「尾生魯人」，又蘇代謂燕昭王曰「尾生高不過不欺人耳」，是尾生名高。微、尾，音相通。其人素有直名，蓋嘗守硜硜之信者。則尾生即微生高無疑也。漢書古今人表作尾生高。吳師道亦謂即論語微生高也。

〔六〕【考證】楓、三本「死」下有「乎」字。

〔七〕【考證】「步」下「行」字疑衍。

〔八〕【考證】各本「抱」下無「梁」字，今從楓、三本。王念孫曰：文選注、太平御覽引此「柱」上有「梁」字。燕策及莊子盜跖篇同。

〔九〕【考證】若，汝也。

〔一〇〕【考證】楓、三本「已」下有「爲」字。策作「作爲」。

〔一一〕【考證】主母，主婦。主父，主人。

〔一二〕【索隱】詳，音羊。詳，詐也。僵，仆也，音薑。

〔三〕【考證】楓、三本「是」下無「乎」字。「人有毀蘇秦者」以下采燕策。燕策又録蘇代謂燕昭王，文字言語與此略同，蓋所傳異也。

〔四〕【考證】鄒陽獄中書云「蘇秦相燕，燕人惡之於王，王按劍而怒，食以駃騠」。史、策無此事，鄒陽必有所傳。

易王母，文侯夫人也，與蘇秦私通。燕王知之，而事之加厚。蘇秦恐誅，乃説燕王曰：「臣居燕，不能使燕重，而在齊則燕必重。」燕王曰：「唯先生之所爲。」於是蘇秦詳爲得罪於燕，而亡走齊，齊宣王以爲客卿。〔一〕

〔一〕【集解】徐廣曰：「燕易王之十年時。」

齊宣王卒，湣王即位，説湣王厚葬以明孝，高宮室、大苑囿以明得意，欲破敝齊而爲燕。〔一〕燕易王卒。〔二〕燕噲立爲王。其後齊大夫多與蘇秦爭寵者，而使人刺蘇秦，不死殊而走。〔三〕齊王使人求賊，不得。蘇秦且死，乃謂齊王曰：「臣即死，車裂臣以徇於市曰『蘇秦爲燕作亂於齊』，如此則臣之賊必得矣。」〔四〕於是如其言，而殺蘇秦者果自出，齊王因而誅之。燕聞之曰：「甚矣，齊之爲蘇生報仇也。」〔五〕

〔一〕【考證】「破」、「敝」二字連讀。中井積德曰：據孟子書，齊取燕，在宣王。史記以爲湣王。蘇秦之死，亦在湣王之時。恐史記謬也。蘇代云「齊長主」，長主必四十以上之人。是歲爲湣王即位之八九年矣，未得稱長主也。是却可證孟子耳。梁玉繩曰：案張儀傳説楚王曰「蘇秦陰與燕王謀伐破齊而分其地，乃詳有罪，出走入齊，齊王因受而相之。居二年而覺，齊王大怒，車裂蘇秦于市」。游説之言，雖未可盡信，然徐廣云蘇秦爲齊客卿，在燕易王之十年時，而儀傳云居二年儀死，則其死在易王末年，當齊宣王二十二年，周顯王四十八年，安得有說湣王厚葬之事乎？愚按：孟子遊齊在宣王時，而唯言公孫衍、張儀，而不及蘇秦，以秦既死也。秦之不及湣王，亦明矣。

〔二〕【集解】徐廣曰：「易王十二年卒。」

〔三〕【集解】風俗通義稱漢令「蠻夷戎狄有罪當殊」。殊者，死也，與誅同指。而此云「不死殊而走」者，蘇秦時雖不即死，然是死創，故云「殊」。【考證】中井積德曰：「不死殊」之「死」疑衍文。顧炎武曰：說文繫傳云：「斷絕分析曰殊」，謂斷支體而未及死。淮南王傳：「太子即自剄不殊。」方苞曰：殊，分也，絕也。蘇秦將死未絕，而刺者走去也。愚按：「死」、「殊」二字連讀。

〔四〕【考證】車裂，以車曳裂人體，古之酷刑。

〔五〕【集解】徐廣曰：「生，一作『先』。」【考證】荀子臣道篇云：「齊之蘇秦，楚之州侯，秦之張儀，可謂態臣者也。」呂氏春秋知度篇云：「亡國者亦有人：桀用羊辛，紂用惡來，宋用唐鞅，齊用蘇秦。而天下知其亡。」新語懷慮篇云：「蘇秦、張儀，身尊於位，名顯於六世。相六國，事六君，威振山東。」淮南子說林訓云：「蘇秦以百誕成一誠。」諸書所述，毀譽相半。

蘇秦既死，其事大泄。〔一〕齊後聞之，乃恨怒燕，燕甚恐。蘇秦之弟曰代，代弟蘇厲，見兄遂，亦皆學。〔二〕及蘇秦死，代乃求見燕王，欲襲故事，曰：「臣東周之鄙人也，竊聞大王義甚高，鄙人不敏，釋鉏耨而干大王。〔三〕至於邯鄲，所見者絀於所聞於東周，臣竊負其志。〔四〕及至燕廷，觀王之羣臣下吏，王，天下之明王也。」燕王曰：「子所謂明王者何如也？」〔五〕對曰：「臣聞明王務聞其過，不欲聞其善。臣請謁王之過。〔六〕夫齊、趙者燕之仇讎也，楚、魏者燕之援國也。今王奉仇讎以伐援國，非所以利燕也。王自慮之，此則計過，〔七〕無以聞者，非忠臣也。」王曰：「夫齊者固寡人之讎，所欲伐也，直患國敝力不足也。〔八〕子能以燕伐齊，則寡人舉國委子。」〔九〕對曰：「凡天下戰國七，燕處弱焉。〔一〇〕獨戰，則不能；有所附，則無不重。南附楚，楚重；西附秦，秦重；中附韓、魏，韓、魏重。且苟所附之國重，此必使王重矣。〔一一〕今夫齊，長主而自用也。〔一二〕南攻楚五年，畜聚竭；西困秦三年，士卒罷敝；北與燕人戰，覆三軍，得二將。〔一三〕然而以其餘兵，南面舉五千乘之大宋，而包十二諸侯。〔一四〕此其君欲得，其民力竭，惡足取乎！且臣聞之，數戰則民勞，久師則兵敝矣。」燕王曰：「吾聞齊有清濟、濁河，可以爲固，〔一五〕長城、鉅防，足以爲塞，〔一六〕誠有之乎？」對曰：「天時不與，雖有清濟、濁河，惡足以爲固！民力罷敝，雖有長城、鉅防，惡足以爲塞！且異日濟西不師，所以備趙也；〔一七〕河北不師，所以備燕也。〔一八〕今濟西、河北盡已役矣，封內敝矣。〔一九〕夫驕君必好利，而亡國之臣必貪於財。王誠能無羞從子母弟以爲質，〔二〇〕寶珠玉帛以事左右，彼將有德燕，而輕亡宋，則齊可亡已。」〔二一〕燕王曰：「吾終以子受命於天矣。」〔二二〕燕乃使一子質於齊。〔二三〕而蘇厲因燕質子而求見齊王。〔二四〕齊王怨蘇秦，欲因蘇厲。燕質子爲謝，已遂委質爲齊臣。〔二五〕

〔一〕【考證】岡白駒曰：欲破敝齊爲燕等事。

〔二〕【考證】楓、三本「蘇厲」上有「曰」字。愚按：「蘇」當作「曰」。遂，遂功也。

〔三〕【正義】耨，乃豆反，除草也。【考證】鉏與鋤同，亦田器。

〔四〕【考證】邯鄲，趙都。絀、屈同。負，違背也。燕策「負」作「高」，與史義殊。史似長。徐孚遠曰：代至邯鄲，而所聞不稱，此隱語也。下文云「趙者，燕之深仇」，則是聞諸邯鄲之言，將以間燕、趙也。

〔五〕【考證】楓、三本「如」下有「者」字，與策合。策「明王」作「明主」，下同。

〔六〕【考證】謁，告也。

〔七〕【考證】楓、三本「慮」下無「之」字，與策合。

〔八〕【考證】三條本「伐」上有「破」字。直，特也。吴寬曰：齊、趙皆燕北鄰，趙邊秦而多故，齊遠秦而無事。故趙常自贍，而齊數謀燕。愚按：此燕王之所以欲伐齊也。

〔九〕【考證】楓本「國」下有「而」。

〔一〇〕【考證】三本「七」下有「而」，與策合。

〔一一〕【正義】言附諸國，諸國重燕而燕尊重。

〔一二〕【索隱】按：謂齊王年長也。或作「齊彊故言長主」。

〔一三〕【集解】徐廣曰：「齊覆三軍，而燕失二將。」【索隱】按：徐廣云「齊覆三軍，而燕失二將」。又戰國策云「獲二將，亦謂燕之二將」，是燕之失也。【考證】中井積德曰：三軍二將皆燕。梁玉繩曰：此齊與燕戰事，無考。

〔一四〕【正義】齊表云「齊湣王三十八年滅宋」，乃當赧王二十九年。此説乃燕噲之時，當周慎王之時，齊、宋在前三十餘年，恐文誤矣。【考證】中井積德曰：下文言將輕亡宋，則此時宋未滅也。此言舉者，蓋謂大敗之也，誇張乃云然。愚按：十二諸侯，如鄒、魯之屬。

〔一五〕【正義】濟、漯二水，上承黄河，並淄、青之北，流入海。黄河又一源從洛、魏二州界北流入海，亦齊西北界。

〔一六〕【集解】徐廣曰：「濟北盧縣有防門，又有長城，東至海。」【正義】長城西頭在濟州平陰縣界。竹書紀年云：「梁惠王二十年，齊閔王築防以爲長城。」太山記云：「太山西有長城，緣河經太山，餘一千里，至琅邪臺入海。」【考證】秦策張儀説秦王亦云「齊，濟清河濁，足以爲限。長城、鉅防，足以爲塞」。韓非子初見秦篇亦有此語。注云「濟水清，河水濁。二水皆在齊西北境。濟水發源河南濟源縣，至山東利津縣入于海。河，即黄河」。

〔一七〕【正義】濟西，濟州已西也。【考證】濟西，今山東聊城、高唐等地。策「不師」作「不役」。中井積德曰：每役免于徵發也。

〔一八〕【正義】河北，謂滄、博等州，在漯河之北。【考證】今直隸天津、滄景等縣。

〔一九〕【考證】徐孚遠曰：謂二境之師不出，專以備燕、趙。今用兵不休，故二境皆發也。

〔二〇〕【索隱】戰國策「從」作「寵」。【正義】質，音致。【考證】從子，各本作「寵子」。桃源抄引師説云「作『從子』」。張文虎曰：作「寵」者，後人依策改。

〔二一〕【考證】輕者，易爲之也。言輕易出師以圖滅宋，齊國力益敝，可伐而亡也。

〔二二〕【考證】「及蘇秦死」以下采燕策。錢大昕曰：燕王噲之時，齊與燕未有深讎也。蘇代此説必在昭王時，故稱齊湣王爲「長主」，且有南面舉宋之語。若移此段問答于「昭王召蘇代復善遇之」之下，則詞有倫次矣。梁玉繩曰：正義及國策吴注俱言策、史同誤。大事記云「策載蘇代説燕，誤以爲噲。使噲能有志如是，豈至覆國？論其世，攷其事，皆説燕昭之辭也」。

〔二三〕【考證】梁玉繩曰：案燕策作「燕王之弟質齊」，疑此誤也。蓋代之説燕，必燕昭時事。此質子，應是王噲之子，昭王之弟。

〔二四〕【考證】楓、三本「蘇厲」作「蘇代」，下同。策作「厲」。梁玉繩曰：案燕策，此別一事。故曰「初蘇秦弟厲因燕質子而求見齊王」，史誤連接爲一，遂若厲所因之質子，即代所說之質子矣。愚按：策以齊王爲宣王，與孟子合。

〔二五〕【正義】真，真栗反。【考證】質，音致。「蘇厲因燕質子」以下采燕策。

燕相子之與蘇代婚，而欲得燕權，乃使蘇代侍質子於齊。齊使代報燕。燕王噲問曰：「齊王其霸乎？」曰：「不能。」曰：「何也？」曰：「不信其臣。」於是燕王專任子之，已而讓位，燕大亂。齊伐燕，殺王噲、子之。〔一〕燕立昭王。而蘇代、蘇厲遂不敢入燕，皆終歸齊，齊善待之。

〔一〕【集解】徐廣曰：「是周赧王之元年時也。」

蘇代過魏，魏爲燕執代。齊使人謂魏王曰：「齊請以宋地封涇陽君，〔一〕秦必不受。秦非不利有齊而得宋地也，不信齊王與蘇子也。〔二〕今齊、魏不和如此其甚，則齊不欺秦，秦信齊。齊、秦合，涇陽君有宋地，非魏之利也。故王不如東蘇子，秦必疑齊而不信蘇子矣。齊、秦不合，天下無變，伐齊之形成矣。」於是出蘇代。代之宋，宋善待之。〔三〕

〔一〕【正義】涇陽君，秦王弟，名悝也。涇陽，雍州縣也。齊蘇子告秦共伐宋，以封涇陽君，然齊假設此策以救蘇代。【考證】楓、三本「宋」下無「地」字。

〔二〕【正義】齊言秦相親共伐宋，秦得宋地，又得齊事秦。然秦不信齊及蘇代，恐爲不成也。

〔三〕【考證】「燕相子之」以下采燕策。

齊伐宋，宋急。蘇代乃遺燕昭王書曰：〔一〕

〔一〕【正義】此書爲宋説燕，令莫助齊、梁。

夫列在萬乘，而寄質於齊，名卑而權輕；〔二〕奉萬乘助齊伐宋，民勞而實費；夫破宋，殘楚淮北，肥大齊，讎彊而國害：此三者，皆國之大敗也。然且王行之者，將以取信於齊也。〔三〕齊加不信於王，而忌燕愈甚，是王之計過矣。夫以宋加之淮北，强萬乘之國也，〔三〕而齊并之，是益一齊也。〔四〕北夷方七百里，〔五〕加之以魯、衛，彊萬乘之國也，而齊并之，是益二齊也。夫一齊之彊，燕猶狼顧而不能支。〔六〕今以三齊臨燕，其禍必大矣。

〔二〕【正義】燕前有一子質於齊。

〔三〕【考證】策「王」作「足下」，下同。

〔三〕【考證】策注：「宋五千乘之國也。又加之淮北，則萬乘而强。」

〔四〕【正義】更以淮北之地加於齊都，是强萬乘之國，而齊總并之，是益一齊。

〔五〕【索隱】謂山戎、北狄附齊者。【正義】齊桓公伐山戎、令支，斬孤竹而南歸，海濱諸侯莫不來服。【考證】王念孫曰：「北夷」當作「九夷」。燕策作「北夷」，亦後人依史改之。秦策云「楚包九夷，方千里」，魏策云「楚破南陽九夷」，李斯上始皇書云「包九夷制鄢郢」，是九夷之地，南與楚接。此言齊并淮北，淮北即楚地也。齊并宋與淮北，則地與九夷接，故又言「齊并九夷」也。秦策言「楚包九夷，方千里」，此言「九夷方七百里」，七百里即在千里之中，故言「楚包九夷」也。淮南齊俗篇云：「越王句踐霸天下，泗上十二諸侯，皆率九夷以朝。」是九夷之地，東與十二諸侯接。而魯爲十二諸侯之一，故此言齊并九夷與魯、衛也。上文言齊舉宋而包十二諸侯，田完世家言齊南割楚之淮北，泗上諸侯鄒、魯之君皆稱臣，此言齊并宋與淮北，又言并九夷與魯、衛。以上諸文，彼此可以互證。是今本之「北夷」乃「九夷」之誤，而不得以山戎、北狄當之也。愚按：「北夷」以方而言，王説拘。

〔六〕【考證】楓、三本「夫」下有「以」字。策無。

雖然，智者舉事，因禍爲福，轉敗爲功。齊紫，敗素也，而賈十倍；〔一〕越王句踐棲於會稽，復殘彊吴而霸天下：此皆因禍爲福，轉敗爲功者也。

〔一〕【集解】徐廣曰：「取敗素，染以爲紫。」【索隱】按：謂紫色價貴於帛十倍，而本是敗素。以喻齊雖有大名，而其國中困斃也。【正義】齊君好紫，故齊俗尚之。取惡素帛染爲紫，其價十倍，貴於錦，喻齊雖有大名而國中以困弊也。韓子云：「齊桓公好服紫，一國盡服紫，當時十素不得一紫，公患之。管仲曰：『君欲止之，何不試勿衣也？』公謂左右曰：『惡紫臭。』公語三日，境内莫有衣紫者。」【考證】中井積德曰：敗素，謂故弊白繒也。柯維騏曰：敗素雖無用，而齊染紫，則售重價。智者舉事，轉敗爲功，正類此也。董份曰：非言齊國困弊也。

今王若欲因禍爲福，轉敗爲功，則莫若挑霸齊而尊之，〔一〕使使盟於周室，焚秦符，曰〔二〕「其大上計破秦，其次必長賓之」。〔三〕秦挾賓以待破，秦王必患之。〔四〕秦五世伐諸侯，今爲齊下，秦王之志苟得窮齊，不憚以國爲功。〔五〕然則王何不使辯士以此若言説秦王，〔六〕曰：「燕、趙破宋肥齊，尊之爲之下者，燕、趙非利之也。燕、趙不利，而勢爲之者，以不信秦王也。然則王何不使可信者接收燕、趙，令涇陽君、高陵君先於燕、趙？〔七〕秦有變，因以爲質，則燕、趙信秦。〔八〕秦爲西帝，燕爲北帝，趙爲中帝，立三帝以令於天下。〔九〕韓、魏不聽，則秦伐之，齊不聽，則燕、趙伐之，〔一〇〕天下孰敢不聽？天下服聽，因驅韓、魏以伐齊，曰『必反宋地，歸楚淮北』。反宋地，歸楚淮北，燕、趙之所利也；並立三帝，燕、趙之所願也。夫實得所利，尊得所願，燕、趙弃齊如脫躧矣。〔一一〕今不收燕、趙，齊霸必成。諸侯贊齊，而王不從，是國伐也；〔一二〕諸侯贊齊，而王從之，是名卑也。今收燕、趙，國安而名尊；不收燕、趙，國危而名卑。夫去尊安而取危卑，智者不爲也。」秦王聞若說，必若刺心然。〔一三〕則王何不使辯士以此若言說秦？〔一四〕秦必取，齊必伐矣。

〔一〕【正義】挑，田鳥反，執持也。【考證】策「挑」作「遥」。中井積德曰：挑讀如字。
〔二〕【正義】符，徵兆也。【考證】張照曰：符者，節信也。張儀傳云「借宋之符」。焚秦符者，絶之也。楚世家云「齊折楚符而合于秦」。解作徵兆，非。
〔三〕【索隱】長，音如字。賓爲「擯」。【正義】大好上計策，破秦；次計，長擯弃關西。
〔四〕【考證】岡白駒曰：挾，帶也。挾賓，猶云被賓。
〔五〕【考證】窮，困也。以國爲功，賭國求勝也。
〔六〕【考證】各本脱「若」字，今依楓、三本補。
〔七〕【集解】徐廣曰：「高陵，馮翊高陵縣。」【索隱】二人秦王母弟也。高陵君名顯。涇陽君名悝。
〔八〕【考證】秦有變，謂秦背二國。
〔九〕【考證】楓、三本「立」上有「並」字。
〔一〇〕【考證】「趙」下，楓本有「共」字，三本有「並」字。
〔一一〕【考證】躧，草履也。

〔二〕【考證】楓、三本「伐」上有「見」字。岡白駒曰：伐，秦國受諸國之伐也。

〔三〕【考證】刺心，言其切己。中井積德曰：「然」字句。

〔四〕【考證】各本「若」作「苦」，今從楓、三本。王念孫曰：「苦」當爲「若」字之誤。此若言，猶言「此言」。連言「此若」者，古人自有複語耳。管子山國軌篇曰：「此若言，何謂也？」地數篇曰：「此若言，可得聞乎？」輕重丁篇曰：「此若言，曷謂也？」墨子尚賢篇曰：「此若言之謂也。」禮記曾子問篇曰：「子游之徒，有庶子祭者，以此若義也。」荀子儒效篇曰：「此若義信乎人矣。」皆並用「此若」字。愚按：王說與楓、三本合。

夫取秦，厚交也；伐齊，正利也。尊厚交務正利，聖王之事也。

燕昭王善其書，曰：「先人嘗有德蘇氏，〔一〕子之之亂，而蘇氏去燕。燕欲報仇於齊，非蘇氏莫可。」乃召蘇代，復善待之，與謀伐齊。竟破齊，湣王出走。〔二〕

〔一〕【考證】謂資蘇秦合從。

〔二〕【考證】「齊伐宋」以下采燕策。燕破齊，在周赧王三十一年。

久之，秦召燕王，燕王欲往，蘇代約燕王曰：〔一〕「楚得枳而國亡，〔二〕齊得宋而國亡，〔三〕齊、楚不得以有枳、宋而事秦者何也？則有功者秦之深讎也。秦取天下，非行義也，暴也。秦之行暴，正告天下。〔四〕

〔一〕【考證】約，猶止也。

〔二〕【集解】徐廣曰：「巴郡有枳縣。燕昭王三十三年，秦拔楚鄢、西陵。」【正義】枳，支是反。今涪州城，在秦。枳縣在江南。西陵在黃州。【考證】枳，今四川涪陵縣。周赧王三十六年，秦拔楚鄢、西陵。國亡，言失國都。

〔三〕【正義】年表云，齊湣王三十八年，滅宋。四十年，五國共擊湣王，王走莒。【考證】滅宋，周赧王二十九年。齊湣王走莒，赧王三十一年。

〔四〕【索隱】正告，謂顯然而告天下也。【正義】正，猶顯然。

「告楚曰：『蜀地之甲，乘船浮於汶，乘夏水而下江，五日而至郢。〔一〕漢中之甲，乘船出於巴，乘夏水而下漢，四日而至五渚。〔二〕寡人積甲宛東下隨，〔三〕智者不及謀，勇士不及怒，寡人如射隼矣。〔四〕王乃欲待天下之攻函谷，不亦遠乎！』楚王爲是故，十七年事秦。

〔一〕【集解】汶，眉貧反。【索隱】汶，音旻。即江所出之岷山也。夏，音暇。謂夏潦之水盛長時也。【正義】汶，音泯。謂泯江從蜀而下。夏水，謂潦水。【考證】中井積德曰：「汶」字從水，當爲水名。蓋江之源頭名汶江也。即作岷山，則不得言「船浮」也。張儀傳「起於汶山，浮江以下」，當併考。張照曰：夏水，夏水之口。夏水通漢，亦通江，似不得以夏潦之水爲解也。愚按：水經注「江水」條云「汶出徼外岷山西玉輪坂下而南行，又東逕其縣，而東注於大江」。汶，正義、雕題得之。夏水，索隱仍是。張儀傳曰「起於汶山」者，以出軍之地言。本傳曰「浮於汶」者，以浮船之水言。郢，楚都。

〔二〕【集解】戰國策曰「秦與荆人戰，大破荆，襲郢取洞庭、五渚」。然則五渚在洞庭。【索隱】巴，水名，與漢水近。五渚，五處洲渚也。劉氏以爲宛、鄧之閒，臨漢水，不得在洞庭。或說五渚即五湖，與劉說不同也。【正義】巴嶺山在梁州南一百九十里。周地志云：「南渡老子水，登巴嶺山。南回記大江。此南是古巴國，因以名山」。劉伯莊云「巴國在漢水上」，是。【考證】胡三省曰：自沔陽至上庸，皆漢中地。沔陽，今陝西沔縣。上陽，今湖北竹山縣。中井積德曰：巴，以水名爲本。山名此無所當。愚按：五渚，楚地。水經注湘、沅、資、灃四水，「同注洞庭，北會大江，名之五渚」。

〔三〕【索隱】宛縣之東而下隨邑。【正義】宛城，今鄧州南陽縣城。東下隨，今隨州。【考證】宛東，宛縣之東。宛，今河南南陽縣。下隨，邑名，今湖北隨縣。

〔四〕【索隱】按：易曰「射隼于高墉之上，獲之無不利」。秦王言我今伐楚，必當捷獲也。【正義】隼，若今之鶻。【考證】索隱單本，楓、三本無「如」字，策有。愚按：無者語勁。今姑從各本。

「秦正告韓曰：『我起乎少曲，〔一〕一日而斷大行。〔二〕我起乎宜陽而觸平陽，〔三〕二日而莫不盡繇。〔四〕我離兩周而觸鄭，五日而國舉。』〔五〕韓氏以爲然，故事秦。

〔一〕【索隱】地名，近宜陽也。【正義】在懷州河陽縣西北。解在范雎傳。【考證】黄式三曰：少曲，沁水之曲。沁水，一名少水，見徐氏碩記。

〔二〕【正義】太行山羊腸阪道，北過韓上黨也。

〔三〕【正義】宜陽、平陽皆韓大都也，隔河也。【考證】中井積德曰：宜陽本韓地，入秦。愚按：秦拔宜陽，周赧王三十四年。平陽，今山西臨汾縣，韓墳墓所在。

〔四〕【索隱】音搖。搖動也。【正義】繇，動也。【考證】寬永本標記引陸氏曰：繇，繇役也。言韓國莫不盡繇役也。愚按：董份説同，似長。

〔五〕【索隱】離如字。謂屯兵以罹二周也，而乃觸擊于鄭，故五日國舉。舉，猶拔也。【正義】離，歷也。歷二周而東觸新鄭州，韓國都拔矣。【考證】中井積德曰：離，猶是「離别」之「離」，謂歷此而離去也。

「秦正告魏曰：『我舉安邑塞女戟，〔一〕韓氏太原卷。〔二〕我下軹道、南陽、封、冀，〔三〕包兩周，〔四〕乘夏水，浮輕舟，彊弩在前，錟戈在後。〔五〕決滎口，魏無大梁；〔六〕決白馬之口，魏無外黄、濟陽；〔七〕決宿胥之口，〔八〕魏無虛、頓丘。〔九〕陸攻則擊河內，水攻則滅大梁。』魏氏以爲然，故事秦。

〔一〕【索隱】女戟，地名，蓋在太行山之西。

〔二〕【索隱】劉氏：卷，音軌免反也。按：舉安邑塞女戟，及至韓氏之韓國宜陽也。太原者魏地，不至太原，亦無別名。太原者，蓋「太」衍字也。原當爲「京」。京及卷皆屬滎陽，是魏境。又下軹道，是河內軹縣，言「道」者亦衍字。徐廣云「霸陵有軹道亭」，非魏之境，其疏謬如此。【正義】卷，軌免反。劉伯莊云：「太原，當爲『太行』。卷，猶斷絕」。【考證】太原，趙地。中井積德曰：此告魏之辭，則「韓氏」二字恐衍。或云，太原是時半入于韓，所以別于趙。卷，猶言席卷也，言取之易且速也。焦竑曰：按趙策「秦舉安邑而塞女戟，韓氏太原絕」，正義以卷爲絕，本此。愚按：依焦説，「韓氏」二字未必衍。

〔三〕【集解】徐廣曰：「霸陵有軹道亭，河東皮氏有冀亭也。」【索隱】按：魏之南陽，即河內也。封，封陵也。冀，冀邑。皆在魏境。故徐廣云「河東皮氏縣有冀亭」。【正義】封、冀既包兩周，其地合當在南陽之東，未詳處所。【考證】錢大昕曰：道非地名，蓋言下軹之後，取道南陽耳。梁玉繩曰：趙太常云「『道』字不必衍，當屬『南陽封冀』爲句」。余攷竹書，顯王十一年，「魏取軹道」，則河內枳亦稱枳道也。愚按：趙策云「秦下軹道，則南陽動，劫韓包周，則趙自銷鑠」，則「道」字不衍。錢氏解爲取道，亦非。

〔四〕【集解】徐廣曰：「張儀曰『下河東取成皋』也。」【正義】兩周，王城及鞏。【考證】中井積德曰：集解當削。

〔五〕【集解】徐廣曰：「錟，之冉反。」【正義】劉伯莊云：「音四廉反，利也。」

〔六〕【索隱】滎澤之口與今汴河口通，其水深，可以灌大梁，故云「無大梁」也。【正義】決滎澤之口，令河水灌大梁城。又按：滎澤渠首，起滎澤縣西北二十里。

〔七〕【索隱】白馬河津在東郡，決其流以灌外黃及濟陽。【正義】白馬津在滑州白馬縣北三十里。決之灌外黃、濟陽，故黃城在曹州考城縣東二十四里。濟陽故城在曹州冤朐縣西南三十五里。【考證】白馬津在今河南滑縣西。濟陽故城在今河南蘭封縣東。策無「外黃」二字。

〔八〕【集解】徐廣曰：「紀年云魏救山塞集胥口。」【索隱】按：紀年作「胥」，蓋亦津之名，今其地不知所在也。【正義】淇水出衛州淇縣界之淇口東，至黎陽入河。魏志云：「武帝於清淇口東，因宿胥故瀆開白溝，道清、淇二水入焉。」【考證】宿胥在今河南濬縣西南遮害亭東。決河使北，以灌虛、頓丘也。

〔九〕【集解】徐廣曰：秦始皇五年，取魏酸棗，燕虛、長平。【索隱】虛，邑名，地與酸棗相近。【正義】虛謂殷墟，今相州所理是。頓丘故城在魏州頓丘縣東北二十里。括地志云：「二國地時屬魏。」【考證】虛，邑名，即殷墟，在今河南安陽縣北。頓丘故城在今直隸清豐縣西南。

「秦欲攻安邑，恐齊救之，則以宋委於齊曰：『宋王無道，爲木人以象寡人，射其面。〔一〕寡人地絕兵遠，不能攻也。王苟能破宋有之，寡人如自得之。』已得安邑，塞女戟，因以破宋爲齊罪。〔二〕

〔一〕【考證】各本「象」作「寫」。恩田仲任曰：寫，當作「象」。「象」古字與「寫」相似。燕策作「象」。張文虎說同。愚按：楓、三本正作「象」，今依訂。李笠引秦始皇紀作「寫」爲是。參存。

〔二〕【索隱】秦令齊滅宋，仍以破宋爲齊之罪名。【正義】言秦已得安邑，塞女戟，乃以破宋爲齊之罪名也。

「秦欲攻韓，恐天下救之，則以齊委於天下曰：『齊王四與寡人約，四欺寡人，必率天下以攻寡人者三。有齊無秦，有秦無齊。必伐之，必亡之。』已得宜陽、少曲，致藺、石，〔一〕因以破齊爲天下罪。〔二〕

〔二〕【考證】藺、石，趙地，非韓地。此疑有誤。策同。

〔三〕【考證】桃源抄云：「此上文所謂『有功者秦之深讎也』者。」

「秦欲攻魏重楚，〔一〕則以南陽委於楚曰：〔二〕『寡人固與韓且絶矣。殘均陵，塞鄳阸。〔三〕苟利於楚，寡人如自有之。』魏弃與國而合於秦，因以塞鄳阸爲楚罪。〔四〕

〔一〕【索隱】重，猶附也，尊也。【正義】畏楚救魏。【考證】重，難也，正義是。下文「重燕、趙」同。

〔二〕【正義】南陽，鄧州地，本韓地也。韓先事秦，今楚取南陽，故言「與韓且絶矣」。

〔三〕【集解】鄳，音盲。徐廣曰：「鄳，江夏鄳縣。」均，一作「灼」。【索隱】均陵在南陽，蓋今之均州。黽，音盲，縣名，在江夏。【正義】均州故城在隨州西南五十里，蓋均陵也。又申州羅山縣，本漢鄳縣。申州有平清關，蓋古鄳縣之阸塞。【考證】均陵，今湖北均縣。鄳隘即黽塞。均陵、鄳隘均屬楚。南陽入秦已久，亦非韓地。

〔四〕【正義】與國，楚國也。【考證】徐孚遠曰：楚、魏本與國。秦攻魏，畏楚救之，故以南陽委楚。楚有事南陽，不及救魏。魏棄楚而合秦。秦欲伐楚，即以塞鄳阸爲罪也。

「兵困於林中，重燕、趙，〔一〕以膠東委於燕，以濟西委於趙。〔二〕已得講於魏，〔三〕至公子延，〔四〕因犀首屬行而攻趙。〔五〕

〔一〕【集解】徐廣曰：「河南苑陵有林鄉。」【考證】林中，今河南新鄭縣東，有故林鄉城。岡白駒曰：秦兵困於林中。

〔二〕【考證】膠東，今山東膠河以東，即膠東道東境。濟西，今山東（荷）〔菏〕澤、鄆城、壽張等縣地。

〔三〕【索隱】講，和也，解也。秦與魏和也。【考證】各本「已」作「趙」，今從楓、三本。策亦作「已」。王念孫曰：言秦兵困於魏之林中，恐燕、趙來擊，則以膠東委於燕，以濟西委於趙。已得講於魏，則又移兵而攻趙也。下文可證。

〔四〕【索隱】至，當爲「質」，謂以公子延爲質也。【考證】楓、三本「至」作「質」，蓋依正義本也。

〔五〕【索隱】犀首、公孫衍，本魏將，因之以屬軍行。行，音胡郎反，謂連兵相續也。【正義】屬行，上燭，下胡郎反。

「兵傷於譙石，而遇敗於陽馬，而重魏。〔一〕則以葉、蔡委於魏。〔二〕已得講於趙，則劫魏，不爲割。困則使太后弟穰侯爲和，嬴則兼欺舅與母。〔三〕

〔一〕【索隱】按：譙石、陽馬並趙地名，非縣邑也。【正義】譙石、陽馬未詳。【考證】張文虎曰：北宋本「譙石」作「離石」，與策合。「石」下各本無「而」字，索隱本有。策「陽馬」作「馬陵」。

〔二〕【考證】葉，今河南葉縣。蔡，謂上蔡，今河南上蔡縣。

〔三〕【索隱】按：嬴，猶勝也。舅，穰侯魏冄也。母，太后也。【正義】嬴，猶寬假也。【考證】「嬴」當從貝。

「適燕者，曰『以膠東』；〔一〕適趙者，曰『以濟西』；適魏者，曰『以葉、蔡』；適楚者，曰『以塞鄳阸』；適齊者，曰『以宋』。此必令言如循環，用兵如刺蜚，〔二〕母不能制，舅不能約。〔三〕

〔一〕【索隱】適，音宅。適者，責也。下同。【考證】岡白駒曰：以膠東爲罪也。

〔二〕【正義】刺，七賜反。猶過惡之人有罪，刺之則易也。言秦譴謫諸國，以兵伐之，若刺舉有罪之人。言易也。【考證】楓、三本「此必」作「必亡」，「蜚」作「非」。一本近長。「必亡」屬上句，言譴謫諸國，必亡之也。如循環，言其無窮，不可致詰也。非，菜屬，葉細長而扁，叢生。刺，采取也。刺非，猶言薙草。中井積德曰：蜚、飛同，飛蟲也。岡白駒曰：蜚，蟲名。此皆依「蜚」字作解者。參存。

〔三〕【考證】中井積德曰：是時太后與穰侯主斷，昭王同于不在位，戰和皆二人所爲已。曰使爲和，曰欺母舅，曰母不能制，舅不能約，並是誣説助吾辯者。可知其他亦多此類矣。崔適曰：「母不能制舅不能約」八字，當移上文「兼欺舅與母」之下。愚按：以文勢語氣推之，原文爲長，不必移易，崔説非是。

「龍賈之戰，〔一〕岸門之戰，〔二〕封陵之戰，〔三〕高商之戰，〔四〕趙莊之戰，〔五〕秦之所殺三晉之民數百萬，今其生者皆死秦之孤也。〔六〕西河之外，上雒之地，三川晉國之禍，〔七〕三晉之半，秦禍如此其大也。〔八〕而燕、趙之秦者，皆以爭事秦説其主。〔九〕此臣之所大患也。」

〔一〕【集解】魏襄王五年，秦敗我龍賈軍。【考證】周顯王三十九年。

〔二〕【集解】韓宣惠王十九年，秦大破我岸門。【考證】周赧王元年。

〔三〕【集解】魏哀王十六年，秦敗我封陵。【考證】周赧王十二年。

〔四〕【集解】此戰事不見。

〔五〕【集解】趙肅侯十二年，趙莊與秦戰敗，秦殺趙莊河西。【考證】周顯王四十一年。

〔六〕【考證】死於秦者之孤。

〔七〕【正義】西河之外，謂同、華等州也。上雒之地，謂商州也。二地先屬晉國也。三川，洛州，周都也。此三地全晉之時，秦朝夕攻伐，是晉國之禍敗也。【考證】晉國專指魏而言，與下三晉意稍有不同。

〔八〕【索隱】以言西河之外，上雒之地及三川晉國，皆是秦與魏戰之處。秦兵禍敗我三晉之半，是秦禍如此其大者乎。【正義】三晉，韓、魏、趙也。三晉之邊民被秦傷如此其大之甚。【考證】方苞曰：西河、上雒、三川，皆秦所并三晉之地也。晉國之被秦禍，幾亡失三晉之半也。

〔九〕【索隱】燕、趙之人往秦者，謂游説之士也。【正義】言燕、趙之士，往秦者皆争事秦，而却説燕、趙之主也。【考證】方苞曰：之秦，謂奉使於秦者。

燕昭王不行，蘇代復重於燕。〔一〕

〔一〕【正義】復，音□富反。重，直拱反。言燕更尊蘇代。

燕使約諸侯從親，如蘇秦時，或從或不，而天下由此宗蘇氏之從約。代、厲皆以壽死，名顯諸侯。〔二〕

〔二〕【考證】「秦召燕王」以下采燕策。

太史公曰：蘇秦兄弟三人，皆游說諸侯以顯名，其術長於權變。〔一〕而蘇秦被反閒以死，〔二〕天下共笑之，諱學其術。然世言蘇秦多異，異時事有類之者皆附之蘇秦。夫蘇秦起閭閻，連六國從親，此其智有過人者。吾故列其行事，次其時序，毋令獨蒙惡聲焉。

〔一〕【索隱】按：譙允南以爲蘇氏兄弟五人，更有蘇辟、蘇鵠，典略亦同其說。按：蘇氏譜云然。【考證】中井積德曰：辟、鵠，蓋妄說耳。縱實有之，亦何足論？

〔二〕【正義】閒，紀莧反。【考證】「反閒」下添「名」字看。岡白駒曰：被，負也，帶也。言爲燕反閒齊也。

【索隱述贊】季子周人，師事鬼谷。揣摩既就，陰符伏讀。合從離衡，佩印者六。天王除道，家人扶服。賢哉代、厲，繼榮黨族。

史記會注考證卷七十

張儀列傳第十　史記七十

【考證】史公自序云：「六國既從親，而張儀能明其說，復散解諸侯。作張儀列傳第十。」凌約言曰：蘇秦欲六國合從以擯秦，則言其强。張儀欲六國爲横以事秦，則言其弱。然而六國之王，皆聳敬聽從，舉國而付之，未嘗有一語相折難者，何哉？皆憚秦之勢，惟求爲苟安計，故不暇自計其强弱，而或從或横，一惟二子之是倚耳。不然六王非盡至愚者，其於土地之廣狹，人民之多寡，兵革財賦之所出，豈無一井然于衷，而何待疎遠游客爲吾借箸而籌哉！趙恒曰：代、厲襲兄故事爲從，故附之秦傳。軫、衍爲秦相，而主衡，故附之儀傳。

張儀者，魏人也。〔一〕始嘗與蘇秦俱事鬼谷先生學術，蘇秦自以不及張儀。〔二〕

〔一〕【集解】呂氏春秋曰：「儀，魏氏餘子。」【索隱】按：晉有大夫張老，又河東有張城，張氏爲魏人必也。而呂覽以爲「魏氏餘子」，則蓋魏之支庶也。又書略說餘子，謂庶子也。【正義】左傳晉有公族、餘子、公行。杜預云：「皆官卿之嫡，爲公族大夫。餘子，嫡子之母弟也。公行，庶子掌公戎行也。」藝文志云張子十篇，在縱橫流。【考證】集解引呂覽報更篇。張子十篇，今亡。

〔三〕【考證】韓非傳云，非與李斯俱事荀卿，斯自以爲不如非，事甚相似，而秦、斯所以待故人者各殊。

張儀已學而游說諸侯。〔一〕嘗從楚相飲，已而楚相亡璧，門下意張儀，〔二〕曰：「儀貧無行，必此盜相君之璧。」共執張儀掠笞數百，不服，醳之。〔三〕其妻曰：「嘻，子毋讀書游說，安得此辱乎？」〔四〕張儀謂其妻曰：「視吾舌，尚在不？」〔五〕其妻笑曰：「舌在也。」儀曰：「足矣。」

〔一〕【索隱】說，音稅。

〔二〕【考證】意，猶疑也。梁孝王世家「天子意梁」。

〔三〕【集解】醳，音釋。【索隱】古釋字。【考證】楓山、三條本「共」下有「拘」字。楊慎曰：韓信傳「醳兵北首燕路」，醳亦訓釋。

〔四〕【索隱】嘻，音僖。鄭玄曰：「嘻，悲恨之聲。」【考證】凌本「嘻」作「噫」，譌。

〔五〕【考證】藝文類聚引史「謂其妻」作「張口」。

蘇秦已說趙王，而得相約從親，〔一〕然恐秦之攻諸侯，敗約後負，念莫可使用於秦者，乃使人微感張儀曰：「子始與蘇秦善，今秦已當路，子何不往游，以求通子之願？」張儀於是之趙，上謁求見蘇秦。蘇秦乃誡門下人不爲通，又使不得去者數日。已而見之，坐之堂下，賜僕妾之食。因而數讓之曰：〔二〕「以子之材能，乃自令困辱至此。吾寧不能言而富貴子，子不足收也」。謝去之。張儀之來也，自以爲故人求益，反見辱，怒，念諸侯莫可事，獨秦能苦趙，〔三〕乃遂入秦。

〔一〕【索隱】從，音足容反。

〔二〕【索隱】按：謂數設詞而讓之。讓亦責也。數，音朔。【考證】王念孫曰：「數」讀如「數之以王命」之「數」。高注秦策曰：「數，讓也。」廣雅曰「數讓，責也」，數讓連文。中井積德說同。

〔三〕【考證】楓山、三條本「可」下無「事」字。

蘇秦已而告其舍人曰：「張儀，天下賢士，吾殆弗如也。今吾幸先用，而能用秦柄者，獨張儀可耳。〔一〕然貧無因以進。吾恐其樂小利而不遂，故召辱之，以激其意。子爲我陰奉之。」〔二〕乃言趙王，發金幣車馬，使人微隨張儀，與同宿舍，〔三〕稍稍近就之，奉以車馬金錢，所欲用，爲取給而弗告。張儀遂得以見秦惠王。惠王以爲客卿，與謀伐諸侯。

〔一〕【考證】楓山、三條本無「柄」字。

〔二〕【考證】使人隨張儀，又奉車馬金錢，以爲先容之計，自有恩意。與李斯贈以毒藥異。

〔三〕【考證】楓山、三條本「人」上有「舍」字。

蘇秦之舍人乃辭去。張儀曰：「賴子得顯，方且報德，何故去也？」舍人曰：「臣非知君，知君，乃蘇君。蘇君憂秦伐趙敗從約，以爲非君莫能得秦柄，故感怒君，使臣陰奉給君資，盡蘇君之計謀。今君已用，請歸報。」〔一〕張儀曰：「嗟乎，此在吾術中而不悟，〔二〕吾不及蘇君明矣！吾又新用，安能謀趙乎？爲吾謝蘇君，蘇君之時，儀何敢言！且蘇君在，儀寧渠能乎！」〔三〕張儀既相秦，〔四〕爲文檄告楚相曰：〔五〕「始吾從若飲，我不盜而璧，若笞我。若善

守汝國，我顧且盜而城！」〔六〕

〔一〕【考證】楓山、三條本「謀」下有「也」字。

〔二〕【考證】「術」字承上文「學術」，言吾所學之術也，與「吾」字在「在」上義殊。

〔三〕【集解】渠，音詎。【索隱】渠，音詎。古字少，假借耳。【考證】楓山、三條本「爲吾」作「爲張儀」。凌稚隆曰：戰國策並不載楚相辱張儀及蘇秦激之入秦事。愚按：呂覽報更篇云「張儀，魏氏餘子也。將西遊於秦，過東周。昭文君謂之曰『聞客之秦，寡人之國小，不以留客，雖遊然豈必遇哉？客或不遇，請爲寡人而一歸也。國雖小，請與客共之』。張儀還走，北面再拜。張儀行，昭文君送而資之。張儀所德於天下者，無若昭文君。周，千乘也，重過萬乘也」，與史異。

〔四〕【考證】梁玉繩曰：案儀爲相，在惠王十年。是時初用于秦也，非相也，此誤。中井積德曰：張儀相秦，在伐蜀之後，此先提之以結前案。

〔五〕【集解】徐廣曰：一作「尺一之檄」。【索隱】按：徐廣云「一作『丈二檄』」。王劭按：春秋後語云「丈二尺檄」。許慎云「檄二尺書」。【考證】中井積德曰：檄何必有定度？不論可也。又丈二尺似太長。

〔六〕【索隱】若者，汝也。下文「而」亦訓「汝」。【考證】顧炎武曰：書「汝黜乃心」，言「汝」又言「乃」。詩「豈不爾受，既其女遷」，言「爾」又言「女」。左傳「爾用而先人之治命」，言「爾」又言「而」，「女喪而宗室」，言「女」又言「而」。史記張儀傳「若善守汝國，我顧且盜而城」，言「若」，言「汝」，又曰「而」，皆互辭也。

苴、蜀相攻擊，〔一〕各來告急於秦。秦惠王欲發兵以伐蜀，以爲道險狹難至，而韓又來侵秦，〔二〕秦惠王欲先伐韓，後伐蜀，恐不利，欲先伐蜀，恐韓襲秦之敝，猶豫未能決。司馬錯與張儀爭論於惠王之前，〔三〕司馬錯欲伐蜀，張儀曰：「不如伐韓。」王曰：「請聞其說。」

〔一〕【集解】徐廣曰：「譙周曰益州『天苴』讀爲『包黎』之『包』，音與『巴』相近，以爲今之巴郡。」【索隱】苴，音巴。謂巴、蜀之夷自相攻擊也。今字作「苴」者，按巴苴是草名，今論「巴」，遂誤作「苴」也。或巴人巴郡，本因芭苴得名，所以其字遂以「苴」爲「巴」也。注「益州天苴，讀爲芭黎」，天苴即巴苴也。譙周蜀人也，知「天苴」之音，讀爲「芭黎」之「芭」。按：芭黎，即織木葺爲葦籬也，今江南亦謂葦籬曰芭籬也。【正義】華陽國志云：「昔蜀王封其弟于漢中，號曰苴侯，因命之邑曰葭萌。苴侯與巴王爲好，巴與蜀爲讎，故蜀王怒伐苴。苴奔巴，求救於秦。秦遣張儀從子午道伐蜀。王自葭萌禦之，敗績，走至武陽，爲秦軍所害。秦遂滅蜀，因取苴與巴焉。」括地志云：「苴侯都葭萌，今利州益昌縣五十里葭萌故城是。蜀侯都益州巴子城，在合州石鏡縣南五里，故墊江縣也。巴子都江州，在都之北，又峽州界也。」【考證】恩田仲任曰：按水經注亦云「秦惠王遣張儀等救苴侯於巴，儀貪巴、苴之富，因執其王以歸，而置巴郡焉」，苴、巴爲二國審矣。

〔二〕【考證】楓山本「狹」作「陿」。

〔三〕【索隱】錯，七各反，又七故反，二音。【考證】「後伐蜀」下，楓山、三條本有「蜀亂」二字，「猶豫」作「猶與」。

儀曰：「親魏善楚，下兵三川，塞什谷之口，〔一〕當屯留之道，〔二〕魏絶南陽，〔三〕楚臨南鄭，〔四〕秦攻新城、宜陽，〔五〕以臨二周之郊，誅周王之罪，〔六〕侵楚、魏之地。周自知不能救，九鼎寶器必出。據九鼎，案圖籍，挾天子以令於天下，天下莫敢不聽，此王業也。〔七〕今夫蜀，西僻之國，而戎翟之倫也，〔八〕敝兵勞衆，不足以成名，得其地，不足以爲利。〔九〕臣聞，爭名者於朝，爭利者於市。今三川、周室，天下之朝市也，而王不爭焉，顧爭於戎翟，去王業遠矣。」〔一〇〕

〔一〕【集解】徐廣曰：「什，一作『尋』，成皋鞏縣有尋口。」【索隱】一本作「尋谷」，尋、什聲相近，故其名惑也。戰國策云「環轅，緱氏之口」，亦其地相近也。【正義】括地志云：「温泉水即尋，源出洛州鞏縣西南四十里。注水經云鄩城水出北山鄩溪。又有故鄩城，在鞏縣西南五十八里。」按：洛州緱氏縣東南四十里，與鄩溪相近之地。【考證】三川，謂伊、洛、河三川。張文虎曰：凌本「什」作「斜」。梁玉繩曰：索隱本作「什谷」是。湖本譌「斜谷」，策作「轘轅緱氏之口」，語雖不同，其地相近，一在河南鞏縣，一在緱氏縣東南轘轅關。通鑑地理通釋曰：「郡國志『鞏縣有尋谷水』，徐廣云『什，一作尋，成皋鞏縣有尋口』，尋、什聲近，故其名異。水經注謂之『洛汭』，郡縣志謂之『洛口』，新序善謀亦作『什谷』。」愚按：百衲宋本、王本、毛本皆作「什谷」。

〔二〕【正義】屯留，潞州縣也。道，即太行羊腸阪道也。【考證】今山西屯留縣地。

〔三〕【正義】南陽，懷州也。是當屯留之道，令魏絶斷壞羊腸、韓上黨之路也。【考證】韓地，今河南南陽縣。

〔四〕【正義】是塞斜谷之口也。令楚兵臨鄭南，塞轘轅鄩口，斷韓南陽之兵也。【考證】南鄭，韓地，今河南新鄭縣西北有古鄭城。

〔五〕【索隱】此新城當在河南伊闕之左右。【正義】洛州福昌縣也。【考證】今河南洛陽有新城古城。宜陽故城在河南宜陽東。皆韓地。

〔六〕【考證】誅，討也。甘茂傳云「誅齊魏之罪」。

〔七〕【考證】儀説武王，亦有此言，見下文。蓋滅國先收其圖籍，自古而然，不始於蕭何。夏禹收九州之金，鑄爲九鼎，遂以爲傳國之寶。事詳于宣三年左傳及周策、周紀。

〔八〕【考證】策「倫」作「長」。

〔九〕【考證】兵，矛戟。

〔一〇〕【索隱】去王遠矣。王，音于放反。【考證】顧，反也。

司馬錯曰：「不然。臣聞之，欲富國者務廣其地，欲彊兵者務富其民，欲王者務博其德，三資者備，而王隨之矣。〔一〕今王地小民貧，故臣願先從事於易。〔二〕夫蜀，西僻之國也，而戎翟之長也，有桀、紂之亂。以秦攻之，譬如使豺狼逐羣羊。得其地，足以廣國，取其財，足以富民繕兵，不傷衆而彼已服焉。〔三〕拔一國，而天下不以爲暴，利盡西海，而天下不以爲貪，〔四〕是我一舉而名實附也，〔五〕而又有禁暴止亂之名。〔六〕今攻韓，劫天子，惡名也，而未必利也，又有不義之名，而攻天下所不欲，危矣。臣請謁其故：〔七〕周，天下之宗室也；齊，韓之與國也。〔八〕周自知失九鼎，韓自知亡三川，〔九〕將二國并力合謀，以因乎齊、趙，而求解乎楚、魏，以鼎與楚，以地與魏，王弗能止也。此臣之所謂危也。不如伐蜀完。」〔一〇〕

〔一〕【考證】兵，士卒。

〔二〕【考證】楓山、三條本「王」下有「之」字，與策合。

〔三〕【索隱】取其財。戰國策「取」作「得」。【正義】繕，音膳，同「饍」，具食也。【考證】凌稚隆曰：繕，與左傳「繕甲兵」之「繕」同，治也。正義非是。

〔四〕【索隱】西海，謂蜀川也。海者珍藏所聚生，猶謂秦中爲「陸海」然也。其實西亦有海也。【正義】海之言晦也，西夷晦昧無知，故言海也。言利盡西方羌戎。【考證】策「西海」作「四海」。中井積德曰：盡西海，謂西方盡地域也。地以海爲限，此甚言之也。漢人常稱有四海之内，其實漢之土。唯東西有海，而西北無海，只是二海而已。要之勿以文害意可也。

〔五〕【索隱】按：名，謂傳其德也。實，謂土地財寶。

〔六〕【考證】楓山、三條本「止」作「正」，與策合。黃式三曰：「「而又」一句當在「是我」句上。愚按：據黃說，「名」字不費解，亦與下文合。

〔七〕【索隱】論者，告也，陳也。故，謂陳不宜伐之端由也。【考證】各本「謁」作「論」，今從楓山、三條本。王念孫曰：秦策及新序善謀篇「論」作「謁」。謁，告也。疑史記亦作「謁」，故索隱云「告也」。「論」字，古無訓爲告也。

〔八〕【考證】策作「韓齊周之與國也」。田汝成曰：「齊」字恐衍，當云「韓，周之與國也」。愚按：史衍「齊」字，「韓」下奪「周」字。

〔九〕【正義】韓自知亡三川，故與周并力合謀也。

〔一〇〕【考證】楓山、三條本無「完」字。策「完」上有「之」字。

惠王曰：「善，寡人請聽子。」卒起兵伐蜀，十月取之，〔一〕遂定蜀，貶蜀王，更號爲侯，〔二〕而使陳莊相蜀。蜀既屬秦，秦以益彊，富厚輕諸侯。〔三〕

〔一〕【索隱】六國年表在惠王二十二年十月也。【正義】表云秦惠王後九年十月，擊滅之。【考證】策上不記年。十月，攻戰亘十月也，與史義異。錢大昕曰：據秦本紀及年表，伐蜀乃惠王後九年事。此傳敍于惠王十年以前，誤以爲前九年矣。梁玉繩說同。

〔二〕【考證】紀、表並云「擊蜀滅之」，與此異。

〔三〕【考證】「司馬錯與張儀」以下采秦策。

秦惠王十年，使公子華與張儀圍蒲陽，降之。〔一〕儀因言秦復與魏，而使公子繇質於魏。

儀因説魏王曰：「秦王之遇魏甚厚，魏不可以無禮。」〔二〕魏因入上郡、少梁謝秦惠王。〔三〕惠王乃以張儀爲相，更名少梁曰夏陽。〔四〕

〔一〕【集解】徐廣曰：「『華』一作『革』。」【索隱】蒲陽，魏邑名也。【正義】在隰州隰川縣，蒲邑故城是也。【考證】蒲陽，山西隰州。表「華」作「桑」。

〔二〕【考證】楓山、三條本「甚厚」作「厚甚」。

〔三〕【考證】梁玉繩曰：案紀、表及魏世家「是年入上郡于秦」，無「少梁」二字。魏之少梁，已于秦孝公八年取之矣。此時尚安得少梁乎？與表言「秦惠八年魏入少梁」同誤。上郡，陝西延安府。

〔四〕【集解】徐廣曰：「夏陽，在梁山龍門」。【索隱】音下。夏，山名也，亦曰大夏，是蜀所都。【正義】少梁城，同州韓城縣南二十三里。夏陽城在縣南二十里。梁山在縣東南十九里。龍門山在縣北五十里。【考證】梁玉繩曰：案秦紀更名在惠王十一年。少梁，陝西同州府韓城縣。

儀相秦四歲，立惠王爲王。〔一〕居一歲，爲秦將取陝，築上郡塞。〔二〕

〔一〕【正義】表云惠王之十三年，周顯王之三十四年也。

〔二〕【考證】陝，河南陝州。

其後二年，使與齊、楚之相會齧桑。〔一〕東還而免相。相魏以爲秦，〔二〕欲令魏先事秦，而諸侯效之。魏王不肯聽儀。秦王怒，伐取魏之曲沃、平周，復陰厚張儀益甚。〔三〕張儀慙，無以歸報。留魏四歲，而魏襄王卒，哀王立。〔四〕張儀復説哀王，哀王不聽。於是張儀陰令秦伐魏。魏與秦戰，敗。

〔一〕【考證】梁玉繩云：案紀、表及魏與田完世家齧桑之會，在取陝之明年。此云「後二年」誤，又但舉齊、楚而不及魏。吴熙載曰：齧桑當在今河南歸德府及安徽潁州府蒙城縣間。

〔二〕【考證】三條本「東」作「來」。楓山、三條二本「秦」下有「故」。

〔三〕【考證】今河南陝縣有曲沃故城，非晉都曲沃。平周，今山西介休縣。

〔四〕【考證】梁玉繩曰：案「襄」當作「惠」，「哀」當作「襄」，下「哀王」同。愚按：說在魏世家。

明年，齊又來敗魏於觀津。〔一〕秦復欲攻魏，先敗韓申差軍，斬首八萬，諸侯震恐。〔二〕而張儀復說魏王曰：「魏地方不至千里，卒不過三十萬。地四平，諸侯四通輻湊，〔三〕無名山大川之限。從鄭至梁，二百餘里，〔四〕車馳人走，不待力而至。〔五〕梁南與楚境，西與韓境，北與趙境，東與齊境，卒戍四方守亭鄣者不下十萬。〔六〕梁之地勢固戰場也。梁南與楚而不與齊，則齊攻其東；東與齊而不與趙，則趙攻其北；不合於韓，則韓攻其西；不親於楚，則楚攻其南：此所謂四分五裂之道也。

〔一〕【集解】觀，音貫。【考證】「觀津」當作「觀澤」，說在魏世家。

〔二〕【考證】說在秦紀。

〔三〕【考證】楓山、三條本「四平」下有「易」字。策「四通」下有「條達」二字。

〔四〕【考證】張照曰：案策作「從鄭至梁不過百里從陳至梁二百餘里」，此有脫誤。通鑑地理通釋曰：「九域志鄭州至東京，一百四十里。陳州至東京二百四十五里。」當以策爲正。

〔五〕【考證】待力，楓山本作「持勵」，三條本作「持刀」，策作「倦力」。

〔六〕【考證】梁玉繩曰：策云「守亭障者參列，粟糧漕庾不下十萬」，此亦脱缺。愚按：他國境或有山川關塞，惟梁無之，所以卒戍四方，守亭鄣，塞上要險處，築牆置亭，使人守之也。

「且夫諸侯之爲從者，將以安社稷，尊主彊兵顯名也。今從者一天下，約爲昆弟，刑白馬以盟洹水之上以相堅也。〔一〕而親昆弟同父母，尚有争錢財，而欲恃詐僞反覆蘇秦之餘謀，其不可成亦明矣。

〔一〕【集解】洹，音桓。【考證】洹水，源出河南林縣隆慮山，逕安陽，至内黄，入衛水。

「大王不事秦，秦下兵攻河外，〔一〕據卷、衍、燕、酸棗，〔二〕劫衛取陽晉，〔三〕則趙不南，趙不南而梁不北，梁不北則從道絶，〔四〕從道絶則大王之國欲毋危不可得也。〔五〕秦折韓而攻梁，〔六〕韓怯於秦，秦、韓爲一，梁之亡可立而須也。此臣之所爲大王患也。

〔一〕【索隱】河之西，即曲沃、平周之邑等。【正義】河外即卷、衍、燕、酸棗。

〔二〕【集解】卷，丘權反。衍，以善反。【索隱】卷縣在河南。衍，地名。【正義】卷、衍屬鄭州。燕，滑州胙城縣。酸棗屬滑州。皆黄河南岸地。【考證】各本「衍」下脱「燕」字，依楓山、三條二本及正義補。策亦有。卷，魏邑，在今河南原武縣。燕即南燕，故城在今河南延津縣東北。酸棗故城在今延津縣北。衍故城在今河南鄭縣北。

〔三〕【正義】故城在曹州乘氏縣西北三十七里。【考證】陽晉，衛邑，故城在今山東曹縣北。策譌作「晉陽」。

〔四〕【考證】策「而」作「則」。崔適曰：「梁不北」三字當移上「趙不南」之下。

〔五〕【考證】陳文燭曰：主從者趙，不言其他。

〔六〕【索隱】戰國策「折」作「挾」也。【考證】王念孫曰：折讀爲制，言韓爲秦所制，不得不與之共攻梁也。制、折古字通。愚按：折猶制也，不必改字。

「爲大王計，莫如事秦。事秦則楚、韓必不敢動；無楚、韓之患，則大王高枕而臥，國必無憂矣。〔一〕

〔一〕【正義】枕，針鴆反。

「且夫秦之所欲弱者，莫如楚，而能弱楚者，莫如梁。楚雖有富大之名，而實空虛；其卒雖多，然而輕走易北，不能堅戰。〔一〕悉梁之兵南面而伐楚，勝之必矣。〔二〕割楚而益梁，虧楚而適秦，嫁禍安國，此善事也。〔三〕大王不聽臣，秦下甲士而東伐，雖欲事秦，不可得矣。

〔一〕【考證】楓山、三條本「雖」下有「衆」字，與策合。

〔二〕【考證】楓山、三條本無「楚」字。

〔三〕【考證】楓山、三條本無「割楚而益梁」五字。適，猶歸也。

「且夫從人多奮辭而少可信，〔一〕說一諸侯而成封侯，是故天下之游談士，莫不日夜搤腕瞋目切齒，以言從之便，以說人主。人主賢其辯而牽其說，豈得無眩哉！〔二〕

〔一〕【考證】從人，主合從之人。奮辭，猶大言也。

〔二〕【考證】策「賢」作「覽」。史文爲勝。

「臣聞之，積羽沈舟，羣輕折軸，衆口鑠金，積毀銷骨，〔一〕故願大王審定計議，且賜骸骨辟魏。」〔二〕

〔一〕【考證】楓山、三條本無「積毀銷骨」四字，與策合。同語中用二「積」字，不文。無四字爲長。國語周語伶州鳩引諺曰「衆心成城，衆口鑠金」，史記鄒陽傳鄒陽上梁孝王書云「何則衆口鑠金，積毀銷骨也」；漢書中山靖王傳聽樂對亦云「衆口鑠金，積毀銷骨」。蓋古有此語，故曰「聞之」。

〔三〕【考證】楓山、三條本「議」下「且」上有「儀」字。骸骨，猶言身體。項羽紀「願賜骸骨歸卒伍」。策無「且賜骸骨辟魏」六字，蓋史公補足。

哀王於是乃倍從約，而因儀請成於秦。〔一〕張儀歸，復相秦。三歲而魏復背秦爲從。秦攻魏取曲沃。明年，魏復事秦。

〔一〕【考證】「張儀復說魏王曰」以下采魏策。策云：「魏王曰：『寡人惷愚，前計失之。請稱東藩，築帝宮，受冠帶，祠春秋，效河外。』」

秦欲伐齊，齊、楚從親，於是張儀往相楚。〔一〕楚懷王聞張儀來，虛上舍而自館之，曰：「此僻陋之國，子何以教之？」〔二〕儀說楚王曰：「大王誠能聽臣，閉關絕約於齊，臣請獻商、於之地六百里，〔三〕使秦女得爲大王箕帚之妾，秦、楚娶婦嫁女，長爲兄弟之國。此北弱齊而西益秦也，計無便此者。」〔四〕楚王大說而許之。羣臣皆賀，陳軫獨弔之。楚王怒曰：「寡人不興師發兵，得六百里地，羣臣皆賀，子獨弔，何也？」〔五〕陳軫對曰：「不然，以臣觀之，商、於之地不可得，而齊、秦合，齊、秦合，則患必至矣。」楚王曰：「有說乎？」陳軫對曰：「夫秦之所以重楚者，以其有齊也。今閉關絕約於齊，則楚孤。秦奚貪夫孤國，而與之商、於之地六百里？〔六〕張儀至秦，必負王，是北絕齊交，西生患於秦地，而兩國之兵必俱至。善爲王計者，不若陰合而陽絕於齊，〔七〕使人隨張儀。苟與吾地，絕齊未晚也；不與吾地，陰合謀計也。」楚王曰：「願陳子閉口，毋復言，以待寡人得地。」〔八〕乃以相印授張儀，厚賂之。於是遂閉關絶約於齊，使一將軍隨張儀。

〔一〕【考證】「相」字疑衍，與下文「乃以相印授張儀」複。

〔二〕【考證】中井積德曰：館，謂就館見客也。

〔三〕【索隱】劉氏云：「商即今之商州，有古商城，其西二百餘里有古於城。」【正義】商、於二邑，解在商君傳。【考證】又見楚世家。

〔四〕【考證】楚世家、秦策「益」作「德」，義長。

〔五〕【考證】爲下文陳軫傳張本。

〔六〕【考證】楚世家、秦策「貪」作「重」，義長。

〔七〕【考證】楓山、三條本「善」作「蓋」。

〔八〕【考證】凌稚隆曰：閉口，爲後「發口」張本。

張儀至秦，詳失綏墮車，不朝三月。〔一〕楚王聞之，曰：「儀以寡人絶齊未甚邪？」乃使勇士至宋，借宋之符北罵齊王。〔二〕齊王大怒，折節而下秦。秦、齊之交合，張儀乃朝，謂楚使者曰：「臣有奉邑六里，願以獻大王左右。」楚使者曰：「臣受令於王，以商、於之地六百里，不聞六里。」〔三〕還報楚王，楚王大怒，發兵而攻秦。陳軫曰：「軫可發口言乎？攻之，不如割地反以賂秦，與之并兵而攻齊，〔四〕是我出地於秦，取償於齊也，王國尚可存。」楚王不聽，〔五〕卒發兵，而使將軍屈匄擊秦。秦、齊共攻楚，〔六〕斬首八萬，殺屈匄，遂取丹陽、漢中之地。〔七〕楚

又復益發兵而襲秦，至藍田，大戰，楚大敗，〔八〕於是楚割兩城，以與秦平。〔九〕

〔一〕【正義】詳，音羊。【考證】詳，佯也。綏，挽以上車之索也。策但云「稱病不朝」，史公別有依也。

〔二〕【考證】梁玉繩曰：案此語可疑。罵齊何必用符？而楚自有符，亦何必借宋符乎？張文虎曰：「借宋之符」句當有誤。楚世家作「乃使勇士宋遺北辱齊王，折楚符而合于秦」，則所使勇士，姓宋，名遺耳。胡三省曰：既閉關絶約，則齊、楚之信使不通，故使借宋符以至齊。愚按：胡説爲長。説又見楚世家。

〔三〕【考證】楓山、三條本「令」作「命」。御覽引史亦同。

〔四〕【考證】楓山、三條本「攻之」下有「不可」二字。凌稚隆曰：發口，應上「閉口」。

〔五〕【考證】「儀説楚王」以下采秦策。李東陽曰：按楚世家亦載此。敘事同，而文法異，宜並觀之。余有丁曰：按蘇秦説六國，自是實事。張儀全是欺詐反覆，觀其説楚可知也。

〔六〕【考證】梁玉繩曰：案此仍秦策，各處不言「齊共攻」也。大事記云：「蓋齊怨楚而助秦耳。」

〔七〕【集解】徐廣曰：「丹陽在枝江。」【正義】漢中，今梁州也，在漢水北。【考證】丹陽，今河南内鄉縣。胡三省曰：自沔陽至上庸，皆漢中地。沔陽，今陝西沔縣。上庸，今湖北竹山縣。

〔八〕【正義】藍田縣在雍州東南八十里，從藍田關入藍田縣，時楚襲秦深入。【考證】「取漢中之地」以下采秦策。藍田故城在陝西藍田縣西。

〔九〕【考證】梁玉繩曰：案藍田之戰，各處皆無割城事，恐非實。

秦要楚，欲得黔中地，欲以武關外易之。〔一〕楚王曰：「不願易地，願得張儀而獻黔中地。」秦王欲遣之，口弗忍言。〔二〕張儀乃請行。惠王曰：「彼楚王怒子之負以商、於之地，〔三〕是且甘心於子。」〔四〕張儀曰：「秦彊楚弱，臣善靳尚，尚得事楚夫人鄭袖，袖所言皆從。且臣奉王之節使楚，楚何敢加誅！假令誅臣，而爲秦得黔中之地，臣之上願。」遂使楚。楚懷王至則囚張儀，將殺之。靳尚謂鄭袖曰：「子亦知子之賤於王乎？」鄭袖曰：「何也？」靳尚曰：〔五〕「秦王甚愛張儀，而不欲出之，〔六〕今將以上庸之地六縣賂楚，〔七〕以美人聘楚，〔八〕以宮中善歌謳者爲媵。〔九〕楚王重地尊秦，〔一〇〕秦女必貴，而夫人斥矣。不若爲言而出之。」於是鄭袖日夜言懷王曰：「人臣各爲其主用。今地未入秦，秦使張儀來，至重王。王未有禮，而殺張儀，秦必大怒攻楚。妾請子母俱遷江南，毋爲秦所魚肉也。」〔一一〕懷王後悔，赦張儀，厚禮之如故。〔一二〕

〔一〕**【正義】**要，音腰也。武關外，即商、於之地。**【考證】**楓山、三條本「秦」下有「乃」字。黔中，楚地，今湖南辰沅道及武陵道皆是。梁玉繩曰：楚世家、屈原傳言分漢中，説在世家。

〔二〕**【考證】**楓山、三條本「遺」作「與」。

〔三〕**【考證】**楓山、三條本「楚」下無「王」字。

〔四〕**【考證】**甘心，快其意也。莊九年左傳「管、召，讎也，請受而甘心焉」。

〔五〕**【考證】**楓山、三條二本「靳尚」下有「爲儀」二字，義長。「鄭袖曰」下無「子亦知子之賤於王乎鄭袖曰何也靳尚曰」十七字。

〔六〕**【索隱】**按：「不」字當作「必」。時張儀爲楚所囚，故必欲出之也。**【正義】**秦王不欲出張儀使楚，若欲自行，今秦欲以上庸地及美人贖儀。**【考證】**索隱是也。策無「不」字。

〔七〕**【正義】**上庸，今房州也。**【考證】**上庸，見上文漢中注。

〔八〕【考證】策云「秦王有愛女而美，欲內之楚王」。

〔九〕【考證】古者諸侯嫁女，以姪娣送女曰媵。後世陪嫁之妾亦曰媵。

〔一〇〕【考證】梁玉繩曰：案此乃靳尚對鄭袖語，不應稱「楚王」。下文張儀說懷王述漢中之戰，亦曰「楚王大怒」，蓋史公仍國策，未及改之。吳師道謂後人追書，非。徐孚遠曰：當言「大王」，言「楚王」誤。

〔一一〕【考證】魚肉任人宰割，因以喻被人屠戮或陵踐之意。項羽紀「人方爲刀俎，我爲魚肉」。

〔一二〕【考證】「至則囚張儀」以下本楚策。中井積德曰：據下文，楚是時終不割黔中也。

張儀既出，未去，聞蘇秦死，〔一〕乃說楚王曰：「秦地半天下，兵敵四國，被險帶河，四塞以爲固，虎賁之士百餘萬，車千乘，騎萬匹，〔二〕積粟如丘山，法令既明，士卒安難樂死，主明以嚴，將智以武，雖無出甲，席卷常山之險，必折天下之脊，〔三〕天下有後服者先亡。〔四〕且夫爲從者，無以異於驅羣羊而攻猛虎，虎之與羊不格明矣。〔五〕今王不與猛虎而與羣羊，臣竊以爲大王之計過也。

〔一〕【索隱】按：此時當秦惠王之後元十四年。【考證】崔適曰：案六國表是爲周赧王四年，秦惠王後十四年，楚懷王十八年，韓襄王元年，齊湣王十三年，趙武靈王十五年，燕昭王元年也。中井積德曰：是時蘇秦死已十年矣，今如始聞其死者，何也？梁玉繩曰：「聞蘇秦死」四字當削。愚按：此應上文「蘇君之時，儀何敢言」，史文不可無此四字。但其事則失實也。

〔二〕【考證】虎賁之士，勇士也。賁，音奔。

〔三〕【索隱】按：常山於天下在北，有若人之背脊也。【正義】古之帝王多都河北、河東故也。【考證】「出甲」下添

「其勢」二字看。席卷，收之如捲席，言易也。常山即恒山，亦曰「北嶽」，在今直隸曲陽縣西北，與太行山相連，故曰「折天下之背」。王念孫曰：雖讀曰唯，唯、雖古通。此承上文，言秦兵之彊如是，是唯無出甲。出甲，則席卷常山而折天下之脊也。不更言「出甲」者，蒙上文而省也。愚按：「雖」字，未必讀爲「唯」。

〔四〕【考證】策無「有」字。

〔五〕【考證】格，當也，敵也。

「凡天下彊國，非秦而楚，非楚而秦，〔一〕兩國交争，其勢不兩立。大王不與秦，秦下甲據宜陽，韓之上地不通。下河東，取成皋，韓必入臣，梁則從風而動。〔二〕秦攻楚之西，韓、梁攻其北，社稷安得毋危？

〔一〕【考證】而，猶則也。下文「非菽而麥，非菽則麥也」，説具于王氏經傳釋詞。

〔二〕【正義】上地，上郡之地。【考證】河東，今山西河東道。今河南汜水縣西北有成皋故城。

「且夫從者聚羣弱而攻至彊，不料敵而輕戰，國貧而數舉兵，危亡之術也。臣聞之，兵不如者勿與挑戰，粟不如者勿與持久。〔一〕夫從人飾辯虚辭，高主之節，〔二〕言其利，不言其害，卒有秦禍，無及爲已。〔三〕是故願大王之孰計之。

〔一〕【正義】挑，田鳥反。

〔二〕【考證】策「節」下有「行」字，高不事秦之節也。

〔三〕【正義】卒，恖勿反。

「秦西有巴、蜀，大船積粟，起於汶山，浮江以下，至楚三千餘里。〔一〕舫船載卒，〔二〕一舫載五十人與三月之食，下水而浮，〔三〕一日行三百餘里，里數雖多，然而不費牛馬之力，〔四〕不至十日而距扞關。〔五〕扞關驚，則從境以東盡城守矣，〔六〕黔中、巫郡非王之有。〔七〕秦舉甲出武關，南面而伐，則北地絶。〔八〕秦兵之攻楚也，危難在三月之内，而楚待諸侯之救，在半歲之外，此其勢不相及也。夫待弱國之救，忘彊秦之禍，〔九〕此臣所以爲大王患也。〔一〇〕

〔一〕【正義】汶，音泯。【考證】汶山即岷山，在今四川茂縣西。蘇秦傳云「蜀地之甲，乘船，浮於汶，乘夏水而下，五日而至郢」，即此事。起於汶山者，以發軍之地言。楚斥郢都。

〔二〕【索隱】枋船，枋音方，謂並兩船也。亦音舫。【考證】楓山、三條本、索隱本「舫」作「枋」。楚策作「方」，並船也。

〔三〕【考證】策「食」作「糧」。中井積德曰：下水而浮，疑當作「浮水而下」。

〔四〕【考證】策「牛馬」作「馬汗」，史義長。

〔五〕【集解】徐廣曰：「巴郡魚復縣有扞水關。」【索隱】扞關在楚之西界。復，音伏。按：地理志巴郡有魚復縣。【正義】在硤州巴山縣界。【考證】距，至也。張文虎曰：王、柯、凌本作「拒」。愚按：策作「距」。扞關在今湖北長陽縣西。

〔六〕【考證】策「境」作「竟」，下有「陵」字。史文誤脱。竟陵，今湖北天門縣。城守者，修守備也。

〔七〕【考證】策「有」下有「已」字。

〔八〕【正義】楚之北境斷絶，非謂幽州北地也。【考證】北地，謂河南信陽以北。

〔九〕【考證】策「夫待」作「夫恃」。王念孫曰：「待」當作「恃」。今作「待」者，涉上文而誤。

〔一〇〕【考證】楓山、三條本無「以」字，與通鑑合，可從。

「大王嘗與吳人戰，五戰而三勝，陣卒盡矣；〔一〕偏守新城，存民苦矣。〔二〕臣聞功大者易危，而民敝者怨上。夫守易危之功，而逆彊秦之心，臣竊爲大王危之。

〔一〕【考證】徐孚遠曰：懷王時，吳之屬楚久矣。安得與吳人五戰。此言誤。

〔二〕【索隱】偏，匹連反。此云「新城」，當在吳、楚之閒。【正義】新攻得之城，未詳所在。【考證】策「存民」作「居民」，義長。

「且夫秦之所以不出兵函谷十五年以攻齊、趙者，陰謀有合天下之心。〔一〕楚嘗與秦構難，戰於漢中，楚人不勝，列侯執珪，死者七十餘人，遂亡漢中。〔二〕楚王大怒，興兵襲秦，戰於藍田。〔三〕此所謂兩虎相搏者也。〔四〕夫秦、楚相敝，而韓、魏以全制其後，計無危於此者矣。願大王孰計之。

〔一〕【集解】徐廣曰：「合，一作『吞』。」【考證】策「齊趙」作「諸侯」，「合」作「吞」。中井積德曰：「十五年」，錯文，當在「齊趙」下。吳師道曰：前二年、五年、六年皆有攻趙之事，而攻齊則無之。若云不攻齊，則猶可通也。愚按：不出兵函谷十五年，前人多疑之者，說見蘇秦傳。

〔二〕【索隱】其地在秦南山之南，楚之西北，漢水之北，名曰漢中。

〔三〕【考證】策「藍田」下有「又郤」二字，此缺。「戰於藍田」，見上文。「楚王」當言「大王」。

〔四〕【集解】徐廣曰：「搏，或音『戟』。」【正義】搏音博，猶戟也。【考證】王引之曰：搏，本作「據」。徐廣音戟，正是「據」字之音。御覽引楚策「搏」作「據」。據讀若戟。謂兩虎相挶持也。呂后紀「見物如蒼犬，據高后掖」，「據」字徐音戟，正與此同。老子曰「猛獸不據，攫鳥不搏」，鹽鐵論擊之篇曰「虎兕相據，而螻蟻得志」，皆其證也。愚按：「搏」字義自通，不必改作「據」。

「秦下甲攻衛陽晉，必大關天下之匈。〔一〕大王悉起兵以攻宋，不至數月而宋可舉，舉宋而東指，則泗上十二諸侯盡王之有也。〔二〕

〔一〕【集解】徐廣曰：「關，一作『開』。」【索隱】攻衛陽晉，大關天下胷。夫以常山爲天下脊，則此衛及陽晉當天下胷，蓋其地是秦、晉、齊、楚之交道也。以言秦兵據陽晉，是大關天下胷，則他國不得動也。【正義】陽晉在曹州乘氏縣，與濮、滑相近，皆衛地。常山爲天下脊，陽晉爲天下胸。【考證】陽晉，衛地，在今山東曹縣北。「必大」二字衍其一。索隱本無「必」字。關，扃也。

〔二〕【索隱】謂邊近泗水之側，當戰國之時有十二諸侯，宋、魯、邾、莒之比也。

「凡天下而以信約從親相堅者蘇秦，封武安君，相燕，〔一〕即陰與燕王謀伐破齊而分其地，乃詳有罪，出走入齊，〔二〕齊王因受而相之。居二年而覺，齊王大怒，車裂蘇秦於市。〔三〕夫以一詐僞之蘇秦，而欲經營天下，混一諸侯，其不可成亦明矣。〔四〕

〔一〕【考證】楓山、三條本「而」作「所」，義長。策「封」下有「爲」字。

〔二〕【考證】詳、佯同。

〔三〕【考證】梁玉繩曰：按秦傳，爲燕敝齊之計，覺于死後。而秦爲人所刺，設計得賊，豈因謀齊事覺車裂乎？吳師道謂：儀借事爲說，破從親也。下說趙同。

〔四〕【索隱】混，本作「棍」，同。胡本反。

「今秦與楚接境壤界，固形親之國也。〔一〕大王誠能聽臣，臣請使秦太子入質於楚，楚太子入質於秦，請以秦女爲大王箕帚之妾，效萬室之都以爲湯沐之邑，〔二〕長爲昆弟之國，終身

無相攻伐。臣以爲計無便於此者。」〔三〕

〔一〕【考證】桃源抄引陸氏曰：「形親，謂形勢相親也。」愚按：接境壤界，見吳起、蘇秦傳。

〔二〕【考證】箕帚之妾，解見高紀。湯沐之邑，以其地賦稅共湯沐之具。

〔三〕【考證】「乃說楚王」以下采楚策。

於是楚王已得張儀，而重出黔中地與秦，欲許之。〔一〕屈原曰：「前大王見欺於張儀，張儀至，臣以爲大王烹之；今縱弗忍殺之，又聽其邪說，不可。」懷王曰：「許儀而得黔中，美利也。後而倍之不可。」〔二〕故卒許張儀，與秦親。

〔一〕【考證】胡三省曰：重，難也。以地爲重，意難割棄之。

〔二〕【考證】楓山、三條本「倍之」下無「不可」二字，義長。言今姑聽之，後而倍之。策不言屈原事，不獨策，先秦之書絕無記屈原事者。說具于本傳。

張儀去楚，因遂之韓，說韓王曰：「韓地險惡山居，五穀所生，非菽而麥，〔一〕民之食，大抵飯菽藿羹。〔二〕一歲不收，民不饜糟糠。地不過九百里，無二歲之食。〔三〕料大王之卒，悉之不過三十萬，而廝徒負養在其中矣。〔四〕除守徼亭鄣塞，見卒不過二十萬而已矣。秦帶甲百餘萬，車千乘，騎萬匹，虎賁之士，跿跔科頭，〔五〕貫頤奮戟者，至不可勝計。〔六〕秦馬之良，戎兵之衆，〔七〕探前趹後〔八〕蹄閒三尋騰者不可勝數。〔九〕山東之士，被甲蒙胄以會戰，秦人捐甲徒裼以趨敵，〔一〇〕左挈人頭，右挾生虜。夫秦卒與山東之卒，猶孟賁之與怯夫，以重力相壓，猶烏獲之與嬰兒。夫戰孟賁、烏獲之士，以攻不服之弱國，〔一一〕無異垂千鈞之重於烏卵之

上，必無幸矣。〔一一〕

〔一〕【考證】而猶則也。

〔二〕【考證】楓山、三條本「飯」上有「豆」，與策合。王念孫曰：「飯菽」當作「菽飯」。菽飯、藿羹，相對爲文。韓策作「豆飯」。豆亦菽也。姚宏校韓策引春秋後語亦作「菽飯」。愚按：藿，豆葉也。楓、三二本衍「菽」字。

〔三〕【考證】梁玉繩曰：案蘇秦傳曰「韓地方九百里」，策作「千里」，而此云「不過九百里」，策作「不滿九百」，史仍游士之言，故不同也。

〔四〕【索隱】廝，音斯，謂襍役之賤者。負養，謂負檐以給養公家，亦賤人也。【考證】中井積德曰：廝，謂伐薪者。養，謂炊爨也，亦軍中之事。

〔五〕【集解】跿跔，音徒俱，跳躍也。又云，偏舉一足曰「跿跔」。科頭，謂不著兜鍪入敵。【索隱】跿跔，音徒俱二音，跔又音劬。劉氏云「謂跳躍也」。又韻集云「偏舉一足曰跿跔」。戰國策曰「虎摯之士，跿跔科頭」，謂不著兜鍪。

〔六〕【集解】奮戟，言執戟奮怒而入陳也。【索隱】貫頤，謂兩手捧頤而直入敵，言其勇也。奮戟，謂又有執戟者，奮怒而趨入陣。【正義】貫頤，劉伯莊云：以兩手捧面，直入敵，言其勇也。奮戟，奮怒而趨戰。【考證】中井積德曰：跿跔，猶徒跣也。「跿」字他書無所見，蓋「徒」字，「跔」字可因而推焉。「貫頤」不可曉。「奮戟」是奮揮戈戟也，非奮怒。王引之曰：貫讀爲「彎弓」之「彎」。史記伍子胥傳「伍胥貫弓執矢嚮使者」，索隱劉氏音貫爲彎，謂滿張弓也。陳涉世家贊「士不敢貫弓而報怨」，漢書作「彎」，是貫即彎也。頤，弓名也。廣韻作「弫」，云「弓名，出韻略」。古無「弫」字，借「頤」爲之耳。彎弓、奮戟，事同一類。

〔七〕【考證】楓山本「戎兵」作「戎馬」。張文虎曰：上下皆言馬，「戎兵之衆」一句雜出，且上文已言之矣，疑衍。

〔八〕【索隱】謂馬前足探向前，後足趹於後。趹，音烏穴反。趹，謂後足抉地。言馬之走埶疾也。

〔九〕【索隱】按：七尺曰尋。言馬走之疾，前後蹄閒一擲過三尋也。【正義】七尺曰尋，馬蹄間有二丈一尺，亦疾也。【考證】楓山、三條本無「騰」字。策有。

〔一〇〕【索隱】徒者，徒跣也。裼，袒也。謂袒而見肉也。【正義】徒，跣。裼，袒也。言六國之卒皆著甲及兜□而戰，秦人棄甲徒跣，袒肩而戰。【考證】中井積德曰：徒、裼，一意。徒者不服甲冑之謂也，非論足。裼，開衣前也。

〔一一〕【考證】楓山、三條本無「夫戰孟賁烏獲之士」八字。

〔一二〕【考證】楓山、三條本脱「無幸矣」三字。

「夫羣臣諸侯，不料地之寡，而聽從人之甘言好辭，比周以相飾也，皆奮曰『聽吾計可以彊霸天下』。〔一〕夫不顧社稷之長利，而聽須臾之説，詿誤人主，無過此者。〔二〕

〔一〕【考證】楓山、三條本「羣」下無「臣」字。此疑衍。策無「羣臣」二字。「聽」字管到「可以彊霸天下」。

〔二〕【考證】楓山、三條本「人」作「其」。詿，音卦。

「大王不事秦，秦下甲據宜陽，斷韓之上地，〔一〕東取成皋、滎陽，則鴻臺之宮、桑林之苑非王之有也。〔二〕夫塞成皋，絶上地，則王之國分矣。先事秦則安，不事秦則危。夫造禍而求其福報，計淺而怨深，逆秦而順楚，雖欲毋亡，不可得也。

〔一〕【考證】御覽「大王」下有「今」字。楓山、三條本「上」下有「黨」字，策無。歸有光曰：韓近秦，故直言「下甲據宜陽」。上地，即上黨之地。

〔二〕【集解】徐廣曰：「桑，一作『栗』。」【索隱】按：此皆韓之宮苑，亦見戰國策。【考證】御覽「王」上有「大」字，張儀説楚王曰「黔中、巫郡非王有」，説韓王曰「鴻臺之宮、桑林之苑非王有」，説齊王曰「臨菑、即墨非王之有也」，説燕王曰「易水長城非大王之有也」，皆以威喝之，以勢制之。儀之術止於此。

「故爲大王計，莫如爲秦。〔一〕秦之所欲，莫如弱楚，而能弱楚者莫如韓。非以韓能彊於楚也，其地勢然也。〔二〕今王西面而事秦以攻楚，秦王必喜。夫攻楚以利其地，轉禍而説秦，計無便於此者。」

〔一〕【集解】爲，于僞反。

〔二〕【考證】經傳釋詞云「以猶謂也」。

韓王聽儀計。〔一〕張儀歸報，秦惠王封儀五邑，號曰武信君。使張儀東説齊湣王曰：「天下彊國無過齊者，大臣父兄，殷衆富樂。〔二〕然而爲大王計者，皆爲一時之説，不顧百世之利。從人説大王者必曰『齊西有彊趙，南有韓與梁。齊負海之國也，地廣民衆，兵彊士勇，雖有百秦，將無柰齊何』。〔三〕大王賢其説而不計其實。夫從人朋黨比周，莫不以從爲可。臣聞之，齊與魯三戰，而魯三勝，國以危，亡隨其後，雖有戰勝之名，而有亡國之實。〔四〕是何也？齊大而魯小也。今秦之與齊也，猶齊之與魯也。〔五〕秦、趙戰於河漳之上，再戰而趙再勝秦，〔六〕戰於番吾之下，再戰又勝秦。〔七〕四戰之後，趙之亡卒數十萬，邯鄲僅存，雖有戰勝之名，而國已破矣。是何也？秦彊而趙弱。〔八〕

〔一〕【考證】「説韓王」以下采韓策。策云「韓王曰：『客幸而教之，請比郡縣，築帝宮，祠春秋，稱東藩，效宜陽。』」史文不載。

〔二〕【考證】策無「湣」字。父兄，同姓老臣也。孟子滕文公篇「父兄百官」。

〔三〕【考證】韓非子外儲篇「雖有十田氏，其如君何」；五蠹篇「雖有十黃帝不能治也」，蘇洵辯姦論「使晉無惠帝，借得中主，雖王衍百千，何從亂天下乎」；蘇軾晁錯論「雖有百盎，可得而間哉」，皆同一字法。

〔四〕【考證】楓山、三條本「亡國」作「危亡」，爲長。

〔五〕【考證】齊策「秦之與齊也」作「趙之與秦也」，是。

〔六〕【考證】楓山、三條本「而」下無「趙」字，與策合。河漳即漳水，有清、濁二流，皆出山西。故道，至河南林縣合流，東經臨漳，又東北經直隸、永年、曲周等縣，以入渤海，即禹河之道也。

〔七〕【索隱】番吾，上音盤，又音婆，趙之邑也。【考證】番吾故城，在今直隸平山縣東南。梁玉繩曰：案上文有齊與魯三戰而魯三勝事，史無所見。吳師道以爲取譬之説，或當然也。而此兩戰，史亦不書。史仍國策，疑有譌。但趙卻秦番吾，實有其事，在王遷四年。豈作策者，誤以後事爲前事歟？

〔八〕【考證】策「弱」下有「也」字。

「今秦、楚嫁女娶婦，爲昆弟之國。〔一〕韓獻宜陽，〔二〕梁效河外，〔三〕趙入朝澠池，割河間以事秦。〔四〕大王不事秦，秦驅韓、梁攻齊之南地，悉趙兵渡清河，指博關，臨菑、即墨非王之有也。〔五〕國一日見攻，雖欲事秦，不可得也。是故願大王孰計之也。」

〔一〕【考證】梁玉繩曰：案秦迎楚婦時，儀死五年矣，亦在後。愚按：此張儀述秦、楚之約也，事見前章。

〔二〕【考證】梁玉繩曰：案韓策亦有「效宜陽」語，其實秦取宜陽之時，儀死四年矣。愚按：韓策云「韓王約從，請效宜陽」，文見上注。

〔三〕【索隱】按：河外，河之南邑，若曲沃、平周等也。【正義】謂同、華州地也。【考證】河南陝縣有曲沃故城。平周，山西介休縣。

〔四〕【集解】澠，緜善反。【索隱】河閒，謂河漳之閒邑，暫割以事秦耳。【正義】河閒，瀛州縣。【考證】澠池故城，在河南黽池縣西。河閒，直隸河南縣等地。戰國之時爲燕、趙、齊三國之境。梁玉繩曰：案國策鮑注云「據此，則説趙當在齊前」，但余攷後文，説燕亦有斯語。而朝黽池時，無割河閒事。且黽池之會，儀死三十年矣。蓋史載儀説列國，皆本于策，多不可信。經史問答云：「秦所取六國之地，韓、魏最先，次之者楚，其後及趙，然所取必其爲秦之界上。今策言張儀一出，趙以河閒爲獻，燕以常山之尾五城爲獻，齊以魚鹽之地三百里爲獻，非不識地理之言乎？河閒，常山，秦亦何從得而有之，況齊人海右魚鹽之地乎？以秦之察，豈受此愚！又累言文信侯欲取趙河閒以廣其封，文信封河南，當在韓、周之交，何從得通道於河閒？吾不知作策者，何以東西南北之不諳，而爲此謬語也。」

〔五〕【正義】博關，在博州。趙兵從貝州度黃河指博關，則漯河南臨淄、即墨危矣。【考證】楓山、三條本「大王」上有「今」字，「趙」上有「卷」字。博關，山東博平西北。即墨，齊邑，在山東平度縣東南。

齊王曰：「齊僻陋，隱居東海之上，未嘗聞社稷之長利也。」乃許張儀。〔一〕

〔一〕【考證】「東説齊湣王」以下采齊策。楓山、三條本「居」下有「都」字，策有「宅」字。

張儀去，西説趙王曰：「敝邑秦王，使使臣效愚計於大王。大王收率天下以賓秦，〔一〕秦兵不敢出函谷關十五年。大王之威行於山東，敝邑恐懼懾伏，繕甲厲兵，飾車騎，習馳射，〔二〕力田積粟，守四封之內，〔三〕愁居懾處，不敢動搖，唯大王有意督過之也。〔四〕

〔一〕【考證】賓，讀爲擯。蘇秦傳「六國從親以賓秦」。

〔二〕【正義】懾，之涉反。飾，音勑。【考證】楓山、三條本「馳」作「戰」。飾、飭通。

〔三〕【考證】楓山本「田」下有「耕」字。

〔四〕【索隱】督者，正其事而責之。督過，是深責其過也。【考證】中井積德曰：「唯」下疑脱「恐」字。過亦責之也。

「今以大王之力，舉巴、蜀，并漢中，包兩周，遷九鼎，守白馬之津。〔一〕秦雖僻遠，然而心忿含怒之日久矣。今秦有敝甲凋兵，軍於澠池，願渡河踰漳，據番吾，會邯鄲之下，〔二〕願以甲子合戰，以正殷、紂之事，敬使使臣先聞左右。〔三〕

〔一〕【考證】楓山、三條本「力」下有「西」字，「蜀」下有「南」字，「中」下有「東」字。岡白駒曰：秦因畏趙而飭兵，故得以舉巴蜀并漢中，故曰「大王之力」。愚按：猶曰「賴大王神靈」，語婉。白馬津，河南滑縣西。梁玉繩曰：包兩周遷九鼎，此不過大言之爾。收取兩周，非惠王。遷鼎，亦無其事。

〔二〕【考證】楓山、三條本「會」作「禦戰」，策作「迎」，並非。胡三省曰：敝甲凋兵，謙其辭言。軍於澠池，則張其勢以臨趙矣。願渡河踰漳據番吾，言欲自澠池北度河，又自此東踰漳水而進據番吾，此亦張聲勢以臨趙也。

〔三〕【考證】楓山、三條本「先」下有「以」字，與策合。下文亦有，可從。胡三省曰：武王伐紂，癸亥陳于商郊，甲子昧爽，紂帥其旅若林會于牧野，前徒倒戈，攻其後以北，遂以勝(紂)〔殷〕殺紂。張儀引以懼趙，其有所侮而動，亦已甚矣。邯鄲，趙都也。楊慎曰：説趙王之詞，又與説齊、楚者異矣。蓋遣蘇秦爲從者，趙王也，趙王爲宗盟之主，故言秦王之積忿含怒于趙，以合兵請戰之詞脅之前，又以面相見相結之計怵之于後。故趙王懼，而割地謝過也。

「凡大王之所信爲從者恃蘇秦。蘇秦熒惑諸侯，以是爲非，以非爲是，欲反覆齊國，而自令車裂於市。〔一〕夫天下之不可一亦明矣。今楚與秦爲昆弟之國，而韓、梁稱爲東藩之臣，齊獻魚鹽之地，此斷趙之右臂也。夫斷右臂而與人鬭，失其黨而孤居，求欲毋危，豈可得乎？

〔一〕【考證】「反」下各本無「覆」字。今從楓山、三條本。策亦有。

「今秦發三將軍，其一軍塞午道，告齊，使興師渡清河，軍於邯鄲之東；〔二〕一軍軍成皋，驅韓、梁軍於河外；〔三〕一軍軍於澠池，約四國爲一以攻趙，趙服，必四分其地。〔三〕是故不敢匿意隱情，先以聞於左右。臣竊爲大王計，莫如與秦王遇於澠池，面相見而口相結，請案兵無攻。願大王之定計。」〔四〕

〔二〕【索隱】此午道當在趙之東、齊之西也。午道，地名也。鄭玄云「一縱一橫爲午」，謂交道也。【正義】劉伯莊云「道蓋在齊、趙之交」。按：謂交午之道。

〔三〕【正義】河外，謂鄭、滑州，北臨河。

〔三〕【考證】王念孫曰：「服」字義不可解，當「破」字之誤。趙策作「破趙而四分其地」。黄式三曰：形相似而誤。

〔四〕【考證】楓山、三條本「攻」上有「先」字。

趙王曰：「先王之時奉陽君專權擅勢，蔽欺先王，獨擅綰事，〔一〕寡人居屬師傅，不與國謀計。〔二〕先王弃羣臣，寡人年幼，奉祀之日新，心固竊疑焉，〔三〕以爲一從不事秦，非國之長利也。乃且願變心易慮，割地謝前過以事秦。方將約車趨行，適聞使者之明詔。」〔四〕趙王許張儀。〔五〕

〔一〕【考證】先王，謂肅侯語。中井積德曰：據是文，似奉陽君聽蘇秦爲合縱者。然按蘇秦傳，奉陽君不悦秦，而秦之合從在奉陽君死之後，是等或記載之誤耳。愚按：策「獨擅」作「獨制」，「擅」與上文複，策爲長。綰，策作「官」。綰、官、管通，統轄之意。

〔二〕【考證】策「人」下有「宮」字，「屬」下有「於」字。

〔三〕【考證】楓山、三條本「奉」下有「祭」字。策作「祠祭」。棄羣臣，謂歿也。

〔四〕【正義】趨，音趣。【考證】從，合從也。約，束也，結馬於車也。李笠曰：趨，音促。

〔五〕【考證】「西説趙」以下，采趙策。策又云「於是乃以車三百乘，入朝澠池，割河間以事秦」，史不采。

張儀乃去，北之燕，説燕昭王曰：「大王之所親莫如趙。〔一〕昔趙襄子嘗以其姊爲代王妻，欲并代，約與代王遇於句注之塞。〔二〕乃令工人作爲金斗，長其尾，令可以擊人。〔三〕與代王飲，陰告廚人曰：『即酒酣樂，進熱啜，〔四〕反斗以擊之。』〔五〕於是酒酣樂，進熱啜，廚人進斟，因反斗以擊代王，殺之，王腦塗地。〔六〕其姊聞之，因摩笄以自刺，故至今有摩笄之山。〔七〕代王之亡，天下莫不聞。

〔一〕【考證】策「燕昭王」作「燕王」。

〔二〕【正義】句注山在代州也。上音勾，下朱諭反。

〔三〕【索隱】斗，音主。凡方者爲斗，若安長柄，則名爲科，音主。尾即斗之柄，其形若刀也。【考證】中井積德曰：斗音如字，形如斷瓢。本所以勺水，容十升也。凡形似此者，皆稱斗也。愚按：斗，酒器。中説得之。金，銅也。

〔四〕【索隱】啜，音昌悦反。按：謂熱而啜之，是羹也。於下云「廚人進斟」，斟謂羹汁，故因名羹曰斟。左氏「羊羹不斟」是也。【正義】啜，昌拙反。劉伯莊曰：即熱羹也。【考證】中井積德曰：啜者，有湇可啜者，羹之類也。以熱爲美，故稱熱啜也。進斟，謂進而斟，實器皿以獻也。自斗傾出爲斟。凡飲食盛器以進獻者常也，唯其尚熱食者，則嫌其引冷也，故持出至賓前而後斟，欲逮熱而食，今俗尚然。張照曰：左傳云羊羹不徧羊斟。羊斟是華元之御，索隱誤引之。

〔五〕【正義】反，即倒斗柄擊也。【考證】中井積德曰：反斗，謂反覆之，以斗底擊頭也。

〔六〕【正義】斟，音針。【考證】進斟，進而挹羹汁也。

〔七〕【集解】笄，婦人之首飾，如今象牙擿。【正義】笄，今簪也。摩笄山，在蔚州飛狐縣東北百五十里。【考證】摩、磨通，研也。摩笄山，在直隸涿鹿縣西北。事又見趙世家、呂覽長攻篇。

「夫趙王之很戾無親，大王之所明見，〔一〕且以趙王爲可親乎？趙興兵攻燕，再圍燕都而劫大王，大王割十城以謝。〔二〕今趙王已入朝澠池，效河閒以事秦。今大王不事秦，秦下甲雲中、九原，驅趙而攻燕，則易水、長城非大王之有也。〔三〕

〔一〕【考證】張文虎曰：各本「很」譌「狠」，今改。

〔二〕【考證】梁玉繩曰：案此事策、史皆不書。楊慎曰：舉趙之很戾無親，以恐喝燕王。

〔三〕【正義】古雲中、九原郡皆在勝州。雲中郡故城在榆林東北四十里。九原郡故城在勝州西界，今連谷縣是。易水、長城並在易州界。【考證】胡三省曰：雲中、九原皆在燕之西。秦自上郡、朔方下兵則可至。

「且今時趙之於秦猶郡縣也，不敢妄舉師以攻伐。今王事秦，秦王必喜，趙不敢妄動，是西有彊秦之援，而南無齊、趙之患，是故願大王孰計之。」

燕王曰：「寡人蠻夷僻處，雖大男子，裁如嬰兒，〔一〕言不足以采正計。〔二〕今上客幸教之，請西面而事秦，獻恒山之尾五城。」〔三〕燕王聽儀。儀歸報，未至咸陽，而秦惠王卒，武王立。〔四〕武王自爲太子時不說張儀，及即位，羣臣多讒張儀曰「無信，左右賣國以取容。秦必復用之，恐爲天下笑。」諸侯聞張儀有郤武王，皆畔衡，復合從。

〔一〕【集解】裁，音在。【正義】裁，才代反。謂形體也。公羊「辯而裁之」。【考證】楓山本「裁」下有「形」字。張守節所見之本亦有「形」字，故解「裁」爲形體。公羊「辯而裁之」，范寧穀梁傳序文疏云「裁，謂善裁斷」，亦非形體義，蓋正義本衍「形」字。楓山本從之，非也。裁，猶僅也。

〔二〕【考證】楓山、三條本「采」作「來」，「策」作「求」。采、求義兩通。作「來」者蓋字似而譌。策無「計」字，下有「謀不足以決事」六字。

〔三〕【索隱】尾，猶末也。謂獻恒山城以與秦。【正義】五城，謂常山之東五城，今易州界。【考證】「說燕昭王」以下采燕策。尾，麓也。楓、三本作「邑」，策作「尾」。梁玉繩曰：「『恒』字何以不諱？」

〔四〕【考證】咸陽，秦都。

秦武王元年，羣臣日夜惡張儀未已，而齊讓又至。〔一〕張儀懼誅，乃因謂秦武王曰：「儀有愚計，願效之。」王曰：「柰何？」對曰：「爲秦社稷計者，東方有大變，然後王可以多割得地也。〔二〕今聞齊王甚憎儀，儀之所在，必興師伐之。故儀願乞其不肖之身之梁，齊必興師而伐梁。梁、齊之兵連於城下，而不能相去，〔三〕王以其閒伐韓，入三川，出兵函谷而毋伐，以臨周，祭器必出。〔四〕挾天子，按圖籍，此王業也。」〔五〕秦王以爲然，乃具革車三十乘，入儀之梁。〔六〕齊果興師伐之。梁哀王恐，〔七〕張儀曰：「王勿患也，請令罷齊兵。」乃使其舍人馮喜之楚，借使之齊，謂齊王曰：〔八〕「王甚憎張儀；雖然，亦厚矣王之託儀於秦也。」〔九〕齊王曰：「寡人憎儀，儀之所在，必興師伐之，何以託儀？」對曰：「是乃王之託儀也。夫儀之出也，固與秦王約曰：『爲王計者，東方有大變，然後王可以多割得地。今齊王甚憎儀，儀之所在，必興師伐之。故儀願乞其不肖之身之梁，齊必興師伐之。齊、梁之兵連於城下，而不能相去，王以其閒伐韓，入三川，出兵函谷而無伐，以臨周，祭器必出。挾天子，案圖籍，此王業也。』秦王以爲然，故具革車三十乘，而入之梁也。〔一〇〕今儀入梁，王果伐之，是王内罷國，而外伐與國，〔一一〕廣鄰敵以内自臨，而信儀於秦王也。〔一二〕此臣之所謂託儀也。」齊王曰：「善。」乃使解兵。〔一三〕

〔一〕【考證】讓，責也。齊王又遣使責秦用張儀也。
〔二〕【考證】胡三省曰：韓、魏皆在秦之東。
〔三〕【考證】胡三省曰：言兵交不解，各欲去而不能也。
〔四〕【索隱】凡王者大祭祀必陳設文物軒車彝器等，因謂此等爲祭器也。【考證】中井積德曰：祭器，專指彝器，鼎鐘之類是也。
〔五〕【考證】挾天子，按圖籍，於當時爲大策，故儀屢言之。
〔六〕【考證】王念孫曰：「儀」字當衍。齊策作「内之梁」，内即入也。愚按：下文正作「入之梁」，王説是。
〔七〕【考證】吴師道曰：梁哀王，春秋後語作「魏襄王」。
〔八〕【索隱】此與戰國策同。舊本作「憙」者誤。【正義】馬喜，戰國策作「馮喜」。【考證】正義本「馮」作「馬」。王念孫曰：喜、憙通。胡三省曰：之，往也。不敢徑遣人使齊，而往楚借使。借使，言借楚人以爲使。
〔九〕【考證】「亦厚矣」三字屬下讀，猶言王之託儀於秦也厚矣。
〔一〇〕【考證】袁黄曰：此段即前張儀謂秦惠王者。馮喜特述之以策齊王，令勿伐梁耳。太史公敘此，一字不增滅，直是古贍。愚按：重複可厭，非史文之至者。温史刪之，是也。

〔一一〕【索隱】謂齊之伐梁也。梁之與齊，先相許與約從爲鄰，故云「與國」也。【考證】與，黨與之與。

〔一二〕【考證】「内自臨」有譌誤。策無「内」字。

〔一三〕【考證】「羣臣日夜惡張儀」以下采齊策。

張儀相魏一歲，卒於魏也。〔一〕

〔一〕【索隱】年表張儀以安僖王十年卒。紀年云梁安僖王九年五月卒。【正義】張儀秦武王元年卒，王赧之五年。【考證】年表魏哀王十年張儀死，即周赧王六年，秦武王二年也。正義不知何據。合注本索隱「安僖王」上作「安王」，下作「哀王」。愚按：上當作「哀王」，下當作「襄王」。梁玉繩曰：案儀特自秦入魏耳，未必復相魏也。蓋因楚昭魚有恐儀相魏之語而誤。見魏世家。至魏策載儀走魏，王因張丑之言不內，與史駁，疑非此時事。

陳軫者，游說之士，與張儀俱事秦惠王，皆貴重爭寵。〔一〕張儀惡陳軫於秦王曰：「軫重幣輕使秦、楚之閒，將爲國交也。〔二〕今楚不加善於秦，而善軫者，軫自爲厚，而爲王薄也。〔三〕且軫欲去秦而之楚，王胡不聽乎？」王謂陳軫曰：「吾聞子欲去秦之楚，有之乎？」〔四〕軫曰：「然。」王曰：「儀之言果信矣。」軫曰：「非獨儀知之也，行道之士盡知之矣。昔子胥忠於其君，而天下爭以爲臣，曾參孝於其親，而天下願以爲子。〔五〕故賣僕妾不出閭巷而售者，良僕妾也；出婦嫁於鄉曲者，良婦也。〔六〕今軫不忠其君，楚亦何以軫爲忠乎？忠且見弃，軫不之楚，何歸乎？」〔七〕王以其言爲然，遂善待之。〔八〕

〔一〕【考證】凌稚隆曰：起首不敘邑里，而直曰「游說之士」，與敘虞卿、廉頗、李牧諸傳首句同。愚按：張儀傳一篇文字非别爲陳軫、犀首立傳也。軫蓋齊人，其在楚見上文。此敘在秦，下文又曰奔楚，過梁，至秦，史公所以爲游說之士。秦策秦惠王謂陳軫曰「子秦人也」，言其仕秦也。

〔二〕【考證】策「重幣輕使」作「馳」，無「將爲國交也」五字。

〔三〕【考證】策作「然則是軫自爲而不爲國也」。

〔四〕【考證】策「胡」作「何」，「有之乎」作「信乎」。

〔五〕【考證】楓山、三條本「曾參」作「孝己」，與策合。孝己，殷高宗武丁之子。有孝行，事親一夜五起。母早死，高宗惑後妻之言，放之而死。策「争」字、「願」字並作「欲」。

〔六〕【正義】售，音授。【考證】策「不出閭巷而售」作「售乎閭巷」。

〔七〕【考證】策「其」作「於」，「歸」作「適」。

〔八〕【考證】「張儀惡陳軫」以下采秦策。

居秦期年，秦惠王終相張儀，而陳軫奔楚。楚未之重也，而使陳軫使於秦。〔一〕過梁，欲見犀首，犀首謝弗見。軫曰：「吾爲事來，〔二〕公不見軫，軫將行，不得待異日。」犀首見之。陳軫曰：「公何好飲也？」犀首曰：「無事也。」〔三〕曰：「吾請令公厭事，可乎？」〔四〕曰：「柰何？」曰：「田需約諸侯從親，楚王疑之未信也。〔五〕公謂於王曰：〔六〕『臣與燕、趙之王有故，數使人來曰「無事何不相見」，願謁行於王。』〔七〕王雖許公，公請毋多車，以車三十乘，可陳之於庭，明言之燕、趙。」〔八〕燕、趙客聞之，馳車告其王，使人迎犀首。楚王聞之大怒，曰：「田需與寡人約，而犀首之燕、趙，是欺我也。」〔九〕怒而不聽其事。齊聞犀首之北，使人以事委

焉。犀首遂行，三國相事皆斷於犀首。〔一〇〕軫遂至秦。〔一一〕

〔一〕【考證】楓山本「軫」下無「使」字。魏策云「陳軫爲秦使於齊，過魏求見犀首」云云，與史異。

〔二〕【索隱】軫語犀首言我故來，欲有教汝之事，何不相見。【考證】魏策作「軫之所以來者事也」。

〔三〕【考證】策作「公惡事乎？何爲飲食而無事」，史義長。

〔四〕【索隱】厭事，上一艷反。厭者飽也，謂欲令其多事也。【考證】中井積德曰：饜是厭嫌之意，以形容多事也，與飽稍異。

〔五〕【索隱】需時爲魏相也。【正義】需，音須。魏相。【考證】沈家本曰：魏策「田需」作「李從」。

〔六〕【考證】楓山、三條本「謂」作「謁」。岡白駒曰：軫教犀首。

〔七〕【考證】謁，請也，告也。言願請行燕、趙於王也。

〔八〕【考證】楓山本「可」作「耳」，以屬上句，義長。岡白駒曰：之，往也。以上皆軫教犀首也，於是犀首如軫言，故下文云「燕、趙客聞之」。

〔九〕【考證】楓山本「而」下有「使」字。徐孚遠曰：疑梁、楚相約，欲絶燕、趙，而犀首自梁之燕、趙，將以賣楚，故楚王怒云「是欺我也」。

〔一〇〕【考證】梁玉繩曰：案與魏策各異，史公或別有所本。此言軫爲楚使秦，策言爲秦使齊，疑是策誤。此言田需約楚，策言李從。此言楚王怒田需不聽約，故犀首行燕、趙、齊三國相事，策言楚亦以事因犀首，故云「四國屬事」。其餘字句亦不同，未知孰實。

〔一一〕【考證】「遂」字承上文「使軫使於秦」。

韓、魏相攻，朞年不解。秦惠王欲救之，問於左右。左右或曰「救之便」，或曰「勿救便」，惠王未能爲之決。〔一〕陳軫適至，秦惠王曰：「子去寡人之楚，亦思寡人不？」〔二〕陳軫對曰：「王聞夫越人莊舄乎？」王曰：「不聞。」曰：「越人莊舄仕楚執珪，有頃而病。〔三〕楚王曰：『舄故越之鄙細人也，今仕楚執珪，貴富矣，亦思越不？』〔四〕中謝對曰：『凡人之思故，在其病也。彼思越則越聲，不思越則楚聲。』使人往聽之，猶尚越聲也。〔五〕今臣雖弃逐之(救)〔楚〕，豈能無秦聲哉？」惠王曰：「善。今韓、魏相攻，朞年不解，或謂寡人救之便，或曰勿救便，〔六〕寡人不能決，願以子爲子主計之餘，爲寡人計之。」〔七〕陳軫對曰：「亦嘗有以夫卞莊子刺虎聞於王者乎？〔八〕莊子欲刺虎，館豎子止之曰：『兩虎方且食牛，食甘必爭，爭則必鬭，鬭則大者傷，小者死，從傷而刺之，一舉必有雙虎之名。』〔九〕卞莊子以爲然，立須之。〔一〇〕有頃，兩虎果鬭，大者傷，小者死。莊子從傷者而刺之，一舉果有雙虎之功。今韓、魏相攻，朞年不解，是必大國傷，小國亡。〔一一〕從傷而伐之，一舉必有兩實。此猶莊子刺虎之類也。臣主與王何異也。」〔一二〕惠王曰：「善。」〔一三〕卒弗救。大國果傷，小國亡，秦興兵而伐，大剋之。此陳軫之計也。〔一四〕

〔一〕**【考證】**秦策云「楚絶齊，齊舉兵伐楚。陳軫謂楚王曰：『王不如以地東解於齊，西講於秦。』楚王使陳軫之秦」，而史作韓、魏相攻，蓋所傳異也。吳師道曰：秦惠十三年，韓舉、趙護與魏戰敗績，去楚絶齊時遠甚。他不見韓、魏相攻事。

〔二〕**【考證】**藝文類聚引史「不」作「否」。

〔三〕**【考證】**類聚「頃」作「須」，「病」作「疾」。

〔四〕**【考證】**類聚「富」作「極」。

〔五〕【索隱】中謝，蓋謂侍御之官。【考證】中井積德曰：中謝，蓋謁者之類。盧文弨曰：呂氏春秋去宥篇「荆有中謝佐制者」，高誘註：「中謝，官名。」按：「中」與中書、侍中同義。韓非子作「中射」。孫詒讓曰：謝與射通，字當以「射」爲正，即周禮夏官之射人也。中射者，射人之給事宫内者。猶涓人之在内者謂之中涓，庶子之在内者謂之中庶子矣。張文虎曰：北宋本「中射」下有「之士」二字。愚按：御覽引史「則」下「楚」上有「且」字。

〔六〕【索隱】此蓋張儀等之計策。

〔七〕【索隱】子，指陳軫也。子主，謂楚王。【考證】「願」下「以」字依楓山、三條本補，各本脱。董份曰：「餘」字句。言爲其主計之之餘，即爲我計之，謙言先其君而後及秦也。軫故曰「臣主與王何異也」。

〔八〕【索隱】館莊子。謂逆旅舍其人字莊子者，或作「卞莊子」也。【考證】張文虎曰：王、柯本「卞」作「辨」，下同。愚按：楓、三二本亦作「卞」。「卞莊子」與論語合。秦策作「管莊子」。又按：索隱「館莊子」當作「管莊子」。館謂逆旅舍，疑下文「館豎子」注誤在此。

〔九〕【考證】楓山、三條本「莊子」上有「卞」字。桃源抄引劉伯莊云「館豎，掌宫館之小吏也」。

〔一〇〕【考證】須，待也。

〔一一〕【考證】中井積德曰：小國亡者，不必實滅也，謂破敗之甚。

〔一二〕【索隱】臣主，爲軫之主，楚王也。王，秦惠王。以言我主與王俱宜待韓、魏之斃而擊之，亦無異也。【考證】徐孚遠曰：軫言己之爲秦王計，不後于楚王也。索隱非。李笠曰：上云「子爲子主計之餘，爲寡人計之」，此句正應前語。

〔一三〕【考證】以上所説與秦策頗異，説已見前文。

〔一四〕【考證】敍事中插議論，以收陳軫。

犀首者，魏之陰晉人也，〔一〕名衍，姓公孫氏。與張儀不善。

〔一〕【集解】司馬彪曰：「犀首，魏官名，若今虎牙將軍。」

張儀爲秦之魏，魏王相張儀。犀首弗利，故令人謂韓公叔曰：〔一〕「張儀已合秦、魏矣，其言曰『魏攻南陽，秦攻三川』。〔二〕魏王所以貴張子者，欲得韓地也。且韓之南陽已舉矣，子何不少委焉以爲衍功，則秦、魏之交可錯矣。〔三〕然則魏必圖秦而弃儀，收韓而相衍。」〔四〕公叔以爲便，因委之犀首以爲功。果相魏。〔五〕張儀去。〔六〕

〔一〕【考證】策「魏王」下有「將」字。韓世家有公叔伯嬰，此曰公叔疑伯嬰。

〔二〕【正義】此張儀合秦、魏之辭也。【考證】策「三川」下有「韓氏必亡」四字。

〔三〕【索隱】錯，音措。按：錯，停止也。【考證】岡白駒曰：委，以事委衍。愚按：錯猶置也，謂棄置不理也。策「錯」作「廢」。

〔四〕【考證】以上令人謂韓公叔之言。

〔五〕【考證】「果」上添「犀首」二字看。「魏王相張儀」以下采魏策。

〔六〕【集解】徐廣曰：「復相秦。」【考證】呂氏大事記云「傳稱衍相魏，儀去，則不然。以儀傳攷之，儀慙無以歸報，留魏四歲，而魏王卒，復説其嗣君，久之始去魏相秦耳」。

義渠君朝於魏。犀首聞張儀復相秦，害之。〔一〕犀首乃謂義渠君曰：「道遠不得復過，〔二〕請謁事情。」〔三〕曰：「中國無事，〔四〕秦得燒掇焚杅君之國；〔五〕有事，〔六〕秦將輕使重幣，事君之國。」〔七〕其後五國伐秦。〔八〕會陳軫謂秦王曰：〔九〕「義渠君者，蠻夷之賢君也，不如賂之以撫其志。」秦王曰：「善。」乃以文繡千純、婦女百人遺義渠君。〔一〇〕義渠君致羣臣而謀曰：「此公孫衍所謂邪？」〔一一〕乃起兵襲秦，大敗秦人李伯之下。〔一二〕

〔一〕【考證】義渠，西戎國名。今甘肅寧縣東北，有義渠故城。梁玉繩曰：案儀復相秦，在惠文王後八年。而此篇下文有「其後五國伐秦」語，伐秦，在惠文後七年，儀尚在魏。則犀首見義渠時，儀未復相也。此誤。

〔二〕【索隱】音戈。言義渠道遠，今日已後不復得更過相見。【考證】中井積德曰：過，謂義渠君來過也。

〔三〕【索隱】謂欲以秦之緩急告語之也。

〔四〕【索隱】按：謂山東諸侯齊、魏之六國等。【正義】中國，謂關東六國。無事，不共攻秦。

〔五〕【集解】徐廣曰：「杅，一孤切。」【索隱】掇，音都活反，謂焚燒而侵掠。焚杅，音煩烏二音。按：焚揉而牽制也。戰國策云「秦且燒焫君之國」，是說其事也。【正義】掇，判也。杅，割也。言攻伐侵略也。中國無事不攻秦，秦則侵掠義渠之國。義渠在寧夏之州。

〔六〕【索隱】謂山東諸國共伐秦也。

〔七〕【索隱】謂秦求親義渠君也。【正義】有事，謂六國攻秦。秦若被攻伐，則必輕使重幣，事義渠之國，欲令相助。犀首此言令義渠君勿援秦也。

〔八〕【索隱】按：表秦惠王後元七年，楚、魏、齊、韓、趙五國共攻秦，是其事也。【正義】秦惠王後元七年，五國共攻秦，不勝而還。【考證】梁玉繩曰：「五國」當作「六國」，說在秦紀。

〔九〕【考證】策無「會」字。

〔一〇〕【索隱】凡絲緜布帛等，一段爲一純。純，音屯。【考證】策「純」作「匹」，「婦」作「好」。凌稚隆曰：應前「輕使重幣，事君之國」。

〔一一〕【索隱】按：謂上文犀首云「君之國有事，秦將輕使重幣，事君之國」，故云「衍之所謂」，因起兵襲秦，以傷張儀也。【正義】今彼重遺如犀首前言。【考證】索隱「犀首云」下「君之國」三字當删。

〔一二〕【索隱】入李伯之下。謂義渠破秦而收軍而入於李伯之下，則李伯人名，或邑號。戰國策「伯」作「帛」。【考證】「義渠君朝於魏」以下采秦策。中井積德曰：李伯爲地名明矣。

張儀已卒之後，犀首入相秦。嘗佩五國之相印，爲約長。〔一〕

〔一〕【索隱】犀首後相五國，或從或横，常爲約長。【考證】中井積德曰：佩五國之相印，是一時佩五顆也。蓋相秦時事，非後來次第爲相。梁玉繩曰：案繼張儀而爲秦相者，樗里疾、甘茂、薛文、樓緩、魏冉，不聞公孫衍相秦之事。考國策，秦王愛公孫衍，欲以爲相，甘茂入賀，王怒其泄而逐之。蓋因是誤傳。至所謂「相五國」者，即陳軫傳相三國事，而夸大也。

太史公曰：三晉多權變之士，夫言從衡彊秦者，大抵皆三晉之人也。夫張儀之行事，甚於蘇秦，然世惡蘇秦者，以其先死，而儀振暴其短，〔一〕以扶其説，〔二〕成其衡道。〔三〕要之，此兩人真傾危之士哉！〔四〕

〔一〕【索隱】暴，音步卜反。振，謂振揚而暴露其短。

〔二〕【索隱】按：扶，謂説彼之非成我之是，扶，會己之説辭。

〔三〕【索隱】張儀説六國，使連衡而事秦，故云「成其衡道」。然山東地形從長，蘇秦相六國，令從親而賓秦也。關西地形衡長，張儀相六國，令破其從而連秦之衡，故謂張儀爲連横矣。【考證】中井積德曰：南北爲從，東西爲衡，故六國南北相親，爲從之合。秦在西，而與山東之國結約，爲衡之連。

〔四〕【考證】趙恒曰：按儀、秦之説六國，一主從，一主横，要其同師鬼谷子，同學揣摩。其言雖如陰陽晝夜相反，而青出於藍，均也。秦初以横干秦，不用，則不得不易以從。儀繼秦而作，則不得不反以横。皆其術之不得不然，非故相反也。其實秦非不能爲横，儀非不能爲從。從則父母親兄弟尚不能一之，一言足以破之。横則地有盡而割無已之言足以破之。儀之行事甚於秦，以秦先死而儀振暴其短，所以成其横道。誠使儀死在秦之先，則秦之振暴儀以成其從，亦如之。繼之曰「二人真傾危之士哉」，而優劣不足論也。

【索隱述贊】儀未遭時，頻被困辱。及相秦惠，先韓後蜀。連衡齊、魏，傾危誑惑。陳軫挾權，犀首騁欲。如何三晉，繼有斯德。

史記會注考證卷七十一

樗里子甘茂列傳第十一　史記七十一

【考證】史公自序云：「秦所以東攘雄諸侯，樗里子、甘茂之策。作樗里甘茂列傳第十一。」蘇轍曰：蘇秦爲諸侯弱秦，而張儀爲秦弱諸侯，其説猶可言也。如樗里疾、公孫奭黨於韓，甘茂黨於魏，向壽黨於楚，皆借秦之彊以搖動諸侯，而成其私。民生其間，其受害可勝言乎？愚按：楓山、三條本「甘茂」作「甘戊」。

樗里子者，名疾，秦惠王之弟也，〔一〕與惠王異母。母，韓女也。〔二〕樗里子滑稽多智，秦人號曰「智囊」。〔三〕

〔一〕【索隱】按：樗，木名也，音攄。高誘曰「其里有大樗樹，故曰樗里」。然疾居渭南陰鄉之樗里，故號曰樗里子。又按：紀年則謂之「楮里疾」也。【考證】中井積德曰：里有樗，故里名樗。居樗里之人，因稱樗里子，元不相妨。俞樾曰：古未有以所居爲號者。幼名冠字，死則以謚。仲尼不稱「闕里子」，子輿不稱「武城子」。樗里子傳樗里子疾室在渭南陰鄉樗里，故俗謂之樗里子。蘇秦傳「鬼谷先生」注「潁川陽城有鬼谷，蓋是其人所居，因爲號」，蓋以所居爲號始見於此。濂溪、伊川乃襲此稱。後之道學先生，遂無不以是爲號，夫亦習而不察也。愚按：論語有東里子産，列子有東郭先生，莊子有南郭子綦，以其人所居爲號者，不始於鬼谷先生、樗里子。

〔二〕【考證】凌約言曰：樗里子以惠王異母弟，而致其信任之不疑，歷武王、昭王任爲相，又益尊重。夫秦素猜忌而殘忍之國也，非智囊，何以周旋其間，而結數主之心耶。余有丁曰：按母韓女，爲甘茂傳「挾韓而議」張本。

〔三〕【索隱】滑，音骨。稽，音雞。鄒誕解云「滑，亂也。稽，同也。謂辨捷之人，言非若是，言是若非，謂能亂同異也」。一云，滑稽，酒器，可轉注吐酒不已。以言俳優之人，出口成章，詞不窮竭，如滑稽之吐酒不已也。【正義】滑讀爲淈，水流自出。稽，計也。言其智計宣吐，如泉流出無盡，故楊雄酒賦云「鴟夷滑稽，腹大如壺」是也。顔師古云：「滑稽，轉利之稱也。滑，亂也。稽，礙也。其變無留也。」一説，稽，考也，言其滑亂不可考較。【考證】滑稽，鄒説是。楚辭卜居篇「突梯滑稽，如脂如韋」。孟荀列傳「鄙儒少拘如莊周等，又猾稽亂俗」，猾讀爲滑，義同。自史公録滑稽傳，遂轉爲俳諧義。凌稚隆曰：「滑稽多智」是一篇骨子。中敍其伐曲沃，伐趙，伐楚，釋蒲，以至于知百歲後事，皆言其智也，故以「智則樗里」句結之，正與前「秦人號曰『智囊』」句相應。

秦惠王八年，爵樗里子右更，〔一〕使將而伐曲沃，盡出其人，取其城，地入秦。〔二〕秦惠王二十五年，使樗里子爲將伐趙，虜趙將軍莊豹，拔藺。〔三〕明年，助魏章攻楚，敗楚將屈丐，取漢中地。秦封樗里子，號爲嚴君。〔四〕

〔一〕【索隱】按：右更，秦之第十四爵名也。

〔二〕【索隱】按：年表云，十一年，拔魏曲沃，歸其人。又秦本紀惠文王後元八年，五國共圍秦，使庶長疾與戰脩魚，斬首八萬。十一年，樗里疾攻魏焦，降之。則焦與曲沃同在十一年拔明矣。而傳云「八年拔之」，不同。王劭按：本紀、年表及此傳，三處記秦伐國並不同，又與紀年不合，今亦殆不可考。【正義】曲沃故城在陝州〔陝〕縣西南三十二里也。【考證】梁玉繩曰：案秦紀屢稱「庶長疾」，似未嘗爲右更。「八年」當作「二十四年」，乃後元十一年，此誤也。又曰：案秦紀云「樗里疾攻魏焦，降之」，然則是年所拔者，焦也，非曲沃也。曲沃已于前八年爲秦取之矣，尚安得曲沃乎？此與魏世家、年表並誤。

〔三〕【正義】藺縣在石州。【考證】莊豹，秦紀作「趙將(壯)〔莊〕」，趙世家、年表作「趙莊」。沈家本曰：疑「豹」字衍。錢大昕曰：按：年表在惠王後十二年，此云「二十五」者，并前十三數之。

〔四〕【索隱】按：嚴君是爵邑之號，當是封之嚴道。【正義】地理志云「蜀郡有嚴道」。【考證】君，如「商君」、「武信君」之「君」。

秦惠王卒，太子武王立，逐張儀、魏章，而以樗里子、甘茂爲左右丞相。〔一〕秦使甘茂攻韓，拔宜陽。〔二〕使樗里子以車百乘入周，周以卒迎之，意甚敬。〔三〕楚王怒，讓周以其重秦。客游騰爲周説楚王曰：「知伯之伐仇猶，遺之廣車，因隨之以兵，仇猶遂亡。〔四〕何則？無備故也。齊桓公伐蔡，號曰誅楚，其實襲蔡。〔五〕今秦，虎狼之國，使樗里子以車百乘入周，周以仇猶、蔡觀焉，〔六〕故使長戟居前，彊弩在後，名曰衛疾，而實囚之。〔七〕且夫周豈能無憂其社稷哉？恐一旦亡國，以憂大王。」楚王乃悦。〔八〕

〔一〕【考證】秦策云：「秦惠王死，公孫衍欲窮張儀。李讎謂公孫衍曰：『不如召甘茂於魏，召公孫顯於韓，起樗里子於國。三人者，皆張儀之讎也，公用之，則諸侯必見張儀之無秦矣。』」愚按：可以知當時事情。又按：

樗里子、甘茂爲丞相，秦武王二年。

〔二〕【考證】甘茂拔宜陽，采秦策。

〔三〕【考證】楓山、三條本、北堂書鈔「迎」下無「之」字。書鈔「敬」下有「之」字。策作「周君迎之以卒甚敬」。秦拔宜陽，故樗里子得入周。

〔四〕【集解】許慎曰：「仇猶，夷狄之國。」【索隱】游，姓；騰，名也。戰國策云「智伯欲伐仇猶，遺之大鐘，載以廣車」。以「仇猶」爲「厹由」。韓子作「仇由」。地理志臨淮有厹猶縣也。【正義】括地志云：「并州孟縣外城，俗名原仇山，亦名仇猶，夷狄之國也。韓子云『智伯欲伐仇猶國，道險難不通，乃鑄大鐘遺之，載以廣車。仇猶大悦，除塗内之。赤章曼支諫曰：「不可，此小所以事大，而今大以遺小，卒必隨，不可。」不聽，遂内之。曼支因斷轂而馳。至十九日而仇猶亡也』。」戰國策曰：「智伯欲伐仇猶，遺之大鍾，載以廣車。」周禮曰：「廣車之卒。」鄭玄曰：「廣車，横陳之車。」【考證】周策云「遺之大鐘，載以廣車」。又見韓非子、説林、呂覽權勳。此有脱誤。中井積德曰：廣，兵車之名。楚王，楚懷王。

〔五〕【考證】事見齊太公世家、管仲傳。

〔六〕【考證】策「觀焉」作「戒之」。

〔七〕【正義】衛疾，防衛樗里子。

〔八〕【考證】「樗里子以車百乘」以下采西周策。

秦武王卒，昭王立，樗里子又益尊重。

昭王元年，樗里子將伐蒲。〔一〕蒲守恐，請胡衍。〔二〕胡衍爲蒲謂樗里子曰：「公之攻蒲爲秦乎，爲魏乎？爲魏則善矣，爲秦則不爲賴矣。〔三〕夫衛之所以爲衛者，以蒲也。〔四〕今伐蒲入於魏，衛必折而從之。〔五〕魏亡西河之外，而無以取者，兵弱也。〔六〕今并衛於魏，魏必彊。魏彊之日，西河之外必危矣。且秦王將觀公之事，害秦而利魏，王必罪公。」〔七〕樗里子曰：「柰何？」〔八〕胡衍曰：「公釋蒲勿攻，臣試爲公入言之，以德衛君。」樗里子曰：「善。」胡衍入蒲，謂其守曰：「樗里子知蒲之病矣，其言曰『必拔蒲』。衍能令釋蒲勿攻。」蒲守恐，因再拜曰：「願以請。」因效金三百斤，〔九〕曰：「秦兵苟退，請必言子於衛君，使子爲南面。」〔一〇〕故胡衍受金於蒲，以自貴於衛。於是遂解蒲而去。〔一一〕還擊皮氏，〔一二〕皮氏未降，又去。

〔一〕【索隱】按：紀年云「楮里疾圍蒲不克，而秦惠王薨」，事與此合。【正義】蒲故城，在滑州匡城縣北十五里，即子路作宰地。【考證】蒲，衛邑，今直隸長垣縣。梁玉繩曰：索隱引紀年云「楮里疾圍蒲不克，而秦惠王薨」，以爲事與此合，殊妄。或云「惠王」是「武王」之誤。事又在武四年，非昭元年矣。

〔二〕【索隱】人姓名也。

〔三〕【集解】賴，利也。

〔四〕【正義】蒲是衛國之鄣衛。【考證】二「衛」字皆國名。

〔五〕【索隱】戰國策云「今蒲入於秦，衛必折而入於魏」，與此文相反。【考證】顧炎武曰：策文爲正。中井積德曰：秦伐蒲，而蒲不入秦，却入魏。竟其理，國策似長。然拔蒲而衛益弱，則秦何不遂取之，而坐視其入於魏也？是亦説辭之疎處，終不如蘇、張也。

〔六〕【正義】西河之外，謂同、華等州。【考證】吴師道曰：秦惠王八年，魏納河南地。後二年，魏入上郡於秦，而河西濱洛之地失。

〔七〕【考證】策「罪」作「怨」，史義長。

〔八〕【考證】問其道也。

〔九〕【考證】楓山、三條本「守」下無「恐」字。愚按：「恐因」二字疑衍。策作「蒲守再拜因效金三百鎰」，無「曰願以請」四字。

〔一〇〕【考證】策「苟」作「誠」，「言」作「厚」，無「使子爲南面」五字。

〔一一〕【考證】「樗里子將伐蒲」以下采衛策。梁玉繩曰：案「樗里子亦得三百金而歸」，見國策，史略不言「樗里」。

〔一二〕【正義】故城在絳州龍門縣西百四十步，魏邑。

昭王七年，樗里子卒，葬于渭南章臺之東。〔一〕曰：「後百歲，是當有天子之宮夾我墓。」樗里子疾室在於昭王廟西渭南陰鄉樗里，故俗謂之樗里子。至漢興，長樂宮在其東，未央宮在其西，〔二〕武庫正直其墓。〔三〕秦人諺曰：「力則任鄙，智則樗里。」〔四〕

〔一〕【索隱】按黃圖，在漢長安故城西。【考證】章臺，秦臺，在陝西咸陽縣。

〔二〕【正義】漢長樂宮在長安縣西北十五里，未央在縣西北十四里，皆在長安故城中也。

〔三〕【索隱】直，如字讀。直，猶當也。【考證】崔適曰：此堪輿家之言也。愚按：呂不韋傳亦云「始皇七年，莊襄王母夏太后薨，葬杜東，曰：『東望吾子，西望吾夫，後百年當有萬家邑。』」古書言風水方位者，蓋以此爲始，皆後人傅會之説，未必出於夏太后、樗里子也。史記日者傳褚先生補，引堪輿家言，漢書藝文志有堪輿金匱十四卷、官宅地形二十卷，亦説風水方位者，其書今亡。沈欽韓云「論衡詰術篇圖宅術曰『宅有八術，以六甲之名數而第之。第定名立，宮商殊別。宅有五音，姓有五聲。宅不宜其姓，姓與宅相賊，則疾病死亡，犯罪遇禍』。又曰『商家門，不宜南向。徵家門，不宜北向。商，金。南方，火也。徵，火。北方，水也。水勝火，火賊金。五行之氣不相得，故五姓之宅，門有宜向。向得其宜，富貴吉昌。向失其宜，貧賤衰耗』」。隋志相宅圖八卷、五姓墓圖一卷，梁有冢書、黄帝葬山圖各四卷，五音相墓書、五音圖等書。文選二十三注「青烏子相冢書曰：『天子葬高山，諸侯葬連岡。』」初學記「相冢書曰：『凡葬龍耳者，當貴出五侯。』」御覽五百六十「相冢書曰：『青烏子稱山三重相連，名「傘山」，葬之出三千石。』」按：後書袁安求葬地，道逢三書生，指一處云「葬此地，當世爲上公」。又吳雄家貧喪母，營人所不封土者，擇葬其中，皆言「當族滅」，則漢固已有葬法矣。愚按：沈氏所引皆西京以後之事，則樗里子、夏太后不可有此言矣。

〔四〕【考證】鄙、里，韻。任鄙，秦力士，見秦本紀。楓山、三條本「里」下有「子」字，恐非。

甘茂者，下蔡人也。〔一〕事下蔡史舉先生，學百家之説。〔二〕因張儀、樗里子而求見秦惠王。王見而説之，使將而佐魏章略定漢中地。〔三〕

〔一〕【索隱】地理志下蔡縣屬汝南也。【正義】今潁州縣，即州來國。

〔二〕【索隱】戰國策及韓子皆云史舉，上蔡監門。【考證】楚策、韓非子内儲篇、漢書古今人表中上有史舉。

〔三〕【考證】楓山、三條本二「王」字間有「惠」字。錢大昕曰：魏章即秦本紀之「庶長章」也。

惠王卒，武王立。張儀、魏章去，東之魏。蜀侯煇、相壯反，〔一〕秦使甘茂定蜀。還而以甘茂爲左丞相，以樗里子爲右丞相。

〔一〕【索隱】煇，音暉，又音胡昆反。秦之公子封蜀也。華陽國志作「暉」。壯，音側狀反。姓陳也。【考證】煇，淩本作「輝」，誤。中井積德曰：據張儀傳，惠王之時伐取蜀，貶蜀王爲侯，使陳莊相蜀，以原蜀王爲蜀侯也。然則蜀侯煇，蓋原蜀王，或當其子。本紀則有「公子通封於蜀」之文，事相淆亂。豈通之封者，只受采於蜀而已，非爲蜀侯邪？取蜀至壯反，中間僅六七年。愚按：說又見秦本紀。

秦武王三年，謂甘茂曰：「寡人欲容車通三川，以窺周室，而寡人死不朽矣。」〔一〕甘茂曰：「請之魏，約以伐韓，而令向壽輔行。」〔二〕甘茂至，謂向壽曰：「子歸，言之於王，曰：『魏聽臣矣，然願王勿伐。』事成，盡以爲子功。」向壽歸，以告王，王迎甘茂於息壤。〔三〕甘茂至，王問其故。對曰：「宜陽，大縣也，上黨、南陽，積之久矣。〔四〕名曰縣，其實郡也。〔五〕今王倍數險，行千里，攻之難。〔六〕昔曾參之處費，〔七〕魯人有與曾參同姓名者殺人，〔八〕人告其母曰：『曾參殺人。』其母織自若也。〔九〕頃之，一人又告之曰：『曾參殺人。』其母尚織自若也。〔一〇〕頃又一人告之曰：『曾參殺人。』〔一一〕其母投杼下機，踰牆而走。〔一二〕夫以曾參之賢與其母之信也，三人疑之，其母懼焉。〔一三〕今臣之賢不若曾參，王之信臣，又不如曾參之母信曾參也，疑臣者非特三人，臣恐大王之投杼也。〔一四〕始張儀西并巴、蜀之地，北開西河之外，南取上庸，天下不以多張子，而以賢先王。〔一五〕魏文侯令樂羊將而攻中山，三年而拔之。樂羊返而論功，文侯示之謗書一篋。樂羊再拜稽首曰：『此非臣之功也，主君之力也。』〔一六〕今臣羈旅之臣也。〔一七〕樗里子、公孫奭二人者，挾韓而議之，王必聽之，〔一八〕是王欺魏王，而臣受公仲侈之怨也。」〔一九〕王曰：「寡人不聽也，請與子盟。」〔二〇〕卒使丞相甘茂將兵伐宜陽。五月而不拔，樗里子、公孫奭果爭之。武王召甘茂，欲罷兵。甘茂曰：「息壤在彼。」〔一一〕王曰：「有之。」因大悉起兵，使甘茂擊之。斬首六萬，遂拔宜陽。〔一二〕韓襄王使公仲侈入謝，與秦平。

〔一〕【考證】「容車通三川」者，欲容車之廣，通三川之路也。不必須廣。策無「容」字。三川，伊、洛、河。李光縉曰：將欲取之而不正言，故曰「窺」，窺，小視也。愚按：御覽引史作「死且不朽也」。左傳僖三十三年「寡君之以爲戮，死且不朽」，國語楚語「若得歸於楚，死且不朽」，言雖死，其身不朽也，當時套語。

〔二〕【正義】向壽，餉受二音，人姓名。【考證】孟子注「輔行，副使也」。中井積德曰：甘茂與向壽不相善。然率之而行者，恐其在中作讒構也。愚按：武王亦欲使向壽監視。向壽，宣太后外族。

〔三〕【索隱】按：山海經啓筮云「昔伯鯀竊帝之息壤以堙洪水」，或是此也。【正義】秦邑。

〔四〕【索隱】謂上黨、南陽並積貯日久矣。【正義】韓之北三郡，積貯在河南宜陽縣之日久矣。【考證】正義「三郡」，楓山、三條本作「二郡」。

〔五〕【考證】杜佑曰：春秋時列國相滅，多以其地爲縣，則縣大而郡小，故趙鞅曰「上大夫受縣，下大夫受郡」。至于戰國，則郡大而縣小矣。故甘茂曰「宜陽大縣，其實郡也」。

〔六〕【索隱】數，音率腴反。【正義】謂函谷及三崤、五谷。【考證】倍與背同。正義「三崤」，楓山、三條本作「二殽」。

〔七〕【集解】音祕。

〔八〕【考證】策「姓名」作「名族」。古者姓族不同，史公易以當時語，改爲「姓名」。

〔九〕【考證】策「其母」作「曾子母」。

〔一〇〕【考證】楓山、三條本「頃之」作「頃然」，與治要所引合。策作「有頃焉」。

〔一一〕【考證】治要「頃」下有「然」字。策作「頃之一人又」。

〔一二〕【考證】杼，機之持緯者。投杼，見其倉黄之狀。

〔一三〕【考證】李笠曰：「之」、「信」誤倒。

〔一四〕【考證】李笠曰：昔「曾參之處費」至「臣恐大王之投杼也」一段，秦策在下文「寡人不聽也」上，疑史記錯簡。胡時化曰：譬喻是古人文章一大機括，始於「元首股肱」之歌，溢於「舟楫鹽梅」之命，波瀾於詩之比體。下至孟、荀、莊、列，文章奇特處，亦多譬喻，而戰國此策，尤其善用者也。

〔一五〕【考證】策「始」作「臣聞」，義長。梁玉繩曰：張儀傳不書儀并蜀，秦紀稱司馬錯滅蜀，而此言儀者，水經注云「惠王使儀、錯等滅蜀」，華陽國志云「蜀王伐苴侯，苴侯奔巴，求救于秦，惠文王使儀、錯伐蜀，滅之」，是二人同往也。愚按：上庸漢中要地，今湖北竹山縣。周赧王三年，秦攻楚漢中，取地六百里。

〔一六〕【考證】中山，今直隸定縣，春秋鮮虞地。周威烈王十八年，魏克中山。史記「趙獻公十年，中山武公初立」，索隱「世本云『中山武公居顧，桓公居靈壽，後爲趙武靈王所滅』」。據此，魏文侯所克，乃武公地。趙武靈王所滅，乃桓公地。地本分自中山，故皆以中山爲號也。

〔一七〕【考證】下蔡屬楚，故曰「羈旅之臣」。

〔一八〕【索隱】公孫奭，按戰國策作「公孫衍」。【正義】奭，音釋。【考證】治要引史「議」下無「之」字。王念孫曰：秦策及新序雜事篇亦無「之」字，此涉下文而衍。

〔一九〕【集解】徐廣曰：「侈，一作『馮』。」【考證】負約，故曰「欺魏王」。爲伐韓之計，故曰「受公仲侈之怨」。公仲侈，韓相。梁玉繩曰：徐廣云「侈，一作『馮』」，田完世家韓馮，徐亦云是公仲侈，即國策韓之公仲朋也。紀年又稱「韓明」、「馮朋」，音近。「侈」、「明」、「朋」字近，人表又譌「公中用」。愚按：朋，其名。公仲，其字。韓侈别是一人。説在韓世家。

〔二〇〕【考證】「盟」下添「於是與之盟於息壤」八字看。

〔二一〕【正義】甘茂歸至息壤，與秦王盟，恐後樗里子、公孫奭伐韓，今二子果争之。武王召茂欲罷兵，故甘茂云息壤在彼邑也。【考證】中井積德曰：甘茂意謂奈息壤之盟何也。不悉言，而使王自省焉。是時甘茂之手必西南指也。愚按：正義「伐韓」句必有譌誤。

〔二二〕【考證】「秦武王三年」以下采秦策，但策不曰「武王三年」，又無「斬首六萬」之文。

武王竟至周，而卒於周。〔一〕其弟立，爲昭王。〔二〕王母宣太后，楚女也。〔三〕楚懷王怨前秦敗楚於丹陽而韓不救，乃以兵圍韓雍氏。〔四〕韓使公仲侈告急於秦。〔五〕秦昭王新立，太后楚人，不肯救。公仲因甘茂，茂爲韓言於秦昭王曰：「公仲方有得秦救，故敢扞楚也。今雍氏圍，秦師不下殽，公仲且仰首而不朝，〔六〕公叔且以國南合於楚。楚、韓爲一，魏氏不敢不聽，然則伐秦之形成矣。〔七〕不識坐而待伐，孰與伐人之利？」秦王曰：「善。」乃下師於殽以救韓。楚兵去。〔八〕

〔一〕【考證】淩稚隆曰：此著武王卒于周，以終前「窺周室死不朽」之語。梁玉繩曰：案秦紀、趙世家秦武王之卒，與此異。

〔二〕【索隱】按：趙系家昭王名稷。系本云名側也。

〔三〕【考證】楓山、三條本「王」上有「昭」字。

〔四〕【索隱】按：秦惠王二十六年，楚圍雍氏，至昭王七年，又圍雍氏，韓求救於秦，是再圍也。劉氏云「此是前圍雍氏，當赧王之三年」。戰國策及紀年與此並不同。【正義】故城在洛州洛陽縣東北二十里。【考證】楓山、三條、淩本「丹陽」作「丹楊」。史文云秦昭王新立，則楚圍雍氏，則非七年事，亦非惠王二十六年事也。說在秦紀。

〔五〕【考證】韓策「公仲侈」作「張翠」。

〔六〕【考證】中井積德曰：仰首，失措不知所出之狀。愚按：策作「抑首」。安井衡云「憂之疾首，故按其首而不朝聽事」。二書各宜從其本義。且，將也，下文同。

〔七〕【考證】公叔，韓公子。

〔八〕【考證】「茂爲韓言於秦昭王」以下采韓策。

秦使向壽平宜陽，〔一〕而使樗里子、甘茂伐魏皮氏。向壽者，宣太后外族也，而與昭王少相長，故任用。向壽如楚。〔二〕楚聞秦之貴向壽，而厚事向壽。向壽爲秦守宜陽，將以伐韓。〔三〕韓公仲使蘇代謂向壽曰：「禽困覆車。〔四〕公破韓，辱公仲，〔五〕公仲收國復事秦，自以爲必可以封。〔六〕今公與楚解口地，〔七〕封小令尹以杜陽，〔八〕秦、楚合，復攻韓，韓必亡。韓亡，公仲且躬率其私徒以閼於秦。〔九〕願公孰慮之也。」向壽曰：「吾合秦、楚，非以當韓也，子爲壽謁之公仲曰：『秦、韓之交可合也。』」〔一〇〕蘇代對曰：「願有謁於公。〔一一〕人曰『貴其所以貴者貴』，王之愛習公也，不如公孫奭；其智能公也，不如甘茂。〔一二〕今二人者皆不得親於秦事，而公獨與王主斷於國者何？彼有以失之也。〔一三〕公孫奭黨於韓，而甘茂黨於魏，故王不信也。今秦、楚爭彊，而公黨於楚，是與公孫奭、甘茂同道也，公何以異之？〔一四〕人皆言楚之善變也，而公必亡之，是自爲責也。〔一五〕公不如與王謀其變也，善韓以備楚，如此則無患矣。〔一六〕韓氏必先以國從公孫奭，而後委國於甘茂。韓，公之讎也。〔一七〕今公言善韓以備楚，是外舉不辟讎也。」〔一八〕向壽曰：「然，吾甚欲韓合。」對曰：「甘茂許公仲以武遂，反宜陽之民，〔一九〕今公徒收之，甚難。」〔二〇〕向壽曰：「然則柰何？武遂終不可得也？」〔二一〕對曰：「公奚不以秦爲韓求潁川於楚？此韓之寄地也。〔二二〕公求而得之，是令行於楚，而以其地德韓也。〔二三〕公求而不得，是韓、楚之怨不解，而交走秦也。〔二四〕秦、楚争彊，而公徐過楚以收韓，此利於秦。」〔二五〕向壽曰：「柰何？」〔二六〕對曰：「此善事也。甘茂欲以魏取齊，公孫奭欲以韓取齊。今公取宜陽以爲功，收楚、韓以安之，而誅齊、魏之罪。〔二七〕是以公孫奭、甘茂無事也。」〔二八〕

〔一〕【考證】陳仁錫曰：平者，正其疆界，和其人民也。

〔二〕【集解】徐廣曰：「如，一作『和』。」【考證】中井積德曰：向壽如楚，述前事也。愚按：「向壽」下添「嘗」字看。

〔三〕【考證】「向壽爲秦」上添「及」字看。

〔四〕【集解】譬禽獸得困急，猶能抵觸，傾覆人車。

〔五〕【考證】中井積德曰：「辱公仲」亦述前事也。

〔六〕【正義】公仲自以爲必可得秦封。【考證】「可以封」下添「而未得」三字看。

〔七〕【索隱】解口，秦地名，近韓，今將與楚也。【正義】上，紀買反。公，向壽也。解口，猶開口得言。向壽於秦開口，則楚人必得封地也。

〔八〕【索隱】又封楚之小令尹以杜陽。杜陽亦秦地，今以封楚令尹，是秦楚合也。【考證】中井積德曰：與解口，封杜陽，並遂事。索隱「將」字舛。愚按：楓山、三條本「杜陽」下有「奉楚」二字。策「解口」作「解中」，「杜陽」作「桂陽」。

〔九〕【集解】閼，音烏曷反。【正義】公仲恐韓亡，欲將私徒往宜陽閼向壽也。【考證】此將來之事。凌稚隆曰：躬率私徒閼於秦，正前「禽困覆車」。文種行成于吳，而謂以五千敢死之士當十萬久疲之兵，語意亦類此。中井積德曰：閼，猶防拒也。是將言公仲出死力敵向壽，而故緩其辭也。策「閼」作「鬭」，似長。

〔一〇〕【正義】子，蘇代也。向壽恐，令蘇代謁報公仲云「秦韓交可合」。

〔一一〕【正義】公，向壽也。言向壽亦黨於楚，與公孫奭、甘茂黨韓、魏同也。【考證】策「謁」作「白」。

〔一二〕【考證】安井衡曰：貴所以其貴者貴，言自貴己所以貴者，長不失其貴。梁玉繩曰：奭，國策作「郝」，又作「赫」，又作「顯」，疑以音形相近而譌。大事記謂「本一人，記其名者不同耳」。

〔一三〕【索隱】彼，公孫奭及甘茂也。有以失之，謂不見委任，情有所失。【正義】言秦王雖愛習公孫奭、甘茂，秦事不親委者，爲黨韓、魏也。今國事獨與向壽主斷者，不知壽黨於楚以事秦王者，以失之也。【考證】恩田仲任曰：有以失之，謂甘茂、公孫奭黨韓、魏也。愚按：斷，制也。

〔一四〕【正義】蘇氏云：「向壽與公孫奭、甘茂皆有黨，言無異也。」又一云，改異黨楚之意。【考證】何以異之，猶言何能得明其所以與二人異也。

〔一五〕【正義】楚善變改不可信。若變改，向壽必亡敗，是自爲責。【考證】恩田仲任曰：言人皆言楚之善變改不可信，而向壽獨言楚必無變改也，是自得責於王也。亡，是「有無」之「無」。方苞說同。愚按：策「責」作「貴」，史義長。

〔一六〕【正義】令秦親韓而備楚之變改，則向壽無患矣。

〔一七〕【正義】韓氏必先委二人，故韓爲向壽之讎。【考證】「韓公讎也」四字屬下讀。讎，言其不相善也。楓山、三條本「也」作「已」。

〔一八〕【考證】左傳襄二十一年「外舉不棄讎，内舉不失親」。禮記儒行篇「内稱不辟親，外舉不辟怨」。

〔一九〕【索隱】徐廣曰：「秦昭王元年，予韓武遂。」【正義】武遂、宜陽本韓邑也，秦伐取之。今欲還韓，令其民得反歸居之。【考證】楓山、三條本「反」作「及」，義長。中井積德曰：武遂未予，只許予而已。反宜陽之民，亦許辭，非既事。又曰：前年甘茂拔宜陽矣，此只反其民而不反地之謂也。

〔二〇〕【正義】蘇代言甘茂許公仲以武遂，又歸宜陽之民，今向壽徒擬收之，甚難事也。

〔二一〕【考證】楓山、三條本「也」作「已」。

〔二二〕【正義】潁川，許州也。楚侵韓潁川，蘇代令向壽以秦威重爲韓就楚求索潁川，是親向壽。【考證】潁川，今河南許昌縣地。凌稚隆曰：潁川本韓地，楚取之，故云「寄地」。

〔二三〕【考證】楓山、三條本「令」下有「得」字，「德」作「得」。今本義長。

〔二四〕【集解】解，己買反。【索隱】韓、楚怨不解，二國交走向秦也。

〔二五〕【集解】徐廣曰：「過，一作『適』。」【正義】若二國皆事秦，公則漸説楚之過失以收韓，此利於秦也。【考證】劉伯莊曰：過，猶毁責也。

〔二六〕【考證】中井積德曰：又言奈何者，沈吟之意也，非詰問。

〔二七〕【正義】言公孫奭、甘茂皆欲以秦挾韓、魏而取齊，今向壽取宜陽爲功，收楚、韓安以事秦，而責齊、魏之罪，是公孫奭、甘茂不得同合韓、魏於秦以伐齊也。【考證】凌稚隆曰：楚歸潁川，楚、韓講，故曰「安」。中井積德曰：安之者，以定宜陽之績也。

〔二八〕【考證】「韓公仲使蘇代」以下采韓策。「以」字疑衍。策一本無「事」字，承上文「不得親於秦事」，言失權如舊也。

甘茂竟言秦昭王，以武遂復歸之韓。向壽、公孫奭争之，不能得。〔一〕向壽、公孫奭由此

怨讒甘茂。茂懼，輟伐魏蒲阪，亡去。〔二〕樗里子與魏講，罷兵。〔三〕

〔一〕【正義】年表云，秦昭王元年，予韓武遂也。【考證】上文蘇代云「甘茂許公仲以武遂」，至此履其約也。正義「予」，楓山、三條本作「歸」。

〔二〕【集解】徐廣曰：「昭王元年，擊魏皮氏，未拔，去。」【考證】楓山、三條本「茂」上有「甘」字。中井積德曰：是時甘茂蓋自皮氏轉攻蒲阪也而亡去。上文稱皮氏而不言蒲阪，是史氏之略筆。梁玉繩曰：「蒲阪」乃「皮氏」之誤，徐廣已言之矣。沈家本曰：以樗里子傳證之，茂此時與樗里同伐蒲，茂亡去，樗里亦釋蒲而還擊皮氏也。然則擊皮氏者樗里，故下云「樗里子與魏講，罷兵」。愚按：沈說是。

〔三〕【索隱】鄒氏云：「講讀曰媾，媾猶和也。」【考證】凌稚隆曰：此段牽引向壽、樗里子、蘇代諸人事，見甘茂所以亡秦奔齊之故。

甘茂之亡秦奔齊，逢蘇代。代爲齊使於秦。甘茂曰：「臣得罪於秦，懼而遯逃，無所容跡。臣聞貧人女與富人女會績，貧人女曰：『我無以買燭，而子之燭光幸有餘，子可分我餘光，無損子明，而得一斯便焉。』〔一〕今臣困，而君方使秦而當路矣。茂之妻子在焉，願君以餘光振之。」〔二〕蘇代許諾。遂致使於秦。已，〔三〕因說秦王曰：「甘茂非常士也，其居於秦，累世重矣。〔四〕自殽塞及至鬼谷，其地形險易皆明知之。〔五〕彼以齊約韓、魏，反以圖秦，非秦之利也。」秦王曰：「然則柰何？」蘇代曰：「王不若重其贄，厚其祿以迎之，使彼來，則置之鬼谷，終身勿出。」〔六〕秦王曰：「善。」即賜之上卿，以相印迎之於齊。甘茂不往。蘇代謂齊湣王曰：「夫甘茂賢人也。今秦賜之上卿，以相印迎之，甘茂德王之賜，好爲王臣，故辭而不

往，今王何以禮之？」齊王曰：「善。」即位之上卿而處之。〔七〕秦因復甘茂之家，以市於齊。〔八〕

〔一〕【考證】楓山、三條本「便」作「使」。使，猶用也。一，猶共也。春秋後語作「便」。盧藏用云「斯，此也，言貧女得此一便也」。愚按：使、便，義兩通，未知孰是。中井積德曰：求餘光，特託妻子也，非請薦己於齊。

〔二〕【考證】「甘茂之亡秦」以下，本秦策，義不同。

〔三〕【考證】「秦」字、「已」字，句。已，畢使事也。

〔四〕【考證】李光縉曰：甘茂事惠、武、昭三王，故云「累世」。

〔五〕【集解】徐廣曰：「鬼谷在陽城。」【正義】三殽在洛州永寧縣西北。鬼谷，陽城縣北也。【考證】策「鬼谷」作「谿谷」。

〔六〕【索隱】案：徐廣云鬼谷在陽城。劉氏云此鬼谷在關内雲陽，是矣。【正義】劉伯莊云：「此鬼谷關内雲陽，非陽城者也。」案：陽城鬼谷時屬韓，秦不得言置之。【考證】楓山、三條本「之」下「彼」上無「使」字。今本疑衍。策「鬼谷」作「槐谷」。梁玉繩曰：秦策上作「谿谷」，此則「槐谷」。後語注「槐里之谷，今京兆始平之地」。作「鬼谷」，大非。

〔七〕【索隱】案：處，猶留也。【考證】「甘茂之亡秦」以下采秦策。陳子龍曰：蘇代之策，即馮驩之重孟嘗君於秦、齊也。

〔八〕【正義】復，音福。【考證】復，免徭役也。市以貨喻，言秦禮甘茂，欲不使爲齊有也。凌稚隆曰：「秦因復甘茂之家」句，足前「餘光振之」之意。

齊使甘茂於楚，楚懷王新與秦合婚而驩。〔一〕而秦聞甘茂在楚，使人謂楚王曰：「願送甘茂於秦。」〔一〕楚王問於范蜎曰：「寡人欲置相於秦，孰可？」〔二〕對曰：「臣不足以識之。」〔三〕楚王曰：「寡人欲相甘茂，可乎？」對曰：「不可。夫史舉，下蔡之監門也，〔四〕大不爲事君，小不爲家室，以苟賤不廉聞於世，〔五〕甘茂事之順焉。故惠王之明，武王之察，張儀之辯，而甘茂事之，取十官而無罪。〔六〕茂誠賢者也，然不可相於秦。夫秦之有賢相，非楚國之利也。且王前嘗用召滑於越，〔七〕而內行章義之難，〔八〕越國亂，故楚南塞厲門，〔九〕而郡江東。〔一〇〕計王之功，所以能如此者，越國亂而楚治也。今王知用諸越，而忘用諸秦，臣以王爲鉅過矣。然則王若欲置相於秦，則莫若向壽者可。〔一一〕夫向壽之於秦王，親也，少與之同衣，長與之同車，以聽事。王必相向壽於秦，則楚國之利也。」〔一二〕於是使使請秦相向壽於秦。秦卒相向壽。〔一三〕而甘茂竟不得復入秦，卒於魏。

〔一〕【集解】徐廣曰：「昭王二年時，迎婦於楚。」

〔二〕【考證】楓山、三條本無「曰」字。

〔三〕【集解】徐廣曰：「蜎，一作『蠉』。」【索隱】音休緣反，又休軟反。蠉，休緣反。戰國策云作「蝝」也。【正義】許緣反。【考證】梁玉繩曰：徐廣作「蠉」，索隱引策作「蝝」，今楚策作「環」，皆以音形相近而異。田完世家、孟荀傳有環淵，漢書人表、藝文志並作「蜎」。愚按：韓非子內儲下作「干象」。

〔四〕【考證】策、韓非子「下蔡」作「上蔡」。

〔五〕【考證】「苟賤不廉」，策作「苛廉」，韓非子作「苛刻」。陳仁錫曰：一本「不」作「苛」。

〔六〕【考證】楓山、三條本「順」作「慎」。辯，策作「好譖」，韓非子與史同。

〔七〕【集解】徐廣曰：「滑，一作『涓』。」

〔八〕【集解】徐廣曰：「一云『內句章、昧之難』。」【索隱】謂召滑內心猜詐，外則佯章恩義，而卒包藏禍心，構難於楚也。注「一云內句章昧之難」。案：戰國策云「納章句之難」。【正義】內，猶陰也。楚令召滑相越，陰內章句定義之禍。難，亂敗越也。【考證】「而內行章義之難」，策作「而納句章昧之難」，與徐廣所引一本合。洪亮吉曰：句章，地名，屬會稽。昧，楚將唐昧。謂懷王二十八年，齊、秦、韓、魏共攻楚殺昧也，當以廣説爲是。梁玉繩曰：言納召滑于句章之地，楚雖有唐昧之難，而能得越地以滑亂之也。召滑，在始皇紀。愚按：史、策異義，洪、梁二氏依策作説。中井履軒所説亦同。今姑依史文釋之。召滑，人名，梁説得之。行章義之難，使召滑啓章義，作難於越也。內，斥越而言。章義，蓋越人。

〔九〕【集解】徐廣曰：「一作『瀨湖』。」【正義】劉伯莊云：「厲門，度嶺南之要路。」

〔一〇〕【正義】吳越之城，皆爲楚之都邑。【考證】黃以周曰：以江東爲郡也。江東，即故吳地，故春申君請徙封江東，楚王許之，徙都吳，是也。愚按：韓非子無「而內行章義之難越國亂故楚塞厲門而郡江東」十九字，有「五年而能亡越」六字。

〔一一〕【考證】楓山、三條本無「莫」字，與策合，義長。向壽，策作「公孫郝」，韓非子作「共立」，「可」字應前「孰可」字。

〔一二〕【考證】「楚王問於范蜎」以下采楚策。韓非子內儲説下載此事，少異。

〔一三〕【考證】梁玉繩曰：秦紀不書壽，郝爲相。

甘茂有孫曰甘羅。

甘羅者，甘茂孫也。茂既死後，甘羅年十二，事秦相文信侯呂不韋。〔一〕

〔一〕【索隱】戰國策云甘羅事呂不韋，爲庶子。

秦始皇帝使剛成君蔡澤於燕，三年而燕王喜使太子丹入質於秦。〔二〕秦使張唐往相燕，欲與燕共伐趙，以廣河間之地。〔三〕張唐謂文信侯曰：「臣嘗爲秦昭王伐趙，趙怨臣曰：『得唐者與百里之地。』今之燕必經趙，臣不可以行。」文信侯不快，未有以彊也。甘羅曰：「君侯何不快之甚也？」文信侯曰：「吾令剛成君蔡澤事燕三年，燕太子丹已入質矣，吾自請張卿相燕，而不肯行。」〔三〕甘羅曰：「臣請行之。」文信侯叱曰：「去！我身自請之而不肯，女焉能行之？」〔四〕甘羅曰：「夫項橐生七歲爲孔子師。〔五〕今臣生十二歲於茲矣，君其試臣，何遽叱乎？」〔六〕於是甘羅見張卿曰：「卿之功，孰與武安君？」〔七〕卿曰：「武安君南挫彊楚，北威燕、趙，戰勝攻取，破城墮邑，不知其數，臣之功不如也。」甘羅曰：「應侯之用於秦也，孰與文信侯專？」〔八〕張卿曰：「應侯不如文信侯專。」甘羅曰：「卿明知其不如文信侯專與？」曰：「知之。」甘羅曰：「應侯欲攻趙，武安君難之，去咸陽七里而立死於杜郵。〔九〕今文信侯自請卿相燕，而不肯行，臣不知卿所死處矣。」張唐曰：「請因孺子行。」令裝治行。

〔二〕【考證】「秦始皇帝」以下采秦策。

〔三〕【考證】河間，漳、河之間，今直隸河間縣等地。戰國時，爲燕、趙、齊三國之境。時秦已取榆次三十七城，置太原郡，欲遂取太行以東以至河也。

〔三〕【索隱】即張唐也。卿，字也。【正義】張唐爲卿，故曰張卿。【考證】刺客傳「衛人謂之慶卿」，索隱「卿者時人尊重之號，猶如相尊美而稱然」。愚按：「張卿」之「卿」同。

〔四〕【正義】女，音汝。焉，乙連反。

〔五〕【索隱】橐，音託。尊其道德，故云「大項橐」。【正義】尊其道德，故曰「大」。【考證】楓山、三條本「大」作「夫」，索隱本、正義本亦作「大」，策作「夫」。策義爲長。淮南脩務訓「項託七歲爲孔子師」。

〔六〕【考證】「何遽」二字連文。遽，與詎、渠通，說詳于經傳釋詞。楓山本「叱」上有「言」字。

〔七〕【考證】秦將白起。

〔八〕【索隱】應侯，范雎。

〔九〕【考證】白起傳「七里」作「十里」。

行有日，甘羅謂文信侯曰：「借臣車五乘，請爲張唐先報趙。」〔一〕文信侯乃入言之於始皇曰：「昔甘茂之孫甘羅，年少耳，然名家之子孫，諸侯皆聞之。今者張唐欲稱疾不肯行，甘羅說而行之。今願先報趙，請許遣之。」始皇召見，使甘羅於趙。〔二〕趙襄王郊迎甘羅。甘羅說趙王曰：「王聞燕太子丹入質秦歟？」曰：「聞之。」曰：「聞張唐相燕歟？」曰：「聞之。」「燕太子丹入秦者，燕不欺秦也。張唐相燕者，秦不欺燕也。燕、秦不相欺者，伐趙危矣。〔三〕燕、秦不相欺無異故，欲攻趙而廣河閒。王不如齎臣五城以廣河閒，〔四〕請歸燕太子，與彊趙攻弱燕。」趙王立自割五城以廣河閒，秦歸燕太子，趙攻燕，得上谷三十城，〔五〕令秦有十一。〔六〕

〔一〕【正義】借，時夜反。

〔二〕【考證】策無「文信侯」至「使甘羅於趙」六十六字，蓋史公以意補。

〔三〕【考證】「燕秦」以下十字與下文複，可削。策亦有。

〔四〕【索隱】齎，音側奚反，一音（賫）〔賚〕。並謂割五城與臣也。【正義】齎，音即齊反。割五城廣河閒，託甘羅還報秦也。【考證】中井積德曰：齎，謂令持獻于秦也。

〔五〕【索隱】戰國策云得三十六縣。【正義】上谷，今嬀州也，在幽州西北。【考證】上谷，今直隸口北道。

〔六〕【索隱】謂以十一城與秦也。【考證】「秦始皇帝」以下采秦策。中井積德曰：按燕世家、荊卿傳並言丹亡歸，無秦歸之之事。又燕、趙世家並不見上谷之役。蓋辨士之浮言，非事實也。愚按：梁玉繩亦有此說。

甘羅還報，秦乃封甘羅以爲上卿，復以始甘茂田宅賜之。〔一〕

〔一〕【考證】黄式三曰：羅爲上卿，疑亦後日事。梁玉繩曰：甘羅十二爲丞相，此世俗妄談，乃儀禮喪服傳賈疏「已有十二相秦」之語，豈非誤讀史記乎？

太史公曰：樗里子以骨肉重，固其理，而秦人稱其智，故頗采焉。甘茂起下蔡閭閻，顯名諸侯，重彊齊、楚。〔一〕甘羅年少，然出一奇計，聲稱後世。雖非篤行之君子，然亦戰國之策士也。方秦之彊時，天下尤趨謀詐哉。

〔一〕【集解】徐廣曰：「恐或疑此當云『見重彊齊』，誤脱一字。」【正義】甘茂爲彊齊、楚所重。

【索隱述贊】嚴君名疾，厥號「智囊」。既親且重，稱兵外攘。甘茂並相，初佐魏章，始推向壽，乃攻宜陽。甘羅妙歲，卒起張唐。

史記會注考證卷七十二

穰侯列傳第十二　　史記七十二

【考證】史公自序云：「苞河山，圍大梁，使諸侯斂手而事秦者，魏冄之功。作穰侯列傳第十二。」凌稚隆曰：太史公首賢魏冄，繼歷敘其摧齊撓楚，破魏圍梁之功，以見四相而封陶者非過也。卒以一夫開説，憂憤而亡，秦王其少恩哉！

穰侯魏冄者，秦昭王母宣太后弟也。〔一〕其先楚人，姓芈氏。〔二〕

〔一〕【索隱】宣太后之異父長弟也，姓魏，名冄，封之穰。地理志穰縣在南陽。宣太后者，惠王之妃，姓芈氏，曰芈八子者是也。【正義】穰，鄧州穰縣。冄，日嶮反。

〔二〕【正義】芈，亡爾反。【考證】中井積德曰：其先「其」字，蓋指宣太后也。上或有脱文，若穰侯，下文明言「魏氏」，此不當稱「姓芈氏」也。

秦武王卒，無子，立其弟爲昭王。昭王母故號爲芈八子，〔一〕及昭王即位，芈八子號爲宣太后。宣太后非武王母，武王母號曰惠文后，先武王死。〔二〕宣太后二弟：其異父長弟曰穰侯，姓魏氏，名冄；同父弟曰芈戎，爲華陽君。〔三〕而昭王同母弟曰高陵君、涇陽君。而魏冄最賢，〔四〕自惠王、武王時，任職用事。武王卒，諸弟爭立，唯魏冄力爲能立昭王。〔五〕昭王即位，以冄爲將軍，衛咸陽，誅季君之亂，〔六〕而逐武王后出之魏，昭王諸兄弟不善者，皆滅之，威振秦國。昭王少，宣太后自治，任魏冄爲政。〔七〕

〔一〕【考證】八子，婦官名。陳仁錫曰：八子者，夫人以下之稱，其爵第四等。

〔二〕【索隱】秦本紀云：「昭王二年，庶長壯與大臣公子爲逆，皆誅，及惠文后皆不得良死。」又按：紀年云「秦內亂，殺其太后及公子雍、公子壯」是也。【考證】索隱所引，即下文季君之亂也。此云惠文后先武王死，誤。

〔三〕【索隱】華陽，韓地，後屬秦。芈戎後又號新城君。【正義】司馬彪云：「華陽，亭名，在洛州密縣。」又故華城在鄭州管城縣南三十里，即此。【考證】中井積德曰：宣太后有異父長弟冄，而又有同父弟戎，其母生宣太后而出，生冄於魏氏，復歸於原夫而生戎邪？

〔四〕【索隱】高陵君名顯。涇陽君名悝。【正義】悝，客迴反。【考證】黄式三曰：索隱云「涇陽君名悝」，譌也。秦本紀「涇陽君爲質于齊」，索隱云「名市」，是。悝，華陽君名。茅坤曰：敘華陽君三人者，發篇末范雎説悟昭王案。

〔五〕【考證】徐孚遠曰：宣太后爲八子時，魏冄已用事，能援立昭王。是冄以才進，非緣戚屬也。

〔六〕【集解】徐廣曰：「年表曰『季君爲亂，誅』。本紀曰『庶長壯與大臣公子謀反，伏誅』。」【索隱】按：季君即公子壯，僭立而號曰季君。穰侯力能立昭王，爲將軍衛咸陽，誅季君及惠文后，故本紀言「伏誅」。又云「及惠文后皆不得良死」，蓋謂惠文后時黨公子壯，欲立之，及壯誅，而太后憂死，故云「不得良死」，亦史諱之也。

又逐武王后出之魏，亦事勢然也。【考證】梁玉繩曰：年表云「桑君爲亂誅」，今據此傳「桑君」者「季君」也，今本譌作「桑」爾。季君必秦之公子。

〔七〕【考證】柯維騏曰：昭王年少，芈太后攝政，故穰侯權重於昭王，家富于嬴國。漢、唐以來，女主臨朝專制，自芈太后始也。

昭王七年，樗里子死，而使涇陽君質於齊。趙人樓緩來相秦，趙不利，乃使仇液之秦，〔一〕請以魏冄爲秦相。仇液將行，其客宋公謂液曰：〔二〕「秦不聽公，樓緩必怨公。公不若謂樓緩曰『請爲公毋急秦』。〔三〕秦王見趙請相魏冄之不急，且不聽公。公言而事不成，以德樓子；事成，魏冄故德公矣。」〔四〕於是仇液從之。而秦果免樓緩，而魏冄相秦。

〔一〕【索隱】仇液，戰國策作「仇郝」，蓋是一人而記別也。【正義】液，音亦，姓名。

〔二〕【索隱】戰國策作「宋交」。【考證】今本策作「宋突」。

〔三〕【考證】無急使秦王相魏冄也。

〔四〕【考證】「使仇液之秦」以下采趙策。策「故」作「固」，通。

欲誅呂禮，禮出奔齊。〔一〕昭王十四年，魏冄舉白起，使代向壽將，〔二〕而攻韓、魏，敗之伊闕，斬首二十四萬，虜魏將公孫喜。明年，又取楚之宛、葉。〔三〕魏冄謝病免相，以客卿壽燭爲相。其明年，燭免，復相冄，乃封魏冄於穰，復益封陶，號曰穰侯。〔四〕

〔一〕【考證】楓山、三條本「禮」上有「呂」字。

〔二〕【考證】楓山本「將」上有「爲」字。梁玉繩曰：白起已于十三年爲左庶長，則非十四年始舉之也。

〔三〕【考證】梁玉繩曰：表、韓世家皆不言葉。

〔四〕【集解】徐廣曰：「一作『陰』。」【索隱】陶即定陶也。徐廣云作「陰」，「陶」、「陰」字本易惑也。王劭按：定陶見有魏冄冢，作「陰」誤也。【正義】陶，今雷州陶城。【考證】沈濤曰：定陶，齊地，此時未爲秦有，豈得以封穰侯？漢書地理志京兆華陰，故陰，穰侯所封，疑即在此，則作「陰」爲是。下文諸「陶」字，徐廣本皆作「陰」。戰國策釋地云，考定陶在今山東(荷)〔菏〕澤縣，穰故城在今河南鄧縣，地隔韓、魏，相去殊遠。陰，今湖北光化縣陰故城是也，與鄧鄰近。徐說似得之。然以「陶」爲「陰」，未免牽强。冄別封，當是山西永濟縣北之陶城，則距穰故城尚不甚遠。

穰侯封四歲，爲秦將攻魏。魏獻河東方四百里。拔魏之河內，取城大小六十餘。〔一〕昭王十九年，秦稱西帝，齊稱東帝。月餘，呂禮來，而齊、秦各復歸帝爲王。〔二〕魏冄復相秦。六歲而免。免二歲復相秦。〔三〕四歲而使白起拔楚之郢，秦置南郡。乃封白起爲武安君。白起者穰侯之所任舉也，相善。於是穰侯之富，富於王室。〔四〕

〔一〕【考證】梁玉繩曰：「四歲」當是「三歲」之誤。若是四歲，則爲昭十九年，何以下又云「昭王十九年」乎？魏納河東，在秦昭十七年，魏昭六年，乃穰侯封陶之二歲也。取六十一城，在秦昭十八年。元屬兩事，不得并爲一。

〔二〕【考證】呂禮來，秦紀在歸帝爲王之後。

〔三〕【考證】「二歲」當作「四歲」，說在秦紀。

〔四〕【考證】楓山、三條本「王室」作「王家」。凌稚隆曰：前既言魏冄舉白起攻韓、魏，取楚之宛、葉矣，此又言冄使白起拔楚之郢，而結之曰「白起者，穰侯之所任舉也」，總見得白起之功皆本于穰侯耳。何焯曰：白起者穰侯之所任舉也，此武安與應侯不平之根。

昭王三十二年，穰侯爲相國，將兵攻魏，走芒卯，入北宅，遂圍大梁。〔一〕梁大夫須賈説穰侯曰：「臣聞魏之長吏謂魏王曰：『昔梁惠王伐趙，戰勝三梁，〔二〕拔邯鄲；趙氏不割，而邯鄲復歸。〔三〕齊人攻衛，拔故國，殺子良；衛人不割，而故地復反衛。〔四〕趙之所以國全兵勁，而地不并於諸侯者，以其能忍難而重出地也。宋、中山數伐割地，而國隨以亡。〔五〕臣以爲衛、趙可法，而宋、中山可爲戒也。秦，貪戾之國也，而毋親。蠶食魏氏，又盡晉國，〔六〕戰勝暴子，割八縣，地未畢入，兵復出矣。〔七〕夫秦何猒之有哉！今又走芒卯，入北宅，此非敢攻梁也，且劫王以求多割地。王必勿聽也。〔八〕今王背楚、趙而講秦，〔九〕楚、趙怒而去王，與王爭事秦，秦必受之。〔一〇〕秦挾楚、趙之兵以復攻梁，則國求無亡不可得也。願王之必無講也。王若欲講，少割而有質；不然，必見欺。』〔一一〕此臣之所聞於魏也，〔一二〕願君王之以是慮事也。〔一三〕周書曰『惟命不于常』，此言幸之不可數也。〔一四〕夫戰勝暴子，割八縣，此非兵力之精也，又非計之工也，天幸爲多矣。今又走芒卯，入北宅，以攻大梁，是以天幸自爲常也，智者不然。臣聞魏氏悉其百縣勝甲以上戍大梁，〔一五〕臣以爲不下三十萬。以三十萬之衆守梁七仞之城，〔一六〕臣以爲湯、武復生，不易攻也。夫輕背楚、趙之兵，陵七仞之城，戰三十萬之衆，而志必舉之，臣以爲自天地始分以至于今，未嘗有者也。攻而不拔，秦兵必罷，陶邑必亡，則前功必弃矣。〔一七〕今魏氏方疑，可以少割收也。〔一八〕願君逮楚、趙之兵未至於梁，亟以少割收魏。魏方疑，而得以少割爲利，必欲之，則君得所欲矣。〔一九〕楚、趙怒於魏之先己也，必争事秦，從以此散，〔二〇〕而君後擇焉。〔二一〕且君之得地，豈必以兵哉！割晉國，秦兵不攻，而魏必效絳、安邑，〔二二〕又爲陶開兩道，〔二三〕幾盡故宋，〔二四〕衛必效單父。〔二五〕秦兵可全而君制之，何索而不得，何爲而不成！願君熟慮之，而無行危。」〔二六〕穰侯曰：「善。」乃罷梁圍。〔二七〕

〔一〕【集解】芒卯，上莫卬反，下陌飽反。徐廣曰：「魏惠王五年，與韓會宅陽。」【正義】竹書云：「宅陽一名北宅。」括地志云「宅陽故城，在鄭州滎陽縣西南十七里。」【考證】策作「秦敗魏於華，走芒卯而圍大梁」。梁玉繩曰：是年乃破暴鳶走開封耳。今河南滎澤東有宅陽故城。

〔二〕【集解】徐廣曰：「田完世家云魏伐趙，趙不利，戰於南梁。」【索隱】三梁即南梁也。【考證】桃源鈔引大康地記云：「戰國時謂南梁者，別之於大梁、小梁也。古蠻子邑也。」

〔三〕【考證】一「拔」、一「歸」皆妄，說在趙世家。梁玉繩曰：集解、索隱以爲即南梁之役，非也。南梁乃趙、魏伐韓，非魏伐趙。

〔四〕【索隱】衛之故國，蓋楚丘也。下文「故地」亦同謂楚丘也。戰國策「衛」字皆作「燕」。「子良」作「子之」，恐非也。【考證】梁玉繩曰：史、策未知孰是。索隱以魏策爲非，何所見乎？愚按：故國，猶言故都也。

〔五〕【考證】楓山、三條本「割」上有「數」字，「隨」下有「之」字。

〔六〕【索隱】河東、河西、河内並是魏地，即故晉國。今言秦蠶食魏氏，盡晉國之地也。

〔七〕【集解】徐廣曰：「暴子，韓將暴鳶。」【考證】沈家本曰：表是年於韓書暴鳶救魏，爲秦所敗走開封。徐據此爲説。秦紀亦在是年。而下文明年走魏將暴鳶，何也？戰國策作「罣子」，鮑彪注「地缺」。

〔八〕【考證】王，魏王也。

〔九〕【索隱】講，和也。

〔一〇〕【考證】楓山、三條本「受」作「愛」。

〔一一〕【索隱】謂與秦欲講，少割地而求秦質子，恐不然，必被秦欺也。【正義】秦欲和魏，魏割地，仍求秦質。

〔一二〕【索隱】須賈説穰侯，言魏人謂梁王，若少割地而求秦質，必是欺我，即聞魏見欺於秦也。【考證】董份曰：自「臣聞」至「不然必見欺」，皆須賈述衛人之言。故結之曰「此臣之所聞于魏也」，言其所聞于魏之言如此也。詞意極明，索隱大謬。

〔一三〕【考證】策無「王」字。張文虎曰：「君」指穰侯，下文屢稱「君」，可證。「王」字衍。

〔一四〕【考證】周書康誥篇。數，音色角反。

〔一五〕【考證】勝，如「勝冠」之「勝」，任也。

〔一六〕【集解】爾雅曰「四尺謂之仞，倍仞謂之尋」。【考證】策「七仞」作「十仞」。此誤，下同。集解所引小爾雅文。中井積德曰：仞亦八尺，尋亦八尺。度高深以仞，度長短以尋。

〔一七〕【索隱】陶，一作「魏」。言秦前攻得魏之城邑，秦罷則亡而還於魏也。【正義】定陶近大梁。穰侯攻梁，兵疲，定陶必爲魏伐。

〔一八〕【索隱】賈引魏人之説不許王講于秦，是言魏氏方疑，可以少割地而收魏也。

〔一九〕【考證】楓山本「利」作「和」，與策合。

〔二〇〕【索隱】楚趙怒魏之與秦講，皆争事秦，是東方從國於是解散也，故云「從以此散」。【正義】從，足松反。【考證】中井積德曰：從以此散，從約解也。

〔二一〕【考證】策注「擇其所與於散從之後」。

〔二二〕【考證】愚按：效絳、安邑，既往之事。「必」字疑衍，策無。

〔二三〕【索隱】穰侯封陶，魏效絳與安邑，是得河東地。言從秦適陶，開河西、河東之兩道。【正義】穰故封定陶，故宋及單父是陶之南道也，魏之安邑及絳是陶北道。

〔二四〕【索隱】幾，音祈。此時宋已滅，是秦將盡得宋地也。【正義】宋時已爲齊滅。

〔二五〕【考證】策無「必」字，「單父」作「尤憚」。蓋亦既往之事。

〔二六〕【索隱】言莫行圍梁之危事。

〔二七〕【正義】表云魏安釐王二年，秦軍大梁城，韓來救，與秦溫以和也。【考證】「遂圍大梁」以下，本魏策，但末段「且君之得地豈必以兵哉」以下，與策頗異，文蓋有譌誤。梁玉繩曰：梁圍之罷，因獻南陽，何曾是須賈説穰侯而罷乎？鮑彪魏策注辨之曰「以秦爲天幸，而欲其無行危也」。秦豈信之哉？秦行是何危之有？且其爲魏過深，適足以疑秦，豈沮于是哉？梁圍之解，將別有故，非賈力也。

明年，魏背秦，與齊從親。秦使穰侯伐魏，斬首四萬，走魏將暴鳶，得魏三縣。〔一〕穰侯益封。

〔一〕【考證】沈家本曰：按魏世家及表在安釐三年，爲秦昭三十三年，與此合。秦紀及韓世家、韓表在昭王三十二年，與此不同。梁玉繩曰：「魏將」乃「韓將」之誤。

明年，穰侯與白起、客卿胡陽復攻趙、韓、魏，破芒卯於華陽下，斬首十萬，取魏之卷、蔡陽、長社，趙氏觀津，〔一〕且與趙觀津，益趙以兵伐齊。〔二〕齊襄王懼，使蘇代爲齊陰遺穰侯書曰：「臣聞往來者言曰『秦將益趙甲四萬以伐齊』，臣竊必之敝邑之王曰：〔三〕『秦王明而熟於計，穰侯智而習於事，必不益趙甲四萬以伐齊。』是何也？夫三晉之相與也，秦之深讎也。百相背也，百相欺也，不爲不信，不爲無行。〔四〕今破齊以肥趙。趙，秦之深讎，不利於秦。此一也。秦之謀者必曰『破齊獘晉、楚，而後制晉、楚之勝』，〔五〕夫齊，罷國也，以天下攻齊，如以千鈞之弩決潰癰也，必死，安能獘晉、楚？此二也。〔六〕秦少出兵，則晉、楚不信也；多出兵，則晉、楚爲制於秦。齊恐，不走秦，必走晉、楚。此三也。秦割齊以啖晉、楚，晉、楚案之以兵，秦反受敵。此四也。〔七〕是晉、楚以秦謀齊，以齊謀秦也，何晉、楚之智，而秦、齊之愚？此五也。故得安邑以善事之，〔八〕亦必無患矣。秦有安邑，韓氏必無上黨矣。〔九〕取天下之腸胃，與出兵而懼其不反也，孰利？〔一〇〕臣故曰秦王明而熟於計，穰侯智而習於事，必不益趙甲四萬以伐齊矣。」〔一一〕於是穰侯不行，引兵而歸。

〔一〕【集解】卷，丘權反。【考證】華陽，城名，在今河南新鄭縣東南。梁玉繩曰：是時秦救韓而伐趙、魏，何云攻韓？當衍「韓」字。「十萬」當作「十五萬」。沈家本曰：秦紀、趙世家在三十三年，與此不同。表及魏、韓世家、白起傳在三十四年，與此合。

〔二〕【索隱】既得觀津，仍令趙伐齊，而秦又以兵益助趙也。【考證】楓山、三條本「益」下無「趙」字。索隱「既得」當作「既與」。

〔三〕【索隱】告齊王，言秦必定不益兵以助趙。【正義】臣，蘇代也。必知秦與趙甲四萬以伐齊。王，謂齊王也。【考證】必，豫決也。之，斥下文所言。正義「與」上疑脫「不」字。

〔四〕【考證】雖相背相欺，自不以爲不信無行。

〔五〕【正義】今晉、楚伐齊，晉、楚之國亦弊敗。【考證】中井積德曰：前文無楚，而代書中連稱晉、楚，是以是役爲秦率晉、楚伐齊者也。皆臆度之言，勿泥前文作疑。

〔六〕【考證】策無「必死」二字，義長。

〔七〕【考證】楓山、三條本「敵」作「弊」，義長。策作「兵」。

〔八〕【考證】「故得安邑」一句不明晳。策作「秦得安邑，善齊以安之」。

〔九〕【考證】策「韓氏」作「韓魏」。韓、魏均有上黨，今山西長治縣等地。

〔一〇〕【考證】取腸胃，喻取上黨。

〔一一〕【考證】「蘇代爲齊遺穰侯書」以下采秦策。

昭王三十六年，相國穰侯言客卿竈，欲伐齊取剛、壽，以廣其陶邑。〔一〕於是魏人范雎自謂張禄先生，譏穰侯之伐齊，乃越三晉以攻齊也，以此時奸說秦昭王。〔二〕昭王於是用范雎。范雎言宣太后專制，穰侯擅權於諸侯，涇陽君、高陵君之屬太侈，富於王室。於是秦昭王悟，乃免相國，令涇陽之屬皆出關就封邑。〔三〕穰侯出關，輜車千乘有餘。〔四〕

〔一〕【集解】徐廣曰：「濟北有剛縣。」【正義】故剛城在兗州龔丘縣界。壽張，鄆州縣也。【考證】「相國穰侯」以下，本秦策。黄式三曰：「言客卿竈」當作「用客卿竈言」。又曰：竈，秦策作「造」。剛壽，范雎傳作「綱壽」。梁玉繩曰：事在昭王三十七年，此誤叙于三十六年。

〔二〕【考證】策無「自謂張禄先生」語。史公別有所依。奸、干通。

〔三〕【考證】凌稚隆曰：應前宣太后自治。

(四)【考證】凌稚隆曰：應前穰侯富于王室。

穰侯卒於陶，而因葬焉。秦復收陶爲郡。(一)

(一)【考證】梁玉繩曰：秦無陶郡，當作「縣」。愚按：爲郡，猶言没入。梁説拘。

太史公曰：穰侯，昭王親舅也。而秦所以東益地，弱諸侯，嘗稱帝於天下，天下皆西鄉稽首者，穰侯之功也。(一)及其貴極富溢，一夫開説，身折勢奪，而以憂死，況於羇旅之臣乎？(二)

(一)【考證】楓山、三條本「稽首」作「低首」。

(二)【考證】楓山、三條本「開説」作「關説」，可從。梁孝王世家、佞幸傳亦有「關説」字。

【索隱述贊】穰侯智識，應變無方。内倚太后，外輔昭王。四登相位，再列封疆。摧齊撓楚，破魏圍梁。一夫開説，憂憤而亡。

史記會注考證卷七十三

白起王翦列傳第十三　　史記七十三

【考證】史公自序云：「南拔鄢、郢，北摧長平，遂圍邯鄲，武安爲率，破荆滅趙，王翦之計。作白起王翦列傳第十三。」

白起者，郿人也。善用兵，事秦昭王。〔一〕昭王十三年，而白起爲左庶長，將而擊韓之新城。〔二〕是歲，穰侯相秦，舉任鄙以爲漢中守。〔三〕其明年，白起爲左更，攻韓、魏於伊闕，斬首二十四萬，〔四〕又虜其將公孫喜，拔五城。〔五〕起遷爲國尉，〔六〕涉河取韓安邑以東到乾河。〔七〕明年，白起爲大良造，攻魏，拔之，取城小大六十一。〔八〕明年，起與客卿錯攻垣城，拔之。〔九〕後五年，白起攻趙，拔光狼城。〔一〇〕後七年，白起攻楚，拔鄢、鄧五城。〔一一〕其明年，攻楚，拔郢，燒夷陵，遂東至竟陵。〔一二〕楚王亡，去郢，東走徙陳。秦以郢爲南郡。〔一三〕白起遷爲武安君。武安君因取楚，定巫、黔中郡。〔一四〕昭王三十四年，白起攻魏，拔華陽，走芒卯，而虜三晉將，斬首十三萬。〔一五〕與趙將賈偃戰，沈其卒二萬人於河中。〔一六〕昭王四十三年，白起攻韓陘城，拔五城，斬首五萬。〔一七〕四十四年，白起攻南陽，太行道，絶之。〔一八〕

〔一〕**【正義】**郿，音眉，岐州縣。**【考證】**穰侯傳云「白起者穰侯之所任舉也，相善」。

〔二〕**【索隱】**在河南也。**【正義】**今洛州伊闕。長，展兩反。**【考證】**秦紀「左庶長」作「左更」，疑紀誤。新城，今河南洛陽縣有新城故城。

〔三〕**【考證】**是歲，承上秦昭十三年。而紀、表並在十二年。任鄙爲漢中守，上下無所承，蓋連書之也。

〔四〕**【正義】**今洛州南十九里伊闕山，號曰龍門是也。

〔五〕**【考證】**梁玉繩曰：此所拔之五城，不知是魏是韓。說在秦紀。

〔六〕**【正義】**言太尉。

〔七〕**【集解】**徐廣曰：「乾，音干。」郭璞曰：「今河東聞喜縣東北有乾河口，因名乾河里，但有故溝處，無復水也。」**【索隱】**魏以安邑入秦，然安邑以東至乾河，皆韓故地，故云取韓安邑。**【正義】**乾河源出絳州絳縣東南殽山，南流注河。其水冬乾夏流，故曰乾河。

〔八〕**【考證】**沈家本曰：按秦紀，是年白起攻魏取垣，復予之，不言取城六十一。魏世家及六國表取城大小六十一，事皆在昭王十八年，言客卿錯非白起。

〔九〕**【集解】**徐廣曰：「河東垣縣。」**【考證】**紀言左更錯取軹及鄧，與此異。

〔一〇〕**【索隱】**地理志不載光狼城，蓋屬趙國。**【正義】**光狼故城在澤州高平縣西二十五里也。**【考證】**李笠曰：案：後五年，昭王廿一年也。秦紀「昭王二十七年，白起攻趙，取代光狼城」，與此異。

〔一一〕【集解】徐廣曰：「昭王二十八年。」【正義】鄢、鄧二邑在襄州。【考證】「明年白起爲大良造」以下，與紀、表不合。梁玉繩曰：宜書曰「白起爲大良造，攻魏，垣，拔之。後三年，起攻魏，取城大小六十一。左更錯攻垣城、河雍，拔之。後九年，白起攻趙，拔代光狼城。明年，白起攻楚，拔鄢、鄧，西陵三城」。

〔一二〕【正義】夷陵，今峽州郭下縣。竟陵故城在郢州長壽縣南百五十里，今復州亦是其地也。【考證】郢，楚都，今湖北江陵東故郢城。夷陵，楚先王墓所在，後爲縣。今湖北東湖縣。

〔一三〕【考證】陳，今河南陳州。

〔一四〕【考證】巫郡，今四川巫山縣，今湖南之常德、辰州、永順，貴州之黎平、思南諸縣，皆楚黔中地。秦本紀云「蜀守若取巫郡及江南爲黔中郡」，此傳及春申君傳云起取之。說在紀。

〔一五〕【考證】梁玉繩曰：華陽，韓地，蓋破魏于華陽耳。是役，秦攻趙、魏以救韓，與韓何干？不得言三晉將。辨在紀中。

〔一六〕【考證】秦紀及六國表作「十五萬人」，穰侯傳作「十萬」。沈家本曰：此言「十三萬」，又言「二萬」，紀、表統言之耳。穰侯傳則奪「五」字。

〔一七〕【正義】陘城故城在曲沃縣西北二十里，在絳州東北三十五里也。【考證】秦紀云「拔九城」，韓世家、六國表云「秦拔我陘，城汾旁」。

〔一八〕【集解】徐廣曰：「此南陽，河內脩武是也。」【正義】案：南陽屬韓，秦攻之，則韓太行羊腸道絕矣。

四十五年，伐韓之野王。〔一〕野王降秦，上黨道絕。其守馮亭與民謀曰：「鄭道已絕，〔二〕韓必不可得爲民。〔三〕秦兵日進，韓不能應，不如以上黨歸趙。趙若受我，秦怒必攻趙。趙被兵，必親韓。韓、趙爲一，則可以當秦。」因使人報趙。趙孝成王與平陽君、平原君計之。〔四〕平陽君曰：「不如勿受。受之禍大於所得。」平原君曰：「無故得一郡，受之便。」趙受之，因封馮亭爲華陽君。〔五〕

〔一〕【索隱】地理志野王縣屬河内，在太行東南。孟康曰「古邢國也。」【正義】野王，懷州河内縣，本春秋野王邑也。太行山在縣北二十五里。

〔二〕【集解】徐廣曰：河南新鄭，韓之國都是也。【索隱】鄭國，即韓之都，在河南。秦伐野王，是上黨歸韓之道絶也。【正義】鄭縣本韓之國都。秦攻韓南陽、野王，則野王、上黨之道絶矣。【考證】胡三省曰：自上黨趣鄭，由野王度河。

〔三〕【考證】不可得爲韓之民也。

〔四〕【索隱】平陽君未詳何人。【正義】趙世家曰：「封趙豹爲平陽君。」平陽故城在相州臨漳縣西二十五里。【考證】策云「平陽君，惠文王母弟也」。

〔五〕【正義】常山一名華陽，解在趙世家。【考證】凌稚隆曰：爲長平之戰本案。愚按：事詳于趙世家。又按：趙策云「馮亭辭封入韓」，與此異。

四十六年，秦攻韓緱氏、藺，拔之。〔一〕

〔一〕【集解】徐廣曰：「屬潁川。」【索隱】今其地闕。西河別有藺縣也。【正義】按：檢諸地記，潁川無藺。括地志云：洛州嵩縣本夏之綸國也，在緱氏東南六十里。地理志云：「綸氏屬潁川郡。」按：既攻緱氏、藺，二邑合相近，恐綸、藺聲相似，字隨音而轉作「藺」。【考證】恩田仲任曰：韓獻子玄孫曰康，食采於藺，因氏。據此，正義說非。

四十七年，秦使左庶長王齕攻韓，取上黨。〔一〕上黨民走趙。趙軍長平，〔二〕以按據上黨民。〔三〕四月，齕因攻趙。趙使廉頗將。趙軍士卒犯秦斥兵，〔四〕秦斥兵斬趙裨將茄。〔五〕六月，陷趙軍，取二鄣四尉。〔六〕七月，趙軍築壘壁而守之。秦又攻其壘，取二尉，敗其陣，奪西壘壁。〔七〕廉頗堅壁以待秦，秦數挑戰，趙兵不出。〔八〕趙王數以爲讓。而秦相應侯又使人行千金於趙爲反閒，曰：〔九〕「秦之所惡，獨畏馬服子趙括將耳，廉頗易與，且降矣。」趙王既怒廉頗軍多失亡，軍數敗，〔一〇〕又反堅壁不敢戰，而又聞秦反閒之言，因使趙括代廉頗將以擊秦。秦聞馬服子將，乃陰使武安君白起爲上將軍，而王齕爲尉裨將，令軍中，有敢泄武安君將者斬。趙括至，則出兵擊秦軍。秦軍詳敗而走，張二奇兵以劫之。〔一一〕趙軍逐勝，追造秦壁。〔一二〕壁堅拒不得入，而秦奇兵二萬五千人絶趙軍後，又一軍五千騎絶趙壁閒，趙軍分而爲二，糧道絶。而秦出輕兵擊之。〔一三〕趙戰不利，因築壁堅守，以待救至。〔一四〕秦王聞趙食道絶，王自之河内，〔一五〕賜民爵各一級，發年十五以上，悉詣長平，〔一六〕遮絶趙救及糧食。

〔一〕【集解】齕，音紇。

〔二〕【集解】徐廣曰：「在泫氏。」【索隱】地理志泫氏今在上黨郡也。【正義】長平故城在澤州高平縣西二十一里也。

〔三〕【索隱】謂屯兵長平，以據援上黨。【考證】中井積德曰：上黨既破矣。按據，猶言鎮撫也。乃是鎮撫其走民，不使散亡也。索隱謬。

〔四〕【索隱】謂犯秦之斥候兵也。

〔五〕【索隱】音加。裨將名也。

〔六〕【索隱】鄣，堡城。尉，官也。【正義】括地志云：「趙鄣故城，一名都尉城，今名趙東城，在澤州高平縣西二十五里。又有故穀城。此二城即二鄣也。」【考證】中井積德曰：二鄣元不言處所，勿論可也。且鄣似城而小，猶砦也，後世無可搜索。下文西壘、秦壁、趙壁，並倣此。胡三省曰：裨將，軍之副將也。尉，軍中諸部都尉也。

〔七〕【集解】徐廣曰：「陳，一作『乘』。」【正義】趙西壘，在澤州高平縣北六里，是也。即廉頗堅壁以待秦，王齕奪趙西壘壁者。

〔八〕【正義】數，音朔。挑，田鳥反。

〔九〕【正義】紀莧反。

〔一〇〕【考證】張文虎曰：「亡」下「軍」字疑涉上而衍。

〔一一〕【正義】詳，音羊。

〔一二〕【正義】秦壁，一名秦壘，今亦名秦長壘。【考證】造，詣也。

〔一三〕【正義】人馬不帶甲爲輕兵。

〔一四〕【正義】趙壁，今名趙東壘，亦名趙東長壘，在澤州高平縣北五里，即趙括築壁敗處。

〔一五〕【正義】時已屬秦，故發其兵。

〔一六〕【索隱】時已屬秦，故發其兵。【考證】長平在今山西高平縣西。

至九月，趙卒不得食四十六日，皆内陰相殺食。來攻秦壘，欲出。爲四隊，四五復之，不能出。〔一〕其將軍趙括出鋭卒自搏戰，秦軍射殺趙括。〔二〕括軍敗，卒四十萬人降武安君。武安君計曰：「前秦已拔上黨，上黨民不樂爲秦而歸趙。趙卒反覆，非盡殺之，恐爲亂。」〔三〕乃挾詐而盡阬殺之，遺其小者二百四十人歸趙。前後斬首虜四十五萬人。趙人大震。〔四〕

〔二〕【考證】「欲出」句，「爲四隊」句，言括欲潰圍而出，分爲四隊，以衝秦軍者四五復之，而不能破之也。

〔三〕【考證】陳子龍曰：廉頗僅支王齕，而括安能敵白起？然趙軍既分爲二，括猶築壁堅守，至四五十日而後敗，括亦良將也。特以視秦太輕，墮秦之誘耳。

〔三〕【正義】樂爲，上音洛，下于危反。情不樂爲秦民。

〔四〕【考證】胡三省曰：此言秦兵自挫廉頗至大破趙括，前後所斬首虜之數耳。兵非大敗，四十萬人安肯束手而死邪？中井積德曰：此前後泄白起圍邯鄲事，蓋脱文耳。

四十八年十月，秦復定上黨郡。〔一〕秦分軍爲二，王齕攻皮牢，拔之，〔二〕司馬梗定太原。〔三〕韓、趙恐，使蘇代厚幣説秦相應侯曰：〔四〕「武安君禽馬服子乎？」曰：「然。」又曰：「即圍邯鄲乎？」曰：「然。」「趙亡則秦王王矣，武安君爲三公。〔五〕武安君所爲秦戰勝攻取者七十餘城，南定鄢、郢、漢中，〔六〕北禽趙括之軍，雖周、召、呂望之功不益於此矣。今趙亡，秦王王，則武安君必爲三公，君能爲之下乎？雖無欲爲之下，固不得已矣。〔七〕秦嘗攻韓，圍邢丘，〔八〕困上黨，上黨之民，皆反爲趙，天下不樂爲秦民之日久矣。今亡趙，北地入燕，東地入齊，南地入韓、魏，則君之所得民亡幾何人。〔九〕故不如因而割之，〔一〇〕無以爲武安君功也。」〔一一〕於是應侯言於秦王曰：「秦兵勞，請許韓、趙之割地以和，且休士卒。」王聽之，割韓垣雍、趙六城以和。〔一二〕正月，皆罷兵。武安君聞之，由是與應侯有隙。〔一三〕

〔一〕【索隱】秦前攻趙，已破上黨。今迴兵復定其郡，其餘城猶屬趙也。
〔二〕【正義】皮牢故城在絳州龍門縣西一里。
〔三〕【正義】太原，趙地，秦定取也。
〔四〕【考證】策無「韓趙恐使蘇代厚幣」八字，蓋史公以意補之也。
〔五〕【考證】胡三省曰：秦之稱王，自王其國耳。今破趙國則將王天下也。中井積德曰：下「王」字疑當作「帝」。
〔六〕【正義】鄢在襄州夷道縣南九里。郢在荆州江陵縣東六里。漢中，今梁州之地。
〔七〕【考證】策、通鑑「無欲」作「欲無」。
〔八〕【集解】徐廣曰：「平皋有邢丘。」【正義】邢丘，今懷州武德縣東南二十里平皋縣城是也。【考證】邢丘，魏地，非韓地。秦策鮑彪注「『邢』當作『陘』」，即韓桓惠王九年秦拔陘事」。王念孫曰：「丘」字恐衍。
〔九〕【集解】徐廣曰：「亡，音無也。」【考證】策「韓」作「楚」，可從。
〔一〇〕【正義】因白起之攻，割取韓、趙之地。【考證】中井積德曰：割，許其割地以和也。
〔一一〕【考證】「説秦相應侯」以下，采秦策。
〔一二〕【集解】徐廣曰：「卷縣有垣雍城。」【正義】釋地名云：「卷縣所理垣雍城。」按：今在鄭州原武縣西北七里也。
〔一三〕【考證】胡三省曰：觀此則用十月爲歲首，蓋因秦記而書之也。徐孚遠曰：武安君穰侯所任，應侯代穰侯相，二人故有隙，不待韓、趙之間也。胡三省曰：爲秦殺白起張本。

其九月，秦復發兵，使五大夫王陵攻趙邯鄲。是時武安君病，不任行。〔一〕四十九年正月，陵攻邯鄲少利，〔一〕秦益發兵佐陵。陵兵亡五校。武安君病愈，秦王欲使武安君代陵將。武安君言曰：「邯鄲實未易攻也。且諸侯救日至，彼諸侯怨秦之日久矣。今秦雖破長平軍，而秦卒死者過半，國内空。遠絶河山而争人國都，趙應其内，諸侯攻其外，破秦軍必矣。不可。」〔三〕秦王自命，不行；乃使應侯請之，武安君終辭不肯行，遂稱病。

〔一〕【正義】任，入針反，堪也。

〔二〕【考證】楓山、三條本「邯鄲」二字作「戰」。

〔三〕【考證】淩本「軍」譌「兵」。中井積德曰：未易攻者，白起不欲行之辭，非其情也。死者過半，亦甚言之，不必事實。不然，當初受命圍邯鄲而不辭，其謂之何？

秦王使王齕代陵將，〔一〕八九月圍邯鄲，不能拔。〔二〕楚使春申君及魏公子將兵數十萬攻秦軍，秦軍多失亡。武安君言曰：「秦不聽臣計，今如何矣。」〔三〕秦王聞之，怒，彊起武安君，〔四〕武安君遂稱病篤。〔五〕應侯請之，不起。於是免武安君爲士伍，遷之陰密。〔六〕武安君病未能行。居三月，諸侯攻秦軍急，秦軍數卻，使者日至。秦王乃使人遣白起，不得留咸陽中。武安君既行，出咸陽西門十里，至杜郵。〔七〕秦昭王與應侯羣臣議曰：「白起之遷，其意尚怏怏不服，有餘言。」秦王乃使使者賜之劍自裁。〔八〕武安君引劍將自剄，曰：「我何罪于天，而至此哉？」良久曰：「我固當死。長平之戰，趙卒降者數十萬人，我詐而盡阬之，是足以死。」遂自殺。〔九〕武安君之死也，以秦昭王五十年十一月。死而非其罪，〔一〇〕秦人憐之，鄉邑皆祭祀焉。〔一一〕

〔一〕【考證】楓山、三條本「陵」上有「王」字。

〔二〕【考證】「秦復發兵」以下采中山策。

〔三〕【考證】徐孚遠曰：武安君不宜有後言，疑應侯爲之蜚語也。

〔四〕【正義】彊，其兩反。

〔五〕【考證】「秦軍多失亡」以下采中山策。

〔六〕【集解】徐廣曰：「屬安定。」【正義】如淳曰：「嘗有爵，而以罪奪爵者稱士伍。」顏師古曰：「謂奪其爵，令爲士伍，言使從士卒之伍。」【考證】秦本紀正義云「括地志云『陰密，古密須國』」，與此異。陰密故城在涇州鶉觚縣城西，即古陰密國，密康公國也。

〔七〕【索隱】按：故咸陽城在渭北。杜郵，今在咸陽城。【正義】說文云「郵，境上行舍」，道路所經過。今咸陽縣城，本秦之郵也，在雍州西北三十五里。

〔八〕【考證】自裁，楓山、三條本作「自刎」，御覽六百四十七作「自死」。

〔九〕【考證】中井積德曰：「自剄曰」云云，自居死罪者，乃所以明其無罪，與蒙恬同。愚按：秦策引甘羅言云「應侯欲伐趙，武安君難之，去咸陽七里，絞而殺之」，所傳不同。

〔一〇〕【考證】秦紀「十一月」作「十二月」。

〔一一〕【集解】何晏曰：「白起之降趙卒，詐而阬其四十萬，豈徒酷暴之謂乎！後亦難以重得志矣。向使衆人皆豫知降之必死，則張虛捲，猶可畏也，況於四十萬被堅執鋭哉！天下見降秦之將頭顱似山，歸秦之衆骸積成丘，則後日之戰，死當死耳，何衆肯服，何城肯下乎！是爲雖能裁四十萬之命，而適足以彊天下之戰，欲以要一朝之功，而乃更堅諸侯之守，故兵進而自伐其勢，軍勝而還喪其計。何者？設使趙衆復合，馬服更生，則後日之戰必非前日之對也，況今皆使天下爲後日乎！其所以終不敢復加兵於邯鄲者，非但憂平原君之補袒，患諸侯之捄至也，徒諱之而不言耳。若不悟而不諱，則毋所以遠智也，可謂善戰而拙勝。長平之事，秦民之十五以上者皆荷戟而向趙矣，秦王又親自賜民爵於河内。夫以秦之彊而十五以上死傷過半者，此爲破趙之功小，傷秦之敗大，又何以稱奇哉！若後之役成不豫其論者，則秦衆多矣，降者可致也；必不可致者，本自當戰殺，不當受降詐也。戰殺雖難，降殺雖易，然降殺之爲害，禍大於劇戰也。」【索隱】捲，音拳。袒，音濁莧反，字亦作「綻」。捄，音救。

王翦者，頻陽東鄉人也。〔一〕少而好兵，事秦始皇。始皇十一年，翦將攻趙閼與，破之，拔九城。〔二〕十八年，翦將攻趙。歲餘遂拔趙，趙王降，盡定趙地爲郡。明年，燕使荆軻爲賊於秦，秦王使王翦攻燕。燕王喜走遼東，翦遂定燕薊而還。〔三〕秦使翦子王賁擊荆，〔四〕荆兵敗。還擊魏，魏王降，遂定魏地。

〔一〕【索隱】地理志頻陽縣屬左馮翊，應劭曰「在頻水之陽也」。【正義】故城在雍州東同官縣界也。【考證】張文虎曰：起、翦同傳，不特其功相等，即其謝病事，亦先後一轍。它日再起將兵，其所以求自免者，用心良苦。蓋有鑒於起，然亦幸而無應侯之忌功耳。

〔二〕【正義】與，音預。

〔三〕【正義】薊，音計。

〔四〕【集解】徐廣曰：「秦諱『楚』，故云荆也。」【索隱】賁，音奔。

秦始皇既滅三晉，走燕王，而數破荆師。秦將李信者，年少壯勇，嘗以兵數千逐燕太子丹至於衍水中，卒破得丹，始皇以爲賢勇。於是始皇問李信：「吾欲攻取荆，於將軍度用幾何人而足？」〔一〕李信曰：「不過用二十萬人。」始皇問王翦。王翦曰：「非六十萬人不可。」始皇曰：「王將軍老矣，何怯也！李將軍果勢壯勇，其言是也。」〔二〕遂使李信及蒙恬將二十萬南伐荆。王翦言不用，因謝病，歸老於頻陽。李信攻平與，〔三〕蒙恬攻寢，〔四〕大破荆軍。信又攻鄢、郢，破之，〔五〕於是引兵而西，與蒙恬會城父。〔六〕荆人因隨之，三日三夜不頓舍，〔七〕大破李信軍，入兩壁，殺七都尉，秦軍走。

〔一〕**【考證】**御覽二百七十四「信」下有「曰」字，「攻」下無「取」字。

〔二〕**【集解】**徐廣曰：「勢，一作『新』。」**【考證】**張文虎曰：御覽引「勢」作「斷」，義長。「新」與「斷」同从「斤」而誤。

〔三〕**【集解】**音余。**【正義】**在預東北五十四里。**【考證】**通鑑「平與」作「平輿」。梁玉繩曰：與，「輿」之誤。平輿，汝南縣名。

〔四〕**【集解】**徐廣曰：「今固始寢丘。」**【索隱】**徐廣曰「固始寢丘」。固始縣屬淮陽。寢丘，地名也。**【正義】**今光州固始縣本寢丘，孫叔敖所封。**【考證】**梁玉繩曰：此前後三稱「蒙恬」，攷六國表及蒙恬傳，是時恬未爲將，當是「蒙武」之誤。愚按：御覽百五十九「寢」下有「丘」字。

〔五〕**【考證】**中井積德曰：先是白起既拔鄢、郢矣，不聞楚復之。此乃云攻鄢、郢，何也？蓋考烈王東徙，命壽春曰郢。唯「鄢」未審所謂。梁玉繩曰：「信又攻鄢郢破之」七字衍。

〔六〕**【索隱】**在汝南，即應鄉。**【正義】**言引兵而會城父，則是汝州郟城縣東父城者也。括地志云「汝州郟城縣東四十里有父城故城，即服虔云『城父楚北境』者也。又許州華縣東北四十五里亦有父城故城，即杜預云『襄城城父縣』者也。此二城父城之名耳，服虔城父是誤也。左傳及注水經云『楚大城城父，使太子建居之』。

十三州志云『太子建所居城父，謂今亳州城父是也』。此三家之説，是城父之名。地理志云潁川父城縣，沛郡城父縣，據縣屬郡，其名自分。古先儒多惑，故使其名錯亂。」

〔七〕【考證】頓，讀爲屯。漢書李廣傳「就善水草頓舍」，顏師古曰：「頓，止也。舍，息也。」

始皇聞之大怒，自馳如頻陽，見謝王翦曰：「寡人以不用將軍計，李信果辱秦軍。今聞荆兵日進而西，將軍雖病，獨忍弃寡人乎？」王翦謝曰：「老臣罷病悖亂，〔一〕唯大王更擇賢將。」始皇謝曰：「已矣，將軍勿復言。」王翦曰：「大王必不得已用臣，非六十萬人不可。」始皇曰：「爲聽將軍計耳。」〔二〕於是王翦將兵六十萬人，〔三〕始皇自送至灞上。王翦行，請美田宅園池甚衆。始皇曰：「將軍行矣，何憂貧乎？」王翦曰：「爲大王將，有功終不得封侯，故及大王之嚮臣，臣亦及時以請園池爲子孫業耳。」〔四〕始皇大笑。王翦既至關，使使還請善田者五輩。〔五〕或曰：「將軍之乞貸，亦已甚矣。」王翦曰：「不然。夫秦王怚而不信人。〔六〕今空秦國甲士而專委於我，〔七〕我不多請田宅爲子孫業以自堅，顧令秦王坐而疑我邪？」〔八〕

〔一〕【正義】罷，音皮。悖，音背。

〔二〕【考證】御覽二百七十四引史無「爲」字。

〔三〕【考證】御覽無「兵」字。

〔四〕【考證】御覽無「終」，「嚮」作「向」。凌氏評林引宛委餘編云「王翦曰『爲大王將，有功終不得封侯』。攷始皇二十六年琅邪臺銘『列侯武成侯王離，列侯通武侯王賁，倫侯建成侯趙亥，倫侯昌武侯成，倫侯武信侯馮毋擇』。以位次差之，王離在季父賁前，則離乃翦家孫襲翦爵者也。賁，蓋翦之次子，自以功封侯者也。所謂

『有功不封』，其時未定天下云爾。及剖符，而翦一子一孫爲功臣之首。又當時列侯二人，倫侯三人，凡封侯者僅五人，而李斯與蒙恬、李信不與焉，可謂嚴矣」。

〔五〕【集解】徐廣曰：「『善』，一作『菑』。」【索隱】謂使者五度請也。

〔六〕【集解】怚，音麄。徐廣曰：「一作『粗』。」【正義】徐廣曰：「一作『粗』。並音息故反。」

〔七〕【集解】徐廣曰：「『專』，亦作『摶』，又作『剸』。」

〔八〕【考證】御覽「顧」作「固」。王本、何本「邪」作「矣」。黃震曰：「王翦爲始皇伐楚，面請美田宅，既行，使使請美田者五輩。後有勸蕭何田宅自汙者，其計無乃出於此歟？」

王翦果代李信擊荊。〔一〕荊聞王翦益軍而來，乃悉國中兵以拒秦。王翦至，堅壁而守之，不肯戰。〔二〕荊兵數出挑戰，終不出。〔三〕王翦日休士洗沐，而善飲食撫循之，〔四〕親與士卒同食。久之，王翦使人問：「軍中戲乎？」對曰：「方投石超距。」〔五〕於是王翦曰：「士卒可用矣。」荊數挑戰，而秦不出，乃引而東。翦因舉兵追之，令壯士擊，大破荊軍。至蘄南，〔六〕殺其將軍項燕，荊兵遂敗走。秦因乘勝略定荊地城邑。歲餘，虜荊王負芻，竟平荊地爲郡縣。因南征百越之君。而王翦子王賁，與李信破定燕、齊地。

〔一〕【考證】楓山、三條本、御覽「果」作「東」，可從。

〔二〕【考證】楓山本「來」下有「也」。何焯曰：「王翦至，堅壁而守之，亞夫祖之，破吳、楚，即高祖之於黥布亦然也。」

〔三〕【考證】藝文類聚引史「數」下無「出」字。

〔四〕【考證】楓山、三條本「士」下有「卒」字。

〔五〕【集解】徐廣曰：「超，一作『拔』。」漢書云『甘延壽投石拔距，絶於等倫』。張晏曰：「『范蠡兵法飛石重十二斤，爲機發行三百步。延壽有力，能以手投之。拔距，超距也。』」【索隱】超距，猶跳躍也。【正義】超，跳躍也。距，木械也。出地若雞距然也。壯士跳躍走拔之。按：出與否，以定勝負也。【考證】中井積德曰：投石，力戲也。手投重石，競遠近爲輸贏也。超距亦力戲也。跳躍踰越，競其遠近高下爲輸贏也。

〔六〕【正義】徐州縣也。

秦始皇二十六年，盡并天下，王氏、蒙氏功爲多，名施於後世。

秦二世之時，王翦及其子賁皆已死，而又滅蒙氏。陳勝之反秦，秦使王翦之孫王離擊趙，圍趙王及張耳鉅鹿城。〔一〕或曰：「王離，秦之名將也。今將彊秦之兵，攻新造之趙，舉之必矣。」客曰：「不然。夫爲將三世者必敗。必敗者何也？必其所殺伐多矣，其後受其不祥。今王離已三世將矣。」居無何，項羽救趙，擊秦軍，果虜王離，王離軍遂降諸侯。〔二〕

〔一〕【正義】今邢州平鄉縣城本秦鉅鹿郡城也。

〔二〕【考證】此于傳末敘其後世之報，而以「或曰」、「客曰」問答發明之。敘事兼議論，亦一例也。

太史公曰：鄙語云「尺有所短，寸有所長」。〔一〕白起料敵合變，出奇無窮，聲震天下，然不能救患於應侯。王翦爲秦將，夷六國，當是時翦爲宿將，始皇師之，然不能輔秦建德，固其根本，〔二〕偷合取容，以至圽身。〔三〕及孫王離，爲項羽所虜，不亦宜乎！彼各有所短也。

〔一〕【考證】鄙語，古諺也。楚辭卜居篇「夫尺有所短，寸有所長」。

〔三〕【考證】楓山、三條本無「其」字。

〔三〕【集解】徐廣曰：「坳，音没。」【正義】坳，没也。【考證】中井積德曰：王翦一武人耳。始皇師之，亦就學兵事而已。翦無學術，又無治國之才。若仁義道德之説，未嘗經心也，乃欲以建國固本望之乎？又受命討伐，其立勳大矣，可謂能舉職奉公耳，曾無偷合取容之事。此等立論，並太史公之錯處。愚按：是其所以爲短，史公未嘗錯。

【索隱述贊】白起、王翦，俱善用兵。遞爲秦將，拔齊破荆。趙任馬服，長平遂阬。楚陷李信，霸上卒行。賁、離繼出，三代無名。

史記會注考證卷七十四

史記七十四

孟子荀卿列傳第十四

【索隱】按：序傳孟嘗君第十四，而此傳爲第十五，蓋後人差降之矣。【考證】史公自序云：「獵儒墨之遺文，明禮義之統紀，絶惠王利端，列往世興衰。作孟子荀卿列傳第十四。」張文虎曰：案：今序傳與今本次第同。漢書司馬遷傳亦同。桃源抄引蕉了自敘傳抄曰：「按：夫子春秋之教，一變爲嚴刑苛法，衛鞅之所以次弟子傳也。再變爲縱横之説，蘇、張、樗、甘之所以次商君也。三變以戰勝爲利，以併吞爲功，諸將之所以次遊説也。承于教變之後，復能説堯、舜、周、孔之道，孟子之所以接白、王也。」

太史公曰：余讀孟子書，至梁惠王問「何以利吾國」，未嘗不廢書而歎也。曰：嗟乎，利誠亂之始也！夫子罕言利者，常防其原也。故曰「放於利而行，多怨」。自天子至於庶人，好利之弊，何以異哉！〔一〕

〔一〕【考證】「梁惠王問『何以利我國』」，孟子梁惠王篇。「夫子罕言利」，論語子罕篇。「放於利而行多怨」，論語里仁篇。趙恒曰：讀孟子書，首揭孟子答梁惠利國之問，而合之於孔子罕言之旨，推尊孟子之意至矣。其時稷下諸儒尤多，而推尊孟子，使后人以孔、孟並稱者，自太史公始。受業子思之門人，師友淵源之出於孔子也。述唐、虞、三代之德，立身行道之出於孔子也。「退而與萬章」云云，著書立言之出於孔子也。至末言「豈與仲尼菜色」云云同乎哉」，困厄不遇之不異於孔子也。

孟軻，騶人也。〔一〕受業子思之門人。〔二〕道既通，游事齊宣王，宣王不能用。適梁，梁惠王不果所言，則見以爲迂遠而闊於事情。〔三〕當是之時，秦用商君，富國彊兵；楚、魏用吳起，戰勝弱敵；齊威王、宣王用孫子、田忌之徒，而諸侯東面朝齊。天下方務於合從連衡，以攻伐爲賢，而孟軻乃述唐、虞、三代之德，是以所如者不合。〔四〕退而與萬章之徒，序詩、書，述仲尼之意，作孟子七篇。〔五〕其後有騶子之屬。

〔一〕【索隱】軻，音苦何反，又苦賀反。鄒，魯地名。又云「邾」，邾人徙鄒故也。【正義】軻字子輿，爲齊卿。鄒，兗州縣。【考證】騶，一作「鄒」，本春秋邾國，後改號曰鄒。水經注以爲即孔子陬邑，非是。孟子亦曰「近于聖人之居」，不曰「與聖人同邑」。梁玉繩曰：案史不書孟子之字，趙岐題辭曰「字未聞」。考漢藝文志師古注引聖證論云「字子車」，王氏藝文志考證引傅子云「字子輿」。文選劉峻辨命論「子輿困臧倉之訴」，注亦引傅子云「鄒之君子孟子輿」。唐虞世南北堂書鈔引孟軻傳、荀子非十二子篇楊注並云「字子輿」。孔叢子雜訓云「孟子車」，注「一作『子居』」。據此則魏、晉以來始傳孟子之字，故正義著之。雖未詳其所得，要非無據，可補史遺。古「車」、「輿」通，如秦三良子車氏，史于秦紀、趙世家、扁鵲傳並作「子輿」，可驗。惟「居」字以音同而譌。顏師古急就篇注「孟子字子居」，廣韻「孟子居貧轗軻，故名軻，字子居」，疑非。

〔二〕【索隱】王劭以「人」爲衍字，則以爲軻受業孔伋之門也。今言門人者，乃受業於子思之弟子也。【考證】梁玉繩曰：孟子題辭曰「長師孔子之孫子思」。漢藝文志云「子思弟子」。孔叢雜訓云「孟子車請見，子思甚説其志」。又牧民、居衛篇有問答語。風俗通窮通篇云「軻受業於子思」。而史稱受業於子思門人。索隱引王劭謂「人」字衍，蓋以史爲誤也。然攷伯魚先夫子歿五載，子思當不甚幼。子思八十二卒。非六十二。姑以夫子歿時十歲計之，則卒于威烈王十八年。而赧王元年，齊伐燕，孟子猶及見之，其去子思之卒九十五年。孟子壽百餘歲，方與子思相接，恐孟子未必如是長年，則安得登子思之門，而親爲授受哉？且孟子言云「私淑諸人」，更是確證。史似得其實。中井積德曰：自孔子卒，至齊宣王百五十年。子思壽百歲，亦不得遭孟子誕期。

〔三〕【考證】梁玉繩曰：孟子游歷，史言先齊後梁。趙岐孟子注、風俗通窮通篇並同。古史從之。然年數不合，當從通鑑始游梁，繼仕齊爲是。通鑑蓋據列女傳母儀篇也。孫奕示兒編曰「七篇之書，以梁惠王冠首，以齊宣王之問繼其後，則先後有序可見矣。故列傳爲難信」。愚按：孟子游梁惠王後十五年，即周慎靚王元年。明年，惠王卒，襄王嗣位。孟子知其不足與爲，去梁游齊。顧炎武日知録、王懋竑白田草堂集、任兆麟孟子考、江慎修羣經補義、施樸齋孟子年譜、黄式三周季編略諸書論之詳矣。説又見魏世家。

〔四〕【考證】孟子最惡戰。其言曰：「今之事君者曰：『我能爲君約與國，戰必克。』今之所謂良臣，古之所謂民賊也。」又曰：「不教民而用之，謂之殃民。殃民者不容於堯、舜之世。」又曰：「不仁哉梁惠王也，以土地之故，糜爛其民而戰之。」又曰：「君不行仁政，而爲之强戰。争地以戰，殺人盈野。争城以戰，殺人盈城。是所謂率土地而食人肉，罪不容於死。故善戰者服上刑。」其惡攻伐如此，宜矣所如者不合。

〔五〕【索隱】孟子有萬章、公明高等，蓋並軻之門人也。萬姓，章名。【正義】孟子有萬章、公明高等。孟軻撰，趙岐注。又一本七卷，劉熙撰。又一本九卷，綦毋邃撰也。【考證】梁玉繩曰：七篇中言書凡二十九，援詩凡三十五，故稱「敍詩、書」。趙岐亦云「孟子言五經，尤長于詩、書」，隋書經籍志云「孟子十四卷，齊卿孟軻撰，趙岐注」，「孟子七卷，鄭玄注」，「孟子七卷，劉熙注」，「孟子九卷，綦毋邃撰，亡」。中井積德曰：公明高非孟子門人。注謬。

齊有三騶子。其前騶忌以鼓琴干威王，因及國政，封爲成侯，受相印，先孟子。〔一〕

〔一〕【正義】三騶，騶忌、衍、奭。【考證】騶忌事，見田敬仲世家。張文虎曰：中統、游、王、柯、毛本「騶」作「鄒」。

其次騶衍，後孟子。騶衍睹有國者益淫侈，不能尚德若大雅整之於身，施及黎庶矣，〔一〕乃深觀陰陽消息，而作怪迂之變，終始、大聖之篇，十餘萬言。〔二〕其語閎大不經，必先驗小物，推而大之，至於無垠，先序今以上至黃帝，學者所共術，大並世盛衰，〔三〕因載其機祥度制，推而遠之，至天地未生，窈冥不可考而原也。先列中國名山大川通谷，禽獸水土所殖，物類所珍，因而推之，及海外人之所不能睹，稱引天地剖判以來，五德轉移，治各有宜，而符應若茲。〔四〕以爲儒者所謂中國者，於天下乃八十一分居其一分耳。〔五〕中國名曰赤縣神州。赤縣神州內自有九州，禹之序九州是也，不得爲州數。中國外如赤縣神州者九，乃所謂九州也。於是有裨海環之，〔六〕人民禽獸莫能相通者，如一區中者，乃爲一州。如此者九，乃有大瀛海環其外，天地之際焉。〔七〕其術皆此類也。然要其歸，必止乎仁義節儉，君臣上下六親之施，始也濫耳。〔八〕王侯大人，初見其術，懼然顧化，〔九〕其後不能行之。

〔一〕【考證】大雅思齊篇云「刑于寡妻，至于兄弟，以御于家邦」。

〔二〕【正義】七録云「鄒子，鄒衍撰」，七略云「鄒子二種，合一百條，篇亡，今惟此，又似後人所記」。【考證】迂、訏通，大也，下文「迂大」之「迂」倣此。漢書藝文志陰陽家鄒子四十九篇，注「名衍，齊人，爲燕昭王師，居稷下，號談天衍」。鄒子終始五十六篇，七略曰「鄒子二種」者即此。沈欽韓曰：文選注劉向別録曰「鄒衍在燕，燕有谷，地美而寒，不生五穀。鄒子居之，吹律而温氣至，五穀生，今名黍谷。漢武帝時，嚴安上書，稱鄒子曰『政教文質者，所以云變也』」。周禮司爟注鄭司農説引鄹子與周書月令同。又曰：封禪書齊威、宣之時，騶子之徒，論著終始五德之運。及秦帝，而齊人采之，故始皇采用之。鹽鐵論論鄒篇「大夫曰：鄒子疾晚世之儒墨，不知天地之宏曠，守一隅而欲知萬方，於是推大聖終始之運，以喻王公列士。所謂中國者天下八十分之一，名曰赤縣神州，而分爲九。川谷阻絶，陵陸不通，乃爲一州。有八瀛海，環其外，此所謂八極」」。文學曰：鄒衍非聖人，作怪惑誤六國之君，春秋所謂『匹夫熒惑諸侯也』」。愚按：鄒子二書，今佚。馬國翰有輯本。

〔三〕【集解】並，音蒲浪反。【索隱】言其大體隨代盛衰，觀時而説事。【正義】並，蒲浪反。言大並依時浮沈而説事。【考證】術、述通。方苞曰：「大」當作「及」，傳寫誤也。蓋先序戰國，以上至黄帝事，爲學者所共稱述者，然後及並世盛衰也。中井積德曰：「大並」之「大」，謂大抵也。愚按：中説近是。

〔四〕【正義】五德，木火金水土。【考證】文選魏都賦注，應貞華林園集詩引七略云「鄒子有終始五德，言土德從所不勝，水德繼之，金德次之，火德次之，水德次之」。中井積德曰：五德肇于此，長流毒于後世。學者不知不覺，駸駸入于異端。

〔五〕【索隱】桓寬、王充以衍之所言迂怪虚妄，熒惑六國之君，因納其異説，所謂「匹夫而熒惑諸侯」者是也。【正義】鹽鐵論及論衡並以衍之所言迂怪虚妄，熒惑六國之君，因納其異説，所謂「匹夫而熒惑諸侯」者也。【考證】黃式三曰：桓寬鹽鐵論論鄒篇、王充論衡談天篇皆駁鄒衍之說。然今地球圓說，天下之大，過於鄒衍論，儒者未可毀所不見也。

〔六〕【索隱】裨，音脾。裨海，小海也。九州之外，更有大瀛海，故知此裨是小海也。且將有裨將，裨是小義也。

〔七〕【正義】言一州縣有裨海，環繞之。凡天下有九州，有大瀛海環繞其外，乃至天地之際也。

〔八〕【索隱】濫，即濫觴，是江源之初始，故此文意以濫爲初也。謂衍之術，言君臣上下六親之際，行事之所施所始，皆可爲後代之宗本，故云「濫」耳。【正義】六親：外祖父母，一；妻母，二；姨妹之子，三；兄弟子，四；從子，五；女之子，六。王弼云「父母兄弟妻子」。鄒子睹有國者益淫侈，不能尚德，須若大雅整之身，延及黎庶矣。乃作術，其終要歸乎仁義節儉、君臣上下六親之施。始，初也。猶泛濫未能周備，故云「濫」耳。若江源濫觴。【考證】顧炎武曰：濫者汎而無節之謂，猶莊子之洸洋自恣也。錢大昕曰：衍之說，始雖泛濫，而要歸于仁義節儉耳。司馬相如傳云「相如雖多虛辭濫說，然其要歸引之節儉」，語意正相類。

〔九〕【索隱】懼，音劬。謂衍之術，皆動人心，見者莫不懼然駐想，又內心留顧而已化之，謂欲從其術也。按：化者是易常聞而貴異術也。【正義】懼，俱遇反。王公大人見衍無不懼然念駐，欲顧其術以化民，其後亦不能行。【考證】中井積德曰：懼、瞿同，驚視貌。顧，反也。化，歸往之意。

是以騶子重於齊。適梁，惠王郊迎，執賓主之禮。適趙，平原君側行襒席。〔一〕如燕，昭王擁彗先驅，〔二〕請列弟子之座而受業，築碣石宮，身親往師之。〔三〕作主運。〔四〕其游諸侯見尊禮如此，豈與仲尼菜色陳、蔡，孟軻困於齊、梁同乎哉！〔五〕故武王以仁義伐紂而王，伯夷餓不食周粟；衛靈公問陳，而孔子不荅；梁惠王謀欲攻趙，孟軻稱大王去邠。〔六〕此豈有意阿世俗苟合而已哉！持方枘欲內圜鑿，其能入乎？〔七〕或曰，伊尹負鼎而勉湯以王，百里奚飯

牛車下而繆公用霸，作先合，然後引之大道。騶衍其言雖不軌，儻亦有牛鼎之意乎？〔八〕

〔一〕【索隱】按：字林曰「襒，音疋結反」。韋昭曰「敷蔑反」。張揖三蒼訓詁云「襒，拂也」。謂側而行，以衣襒席爲敬，不敢正坐當賓主之禮也」。【考證】文選注引説文「撆，拂也」。刺客傳「蔽席」。三字通用。

〔二〕【索隱】按：彗，帚也。謂爲之掃地以衣袂，擁帚而卻行，恐塵埃之及長者，所以爲敬也。【正義】彗，帚也。擁彗，則執帚曲腰掃也。言昭王向曲腰，若擁彗先驅之類。【考證】中井積德曰：襒席，爲除席塵也。擁篲，執賤役也。非實掃地。與漢太公擁篲迎門却行同。

〔三〕【正義】碣石宫在幽州薊縣西三十里寧臺之東。

〔四〕【索隱】按：劉向別録云鄒子書有主運篇。

〔五〕【索隱】按：仲尼、孟子法先王之道，行仁義之化，且菜色困窮，而鄒衍執詭怪，營惑諸侯，其見禮重如此，可爲長太息哉。【正義】孔子、孟子法先王之道，行仁義之化，且菜色困窮；鄒衍執詭怪，惑諸侯，反見尊禮。痛哉時君之無識也！

〔六〕【索隱】今按：孟子「太王去邠」是軻對滕文公語。今云梁惠王謀攻趙，與孟子不同。【考證】衛靈公問陳，論語衛靈公篇。孟軻稱大王去邠，孟子梁惠王篇。

〔七〕【索隱】按：方枘是筍也，圜鑿是孔也。謂工人斲木，以方筍而内之圜孔，不可入也。故楚詞云「以方枘而内圜鑿，吾固知其齟齬而不入」是也。謂戰國之時，仲尼、孟軻以仁義干世主，猶方枘圜鑿然。【考證】索隱引宋玉九辯。

〔八〕【索隱】按：呂氏春秋云「函牛之鼎，不可以亯雞」，是牛鼎言衍之術迂大，儻若大用之，是有牛鼎之意。而譙周亦云「觀太史公此論，是其愛奇之甚」。【正義】太史公見鄒衍之説怪迂詭辯，而合時君，疑衍若伊尹、百里奚先作牛鼎之意。【考證】李笠曰：作，同詐。謂先以詐術求合，然引之大道也。之，同至。張文虎曰：宋本、中統、游、淩「飯」作「飦」。顧炎武曰：「儻有牛鼎之意乎」，謂伊尹負鼎、百里奚飯牛之意，籍此說以干時君，非有仲尼、孟子守正不阿之論也。中井積德曰：太史公引或說以廣之，後人乃爭以罪太史公，何也？

自騶衍與齊之稷下先生〔一〕如淳于髡、慎到、環淵、〔二〕接子、〔三〕田駢、〔四〕騶奭之徒，各著書，言治亂之事，以干世主，豈可勝道哉！〔五〕

〔一〕【索隱】稷下，齊之城門也。或云稷下，山名，謂齊之學士集於稷門之下。

〔二〕【索隱】按：劉向別録「環」作姓也。

〔三〕【索隱】古著書人之稱號。

〔四〕【索隱】步堅、步經反二音。

〔五〕【正義】慎子十卷，在法家，則戰國時處士。接子二篇。田子二十五篇，齊人游稷下，號「天口」。接、田二人道家。騶奭十二篇，陰陽家。【考證】王念孫曰：「生」下「如」字，當移「自」下。自如者，統下之詞。稷下先生，即指淳于髡諸人而言。下文曰「自如淳于髡以下」，又曰「自如孟子至于吁子」。匈奴傳曰「自如左右賢王以下至當户」，皆以「自如」二字連文。田完世家曰「自如騶衍、淳于髡、田駢、接子、慎到、環淵之徒」，此尤其明證也。愚按：此文以騶衍爲主，遂及淳于、慎、環之徒也。原文自通，何必改作？文選宣德皇后令注引七略云「齊田駢好談論，故齊人爲語曰『天口駢』」。天口者，田駢子不可窮，其口若事天。

淳于髡，齊人也。博聞彊記，學無所主。其諫說，慕晏嬰之爲人也，〔一〕然而承意觀色爲務。客有見髡於梁惠王，惠王屏左右獨坐，而再見之，終無言也。惠王怪之，以讓客曰：「子之稱淳于先生，管、晏不及，〔二〕及見寡人，寡人未有得也。豈寡人不足爲言邪？何故哉？」客以謂髡，髡曰：「固也。吾前見王，王志在驅逐；後復見王，王志在音聲：吾是以默然。」〔三〕客具以報王，王大駭曰：「嗟乎，淳于先生誠聖人也！前淳于先生之來，人有獻善馬者，寡人未及視，會先生至。後先生之來，人有獻謳者，未及試，亦會先生來。寡人雖屏人，然私心在彼，有之。」〔四〕後淳于髡見，壹語連三日三夜無倦。惠王欲以卿相位待之，髡因謝去。於是送以安車駕駟，束帛加璧，黄金百鎰。終身不仕。〔五〕

〔一〕【考證】髡，齊人，故慕晏嬰也。今本晏子春秋首有諫上、諫下二篇。

〔二〕【考證】客，蓋齊人。楓、三本無「先」字。

〔三〕【考證】凌稚隆曰：此正承意觀色處。

〔四〕【索隱】謂私心實在彼馬與謳也。有之，謂我實有此二事也。【考證】中井積德曰：志在外者，起居輕躁，顔目不定，唯髡善察之不失。所謂觀色，是也。若夫音與驅，則髡之入門而獲於見聞者，不足以爲奇矣。

〔五〕【考證】張文虎曰：舊刊「壹」作「一」。梁玉繩曰：淳于髡豈終身不仕者！此言失實。沈家本曰：與下文「自淳于髡以下皆命曰列大夫」相牴牾。愚按：淳于髡事，又見田完世家、滑稽傳、孟子、呂覽、戰國策，蓋游齊、梁間者。

慎到，趙人。田駢、接子，齊人。環淵，楚人。皆學黄老道德之術，因發明序其指意。故慎到著十二論，環淵著上下篇，〔一〕而田駢、接子皆有所論焉。〔二〕

〔一〕【集解】徐廣曰：「今慎子，劉向所定，有四十一篇。」【考證】今本慎子，威德、因循、民雜、知忠、德立、君人諸篇殘缺極多。文選七發注引七略云「蜎子名淵，楚人也」。漢書藝文志「蜎子十三篇。名淵，楚人，老子弟子」。蜎、環，音近。

〔二〕【考證】漢書藝文志「田子二十五篇」。沈欽韓曰：莊子天下篇「田駢學於彭蒙」。按：尹文子大道下篇「田子讀書，彭蒙在側。田子曰『蒙之言然』。」又似彭蒙學於田子也。

騶奭者，齊諸騶子，亦頗采騶衍之術以紀文。〔一〕

〔一〕【考證】楓、三本諸「騶」下無「子」字。漢書藝文志「騶奭子十二篇」。

於是齊王嘉之，自如淳于髡以下皆命曰列大夫，爲開第康莊之衢，〔一〕高門大屋尊寵之。覽天下諸侯賓客，言齊能致天下賢士也。〔二〕

〔一〕【集解】爾雅曰：「四達謂之衢，五達謂之康，六達謂之莊。」【正義】言爲諸子起第宅於要路也。

〔二〕【考證】中井積德曰：覽，觀也，示也。謂使諸侯賓客覽觀之。

荀卿，趙人。〔一〕年五十，始來游學於齊。〔二〕騶衍之術，迂大而閎辯；奭也文具難施；淳于髡久與處，有得善言。故齊人頌曰：「談天衍，雕龍奭，炙轂過髡。」〔三〕田駢之屬皆已死齊襄王時，〔四〕而荀卿最爲老師。齊尚脩列大夫之缺，而荀卿三爲祭酒焉。〔五〕齊人或讒荀卿，荀卿乃適楚，而春申君以爲蘭陵令。〔六〕春申君死，而荀卿廢，因家蘭陵。〔七〕李斯嘗爲弟子，已而相秦。〔八〕荀卿嫉濁世之政，亡國亂君相屬，不遂大道而營於巫祝，信禨祥，鄙儒小拘如莊周等，又猾稽亂俗，於是推儒、墨、道德之行事興壞，序列數萬言而卒。因葬蘭陵。〔九〕

〔一〕【索隱】名況。卿者時人相尊而號爲卿也。仕齊爲祭酒，仕楚爲蘭陵令。後謂之孫卿子者，避漢宣帝諱改也。【考證】荀、孫，古音相通，故先秦諸書或曰「孫」，或曰「荀」。荀子書中亦有稱孫卿，「卿」蓋其字，猶虞卿、荆卿之類，不必尊稱。

〔二〕【考證】風俗通窮通篇云「齊威、宣之時，孫卿有秀才，年十五，始來游事。至襄王時，孫卿最爲老師」，郡齋讀書記引劉向序亦作「十五」。桃源藏曰：「曰五十始遊者，以見宿學之精熟也。若十五，則『始』字不通。唐書『高適年五十始作詩』。」

〔三〕【集解】徐廣曰：「炙轂，一作『亂諣』。」劉向別録曰：「騶衍之所言，五德終始，天地廣大，盡言天事，故曰『談天』。騶奭脩衍之文，飾若雕鏤龍文，故曰『雕龍奭』。」別録曰「過」字作「輠」。輠者車之盛膏器也。炙之，雖盡猶有餘流者。言淳于髡智不盡，如炙輠也。左思齊都賦注曰「言其多智難盡如炙膏之有潤澤也」。【索隱】按：劉向別録「過」字作「輠」。輠，車之盛膏器也。炙之雖盡猶有餘津，言髡智不盡如炙輠也。按：劉氏云「轂，衍字也」。今按：文稱「炙轂過」，則「過」是器名，音如字讀，謂盛脂之器名過。「過」與「鍋」字相近，蓋即脂器也。轂即車轂，過爲潤轂之物，則「轂」非衍字矣。【正義】諣，音化。亂諣，疾言也。【考證】中井積德曰：衍之術，一味迂闊，蕩蕩茫茫，如談天也。「談天」亦是比喻，非以其書言天事爲稱也。奭之「雕龍」，亦謂其不中用也。太史公既下語曰「迂大」，曰「難施」，何勞別解？愚按：文選宣德皇后令注引七略云「騶赫子齊人。齊人爲語曰『雕龍赫』」，言騶赫之術，文飾之若雕鏤龍文也」。赫、奭，音近。

〔四〕【索隱】襄王名法章，湣王子，莒人所立者。【考證】鄭當時傳「鄭君死孝文時」與此同一文法。是荀子游齊，在襄王既没之後。

〔五〕【索隱】按：禮食必祭先，飲酒亦然，必以席中之尊者一人當祭耳，後因以爲官名，故吴王濞爲劉氏祭酒，是也。而卿三爲祭酒者，謂荀卿出入前後三度處列大夫康莊之位，而皆爲其所尊，故云「三爲祭酒」也。

〔六〕【正義】蘭陵縣屬東海郡，今沂州承縣有蘭陵山。

〔七〕【考證】春申君卒，楚考烈王二十五年，秦始皇六年。梁玉繩曰：案楚策、韓詩外傳四、劉向荀子序、風俗通窮通篇並言春申君因客之説，使人謝荀卿，遂去之趙爲上卿。春申君又因客之説，使人請于趙，荀卿謝之以書，後不得已復爲蘭陵令。史不書其之趙，甚疎。至所謂春申死而荀卿廢者，指復爲蘭陵令時也。全祖望經史問答未檢及此，因疑荀子辭春申而去，及春申死，荀子以甘棠之舊，復游蘭陵而卒，未免臆説。愚按：張照亦有此説，引荀子賦篇爲證。

〔八〕【考證】又見李斯傳。荀子議兵篇載荀李問答。

〔九〕【考證】猾，滑通。毛本作「滑」。荀卿之卒，不知何年。荀子堯問篇云：「孫卿迫于亂世，鰌于嚴刑。上無賢主，下遇暴秦。」鹽鐵論毀學篇云：「方李斯之相秦也，始皇任之，人臣無二。然荀卿爲之不食，覩其罹不測之禍也。」據此，則李斯相秦之時，荀卿尚存。按史，斯之相，在秦并天下之後，距春申君之死廿四年，距齊襄王之死五十一年。是時荀子猶存，則亦長壽之人也。漢書藝文志云「孫卿子三十三篇」。沈欽韓曰：劉向上言云：「臣所校讎中孫卿書，凡三百二十二篇，以相校，除復重二百九十篇，定著三十二篇。」案：志云「三十三篇」，或連向敘歟？謝墉曰：荀子生孟子之後，最爲戰國老師。太史公作傳，論次諸子，獨以孟子、荀卿相提並論，蓋自周末歷秦、漢以來，孟、荀並稱久矣。小戴所傳三年問，全出禮論篇；樂記、鄉飲酒義所引俱出樂論篇；聘義「子貢問貴玉賤珉」，亦與德行篇大同。大戴所傳禮三本篇亦出禮論篇，以宥坐篇末「見大水」一則附之。「哀公問五義」出哀公篇之首。則知荀子所著載在二戴記者尚多，而本書或反缺佚。愚竊嘗讀其全書，而知荀子之學之醇正，文之博達，自四子而下，洵足冠冕羣儒，非一切名法諸家所可同類共觀也。嚴可均曰：荀子自是孟子以後第一人，非但傳禮傳樂也，又傳詩傳春秋。申公受詩于浮丘伯，浮丘伯荀子弟子，是魯詩荀子所傳也。韓詩外傳引荀子以説詩者四十餘事，是韓嬰亦荀子私淑弟子也。子夏五傳至荀子，荀子傳大毛公，見陸德明經典敘録。是毛詩亦荀子所傳也。荀子大略篇言春秋賢穆公善胥命，是爲公羊春秋之學。瑕丘江公受穀梁春秋及詩于申公，是穀梁春秋荀子所傳也。左丘明作傳以授曾申，曾申五傳至荀子，是左氏春秋荀子所傳也。劉向孫卿書録稱孫卿善爲詩、禮、易、春秋，今觀非相、大略二篇，是善爲易。古籍闕亡，其受授不得盡知也。孔子之道在六經，自尚書外皆由荀子得傳。愚按：嚴説本于汪中荀卿子通論。

而趙亦有公孫龍，爲堅白同異之辯，〔一〕劇子之言；〔二〕魏有李悝盡地力之教；〔三〕楚有尸子、長盧；〔四〕阿之吁子。〔五〕自如孟子至于吁子，世多有其書，故不論其傳云。

〔一〕【集解】晉太康地記云：「汝南西平縣有龍淵水，可用淬刀劍，特堅利，故有堅白之論云『黄所以爲堅也，白所以爲利也』。或辯之曰：『白所以爲不堅，黄所以爲不利』。」【索隱】按：即仲尼弟子名也。此云趙人，弟子傳作衛人，鄭玄云楚人，各不能知其真也。又下文云「並孔子同時，或曰『在其後』」，所以知非别人也。【正義】藝文志「公孫龍子十四篇」，顔師古云「即爲堅白之辯」。按：平原君傳騶衍同時。括地志云「西平縣，豫州西北百四十里，有龍淵水」也。【考證】公孫龍事又見平原君傳，與仲尼弟子公孫龍别人。下文或曰並孔子時，或曰在其後，專斥墨子而言。索隱謬甚。莊子駢拇篇云「駢於辯者，纍瓦結繩，竄句遊心於堅白同異之間」。堅白蓋堅石白馬之説也。同異，以同爲異，以異爲同也。今本公孫龍子有跡府、白馬、指物、通變、堅白、名實六篇。白馬篇云：「『白馬非馬，可乎？』曰：『可。』『何哉？』曰：『馬者所以命形也，白者所以命色也，命色者非命形也。』」堅白篇云「『堅白石三，可乎？』曰：『不可。』『二可乎？』曰：『可。』謂目視石，但見白，不知其堅，則謂之白石。手觸石，則知其堅，而不知其白，謂之堅石。堅白終不可合爲一也。」今本未必龍之舊，録以備考。

〔二〕【集解】徐廣曰：「按：應劭氏姓注直云『處子』也。」【索隱】按：著書之人姓劇氏而稱子也，前史不記其名也，故趙有劇孟及劇辛也。【正義】趙有劇孟、劇辛，是有劇姓。而史記不記其名。徐廣曰：「應劭氏姓注直云『處子』也。」藝文志云「劇子九篇」。【考證】沈濤曰：漢書藝文志「處子九篇」，師古曰：「史記云『趙有處子』」，則是小顔所見本作「處」不作「劇」。元和姓纂引風俗通「漢處興爲北郡太守」。王應麟曰：蓋處子之後。史記集解引徐廣曰「應劭氏姓注云『處子』」，是徐野民所見本亦作「處」不作「劇」。作「劇」者乃小司馬、張守節本。姓纂八語處姓、二十陌劇姓，皆引藝文志。豈漢書本亦有「處」、「劇」之不同乎？

〔三〕【正義】藝文志：「李子三十二篇。李悝相魏文侯，富國彊兵。」【考證】貨殖傳云「當魏文侯時，李克務盡地力」。平準書云「魏用李克盡地力爲彊君」。王應麟曰：以藝文志考之，李克七篇在儒家。李悝三十二篇在法家。盡地力者悝也，非克也。愚按：李克事又見魏世家、吳起列傳，未嘗言盡地力之事。說又見平準書。

〔四〕【集解】劉向別録曰：「楚有尸子，疑謂其在蜀。今按：尸子書，晉人也，名佼，秦相衛鞅客也。衛鞅商君謀事書計，立法理民，未嘗不與佼規之也。商君被刑，佼恐并誅，乃亡逃入蜀，自爲造此二十篇書，凡六萬餘言。卒，葬蜀。」【索隱】按：尸子名佼，音絞，晉人。事具別録。長盧未詳。【正義】長盧九篇，楚人。【考證】尸子今佚。孫星衍剌取書傳，輯爲二卷。長盧之書亦不傳。列子天瑞篇引長廬子，或是同人。

〔五〕【集解】徐廣曰：「阿者，今之東阿。」【索隱】阿，齊之東阿也。吁，音芈。別録作「芈子」，今「吁」亦如字也。【正義】按：東齊州也。藝文志云「吁子十八篇，名嬰，齊人，七十子之後」。顏師古云音弭。按：是齊人，阿又屬齊，恐顏公誤也。【考證】「阿」上疑脱「齊有」二字。其書今佚。張文虎曰：疑「吁」字本或作「哶」。故小司馬音芈，師古音弭。「哶」即「芈」之俗字，見玉篇。

蓋墨翟宋之大夫，善守禦爲節用。〔一〕或曰「並孔子時」，或曰「在其後」。〔二〕

〔一〕【集解】墨子曰：「公輸般爲雲梯之械成，將以攻宋。墨子聞之，至於郢，見公輸般。墨子解帶爲城，以牒爲械。公輸般九設攻城之機變，墨子九距之。公輸般之攻械盡，墨子之守固有餘。公輸般詘而言曰：『吾知所以距子矣，吾不言。』墨子亦曰：『吾知子之所以距我者，吾不言。』楚王問其故。墨子曰：『公輸子之意，不過欲殺臣。殺臣，宋莫能守，可攻也。然臣之弟子禽滑釐等三百人，已持臣守國之器在宋城上，而待楚寇矣。雖殺臣不能絶也。』楚王曰：『善哉，吾請無攻宋城矣！』」【索隱】注「爲雲梯之械」者，按：梯，構木瞰高也。雲者，言其昇高入雲，故曰「雲梯」。械者器也。謂攻城之樓櫓也。注「墨子解帶爲城」者，謂墨子爲術，解身上革帶以爲城也。注「以牒爲械」者，按：牒者，小木札也。械者，樓櫓等也。注「公輸般之攻械盡」者，劉氏云「械謂飛梯、撞車、飛石車弩之具」。詘，音丘勿反。謂般技已盡，墨守有餘。禽滑釐者，墨子弟子之姓字也。釐，音里。【考證】「蓋」字上疑有脱文。畢沅曰：墨子七十一篇，見漢藝文志。隋以來爲十五卷目一卷，見隋經籍志。宋亡九篇，爲六十一篇，見中興館閣書目。實六十三篇，後又亡十篇，爲五十三篇，即今本也。淮南子氾論訓云「弦歌鼓舞以爲樂，盤旋揖讓以修禮，厚葬久喪以送死，孔子之所立也，而墨子非之。兼愛尚賢，右鬼非命，墨子之所立也，而楊子非之。全性保真，不以物累形，楊子之所立也，而孟子非之」。

〔二〕【索隱】按：别録云「今按墨子書有文子，文子即子夏之弟子，問於墨子」。如此則墨子在七十子之後也。【考證】「或曰」二句，專就墨子而言。孫(貽)〔詒〕讓曰：以今五十三篇之書推校之，墨子前及與公輸般、魯陽文子相問答，而後及見齊太公和與齊康公興樂，楚吴起之死，上距孔子之卒幾及百年，則墨子之後孔子蓋信。審覈前後約略計之，墨子當與子思並時，而生年尚在其後。當生於周定王之初年，而卒於安王之季，蓋八九十歲，亦壽考矣。其仕宋，蓋當昭公之世。凌約言曰：太史公略敘孟子遊説不遇，退而著書，即開説當時餘子之紛紛，然後結以荀卿之尊孔子明王道。及其名傳，獨以孟、荀，而餘子不與焉。其布置之高，旨意之深，卓乎不可尚矣。

【索隱述贊】六國之末，戰勝相雄。軻遊齊、魏，其説不通。退而著述，稱吾道窮。蘭陵事楚，騶衍談空。康莊雖列，莫見收功。

史記會注考證卷七十五

孟嘗君列傳第十五　　史記七十五

【考證】史公自序云：「好客喜士，士歸于薛，爲齊扞楚、魏。作孟嘗君列傳第十五。」陳仁錫曰：太史公作四君序，具見好客意。孟嘗則曰「以故傾天下之士」，平原則曰「故爭相傾以待士」，信陵則曰「傾平原君客」，春申則曰「招致賓客，以相傾奪」。愚按：四君以類敍列，以見當時風尚，不關年代先後。

孟嘗君名文，姓田氏。文之父曰靖郭君田嬰。田嬰者，齊威王少子，而齊宣王庶弟也。〔一〕田嬰自威王時任職用事，與成侯鄒忌及田忌將而救韓伐魏，〔二〕成侯與田忌爭寵，成侯賣田忌。田忌懼，襲齊之邊邑，不勝亡走。會威王卒，宣王立，知成侯賣田忌，乃復召田忌以爲將。〔三〕宣王二年，田忌與孫臏、田嬰俱伐魏，敗之馬陵，虜魏太子申，而殺魏將龐涓。〔四〕宣王七年，田嬰使於韓、魏，韓、魏服於齊。嬰與韓昭侯、魏惠王會齊宣王東阿南，盟而去。〔五〕明年，復與梁惠王會甄。〔六〕是歲，梁惠王卒。〔七〕宣王九年，田嬰相齊。齊宣王與魏襄王會徐州，而相王也。〔八〕楚威王聞之，怒田嬰。〔九〕明年，楚伐敗齊師於徐州，而使人逐田嬰。田嬰使張丑説楚威王，威王乃止。田嬰相齊十一年，宣王卒，湣王即位。即位三年，而封田嬰於薛。〔一〇〕

〔一〕【索隱】按：戰國策及諸書並無此言，蓋諸田之別子也，故戰國策每稱「嬰子」、「盼子」，高誘注云「田盼」、「田嬰」也。王劭又按：戰國策云「齊貌辯謂宣王曰：『王方爲太子時，辯謂靖郭君不若廢太子更立郊師，靖郭君不忍。』宣王太息曰：『寡人少，殊不知。』」以此言之，嬰非宣王弟明也。

〔二〕【考證】梁玉繩曰：此指齊威王二十六年桂陵之役，是救趙，非救韓也。且成侯不與田忌同將，田完世家甚明。當是田嬰與田忌將而救趙伐魏耳，此誤。

〔三〕【考證】事又見田完世家。梁玉繩曰：案田忌之亡在宣王二年，不在威王時，亦無襲齊復召之事。説在田完世家。

〔四〕【索隱】紀年當梁惠王二十八年，至三十六年改爲後元也。【考證】事又見魏世家、孫臏傳。張文虎曰：索隱「六」誤「二」，據魏世家索隱引紀年改。

〔五〕【索隱】紀年當惠王之後元十一年。彼文作「平阿」。又云「十三年，會齊威王于鄄」，與此明年齊宣王與梁惠王會鄄文同。但齊之威、宣二王，文舛互並不同。【正義】東阿，濟州縣也。【考證】梁玉繩曰：案表及魏與田完世家會平阿南，非東阿也，索隱引紀年亦作「平阿」。而平阿之會止魏、齊二王，無韓昭侯，此皆誤。

〔六〕【集解】音絹。

〔七〕【考證】惠王是年改元，非卒也。説在魏世家。

〔八〕【正義】紀年云梁惠王三十年，下邳遷于薛，改名徐州。【考證】是時無相王事，會又不止齊、魏二國。「襄」當作「惠」，說在魏世家。

〔九〕【考證】梁玉繩曰：此語不可解。將謂聞田嬰相齊而怒乎？抑聞相王而怒乎？攷是時，齊說越令攻楚，故威王怒而伐齊，楚世家所云「齊欺楚」也，則不必專怒嬰子。又齊策載有齊將封嬰于薛，楚懷王聞之大怒，將伐齊，公孫閈說之而罷，乃後此十四年事，則不得稱威王怒。蓋史之誤。

〔一〇〕【索隱】紀年以爲梁惠王後元十三年四月，齊威王封田嬰于薛。十月齊城薛。十四年，薛子嬰來朝。十五年，齊威王薨，嬰初封彭城。皆與此文異也。【正義】薛故城在今徐州滕縣南四十四里也。【考證】宣王後十三四年始卒，史誤爲湣王之年，故以封嬰在湣王世。說在田完世家。薛故城在山東滕縣南。方苞曰：田嬰事多田齊世家，而復詳之，著受封之始也，然終傷於繁矣。

初田嬰有子四十餘人，其賤妾有子名文，文以五月五日生。嬰告其母曰：「勿舉也。」其母竊舉生之。〔一〕及長，其母因兄弟而見其子文於田嬰。田嬰怒其母曰：「吾令若去此子，而敢生之，何也？」〔二〕文頓首，因曰：「君所以不舉五月子者何故？」嬰曰：「五月子者，長與户齊，將不利其父母。」〔三〕文曰：「人生受命於天乎？將受命於户邪？」嬰默然。文曰：「必受命於天，君何憂焉？必受命於户，則可高其户耳，誰能至者！」嬰曰：「子休矣。」

〔一〕【索隱】按：上「舉」謂初誕而舉之，下「舉」謂浴而乳之。生，謂長養之也。【考證】楓山、三條本及御覽二十一無「五日」二字。

〔二〕【考證】御覽無「其母」字，「因」下有「其」字，「敢」上無「而」字。

〔三〕【索隱】按：風俗通云「俗說五月五日生子，男害父，女害母」。【正義】俗說五月五日生子，男害父，女害母。

久之，文承閒問其父嬰曰：「子之子爲何？」曰：「爲孫。」「孫之孫爲何？」曰：「爲玄孫。」「玄孫之孫爲何？」曰：「不能知也。」〔一〕文曰：「君用事相齊，至今三王矣，〔二〕齊不加廣，而君私家富累萬金，門下不見一賢者。文聞將門必有將，相門必有相。〔三〕今君後宮蹈綺縠，而士不得裋褐，〔四〕僕妾餘粱肉，而士不厭糟糠。今君又尚厚積餘藏，欲以遺所不知何人，〔五〕而忘公家之事日損，文竊怪之。」於是嬰迺禮文，使主家待賓客。賓客日進，名聲聞於諸侯。諸侯皆使人請薛公田嬰以文爲太子，嬰許之。嬰卒，諡爲靖郭君。〔六〕而文果代立於薛，是爲孟嘗君。

〔一〕**【索隱】**按：爾雅云「玄孫之子爲來孫，來孫之子爲昆孫，昆孫之子爲仍孫，仍孫之子爲雲孫」。又有耳孫，亦是玄孫之子，不同也。**【考證】**索隱可削。凌稚隆曰：不能知也，伏後「遺所不知」。

〔二〕**【考證】**三王，威王、宣王、湣王。

〔三〕**【考證】**將、相，韻。

〔四〕**【索隱】**短亦音豎。豎褐，謂褐衣而豎裁之，以其省而便事也。**【考證】**裋，各本作「短」，今從楓山、三條本。陳仁錫曰：今本「裋」作「短」，誤。張文虎曰：據索隱，「短」本作「裋」，故音豎。愚按：裋，小襦也。

〔五〕**【索隱】**遺，音唯季反。猶言不知欲遺與何人也。**【考證】**遺所不知何人，承上文「不能知」。

〔六〕**【集解】**皇覽曰：「靖郭君冢在魯國薛城中東南陬。」**【索隱】**按：謂死後別號之曰「靖郭」耳，則「靖郭」或封邑號，故漢齊王舅父駟鈞封靖郭侯是也。陬，音鄒，亦音緅。陬者城隅也。**【正義】**靖郭君，邑名，蓋卒後賜邑號。**【考證】**中井積德曰：靖郭地名，而爲封號，是生時之號，非死後之諡。下文孟嘗君可併攷。崔適曰：

謚猶號也。謚爲靖郭君，謚爲孟嘗君，猶號爲綱成君，號爲馬服君之比。

孟嘗君在薛，招致諸侯賓客及亡人有罪者，皆歸孟嘗君。孟嘗君舍業厚遇之，〔一〕以故傾天下之士。食客數千人，無貴賤一與文等。〔二〕孟嘗君待客坐語，〔三〕而屏風後常有侍史，主記君所與客語，問親戚居處。客去，孟嘗君已使使存問獻遺其親戚。孟嘗君曾待客夜食，有一人蔽火光。客怒，以飯不等，輟食辭去。〔四〕孟嘗君起，自持其飯比之。客慚，自剄。士以此多歸孟嘗君。孟嘗君客無所擇，皆善遇之。人人各自以爲孟嘗君親己。

〔一〕【索隱】按：舍業者，捨棄其家產業，而厚事賓客也。劉氏云：「舍，音赦。謂爲之築舍立居業也。」【考證】舍業，索隱前說長。

〔二〕【考證】御覽四百七十五「文」作「之」。王念孫曰：「之」字指食客言，非指孟嘗君言。上文曰「文果代立於薛，是爲孟嘗君」，自此以下，則皆稱孟嘗君，而不稱文。此句獨稱文，則與上下文不合，故知「文」爲「之」字之誤也。陳臥子曰：觀馮驩有幸代舍之遷，則孟嘗君之待客本不等，何得云「無貴賤」？

〔三〕【考證】楓山、三條本「待」作「侍」，下文「待客」之「待」亦作「侍」。

〔四〕【考證】御覽八百五十「有」下無「一」字，「以」下有「爲」字。

秦昭王聞其賢，乃先使涇陽君爲質於齊，以求見孟嘗君。〔一〕孟嘗君將入秦，賓客莫欲其行，諫不聽。蘇代謂曰：「今旦代從外來，見木禺人與土禺人相與語。〔二〕木禺人曰：『天雨，子將敗矣。』土禺人曰：『我生於土，敗則歸土。今天雨，流子而行，未知所止息也。』今秦，虎狼之國也，而君欲往，如有不得還，君得無爲土禺人所笑乎？」孟嘗君乃止。〔三〕

〔一〕【考證】涇陽君，昭王同母弟公子悝。「齊」下「以」，楓山、三條本作「亦」。

〔二〕【索隱】禺，音偶，又音寓。謂以土木爲之偶，類於人也。蘇代以土偶比涇陽君，木偶比孟嘗君也。【考證】齊策以爲蘇秦語。張文虎曰：禺，索隱本「禺」，各本作「偶」。讀書雜志云「封禪書『木禺龍』，後漢書劉表傳『其猶木禺之於人也』，是『偶』古通作『禺』」。愚按：楓山、三條本作「耦」。又按：木偶、土偶之喻，專就孟嘗而言。中井積德曰：涇陽在齊，亦土偶，且非説所及。索隱謬甚。

〔三〕【考證】「孟嘗君將入秦」以下本齊策。

齊湣王二十五年，復卒使孟嘗君入秦，昭王即以孟嘗君爲秦相。〔一〕人或説秦昭王曰：「孟嘗君賢而又齊族也，今相秦，必先齊而後秦，秦其危矣。」於是秦昭王乃止。囚孟嘗君，謀欲殺之。〔二〕孟嘗君使人抵昭王幸姬求解。〔三〕幸姬曰：「妾願得君狐白裘。」〔四〕此時孟嘗君有一狐白裘，直千金，天下無雙，入秦，獻之昭王，更無他裘。孟嘗君患之，偏問客，莫能對。最下坐有能爲狗盜者，曰：「臣能得狐白裘。」乃夜爲狗以入秦宮藏中，〔五〕取所獻狐白裘至，以獻秦王幸姬。幸姬爲言昭王，昭王釋孟嘗君。孟嘗君得出，即馳去，更封傳，變名姓，以出關。〔六〕夜半至函谷關。〔七〕秦昭王後悔出孟嘗君，求之，已去，即使人馳傳逐之。孟嘗君至關，關法，雞鳴而出客，孟嘗君恐追至，客之居下坐者有能爲雞鳴，而雞盡鳴，〔八〕遂發傳出。出如食頃，秦追果至關，已後孟嘗君出，乃還。始孟嘗君列此二人於賓客，賓客盡羞之，及孟嘗君有秦難，卒此二人拔之。自是之後，客皆服孟嘗君。

〔一〕【考證】齊湣二十五年，即秦昭八年。而秦紀云「昭襄王九年，孟嘗君薛文來相秦。十年，薛文以金受免」，與此差一年。

〔二〕【考證】楓山、三條本及御覽六百七十四「乃」下無「止」字，此疑衍。

〔三〕【索隱】抵，音丁禮反。按：抵，謂觸冒而求之也。【考證】抵，至也。

〔四〕【集解】韋昭曰：「以狐之白毛爲裘，謂集狐腋之毛，言美而難得者。」

〔五〕【正義】藏，在浪反。

〔六〕【索隱】更者，改也。改前封傳而易姓名，不言是孟嘗之名。封傳，猶今之驛券。

〔七〕【正義】關在陝州桃林縣西南十二里。

〔八〕【考證】而雞，藝文類聚作「羣雞」，白氏六帖作「衆雞」。陳仁錫曰：一本「盡」作「齊」。

過趙，趙平原君客之。趙人聞孟嘗君賢，出觀之，皆笑曰：「始以薛公爲魁然也，今視之，乃眇小丈夫耳。」孟嘗君聞之，怒。客與俱者下，斫擊殺數百人，遂滅一縣以去。〔一〕

〔一〕【考證】邵泰衡曰：孟嘗聲聞諸侯，傾天下士。「眇小」一語，何至殺人滅縣乎？即曰「客」也，文獨不禁之乎？且以齊嘗而滅趙縣乎？

齊湣王不自得，以其遣孟嘗君。〔一〕孟嘗君至，則以爲齊相任政。

〔一〕【索隱】不自德，是愍王遣孟嘗君，自言己無德故也。【正義】言自嫌無德而遣孟嘗。【考證】索隱、正義本「得」作「德」。德亦讀爲得。不自得，自以爲失，其心不安也。遣，遣孟嘗於秦也。

孟嘗君怨秦，將以齊爲韓、魏攻楚，因與韓、魏攻秦，而借兵食於西周。〔一〕蘇代爲西周謂曰：〔二〕「君以齊爲韓、魏攻楚九年，取宛、葉以北，以彊韓、魏，〔三〕今復攻秦以益之，韓、魏南無楚憂，西無秦患，則齊危矣。韓、魏必輕齊畏秦，臣爲君危之。君不如令敝邑深合於秦，而君無攻，又無借兵食。君臨函谷而無攻，令敝邑以君之情謂秦昭王曰『薛公必不破秦以彊韓、魏，其攻秦也，欲王之令楚王割東國以與齊，〔四〕而秦出楚懷王以爲和』。〔五〕君令敝邑以此惠秦，〔六〕秦得無破而以東國自免也，秦必欲之。楚王得出，必德齊。齊得東國益彊，而薛世世無患矣。秦不大弱，而處三晉之西，三晉必重齊。」薛公曰：「善。」〔七〕因令韓、魏賀秦，使三國無攻，而不借兵食於西周矣。〔八〕是時楚懷王入秦，秦留之，故欲必出之。秦不果出楚懷王。〔九〕

〔一〕**【集解】**徐廣曰：「年表曰韓、魏、齊共擊秦，軍於函谷。」

〔二〕**【索隱】**戰國策作「韓慶爲西周謂薛公」。

〔三〕**【正義】**宛在鄧州，葉在許州。二縣以北，舊屬楚，二國共没以入韓、魏。**【考證】**「九年」下，策有「而」字。梁玉繩曰：此仍西周策之誤。時爲赧王十七年，齊與韓、魏攻秦，而齊于前三年共秦、韓、魏攻楚，于前五年與韓、魏伐楚。則言「九年」非也。取宛、葉亦妄。愚按：鮑彪策注既有此説。

〔四〕**【正義】**東國，齊、徐夷。**【考證】**凌稚隆曰：正義「齊」疑當作「楚」。

〔五〕**【考證】**陳仁錫曰：「昭王」「昭」字、「懷王」「懷」字當削。

〔六〕**【考證】**楓山、三條本「惠」作「忠」，與策合。

〔七〕【考證】文例，「薛公」當作「孟嘗君」，蓋襲策文。

〔八〕【考證】「孟嘗君怨秦」以下采西周策。「令韓魏賀秦」，策作「韓慶入秦」，是也。恩田仲任曰：太史公誤認「慶」字，改作「韓魏賀秦」。梁玉繩曰：時三國伐秦，不攻已幸，尚何賀哉？

〔九〕【考證】徐孚遠曰：三國兵已罷，秦人失信，欲留楚王以制楚人。

孟嘗君相齊，其舍人魏子〔一〕爲孟嘗君收邑入，〔二〕三反而不致一入。孟嘗君問之，對曰：「有賢者，竊假與之，以故不致入。」孟嘗君怒而退魏子。居數年，人或毁孟嘗君於齊湣王曰：「孟嘗君將爲亂。」及田甲劫湣王，湣王意疑孟嘗君，孟嘗君迺奔。〔三〕魏子所與粟賢者聞之，乃上書言孟嘗君不作亂，請以身爲盟，遂自剄宫門，以明孟嘗君。〔四〕湣王乃驚而蹤跡驗問，孟嘗君果無反謀，乃復召孟嘗君。孟嘗君因謝病歸老於薛，湣王許之。〔五〕

〔一〕【索隱】舍人官微，記姓而略其名，故云魏子。【考證】中井積德曰：魏子不名，失之耳。

〔二〕【索隱】收其國之租税也。

〔三〕【集解】徐廣曰：「湣王三十四年，田甲劫王，薛文走。」【考證】寬永本標記云「一本無『疑』字」。王念孫曰：「意」下本無「疑」字。意孟嘗君者，疑其使田甲劫王也。意即疑也。後人不知意之訓爲疑，故又加「疑」字耳。御覽人事部引此無「疑」字。

〔四〕【考證】楓山、三條本「君」下有「不亂」二字。

〔五〕【考證】唐順之曰：魏子、馮驩，豈一事而傳聞異邪？張照曰：晏子北郭騷事亦大同小異。蓋戰國時習如此，則流言亦如此，舉不足信也。

其後秦亡將呂禮相齊，〔一〕欲困蘇代。代乃謂孟嘗君曰：「周冣於齊至厚也，〔二〕而齊王逐之，而聽親弗〔三〕相呂禮者，欲取秦也。〔四〕齊、秦合，則親弗與呂禮重矣。有用齊，秦必輕君。〔五〕君不如急北兵趨趙以和秦、魏，收周冣以厚行，且反齊王之信，〔六〕又禁天下之變。〔七〕齊無秦，則天下集齊，親弗必走，則齊王孰與爲其國也！」〔八〕於是孟嘗君從其計，而呂禮嫉害於孟嘗君。

〔一〕【考證】穰侯傳「魏冉相秦，欲誅呂禮，呂禮走齊」。據秦紀，事在秦昭十二年。

〔二〕【正義】周冣，周之公子。【考證】冣，音驟。

〔三〕【集解】親弗，人姓名。【索隱】親，姓。弗，名也。戰國策作「祝弗」，蓋「祝」爲得之。

〔四〕【考證】橫田惟孝曰：言齊逐冣而相禮者，欲因禮以取秦之交也。

〔五〕【考證】「有用」上下疑有誤脱。策作「有周」，亦不可解。陳仁錫以「齊」字屬上讀，云言親弗、呂禮二人用於齊也。安井衡亦云：言弗與禮有用齊，秦必輕田文。參存。

〔六〕【索隱】周冣本厚於齊，今欲逐之而相秦之亡將。蘇代謂孟嘗君，令齊收周冣以自厚其行，又且得反齊王之有信，以不逐周冣也。

〔七〕【索隱】變，謂齊、秦合則親弗、呂禮用，用則秦、齊輕孟嘗也。【考證】恩田仲任曰：以厚行，齊王逐周冣，孟嘗君今收之，是厚行也。齊用呂禮，以與秦合取信，今反之，使不合也。安井衡曰：信，猶約也。中井積德曰：天下之變，指他日攻伐之事也，非前事。註當削。

〔八〕【正義】親弗相呂禮，欲合齊、秦。若齊、秦不合，天下之從集歸於齊，親弗必走去齊。【考證】「謂孟嘗君曰」

以下采東周策。但策不曰蘇代。孰與爲其國，言必重孟嘗也。

孟嘗君懼，乃遺秦相穰侯魏冄書曰：〔一〕「吾聞秦欲以呂禮收齊，齊，天下之彊國也，子必輕矣。〔二〕齊、秦相取，以臨三晉，呂禮必并相矣，是子通齊以重呂禮也。〔三〕若齊免於天下之兵，其讎子必深矣。〔四〕子不如勸秦王伐齊。齊破，吾請以所得封子。〔五〕齊破，秦畏晉之彊，秦必重子以取晉。〔六〕晉國敝於齊而畏秦，晉必重子以取秦。是子破齊以爲功，挾晉以爲重；是子破齊定封，秦、晉交重子。若齊不破，呂禮復用，子必大窮。」〔七〕於是穰侯言於秦昭王伐齊，而呂禮亡。〔八〕

〔一〕**【考證】**梁玉繩曰：秦策作「薛公爲魏謂魏冉」，則非嫉呂禮而遺書也。但孟嘗號賢公子，豈有召虎狼之秦，返兵内嚮，屠滅宗邦哉？此必因孟嘗有奔魏事，遂構爲之言，乃國策之妄，史公誤信之耳。

〔二〕**【考證】**收，猶取也，合也。徐孚遠曰：呂禮亡秦，必與穰侯有郤。若見用於齊，亦穰侯所嫉也。

〔三〕**【考證】**策「通」作「收」。

〔四〕**【考證】**岡白駒曰：齊得秦援而免於天下之兵，則呂禮之功多矣。呂禮與子有郤，得志於齊，必惡子於齊。故齊讎子深矣。

〔五〕**【考證】**中井積德曰：破齊，是田文不臣之甚者，所謂戎首是也。黃式三曰：孟嘗君遺魏冄書，在去齊相魏之時，意矢在弦上不得不發乎？而以樂毅不謀燕例之，義士猶以爲非矣。若史記孟嘗君傳遺魏冄書在未適魏之前，則大謬也。

〔六〕**【考證】**策「齊破」下有「晉彊」二字。取，猶收也。下同。

〔七〕**【考證】**「孟嘗君懼」以下采秦策。

〔八〕【考證】梁玉繩曰：案秦紀，伐齊在昭王廿二年，呂禮歸秦在昭王十九年。此言秦伐齊而呂禮亡，蓋仍遺秦相書之妄，而不自知其戾也。

後齊湣王滅宋，益驕，欲去孟嘗君。孟嘗君恐，迺如魏。魏昭王以爲相，西合於秦，趙與燕共伐破齊。〔一〕齊湣王亡在莒，遂死焉。齊襄王立，而孟嘗君中立於諸侯，無所屬。〔二〕齊襄王新立，畏孟嘗君，與連和，復親薛公。文卒，謚爲孟嘗君。〔三〕諸子爭立，而齊、魏共滅薛。孟嘗絕嗣，無後也。

〔一〕【考證】梁玉繩曰：孟嘗奔魏有之。故魏策載孟嘗爲魏借燕、趙兵退秦師一章，若相魏，是妄也。知者，年表、世家皆不書其事，即國策亦無明文。而魏世家取國策「太子自相」一節，則薛公之不相魏，明甚。蓋魏有田文，即呂覽執一篇之商文，爲武侯相，見吳起傳，在孟嘗前。又有魏文子相襄王，見魏策。並孟嘗時。策、史誤以文子爲孟嘗，遂謂其相魏耳。至齊之破，乃燕昭復仇，與孟嘗何涉？如傳所説，竟似孟嘗爲之，豈不冤哉？荀子王霸篇言「齊閔、薛公權謀日行，國不免危亡」，臣道篇言「孟嘗篡臣」，殆當時惡孟嘗者造爲斯語而傳之歟？六國破齊，此不及韓、楚，亦非。

〔二〕【考證】張文虎曰：於，各本誤「爲」。今從舊刻。

〔三〕【集解】皇覽曰：「孟嘗君冢在魯國薛城中向門東。向門出北邊門也。」詩云「居常與許」，鄭玄曰「『常』或作『嘗』，在薛之南」。孟嘗邑于薛城也。【索隱】按：孟嘗襲父封薛，而號曰孟嘗君，此云謚，非也。孟，字也；嘗，邑名。詩云「居常與許」，鄭箋云「『常』或作『嘗』，嘗邑在薛之旁」是也。【正義】括地志云：「孟嘗君墓在徐州滕縣五十二里。卒在齊襄王之時也。」【考證】中井積德曰：孟嘗蓋封邑之名，其地不獲者，記載不傳耳。田嬰四十餘子，而文，賤妾之子，蓋在叔季，無字孟之理。梁玉繩曰：上文亦言田嬰謚靖郭君，野客叢書以稱謚爲誤。索隱于靖郭云死後號之，于孟嘗云是字邑，而非謚，何不同也？策、史稱靖郭孟嘗者甚多，如閔王謂齊貌辯曰「子靖郭君之所聽愛」，又曰「靖郭君之于寡人一至此」，貌辯亦三稱靖郭；馮驩謂梁王曰「齊放其大臣孟嘗君」，舍人謂衛君曰「孟嘗君不知臣不肖」，又曰「足下欺孟嘗君」，此傳載馮驩亦九稱孟嘗，非皆見存之辭乎？蓋謚者號也，不作謚法解，猶之以氏爲姓，並秦、漢人語。故李斯上二世書曰「死有賢明之謚」，呂不韋傳曰「謚爲帝太后」，司馬相如喻巴蜀檄曰「謚爲至愚」。他如金石録侯君碑曰「謚安國君」，文選王褒賦曰「幸得謚爲洞簫兮」，均可驗證。

初，馮驩〔一〕聞孟嘗君好客，躡蹻而見之。〔二〕孟嘗君曰：「先生遠辱，何以教文也？」馮驩曰：「聞君好士，以貧身歸於君。」孟嘗君置傳舍十日，〔三〕孟嘗君問傳舍長曰：「客何所爲？」荅曰：「馮先生甚貧，猶有一劒耳，又蒯緱。〔四〕彈其劒而歌曰：『長鋏歸來乎，食無魚。』」〔五〕孟嘗君遷之幸舍，食有魚矣。五日，又問傳舍長。荅曰：「客復彈劒而歌曰：『長鋏歸來乎，出無輿。』」孟嘗君遷之代舍，出入乘輿車矣。〔六〕五日，孟嘗君復問傳舍長。舍長荅曰：「先生又嘗彈劒而歌曰：『長鋏歸來乎，無以爲家。』」孟嘗君不悅。〔七〕

〔一〕【集解】音歡。復作「煖」，音許袁反。【索隱】音歡。字或作「諼」，音況遠反。

〔二〕【索隱】蹻，音腳，字亦作「屩」。徐廣云「草履也」。【考證】張文虎曰：屩，索隱本作「蹻」，他本作「屩」。梁玉繩曰：國策「驩」作「煖」，所説馮事亦異。習學記言云，史記蓋別有所本，其義爲勝也，然多有不合。如無家之歌，左右惡之爾。而此以爲孟嘗不悦，削去給馮老母一段，則無以見孟嘗待客之周，一也。煖矯令燒券，反齊求見。而此以爲得息錢大會，不能與息者燒券，孟嘗聞之，怒而召驩，情節全乖，二也。孟嘗去相，煖説梁得復位。而此以爲説秦又説齊，三也。孟嘗復用，欲殺齊士大夫，譚拾子有趨市之喻。而此以爲客背孟嘗，驩爲客謝語，四也。其爲倣撰無疑。

〔三〕【索隱】傳，音逐緣反。按：傳舍、幸舍及代舍，並當上、中、下三等之客，所舍之名耳。【正義】傳舍，下客所居。【考證】御覽三百四十六「置」下有「之」字，「十」作「五」。

〔四〕【集解】蒯，音苦怪反。茅之類，可爲繩。言其劍把無物可裝，以小繩纏之也。緱，音侯，亦作「候」，謂把劍之處。【索隱】蒯，草名，音「蒯聵」之「蒯」。緱，音侯，字亦作「候」，謂把劍之物。言其劍無物可裝，但以蒯繩纏之，故云蒯緱。【正義】驩貧，用蒯草爲繩纏。【考證】中井積德曰：「緱」字從糸，疑纏絲之名。

〔五〕【考證】鋏，劍把也。呼劍而歌，欲與俱去。乎、魚，韻。經傳釋詞云「來，句中語助也」。莊子大宗師篇『嗟來桑户乎，嗟來桑户乎』。嗟來，猶嗟乎也。又句末語助也。孟子離婁篇『盍歸乎來』，莊子人間世篇『嘗以語我來』，『子其有以語我來』，『來』字皆語助。

〔六〕【考證】乎、輿，韻。徐孚遠曰：孟嘗君疑馮驩非庸人也，故數問之。

〔七〕【考證】乎、家，韻。顧炎武曰：莊子子桑歌云「父邪母邪，天乎人乎」，語助之外，止用四字爲詩。孟嘗君傳馮驩歌云「長鋏歸來乎，食無魚」，「長鋏歸來乎，出無車」，「長鋏歸來乎，無以爲家」，三章各二句，而合爲一韻。愚按：長鋏之歌每章有韻，三章一韻，亦奇法也。凌稚隆曰：按國策「無以爲家」下云「左右皆惡之，以爲貪而不知足。孟嘗君問：『馮公有親乎？』對曰：『有老母。』孟嘗君使人給其食用無使乏，於是馮諼不復歌」。史記以「左右惡之」爲「孟嘗君不悦」，似誤。徐孚遠曰：此與國策所載異。國策較爲工，此似待客不足。

居朞年，馮驩無所言。孟嘗君時相齊，封萬户於薛。其食客三千人，邑入不足以奉客，〔一〕使人出錢於薛。歲餘不入，貸錢者多不能與其息，〔二〕客奉將不給。孟嘗君憂之，問左右：「何人可使收債於薛者？」〔三〕傳舍長曰：「代舍客馮公，形容狀貌甚辯，長者，無他伎能，宜可令收債。」〔四〕孟嘗君乃進馮驩而請之曰：「賓客不知文不肖，幸臨文者三千餘人，邑入不足以奉賓客，故出息錢於薛。薛歲不入，〔五〕民頗不與其息。今客食恐不給，願先生責之。」馮驩曰：「諾。」辭行至薛，召取孟嘗君錢者皆會，得息錢十萬。迺多釀酒，買肥牛，召諸取錢者，能與息者皆來，不能與息者亦來，皆持取錢之券書合之。齊爲會日，殺牛置酒。酒酣，乃持券如前合之，能與息者與爲期；〔六〕貧不能與息者，取其券而燒之。曰：「孟嘗君所以貸錢者，爲民之無者以爲本業也；〔七〕所以求息者，爲無以奉客也。今富給者以要期，貧窮者燔券書以捐之。諸君彊飲食。有君如此，豈可負哉？」〔八〕坐者皆起，再拜。

〔一〕【正義】奉，符用反。

〔二〕【索隱】按：與，猶還也。息，猶利也。

〔三〕【考證】楓山、三條本「債」作「責」，下同。

〔四〕【集解】「伎」亦作「技」。【考證】楓山、三條本無「收」字。梁玉繩曰：史通點繁、雜說二篇歷舉史記溢句冗辭，爲之刪除抉發。此宋朱子文漢書辯正所由作也。但古人操筆，非若後世沾沾于文字間，增減脩飾，劉氏所糾未免拘腐。其論此語云「同是一說，而敷演重出，分爲四言」。余謂「形容狀貌」疊用，誠爲語病，然前賢斯類甚多。三國志魏鄧哀王傳注引魏書云「容貌姿美」，與此政同。他如越語范蠡曰「靡王躬身」，呂子禁塞篇「凍餓饑寒」，漢書中山靖王傳「道遼路遠」，張禹傳「絲竹筦絃」，文選宋玉賦「旦爲朝雲」，不可徧舉。然詩云「昭明有融，高朗令終」，又云「自古在昔」，則已先之矣。
〔五〕【考證】楓山、三條本「薛歲」作「歲餘」。
〔六〕【考證】中井積德曰：期，謂還本錢之期日。
〔七〕【考證】張文虎曰：「無」下「者」字疑衍。下云「爲無以奉客也」，兩「無以」相對爲文。
〔八〕【考證】彊，「勉彊」之「彊」，力也。楓山、三條本「負」作「背」。

孟嘗君聞馮驩燒券書，怒而使使召驩。驩至，孟嘗君曰：「文食客三千人，故貸錢於薛。文奉邑少，〔一〕而民尚多不以時與其息，客食恐不足，故請先生收責之。〔二〕聞先生得錢，即以多具牛酒而燒券書，何？」馮驩曰：「然。不多具牛酒，即不能畢會，無以知其有餘不足。有餘者爲要期。不足者雖守而責之十年，息愈多，急即以逃亡自捐之。若急，終無以償，〔三〕上則爲君好利不愛士民，下則有離上抵負之名，〔四〕非所以厲士民彰君聲也。焚無用虛債之券，捐不可得之虛計，〔五〕令薛民親君而彰君之善聲也，君有何疑焉？」孟嘗君乃拊手而謝之。

〔一〕【索隱】言文之奉邑少，故令出息於薛。【正義】文封邑非多，而租税少，故求息。【考證】中井積德曰：奉邑少，與下「尚多」緊接，蓋邑大則不與息亦不爲憂。
〔二〕【考證】楓山、三條本無「收」字。
〔三〕【考證】「若急」二字疑衍。
〔四〕【考證】楓山、三條本「抵」作「拘」。中井積德曰：負，謂罪纍。

〔五〕【考證】楓山、三條本「債」作「責」。

齊王惑於秦、楚之毁，以爲孟嘗君名高其主，而擅齊國之權，遂廢孟嘗君。〔一〕諸客見孟嘗君廢，皆去。馮驩曰：「借臣車一乘可以入秦者，必令君重於國，而奉邑益廣，可乎？」孟嘗君乃約車幣而遣之。〔二〕馮驩乃西説秦王曰：「天下之游士，憑軾結靷西入秦者，無不欲彊秦而弱齊；〔三〕憑軾結靷東入齊者，無不欲彊齊而弱秦。此雄雌之國也，勢不兩立爲雄，〔四〕雄者得天下矣。」秦王跽而問之曰：「何以使秦無爲雌而可？」〔五〕馮驩曰：「王亦知齊之廢孟嘗君乎？」秦王曰：「聞之。」馮驩曰：「使齊重於天下者，孟嘗君也。今齊王以毁廢之，其心怨必背齊；背齊入秦，則齊國之情、人事之誠盡委之秦，齊地可得也，豈直爲雄也？君急使使載幣陰迎孟嘗君，不可失時也。〔六〕如有齊覺悟復用孟嘗君，則雌雄之所在未可知也。」秦王大悦，迺遣車十乘，黄金百鎰，以迎孟嘗君。馮驩辭以先行，至齊，説齊王曰：「天下之游士憑軾結靷東入齊者，無不欲彊齊而弱秦者；憑軾結靷西入秦者，無不欲彊秦而弱齊者。夫秦、齊雄雌之國，秦彊則齊弱矣，此勢不兩雄。今臣竊聞秦遣使車十乘，載黄金百鎰，以迎孟嘗君。孟嘗君不西則已，西入相秦，則天下歸之，秦爲雄，而齊爲雌，〔七〕雌則臨淄、即墨危矣。王何不先秦使之未到，復孟嘗君，而益與之邑以謝之？孟嘗君必喜而受之。秦雖彊國，豈可以請人相而迎之哉？〔八〕折秦之謀，而絶其霸彊之略。」齊王曰：「善。」乃使人至境候秦使。〔九〕秦使車適入齊境，使還馳告之，〔一〇〕王召孟嘗君而復其相位，而與其故邑之地，又益

以千户。秦之使者聞孟嘗君復相齊，還車而去矣。〔一一〕

〔一〕【考證】楓山、三條本「權」下有「於是」二字。凌稚隆曰：按戰國策馮驩焚薛債券後朞年，孟嘗君免相，就國于薛。未至百里，民扶老携幼以迎。太史公不載，似缺始末。

〔二〕【考證】策作馮煖西遊梁。

〔三〕【考證】軔，用皮約馬胷以引車軸也。

〔四〕【考證】楓山、三條本「此」下有「齊秦」二字，「勢不兩立爲雄」作「而不兩爲雄」，義長。

〔五〕【考證】楓山、三條本無「曰」字。

〔六〕【考證】楓山、三條本「君」下有「此」字。

〔七〕【考證】楓山、三條本「而」作「則」。

〔八〕【考證】楓山、三條本「可」下無「以」字。

〔九〕【考證】董份曰：使人至境候秦使者，未信馮驩之言，欲驗其實也。

〔一〇〕【考證】楓山、三條本「使」下「還」上有「者」字。

〔一一〕【考證】楓山本「而」下有「西」字。「初馮驩聞孟嘗君好客」以下，又見齊策，但事多有不合，説已見前。梁玉繩曰：湣王召復孟嘗于田甲亂後。孟嘗遂歸老于薛，迨湣王又欲去孟嘗，乃如魏。馮公此計，必在召復之時，所謂「復相位」者，恐非其實。國策云「爲相數十年」，尤不足信。

自齊王毀廢孟嘗君，諸客皆去。〔一〕後召而復之，馮驩迎之。未到，孟嘗君太息歎曰：「文常好客，遇客無所敢失，食客三千有餘人，先生所知也。客見文一日廢，皆背文而去，莫顧文者。今賴先生得復其位，客亦有何面目復見文乎？如復見文者，必唾其面而大辱之。」〔二〕馮驩結轡下拜。孟嘗君下車接之，曰：「先生爲客謝乎？」馮驩曰：「非爲客謝也，爲君之言失。夫物有必至，事有固然，君知之乎？」孟嘗君曰：「愚不知所謂也。」曰：「生者必有死，物之必至也；富貴多士，貧賤寡友，事之固然也。君獨不見夫朝趣市者乎？〔三〕平明側肩爭門而入；〔四〕日暮之後過市朝者，掉臂而不顧。〔五〕非好朝而惡暮，所期物亡其中。〔六〕今君失位，賓客皆去，不足以怨士，而徒絶賓客之路。願君遇客如故。」孟嘗君再拜曰：「敬從命矣。聞先生之言，敢不奉教焉！」

〔二〕**【考證】**楓山、三條本「王」下有「以」字。

〔二〕**【考證】**楓山、三條本「之」下有「矣」字。

〔三〕**【索隱】**趣，音娶，趣向也。

〔四〕**【考證】**各本「平明」作「明旦」，誤。下文索隱、正義可證。今從楓山、三條本。

〔五〕**【索隱】**過，音光臥反。朝，音潮。謂市之行位有如朝列，因言市朝耳。**【正義】**市朝，言市之行位，有如朝列，故言「朝」。**【考證】**中井積德曰：「市朝」之「朝」，只是帶說，猶言緩急長短之類。愚按：楓山、三條本無「朝」字，是也。各本衍。然司馬貞、張守節所見之本已有「朝」字，今姑存之。

〔六〕**【索隱】**按：期物，謂入市心中所期之物利，故平明側肩爭門而入，今日暮所期亡其中。亡者無也。其中，市朝之中。言日暮物盡，故掉臂不顧也。**【考證】**各本「亡」作「忘」，今從楓山、三條本。索隱二「亡」字亦然。凌稚隆曰：此段戰國策譚拾子語。張照曰：自「馮驩」至此，亦褚先生續爲之，與史文不類。愚按：復申此一段以收孟嘗、馮驩，未必褚先生續爲之。

太史公曰：吾嘗過薛，其俗閭里率多暴桀子弟，與鄒、魯殊。〔一〕問其故，曰：「孟嘗君招致天下任俠，姦人入薛中，蓋六萬餘家矣。」世之傳孟嘗君好客自喜，名不虛矣。

〔一〕【考證】薛與鄒、魯相近。太史公周游之間，其感特深。

【索隱述贊】靖郭之子，威王之孫。既彊其國，實高其門。好客喜士，見重平原。雞鳴狗盜，魏子、馮煖。如何承睫，薛縣徒存。

史記會注考證卷七十六

平原君虞卿列傳第十六　史記七十六

【考證】史公自序云：「争馮亭以權，如楚以救邯鄲之圍，使其君復稱於諸侯。作平原君虞卿列傳第十六。」

平原君趙勝者，趙之諸公子也。〔一〕諸子中勝最賢，喜賓客，賓客蓋至者數千人。平原君相趙惠文王及孝成王，三去相，三復位，〔二〕封於東武城。〔三〕

〔一〕【集解】徐廣曰：「魏公子傳曰趙惠文王弟。」【正義】勝，式證反。【考證】趙策諒毅曰「平原君，親寡君之母弟」。

〔二〕【考證】梁玉繩曰：本傳不載平原三相三去之事，似平原相趙四十八年者，六國表于惠文王元年，書平原爲相，孝成王元年，又書平原爲相，兩書而已。攷惠文以相國印授樂毅，孝成割濟東地與齊，求田單爲將，遂留相趙，故趙世家惠文十四年，有毅攻齊事，孝成元年，有單攻燕，二年有單爲相之事。則平原之三相三去，固有徵矣。孝成二年相單，是平原復相。踰年而罷，迨單去趙歸齊之後，不再書平原復位者，史略之也。

〔三〕【集解】徐廣曰：「屬清河。」【正義】今貝州武城縣也。【考證】杜佑曰：蓋定襄有武城，時同屬趙，故此加「東」也。

平原君家樓臨民家。民家有躄者，槃散行汲。〔一〕平原君美人居樓上，臨見，大笑之。明日躄者至平原君門請曰：「臣聞君之喜士，士不遠千里而至者，以君能貴士而賤妾也。臣不幸有罷癃之病，〔二〕而君之後宮臨而笑臣，臣願得笑臣者頭。」平原君笑應曰：「諾。」躄者去，平原君笑曰：「觀此豎子，乃欲以一笑之故殺吾美人，不亦甚乎？」終不殺。〔三〕居歲餘，賓客門下舍人稍稍引去者過半。平原君怪之曰：「勝所以待諸君者，未嘗敢失禮，而去者何多也？」門下一人前對曰：「以君之不殺笑躄者，以君爲愛色而賤士，士即去耳。」於是平原君乃斬笑躄者美人頭，自造門進躄者，因謝焉。其後門下乃復稍稍來。是時齊有孟嘗，魏有信陵，楚有春申，故争相傾以待士。〔四〕

〔一〕【集解】散，亦作「跚」。【索隱】躄，音壁。散，音先寒反。作「跚」，同音。【正義】躄，跛也。【考證】槃散，跛行貌。司馬相如傳「媻珊勃窣」。

〔二〕【集解】徐廣曰：「癃，音隆。癃病也。」【索隱】罷，音皮。癃，音呂宫反。罷癃謂背疾，言腰曲而背隆高也。

〔三〕【考證】中井積德曰：以一笑殺美人，戰國之習已。然使賢者當是事，雖不殺，亦必有處置矣。

〔四〕【集解】徐廣曰：「待，一作『得』。」【考證】中井積德曰：四君子中，孟嘗尤爲先輩，蓋與三君不並世。今駢稱者，襲賈生過秦也。按：信陵君傳云「安釐王即位，封爲信陵君」。安釐王即位，在田單復齊之後三年，則孟嘗中立於薛，既死矣。又黄歇未封，以辯士使於秦，在范雎相秦之後。范雎相秦，是安釐王三十一年矣。後三年，歇相楚，封春申君。愚按：呂不韋傳亦云「當是時，魏有信陵君，楚有春申君，趙有平原君，齊有孟嘗君，皆下士喜賓客以相傾」。不韋相秦，孟嘗君死後二十餘年。史公以概說周末卿相氣習耳。

秦之圍邯鄲，〔一〕趙使平原君求救，合從於楚，約與食客門下有勇力、文武備具者二十人偕。平原君曰：「使文能取勝則善矣。〔二〕文不能取勝，則歃血於華屋之下，〔三〕必得定從而還。士不外索，取於食客門下足矣。」〔四〕得十九人，餘無可取者，無以滿二十人。門下有毛遂者，前自贊於平原君曰：〔五〕「遂聞君將合從於楚，約與食客門下二十人偕，不外索，今少一人，願君即以遂備員而行矣。」平原君曰：「先生處勝之門下，幾年於此矣？」毛遂曰：「三年於此矣。」平原君曰：「夫賢士之處世也，譬若錐之處囊中，其末立見。今先生處勝之門下，三年於此矣，左右未有所稱誦，勝未有所聞，是先生無所有也。先生不能，先生留。」〔六〕毛遂曰：「臣乃今日請處囊中耳。使遂蚤得處囊中，乃穎脱而出，非特其末見而已。」〔七〕平原君竟與毛遂偕。十九人相與目笑之，而未發也。〔八〕

〔一〕【正義】趙惠文王九年，秦昭王十五年。【考證】據六國表，秦圍邯鄲在趙孝成王九年，秦昭王五十年。通鑑繫之其前年，正義誤孝成爲惠文，「五」、「十」字誤倒，蓋傳寫之失。

〔二〕【考證】岡白駒曰：言以禮文得遂所欲則善矣。

〔三〕【正義】歃，衫甲反。【考證】岡白駒曰：欲以武劫盟。

〔四〕【考證】平原之詞至此。

〔五〕【考證】自贊，自薦也。

〔六〕【考證】疊用四「先生」字，平原聲音狀貌，千載如生。洪邁容齋五筆引此及魏世家、蘇秦、魯仲連傳稱史公摹寫之妙。

〔七〕【索隱】按：鄭玄曰「穎，環也」。脫，音吐活反。【正義】穎，禾穗末也。穎脫而出，言特出衆穗之上。【考證】以禾芒喻錐釯。禮記少儀「刀卻刃授穎」，鄭注「穎，鐶也」，索隱所本。孔疏云「穎是穎發之義。刃之在手，禾之秀穗，皆謂之穎」。但少儀以刀言，此以錐言，不同。

〔八〕【索隱】按：鄭氏曰「皆目視而輕笑之，未能即廢棄之也」。【正義】言十九人相與目視之，竊笑，未敢發聲也。「發」字或作「廢」者，非也。毛遂不由十九人而得廢棄也。【考證】發，索隱本作「廢」，正義本作「發」，今本亦作「發」。王念孫曰：「『廢』即『發』之借字，謂目笑之而未發於口也。」

毛遂比至楚，與十九人論議，十九人皆服。〔一〕平原君與楚合從，言其利害，日出而言之，日中不決。十九人謂毛遂曰：「先生上。」毛遂按劍歷階而上，謂平原君曰：「從之利害，兩言而決耳。今日出而言從，日中不決，何也？」〔二〕楚王謂平原君曰：「客何爲者也？」平原君曰：「是勝之舍人也。」楚王叱曰：「胡不下？吾乃與而君言，汝何爲者也？」毛遂按劍而前曰：「王之所以叱遂者，以楚國之衆也。今十步之內，王不得恃楚國之衆也，王之命，縣於遂手。吾君在前，叱者何也？且遂聞湯以七十里之地王天下，文王以百里之壤而臣諸侯，豈其士卒衆多哉？誠能據其勢而奮其威。今楚地方五千里，持戟百萬，此霸王之資也。〔三〕以楚之彊，天下弗能當。白起小豎子耳，〔四〕率數萬之衆，興師以與楚戰，一戰而舉鄢、郢，再戰而燒夷陵，三戰而辱王之先人。〔五〕此百世之怨，而趙之所羞，而王弗知惡焉。〔六〕合從者爲楚，非爲趙也。吾君在前，叱者何也？」楚王曰：「唯唯，誠若先生之言，謹奉社稷而以從。」毛遂曰：「從定乎？」楚王曰：「定矣。」毛遂謂楚王之左右曰：「取雞狗馬之血來。」〔七〕毛遂奉銅槃，〔八〕而跪進之楚王曰：「王當歃血而定從，次者吾君，次者遂。」〔九〕遂定從於殿上。毛遂左手持槃血，而右手招十九人曰：「公相與歃此血於堂下。〔一〇〕公等録録，所謂因人成事者也。」〔一一〕

〔一〕**【正義】**比，卑利反。

〔二〕**【考證】**歷階，登階不聚足，急遽之狀。「兩言」謂利與害。

〔三〕**【考證】**楓山、三條本「百萬」下有「粟支十年」四字。

〔四〕**【考證】**小豎子，言庸劣無知如童豎然。

〔五〕**【考證】**胡三省曰：謂焚夷楚之陵廟也。

〔六〕**【正義】**惡，烏故反。

〔七〕**【索隱】**按：盟之所用牲，貴賤不同。天子用牛及馬，諸侯用犬及豭，大夫已下用雞。今此總言盟之用血，故云「取雞狗馬之血來」耳。**【正義】**周禮「盟之用牲，天子以牛及馬，諸侯以犬及豭，大夫以下用雞」，今總言之，用血未詳。

〔八〕**【索隱】**奉，敷奉反。若周禮則用珠盤也。

〔九〕**【考證】**楓山、三條本「歃」下有「盟」。

〔一〇〕**【索隱】**歃，音所甲反。

〔一一〕**【集解】**録，音禄。**【索隱】**音禄。按：王劭云「録借字耳」。又説文云「録録，隨從之貌」。**【考證】**録、碌通。

碌碌，小石錯落貌，以喻庸人。因人成事，古語。

平原君已定從而歸，歸至於趙，曰：「勝不敢復相士。勝相士多者千人，寡者百數，自以爲不失天下之士，今乃於毛先生而失之也。毛先生一至楚，而使趙重於九鼎大吕。〔一〕毛先生以三寸之舌，彊於百萬之師。勝不敢復相士。」遂以爲上客。

〔一〕【索隱】九鼎大吕，國之寶器。言毛遂至楚，使趙重於九鼎大吕，言爲天下所重也。【正義】大吕，周廟大鍾。【考證】中井積德曰：九鼎大吕，只喻其重耳。

平原君既返趙，〔一〕楚使春申君將兵赴救趙，魏信陵君亦矯奪晉鄙軍往救趙，皆未至。秦急圍邯鄲，邯鄲急，且降，平原君甚患之。邯鄲傳舍吏子李同〔二〕説平原君曰：「君不憂趙亡邪？」平原君曰：「趙亡，則勝爲虜，何爲不憂乎？」李同曰：「邯鄲之民，炊骨易子而食，可謂急矣，〔三〕而君之後宮以百數，婢妾被綺縠，餘粱肉，〔四〕而民褐衣不完，糟糠不厭，民困兵盡，或剡木爲矛矢，〔五〕而君器物鍾磬自若。使秦破趙，君安得有此？使趙得全，君何患無有？今君誠能令夫人以下編於士卒之閒，分功而作，家之所有盡散以饗士，士方其危苦之時易德耳。」〔六〕於是平原君從之，得敢死之士三千人。李同遂與三千人赴秦軍，秦軍爲之卻三十里。亦會楚、魏救至，秦兵遂罷，邯鄲復存。李同戰死，封其父爲李侯。〔七〕

〔一〕【考證】説苑復恩篇「返」作「歸」。

〔二〕【正義】名談，太史公諱改也。【考證】説苑作「李談」。

〔三〕【考證】說苑「急矣」作「至困」。左傳宣公十五年「敝邑易子而食，析骨而爨」。

〔四〕【考證】說苑「餘」上有「廚」字。

〔五〕【考證】中井積德曰：「『褐衣不完』二句，疑錯文，宜在上文『炊骨』之上。『而民』二字衍文。」愚按：說苑無「而民」以下十字，「矢」作「戟」。

〔六〕【正義】言士方危苦之時，易有恩德。【考證】說苑「易德」作「易爲惠」。中井積德曰：易德，謂易施恩惠也。危苦，故小惠微恩，足以結之。「易」字屬我。

〔七〕【集解】徐廣曰：「河內成皋有李城。」【正義】懷州溫縣，本李城也。李同父所封，隋煬帝從故溫城移縣於此。【考證】說苑「李侯」作「孝侯」。

虞卿欲以信陵君之存邯鄲，爲平原君請封。公孫龍聞之，夜駕見平原君曰：「龍聞虞卿欲以信陵君之存邯鄲，爲君請封，有之乎？」平原君曰：「然。」龍曰：「此甚不可。且王舉君而相趙者，非以君之智能爲趙國無有也。〔一〕割東武城而封君者，非以君爲有功也，而以國人無動，〔二〕乃以君爲親戚故也。君受相印不辭無能，割地不言無功者，亦自以爲親戚故也。今信陵君存邯鄲而請封，是親戚受城而國人計功也。〔三〕此甚不可。且虞卿操其兩權，事成操右券以責，〔四〕事不成，以虛名德君。君必勿聽也。」平原君遂不聽虞卿。〔五〕

〔一〕【考證】且，發語詞，說詳于經傳釋詞。

〔二〕【考證】「非」字管到「于以國人無動」。顧炎武曰：「非以君爲有功也而以國人無動」當作一句讀，言非國人無功而不封，君獨有功而封也。愚按：「國人」下加「爲」字，移「也」字於「動」字下，其義更明。

〔三〕【集解】徐廣曰：「一本『是親戚受城而以國許人』。」【考證】徐廣一本非是。愚按：初無功受封，以親戚之故。今有功又受封，是以國人計報也。又按：虞卿爲平原君請封以下，本趙策。

〔四〕【索隱】言虞卿論平原君取封，事成則操其右券以責其報德也。【正義】右券，上契也。言虞卿事成，常取上契之功，以責平原報己之德。【考證】作券書，分爲左右，各執其一以爲證據也。

〔五〕【考證】「且虞卿操兩權」以下語，趙策不載。今策有遺脱乎？抑史公以他記補足乎？

平原君以趙孝成王十五年卒。〔一〕子孫代，後竟與趙俱亡。

〔一〕【索隱】按：六國年表及世家並云十四年卒，與此不同。

平原君厚待公孫龍。公孫龍善爲堅白之辯，〔一〕及鄒衍過趙言至道，乃絀公孫龍。〔二〕

〔一〕【考證】說在孟荀列傳。

〔二〕【集解】劉向別録曰：「齊使鄒衍過趙，平原君見公孫龍及其徒綦毋子之屬，論『白馬非馬』之辯，以問鄒子。鄒子曰：『不可。彼天下之辯，有五勝三至，而辭正爲下。辯者，別殊類使不相害，序異端使不相亂，杼意通指，明其所謂，使人與知焉，不務相迷也。故勝者不失其所守，不勝者得其所求。若是，故辯可爲也。及至煩文以相假，飾辭以相惇，巧譬以相移，引人聲使不得及其意。如此，害大道。夫繳紛争言而競後息，不能無害君子。』坐皆稱善。」【索隱】過，音戈。杼，音墅。杼者舒也。繳，音叫。謂繳繞紛亂，争言而競後息，不能無害也。【正義】繳，音叫。繳繞紛亂，争言而相隨，近競後息，不能無害君子。【考證】孟荀列傳亦云鄒衍齊人。適趙，平原君側行襒席。後孟子。韓詩外傳卷六「而競後息」作「競爲而後息」，諸注有誤奪。

虞卿者，游說之士也。躡蹻擔簦，〔一〕說趙孝成王。一見賜黃金百鎰、白璧一雙，再見爲趙上卿，故號爲虞卿。〔二〕

〔二〕【集解】徐廣曰：「蹻，草履也。簦，長柄笠，音登。笠有柄者謂之簦。」【索隱】蹻，亦作「屩」，音腳。徐廣云「屩，草履也」。

〔三〕【集解】譙周曰：「食邑於虞。」【索隱】趙之虞，在河東大陽縣，今之虞鄉縣是也。【考證】徐孚遠曰：虞係食邑，則虞卿姓名今皆不傳也。愚按：虞其氏，故命其書曰虞氏春秋。卿，蓋其字，猶荀卿、荊卿之類，未必爲上卿之故。

秦、趙戰於長平，趙不勝，亡一都尉。〔一〕趙王召樓昌與虞卿曰：「軍戰不勝，尉復死，〔二〕寡人使束甲而趨之，何如？」〔三〕樓昌曰：「無益也，不如發重使爲媾。」〔四〕虞卿曰：「昌言媾者，以爲不媾軍必破也。而制媾者在秦。且王之論秦也，欲破趙之軍乎，不邪？」王曰：「秦不遺餘力矣，必且欲破趙軍。」虞卿曰：「王聽臣，發使出重寶以附楚、魏，楚、魏欲得王之重寶，必内吾使。趙使入楚、魏，秦必疑天下之合從，且必恐。如此則媾乃可爲也。」趙王不聽，與平陽君爲媾，發鄭朱入秦。秦内之。〔五〕趙王召虞卿曰：「寡人使平陽君爲媾於秦，秦已内鄭朱矣，卿以爲奚如？」虞卿對曰：「王不得媾，軍必破矣。〔六〕天下賀戰勝者皆在秦矣。鄭朱，貴人也，入秦，秦王與應侯必顯重以示天下。〔七〕楚、魏以趙爲媾，必不救王。秦知天下不救王，則媾不可得成也。」〔八〕應侯果顯鄭朱，以示天下賀戰勝者，終不肯媾。長平大敗，遂圍邯鄲，爲天下笑。〔九〕

〔一〕【考證】表周赧王五十五年，趙孝成王六年。

〔二〕【集解】徐廣曰：「復，一作『係』。」【考證】趙策、新序善謀作「係」。策注「係，尉名」。樓昌，趙將，見世家。

〔三〕【考證】策「束」作「卷」。

〔四〕【集解】古后反，求和曰媾。【索隱】古候反，按：求和曰媾。媾亦講，講亦和也。【考證】索隱本「使」下有「而」字，與策合。

〔五〕【考證】平陽君，惠文王母弟趙豹。

〔六〕【考證】策「王」下有「必」。

〔七〕【考證】楓山本「也」下有「而」字，與策合。

〔八〕【考證】「秦趙戰於長平」以下采趙策。

〔九〕【考證】徐孚遠曰：敘事中用斷語，疑雜引成文，刪截未淨。

秦既解邯鄲圍，而趙王入朝，使趙郝約事於秦，割六縣而媾。〔一〕虞卿謂趙王曰：「秦之攻王也，倦而歸乎？王以其力尚能進，愛王而弗攻乎？」王曰：「秦之攻我也，不遺餘力矣，必以倦而歸也。」虞卿曰：「秦以其力攻其所不能取，倦而歸，王又以其力之所不能取以送之，〔二〕是助秦自攻也。來年秦復攻王，王無救矣。」王以虞卿之言告趙郝。〔三〕趙郝曰：「虞卿誠能盡秦力之所至乎？誠知秦力之所不能進，此彈丸之地弗予，〔四〕令秦來年復攻王，王得無割其內而媾乎？」王曰：「請聽子割矣，子能必使來年秦之不復攻我乎？」〔五〕趙郝對曰：「此非臣之所敢任也。他日三晉之交於秦，相善也。〔六〕今秦善韓、魏而攻王，〔七〕王之所以事秦，必不如韓、魏也。今臣爲足下解負親之攻，〔八〕開關通幣，齊交韓、魏，〔九〕至來年，而王獨取攻於秦，此王之所以事秦，必在韓、魏之後也。此非臣之所敢任也。」

〔一〕【集解】郝，音釋。徐廣曰：「一作『赦』。」【索隱】音釋。【考證】梁玉繩曰：趙策謂「秦破趙長平，歸使人索六城于趙而講」。鮑注曰：「史書此事，在邯鄲圍解後」。邯鄲之圍，非秦德趙而解，趙賴魏之力爾。何事朝秦而講以六城？策以長平破，懼而賂之，是也。

〔二〕【考證】策「送」作「資」。中井積德曰：「以送」之「送」字，仍是餞送之義，以地餞於歸師耳。又曰：考當時事勢，秦師之歸，實因范雎嫉白起之功，而蘇代又沮壞成功也，非倦而歸也。信陵之救，適會于事機耳。

〔三〕【考證】梁玉繩曰：案新序善謀上篇與此同，國策皆以趙郝爲樓緩，而移「新從秦來」一段在前，未知孰是。

〔四〕【考證】策「地」下有「猶」字。盧藏用曰：趙界廣遠，割六城之地，如彈丸之土也。

〔五〕【考證】策無「使」字。

〔六〕【考證】策「他日」作「昔者」。新序「善」作「若」，若猶同也，義長。

〔七〕【考證】策「善」作「釋」。史義長。

〔八〕【索隱】言爲足下解其負擔而親自攻之也。【正義】郝言爲趙王解負秦親韓、魏之攻。【考證】「之攻」，索隱本作「攻之」。策、新序作「之攻」。張文虎曰：鮑彪注策云「趙嘗親秦，而復負之，故秦攻之。今爲講，所以解也」，意自明。小司馬所據本「之」、「攻」誤倒，因强爲之説。

〔九〕【考證】齊，等也。

王以告虞卿。虞卿對曰：「郝言『不媾，來年秦復攻王，王得無割其内而媾乎』。今媾，郝又以不能必秦之不復攻也。〔一〕今雖割六城，何益？〔二〕來年復攻，又割其力之所不能取而媾，此自盡之術也，不如無媾。秦雖善攻，不能取六縣；趙雖不能守，終不失六城。秦倦而歸，兵必罷。我以六城收天下，以攻罷秦，是我失之於天下，而取償於秦也。吾國尚利，孰與坐而割地，自弱以彊秦哉！今郝曰『秦善韓、魏而攻趙者，必以爲韓、魏不救趙也，而王之軍必孤，有以王之事秦不如韓、魏也』，〔三〕是使王歲以六城事秦也，即坐而城盡。來年秦復求割地，王將與之乎？弗與，是弃前功而挑秦禍也。與之，則無地而給之。〔四〕語曰『彊者善攻，弱者不能守』。今坐而聽秦，秦兵不獘而多得地，是彊秦而弱趙也。以益彊之秦，而割愈弱之趙，其計故不止矣。且王之地有盡，而秦之求無已，〔五〕以有盡之地，而給無已之求，其勢必無趙矣」。

〔一〕【考證】楓山、三條本無「以」字，新序同。

〔二〕【考證】楓山、三條本無「六」字，新序無「六城」二字。

〔三〕【正義】有讀如又，字相似，變改者誤。【考證】凌稚隆曰：一本「有」作「又」。王念孫曰：上文趙郝曰「今秦善韓、魏而攻王，王之所以事秦，必不如韓、魏也」，故虞卿復舉其詞而駁之曰「是使王歲以六城事秦也」。然則此文當以「必王之事秦不如韓、魏也」爲一句，而「必」字之下、「王之事秦」之上，不當有「以爲韓魏不救趙也而王之軍必孤有以」十六字明矣。此不知何處錯簡，與上下文皆不相屬。趙策及新序善謀篇並無此十六字。

〔四〕【考證】而，猶以也。

〔五〕【考證】趙策「且」下有「秦虎狼之國也無禮義之心其求無已而」十六字。

趙王計未定，〔一〕樓緩從秦來，趙王與樓緩計之曰：「予秦地，何如毋予，孰吉？」〔二〕緩辭讓曰：「此非臣之所能知也。」王曰：「雖然，試言公之私。」〔三〕樓緩對曰：「王亦聞夫公甫文伯母乎？〔四〕公甫文伯仕於魯，病死，女子爲自殺於房中者二人。〔五〕其母聞之，弗哭也。其相室曰：『焉有子死而弗哭者乎？』〔六〕其母曰：『孔子，賢人也，逐於魯，而是人不隨也。今死而婦人爲之自殺者二人，若是者必其於長者薄，而於婦人厚也。』〔七〕故從母言之，是爲賢母；從妻言之，是必不免爲妒妻。〔八〕故其言一也，言者異，則人心變矣。今臣新從秦來，而言勿予，則非計也；言予之，恐王以臣爲爲秦也；故不敢對。使臣得爲大王計，不如予之。」王曰：「諾。」

〔一〕【考證】楓山、三條本無「趙王」二字，新序同。

〔二〕【考證】王念孫曰：此本作「予秦地如毋予孰吉」。如者，與也。言予秦地與不予，二者孰吉也。新序作「予秦地與無予孰吉」，是其明證矣。今本「如」上有「何」字者，後人據趙策加之也。

〔三〕【索隱】按：私，謂私心也。【正義】試言緩之私情何如。

〔四〕【正義】季康子從祖母。文伯名歜，康子從父昆弟。

〔五〕【考證】楓山、三條本無「爲」字，新序有，策作「爲之」，「二人」誤「二八」。

〔六〕【正義】相室，謂傅姆之類也。【考證】盧藏用曰：相室，助行禮者也。

〔七〕【考證】禮記檀弓下篇「文伯之喪，敬姜據其牀而不哭，曰：『昔者吾有斯子也，吾以爲將爲賢人也，吾未嘗以就公室。今及其死也，朋友諸臣未有出涕者，而內人皆行哭失聲。斯子也，必多曠於禮矣夫？』」所傳異。

〔八〕【考證】盧藏用曰：使母知子，則爲賢母。若人死，婦人爲自殺，而妻不哭者，所知雖同，則人謂之妒妻。

虞卿聞之，入見王曰：「此飾說也，王眘勿予。」〔一〕樓緩聞之，往見王。王又以虞卿之言告樓緩。樓緩對曰：「不然。虞卿得其一，不得其二。夫秦、趙構難，而天下皆說，何也？曰：『吾且因彊而乘弱矣。』今趙兵困於秦，天下之賀戰勝者，則必盡在於秦矣。故不如亟割地爲和，以疑天下，而慰秦之心。不然，天下將因秦之彊怒，乘趙之獘，瓜分之，〔二〕趙且亡，何秦之圖乎？故曰虞卿得其一，不得其二。願王以此決之，勿復計也。」

〔一〕【集解】徐廣曰：「音愼。」【考證】新序作「愼」，策作「必」。

〔二〕【考證】楓山、三條本「怒」作「而」。趙策、新序無「彊」字，「弊」下有「而」字。中井積德曰：「怒」字疑衍。鮑彪曰：分其地，如破瓜然。

虞卿聞之，往見王曰：「危哉樓子之所以爲秦者，是愈疑天下，而何慰秦之心哉？獨不言其示天下弱乎？且臣言勿予者，非固勿予而已也。秦索六城於王，而王以六城賂齊。齊，秦之深讎也，得王之六城，并力西擊秦，齊之聽王，不待辭之畢也。則是王失之於齊，而取償於秦也。而齊、趙之深讎可以報矣，而示天下有能爲也。王以此發聲，兵未窺於境，臣見秦之重賂至趙，而反媾於王也。從秦爲媾，韓、魏聞之，必盡重王；重王，必出重寶以先於王。則是王一舉而結三國之親，而與秦易道也。」〔一〕趙王曰：「善。」則使虞卿東見齊王，與之謀秦。虞卿未返，秦使者已在趙矣。樓緩聞之，亡去。〔二〕趙於是封虞卿以一城。

〔一〕【正義】前取秦攻，今得賂，是易道也。易，音亦。【考證】三國，齊、韓、魏。中井積德曰：從趙爲媾，則秦制媾矣。今從秦爲媾，趙得重賂而制媾，是爲易道也。武井驥曰：易道，孟子所謂「易地」也。

〔二〕【考證】「秦、趙戰于長平」以下采趙策，但策主媾皆樓緩語，而史以前爲趙郝語，後爲樓緩，次第亦不同。

通鑑從史，而前後删削太多。蘇轍曰：太史公記虞卿與趙謀事，皆秦破長平後。而卿爲魏齊棄相印走梁，則前此矣。意者魏齊死，卿自梁還相趙，而太史公失不言之耳。全祖望曰：范雎傳則魏齊之亡在秦昭王四十二年。其時虞卿已相趙，棄印與俱亡，而困于大梁。虞卿傳謂其自此不得意，乃著書以消窮愁。是棄印之後，虞卿遂不復出也。乃長平之役在昭王四十七年，史公所謂虞卿料事揣情爲趙畫策者，反在棄印五年之後，則虞卿嘗再相趙矣，何嘗窮愁以老？而史公序長平之策于前，序大梁之困于後，顛倒其事，竟忘年數之參錯，豈非一大怪事也？愚按：虞卿事，本傳與范雎傳不合。王懋竑讀史謾記、崔適史記探源亦論之。

居頃之而魏請爲從。趙孝成王召虞卿謀。過平原君，〔一〕平原君曰：「願卿之論從也。」虞卿入見王。王曰：「魏請爲從。」對曰：「魏過。」〔二〕王曰：「寡人固未之許。」對曰：「王過。」王曰：「魏請從，卿曰魏過，寡人未之許，又曰寡人過，然則從終不可乎？」〔三〕對曰：「臣聞小國之與大國從事也，有利則大國受其福，有敗則小國受其禍。今魏以小國請其禍，而王以大國辭其福，臣故曰王過，魏亦過。竊以爲從便。」王曰：「善。」乃合魏爲從。〔四〕

〔一〕**【索隱】**過，音戈。

〔二〕**【集解】**光臥反。

〔三〕**【考證】**楓山本「可」下有「成」字。

〔四〕**【考證】**「魏請爲從」以下本趙策。

虞卿既以魏齊之故，不重萬户侯卿相之印，與魏齊閒行，卒去趙，困於梁。魏齊已死，不

得意，乃著書，〔一〕上採春秋，下觀近世，曰節義、稱號、揣摩、政謀，凡八篇，以刺譏國家得失，世傳之曰虞氏春秋。〔二〕

〔一〕【索隱】魏齊，魏相，與應侯有仇，秦求之急，乃抵虞卿。卿棄相印，乃與齊閒行，亡歸梁，以託信陵君。信陵君疑未決，齊自殺。故虞卿失相，乃窮愁而著書也。【考證】事詳范睢傳。以「既」字推之，范睢傳之成，先于此傳。梁玉繩曰：虞卿嘗再相趙，則其著書非窮愁之故，史誤言之也。史通雜説篇譏太史公自序傳「不韋遷蜀，世傳呂覽」，以爲思之未審。何不云虞卿窮愁著書八篇？劉氏亦未審思耳。

〔二〕【正義】藝文志云「十五篇」。【考證】楓山、三條本無「號」字，「政」下有「教」字。十二諸侯年表序亦云「趙孝成王時，其相虞卿，上采春秋，下觀近世，亦著八篇，爲虞氏春秋」，篇數與藝文志不同。孔叢子執節篇「虞卿著書名曰春秋，魏齊曰：『子無然也。春秋孔聖所以名經。今子之書，大抵談説而已。』」虞卿著書在魏齊死後，亦可以證孔叢爲僞託也。

太史公曰：平原君翩翩濁世之佳公子也，然未睹大體。〔一〕鄙語曰「利令智昏」，平原君貪馮亭邪説，使趙陷長平兵四十餘萬衆，邯鄲幾亡。〔二〕虞卿料事揣情，爲趙畫策，何其工也！及不忍魏齊，卒困於大梁，庸夫且知其不可，況賢人乎？〔三〕然虞卿非窮愁，亦不能著書以自見於後世云。〔四〕

〔一〕【考證】翩翩，風流文采貌。

〔二〕【集解】譙周曰：「長平之陷，乃趙王信閒易將之咎，何怨平原受馮亭哉？」【考證】事見趙世家。楓山、三條本無「兵」字、「衆」字。

〔三〕【考證】史公暗以魏齊比李陵，以虞卿自居。

〔四〕【考證】淩稚隆曰：按非窮愁不能著書，太史公亦因以自見云。

【索隱述贊】翩翩公子，天下奇器。笑姬從戮，義士增氣。兵解李同，盟定毛遂。虞卿躡蹻，受賞料事。及困魏齊，著書見意。

史記會注考證卷七十七

魏公子列傳第十七　　史記七十七

【考證】史公自序云：「能以富貴下貧賤，賢能詘於不肖，唯信陵君爲能行之。作魏公子列傳第十七。」張文虎曰：索隱本、宋本、中統、游、毛各本作「魏公子傳」，合刻本作「信陵君列傳」，疑本正義。愚按：史公自敘、漢書本傳同索隱本，今從之。凌稚隆曰：按此傳不襲國策。顧璘曰：孟嘗、平原、春申皆以封邑系，此獨曰「公子」者，蓋尊之，以國系也。茅坤曰：信陵君是太史公胸中得意人，故本傳亦太史公得意文。陳仁錫曰：一篇中凡言「公子」者一百四十七，大奇，大奇。

魏公子無忌者，魏昭王少子，而魏安釐王異母弟也。昭王薨，安釐王即位，封公子爲信陵君。〔一〕是時范睢亡魏相秦，以怨魏齊故，秦兵圍大梁，破魏華陽下軍，走芒卯。〔二〕魏王及公子患之。〔三〕

〔一〕【索隱】按：地理志無信陵，或是鄉邑名也。【正義】信陵，地名。【考證】洪頤煊曰：水經汳水注「汳水又東逕葛城北，故葛伯之國也。葛於六國屬魏。魏襄王以封公子無忌，號信陵君。其地葛鄉即是城也，在寧陵縣西十里」。恩田仲任曰：據水經，信陵是號，非鄉邑之名。愚按：下文云「亦以信陵奉公子」，信陵必邑名。

〔三〕【考證】梁玉繩曰：睢相在秦昭四十二年。秦圍大梁及破魏華陽二事，在昭王三十二、四兩年，其時穰侯相秦也。安得謂因睢怨魏齊而興兵乎？誤矣。

公子爲人仁而下士，士無賢不肖，皆謙而禮交之，不敢以其富貴驕士。士以此方數千里争往歸之，致食客三千人。當是時，諸侯以公子賢多客，不敢加兵謀魏十餘年。〔三〕【考證】沈家本曰：按此言患之，而下文不具其事，恐有奪文。

公子與魏王博，〔一〕而北境傳舉烽，言趙寇至且入界。〔二〕魏王釋博，欲召大臣謀。〔三〕公子止王曰：「趙王田獵耳，非爲寇也。」復博如故。〔四〕王恐，心不在博。居頃，復從北方來傳言曰：「趙王獵耳，非爲寇也。」〔五〕魏王大驚曰：「公子何以知之？」公子曰：「臣之客有能深得趙王陰事者，〔六〕趙王所爲，客輒以報臣，臣以此知之。」是後魏王畏公子之賢能，不敢任公子以國政。

〔一〕【考證】楓山、三條本「王」下有「方」字，白氏六帖同。

〔二〕【集解】文穎曰：「作高木櫓，櫓上作桔槔，桔槔頭兜零，以薪置其中，謂之烽。常低之，有寇即火然，舉之以相告。」【正義】烽，敷蓬反。注「櫓」音魯。

〔三〕【考證】六帖「王」下有「懼」字。

〔四〕【正義】爲，于僞反。【考證】爲，平聲。

〔五〕【考證】楓山、三條本「居」下有「有」字，「獵」上有「田」字。

〔六〕【索隱】按：譙周作「探得趙王陰事」。【正義】探，音貪。一作「深」。【考證】正義本「深」作「探」。

魏有隱士，曰侯嬴，〔一〕年七十，家貧，爲大梁夷門監者。〔二〕公子聞之，往請，欲厚遺之。不肯受，曰：「臣脩身絜行數十年，終不以監門困故而受公子財。」公子於是乃置酒大會賓客。坐定，公子從車騎，虛左，自迎夷門侯生。〔三〕侯生攝敝衣冠，直上載公子上坐，不讓，〔四〕欲以觀公子。公子執轡愈恭。侯生又謂公子曰：「臣有客在市屠中，願枉車騎過之。」公子引車入市，侯生下見其客朱亥，俾倪〔五〕故久立，與其客語，微察公子。公子顏色愈和。當是時，魏將相宗室賓客滿堂，待公子舉酒。市人皆觀公子執轡。從騎皆竊罵侯生。侯生視公子色終不變，乃謝客就車至家，公子引侯生坐上坐，偏贊賓客，〔六〕賓客皆驚。酒酣，公子起爲壽侯生前。侯生因謂公子曰：「今日嬴之爲公子亦足矣。〔七〕嬴乃夷門抱關者也，而公子親枉車騎，自迎嬴於衆人廣坐之中，〔八〕不宜有所過，今公子故過之。〔九〕然嬴欲就公子之名，故久立公子車騎市中，過客以觀公子，公子愈恭。市人皆以嬴爲小人，而以公子爲長者能下士也。」〔一〇〕於是罷酒，侯生遂爲上客。

〔一〕【索隱】音盈，又曹植音「羸瘦」之「羸」。【考證】楓山、三條本「嬴」作「羸」，寬永本標記引鄒誕生音云「羸，力垂反」。

〔二〕【考證】御覽百五十八引史曰「大梁城有十二門。東門曰夷門」，蓋以注文混正文也。

〔三〕【考證】劉伯莊曰：車中上左爲貴也。

〔四〕【考證】攝，整也。楓山、三條本「子」下有「車」字。

〔五〕【索隱】上音浦計反，下音五計反。鄒誕云又上音足未反，下音五弟反。【正義】不正視也。

〔六〕【索隱】徧，音遍。贊者告也，謂以侯生遍告賓客。【正義】劉熙云「稱人美曰讚。讚，纂集其美而敍之」。【考證】中井積德曰：贊，如「贊謁」之「贊」。

〔七〕【集解】徐廣曰：「爲，一作『羞』。」

〔八〕【考證】楓山、三條本「衆人廣坐」作「稠人廣衆」。

〔九〕【考證】慶長本標記云「今，一本作『令』」，義長。

〔一〇〕【考證】淩稚隆曰：按前「欲觀公子」、「微察公子」兩段形容，皆爲「侯生因謂公子」一段張本。又曰：按張釋之傳載王生語，亦此意。

侯生謂公子曰：「臣所過屠者朱亥，此子賢者，世莫能知，故隱屠閒耳。」公子往數請之，朱亥故不復謝，公子怪之。〔一〕

〔一〕【正義】列士傳「秦召公子無忌，無忌不行，使朱亥奉璧一雙謝秦王。秦王大怒，將朱亥著虎圈。亥瞋目視虎，眦裂血濺，虎終不敢動」。

魏安釐王二十年，秦昭王已破趙長平軍，又進兵圍邯鄲。公子姊爲趙惠文王弟平原君夫人，數遺魏王及公子書，請救於魏。魏王使將軍晉鄙將十萬衆救趙。〔一〕秦王使使者告魏王曰：「吾攻趙，旦暮且下，而諸侯敢救者，已拔趙，必移兵先擊之。」魏王恐，使人止晉鄙，留軍壁鄴，〔二〕名爲救趙，實持兩端以觀望。平原君使者冠蓋相屬於魏，〔三〕讓魏公子曰：「勝所以自附爲婚姻者，以公子之高義爲能急人之困。今邯鄲旦暮降秦，而魏救不至，安在公子能急人之困也？且公子縱輕勝，弃之降秦，獨不憐公子姊邪？」〔四〕公子患之，數請魏王，及賓客辯士説王萬端。魏王畏秦，終不聽公子。公子自度終不能得之於王，計不獨生而令趙亡，乃請賓客約車騎百餘乘，欲以客往赴秦軍，與趙俱死。〔五〕

〔一〕【索隱】晉鄙，魏將姓名也。

〔二〕【考證】梁玉繩曰：魯仲連傳本國策云止于蕩陰，不曰鄴。愚按：鄴，今河南漳縣西南，魏地，近于趙。

〔三〕【考證】冠，冠冕。蓋，車蓋。屬，連也。冠蓋相屬，使者往來不絕也。

〔四〕【考證】「降」上添「使」字看。

〔五〕【考證】楓山、三條本無「客」字。

行過夷門，見侯生，具告所以欲死秦軍狀，辭決而行。〔一〕侯生曰：「公子勉之矣，老臣不能從。」公子行數里，心不快，曰：「吾所以待侯生者備矣，天下莫不聞，今吾且死，而侯生曾無一言半辭送我，我豈有所失哉？」〔二〕復引車還問侯生。侯生笑曰：「臣固知公子之還也。」曰：「公子喜士，名聞天下。今有難，無他端而欲赴秦軍，〔三〕譬若以肉投餒虎，何功之有哉？尚安事客？然公子遇臣厚，公子往而臣不送，以是知公子恨之復返也。」公子再拜，因問。侯生乃屏人閒語曰：〔四〕「嬴聞晉鄙之兵符常在王臥内，而如姬最幸，出入王臥内，力能竊之。嬴聞如姬父爲人所殺，如姬資之三年，〔五〕自王以下欲求報其父仇，莫能得。如姬爲公子泣，公子使客斬其仇頭，敬進如姬。如姬之欲爲公子死，無所辭，顧未有路耳。公子誠一開口請如姬，如姬必許諾，則得虎符奪晉鄙軍，北救趙而西卻秦，此五霸之伐也。」〔六〕公子從其計，請如姬。如姬果盜晉鄙兵符與公子。

〔一〕【考證】楓山本「辭」上有「將」字。

〔二〕【考證】哉，疑而量度之辭。

〔三〕【考證】端，猶方也。無他端，言無他奇策也。

〔四〕【索隱】閒，音閑。謂靜語也。【考證】中井積德曰：「閒」是「請閒」之「閒」，不使他人聞之，猶言密語也。

〔五〕【索隱】舊解，資之三年，謂服齊衰也。今案：資者，畜也。謂欲爲父復讎之資，畜於心已得三年矣。【考證】桃源鈔引陸氏云「謂以寶財求人報讎也」。中井積德曰：謂以金帛資給人報讎也。

〔六〕【考證】胡三省曰：虎，威猛之獸，故以爲兵符。漢有銅虎符。愚按：伐，功也。

公子行，侯生曰：「將在外，主令有所不受，以便國家。〔一〕公子即合符，而晉鄙不授公子兵，而復請之，事必危矣。臣客屠者朱亥，可與俱，此人力士。晉鄙聽，大善；不聽，可使擊之。」於是公子泣。侯生曰：「公子畏死邪？何泣也？」公子曰：「晉鄙嚄唶宿將，往恐不聽，必當殺之，是以泣耳，豈畏死哉！」〔二〕於是公子請朱亥。朱亥笑曰：「臣迺市井鼓刀屠者，而公子親數存之，所以不報謝者，以爲小禮無所用。〔三〕今公子有急，此乃臣效命之秋也。」遂與公子俱。〔四〕公子過謝侯生。侯生曰：「臣宜從，老不能。請數公子行日，以至晉鄙軍之日，北鄉自剄，以送公子。」〔五〕公子遂行。

〔一〕【考證】孫子九變篇：「將受命於君，合軍聚衆，君命有所不受。」

〔二〕【集解】嚄唶，上音烏百反，下音莊白反。【索隱】上烏白反，下争格反。案：嚄唶，謂多詞句也。【正義】聲類云：「嚄，大笑。唶，大呼。」【考證】中井積德曰：嚄唶，與「矆踖」同，剛健貌。董份曰：嚄唶，即項羽「喑啞叱咤」，狀其勇氣也。愚按：楓山、三條本「泣」下無「耳」字。徐孚遠曰：公子不忍殺晉鄙，亦可見其愛士也。

〔三〕【考證】存，存問也。凌稚隆曰：應前「朱亥故不復謝」。

〔四〕【考證】楓山、三條本「俱」下有「行」字。

〔五〕【考證】鄴，魏北境。

至鄴，矯魏王令代晉鄙。晉鄙合符，疑之，舉手視公子曰：「今吾擁十萬之衆屯於境上，國之重任，今單車來代之，何如哉？」欲無聽。朱亥袖四十斤鐵椎，椎殺晉鄙，公子遂將晉鄙軍，勒兵，下令軍中曰：「父子俱在軍中，父歸；兄弟俱在軍中，兄歸；獨子無兄弟，歸養。」〔一〕得選兵八萬人，進兵擊秦軍。秦軍解去，遂救邯鄲存趙。趙王及平原君自迎公子於界，〔二〕平原君負韊矢爲公子先引。〔三〕趙王再拜曰：「自古賢人未有及公子者也。」當此之時，平原君不敢自比於人。〔四〕公子與侯生決，至軍，侯生果北鄉自剄。

〔一〕【考證】楓山、三條本二「在」下有「此」字。

〔二〕【考證】楓山、三條本「界」下有「上」字。

〔三〕【集解】呂忱曰：「韊，盛弩矢。」【索隱】韊，音蘭。謂以盛矢，如今之胡簏而短也。呂姓，忱名，作字林者。言韊，盛弩矢之器。【正義】若胡鹿而短。忱，時林反。字伯雍，任城人，呂姓，晉弦令，作字林七卷。【考證】桃源鈔引幻雲云「正義『胡簏』作『胡鹿』，當皆『胡簶』之誤」。中井積德曰：韊矢，只是盛矢耳，不必言弩。

〔四〕【考證】楓山、三條本「人」作「公子」。

魏王怒公子之盜其兵符，矯殺晉鄙，公子亦自知也。已卻秦存趙，使將將其軍歸魏，而公子獨與客留趙。趙孝成王德公子之矯奪晉鄙兵而存趙，乃與平原君計，以五城封公子。公子聞之，意驕矜而有自功之色。客有說公子曰：〔一〕「物有不可忘，或有不可不忘。夫人有德於公子，公子不可忘也；公子有德於人，願公子忘之也。且矯魏王令，奪晉鄙兵以救趙，於趙則有功矣，於魏則未爲忠臣也。公子乃自驕而功之，竊爲公子不取也。」〔二〕於是公子立自責，似若無所容者。趙王埽除自迎，執主人之禮，引公子就西階。公子側行辭讓，從東階上。〔三〕自言辠過以負於魏，無功於趙。〔四〕趙王侍酒至暮，口不忍獻五城，以公子退讓也。公子竟留趙。趙王以鄗爲公子湯沐邑，〔五〕魏亦復以信陵奉公子。公子留趙。

〔一〕【考證】魏策「客」作「唐且」。
〔二〕【考證】楓山、三條本「乃」作「反」。「客有說公子」以下本魏策。
〔三〕【集解】禮記曰：「主人就東階，客就西階。客若降等，則就主人之階。」【考證】禮記曲禮上。
〔四〕【索隱】負，音佩。【考證】楓山、三條本「自言」作「言自」。
〔五〕【索隱】鄗，音臛，趙邑名，屬常山。【正義】鄗，今高邑。鄗，黑各反。

公子聞趙有處士毛公藏於博徒，薛公藏於賣漿家，〔一〕公子欲見兩人，兩人自匿不肯見公子。公子聞所在，乃閒步往，從此兩人游，甚歡。平原君聞之，謂其夫人曰：「始吾聞夫人弟公子天下無雙，今吾聞之，乃妄從博徒賣漿者游，公子妄人耳。」夫人以告公子。公子乃謝夫人去，曰：「始吾聞平原君賢，故負魏王而救趙，以稱平原君。〔二〕平原君之游，徒豪舉耳，不求士也。〔三〕無忌自在大梁時，常聞此兩人賢，至趙，恐不得見。以無忌從之游，尚恐其不我欲也，今平原君乃以爲羞，其不足從游。」乃裝爲去。〔四〕夫人具以語平原君。平原君乃免冠謝，固留公子。平原君門下聞之，半去平原君歸公子，〔五〕天下士復往歸公子，公子傾平原君客。

〔一〕【集解】徐廣曰：「漿，一作『醪』。」【索隱】按：別録云「漿，或作『醪』字」。【正義】毛公九篇，在名家者流，見于藝文志。【考證】漢志「毛公九篇，趙人，與公孫龍並游平原君趙勝家」。顔師古注：「劉向（七）〔別〕録云『論堅白同異，以爲可以治天下』，此蓋史記所云『藏於博徒』者。」愚按：二毛公，姓同人異。

〔二〕【正義】稱，尺證反。

〔三〕【索隱】謂豪者舉之。舉，亦音據也。【正義】劉伯莊曰：「豪者舉之，不論德行。」【考證】中井積德曰：「『舉』是『舉動』之『舉』。」顧炎武曰：謂特貌爲豪傑舉動，非欲求有用之士也。張文虎曰：謂徒以客衆爲豪耳。

〔四〕【考證】楓山、三條本「去」上有「欲」字。

〔五〕【考證】楓山、三條本「下」下有「之士」二字。

公子留趙十年不歸。秦聞公子在趙，日夜出兵東伐魏。魏王患之，使使往請公子。公子恐其怒之，乃誡門下，有敢爲魏王使通者死。賓客皆背魏之趙，莫敢勸公子歸。毛公、薛公兩人〔一〕往見公子曰：「公子所以重於趙，名聞諸侯者，徒以有魏也。今秦攻魏，魏急，而公子不恤，使秦破大梁，而夷先王之宗廟，公子當何面目立天下乎？」語未及卒，公子立變色，告車趣駕，歸救魏。

〔一〕【索隱】史不記其名。

魏王見公子，相與泣，〔一〕而以上將軍印授公子，公子遂將。魏安釐王三十年，公子使使遍告諸侯。諸侯聞公子將，各遣將將兵救魏。公子率五國之兵破秦軍於河外，走蒙驁，遂乘勝逐秦軍，至函谷關，抑秦兵，秦兵不敢出。〔二〕當是時，公子威振天下，諸侯之客進兵法，公子皆名之，故世俗稱魏公子兵法。〔三〕

〔一〕【考證】楓山、三條本無「與」字。
〔二〕【索隱】抑，音憶。按：抑，謂以兵蹙之。【考證】中井積德曰：抑，謂按壓之不得出也。
〔三〕【集解】劉歆七略有魏公子兵法二十一篇，圖七卷。【索隱】言公子所得進兵法，而必稱其名，以言其恕也。【考證】漢志作「圖十卷」，誤。董份曰：客進兵書，而總名于公子，故世稱魏公子兵法。索隱注與下文正相反。

秦王患之，乃行金萬斤於魏，求晉鄙客令毀公子於魏王曰：「公子亡在外十年矣，今爲魏將，諸侯將皆屬，〔一〕諸侯徒聞魏公子，不聞魏王。〔二〕公子亦欲因此時定南面而王，諸侯畏公子之威，方欲共立之。」秦數使反閒，僞賀公子得立爲魏王未也。魏王日聞其毀，不能不信，〔三〕後果使人代公子將。公子自知再以毀廢，乃謝病不朝，與賓客爲長夜飲，飲醇酒，多近婦女，日夜爲樂飲者四歲，竟病酒而卒。〔四〕其歲魏安釐王亦薨。

〔一〕【考證】楓山、三條本「屬」下有「焉」字。

〔二〕【考證】楓山、三條本「侯」下有「將」字。

〔三〕【考證】楓山、三條本無「不能」二字。

〔四〕【正義】秦始皇四年。

秦聞公子死，使蒙驁攻魏，拔二十城，初置東郡。其後秦稍蠶食魏，十八歲而虜魏王，屠大梁。〔一〕

〔一〕【索隱】魏王名假。

高祖始微少時，數聞公子賢，及即天子位，每過大梁，常祠公子。高祖十二年，從擊黥布還，爲公子置守冢五家，世世歲以四時奉祠公子。

太史公曰：吾過大梁之墟，求問其所謂夷門。夷門者，城之東門也。天下諸公子亦有喜士者矣，然信陵君之接巖穴隱者，不恥下交，有以也。〔一〕名冠諸侯，不虚耳。〔二〕高祖每過之，而令民奉祠不絶也。

〔一〕【考證】張文虎曰：疑衍「也」字。「有以」二字，錯簡，當在末「奉祀不絶」下。中井積德説同。沈家本曰：有以者，言公子之不恥下交，非若諸公子之徒爲豪舉，欲得巖穴之士爲魏用也。三字内含蓄不盡。愚按沈説是。

〔二〕【考證】楓山、三條本「冠」作「館」，「耳」作「矣」。疑傳寫之誤。

【索隱述贊】信陵下士，鄰國相傾。以公子故，不敢加兵。頗知朱亥，盡禮侯嬴。遂卻晉鄙，終辭趙城。毛、薛見重，萬古希聲。

史記會注考證卷七十八

春申君列傳第十八　　史記七十八

【考證】史公自序云：「以身徇君，遂脱彊秦，使馳説之士，南鄉走楚者，黄歇之義。作春申君列傳第十八。」凌稚隆曰：此傳前敘春申君以智能安楚，而就封于吴，後敘春申君以奸謀盜楚，而身死棘門，爲天下笑。模寫情事，春申君殆兩截人。太史公謂平原君「利令智昏」，余於春申君亦云。

春申君者，楚人也，名歇，姓黄氏。游學博聞，事楚頃襄王。〔一〕頃襄王以歇爲辯，使於秦。秦昭王使白起攻韓、魏，敗之於華陽，禽魏將芒卯，〔二〕韓、魏服而事秦。秦昭王方令白起與韓、魏共伐楚，未行，而楚使黄歇適至於秦，聞秦之計。當是之時，秦已前使白起攻楚，取巫、黔中之郡，〔三〕拔鄢、郢，東至竟陵，〔四〕楚頃襄王東徙治於陳縣。〔五〕黄歇見楚懷王之爲秦所誘而入朝，遂見欺，留死於秦。頃襄王其子也，秦輕之，恐壹舉兵而滅楚。歇乃上書説秦昭王曰：

〔一〕【索隱】名横，考烈王完之父。

〔二〕【考證】梁玉繩曰：案華陽之役，秦攻趙、魏以救韓，非攻韓也。且帥師，不止白起。又策、史皆云「走芒卯」，此言禽之，亦非。

〔三〕【考證】秦紀昭襄王三十年，伐楚取巫郡及江南爲黔中郡。

〔四〕【正義】竟陵屬江夏郡也。

〔五〕【正義】今陳州也。【考證】頃襄王二十一年。陳縣，今河南淮陽縣。

天下莫彊於秦、楚。今聞大王欲伐楚，此猶兩虎相與鬭。兩虎相與鬭，而駑犬受其獘，〔一〕不如善楚。臣請言其說：臣聞物至則反，冬夏是也；〔二〕致至則危，累棊是也。〔三〕今大國之地徧天下有其二垂，〔四〕此從生民已來，萬乘之地未嘗有也。先帝文王、莊王之身，〔五〕三世不忘接地於齊，以絶從親之要。〔六〕今王使盛橋守事於韓，盛橋以其地入秦，〔七〕是王不用甲，不信威，而得百里之地。〔八〕王可謂能矣。王又舉甲而攻魏，杜大梁之門，舉河内，拔燕、酸棗、虚、〔九〕桃，入邢，〔一〇〕魏之兵雲翔而不敢捄。王之功亦多矣。〔一一〕王休甲息衆，二年而後復之，又并蒲、衍、首、垣，〔一二〕以臨仁、平丘，〔一三〕黄、濟陽嬰城，而魏氏服；〔一四〕王又割濮、磨之北，〔一五〕注齊、秦之要，絶楚、趙之脊，〔一六〕天下五合六聚，而不敢救。王之威亦單矣。〔一七〕

〔一〕【索隱】按：謂兩虎鬭，乃受獘於駑犬也。劉氏云「受，猶承也」。【正義】兩虎鬭方困，而駑犬亦承制其弊弱。

【考證】中井積德曰：弊者虎也，受者犬也，非虎受也。受，猶乘也。凌稚隆曰：駑犬，指韓、魏。

〔二〕【正義】至，極也，極則反也。冬至陰之極，夏至陽之極。

〔三〕【集解】徐廣曰：「致，或作『安』。」【考證】新序善謀篇「至」作「高」。鮑彪曰：致，言取物置之物上。胡三省曰：累棊至於極高則必危也。楚司馬子期累十二博棊，不墜，楚王曰「危哉」。俞樾曰：黄歇曰「臣聞物至則反，冬夏是也。致至則危，累棊是也」。蔡澤曰「日中則移，月滿則虧。物盛則衰，天地之常數也」。趙高曰「秋霜降者草花落，水搖動者萬物作」。此皆黄老之説，蓋自河上丈人傳安期生，安期生三傳而至樂巨公，樂巨公傳蓋公，爲曹參師，而田叔亦學黄老於樂巨公。戰國楚漢之際，相傳不絶。漢初黄老，其來有由矣。

〔四〕【正義】言極東西。【考證】胡三省曰：秦國之地有天下西北之二垂也。淮南子曰「文王砥德修政，天下二垂歸之」。

〔五〕【考證】策姚本作「先帝文王莊王王之身」，吳本改「莊王」作「武王」。文王蓋斥惠文王。梁玉繩曰：秦策作「文王武王王之身三世」，此言「莊王」，誤。秦無莊王。若莊襄則昭王孫也，又脱一「王」字。無下「王」字，則二世，非三世矣。但文、武二王未嘗稱帝，而曰「先帝」者，特尊稱之爾。蓋以昭王曾爲西帝，故並呼其先爲帝。然稱帝即去之，在春申上書十年之前。

〔六〕【索隱】音腰。以言山東從韓、魏是其腰。【考證】策脱「忘」字。「三世」以下十三字做一句讀。言累世常欲取韓、魏，接地於齊以絶山東從親之約，而不忘也。策注云「要，約也」。

〔七〕【索隱】按：秦使盛橋守事於韓，亦如楚，使召滑相越然也，並内行章義之難。【正義】劉伯莊曰：秦使盛橋守事於韓，亦如楚使召滑於越也，並内行章義之難。【考證】梁玉繩曰：盛橋，策作「成橋」。當依始皇紀作「盛蟜」。慶長本標記云「始皇八年王弟長安君成蟜將軍擊趙，反死屯留」。然則盛蟜，始皇弟也，非昭王時也。愚按：盛橋、盛蟜，二人。梁氏混同爲一，非是。中井積德曰：守，謂坐而促之。孟嘗君傳「守而責之十年」是也。愚按：楓山、三條本「地」作「北」，與策合，言韓北地也。新序作「地」。

〔八〕【索隱】信，音申。【考證】楓山、三條本「地」下有「也」字。

〔九〕【集解】徐廣曰：「秦始皇五年，取酸棗、燕、虛。蘇代曰：『決宿胥之口，魏無虛、頓丘。』」

〔一〇〕【集解】徐廣曰：「燕縣有桃城，平皋有邢丘。」【正義】邢丘在懷州武德縣東南二十里。【考證】始皇紀注「燕、虛，二縣名」。梁玉繩曰：此時河内尚屬魏，秦未舉之。桃入，策作「桃人」，是誤。「邢」字衍，策無之。攷邢即邢丘，後十餘年，秦始拔之，此時亦未入秦也。

〔一一〕【考證】雲翔，散也。捄，新序作「救」，同。策作「校」。

〔一二〕【集解】徐廣曰：「蘇秦云『北有河外、卷衍』。長垣縣有蒲鄉。」【索隱】此蒲在衛之長垣蒲鄉也。衍在河南，與卷相近。首，蓋牛首。垣，即長垣，非河東之垣也。垣，音圓。【考證】策、新序「三年」作「二年」。

〔一三〕【集解】徐廣曰：「屬陳留。」【索隱】仁及平丘，二縣名。謂以兵臨此二縣，則黃及濟陽等自嬰城而守也。按：地理志平丘屬陳留，今不知所在。【正義】仁，一作「任」。今任州城屬濟州。地志云「任城屬東平國」。

〔一四〕【集解】徐廣曰：「蘇代云『決白馬之口，魏無黃、濟陽』。」【正義】故黃城在曹州考城縣東。濟陽故城在曹州宛句縣西南。嬰城未詳。【考證】策「黃」上有「小」字。新序「嬰城」作「甄城」。徐孚遠曰：嬰城，謂城守也。錢大昕曰：下文云「許、鄢陵嬰城」，皆謂嬰城自守，不敢戰也。嬰城，非地名。黃即陳留之外黃。

〔一五〕【集解】徐廣曰：「濮水北於鉅野入濟。」【索隱】磿，地名，蓋地近濮也。【考證】新序「磿」作「歷」，通。各本「磨」，誤。策「北」下有「屬之燕」三字。

〔一六〕【正義】劉伯莊云：「言秦得魏地，楚、趙之絕從。」【考證】慶長本標記引劉伯莊云「注，音朱諭反，猶截也」。中井積德曰：注，接也。齊、秦之地相接，如天下之腰也。脊，脊中之直理，以喻直道。愚按：策「注」作「斷」，「趙」作「魏」。張文虎曰：正義「絶」、「從」誤倒。

〔一七〕【集解】徐廣曰：「單，亦作『殫』。」【索隱】單，音丹。單者盡也，言王之威盡行矣。【考證】董份曰：單，延也。詩云「單及鬼方」。愚按：策作「憚」，義異。

王若能持功守威，絀攻取之心，而肥仁義之地，使無後患，〔一〕三王不足四，五伯不足六也。〔二〕王若負人徒之衆，仗兵革之彊，乘毀魏之威，而欲以力臣天下之主，臣恐其有後患也。詩曰「靡不有初，鮮克有終」。易曰「狐涉水，濡其尾」。〔二〕此言始之易，終之難也。何以知其然也？昔智氏見伐趙之利，而不知榆次之禍，〔三〕吳見伐齊之便，而不知干隧之敗。〔四〕此二國者非無大功也，没利於前，而易患於後也。〔五〕吳之信越也，從而伐齊，〔六〕既勝齊人於艾陵，〔七〕還爲越王禽三渚之浦。〔八〕智氏之信韓、魏也，從而伐趙，攻晉陽城，〔九〕勝有日矣，韓、魏叛之，殺智伯瑶於鑿臺之下。〔一〇〕今王妒楚之不毀也，而忘毀楚之彊韓、魏也，臣爲王慮而不取也。

〔一〕【考證】鮑彪曰：肥，猶厚。地，猶道也。策作「誠」。

〔二〕【正義】言狐惜其尾，每涉水擧尾，不令濕。比至極困，則濡之，譬不可力臣之。【考證】詩大雅蕩篇。易未濟彖辭：「未濟亨，小狐汔濟，濡其尾，無攸利。」彖傳云「濡其尾，無攸利，不續終也」。策無「涉水」二字。

〔三〕【索隱】智伯敗於榆次也。地理志屬太原，有梗陽鄉。【正義】榆次，并州縣也。注水經云「榆次縣南洞過水側有鑿臺，智伯瑶割腹絶腸折頸摺頤處」。【考證】沈家本曰：正義當在下文「鑿臺」之下。

〔四〕【索隱】干隧，吳之敗處地名。干，水邊也。隧，道路也。【正義】干隧，吳地名也。出萬安山西南一里太湖，即吳王夫差自剄處。在蘇州西北四十里。【考證】中井積德曰：干隧，地名，夫差所大敗之處。愚按：策吳注引史記正義「蘇州」下有「吳縣」二字。

〔五〕【索隱】謂智伯及吳王，没伐趙及伐齊之利於前，而自易其患於後。後即榆次、干隧之難也。【考證】錢大昕曰：「没」與「昧」同。趙世家「昧死以聞」，戰國策作「没死」。

〔六〕【索隱】從，音絶用反。劉氏云「從，猶領也」。【考證】從，猶率也。下同。

〔七〕【正義】艾山在兗州博縣南六十里也。

〔八〕【集解】戰國策曰「三江之浦」。【正義】吳俗傳云：「越軍得子胥夢，從東入伐吳，越王即從三江北岸立壇，殺白馬祭子胥，杯動酒盡，乃開渠由示浦入，破吳王於姑蘇，敗干隧也。」

〔九〕【正義】并州城。

〔一〇〕【集解】徐廣曰：「鑿臺在榆次。」【考證】新序作「叢臺」，疑誤。

詩曰「大武遠宅而不涉」。〔一〕從此觀之，楚國援也，鄰國敵也。詩云「趯趯毚兔，遇犬獲之。他人有心，余忖度之」。〔二〕今王中道而信韓、魏之善王也，此正吳之信越也。臣聞之，敵不可假，時不可失。臣恐韓、魏卑辭除患，而實欲欺大國也。〔三〕何則？王無重世之德於韓、魏，而有累世之怨焉。〔四〕夫韓、魏父子兄弟接踵而死於秦者，將十世矣。本國殘，社稷壞，宗廟毀，刳腹絶腸，折頸摺頤，〔五〕首身分離，暴骸骨於草澤，頭顱僵仆，相望於境，父子老弱係脰束手爲羣虜者，相及於路。〔六〕鬼神孤傷，無所血食，〔七〕人民不聊生，族類離散流亡爲僕妾者，盈滿海内矣。〔八〕故韓、魏之不亡，秦社稷之憂也，〔九〕今王資之與攻楚，不亦過乎！〔一〇〕

〔一〕【正義】言大軍不遠跋涉攻伐。【考證】孫詒讓曰：即周書大武篇「遠宅不薄」也。古書引書，或通作「詩」。愚按：薄，迫也。「不迫」與「不涉」義相近。慶長本標記引劉伯莊云「以喻遠取地而不能守，不如近攻」。

〔二〕【集解】韓嬰章句曰：「趯趯，往來貌。獲，得也。言趯趯之毚兔，謂狡兔數往來，逃匿其跡，有時遇犬得之。」毛傳曰：「毚兔，狡兔也。」鄭玄曰：「遇犬，犬之馴者，謂田犬。」【索隱】「趯」作「躍」。躍，天歷反。毚，音讒。【考證】中井積德曰：趯趯，跳躍之意，疾走之貌。愚按：據上例「云」當作「曰」。詩小雅巧言篇。

〔三〕【索隱】大國，謂秦也。【考證】假，「容假」之「假」。策作「易」。張文虎曰：除，疑「徐」之誤。説文「徐，緩也」。策作「慮」。

〔四〕【索隱】重世，猶累世也。【考證】累世，宜言「累代」，不宜並用「重世」、「累世」。唐人諱「世」，皆作「代」。後人改復焉，但誤改其不當改者，亦閒有之。此類是也。

〔五〕【集解】徐廣曰：「一作『顛』。」【索隱】上音拉，下音夷。【考證】摺，拉也。頤，頷也。

〔六〕【考證】楓山、三條本「脰」作「連」。「父子」以下十六字，策作「父子老弱係虜相隨於路」，新序作「係臣束子爲羣虜者相及於路」。

〔七〕【考證】孤傷，策作「狐祥」，新序作「潢洋」。

〔八〕【考證】梁玉繩曰：「盈」字當諱。愚按：策無「盈」字，新序無「滿」字。史「盈」字當衍。

〔九〕【考證】董份曰：慨切激蕩，詞旨悲惋，不容聽者不入也。愚按：漢淮南王安諫伐閩越書、唐李華弔古戰場文皆本於此一段。

〔一〇〕【考證】胡三省曰：資之，謂資以兵也。愚按：新序「資」作「齎」。策無「資與」二字，「過」作「失」。

且王攻楚，將惡出兵？〔一〕王將借路於仇讎之韓、魏乎？兵出之日，而王憂其不返也，是王以兵資於仇讎之韓、魏也。王若不借路於仇讎之韓、魏，必攻隨水右壤。〔二〕此皆廣川大水，山林谿谷，不食之地也，〔三〕王雖有之，不爲得地。是王有毀楚之名，而無得地之實也。

〔一〕【正義】惡，音烏。【考證】惡，安也。
〔二〕【考證】策「水」作「陽」，句下重「隨陽右壤」四字。
〔三〕【索隱】楚都陳，隨水之右壤，蓋在隨之西，即今鄧州之西，其地多山林者矣。【考證】不食，謂不可墾耕。

且王攻楚之日，四國必悉起兵以應王，〔一〕秦、楚之兵構而不離，魏氏將出而攻留、方與、銍、湖陵、碭、蕭、相，故宋必盡。〔二〕齊人南面攻楚，泗上必舉。〔三〕此皆平原四達膏腴之地，而使獨攻。〔四〕王破楚以肥韓、魏於中國，而勁齊。韓、魏之彊，足以校於秦。〔五〕齊南以泗水爲境，東負海，北倚河，而無後患，天下之國莫彊於齊、魏，〔六〕齊、魏得地葆利而詳事下吏，〔七〕一年之後，爲帝未能，其於禁王之爲帝有餘矣。〔八〕

〔一〕【考證】鮑彪曰：齊、趙、韓、魏也。方言南攻，故不及燕。應，言以兵從之，蓋躡秦也。
〔二〕【正義】徐州西、宋州東、兖州南並故宋地。【考證】新序「魏」上有「韓」字，策無。中井積德曰：此取地獨漏韓氏，何也？策、新序「湖」作「胡」。
〔三〕【正義】此時徐、泗屬齊也。【考證】策、新序無「攻楚」二字。胡三省曰：時楚蠶食魯國，有泗上之地。中井積德曰：下文「以泗水爲境」者，設戰勝得地之後，則是時未屬齊。
〔四〕【索隱】若秦、楚構兵不休，則魏盡故宋，齊取泗上，是使齊、魏獨攻伐而得其利也。【考證】策「而」下有「王」

字，「使」下有「之」字。

〔五〕【索隱】校，音教。謂足以與秦爲敵也。一云：校者報也，言力能報秦。【正義】校，敵也。【考證】新序「校」作「枝」。張文虎曰：索隱本「秦」下有「矣」字，與策合。

〔六〕【考證】策無「魏」字。

〔七〕【考證】中井積德曰：兩「齊魏」之「魏」字疑並衍。愚按：依下文索隱，小司馬本亦無「魏」字。新序「葆」作「保」。詳，佯通，僞事秦也。下吏，猶言下執事。策吳本「下吏」作「不吏」，費解。

〔八〕【索隱】言齊一年之後，未即能爲帝，而能禁秦爲帝有餘力矣。然「禁」字作「楚」者誤也。

夫以王壤土之博，人徒之衆，兵革之彊，壹舉事而樹怨於楚，遲令韓、魏歸帝重於齊，是王失計也。〔一〕臣爲王慮，莫若善楚。秦、楚合而爲一，以臨韓，韓必斂手。王施以東山之險，帶以曲河之利，韓必爲關內之侯。〔二〕若是而王以十萬戍鄭，梁氏寒心，許、鄢陵嬰城，而上蔡、召陵不往來也，如此而魏亦關內侯矣。〔三〕王壹善楚，而關內兩萬乘之主注地於齊，〔四〕齊右壤可拱手而取也。〔五〕王之地一經兩海，要約天下，〔六〕是燕、趙無齊、楚，齊、楚無燕、趙也。〔七〕然後危動燕、趙，直搖齊、楚，此四國者不待痛而服矣。

〔一〕【集解】徐廣曰：「遲，一作『還』。」【索隱】遲，音值。值，猶乃也。令，音力呈反。韓、魏歸帝重於齊，謂韓、魏重齊，令歸帝號，此秦之計失。【正義】遲，猶當也。今韓、魏歸帝號尊齊，秦失計。【考證】寬永本標記云「令，正義本作『今』，恐誤。遲，索隱讀爲值。值、直同。直猶特也。『帝重』二字連讀。歸，猶附也」。遲，策作「詘」，新序作「出」，徐廣一本作「還」，皆非。

〔二〕【考證】策「斂手」作「授首」，「施」作「襟」。「曲河」作「河曲」。恩田仲任曰：策注「襟，蔽障如襟」，蓋「襟」本作「衿」，與「施」相似，故誤。古人「襟」、「帶」二字爲對者多。愚按：新序亦作「施」。「施」字義亦通，不必改。中井積德曰：施帶之者，指山西上黨之韓，是韓之舊國，今如別都。下文「成鄭」，鄭乃今之韓都矣。關内之侯，諸侯獻土去爵，臣事秦國，享封邑於關内也。韓非子顯學篇「關内之侯，雖非吾行，吾必使執禽而朝」。魏策「王不若與竇屢關内侯」。蓋六國亦有此號，不獨秦。

〔三〕【考證】鄭，韓國都。梁氏，魏也。胡三省曰：上蔡、召陵二縣，班志皆屬汝南郡。魏都大梁，其境南至汝南，許、鄢陵居其間。二邑皆脅於秦兵。嬰城自守，則楚之上蔡、召陵不能與大梁往來矣。依蘇秦言，許、召陵屬魏。下文云「魏旦暮亡，不能愛許、鄢陵」，則上蔡亦必魏邑矣。

〔四〕【索隱】注，謂以兵裁之也。【考證】策、新序「壹」作「一」。關内兩萬乘，以韓、魏二國爲關内侯也。中井積德曰：注，猶接也，謂秦之壤直接之齊也，與前文「不忘接地於齊」及「注齊秦之要」皆相應。

〔五〕【正義】右壤，謂濟州之南北也。

〔六〕【索隱】謂西海至東海，皆是秦地。【正義】廣，言横度中國東西也。【考證】經、徑通。要約，猶管束也。策「約」作「絶」。正義「廣」當作「經」。

〔七〕【考證】余有丁曰：謂四國不得相救也。

昭王曰：「善。」於是乃止白起而謝韓、魏，發使賂楚，約爲與國。

黄歇受約歸楚，〔一〕楚使歇與太子完入質於秦，秦留之數年。楚頃襄王病，太子不得歸。而楚太子與秦相應侯善，於是黄歇乃説應侯曰：「相國誠善楚太子乎？」應侯曰：「然。」歇曰：「今楚王恐不起疾，〔二〕秦不如歸其太子。太子得立，其事秦必重，而德相國無窮，是親與國，而得儲萬乘也。〔三〕若不歸，則咸陽一布衣耳；楚更立太子，必不事秦。夫失與國而絶萬乘之和，非計也。願相國孰慮之。」應侯以聞秦王。秦王曰：「令楚太子之傅先往問楚王之疾，返而後圖之。」黄歇爲楚太子計曰：「秦之留太子也，欲以求利也。今太子力未能有以利秦也，歇憂之甚。而陽文君子二人在中，〔四〕王若卒大命，太子不在，陽文君子必立爲後，太子不得奉宗廟矣。不如亡秦，與使者俱出，〔五〕臣請止，以死當之。」楚太子因變衣服，爲楚使者御以出關，而黄歇守舍，常爲謝病。度太子已遠，秦不能追，歇乃自言秦昭王曰：「楚太子已歸，出遠矣。歇當死，願賜死。」昭王大怒，欲聽其自殺也。應侯曰：「歇爲人臣，出身以徇其主，太子立，必用歇，故不如無罪而歸之，以親楚。」秦因遣黄歇。

〔一〕**【考證】**「秦已前使白起攻楚」以下采秦策，又見説苑善謀篇。通鑑係之赧王四十二年，即楚莊襄二十六年，秦昭三十四年。中井積德曰：通觀諸篇，止白起與楚和者，實爲應侯之謀計。應侯妬白起之功故耳，非以春申之説。然自有好合，或春申之説，投機會，作一臂之助，則未可知矣。若專歸功於春申，則非。

〔二〕**【考證】**楓山、三條本「王」下有「病」字。通鑑作「楚王疾恐不起」。

〔三〕**【考證】**楓山、三條本「得」作「德」。

〔四〕**【考證】**陽文君，蓋楚王兄弟。

〔五〕**【考證】**岡白駒曰：使者即使先往問楚王之疾者。

歇至楚三月，楚頃襄王卒，〔一〕太子完立，是爲考烈王。考烈王元年，以黄歇爲相，封爲春申君，賜淮北地十二縣。〔二〕後十五歲，黄歇言之楚王曰：「淮北地邊齊，其事急，請以爲

郡，便。」因并獻淮北十二縣，請封於江東。考烈王許之。春申君因城故吳墟，以自爲都邑。〔三〕

〔一〕【集解】徐廣曰：「三十六年。」

〔二〕【正義】然四君封邑，檢皆不獲，唯平原有地，又非趙境，並蓋號謚。而孟嘗是謚。【考證】中井積德曰：四君皆封號，非謚。吴志云「建興二年，有鳥見于春申」，春申之爲地名決矣。錢泰吉曰：正義「然」上當尚有文，今缺。

〔三〕【正義】墟，音虛。今蘇州也。闔閭於城内小城西北，別築城居之，今圮毁也。又大内北瀆，四從五横，至今猶存。又改破楚門爲昌門。【考證】楚策虞卿謂春申君曰「臣聞之，於安思危，危則慮安。今楚王春秋高矣，而君之封地不可不早定也。爲主君慮封者，莫如遠楚」。春申蓋從其計也。館本考證云「正義句有誤，當作『闔閭所都』」。

春申君既相楚，是時齊有孟嘗君，趙有平原君，魏有信陵君，方争下士，招致賓客，以相傾奪，輔國持權。〔一〕

〔一〕【考證】楓山、三條本無「持」字。

春申君爲楚相四年，秦破趙之長平軍四十餘萬。五年，圍邯鄲。〔一〕邯鄲告急於楚，楚使春申君將兵往救之，秦兵亦去，春申君歸。春申君相楚八年，爲楚北伐，滅魯，〔二〕以荀卿爲蘭陵令。〔三〕當是時，楚復彊。

〔一〕【考證】梁玉繩曰：案長平之戰在春申君爲相之三年，救邯鄲在六年。此皆誤。
〔二〕【索隱】按：年表云「八年取魯，封魯君於莒，十四年而滅也」。
〔三〕【考證】春申君傳特載荀卿事，猶魏世家敍孟子事。見史公尊儒之意。

趙平原君使人於春申君，春申君舍之於上舍。趙使欲夸楚，爲瑇瑁簪，刀劍室以珠玉飾之，〔一〕請命春申君客。〔二〕春申君客三千餘人，其上客皆躡珠履以見趙使，趙使大慚。

〔一〕【考證】楓山、三條本無「玉」字。
〔二〕【考證】楓山、三條本無「命」字。

春申君相十四年，秦莊襄王立，以呂不韋爲相，封爲文信侯，取東周。

春申君相二十二年，諸侯患秦攻伐無已時，乃相與合從，西伐秦，〔一〕而楚王爲從長，春申君用事。至函谷關，秦出兵攻諸侯兵，皆敗走。楚考烈王以咎春申君，春申君以此益疏。

〔一〕【集解】徐廣曰：「始皇六年。」

客有觀津人朱英，〔一〕謂春申君曰：「人皆以楚爲彊，而君用之弱，其於英不然。先君時善秦二十年而不攻楚，何也？〔二〕秦踰黽隘之塞而攻楚，不便；〔三〕假道於兩周，背韓、魏而攻楚，不可。今則不然，魏旦暮亡，不能愛許、鄢陵，其計魏割以與秦。〔四〕秦兵去陳百六十里，〔五〕臣之所觀者，見秦、楚之日鬬也。」〔六〕楚於是去陳徙壽春；而秦徙衛野王，作置東郡。〔七〕春申君由此就封於吳，行相事。

〔一〕【正義】觀，音館。今魏州觀城縣也。【考證】楓山、三條本無「客」字。策「朱英」作「魏軼」。

〔二〕【考證】楓山、三條本無「善」字，與策合。各本誤衍。
〔三〕【正義】黽隘之塞，在申州。黽，音盲也。
〔四〕【考證】計，各本作「許」，蓋涉上文而誤。今從楓山、三條本。
〔五〕【集解】徐廣曰：「在許東南。」
〔六〕【考證】「謂春申君曰」以下采韓策。
〔七〕【正義】濮、滑州兼河北置東郡。濮州本衛都，而徙野王也。【考證】崔適曰：「『作』字旁注竄入。」

楚考烈王無子，春申君患之，求婦人宜子者進之，甚衆，卒無子。〔一〕趙人李園持其女弟，欲進之楚王，〔二〕聞其不宜子，恐久毋寵。李園求事春申君爲舍人，已而謁歸，故失期。還謁，春申君問之狀，對曰：「齊王使使求臣之女弟，與其使者飲，故失期。」春申君曰：「娉入乎？」對曰：「未也。」〔三〕春申君曰：「可得見乎？」曰：「可。」於是李園乃進其女弟，即幸於春申君。〔四〕知其有身，李園乃與其女弟謀。園女弟承閒以說春申君曰：「楚王之貴幸君，雖兄弟不如也。今君相楚二十餘年，而王無子，即百歲後，將更立兄弟，則楚更立君，後亦各貴其故所親，君又安得長有寵乎？〔五〕非徒然也，君貴用事久，多失禮於王兄弟，兄弟誠立，禍且及身，何以保相印江東之封乎？〔六〕今妾自知有身矣，而人莫知。妾幸君未久，誠以君之重而進妾於楚王，王必幸妾；妾賴天有子男，則是君之子爲王也，楚國盡可得，孰與身臨不測之罪乎？」春申君大然之，乃出李園女弟，謹舍而言之楚王。楚王召入幸之，遂生子男，立

爲太子，以李園女弟爲王后。楚王貴李園，園用事。〔七〕

〔一〕【考證】楓山、三條本「進」作「奏」。梁玉繩曰：史仍國策吳注，謂此時無子也。而索隱以此文爲誤，因數考烈之子四人，曰悍，曰猶，曰負芻，曰昌平君。攷幽王悍，即李園妹初幸春申有身所生者。哀王猶是悍同母弟。列女傳云「遺腹子則亦園妹所生。李妹未進之前，固無有也」。而昌平君之稱考烈子，未見確據。始皇紀書昌平君先爲秦相，繼爲荆王，蓋楚之諸公子耳。若以考烈子實之，則紀尚有昌文君，又誰人乎？惟楚王負芻，莫知生于何時。世家謂「猶庶兄」，疑生悍之後。然列女傳作「考烈王弟」，今不可詳矣。

〔二〕【考證】關脩曰：持，如「矜持」之「持」，言心持女弟之色美。

〔三〕【考證】楓山、三條本「飲」下無「故」字。娉、聘同，幣也。

〔四〕【考證】楓山、三條本重「女弟」二字。

〔五〕【考證】策「後」作「彼」。

〔六〕【考證】楓山、三條本「以」作「乃」。

〔七〕【考證】楓山、三條本不重「園」字。

李園既入其女弟立爲王后，子爲太子，恐春申君語泄而益驕，陰養死士，欲殺春申君以滅口，而國人頗有知之者。

春申君相二十五年，楚考烈王病。朱英謂春申君曰：「世有毋望之福，〔一〕又有毋望之禍。〔二〕今君處毋望之世，〔三〕事毋望之主，〔四〕安可以無毋望之人乎？」〔五〕春申君曰：「何謂毋望之福？」曰：「君相楚二十餘年矣，雖名相國，實楚王也。〔六〕今楚王病旦暮且卒，而君相少主，因而代立當國，如伊尹、周公，王長而反政，不即遂南面稱孤而有楚國？此所謂毋望之福也。」春申君曰：「何謂毋望之禍？」曰：「李園不治國，而君之仇，〔七〕不爲兵，而養死士之日久矣，〔八〕楚王卒，李園必先入據權，而殺君以滅口。此所謂毋望之禍也。」春申君曰：「何謂毋望之人？」對曰：「君置臣郎中，楚王卒，李園必先入，臣爲君殺李園。此所謂毋望之人也。」春申君曰：「足下置之。李園弱人也，僕又善之，且又何至此？」朱英知言不用，恐禍及身，乃亡去。〔九〕

〔一〕【正義】毋望，謂不望而忽至也。

〔二〕【索隱】周易有無妄卦，其義殊也。

〔三〕【正義】謂生死無常。

〔四〕【正義】謂喜怒不節也。

〔五〕【正義】謂吉凶忽爲。【考證】策「毋望」作「無妄」。中井積德曰：毋望之世，謂禍福不可常也。毋望之主，謂寵幸不可恃也。毋望之人，謂排難脱厄之人不求而至也。毋望，無「忽」意。張文虎曰：正義「忽爲」，疑「忽焉」譌。

〔六〕【考證】楓山、三條本無「雖」字。策「名」下有「爲」字。

〔七〕【索隱】言園是春申之仇也。戰國策作「君之舅也」，謂爲王之舅，意異也。【正義】李園不得國政，而怨春申君，故云「仇」也。【考證】梁玉繩曰：策作「王之舅」，是。此因聲近而誤。言李園爲王舅也。下文春申云「僕善李園」，則不以爲仇明矣。愚按：前後「君」字並斥春申，則「仇」如字讀。梁説非是。

〔八〕【考證】策「兵」下有「將」字。

〔九〕【索隱】朱亥，即上之朱英也。作「亥」者，史因趙有朱亥誤也。【考證】各本及策皆作「朱英」，索隱本作「朱亥」。張文虎曰：豈小司馬獨見誤本，抑後人改正也？

後十七日，楚考烈王卒，李園果先入，伏死士於棘門之內。〔一〕春申君入棘門，園死士俠刺春申君，斬其頭，投之棘門外。〔二〕於是遂使吏盡滅春申君之家。而李園女弟初幸春申君有身而入之王所生子者遂立，是爲楚幽王。〔三〕

〔一〕【正義】壽州城門。

〔二〕【正義】俠刺，上胡牒反，下七亦反。楚考烈王二十五年，秦始皇九年。【考證】策「俠」作「夾」。胡三省曰：俠讀曰夾。

〔三〕【索隱】按：楚捍有母弟猶，猶有庶兄負芻及昌平君，是楚君完非無子，而上文云「考烈王無子」，誤也。【考證】說既見上文。黃式三曰：策、史言春申君納李園妹，知娠而獻之。據越絕書十四篇則云「烈王娶李園妹，十月產子男」，則策、史之說非矣。夫春申君果知娠，而出諸謹舍，言諸王而入幸之，則事非一月，安必其十月後生子乎？生而果男乎？行不可知之詭計，春申君何愚？此必後負芻謀哀王猶之誣言也。古事難攷，讀史者不成人之惡也。愚按：越絕晚出之書，不足信據。姑書備考。

是歲也，秦始皇帝立九年矣。嫪毐亦爲亂於秦，覺，夷其三族，而呂不韋廢。〔一〕

〔一〕【考證】「楚考烈王無子」以下采楚策。

太史公曰：吾適楚，觀春申君故城，宮室盛矣哉！初，春申君之說秦昭王，及出身遣楚太子歸，何其智之明也！後制於李園，旄矣。〔一〕語曰：「當斷不斷，反受其亂。」春申君失朱

英之謂邪?〔二〕

〔二〕【集解】徐廣曰:「旄,音耄。」【正義】莫報反。

〔三〕【考證】「當斷不斷」二句,齊悼惠王世家引道家言。斷、亂,韵。

【索隱述贊】黄歇辯智,權略秦、楚。太子獲歸,身作宰輔。珠炫趙客,邑開吴土。烈王寡胤,李園獻女。無妄成災,朱英徒語。

史記會注考證卷七十九

范雎蔡澤列傳第十九　　史記七十九

【考證】史公自序云：「能忍詢於魏齊，而信威於彊秦，推賢讓位，二子有之。作范雎蔡澤列傳第十九。」錢大昕曰：秦本紀、六國表不見二人名。蘇轍曰：范雎相秦，其所以利秦者少，而害秦者多。以魏冄之專，忘其舊勳而逐之，可也。并逐宣太后，使昭王以子絶母，不已甚乎！及雎任秦事，殺白起而用王稽、鄭安平，使民怨於內，兵折於外，曾不若魏冄之一二。范雎、蔡澤自爲身謀，取卿相可耳，未見有益于秦也。

范雎者，魏人也，字叔。〔一〕游説諸侯，欲事魏王，家貧無以自資，乃先事魏中大夫須賈。〔二〕

〔一〕【考證】慶長本標記云「睢，七餘反」，蓋騶誕生音。中井積德曰：「范雎」之「雎」音且，文從「且」，非從「目」。張文虎曰：「雎」字，宋本、毛本作「睢」，漢書人表同，它本「雎」、「睢」雜出。黄刊姚本戰國策作「睢」，通鑑集覽音雖。案：武梁祠堂畫像有范且。錢氏跋尾云「戰國、秦、漢人多以『且』爲名，讀子余切。如穰且、豫且、夏無且、龍且皆是。『且』旁或加『隹』，如范雎、唐雎，文殊而音不殊也」。然則作「睢」者誤。

〔一〕【索隱】按：漢書百官表中大夫，秦官。此魏有中大夫，蓋古官也。須，姓。賈，名也。須氏蓋密須之後。

須賈爲魏昭王使於齊，〔二〕范雎從。留數月，未得報。齊襄王聞雎辯口，〔三〕乃使人賜雎金十斤及牛酒，雎辭謝不敢受。須賈知之，大怒，以爲雎持魏國陰事告齊，故得此饋，令雎受其牛酒，還其金。〔三〕既歸，心怒雎，以告魏相。魏相，魏之諸公子曰魏齊。〔四〕魏齊大怒，使舍人笞擊雎，折脅摺齒。〔五〕雎詳死，即卷以簀，置廁中。〔六〕賓客飲者醉，更溺雎，〔七〕故僇辱以懲後，令無妄言者。〔八〕雎從簀中謂守者曰：「公能出我，我必厚謝公。」守者乃請弃簀中死人。〔九〕魏齊醉，曰：「可矣。」范雎得出。後魏齊悔，復召求之。魏人鄭安平聞之，乃遂操范雎亡，伏匿，更名姓曰張禄。〔一〇〕

〔二〕【索隱】按：系本昭王名遬，襄王之子也。

〔三〕【索隱】襄王名法章。【考證】祕閣古鈔本、楓山、三條本「雎」上有「范」字，下文同，「辯」下有「有」字。王念孫曰：「『辯口』本作『辯有口』，謂辯給有口才也。太平御覽居處部引此作『辯有口才』，『才』字後人所加。人事部辯類作『辯有口』，陸賈傳曰『名爲有口辯士』，朱建傳曰『爲人辯有口』，武安傳曰『蚡辯有口』，皆其證。」索隱單本無「襄王名法章」。

〔三〕【考證】祕閣古鈔本「饋」作「餽」。

〔四〕【考證】祕閣古鈔本無「曰」字。

〔五〕【索隱】摺，音力答反。謂打折其脅，而又拉折其齒也。

〔六〕【索隱】簀，謂葦荻之薄也，用之以裹屍也。【考證】中井積德曰：簀以竹爲之。

〔七〕【索隱】更，音羹。溺即溲也。溺，音年弔反。溲，音所留反。【正義】溺，古尿字。

〔八〕【考證】祕閣本「無」作「毋」。妄言，承持魏國陰事告齊。

〔九〕【考證】各本「請」下衍「出」字。今依祕閣本、楓山、三條本削。

〔一〇〕【考證】梁玉繩曰：說苑善說云「齊張祿爲孟嘗君掌門，請孟嘗君爲書寄秦王，往而大遇」，未必即范子，蓋別一人，范借託之。愚按：張，張大。祿，福祿。采嘉名耳，未必借孟嘗客名。

當此時，秦昭王使謁者王稽於魏。鄭安平詐爲卒，侍王稽。〔一〕王稽問：「魏有賢人可與俱西游者乎？」鄭安平曰：「臣里中有張祿先生，欲見君言天下事。其人有仇不敢晝見。」王稽曰：「夜與俱來。」鄭安平夜與張祿見王稽。語未究，〔二〕王稽知范雎賢，謂曰：「先生待我於三亭之南。」與私約而去。〔三〕

〔一〕【正義】卒，祖律反。

〔二〕【考證】祕閣本「稽」下有「與」字。

〔三〕【索隱】按：三亭，亭名，在魏境之邊道亭也，今無其處。一云魏之郊境，總有三亭，皆祖餞之處。與期三亭之南，蓋送餞已畢無人處。【正義】括地志云：「三亭岡，在汴州尉氏縣西南三十七里。」按：三亭岡在山部中名也，蓋「岡」字誤爲「南」。【考證】祕閣本「謂」作「語」，「與私約去」作「夜與稽約去」。

王稽辭魏去，過載范雎入秦。至湖，〔一〕望見車騎從西來。〔二〕范雎曰：「彼來者爲誰？」王稽曰：「秦相穰侯東行縣邑。」〔三〕范雎曰：「吾聞穰侯專秦權，惡內諸侯客，〔四〕此恐辱我，我寧且匿車中。」有頃，穰侯果至，勞王稽，因立車而語曰：「關東有何變？」曰：「無有。」又謂王稽曰：「謁君得無與諸侯客子俱來乎？無益，徒亂人國耳。」〔五〕王稽曰：「不敢。」即別去。范睢曰：「吾聞穰侯智士也，其見事遲，鄉者疑車中有人，忘索之。」〔六〕於是范睢下車走，曰：「此必悔之。」行十餘里，果使騎還索車中，無客，乃已。王稽遂與范睢入咸陽。

〔一〕【索隱】按：地理志京兆有湖縣，本名胡，武帝更名湖，即今湖城縣也。【正義】今虢州湖城縣也。【考證】過，過三亭也。張文虎曰：各本「湖」下衍「關」字，索隱本無。雜志云「地理志京兆尹湖不言有關。水經河水注亦但言遇穰侯於湖縣。文選解嘲注引史竊載范睢入秦至湖，無『關』字」。

〔二〕【考證】楓山、三條本「來」下有「東」字。

〔三〕【考證】祕閣本、楓山、三條本無「邑」字。

〔四〕【索隱】內，音納，亦如字。內者亦猶入也。

〔五〕【考證】岡白駒曰：王稽官謁者，故稱謁君。祕閣本「益」下有「於事」二字。

〔六〕【索隱】索，猶搜也。音柵，又先格反。

已報使，因言曰：「魏有張祿先生，天下辯士也。曰『秦王之國，危於累卵，〔一〕得臣則安。然不可以書傳也』。臣故載來。」〔二〕秦王弗信，使舍食草具。〔三〕待命歲餘。

〔一〕【正義】按：說苑云「晉靈公造九層之臺，費用千金，謂左右曰：『敢有諫者斬。』荀息聞之，上書求見。靈公張弩持矢見之。曰：『臣不敢諫也，臣能累十二博棊，加九雞子其上。』公曰：『子爲寡人作之。』荀息正顏色定志意，以棊子置下，加九雞子其上。左右懼慴息，靈公氣息不續。公曰：『危哉，危哉！』荀息曰：『此殆不危也，復有危於此者。』公曰：『願見之。』荀息曰：『九層之臺，三年不成，男不耕，女不織，國用空虛，鄰國謀議將興，社稷亡滅，君欲何望？』靈公曰：『寡人之過也，乃至於此。』即壞九層臺也。」【考證】張文虎曰：

今説苑無此篇。

〔三〕【考證】凌稚隆曰：暗含後來傾穰侯等案。

〔三〕【索隱】謂亦舍之，而食以下客之具然。草具，謂麄食草菜之饌具。【考證】祕閣本無「使」字。

當是時，昭王已立三十六年，南拔楚之鄢、郢，楚懷王幽死於秦。〔一〕秦東破齊。湣王嘗稱帝，後去之。數困三晉，厭天下辯士，無所信。

〔一〕【考證】祕閣本無「幽」字。

穰侯，華陽君，〔一〕昭王母宣太后之弟也；而涇陽君、高陵君皆昭王同母弟也。穰侯相，三人者更將有封邑，〔二〕以太后故，私家富重於王室。〔三〕及穰侯爲秦將，且欲越韓、魏而伐齊綱壽，欲以廣其陶封。〔四〕范睢乃上書曰：

〔一〕【集解】徐廣曰：「華，一作『葉』。」【索隱】穰侯，謂魏冄，宣太后之異父弟。穰縣在南陽。華陽君芈戎，宣太后之同父弟，亦號爲新城君，是也。

〔二〕【考證】凌稚隆曰：伏後「發四貴」。

〔三〕【考證】凌稚隆曰：伏後「寶器珍怪多于王室」。

〔四〕【考證】穰侯傳「綱壽」作「剛壽」。

臣聞明主立政，〔一〕有功者不得不賞，有能者不得不官，勞大者其祿厚，功多者其爵尊，能治衆者其官大。故無能者不敢當職焉，有能者亦不得蔽隱。使以臣之言爲可，願行而益利其道;以臣之言爲不可,久留臣無爲也。語曰:「庸主賞所愛,而罰所惡;明主則不然,賞必加於有功,而刑必斷於有罪。」今臣之胷不足以當椹質,而要不足以待斧鉞,豈敢以疑事嘗試於王哉!〔二〕雖以臣爲賤人而輕辱,獨不重任臣者之無反復於王邪?〔三〕

〔一〕【索隱】按:戰國策「立」作「莅」也。

〔二〕【索隱】椹,音陟林反。按:椹者莝椹也,質者莝刃也。腰斬者當椹質也。【考證】秘閣、楓、三本「要」作「腰」。顏師古曰:鍖,謂質也。古人斬人加於鍖上而斫之也。愚按:「不足以當」、「以待」,「謙辭」。言身賤,死生不足論也。「豈敢」上添「雖然」二字看。

〔三〕【考證】策「賤」下無「人」字。任臣者,斥王稽。任,保任也。下文云「秦之法,任人而所任不善者,各以其罪罪之」。策「反復」作「反覆」。

且臣聞周有砥砨,〔一〕宋有結緑,梁有縣藜,〔二〕楚有和朴,〔三〕此四寶者,士之所生,良工之所失也,而爲天下名器。〔四〕然則聖王之所弃者,獨不足以厚國家乎?〔五〕

〔一〕【考證】砨,祕閣本作「厲」,楓山、三條本作「礪」,策作「戹」。

〔二〕【集解】薛綜曰:「縣藜,一曰美玉。」

〔三〕【正義】縣,音玄。劉伯莊云「珍玉朴也」。【考證】策「朴」作「璞」。

〔四〕【考證】策無「士之所生良」五字,蓋史公所補。

〔五〕【考證】楓山、三條本「王」作「主」。岡白駒曰:聖王,稱秦王。所棄,雎自謂也。

臣聞善厚家者取之於國,善厚國者取之於諸侯。天下有明主,則諸侯不得擅厚者,何也？爲其割榮也。〔一〕良醫知病人之死生，而聖主明於成敗之事，〔二〕利則行之，害則舍之，疑則少嘗之，雖舜、禹復生弗能改已。語之至者臣不敢載之於書，其淺者又不足聽也。〔三〕意者臣愚而不概於王心邪？〔四〕亡其言臣者賤而不可用乎？〔五〕自非然者，臣願得少賜游觀之閒望見顏色。一語無效，請伏斧質。〔六〕

〔一〕【索隱】割榮，即上之擅厚，謂擅權也。【考證】「厚家」、「厚國」，明承上文「厚國家」，而微見穰侯厚私家意，是作家苦心處。中井積德曰：割，如字，分也。謂分割天下之榮權而入於己也。惡其割榮，故不使擅厚。索隱失條理。沈家本說同。楓山、三條本「王」作「主」。策「割」作「凋」。

〔二〕【考證】祕閣、楓山、三條本「病」作「疾」。

〔三〕【正義】至，猶深也，極也。【考證】語之至者，暗斥太后、穰侯事。

〔四〕【集解】徐廣曰：「概，一作『溉』，音同。」【索隱】按：戰國策「概」作「關」，謂關涉於王心也。徐注「音同」，非也。【正義】概猶平也。雎言秦政教，不能□合王心邪。【考證】李笠曰：「概」與「溉」音同字通。「溉」與「沃」同義。溉於王心者，亦即尚書說命「啓乃心，沃朕心」之義也。愚按：今本策作「闔」，別是一義。

〔五〕【索隱】亡，猶輕蔑也。【考證】策「亡」作「抑」。余有丁曰：「亡」字轉語，猶言無乃也。索隱解「輕蔑」，非是。王念孫曰：亡讀如無。或言「亡」，或言「亡其」，皆轉語詞也。莊子外物篇「抑固窶邪，亡其略弗及邪」，呂氏春秋審爲篇「君將攫之乎，亡其不與」，愛類篇「必得宋，乃攻之乎，亡其不得宋，且不義，猶攻之乎」，韓策「聽子之謁而廢子之道乎，又亡其行子之行，而廢子之謁乎」，是凡言「亡其」者，皆轉語詞也。越語「道固然乎，妄其欺不穀邪」，趙策「不識三國之憎秦而愛懷邪，妄其憎懷而愛秦邪」，妄亦讀如無。魯仲連傳「亡意亦捐燕棄世東游於齊乎」，索隱斷「亡意」爲一句，亦非也。「亡意亦」者，「意亦」也。「意亦」者，「抑亦」也。或言

「意」，或言「意亦」，或言「意亡」，或言「無意」，或言「亡意亦」，皆轉語詞也。齊策作「意者亦捐燕棄世乎」，意者亦，轉語詞也。

〔六〕【考證】承上文「椹質斧鉞」。祕閣、楓山、三條本無「顏色」二字。策「顏色」作「足下」。董份曰：雎此書，淺言之，則不足以感王。深言之，則立僨事，故其心最苦。

於是秦昭王大說，乃謝王稽，使以傳車召范雎。〔一〕

〔一〕【集解】徐廣曰：「一云使持車。」【索隱】使持車，戰國策之文也。【考證】「范雎乃上書曰」以下采秦策。

於是范雎乃得見於離宮，〔一〕詳爲不知永巷而入其中。〔二〕王來，而宦者怒逐之，曰：「王至！」范雎繆爲曰：「秦安得王？秦獨有太后、穰侯耳。」〔三〕欲以感怒昭王。昭王至，聞其與宦者爭言，遂延迎，謝曰：「寡人宜以身受命久矣，會義渠之事急，寡人旦暮自請太后；〔四〕今義渠之事已，寡人乃得受命。竊閔然不敏，敬執賓主之禮。」〔五〕范雎辭讓。是日觀范雎之見者，羣臣莫不洒然變色易容者。〔六〕

〔一〕【正義】長安故城，本秦離宮，在雍州長安北十三里也。

〔二〕【正義】永巷，宮中獄也。【考證】如淳曰：周宣王姜后脱簪珥待罪永巷。後改爲掖庭。顏師古曰：永，長也。宮中之長巷也。

〔三〕【考證】王念孫曰：爲猶謂也。謂、爲，一聲之轉。祕閣、楓山、三條本「得」下有「有」字。祕閣本無「耳」字。董份曰：動昭王處，唯此言最深，所謂危以激之也。

〔四〕【考證】呂氏大事記云「漢書匈奴傳秦昭王時，義渠戎王與宣太后亂，有二子。宣后詐殺戎王于甘泉，遂起兵滅義渠」。

〔五〕【索隱】鄒誕本作「惛然」，音昏。又云一作「閔」，音敏。閔猶昏闇也。

〔六〕【集解】徐廣曰：「洒，先典反。」【索隱】鄭玄曰：「灑然，肅敬之貌也。」【考證】策無「羣臣洒然」四字。余有丁曰：洒然，非但敬肅，兼有恐懼意。中井積德曰：洒然，色變之貌。傳云「一爵而洒然」，不必作「肅敬」，不必作「恐懼」。

秦王屏左右，宮中虛無人。秦王跽而請曰：「先生何以幸教寡人？」〔一〕范睢曰：「唯唯。」有閒，秦王復跽而請曰：「先生何以幸教寡人？」范睢曰：「唯唯。」若是者三。〔二〕秦王跽曰：「先生卒不幸教寡人邪？」范睢曰：「非敢然也。臣聞昔者呂尚之遇文王也，身爲漁父，而釣於渭濱耳。〔三〕若是者，交疏也。已說而立爲太師，載與俱歸者，其言深也。〔四〕故文王遂收功於呂尚，而卒王天下。鄉使文王疏呂尚而不與深言，是周無天子之德，而文、武無與成其王業也。今臣羈旅之臣也，交疏於王，而所願陳者，皆匡君之事，處人骨肉之閒，〔五〕願效愚忠，而未知王之心也。此所以王三問而不敢對者也。臣非有畏而不敢言也。臣知今日言之於前，而明日伏誅於後，然臣不敢避也。〔六〕大王信行臣之言，死不足以爲臣患，亡不足以爲臣憂，〔七〕漆身爲厲，被髮爲狂，不足以爲臣恥。〔八〕且以五帝之聖焉而死，三王之仁焉而死，五伯之賢焉而死，烏獲、任鄙之力焉而死，成荆、〔九〕孟賁、〔一〇〕王慶忌、〔一一〕夏育之勇焉而死。〔一二〕死，人之所必不免也。處必然之勢，可以少有補於秦，此臣之所大願也，臣又何患哉！伍子胥橐載而出昭關，夜行晝伏，至於陵水，無以餬其口，〔一三〕膝行蒲伏，稽首肉袒，鼓腹吹篪，乞食於吳市，卒興吳國，闔閭爲伯。〔一四〕使臣得盡謀如伍子胥，加之以幽囚，終身不復見，〔一五〕是臣之説行也，臣又何憂？〔一六〕箕子、接輿，漆身爲厲，被髮爲狂，無益於主。〔一七〕假使臣得同行於箕子，可以有補於所賢之主，是臣之大榮也，臣有何恥？〔一八〕臣之所恐者，獨恐臣死之後，天下見臣之盡忠而身死，〔一九〕因以是杜口裹足，莫肯鄉秦耳。〔二〇〕足下上畏太后之嚴，下惑於姦臣之態，〔二一〕居深宮之中，不離阿保之手，終身迷惑，無與昭姦。〔二二〕大者宗廟滅覆，小者身以孤危，此臣之所恐耳。若夫窮辱之事，死亡之患，臣不敢畏也。臣死而秦治，是臣死賢於生。」秦王跽曰：「先生是何言也？夫秦國辟遠，寡人愚不肖，先生乃幸辱至於此，是天以寡人慁先生，而存先王之宗廟也。〔二三〕寡人得受命於先生，是天所以幸先王而不弃其孤也。先生柰何而言若是！事無小大，上及太后，下至大臣，願先生悉以教寡人，無疑寡人也。」范睢拜，秦王亦拜。〔二四〕

〔一〕**【索隱】**跽，音其紀反。跽者，長跪兩膝枝地。**【考證】**顧炎武曰：古人之坐，皆以兩膝著席，有所敬，引身而起，則爲長跪。史記范睢傳「秦王跪而請」，「秦王復跪」。而褚先生補梁孝王世家「帝與梁王俱侍坐太后前，太后謂帝曰：『吾聞殷道親親，周道尊尊，其義一也。』帝跪席舉身曰：『諾。』」是也。禮記坐皆訓跪。三國志注引高士傳言「管寧嘗坐一木榻，積五十餘年，未嘗箕股。其榻上當膝處皆穿」，以此。愚按：朱子跪坐拜説云「以膝隱地，伸腰及股，危而不安者跪也。以膝隱地，以尻著蹠，而體使安者坐也」。

〔二〕**【考證】**王維楨曰：三跪請而不言，以嘗試其意耳。

〔三〕**【正義】**括地志曰：「茲泉水源出岐州岐山縣西南凡谷，北流十二里，注于渭，太公釣此，所謂磻溪。」**【考證】**祕閣、楓山、三條本「渭」下有「之」字，策同。

〔四〕【考證】祕閣本無「而」字。策「說而」作「一說」。

〔五〕【考證】祕閣、楓山、三條本「君」下有「臣」字。凌稚隆曰：暗伏太后、穰侯。

〔六〕【考證】楓山、三條本無「於後」二字。

〔七〕【考證】亡，流亡也。死亡伏伍子胥。

〔八〕【索隱】厲，音賴。癩病也。言漆塗身，生瘡如病癩。【正義】漆身，豫讓也。被髮，箕子也。【考證】漆身被髮，伏箕子接輿。正義非。

〔九〕【集解】徐廣曰：「一作『羌』。」

〔一〇〕【集解】許慎曰：「成荆，古勇士。孟賁，衛人。」【正義】賁，音奔。

〔一一〕【集解】吴越春秋曰：「吴王僚子慶忌。」

〔一二〕【集解】漢書音義曰：「或云夏育衛人，力舉千鈞。」

〔一三〕【索隱】劉氏云：「陵水即栗水也。」按：「陵」、「栗」聲相近，故惑也。【正義】橐，音託。杜預云「昭關在淮北，陵水在臨淮」。【考證】策「陵」作「蔆」，「餬」作「餌」。左傳隱公十一年「餬其口于四方」。

〔一四〕【集解】徐廣曰：「箎，一作『簫』。」【正義】蒲伏，下白北反。【考證】策「膝行蒲伏稽首肉袒鼓腹吹箎」十二字作「坐行蒲服」。

〔一五〕【考證】策「盡」作「進」。

〔一六〕【考證】策「憂」下有「乎」字。

〔一七〕【考證】策「身」下、「髮」下有「而」字，「主」作「殷楚」。

〔一八〕【考證】策作「臣又何耻乎」。有讀爲又。

〔一九〕【考證】祕閣、楓山、三條本「死」下有「也」字。策同，「死」作「蹶」。

〔二〇〕【考證】裹足，謂足如有所裹而不前也。

〔二一〕【索隱】按：態，謂姦臣諂詐之志也。【考證】索隱本「惑」下無「於」字，與策合。顧炎武曰：今人但見史記秦閻樂數二世稱「足下」，遂以爲相輕之辭，不知戰國之時，人主之稱也。如蘇代遺燕昭王書，樂毅報燕惠王書，蘇厲與趙惠文王書，皆稱「足下」。又如蘇秦謂燕易王，范雎見秦昭王，蘇代謂齊湣王，齊人謂齊湣王，孟嘗君舍人謂衛君，張丐謂魯君，趙郝對趙孝成王，酈生說沛公，張良獻項王，皆稱「足下」。愚按：顧氏所引六國事，據國策。

〔二二〕【正義】昭，明也，無與明其姦惡。【考證】阿，若「阿衡」之「阿」，倚也。後漢崔寔傳注「阿保，謂傅母也」。策作「保傅」。

〔二三〕【集解】徐廣曰：「亂先生也。音溷。」【索隱】「慁」及注「溷」字並胡困反。慁猶汩亂之意。

〔二四〕【考證】楓山、三條本「秦王」下重「秦王」，「亦拜」下有「范雎」二字。中井積德曰：昭王素厭苦於太后，故讒間易入。見「上及太后」句，可觀焉。不然，非人子所宜言。

范雎曰：「大王之國，四塞以爲固，北有甘泉、谷口，〔一〕南帶涇、渭，右隴、蜀，左關、阪，〔二〕奮擊百萬，戰車千乘，利則出攻，不利則入守，此王者之地也。民怯於私鬬，而勇於公戰，此王者之民也。王并此二者而有之。〔三〕夫以秦卒之勇，車騎之衆，以治諸侯，譬若馳韓盧而搏蹇兔也，〔四〕霸王之業可致也，而羣臣莫當其位，至今閉關十五年，不敢窺兵於山東者，〔五〕是穰侯爲秦謀不忠，而大王之計有所失也。」〔六〕秦王跽曰：「寡人願聞失計。」

〔一〕【正義】括地志云：「甘泉山，一名鼓原，俗名磨石嶺，在雍州雲陽縣西北九十里。關中記云『甘泉宮在甘泉山上，年代永久，無復甘泉之名，失其實也。宮北云有連山，土人爲磨石嶺』。郊祀志公孫卿言黃帝得仙寒門，寒門者谷口也。按：九嵏山西謂之谷口，即古寒門也，在雍州醴泉縣東北四十里。」

〔二〕【考證】劉伯莊曰：關曰函谷關，阪曰商阪。愚按：祕閣本「阪」作「險」。

〔三〕【考證】「利則出攻」至「王并此二者而有之」三十八字，策無，蓋史公以意補也。

〔四〕【索隱】戰國策云「韓盧者，天下之壯犬也」，是韓呼盧爲犬，謂施韓盧而搏蹇兔，以喻秦彊，言取諸侯之易。

【考證】馳，索隱本作「施」，類聚、御覽作「縱」。

〔五〕【考證】莫當其位，猶言不得人。錢大昕曰：范雎說秦，在昭王三十六年，是時秦用白起，破趙、魏及楚者屢矣，而穰侯方出兵攻綱壽，安有閉關十五年之事？愚按：策「至今閉關」作「今反閉關」，下無「十五年」三字，史公補訂，反失事實。宜依策舊文。說又見蘇秦傳。

〔六〕【考證】不忠、失計，專斥越韓、魏攻齊事。范雎未嘗蔽穰侯前功，諸解未得。祕閣本、楓山、三條本「計」下有「亦」字。

然左右多竊聽者，范雎恐，未敢言內，先言外事，以觀秦王之俯仰。〔一〕因進曰：「夫穰侯越韓、魏而攻齊綱壽，非計也。〔二〕少出師則不足以傷齊，多出師則害於秦。臣意王之計，欲少出師而悉韓、魏之兵也，則不義矣。今見與國之不親也，越人之國而攻，可乎？〔三〕其於計疏矣。且昔齊湣王南攻楚，破軍殺將，再辟地千里，〔四〕而齊尺寸之地無得焉者，豈不欲得地哉？形勢不能有也。諸侯見齊之罷弊，君臣之不和也，〔五〕興兵而伐齊，大破之，士辱兵頓，皆咎其王曰：『誰爲此計者乎？』王曰：『文子爲之。』大臣作亂，文子出走。〔六〕故齊所以大破者，以其伐楚而肥韓、魏也。此所謂借賊兵而齎盜糧者也。〔七〕王不如遠交而近攻，得寸則王之寸也，得尺亦王之尺也。今釋此而遠攻，不亦繆乎！〔八〕且昔者中山之國，地方五百里，趙獨吞之，功成名立，而利附焉，天下莫之能害也。今夫韓、魏，中國之處而天下之樞也，〔九〕王其欲霸，必親中國以爲天下樞，以威楚、趙。楚彊則附趙，趙彊則附楚，〔一〇〕楚、趙皆附，齊必懼矣。齊懼，必卑辭重幣以事秦。齊附而韓、魏因可虜也」。昭王曰：「吾欲親魏久矣，而魏多變之國也，寡人不能親。請問親魏柰何？」對曰：「王卑詞重幣以事之；不可，則割地而賂之；〔一一〕不可，因舉兵而伐之。」王曰：「寡人敬聞命矣。」〔一二〕乃拜范雎爲客卿，謀兵事，卒聽范雎謀，使五大夫綰伐魏，拔懷。〔一三〕後二歲，拔邢丘。〔一四〕

〔一〕【考證】「然左右多竊聽者」以下二十五字，策無，蓋史公以意補足。

〔二〕【考證】策「齊綱壽」作「强齊」。

〔三〕【考證】鮑彪曰：與國，謂韓、魏。愚按：「攻」字承「與國」，則「與國」謂齊。人之國，斥韓、魏。鮑說非是。

〔四〕【正義】辟，尺亦反。【考證】祕閣、楓山、三條本「千」上有「二」字。張文虎曰：正義「尺」當作「匹」，蓋俗作「疋」，形似而誤。

〔五〕【考證】祕閣本「豈」下有「齊」字，「形」下無「勢」字，「臣」下無「之」字。

〔六〕【索隱】文子，謂田文，即孟嘗君也。猶戰國策謂田盼、田嬰爲盼子、嬰子然也。【考證】岡白駒曰：初謀伐楚者文子，以喻穰侯。愚按：「皆咎其王」以下二十五字，策無，亦史公所增。梁玉繩曰：此語國策既誤，史公所增又誤。湣王二十三年，伐楚有功，至四十年諸侯伐齊，敗于濟西，相越已十八年。且濟西之役，實燕欲報齊，故合秦、楚、三晉以伐之。何曾因攻楚罷敝而興兵乎？此史公仍策之誤也。齊敗濟西時，孟嘗謝相印歸老于薛將十年矣，而曰文子爲之哉？當是別一人。至所謂大臣作亂，文子出走者，乃閔王三十年，田甲劫王，事在敗濟西前十年，不得并爲一案。此史公增益之誤也。

〔七〕【索隱】借，音子夜反。一作「籍」，音亦同。齎，音側奚反。言爲盜齎糧也。【考證】荀子大略篇「非其人而教之，齎盜糧而借賊兵也」，李斯逐客書「此所謂藉寇兵而齎盜糧也」，蓋古有此語，諸人引之。兵、糧，韻。張文虎曰：宋本、毛本「兵」下有「而」字，與索隱本合。愚按：祕閣、楓山、三條本亦有。

〔八〕【考證】祕閣本「寸」下無「也」字，與策合。林少穎曰：秦之所以得天下不外遠交近攻之策，是策出于司馬錯，成于范雎。秦取六國，謂之蠶食。蠶之食葉，自近及遠。

〔九〕【考證】胡三省曰：以門户爲喻，門户之闔闢皆由於樞。

〔一〇〕【考證】胡三省曰：彊者未易柔服，故先親附弱者。

〔一一〕【考證】楓山、三條本無「不」字。

〔一二〕【考證】「遂延迎謝曰」以下本秦策。

〔一三〕【集解】徐廣曰：「昭王三十九年。」

〔一四〕【考證】祕閣本「二」作「三」，「邢」作「刑」。梁玉繩曰：邢丘，當作「郪丘」，說在秦紀。

客卿范雎復説昭王曰：「秦、韓之地形相錯如繡。秦之有韓也，譬如木之有蠹也，人之有心腹之病也。〔一〕天下無變則已，天下有變，其爲秦患者，孰大於韓乎？王不如收韓。」昭王曰：「吾固欲收韓，韓不聽，爲之柰何？」對曰：「韓安得無聽乎？〔二〕王下兵而攻滎陽，則鞏、成皋之道不通；〔三〕北斷太行之道，則上黨之師不下。〔四〕王一興兵而攻滎陽，則其國斷而爲三。〔五〕夫韓見必亡，安得不聽乎？若韓聽，而霸事因可慮矣。」〔六〕王曰：「善。」〔七〕且欲發使於韓。

〔一〕【正義】蠹，音妬，石柱蠹。【考證】張文虎曰：正義「石」疑當作「蝕」。

〔二〕【考證】祕閣、楓山、三條本「韓」下「安」上有「氏」字。

〔三〕【正義】言宜陽、陝、虢之師不得下相救。【考證】策無「鞏」字。

〔四〕【正義】言澤潞之師不得下太行相救。【考證】祕閣、楓山、三條本「斷」作「斬」，與策合。中井積德曰：斷太行，亦因滎陽之師而爲之。故此雖對説，而下文曰「一興斷三」也。

〔五〕【正義】新鄭已南一，宜陽二，澤、潞三。

〔六〕【考證】而，猶則也。

〔七〕【考證】「范雎復説昭王」以下采秦策。

范雎日益親，復説用數年矣，因請閒説曰：〔一〕「臣居山東時，聞齊之有田文，不聞其有王也；〔二〕聞秦之有太后、穰侯、華陽、高陵、涇陽，不聞其有王也。〔三〕夫擅國之謂王，能利害之謂王，制殺生之威之謂王。〔四〕今太后擅行不顧，穰侯出使不報，華陽、涇陽等擊斷無諱，高陵進退不請。〔五〕四貴備，而國不危者，未之有也。爲此四貴者下，乃所謂無王也。然則權安得不傾，令安得從王出乎？臣聞善治國者，乃内固其威，而外重其權。〔六〕穰侯使者操王之重，決制於諸侯，剖符於天下，政適伐國，莫敢不聽。〔七〕戰勝攻取，則利歸於陶，國獘御於諸侯；〔八〕戰敗則結怨於百姓，而禍歸於社稷。詩曰『木實繁者披其枝，披其枝者傷其心；〔九〕

大其都者危其國，尊其臣者卑其主』。〔一〇〕崔杼、淖齒管齊，〔一一〕射王股，擢王筋，縣之於廟梁，宿昔而死。〔一二〕李兑管趙，囚主父於沙丘，百日而餓死。〔一三〕今臣聞秦太后、穰侯用事，高陵、華陽、涇陽佐之，卒無秦王，此亦淖齒、李兑之類也。〔一四〕且夫三代所以亡國者，君專授政，縱酒馳騁弋獵，不聽政事。其所授者，妒賢嫉能，御下蔽上，以成其私，不爲主計，而主不覺悟，故失其國。〔一五〕今自有秩以上至諸大吏，下及王左右，無非相國之人者。〔一六〕見王獨立於朝，臣竊爲王恐萬世之後，有秦國者非王子孫也」。〔一七〕昭王聞之大懼，曰：「善。」於是廢太后，逐穰侯、高陵、華陽、涇陽君於關外。〔一八〕秦王乃拜范睢爲相。收穰侯之印，使歸陶，〔一九〕因使縣官給車牛以徙，千乘有餘。到關，〔二〇〕關閱其寶器，寶器珍怪多於王室。

〔一〕【正義】閒，音閑。

〔二〕【考證】祕閣、楓山、三條本「田文」作「田單」，與策合。王念孫曰：張載注魏都賦引史記作「田單」，今本誤。策鮑注云「田文去齊已十餘年，不得近舍單，遠論文也」。

〔三〕【考證】策無「高陵」二字。

〔四〕【考證】策「能」下有「專」字。

〔五〕【集解】諱，畏也。【索隱】無諱，猶無畏也。【考證】策姚本無「高陵進退不請」六字，曾本有。安井衡曰：下文曰「四貴備」，又曰「爲此四者下」，秦王爲太后下，非所宜恥，則四貴謂穰侯、涇陽、華陽、高陵。曾本是也。鮑彪曰：不顧，不顧王也。報，猶白也。言不白王，而擅遣使於外。擊斷，謂刑人。無諱，言不避王。橫田惟孝曰：進退，進退人也。

〔六〕【考證】闕修齡曰：言是人主之事，而太后、穰侯自擅威權，與善治國者相反。

〔七〕【集解】徐廣曰：「政適，音征敵。」【考證】策作「征敵」。

〔八〕【索隱】按：獘者斷也。御，制也。言穰侯執權以制御，主斷於諸侯也。【考證】弊與利對言，病也。御，訓爲嚮，猶歸也。

〔九〕【正義】披，音片被反。【考證】披，屈折也。孫詒讓曰：案逸周書周祝篇云「葉之美也解其柯，柯之美也解其枝，枝之美也致其本」，與此文相近。古書引書，或通稱「詩」。戰國策四、史記春申君傳引「詩云『大遠武宅不涉』」，即周書大武篇之「遠宅不薄」，是其證也。

〔一〇〕【考證】左傳隱公元年祭仲曰「都城過百雉，國之害也」，閔公二年「昔辛伯諗周桓公曰『內寵並后，外寵二政，嬖子配嫡，大都耦國，亂之本也』」，與此語相似。又按：秦策別章應侯謂昭王曰「臣聞之，木實繁者枝必披，枝之披者傷其心，都大者危其國，臣强者危其主」，意同文異。

〔一一〕【索隱】淖，姓也，音泥教反。漢有淖姬是也。高誘曰「管，典也」。言二人典齊權而行弒逆也。【正義】淖齒，楚人，齊湣王臣。

〔一二〕【索隱】按：言「射王股」，誤也。崔杼射莊公之股，淖齒擢湣王之筋，是說二君事也。【考證】楓山、三條本無「崔杼」二字，與策合，可從。崔杼、淖齒，古今不類。下文亦不言「崔杼」，二字後人依索隱誤增。昔、夕通。策「射王股擢王筋」作「縮閔王之筋」，義長。張文虎曰：案此承上文「尊其臣者卑其主」來。此兩「王」字皆「主」之譌。下又云「不爲主計，而主不覺悟」，是其證。

〔一三〕【正義】沙丘臺，在邢州平鄉縣東北二十里。

〔一四〕【考證】「臣居山東」以下采秦策。中井積德曰：策無「臣聞」二字，此疑衍文。

〔一五〕【考證】策無「且夫」以下五十二字。史公補足。

〔一六〕【考證】楓山、三條本「吏」作「史」。愚按：策云「自斗食以上，至尉内史，及王左右，有非相國之人者乎」，作「史」似是。

〔一七〕【考證】祕閣本，楓山、三條本「恐」下重「恐」字，與策合。

〔一八〕【考證】「今自有秩」以下，采秦策。梁玉繩曰：大事記云本紀宣太后之没，書「薨」書「葬」，初未嘗廢。魏公子無忌諫魏王親秦之辭止曰「太后，母也，而以憂死」，亦未嘗言其廢。穰侯雖免相，猶以太后之故，未就國。及太后既葬之後，始出之陶耳。范雎傳所載，特辨士增飾之辭，欲誇范雎之事，而不知甚昭王之惡也。皇極經世云「罷穰侯相國，及奪宣太后權，蓋得其實矣」。經史問答云「太后憂死，是實未必顯有黜退之舉。觀穰侯尚得之國于陶，無甚大譴，其所謂逐者如此，則所謂廢者亦只奪其權也。是時昭王年長，而宣太后尚事事親裁，便是不善處嫌疑之際。一日昭王置之高閣，安得不憂死。故人以爲廢」。愚按：中井積德亦有此說。

〔一九〕【考證】中井積德曰：收印，是奪穰封也。是唯有陶邑。

〔二〇〕【考證】祕閣、楓山、三條本「徙」作「從」。

秦封范雎以應，號爲應侯。〔一〕當是時，秦昭王四十一年也。

〔一〕【索隱】封范雎於應。案：劉氏云「河東臨晉縣有應亭，則秦地有應也」。又案：本紀以應爲太后養地，解者云「在潁川之應鄉」，未知孰是。【正義】括地志云：「故應城，古應鄉，在汝州魯山縣東四十里也。」

范雎既相秦，秦號曰張祿，而魏不知，以爲范雎已死久矣。〔一〕魏聞秦且東伐韓、魏，魏使須賈於秦。〔二〕范雎聞之，爲微行，敝衣閒步之邸見須賈。〔三〕須賈見之而驚曰：「范叔固無恙乎？」范雎曰：「然。」須賈笑曰：「范叔有說於秦邪？」曰：「不也。雎前日得過於魏相，故亡逃至此，安敢説乎？」〔四〕須賈曰：「今叔何事？」范睢曰：「臣爲人庸賃。」須賈意哀之，留與坐飲食，曰：「范叔一寒如此哉！」乃取其一綈袍以賜之。〔五〕須賈因問曰：「秦相張君，公知之乎？吾聞幸於王，天下之事皆決於相君。今吾事之去留在張君。孺子豈有客習於相君者哉？」〔六〕范睢曰：「主人翁習知之。唯睢亦得謁，〔七〕睢請爲見君於張君。」須賈曰：「吾馬病，車軸折，非大車駟馬，吾固不出。」〔八〕范睢曰：「願爲君借大車駟馬於主人翁。」〔九〕

〔一〕【考證】祕閣、三條、楓山本「睢」下有「良」字。

〔二〕【考證】祕閣、三條、楓山本「東」下有「兵」字，「賈」下有「使」字。

〔三〕【正義】劉云「諸國客館」。【考證】桃源鈔云「劉伯莊云『閒步，謂獨行』。盧藏用云『閒步，從小路也』」。

〔四〕【考證】祕閣、楓山、三條本「敢」下有「有」字。

〔五〕【索隱】按：綈，厚繒也。音啼，蓋今之絁也。【正義】今之麤袍。

〔六〕【索隱】劉氏云：「蓋謂睢爲小子也。」

〔七〕【考證】張文虎曰：唯讀爲雖。

〔八〕【考證】祕閣本「駟」作「四」，下同。

〔九〕【考證】祕閣、楓山、三條本無「翁」字。

范睢歸，取大車駟馬，爲須賈御之，入秦相府。府中望見，有識者皆避匿。須賈怪之。至相舍門，謂須賈曰：「待我，我爲君先入通於相君。」須賈待門下，持車良久，〔一〕問門下曰：「范叔不出，何也？」門下曰：「無范叔。」須賈曰：「鄉者與我載而入者。」門下曰：「乃吾相張君也。」〔二〕須賈大驚，自知見賣，乃肉袒膝行，因門下人謝罪。〔三〕於是，范雎盛帷帳，侍者甚衆，見之。須賈頓首言死罪，曰：「賈不意君能自致於青雲之上，〔四〕賈不敢復讀天下之書，不敢復與天下之事。賈有湯鑊之罪，請自屏於胡貉之地，唯君死生之！」范雎曰：「汝罪有幾？」曰：「擢賈之髮以續賈之罪，尚未足。」〔五〕范雎曰：「汝罪有三耳。昔者楚昭王時，而申包胥爲楚卻吳軍，楚王封之以荆五千户，〔六〕包胥辭不受，爲丘墓之寄於荆也。〔七〕今雎之先人丘墓亦在魏，公前以雎爲有外心於齊，而惡雎於魏齊，公之罪一也。〔八〕當魏齊辱我於廁中，公不止，罪二也。更醉而溺我，公其何忍乎？罪三矣。然公之所以得無死者，以綈袍戀戀，有故人之意，故釋公。」乃謝罷。入言之昭王，罷歸須賈。

〔一〕【考證】祕閣本無「待門下」三字。

〔二〕【考證】祕閣本「鄉」作「嚮」。楓山本「我」下有「俱」字。

〔三〕【考證】祕閣、楓山、三條本無「大驚」二字。楓、三本「人」作「入」。

〔四〕【考證】祕閣本句下有「制海内至於此」六字。「青雲」有數義。伯夷傳「閭巷之人，欲砥行立名者，非附青雲之士，惡能施於後世哉」，此有德而負盛名者也。范雎傳「不意君能自致於青雲之上」，此喻在高位也。後世謂登科者「平步青雲」，唐曹鄴詩「一日公道開，青雲在平地」。又喻隱逸者，南史「身處朱門而情同江海，形入紫闥，而意在青雲」。黄式三曰：以貴仕爲青雲本此。揚雄解嘲「當途者引青雲」，隋書李德林傳贊「君臣體合，自致青雲」，其義皆同。謂仕途不可言青雲，楊用修一偏之見也。

〔五〕【考證】梁玉繩曰：評林云「續、贖古通用」。別雅云「續，當作『贖』，或傳寫誤，或因聲借用」。方氏補正云

「北音續、數相近而誤」。或曰「擢髮而續之，尚不足以比其罪之長也」。愚按：或説爲是。

〔六〕【考證】祕閣、楓山、三條本無「荆」字。

〔七〕【考證】岡白駒曰：卻吴軍者，本爲己之先人丘墓寄於荆也，不必爲楚，故不以爲功。

〔八〕【考證】外心，猶二心也。左傳昭公三年罕虎謂楚曰「而固有外心」。祕閣本「也」作「矣」，下同。

須賈辭於范雎，范雎大供具，盡請諸侯使，與坐堂上，食飲甚設。而坐須賈於堂下，置莝豆其前，令兩黥徒夾而馬食之。〔一〕數曰：「爲我告魏王，急持魏齊頭來！不然者，我且屠大梁。」〔二〕須賈歸，以告魏齊。魏齊恐，亡走趙，匿平原君所。〔三〕

〔一〕【考證】莝，剉通。詩「秣之剉之」。盧藏用曰：莝豆，食馬之具。黥徒，養馬者也，所以辱之。

〔二〕【考證】祕閣、楓山、三條本無「然」字，是。

〔三〕【考證】徐孚遠曰：魏齊，魏相。信陵君，魏公子。魏齊急，不歸信陵而歸平原，疑其當國時與信陵不合，故不敢以情告。及後復投信陵，信陵難見之，益可知也。愚按：平原趙人，魏王不得奪其所保。及後信陵難見魏齊，亦恐負魏王也。徐氏未得情事。

范雎既相，王稽謂范雎曰：「事有不可知者三，有不可柰何者亦三。宮車一日晏駕，〔一〕是事之不可知者一也。君卒然捐館舍，是事之不可知者二也。使臣卒然填溝壑，是事之不可知者三也。〔二〕宮車一日晏駕，君雖恨於臣，無可柰何。〔三〕君卒然捐館舍，君雖恨於臣，亦無可柰何。〔四〕使臣卒然填溝壑，君雖恨於臣，亦無可柰何。」范雎不懌，乃入言於王曰：「非王稽之忠，莫能内臣於函谷關；非大王之賢聖，莫能貴臣。今臣官至於相，爵在列侯，王稽之官，尚止於謁者，非其内臣之意也。」昭王召王稽，拜爲河東守，三歲不上計。〔五〕又任鄭安平，昭王以爲將軍。〔六〕范雎於是散家財物，盡以報所嘗困戹者。〔七〕一飯之德必償，睚眦之怨必報。〔八〕

〔一〕【集解】應劭曰：「天子當晨起早作，如方崩殞，故稱晏駕。」韋昭曰：「凡初崩爲『晏駕』者，臣子之心，猶謂宫車當駕而晚出。」

〔二〕【考證】王稽謁者，故稱使臣。

〔三〕【考證】凌稚隆曰：恨者，恨其不及用也。

〔四〕【考證】祕閣、楓山、三條本無「亦」字。

〔五〕【集解】司馬彪曰：「凡郡掌治民、進賢、勸功、決訟、檢姦，常以春行。所至縣，勸民農桑，振救乏絶。秋冬遣無害吏，案訊問諸囚，平其罪法，論課殿最。歲盡遣吏上計。」【考證】祕閣本「拜」下有「以」字。

〔六〕【考證】任，保任也。

〔七〕【考證】「嘗」下，祕閣本有「與」字，楓山、三條本有「共」字。愚按：有者是。

〔八〕【索隱】睚，音崖賣反。眦，音士賣反。又音崖債二音。睚眦，謂相嗔而怒目切齒。【考證】中井積德曰：睚眦二字從目，當以「目」言之，非因「口」。恩田仲任曰：睚眦，舉目相忤貌。眦，目際也。睚，目厓也。

范雎相秦二年，秦昭王之四十二年，東伐韓少曲、高平，拔之。〔一〕

〔一〕【集解】徐廣曰：「蘇代曰『起少曲，一日而斷太行』。」【索隱】按：蘇云「起少曲，一日而斷太行」，故劉氏以爲蓋在太行西南。【正義】括地志云：「南韓王故城，在懷州河陽縣西北四十里。俗謂之韓王城，非也。春秋時，周桓王以與鄭。紀年云『鄭侯使辰歸晉陽向，更名高平，拔之』。則少曲當與高平相近。」【考證】梁玉繩曰：上文方叙雎償德報怨，便當接入報魏齊仇一段，何得横插伐韓事？徧檢紀、表、世家、列傳，亦無秦昭四十二年伐韓事。少曲雖無攷，蓋與高平相近。而高平爲魏地，趙世家云「反高平于魏」是也。況雎相二年，乃秦昭四十三年，非四十二年。疑此廿三字當衍。崔適曰：二十三字當移下文「秦昭王乃出平原君歸趙」下。

秦昭王聞魏齊在平原君所，欲爲范雎必報其仇，乃詳爲好書遺平原君曰：「寡人聞君之高義，願與君爲布衣之友，君幸過寡人，寡人願與君爲十日之飲。」平原君畏秦，且以爲然，而入秦見昭王。昭王與平原君飲數日，昭王謂平原君曰：「昔周文王得吕尚以爲太公，齊桓公得管夷吾以爲仲父，今范君亦寡人之叔父也。〔一〕范君之仇，在君之家，願使人歸取其頭來；不然，吾不出君於關。」平原君曰：「貴而爲交者爲賤也，富而爲交者爲貧也。〔二〕夫魏齊者勝之友也，在，固不出也，今又不在臣所。」昭王乃遺趙王書曰：「王之弟在秦，范君之仇魏齊在平原君之家。王使人疾持其頭來；不然，吾舉兵而伐趙，又不出王之弟於關。」〔三〕趙孝成王乃發卒圍平原君家急，〔四〕魏齊夜亡，出見趙相虞卿。虞卿度趙王終不可説，乃解其相印，與魏齊亡，閒行，念諸侯莫可以急抵者，乃復走大梁，欲因信陵君以走楚。信陵君聞之，畏秦，猶豫未肯見，曰：「虞卿何如人也？」時侯嬴在旁，曰：「人固未易知，知人亦未易也。〔五〕夫虞卿躡屩擔簦，一見趙王，賜白璧一雙，黄金百鎰；〔六〕再見，拜爲上卿；三見，卒受相印，封萬户侯。當此之時，天下争知之。夫魏齊窮困過虞卿，虞卿不敢重爵禄之尊，解相印，捐萬户侯而閒行。急士之窮而歸公子，公子曰『何如人』。人固不易知，知人亦未易也！」信陵君

大慙，駕如野迎之。魏齊聞信陵君之初難見之，怒而自剄。趙王聞之，卒取其頭予秦。秦昭王乃出平原君歸趙。〔七〕

〔一〕【考證】梁玉繩曰：「太公」當作「太師」。愚按：太公，猶言祖父也，與「仲父」對言。楓、三本「范君」作「范睢」，下同。類聚亦作「睢」。

〔二〕【索隱】上「爲」，音如字；下「爲」，音于僞反。以言富貴而結交情深者，爲有貧賤之時不可忘之也。【正義】下「爲」，于僞反，言富貴而結交者，本爲貧賤之人也。【考證】上「交」字，各本作「友」，今從索隱本、祕閣抄本、楓、三本。中井積德曰：言富貴之結交，以其貧賤而當相恤也。豫慮後日之意，以明魏齊危難不可棄也。

〔三〕【考證】弟，當作「叔父」，說見下文。祕閣本「兵」下無「而」字。

〔四〕【考證】錢大昕曰：平原君爲惠文王之弟，於孝成王爲叔父。此時惠文已没，不當更稱「弟」。

〔五〕【考證】岡白駒曰：未易知，未易被知。此以虞卿言。愚按：知人未易，以信陵君言。

〔六〕【考證】祕閣本「鎰」作「溢」。

〔七〕【考證】崔適曰：「歸趙」下，當移上文「范睢相秦二年」以下二十三字。

昭王四十三年，秦攻韓汾、陘，拔之，〔一〕因城河上廣武。〔二〕

〔一〕【索隱】陘，音刑。陘蓋在韓之西界，與汾相近也。【正義】按：陘庭故城在絳州曲沃縣西北二十里汾水之陽。

〔二〕【索隱】劉氏云：「此河上，蓋近河之地，本屬韓，今秦得而城。」

後五年，昭王用應侯謀，縱反閒賣趙，趙以其故令馬服子代廉頗將。〔一〕秦大破趙於長平，遂圍邯鄲。已而與武安君白起有隙，言而殺之。〔二〕任鄭安平，使擊趙。鄭安平爲趙所圍，急，以兵二萬人降趙。〔三〕應侯席稾請罪。秦之法，任人而所任不善者，各以其罪罪之。〔四〕於是應侯罪當收三族。秦昭王恐傷應侯之意，乃下令國中，有敢言鄭安平事者，以其罪罪之。而加賜相國應侯食物，日益厚，以順適其意。後二歲，王稽爲河東守，與諸侯通，坐法誅。〔五〕而應侯日益以不懌。〔六〕

〔一〕【索隱】馬服子，趙括之號也。故虞喜志林云「馬，兵之首也。號曰『馬服』者，言能服馬也」。鄒氏音頗，匹波反。【考證】梁玉繩曰：秦拔韓陘後四年，敗趙長平。言「五年」，誤。凌稚隆曰：馬服君之子，故曰馬服子。中井積德曰：馬服蓋邑名。愚按：史蔡澤傳「白起攻彊趙，北坑馬服」，韓非子顯學篇「趙任馬服之辨而有長平之禍」，皆不言「馬服子」，蓋括襲父號也。子，男子之稱，非「父子」之「子」。

〔二〕【集解】徐廣曰：「在五十年。」【索隱】注徐云「五十年」，據秦本紀及年表而知之也。

〔三〕【考證】任，保任也。下同。張文虎曰：王、柯、凌本「圍」作「困」。

〔四〕【考證】祕閣本無「者」字。

〔五〕【集解】徐廣曰：「五十二年。」

〔六〕【考證】祕閣本，楓、三本無「益」字。

昭王臨朝歎息，應侯進曰：「臣聞『主憂臣辱，主辱臣死』。今大王中朝而憂，臣敢請其罪。」〔一〕昭王曰：「吾聞楚之鐵劍利而倡優拙。〔二〕夫鐵劍利，則士勇；倡優拙，則思慮遠。〔三〕夫以遠思慮而御勇士，吾恐楚之圖秦也。〔四〕夫物不素具，不可以應卒，〔五〕今武安君既死，而

鄭安平等畔，內無良將，而外多敵國，吾是以憂。」欲以激勵應侯。〔六〕應侯懼，不知所出。蔡澤聞之，往入秦也。〔七〕

〔一〕【考證】國語周語范蠡曰：「臣聞之，爲人臣者，君憂臣勞，君辱臣死。」越世家同。此「臣」下「辱」字當作「勞」。

〔二〕【正義】論士能善卒不戰。

〔三〕【考證】祕閣本、藝文類聚「遠」下有「矣」字。

〔四〕【考證】藝文類聚無「夫」字。

〔五〕【考證】卒，讀爲猝。

〔六〕【索隱】激，音擊。

〔七〕【考證】楓、三本脫「蔡澤」以下八字。祕閣本「之」下有「而」，「秦」下無「也」。

蔡澤者，燕人也。游學干諸侯，〔一〕小大甚衆，不遇。而從唐舉相，〔二〕曰：「吾聞先生相李兌曰『百日之內持國秉』，有之乎？」〔三〕曰：「有之。」曰：「若臣者何如？」唐舉孰視而笑曰：「先生曷鼻，巨肩，〔四〕魋顔，蹙齃，厀攣。〔五〕吾聞聖人不相，殆先生乎？」〔六〕蔡澤知唐舉戲之，乃曰：「富貴吾所自有，吾所不知者壽也，願聞之。」唐舉曰：「先生之壽，從今以往者四十三歲。」蔡澤笑謝而去，〔七〕謂其御者曰：「吾持粱刺齒肥，〔八〕躍馬疾驅，懷黃金之印，結紫綬於要，揖讓人主之前，食肉富貴，四十三年，足矣。」〔九〕去之趙，見逐。之韓、魏，遇奪釜鬲於塗。〔一〇〕聞應侯任鄭安平、王稽，皆負重罪於秦，應侯內慙，蔡澤乃西入秦。

〔一〕【正義】不待禮曰干。

〔二〕【集解】荀卿曰：「梁有唐舉。」【索隱】荀卿書作「唐莒」。【考證】荀子非相篇作「唐舉」。莒、舉古通。定四年，柏舉之戰，左、穀作「舉」，公羊作「莒」。

〔三〕【索隱】按：左傳「國子實執齊秉」。服虔曰「秉，權柄也」。【考證】上文云「李兑管趙」。祕閣本，楓、三本「國」下有「權」字，各本有「政」字。索隱本出「持國秉」三字。王念孫曰：「秉」下本無「政」字。持國秉，即持國柄也。絳侯世家「侯八歲爲將相持國秉」，御覽人事部引此作「持國柄」。

〔四〕【集解】徐廣曰：「曷，一作『偈』。偈，一作『仰』。巨，一作『渠』。」【索隱】曷鼻，謂鼻如蝎蟲也。巨肩，謂肩巨於項也，蓋項低而肩豎。偈，音其例反。【正義】曷鼻，有橫文若蝎蟲也。「脣」或作「肩」。言肩高。【考證】王念孫曰：曷讀爲遏。遏鼻者偃鼻也，偃鼻者仰鼻也。愚按：正義本「巨肩」作「巨脣」，謂脣大也，亦通。

〔五〕【集解】孿，兩厀曲也。徐廣曰：「一作『率』。」【索隱】魋顏，上「魋」音徒回反。魋顏，謂顏貌魋回，若魋梧然也。齃，音烏曷反。蹙齃，謂鼻蹙眉。膝攣，謂兩膝又攣曲也。【正義】厀，一本作「膝」。攣，卷緣反。膝攣曲也。【考證】恩田仲任曰：齃與頞通。蹙齃，鼻莖蹙縮也。

〔六〕【正義】蔡澤實不醜，而唐舉戲之。揚雄解嘲言蔡澤噤吟而笑唐舉，誤甚也。

〔七〕【考證】祕閣本「四十」作「卌」，下同。「蔡澤」下有「曰吾受先生之賜也乃」九字，無「而」字。

〔八〕【集解】持粱作飯也。「刺齒」二字，當作「齧」，又作「齕」也。【索隱】持粱，謂作粱米飯而持其器以食也。按：「刺齒」二字字誤，當爲「齧」字也。齧肥，謂食肥肉也。【考證】刺齒，祕閣本、御覽改作「齧」。

〔九〕【考證】中井積德曰：食肉與上文「齧肥」重複，疑其一屬衍。

〔一〇〕【集解】之，一作「入」。爾雅曰：「款足者謂之鬲。」郭璞曰：「鼎曲腳。」【索隱】父歷二音。款者空也。空足是曲足云，見爾雅，郭氏云「鼎曲脚」也。按：以款訓曲，故云「曲脚」也。【考證】遇，猶被也。岡白駒曰：遇奪，爲所奪也。

將見昭王，使人宣言以感怒應侯曰：「燕客蔡澤，天下雄俊弘辯智士也。彼一見秦王，秦王必困君，而奪君之位。」〔一〕應侯聞曰：「五帝三代之事，百家之説，吾既知之。衆口之辯，吾皆摧之，是惡能困我而奪我位乎？」〔二〕使人召蔡澤。蔡澤入，則揖應侯。應侯固不快，及見之又倨，〔三〕應侯因讓之曰：「子常宣言欲代我相秦，寧有之乎？」〔四〕對曰：「然。」應侯曰：「請聞其説。」蔡澤曰：「吁，君何見之晚也！夫四時之序，成功者去。〔五〕夫人生百體堅彊，手足便利，耳目聰明，而心聖智，豈非士之願與？」〔六〕應侯曰：「然。」蔡澤曰：「質仁秉義，行道施德，得志於天下，天下懷樂敬愛而尊慕之，皆願以爲君王，豈不辯智之期與？」應侯曰：「然。」蔡澤復曰：「富貴顯榮，成理萬物，使各得其所；性命壽長，終其天年而不夭傷，〔七〕天下繼其統，守其業，傳之無窮；名實純粹，澤流千里，〔八〕世世稱之而無絶，與天地終始，〔九〕豈道德之符而聖人所謂吉祥善事者與？」〔一〇〕應侯曰：「然。」

〔一〕【考證】祕閣本「雄俊」作「駿雄」，與秦策合。秦策「困君」作「相之」。張文虎曰：「『秦王』二字衍。」

〔二〕【考證】秦策「聞」下有「之」字，無「曰五帝」以下三十三字。

〔三〕【考證】酈食其傳「酈生入，則長揖不拜」。

〔四〕【考證】御覽「常」作「嘗」。秦策「寧」作「豈」。

〔五〕【考證】序、去，韻。

〔六〕【考證】楓、三本「百體」作「四體」。
〔七〕【考證】祕閣本「富貴」作「貴富」，「傷」作「殤」。
〔八〕【集解】徐廣曰：「一本無此字。」
〔九〕【考證】秦策無「里世」二字，以「澤流千世」爲一句。祕閣本、秦策無「始」字。
〔一〇〕【考證】祕閣本，楓、三本及秦策「豈」下有「非」字。愚按：當依補。

蔡澤曰：「若夫秦之商君，楚之吳起，越之大夫種，其卒然亦可願與？」〔一〕應侯知蔡澤之欲困己以說，〔二〕復謬曰：「何爲不可？夫公孫鞅之事孝公也，極身無貳慮，盡公而不顧私，〔三〕設刀鋸以禁姦邪，信賞罰以致治，披腹心示情素，蒙怨咎欺舊友，奪魏公子卬，〔四〕安秦社稷，利百姓，卒爲秦禽將破敵，攘地千里。吳起之事悼王也，使私不得害公，讒不得蔽忠，言不取苟合，行不取苟容，不爲危易行，行義不辟難，〔五〕然爲霸主強國，不辭禍凶。〔六〕大夫種之事越王也，主雖困辱，悉忠而不解，〔七〕主雖絕亡，盡能而弗離，成功而弗矜，貴富而不驕怠。若此三子者，固義之至也，忠之節也。〔八〕是故君子以義死難，視死如歸；生而辱，不如死而榮。〔九〕士固有殺身以成名，唯義之所在，雖死無所恨。何爲不可哉？」〔一〇〕

〔一〕【考證】秦策無「然」字，「與」作「矣」。愚按：史「然」字衍。
〔二〕【集解】式紬反。
〔三〕【考證】秦策無「慮」字。
〔四〕【考證】秦策「奪」作「虜」。

〔五〕【集解】徐廣曰：「一云『不困毀訾』。」【考證】秦策作「行義不固毀譽」。集解「訾」當作「譽」。策「固」當作「困」。

〔六〕【考證】祕閣本，楓、三本「辭」作「離」。

〔七〕【考證】祕閣本「解」作「懈」。

〔八〕【考證】節，猶期也，極也。

〔九〕【考證】楓、三本，祕閣本無「死難」二字。秦策無「以義死難」以下十七字。

〔一〇〕【考證】秦策無「士固」二字。

蔡澤曰：「主聖臣賢，天下之盛福也；君明臣直，國之福也；父慈子孝，夫信妻貞，家之福也。故比干忠而不能存殷，子胥智而不能完吳，申生孝而晉國亂。是皆有忠臣孝子而國家滅亂者，何也？無明君賢父以聽之，故天下以其君父爲僇辱，而憐其臣子。〔一〕今商君、吳起、大夫種之爲人臣是也，其君非也。故世稱三子致功而不見德，豈慕不遇世死乎？〔二〕夫待死而後可以立忠成名，是微子不足仁，孔子不足聖，管仲不足大也。夫人之立功，豈不期於成全邪？身與名俱全者，上也；名可法而身死者，其次也；名在僇辱而身全者，下也。」〔三〕於是應侯稱善。

〔一〕【索隱】言比干、子胥、申生，皆以至忠孝而見誅放，故天下言爲其君父之所僇，而憐其臣子也。【考證】中井積德曰：爲僇辱，以爲污辱羞恥也，鄙賤之意。愚按：「僇」字與莊子「爲世大僇」，田單傳「僇及先人」「僇」字同。索隱非。

〔二〕【考證】秦策無「今商君」以下三十六字。

〔三〕【考證】秦策無「夫人」以下四十字。

蔡澤少得閒，因曰：「夫商君、吴起、大夫種，其爲人臣盡忠致功則可願矣，閎夭事文王，周公輔成王也，豈不亦忠聖乎？〔一〕以君臣論之，商君、吴起、大夫種，其可願孰與閎夭、周公哉？」〔二〕應侯曰：「商君、吴起、大夫種弗若也。」蔡澤曰：「然則君之主，慈仁任忠，惇厚舊故，其賢智與有道之士爲膠漆，義不倍功臣，孰與秦孝公、楚悼王、越王乎？」〔三〕應侯曰：「未知何如也。」蔡澤曰：「今主親忠臣，不過秦孝公、楚悼王、越王，君之設智，能爲主安危修政，治亂彊兵，批患折難，〔四〕廣地殖穀，富國足家彊主，尊社稷，顯宗廟，天下莫敢欺犯其主，主之威蓋震海內，功彰萬里之外，聲名光輝，傳於千世，〔五〕君孰與商君、吴起、大夫種？」應侯曰：「不若。」蔡澤曰：「今主之親忠臣不忘舊故，不若孝公、悼王、句踐，而君之功績愛信親幸又不若商君、吴起、大夫種，然而君之祿位貴盛，私家之富過於三子，而身不退者，恐患之甚於三子，竊爲君危之。〔六〕語曰『日中則移，月滿則虧』，物盛則衰，天地之常數也。進退盈縮，與時變化，聖人之常道也。〔七〕故國有道則仕，國無道則隱。聖人曰『飛龍在天，利見大人』。『不義而富且貴，於我如浮雲』。〔八〕今君之怨已讎，而德已報，意欲至矣，而無變計，竊爲君不取也。且夫翠、鵠、犀、象，其處勢非不遠死也，而所以死者，惑於餌也。蘇秦、智伯之智，非不足以辟辱遠死也，而所以死者，惑於貪利不止也。是以聖人制禮節欲，取於民有度，使之以時，用之有止，〔九〕故志不溢，行不驕，常與道俱而不失，故天下承而不絶。〔一〇〕昔者齊桓公九合諸侯，一匡天下，至於葵丘之會，有驕矜之志，畔者九國。〔一一〕吳王夫差兵無敵於天下，勇彊以輕諸侯，陵齊、晉，故遂以殺身亡國。夏育、太史噭叱呼駭三軍，然而身死於庸夫。〔一二〕此皆乘至盛而不返道理，不居卑退處儉約之患也。〔一三〕夫商君爲秦孝公明法令，禁姦本，尊爵必賞，有罪必罰，〔一四〕平權衡，正度量，調輕重，決裂阡陌，以静生民之業，而一其俗，〔一五〕勸民耕農利土，一室無二事，力田稸積，習戰陳之事，〔一六〕是以兵動而地廣，兵休而國富，故秦無敵於天下，立威諸侯，成秦國之業。功已成矣，而遂以車裂。楚地方數千里，持戟百萬，〔一七〕白起率數萬之師，以與楚戰，一戰舉鄢、郢，以燒夷陵，再戰南并蜀、漢，〔一八〕又越韓、魏而攻彊趙，北阬馬服，誅屠四十餘萬之衆，盡之于長平之下，流血成川，沸聲若靁，遂入圍邯鄲，使秦有帝業。〔一九〕楚、趙，天下之彊國，而秦之仇敵也，〔二〇〕自是之後，楚、趙皆懾伏，不敢攻秦者，白起之勢也。身所服者七十餘城，功已成矣，而遂賜劍死於杜郵。〔二一〕吳起爲楚悼王立法，卑減大臣之威重，〔二二〕罷無能，廢無用，損不急之官，塞私門之請，一楚國之俗，禁游客之民，精耕戰之士，〔二三〕南收楊越，北并陳、蔡，破横散從，使馳説之士無所開其口，〔二四〕禁朋黨以勵百姓，定楚國之政，兵震天下，威服諸侯。〔二五〕功已成矣，而卒枝解。〔二六〕大夫種爲越王深謀遠計，免會稽之危，以亡爲存，因辱爲榮，〔二七〕墾草入邑，辟地殖穀，率四方之士，專上下之力，輔句踐之賢，報夫差之讎，〔二八〕卒擒勁吳，令越成霸。功已彰而信矣，句踐終負而殺之。〔二九〕此四子者，功成不去，禍至於身。此所謂信而不能詘，往而不能返者也。〔三〇〕范蠡知之，超然辟世，長爲陶朱公。〔三一〕君獨不觀夫博者乎？或欲大投，或欲分功，此皆君之所明知也。〔三二〕今君相秦，計不下席，謀不出廊廟，坐制諸侯，利施三川，以實宜陽，〔三三〕決羊腸之險，塞太行之道，又斬范、中行之塗，〔三四〕六國不得合從，棧道千里，通於蜀、漢，使天下皆畏秦。〔三五〕秦之欲得矣，君之功極矣，此亦秦之分功之時也。如是而不退，則商君、白公、吴起、大夫種是也。〔三六〕吾聞之鑒於水者，見面之容；鑒於人者，知吉與凶。〔三七〕書曰『成功之下，不可久處』。四子之禍，君何居焉？〔三八〕君何不以此時歸相印，讓賢者而授之，退而巖居川觀，〔三九〕必有伯夷之廉，長爲應侯，世世稱孤，而有許由、延陵季子之讓，喬、松之壽，孰與以禍終哉？〔四〇〕即君何居焉？忍不能自離，疑不能自決，必有四子之禍矣。易曰『亢龍有悔』，此言上而不能下，信而不能詘，往而不能自返者也，願君孰計之。」〔四一〕應侯曰：「善。吾聞『欲而不知止，失其所以欲；有而不知足，失其所以有』。先生幸教睢，敬受命。」於是乃延入坐，爲上客。〔四二〕

〔一〕【考證】張文虎曰：王、柯、凌本「聖」上脱「忠」字。愚按：祕閣本、楓、三本皆有「忠」字。

〔二〕【考證】祕閣本、楓、三本「君」下無「臣」字爲是。秦策「君臣」二字作「聖」一字。

〔三〕【考證】秦策無「其賢智」至「功臣」十六字。祕閣本無「乎」字。

〔四〕【索隱】批，白結反，又音豐雞反。批患，謂擊而卻之。折，音之列反。

〔五〕【考證】楓、三本「主之」上有「其」字。

〔六〕【考證】秦策「君之設智」以下百五十二字作「君之爲正亂批患折難，廣地殖穀富國足家强主威蓋海内功章萬里之外不過商君吳起大夫種而君之禄位貴盛私家之富過於三子竊爲君危之」六十三字。豈史公所見秦策與今本異乎？抑史公以意補足乎？傳中多類此者，録之各條下。

〔七〕【考證】移、虧、衰，韻。易彖傳：「日中則昃，月盈則食。天地盈虚，與時消息。」蔡澤或讀易傳乎？楓、三本，祕閣本「盈」作「贏」爲是。梁玉繩曰：「盈」字當諱。

〔八〕【考證】「飛龍在天」，易乾九五文。「不義而富且貴」，論語述而篇。

〔九〕【考證】聖人，楓、三本作「聖王」，祕閣本作「聖主」。

〔一〇〕【考證】秦策無「故國有道」以下百四十八字。

〔一一〕【考證】葵丘之會，左傳僖公九年，齊桓公三十五年。梁玉繩曰：「九」者極言之。

〔一二〕【集解】徐廣曰：「呼，一作『暗』。」【索隱】夏育、太史噭，二人勇者。夏育，賁育也。噭，音皎。按：高誘云「夏育爲田搏所殺」。然太史噭未知爲誰所殺，恐非齊襄王時太史也。【正義】呼，火故反。【考證】中井積德曰：夏育、孟賁，二人，索隱舛。太史噭，策作「太史啓」。鮑彪曰：太史，周官。其人未詳。

〔一三〕【考證】祕閣本「返」作「反」，秦策作「及」，無「不居卑退處儉約之患」九字。

〔一四〕【考證】祕閣本無「必賞有罪」四字。楓本無「有罪必罰」四字。祕閣本義長。秦策無「明法令」以下十四字。

〔一五〕【考證】静、靖通。祕閣本無「生」字，「業」作「生」。秦策無「以静」以下十字。

〔一六〕【考證】慶長本標記引陸氏云「利土，盡土宜之利也」。秦策無「利土」以下十六字。

〔一七〕【考證】秦策無「地方數千里」五字。

〔一八〕【考證】梁玉繩曰：并蜀、漢是張儀、司馬錯，不關白起，後廿二年起始出也。且事在秦惠更元之九年，而叙于昭王廿九年拔鄢、郢之後，若以爲起之第二戰功，豈非誤乎？策作「一戰舉鄢、郢，再戰燒夷陵」是已。

〔一九〕【考證】秦策無「盡之于長平之下」、「遂入圍邯鄲」十二字。

〔二〇〕【考證】策無「楚趙」以下十三字。

〔二一〕【考證】楓、三本，祕閣本無「劍」字。

〔二二〕【考證】秦策無「立法」以下九字。

〔二三〕【考證】客，楓、三本作「宕」，毛本作「説」。秦策無「禁游」以下十字。

〔二四〕【考證】梁玉繩曰：言吴起并陳、蔡，妄也。愚按：吴起之時，從横之説未行。

〔二五〕【考證】秦策無「禁朋黨」以下二十字。

〔二六〕【考證】梁玉繩曰：吴起以射死，此言「支解」，仍秦策之誤，猶韓詩外傳一及高誘呂覽執一注言起車裂也。韓子難言、問田二篇亦云是支解。

〔二七〕【考證】祕閣本，楓、三本「遠」作「建」。秦策無「深謀」以下十七字。

〔二八〕【索隱】劉氏云「入猶充也。謂招攜離散，充滿城邑也」。【考證】秦策「入」作「扨」。中井積德曰：墾草入邑，墾開草萊棄地，以爲邑中良田也。秦策無「輔句踐」以下十字。

〔二九〕【考證】秦策無「已彰而信矣」五字，「負」作「棓」。

〔三〇〕【索隱】信，音申。詘，音屈。謂志已展而不退。【考證】祕閣本「返」作「反」。中井積德曰：詘、申，往、返，皆比喻語。

〔三一〕【考證】見越世家、貨殖傳。

〔三二〕【集解】班固弈指曰：「博縣於投，不必在行。」駰謂投，投瓊也。【索隱】言夫博弈或欲大投其瓊以致勝，或欲分功者，謂觀其勢弱，則投地而分功以遠救也，事具小爾雅也。按：方言云「所以投博，謂之枰」。音平，局也。【考證】中井積德曰：大投，蓋孤注之類。「大」字係財，不係瓊。分功，小勝，不求大勝也。大投，每在輸者，氣急也。分功，常在贏者，氣泰也。蓋輸者，非大投不足償。如小勝不濟用，故不欲之。贏者已盈，又得寸吾之寸，得尺亦吾之尺。若大投一蹶，并前功喪之。又曰：如白起之舉鄢、郢，併蜀、漢，是大投也，其他之蠶食者，可謂分功。安井衡曰：貲本萬金，一投盡之，謂之大投也，即後世所謂孤注。分萬爲十，一投千金，謂之分功。

〔三三〕【正義】施，猶展也。言伐得三川之地以實宜陽，言展開三川實宜陽。【考證】祕閣本，楓、三本無「利」字，秦策有。無者是。韓世家云「施三川而歸」。田完世家云「王以施三川」。中井積德曰：施，如字，揚威也。

〔三四〕【考證】慶長本標記云：「劉伯莊曰：范、中行之塗，蓋當齊、晉之要路也。」

〔三五〕【考證】秦策無「六國」以下六字。

〔三六〕【集解】徐廣曰：「白公，白起。」

〔三七〕【考證】墨子非攻中篇「古者有語曰：『君子不鏡於水，而鏡於人。鏡於水者，見面之容。鏡於人，則知吉凶。』」愚按：容、凶，韻。

〔三八〕【考證】書，逸書。祕閣本「禍」作「福」。秦策無「吾聞之」以下三十七字。

〔三九〕【考證】秦策無「退而」以下六字。

〔四〇〕【正義】王喬，周靈王太子晉也。赤松子，神農時雨師也。【考證】秦策無「許由」以下八字。

〔四一〕【考證】易乾上九。祕閣本「返」作「反」。秦策無「忍不能」以下四十八字。

〔四二〕【考證】秦策無「吾聞」至「於是」三十二字。祕閣本，楓、三本「命」作「令」。

後數日入朝，言於秦昭王曰：「客新有從山東來者，曰蔡澤，其人辯士，明於三王之事，五伯之業，世俗之變，足以寄秦國之政。〔一〕臣之見人甚衆，莫及，臣不如也。臣敢以聞。」〔二〕

秦昭王召見，與語，大説之，拜爲客卿。應侯因謝病，請歸相印。昭王彊起應侯，應侯遂稱病篤。范睢免相，昭王新説蔡澤計畫，遂拜爲秦相，東收周室。

〔一〕【考證】秦策無「明於」以下二十一字。

〔二〕【考證】秦策無「臣敢以聞」四字。

蔡澤相秦數月，人或惡之，懼誅，乃謝病歸相印，號爲綱成君。〔一〕居秦十餘年，事昭王、孝文王、莊襄王，卒事始皇帝，爲秦使於燕。三年而燕使太子丹入質於秦。〔二〕

〔一〕【考證】策「綱成」作「剛成」。

〔二〕【考證】梁玉繩曰：案「十」字必「廿」字，史仍策誤。不然，蔡澤代相在昭王五十二年，至始皇五年燕太子入質時，凡二十四年，澤爲秦使燕，何云「十餘年」乎？愚按：「去之趙」以下依秦策，但文多補足。

太史公曰：韓子稱「長袖善舞，多錢善賈」，信哉是言也！〔一〕范睢、蔡澤，世所謂一切辯士，〔二〕然游説諸侯，至白首無所遇者，非計策之拙，所爲説力少也。及二人羈旅入秦，繼踵取卿相，垂功於天下者，固彊弱之勢異也。〔三〕然士亦有偶合，賢者多如此二子，不得盡意，豈可勝道哉！〔四〕然二子不困戹，惡能激乎？〔五〕

〔一〕【考證】舞、賈，韻。

〔二〕【考證】一切，猶一例。

〔三〕【考證】韓非子五蠹篇云「鄙諺曰：『長袖善舞，多錢善賈。』此言多資之易爲工也。故治彊易爲謀，弱亂難爲計。故用於秦者十變而謀希失，用於燕者一變而計希得。非用於秦者必智，用於燕者必愚也，蓋治亂之資異也」。史公全襲此意。

〔四〕【考證】岡白駒曰：不得盡意，不偶合也。愚按：句上添「而」字看。此史公暗言其得罪於武帝。

〔五〕【索隱】二子，范雎、蔡澤也。雎厄於魏齊，折脅摺齒，澤困於趙，被逐棄鬲是也。惡，音烏。激，音擊也。【考證】岡白駒曰：若二子不困戹，未必能激而入秦，是其得所藉以行其才，亦士之偶合耳，本不能必也。愚按：此史公暗言其罹刑著史。中井積德曰：范雎有罪而無功，蔡澤雖無罪，亦未見其功。太史公假題自泄其憤，而不自覺違其事實也。

【索隱述贊】應侯始困，託載而西。說行計立，貴平寵稽。倚秦市趙，卒報魏齊。綱成辯智，范雎招攜。勢利傾奪，一言成蹊。

史記會注考證卷八十

樂毅列傳第二十　史記八十

【考證】史公自序云：「率行其謀，連五國兵，爲弱燕報彊齊之讎，雪其先君之恥。作樂毅列傳第二十。」

樂毅者，其先祖曰樂羊。樂羊爲魏文侯將，伐取中山，〔一〕魏文侯封樂羊以靈壽。〔二〕樂羊死，葬於靈壽，其後子孫因家焉。〔三〕中山復國，至趙武靈王時，復滅中山，〔四〕而樂氏後有樂毅。

〔一〕【正義】今定州。

〔二〕【集解】徐廣曰：「屬常山。」【索隱】地理志常山有靈壽縣。中山，桓公所都也。【正義】今鎮州靈壽。

〔三〕【考證】方苞曰：樂氏多賢，故詳其前世繫，因以爲章法。

〔四〕【索隱】中山，魏雖滅之，尚不絶祀，故後更復國。至趙武靈王又滅之也。【正義】鮮虞子重更得封中山。復，符富反。【考證】中井積德曰：中山蓋絶而復興也。

樂毅賢好兵，趙人舉之。及武靈王有沙丘之亂，乃去趙適魏。〔一〕聞燕昭王以子之之亂而齊大敗燕，燕昭王怨齊，未嘗一日而忘報齊也。〔二〕燕國小，辟遠，力不能制，於是屈身下士，先禮郭隗以招賢者。〔三〕樂毅於是爲魏昭王使於燕，燕王以客禮待之。樂毅辭讓，遂委質爲臣，燕昭王以爲亞卿，久之。〔四〕

〔一〕**【集解】**徐廣曰：「趙有沙丘宮，近鉅鹿。」

〔二〕**【考證】**中井積德曰：上「昭王」二字疑衍。

〔三〕**【正義】**説苑云：「燕昭王問於隗曰：『寡人地狹民寡，齊人取薊八城，匈奴驅馳樓煩之下。以孤之不肖得承宗廟，恐社稷危，存之有道乎？』隗曰：『帝者之臣，其名臣，其實師。王者之臣，其名臣，其實友。霸者之臣，其名臣，其實僕。危困國之臣，其名臣，其實虜。今王將自東面，目指氣使，以求臣，則厮役之才至矣。南面聽朝，不失揖讓之理，以求臣，則人臣之才至矣。北面等禮，不乘之以勢，以求臣，則朋友之才至矣。西面逡巡以求臣，則師傅之才至矣。誠欲與王霸同道，隗請爲天下之士開路。』於是常置隗爲上客。」**【考證】**楓、三本「辟」作「僻」，「屈」作「詘」。燕昭王禮郭隗，見燕策、燕世家，與説苑異。

〔四〕**【考證】**楓、三本「燕王」作「燕昭王」。茅坤曰：毅仕魏，爲魏使于燕，以燕客遇之，不及報命，而遽留燕委質焉，可乎？中井積德曰：毅欲仕于燕，故請而使之，與常常使命異科，茅駁過刻。且毅之書自稱假節於魏以身察於燕，事情自見。凌稚隆曰：太史公詳敘樂毅入燕始末，蓋爲毅他日遺燕惠王書張本。

當是時，齊湣王彊，南敗楚相唐眛於重丘，〔一〕西摧三晉於觀津，〔二〕遂與三晉擊秦，助趙滅中山，〔三〕破宋，廣地千餘里，與秦昭王爭重爲帝，已而復歸之。諸侯皆欲背秦而服於齊。

湣王自矜，百姓弗堪。於是燕昭王問伐齊之事。樂毅對曰：「齊，霸國之餘業也，地大人衆，未易獨攻也。王必欲伐之，莫如與趙及楚、魏。」〔四〕於是使樂毅約趙惠文王，别使連楚、魏，令趙嚪説秦以伐齊之利。〔五〕諸侯害齊湣王之驕暴，皆争合從與燕伐齊。樂毅還報，燕昭王悉起兵，使樂毅爲上將軍，〔六〕趙惠文王以相國印授樂毅。樂毅於是并護趙、楚、韓、魏、燕之兵以伐齊，〔七〕破之濟西。〔八〕諸侯兵罷歸，而燕軍樂毅獨追至于臨菑。〔九〕齊湣王之敗濟西，亡走保於莒。〔一〇〕樂毅獨留徇齊，齊皆城守。樂毅攻入臨菑，盡取齊寶財物祭器，輸之燕。〔一一〕燕昭王大説，親至濟上勞軍，行賞饗士，封樂毅於昌國，號爲昌國君。〔一二〕於是燕昭王收齊鹵獲以歸，〔一三〕而使樂毅復以兵平齊城之不下者。

〔二〕【索隱】眛，莫葛反。地理志重丘，縣名，屬平原。【正義】在冀州城武縣界。

〔三〕【索隱】地理志觀津，縣名，屬信都，漢初屬清河也。【正義】在冀州武邑縣東南二十五里。

〔三〕【考證】梁玉繩曰：觀津，當作「觀澤」，而齊亦未佐趙滅中山。觀澤之役是齊敗趙、魏，擊秦之兵是合六國，皆不得言三晉。又「楚相」乃「楚將」之誤。

〔四〕【考證】「樂毅對」，采下文樂毅答惠王書。

〔五〕【集解】徐廣曰：「嚪，進説之意。」【索隱】嚪，音田濫反，字與「啗」字同也。【考證】各本「嚪」下無「説」字，索隱本有。中井積德曰：嚪，謂餌之。

〔六〕【考證】胡三省曰：上將軍，猶春秋之元帥。

〔七〕【索隱】護，謂總領之也。

〔八〕【考證】梁玉繩曰：六國破齊，此失書秦。胡三省曰：水經濟水東北過壽張縣，西北逕須昌、穀城、臨邑縣西，又北逕北平、陰城西，又東北過盧縣北，皆齊地也。濟西地，在濟水之西。

〔九〕【考證】臨菑，山東青州府臨淄縣。

〔一〇〕【考證】莒，山東沂州府莒州。

〔一一〕【正義】鹵掠齊寶器也。【考證】亦采樂書。

〔一二〕【集解】徐廣曰：「屬齊。」【索隱】地理志縣名，屬齊郡。【正義】故昌城在淄州淄川縣東北四十里也。

〔一三〕【正義】鹵掠所獲之寶器也。

樂毅留徇齊五歲，下齊七十餘城，皆爲郡縣，以屬燕，唯獨莒、即墨未服。〔一〕會燕昭王死，子立爲燕惠王。惠王自爲太子時，嘗不快於樂毅，及即位，齊之田單聞之，乃縱反閒於燕曰：「齊城不下者兩城耳。然所以不早拔者，聞樂毅與燕新王有隙，欲連兵且留齊，南面而王齊。齊之所患，唯恐他將之來。」〔二〕於是燕惠王固已疑樂毅，得齊反閒，乃使騎劫代將，而召樂毅。〔三〕樂毅知燕惠王之不善代之，畏誅，遂西降趙。趙封樂毅於觀津，號曰望諸君，尊寵樂毅，以警動於燕、齊。〔四〕

〔一〕【正義】即墨，今萊州。【考證】山東萊州府即墨縣。

〔二〕【考證】孫子「反閒者因其敵閒而用之」。杜牧云「敵有閒，來窺我，我必先知之。或厚賂以誘之，反爲我用。或佯爲不覺，示以僞情。則敵人之閒反爲我用也」。

〔三〕【索隱】騎劫，燕將姓名也。

〔四〕【索隱】望諸，澤名，在齊。蓋趙有之，故號焉。戰國策「望」作「藍」也。【正義】諸，之也。言王起望君之日久矣，故號望諸君也。太公世家「吾望子久矣，故號曰太公望」。【考證】今本策作「望諸」。恩田仲任曰：中山策云「齊攻中山，藍諸君患之」，注云「中山相也」。索隱誤混「望諸」、「藍諸」爲一。

齊田單後與騎劫戰，果設詐誑燕軍，遂破騎劫於即墨下，而轉戰逐燕，北至河上，〔一〕盡復得齊城，而迎襄王於莒，入于臨菑。

〔一〕【正義】滄、德二州之北河。

燕惠王後悔使騎劫代樂毅，以故破軍亡將失齊，又怨樂毅之降趙，恐趙用樂毅而乘燕之弊以伐燕。燕惠王乃使人讓樂毅，且謝之曰：「先王舉國而委將軍，將軍爲燕破齊，報先王之讎，天下莫不震動，寡人豈敢一日而忘將軍之功哉！會先王弃羣臣，寡人新即位，左右誤寡人。寡人之使騎劫代將軍，爲將軍久暴露於外，故召將軍，且休計事。將軍過聽，以與寡人有隙，遂捐燕歸趙。將軍自爲計則可矣，而亦何以報先王之所以遇將軍之意乎？」樂毅報遺燕惠王書曰：

臣不佞，不能奉承王命以順左右之心，恐傷先王之明，有害足下之義，故遁逃走趙。〔一〕今足下使人數之以罪，臣恐侍御者不察先王之所以畜幸臣之理，又不白臣之所以事先王之心，故敢以書對。〔二〕

〔一〕【考證】有，策作「又」。王念孫曰：有讀爲又。愚按：害足下之義，言殺先王大將非義。燕策「走趙」下有「自負以不肖之罪」七字，辭意更明。

〔三〕【考證】畜，好也，寵也。鮑彪曰：白，明也。樓昉曰：此書可以見燕昭王、樂毅君臣相與之際，略似蜀昭烈、諸葛武侯，書詞明白，洞見肺腑。

臣聞賢聖之君，不以祿私親，其功多者賞之，其能當者處之。故察能而授官者，成功之君也；論行而結交者，立名之士也。臣竊觀先王之舉也，見有高世主之心，〔一〕故假節於魏，以身得察於燕。〔二〕先王過舉，廁之賓客之中，立之羣臣之上，不謀父兄，以爲亞卿。〔三〕臣竊不自知，自以爲奉令承教，可幸無罪，故受令而不辭。

〔一〕【正義】樂毅見燕昭王有自高尊世上人主之心，故假魏節使燕。【考證】楓、三本「舉」下有「錯」字，與策合，當依補。李笠曰：既云「竊觀」，不應復出「見」字也，「也」下「見」字衍。燕策、新序雜三並無「見」字。中井積德曰：高世主，謂志氣超踰世主也，非自高。

〔二〕【考證】鮑彪曰：時諸侯不通。出關，則以節傳之。

〔三〕【正義】杜預云：「父兄，同姓羣臣也。」

先王命之曰：「我有積怨深怒於齊，不量輕弱，而欲以齊爲事。」臣曰：「夫齊，霸國之餘業，而最勝之遺事也。〔一〕練於兵甲，習於戰攻。王若欲伐之，必與天下圖之。與天下圖之，莫若結於趙。且又淮北、宋地，楚、魏之所欲也，〔二〕趙若許，而約四國攻之，齊可大破也。」先王以爲然，具符節，南使臣於趙。顧反命，起兵擊齊。〔三〕以天之道，先王之靈，河北之地隨先王，而舉之濟上。〔四〕濟上之軍，受命擊齊，大敗齊人，輕卒鋭兵，長驅至國，齊王遁而走莒，僅以身免，〔五〕珠玉財寶，車甲珍器，盡收入于燕。齊器設於寧臺，〔六〕大呂陳於元英，〔七〕故鼎反乎磿室，〔八〕薊丘之植，植於汶篁，〔九〕自五伯已來，功未有及先王者也。先王以爲慊於志，故裂地而封之，使得比小國諸侯。〔一〇〕臣竊不自知，自以爲奉命承教，可幸無罪，是以受命不辭。

〔一〕【考證】燕策「最」作「驟」。王念孫曰：「最」當「冣」字之誤。冣與驟同，驟勝者數勝也。

〔二〕【考證】宋，故宋地。鮑彪曰：楚欲得淮北，魏欲得宋，時皆屬齊。中井積德曰：此稱趙、楚、魏，而下稱「四國」，蓋漏韓一條也。且云楚、魏所欲，而無予楚、魏之語，皆脫文耳。

〔三〕【考證】鮑彪曰：顧反，回顧而反。言其速也。王念孫曰：顧反者，還反也。屈原傳云「使齊顧反諫懷王」，趙策云「公子魏牟過趙，趙王迎之，顧反至坐前」，皆謂還反也。愚按：顧反，王説是也，與田完世家「顧反聽命於韓也」「顧反」異義。「命」字，新序雜事三無，此與燕策恐衍。

〔四〕【正義】濟上，在濟水之上。【考證】「而舉之濟上」，燕策作「舉而有之於濟上」，新序雜事三無「濟上」二字。中井積德曰：數句難通。

〔五〕【考證】國，齊都臨菑。楓、三本「國」作「齊」，「遁」下有「逃」字。

〔六〕【索隱】燕臺也。【正義】括地志云：「燕元英、磿室二宮皆燕宮，在幽州蘇縣西四里寧臺之下。」

〔七〕【索隱】大呂，齊鍾名。元英，燕宮殿名也。

〔八〕【集解】徐廣曰：「磿，歷也。」【索隱】燕鼎前輸於齊，今反入於磿室。磿室亦宮名。戰國策作「歷室」也。【正義】括地志云「歷室，燕宮名也」，高誘云「燕噲亂，齊伐燕殺噲，得鼎，今反歸燕故鼎」。

〔九〕【集解】徐廣曰：「竹田曰篁。謂燕之疆界移於齊之汶水。」【索隱】薊丘，燕所都之地也。言燕之薊丘所植，皆植齊王汶上之竹也。徐注非也。【正義】幽州薊地西北隅有薊丘。又汶水源出兗州博城縣東北原山，西南入泲。【考證】中井積德曰：據文勢，宜云「汶篁之植，植於薊丘」。俞樾曰：此倒句。

〔一〇〕【索隱】按：慊，音苦簟反。作「嗛」，嗛者，常慊然而不愜其志也。【考證】慊，快也，足也。燕策作「愜」，新序作「快」。索隱「不」字衍。

臣聞賢聖之君，功立而不廢，故著於春秋；蚤知之士，名成而不毀，故稱於後世。若先王之報怨雪恥，夷萬乘之彊國，收八百歲之蓄積，及至弃羣臣之日，餘教未衰，執政任事之臣，脩法令，慎庶孽，施及乎萌隸，皆可以教後世。〔一〕

〔一〕【考證】慎，燕策、新序作「順」。順庶孽，謂不亂適庶之分。萌、氓同。餘教未衰，策作「餘令詔後嗣之遺義」，蓋史公改修。

臣聞之，善作者不必善成，善始者不必善終。昔伍子胥説聽於闔閭，而吴王遠迹至郢；夫差弗是也，賜之鴟夷而浮之江。吴王不寤先論之可以立功，故沈子胥而不悔；子胥不蚤見主之不同量，是以至於入江而不化。〔一〕

〔一〕【索隱】言子胥懷恨，故雖投江而神不化，猶爲波濤之神也。【考證】楓、三本「主」上有「二」字。燕策「化」作「改」，與悔韻合。不改，謂至死不肯改行他適也。不化，義同。

夫免身立功，以明先王之迹，臣之上計也。離毀辱之誹謗，墮先王之名，臣之所大恐也。〔一〕臨不測之罪，以幸爲利，義之所不敢出也。〔二〕

〔一〕【索隱】誹，音方味反。墮，音許規反。【考證】楓、三本「免」作「勉」。離、罹通。策、新序無「謗」字。

〔二〕【索隱】謂既臨不測之罪，以幸免爲利，今我仍義先王之恩，雖身託外國，而心亦不敢出也。【考證】去燕奔趙，正當不可測之重罪。又乘燕之敝，使趙伐之，以徼幸於萬一，非義甚矣。

臣聞，古之君子，交絶不出惡聲；〔一〕忠臣去國，不絜其名。〔二〕臣雖不佞，〔三〕數奉教於君子矣。〔四〕恐侍御者之親左右之説，不察疏遠之行，故敢獻書以聞，唯君王之留意焉。〔五〕

〔一〕【正義】言君子之人，交絶，不説己長而談彼短。

〔二〕【索隱】言忠臣去離本國，不自絜其名云己無罪。故禮曰「大夫去其國，不説人以無罪」是也。【正義】言不絜己名行而咎於君，若箕子不忍言殷惡是也。【考證】聲、名，韻。

〔三〕【索隱】不佞，猶不才也。

〔四〕【索隱】上「數」音朔。言我已數經奉教令於君子。君子即識禮之人。謂己在外，猶云己罪，不説王之有非，故下云「不察疏遠之行」，斯亦忠臣之節也。

〔五〕【集解】夏侯玄曰：「觀樂生遺燕惠王書，其殆庶乎知機合道，以禮始終者與！又其喻昭王曰：『伊尹放太甲而不疑，太甲受放而不怨，是存大業於至公，而以天下爲心者也。』夫欲極道德之量，務以天下爲心者，必致其主於盛隆，合其趣於先王，苟君臣同符，則大業定矣。于斯時也，樂生之志，千載一遇。夫千載一遇之世，亦將行千載一隆之道，豈其局迹當時，止於兼并而已哉！夫兼并者，非樂生之所屑。彊燕而廢道，又非樂生之所求。不屑苟利，心無近事，不求小成，斯意兼天下者也。則舉齊之事，所以運其機而動四海也。夫討齊以明燕王之義，此兵不興於爲利矣。圍城而害不加於百姓，此仁心著於遐邇矣。舉國不謀其功，除暴不以威力，此至德全於天下矣。邁全德以率列國，則幾於湯武之事矣。樂生方恢大綱以縱二城，收民明信，以待其獘，將使即墨、莒人顧仇其上，願釋干戈賴我，猶親善守之，智無所施之。然則求仁得仁，即墨大夫之義。

仕窮則徙，微子適周之道。開彌廣之路，以待田單之徒。長容善之風，以申齊士之志。使夫忠者遂節，勇者義著，昭之東海，屬之華裔，我澤如春，民應如草，道光宇宙，賢智託心，鄰國傾慕，四海延頸，思戴燕主，仰望風聲，二城必從，則王業隆矣。雖淹留於兩邑，乃致速於天下也。不幸之變，世所不圖，敗於垂成，時運固然。若乃逼之以威，劫之以兵，攻取之事，求欲速之功，使燕齊之士流血於二城之下，奓殺傷之殘，以示四海之人，是縱暴易亂，以成其私，鄰國望之，其猶豺虎。既大墮稱兵之義，而喪濟溺之仁，且虧齊士之節，廢廉善之風，掩宏通之度，弃王德之隆，雖二城幾於可拔，霸王之事逝其遠矣。然則燕雖兼齊，其與世主何以殊哉？其與鄰國何以相傾？樂生豈不知拔二城之速了哉？顧城拔而業乖也。豈不慮不速之致變哉？顧業乖與變同。繇是觀之，樂生之不屠二城，未可量也。」【考證】「燕惠王後悔」以下，采燕策，又見新序雜事三。愚按：六國將相，有儒生氣象者，惟望諸君一人。其答燕王書，理義明正，當世第一文字。諸葛孔明以管、樂自比，而其出師表實得力於此文尤多。樂書曰「恐抵斧質之罪，以傷先王之明，而又害於足下之義」；諸葛則云「受命以來，夙夜憂歎，恐付託不效，以傷先帝之明」。樂書曰「先王過舉，擢之乎賓客之中，而立之乎群臣之上，而使臣爲亞卿，臣自以爲奉令承教，可以幸無罪矣，故受命而不辭」；諸葛則云「先帝不以臣卑鄙，猥自枉屈，三顧臣於草廬之中，由是感激，許先帝以驅馳」。樂書曰「免身全功，以明先王之迹者，臣之上計也」；諸葛則云「庶竭駑鈍，攘姦兇，興復漢室，還於舊都，此臣所以報先帝而忠陛下之職分也」。彼此對看，必知其風貌氣骨有相通者。

於是燕王復以樂毅子樂閒爲昌國君；〔一〕而樂毅往來復通燕，燕、趙以爲客卿。〔二〕樂毅卒於趙。〔三〕

〔一〕【索隱】閒，音紀閑反。樂毅之子也。

〔二〕【考證】毛本不重「燕」字。

〔三〕【集解】張華曰：「望諸君冢在邯鄲西數里。」

樂閒居燕三十餘年，〔一〕燕王喜用其相栗腹之計，欲攻趙，而問昌國君樂閒。〔二〕樂閒曰：「趙，四戰之國也，〔三〕其民習兵，伐之不可。」燕王不聽，遂伐趙。趙使廉頗擊之，大破栗腹之軍於鄗，〔四〕禽栗腹、樂乘。樂乘者，樂閒之宗也。〔五〕於是樂閒奔趙，趙遂圍燕。燕重割地以與趙和，趙乃解而去。

〔一〕【考證】梁玉繩曰：案樂閒繼封昌國，在燕惠王元年已後，則至栗腹攻趙時，安得三十餘年哉？當作「二十餘年」。

〔二〕【索隱】栗，姓；腹，名也。漢有栗姬。

〔三〕【索隱】言趙數距四方之敵，故云「四戰之國」。【正義】東鄰燕、齊，西邊秦、樓煩，南界韓、魏，北迫匈奴。【考證】燕策「四戰」作「四達」。中井積德曰：四戰以地形而言，四方受敵也。

〔四〕【考證】「燕王喜」以下，本燕策。

〔五〕【考證】中井積德曰：宗，謂其宗族。梁玉繩曰：「樂乘」當是「卿秦」之誤。趙世家云「虜卿秦」，是也。說在燕世家。又栗腹爲趙所敗，世家及魯連傳不言其死。年表、趙世家、廉頗傳皆云「被殺」，此獨言「禽之」，亦異。張文虎曰：梁氏據國策「趙使廉頗以八萬遇栗腹於鄗，使樂乘以五萬遇慶秦於代」之文，以爲燕世家及此傳皆誤，不知國策下文又云「樂閒、樂乘怨不用其計，二人卒留趙」，正與此傳下文合。又據傳及燕世家，樂閒未爲燕將，無由被虜，自以不聽其言投趙，則被虜者實乘，趙世家誤爲閒也。

燕王恨不用樂閒，樂閒既在趙，乃遺樂閒書曰：「紂之時，箕子不用，犯諫不怠，以冀其聽；商容不達，身祇辱焉，以冀其變。〔一〕及民志不入，獄囚自出，然後二子退隱。〔二〕故紂負桀暴之累，二子不失忠聖之名。何者？其憂患之盡矣。〔三〕今寡人雖愚，不若紂之暴也；燕民雖亂，不若殷民之甚也。室有語，不相盡以告鄰里。〔四〕二者寡人不爲君取也。」〔五〕

〔一〕【考證】不達，亦不用也。變，改悛也。

〔二〕【索隱】民志不入，謂國亂而人離心向外，故云「不入」。又獄囚自出，是政亂，而士師不爲守法也。【正義】言民志不爲罪咎，而入獄，是囚自出。若箕子、商容是也。【考證】民志不入，民志不達於上也。獄囚自出，罪囚自囹圄脱出。政無綱紀至此。然後二子退隱。正義有誤脱。

〔三〕【考證】憂患之盡，言二子盡憂患之誠也。

〔四〕【正義】言家室有忿争不決，必告鄰里。今故以書相告也。【考證】岡白駒曰：有忿争不相和之言論，不相盡以告鄰里。室家之情，相掩其惡。正義非。李笠曰：燕策云「室不能相和，出語鄰家，未爲通計也」，較史文更爲顯明。

〔五〕【正義】二者，謂燕君未如紂，燕民未如殷民。復相告，子反燕以疑君民之惡，是寡人不爲君取之。【考證】岡白駒曰：輕棄寡人，而往他國，非厚道之誼。不教不及，而明其過，非臣子之情。之二者，寡人不爲君取也。爲，去聲。正義非。愚按：史燕王喜遺樂閒書，與燕策所載意同文殊。新序雜事三文與策同，而以爲惠王遺樂毅書敍之樂毅答書前。梁玉繩曰：吴師道從策、新序，以謂策前章「先生舉國」一節乃後章之首錯簡也。又曰毅答惠書云「足下使人數之以罪」，而史載惠王讓毅，無數罪之語，故知非樂閒事。新序爲是。日知録亦稱燕王遺樂閒書，即樂毅事，傳者誤以爲其子。然史、策書辭既殊，而策復有留趙不報之言，余疑燕惠遺毅，燕喜遺閒，或係二事，未可混并爲一。蓋國策不載遺閒書，止載遺毅書，而誤分爲兩章，史又止載前半，截去「寡人不佞」已下，其實書辭條暢婉麗，不可删也。此百餘字，當是喜遺閒書，但文雖別，而意則同，豈古之視草者亦襲舊詔乎？

樂閒、樂乘怨燕不聽其計，二人卒留趙。〔一〕趙封樂乘爲武襄君。〔二〕

〔一〕【考證】「樂閒既在趙」以下，本燕策。

〔二〕【索隱】樂乘，樂毅之宗人也。

其明年，樂乘、廉頗爲趙圍燕，燕重禮以和，乃解。〔一〕後五歲，趙孝成王卒，襄王使樂乘代廉頗。〔二〕廉頗攻樂乘，樂乘走，廉頗亡入魏。其後十六年，而秦滅趙。

〔一〕【考證】沈家本曰：上文云「趙遂圍燕，燕重割地以和，趙乃解而出」。按：此文複出而未删正者也。燕世家及廉頗傳燕與趙和，止一事。

〔二〕【考證】梁玉繩曰：「襄」上缺「悼」字。

其後二十餘年，高帝過趙，問：「樂毅有後世乎？」對曰：「有樂叔。」高帝封之樂鄉，號曰華成君。〔一〕華成君，樂毅之孫也。而樂氏之族有樂瑕公、樂臣公，〔二〕趙且爲秦所滅，亡之齊高密。樂臣公善修黃帝、老子之言，顯聞於齊，稱賢師。

〔一〕【集解】徐廣曰：「在北新城。」【正義】地理志云信都有樂鄉縣。【考證】茅坤曰：漢高帝所嚴事，孔子而下，信陵、樂毅兩人耳。

〔三〕【集解】一作「巨公」。【索隱】本亦作「巨公」也。【正義】巨，音詎，本作「臣」者誤。【考證】梁玉繩曰：「巨」字是。田叔傳作「巨公」，漢書作「鉅公」，可證。愚按：巨公是得道之名，猶墨家有鉅子，非名字也。下文四「臣公」，皆當作「巨公」。

太史公曰：始齊之蒯通及主父偃讀樂毅之報燕王書，未嘗不廢書而泣也。樂臣公學黃帝、老子，其本師號曰河上丈人，不知其所出。河上丈人教安期生，安期生教毛翕公，毛翕公教樂瑕公，樂瑕公教樂臣公，〔一〕樂臣公教蓋公。〔二〕蓋公教於齊高密、膠西，爲曹相國師。

〔一〕【索隱】本亦作「巨公」也。

〔二〕【索隱】蓋，音古闔反。蓋公，史不記名。【正義】蓋，姓也。史記不名。樂閒、樂乘墓並在邯鄲縣南八里。蓋，音古盍反。

【索隱述贊】昌國忠讜，人臣所無。連兵五國，濟西爲墟。燕王受閒，空聞報書。義士慷慨，明君軾閭。閒、乘繼將，芳規不渝。

史記會注考證卷八十一

廉頗藺相如列傳第二十一

史記八十一

【考證】史公自序云：「能信意彊秦，而屈體廉子，用徇其君，俱重於諸侯。作廉頗藺相如列傳第二十一。」愚按：廉頗事，國策記載頗略，而無一語及藺相如。此傳多載他書所不載，則安知非與趙世家同得諸趙人別記乎？又案：大戴禮記、賈子新書保傅篇並云「趙得藺相如，而秦兵不敢出」。史司馬長卿傳云「長卿慕藺相如」，則世稱藺相如久矣。茅坤曰：兩人爲一傳，中復附趙奢，已而復綴以李牧，爲四人傳。須詳太史公次四人線索，纔知趙之興亡矣。盧文弨云：史、漢數人合傳，自成一篇文字，雖間有可分析者，實不盡然。即如史記廉藺列傳，首敘廉頗事，無幾即入藺相如事，獨多。而後及二人之交驩，又間以趙奢，末復以頗之事終之，此必不可分也。漢書張周趙任申屠傳皆爲御史大夫者，始敘張蒼，次周昌、趙堯、任敖，其後蒼復爲御史大夫，遷丞相，則又詳敘其終末，乃終之以申屠嘉，此一本史記之舊。

廉頗者，趙之良將也。趙惠文王十六年，廉頗爲趙將伐齊，大破之，取陽晉，拜爲上卿，以勇氣聞於諸侯。〔二〕藺相如者，趙人也，爲趙宦者令繆賢舍人。

〔二〕【索隱】按：陽晉，衛地，後屬齊，今趙取之。司馬彪郡國志曰，今衛國陽晉城是也。有本作「晉陽」，非也。晉陽在太原，雖亦趙地，非齊所取。【正義】故城在今曹州乘氏縣西北四十七里也。【考證】張文虎曰：索隱本作「陽晉」，各本誤倒。愚按：慶長本作「陽晉」，後漢書吳漢等傳注引戰國策曰：「廉頗爲人勇鷙而愛士，白起視瞻不轉者，執志堅也。」

趙惠文王時，得楚和氏璧。〔一〕秦昭王聞之，使人遺趙王書，願以十五城請易璧。〔二〕趙王與大將軍廉頗諸大臣謀：欲予秦，秦城恐不可得，徒見欺；欲勿予，即患秦兵之來。計未定，求人可使報秦者，未得。宦者令繆賢曰：「臣舍人藺相如可使。」王問：「何以知之？」對曰：「臣嘗有罪，竊計欲亡走燕，臣舍人相如止臣曰：『君何以知燕王？』臣語曰：『臣嘗從大王與燕王會境上，燕王私握臣手曰「願結友」，以此知之，故欲往。』〔三〕相如謂臣曰：『夫趙彊而燕弱，而君幸於趙王，故燕王欲結於君。今君乃亡趙走燕，燕畏趙，其勢必不敢留君，而束君歸趙矣。君不如肉袒伏斧質請罪，則幸得脫矣。』〔四〕臣從其計，大王亦幸赦臣。臣竊以爲其人勇士有智謀，宜可使。」〔五〕於是王召見，問藺相如曰：「秦王以十五城請易寡人之璧，可予不？」相如曰：「秦彊而趙弱，不可不許。」王曰：「取吾璧，不予我城，柰何？」相如曰：「秦以城求璧，而趙不許，曲在趙。趙予璧而秦不予趙城，曲在秦。均之二策，寧許以負秦曲。」王曰：「誰可使者？」相如曰：「王必無人，臣願奉璧往使，城入趙而璧留秦；城不入，臣請完璧歸趙。」趙王於是遂遣相如奉璧西入秦。

〔一〕【正義】繆，亡又反，姓也。【考證】楚人和氏得玉璞，獻之楚厲王。王使玉人相之，曰「石也」，王以爲誑，刖其左足。及厲王薨，武王即位，又獻之，玉人又曰「石也」，刖其右足。武王薨，文王即位，和氏抱其璞，哭於山中。王乃使玉人理之，而得寶，因命曰「和氏之璧」。事見韓非子和氏篇。爾雅「肉倍好謂之璧，外圓象天，內方象地」。

〔二〕【考證】楓、三本「書」下有「曰」字。

〔三〕【考證】王念孫曰：「友」，「交」之誤。文選恨賦注、御覽治道部引並作「交」。

〔四〕【考證】肉袒，解在下文。

〔五〕【考證】宜，猶殆也。徐孚遠曰：繆賢以薦人之故，不隱其奔燕之謀，使人主疑其有外心，蓋亦人情所難及。愚按：不隱舊惡，却見真情。

秦王坐章臺見相如，相如奉璧奏秦王。秦王大喜，傳以示美人及左右，左右皆呼萬歲。相如視秦王無意償趙城，乃前曰：「璧有瑕，請指示王。」王授璧，相如因持璧，卻立倚柱，怒髮上衝冠，〔一〕謂秦王曰：「大王欲得璧，使人發書至趙王，〔二〕趙王悉召羣臣議，皆曰『秦貪，負其彊，以空言求璧，償城恐不可得』。議不欲予秦璧。臣以爲布衣之交尚不相欺，況大國乎！且以一璧之故，逆彊秦之驩，不可。於是趙王乃齋戒五日，使臣奉璧，拜送書於庭。何者？嚴大國之威，以修敬也。今臣至，大王見臣列觀，禮節甚倨，得璧傳之美人，以戲弄臣。〔三〕臣觀大王無意償趙王城邑，故臣復取璧。大王必欲急臣，臣頭今與璧俱碎於柱矣！」相如持其璧，睨柱，欲以擊柱。秦王恐其破璧，乃辭謝固請，召有司案圖，指從此以往十五都予趙。相如度秦王特以詐詳爲予趙城，實不可得，〔四〕乃謂秦王曰：「和氏璧，天下所共傳寶也，趙王恐，不敢不獻。趙王送璧時，齋戒五日。今大王亦宜齋戒五日，設九賓於廷，臣乃敢上璧。」〔五〕秦王度之，終不可彊奪，遂許齋五日，舍相如廣成傳。〔六〕相如度秦王雖齋，決負約不償城，〔七〕乃使其從者衣褐懷其璧，從徑道亡，歸璧于趙。〔八〕

〔一〕【考證】楓、三本，御覽三百七十三、八百六「衝」作「穿」。

〔二〕【考證】楓、三本無「至」字。

〔三〕【考證】類聚「戲弄臣」作「爲戲弄」。

〔四〕【考證】詳，凌本作「佯」，同。

〔五〕【集解】韋昭曰：「九賓，則周禮九儀。」【索隱】周禮大行人，別九賓，謂九服之賓客也。列士傳云設九牢也。【正義】劉伯莊云：「九賓者周王之備禮，天子臨軒，九服同會。秦、趙何得九服？但亦陳設車輅文物耳。」【考證】九賓，又見荆軻傳。中井積德曰：賓，儐也。儐九人立廷，以禮使者也。愚按：九賓，猶言具大禮耳，不必援古書爲證。

〔六〕【索隱】廣成是傳舍之名。傳，音張戀反。【考證】中井積德曰：廣成，蓋邑里名。張文虎曰：各本「傳」下衍「舍」字。索隱本無。雜志云「魏都賦『廣成之傳無以疇』，張載注引無」。愚按：類聚引亦無。

〔七〕【考證】決，猶必也。

〔八〕【考證】徑道，間道也。

秦王齋五日後，乃設九賓禮於廷，引趙使者藺相如。相如至，謂秦王曰：「秦自繆公以來二十餘君，未嘗有堅明約束者也。臣誠恐見欺於王而負趙，故令人持璧歸，間至趙矣。且秦彊而趙弱，大王遣一介之使至趙，趙立奉璧來。〔一〕今以秦之彊，而先割十五都予趙，趙豈敢留璧而得罪於大王乎？臣知欺大王之罪當誅，臣請就湯鑊，唯大王與羣臣孰計議之。」秦王與羣臣相視而嘻。〔二〕左右或欲引相如去，秦王因曰：「今殺相如，終不能得璧也，而絕秦、趙之驩，不如因而厚遇之，使歸趙，趙王豈以一璧之故欺秦邪？」卒廷見相如，畢禮而歸之。

〔一〕【考證】介、个通。左傳襄八年「一介行李，告于寡君」。

〔二〕【索隱】音希。乃驚而怒之辭也。【正義】嘻，音希，恨怒之聲。【考證】中井積德曰：嘻，只是驚怪之聲，不必有怒意。

相如既歸，趙王以爲賢大夫使不辱於諸侯，拜相如爲上大夫。〔一〕秦亦不以城予趙，趙亦終不予秦璧。

〔一〕【考證】李笠曰：「賢」下「大夫」二字蓋涉下文誤衍。時相如爲繆賢舍人，未爲大夫。

其後秦伐趙，拔石城。〔一〕明年，復攻趙，殺二萬人。

〔一〕【集解】徐廣曰：「惠文王十八年。」【索隱】劉氏云：蓋謂石邑。【正義】故石城在相州林慮縣南九十里也。

秦王使使者告趙王，欲與王爲好會於西河外澠池。〔一〕趙王畏秦，欲毋行。廉頗、藺相如計曰：「王不行，示趙弱且怯也。」趙王遂行，相如從。廉頗送至境，與王訣曰：「王行，度道里會遇之禮畢，還，不過三十日。三十日不還，則請立太子爲王，以絕秦望。」王許之，遂與秦王會澠池。〔二〕秦王飲酒酣，曰：「寡人竊聞趙王好音，請奏瑟。」趙王鼓瑟。〔三〕秦御史前書曰「某年月日，秦王與趙王會飲，令趙王鼓瑟」。〔四〕藺相如前曰：「趙王竊聞秦王善爲秦聲，請奉盆缻秦王，以相娛樂。」〔五〕秦王怒，不許。於是相如前進缻，因跪請秦王。秦王不肯擊缻。相如曰：「五步之內，相如請得以頸血濺大王矣。」〔六〕左右欲刃相如，相如張目叱之，左右皆靡。於是秦王不懌，爲一擊缻。相如顧召趙御史書曰「某年月日，秦王爲趙王擊缻」。〔七〕秦之羣臣曰：「請以趙十五城爲秦王壽。」藺相如亦曰：「請以秦之咸陽爲趙王壽。」〔八〕秦王竟酒，終不能加勝於趙。趙亦盛設兵以待秦，秦不敢動。

〔一〕【索隱】在西河之南，故云「外」。案：表在趙惠文王二十年也。【考證】梁玉繩曰：案表，「二萬」作「三萬」。又「秦王」上疑缺「明年」二字。

〔二〕【集解】徐廣曰：「二十年。」

〔三〕【考證】楓、三本重「趙王」二字。愚按：「奏」當作「奉」。請奉瑟趙王，與下文「請奉盆缻秦王」正相對。王念孫、張文虎依文選西征賦注、御覽所引，改下文「奉秦王」爲「奏秦王」，云「奏，進也」，亦通。

〔四〕【考證】楓、三本「月日」上並有「某」字。

〔五〕【集解】風俗通義曰：「缶者，瓦器，所以盛酒漿，秦人鼓之以節歌也。」【索隱】缻，音缶。【正義】缻，音缾。【考證】說文作「缶」。缻、缶同。正義「音缾」，誤。

〔六〕【正義】濺音贊。【考證】五步之內，言近也。胡三省曰：以頸血濺大王，言將殺秦王也。

〔七〕【考證】楓、三本「月日」上有「某」字。

〔八〕【考證】咸陽，秦都。左傳定十年，夾谷之會，齊、魯將盟，齊人加於載書曰「齊師出竟，不以甲車三百乘從我者，有如此盟」。孔丘使茲無還揖對曰「而不返我汶陽之田，吾以共命者，亦如之」。藺相如折衝之語，自此等處得來。

既罷歸國，以相如功大，拜爲上卿，位在廉頗之右。〔一〕廉頗曰：「我爲趙將，有攻城野戰之大功，〔二〕而藺相如徒以口舌爲勞，而位居我上。且相如素賤人，吾羞，不忍爲之下。」宣言曰：「我見相如，必辱之。」相如聞，不肯與會。相如每朝時，常稱病，不欲與廉頗爭列。已而相如出，望見廉頗，相如引車避匿。於是舍人相與諫曰：「臣所以去親戚而事君者，徒慕君之高義也。〔三〕今君與廉頗同列，〔四〕廉君宣惡言，而君畏匿之，恐懼殊甚，且庸人尚羞之，況於將相乎！臣等不肖，請辭去。」藺相如固止之，曰：「公之視廉將軍，孰與秦王？」曰：「不若也。」相如曰：「夫以秦王之威而相如廷叱之，辱其羣臣，相如雖駑，獨畏廉將軍哉？顧吾念之，彊秦之所以不敢加兵於趙者，徒以吾兩人在也。今兩虎共鬬，其勢不俱生。吾所以爲此者，以先國家之急，而後私讎也。」廉頗聞之，肉袒負荊，〔五〕因賓客至藺相如門謝罪，曰：「鄙賤之人，不知將軍寬之至此也。」卒相與驩，爲刎頸之交。〔六〕

〔一〕【索隱】王劭按：董勛荅禮曰「職高者名録在上，於人爲右；職卑者名録在下，於人爲左，是以謂下遷爲左」。【正義】秦、漢以前，用右爲上。

〔二〕【考證】治要、文選西征賦注、後漢書寇恂傳注、御覽人事部、疾病部引並無「大」字，通鑑亦無，蓋涉上文而衍。

〔三〕【考證】楓、三本「舍人」上有「相如」二字。

〔四〕【考證】文選注、治要「頗」作「君」。王念孫曰：當作「君」。

〔五〕【索隱】肉袒者，謂袒衣而露肉也。負荊者，荊，楚也，可以爲鞭。【正義】肉袒，露膊。【考證】中井積德曰：荊，鞭也。

〔六〕【索隱】崔浩云：「言要齊生死，而刎頸無悔也。」【考證】中井積德曰：謂患難相爲死也。

是歲，廉頗東攻齊，破其一軍。〔一〕居二年，廉頗復伐齊幾，拔之。〔二〕後三年，廉頗攻魏之防陵、安陽，拔之。〔三〕後四年，藺相如將而攻齊，至平邑而罷。〔四〕其明年，趙奢破秦軍閼與下。

〔一〕【考證】是時燕軍攻齊，趙使廉頗助之。又見趙世家。

〔二〕【集解】徐廣曰：「幾，邑名也。」案：趙世家惠文王二十三年，頗將攻魏之幾邑，取之，而齊世家及年表無「伐齊幾，拔之」事，疑幾是邑名，而或屬齊或屬魏耳。田單在齊，不得至於拔也。【索隱】世家云惠文王二十三年，頗將攻魏之幾邑，取之，與此列傳合。戰國策云秦敗閼與及攻魏幾。幾亦屬魏。而裴駰引齊世家及年表，無「伐齊拔幾」之事，疑其幾是故邑，或屬齊、魏故耳。【正義】幾，音祈。在相、潞之閒。【考證】梁玉繩曰：幾是魏邑。趙世家言頗攻魏幾，取之，秦策亦云「秦敗閼與，反攻魏幾。廉頗救幾」。此作「齊幾」，誤。裴駰謂或屬魏或屬齊，非也。先是樓昌攻幾不能取，故云「復伐」。又「居二年」乃「居三年」之誤。

〔三〕【集解】徐廣曰：「一作『房子』。」【索隱】案：防陵在楚之西，屬漢中郡。魏有房子，蓋「陵」字誤也。【正義】城在相州安陽縣南二十里，因防水爲名。【考證】梁玉繩曰：「後三年」當作「後一年」，乃惠文王二十四年也。沈濤曰：房子，趙邑，漢屬常山郡，即今之贊皇。魏境不得到此，此與安陽同拔，則地必近安陽。正義之說必有所據。

〔四〕【正義】故城在魏州昌樂縣東北三十里。【考證】通鑑注引括地志「三十里」作「四十里」。

趙奢者，趙之田部吏也。收租稅，而平原君家不肯出租，〔一〕奢以法治之，殺平原君用事者九人。平原君怒，將殺奢。奢因說曰：「君於趙爲貴公子，今縱君家而不奉公則法削，法削則國弱，國弱則諸侯加兵，諸侯加兵，是無趙也，君安得有此富乎？以君之貴，奉公如法則上下平，上下平則國彊，國彊則趙固，而君爲貴戚，豈輕於天下邪？」平原君以爲賢，言之於王。王用之治國賦，國賦大平，民富而府庫實。

〔一〕【考證】租，各本作「趙」，今從舊刻。

秦伐韓，軍於閼與。〔一〕王召廉頗而問曰：「可救不？」對曰：「道遠險狹，難救。」又召樂乘而問焉，樂乘對如廉頗言。又召問趙奢，奢對曰：「其道遠險狹，譬之猶兩鼠鬭於穴中，將勇者勝。」王乃令趙奢將救之。

〔一〕【考證】御覽引國策作「秦師伐韓圍閼與」，今本國策無，今本趙策作「伐趙」，與此異，說在趙世家。徐孚遠曰：閼與本趙地。伐韓而軍閼與，假道也，亦以脅趙。

兵去邯鄲三十里，而令軍中曰：「有以軍事諫者死。」秦軍軍武安西，〔一〕秦軍鼓譟勒兵，武安屋瓦盡振。軍中候有一人言急救武安，趙奢立斬之。堅壁，留二十八日不行，復益增壘。秦閒來入，趙奢善食而遣之。閒以報秦將，秦將大喜曰：「夫去國三十里而軍不行，乃增壘，閼與非趙地也。」〔二〕趙奢既已遣秦閒，乃卷甲而趨之，二日一夜至，〔三〕令善射者去閼與五十里而軍。軍壘成，秦人聞之，悉甲而至。軍士許歷請以軍事諫，趙奢曰：「內之。」許歷曰：「秦人不意趙師至此，其來氣盛，將軍必厚集其陣以待之，不然必敗。」〔四〕趙奢曰：「請受令。」許歷曰：「請就鈇質之誅。」趙奢曰：「胥後令。」〔五〕邯鄲，許歷復請諫〔六〕曰：「先據北山上者勝，後至者敗。」〔七〕趙奢許諾，即發萬人趨之。秦兵後至，爭山不得上，趙奢縱兵擊之，大破秦軍。秦軍解而走，遂解閼與之圍而歸。〔八〕

〔一〕【集解】徐廣曰：「屬魏郡，在邯鄲西。」【考證】御覽二百八十二引史「秦」下不重「軍」字。

〔二〕【正義】國，謂邯鄲，趙之都也。【考證】「去邯鄲三十里」以下，與御覽二百九十二所引國策略同，今本國策無。

〔三〕【考證】楓、三本「趨」上有「行」字。

〔四〕【考證】「許歷曰」以下，與御覽三百三十二所引國策同，今本國策無。

〔五〕【索隱】案：「胥」、「須」，古人通用。今者「胥後令」，謂「胥」爲「須」。須者，待也，待後令。謂許歷之言，更不擬誅之，故更待後令也。【正義】胥，猶須也。軍去城都三十里而不行，未有計過險狹，恐人諫令急救武安，乃出此令。今垂戰，須得謀策，不用前令，故云「須後令」也。【考證】請受令，猶言「汝宜從前令」也。「請」字寓不忍行令之意。通鑑改「令」爲「教」，非是。索隱、正義以「胥」爲「須」，爲待，是也。言他日當議罪定刑，汝暫待之。

〔六〕【索隱】按：「邯鄲」二字當爲「欲戰」，謂臨戰之時，許歷復諫也。王粲詩云「許歷爲完士，一言猶敗秦」，是言趙奢用其計遂破秦軍也。江遂曰「漢令稱完而不髡曰耐，是完士未免從軍也」。【考證】通鑑「後令邯鄲」做一句。梁玉繩曰：錢宮詹云『胥後令邯鄲』是五字句。趙都邯鄲，謂當待趙王之令也」，此解甚愜。後書循史衛颯傳曰「須後詔書」，語意相似。中井積德曰：「邯鄲」當作「將戰」。愚按：中説可從。索隱本「復請」

作「請復」。

〔七〕【正義】閼與山在（洛）〔洺〕州武安縣西南五十里，趙奢拒秦軍於閼與，即此山也。案：括地志云「言拒秦軍在此山」，疑其太近洺州。既去邯鄲三十里而軍，又云趨之二日一夜至閼與五十里而軍壘成，據今洺州去潞州三百里閒而隔相州，恐潞州閼與聚城是所拒據處。【考證】中井積德曰：閼與是秦之所軍，北山是閼與近傍之山矣，勿混解。

〔八〕【考證】「先據北山上者勝」以下，與御覽三百三十二所引國策略同，今本國策無。

趙惠文王賜奢號爲馬服君，以許歷爲國尉。趙奢於是與廉頗、藺相如同位。

後四年，趙惠文王卒，子孝成王立。七年，秦與趙兵相距長平。〔一〕時趙奢已死，〔二〕而藺相如病篤。趙使廉頗將攻秦，秦數敗趙軍，趙軍固壁不戰。秦數挑戰，廉頗不肯。趙王信秦之閒。秦之閒言曰：「秦之所惡，獨畏馬服君趙奢之子趙括爲將耳。」〔三〕趙王因以括爲將代廉頗。〔四〕藺相如曰：「王以名使括，若膠柱而鼓瑟耳。括徒能讀其父書傳，不知合變也。」〔五〕趙王不聽，遂將之。

〔一〕【考證】梁玉繩曰：「七年」乃「八年」之誤。

〔二〕【集解】張華曰：「趙奢冢在邯鄲界西山上，謂之馬服山。」

〔三〕【考證】張文虎曰：王本不重「秦之閒」三字。御覽引國策「惡」作「患」。

〔四〕【考證】「秦與趙兵相距」以下，與御覽二百九十二所引國策略同，今本國策無。

〔五〕【考證】胡三省曰：鼓瑟者，絃有緩急。調絃之緩急，在柱之運轉。若膠其柱，則絃不可得而調。緩者一於緩，急者一於急，無活法矣。愚按：趙人好瑟，故取譬於此。

趙括自少時學兵法，言兵事，以天下莫能當。嘗與其父奢言兵事，奢不能難，然不謂善。〔一〕括母問奢其故，奢曰：「兵，死地也，而括易言之。使趙不將括即已，若必將之，破趙軍者必括也。」〔二〕及括將行，其母上書言於王曰：「括不可使將。」王曰：「何以？」對曰：「始妾事其父，時爲將，身所奉飯飲而進食者以十數，所友者以百數，〔三〕大王及宗室所賞賜者盡以予軍吏士大夫，受命之日，不問家事。今括一旦爲將，東向而朝，軍吏無敢仰視之者，〔四〕王所賜金帛，歸藏於家，而日視便利田宅可買者買之。〔五〕王以爲何如其父？〔六〕父子異心，願王勿遣。」王曰：「母置之，吾已決矣。」括母因曰：「王終遣之，即有如不稱，妾得無隨坐乎？」王許諾。〔七〕

〔一〕**【考證】**楓、三本，治要及御覽引策，「謂」下有「之」字。

〔二〕**【考證】**李笠曰：「問」下「奢」字疑衍。治要「即」作「則」。御覽「使趙」以下，作「趙若以爲將破軍者必是兒」。

〔三〕**【正義】**奉，音捧。**【考證】**治要、通鑑無「飲」字。御覽引國策無「身所奉」以下十八字。

〔四〕**【考證】**顧炎武曰：古人之坐，以東面爲尊。故宗廟之祭，太祖之位東面。即交際之位，亦賓東向，主人西向。新序楚昭奚恤爲東面之壇一，秦使者至，昭奚恤曰「君客也，請就上位」是也。史記趙奢傳言括東面而朝軍吏，田單傳言引卒東鄉坐，師事之；淮陰傳言得廣武君，東鄉坐，西鄉對，師事之；王陵傳言項王東鄉坐王陵母；周勃傳言每召諸生說士，東向坐而責之，趣爲我語；田蚡傳言召客飲，坐其兄蓋侯南鄉，自坐東向，以爲漢相尊，不可以兄故自橈；南越傳言王太后置酒，漢使皆東向。此「東向」之見於史傳者。曲禮「主人就東階，客就西階」，自西階而升，故東鄉；自東階而升，故西鄉。而南鄉其旁位，如廟中之昭，故田蚡以處蓋侯也。

〔五〕【考證】楓、三本無「買之」二字。御覽所引國策無「可買者」三字。

〔六〕【考證】楓、三本，御覽所引國策，通鑑，並無「何」字。

〔七〕【考證】「藺相如曰」以下略與御覽二百七十二所引國策合，今本國策無。沈家本曰：商君收孥之法，在秦孝公時。趙事在孝成王六年，後商君九十餘年。豈趙亦參用秦法，故有隨坐之事歟？

趙括既代廉頗，悉更約束，易置軍吏。秦將白起聞之，縱奇兵，詳敗走，〔一〕而絕其糧道，分斷其軍爲二，士卒離心。四十餘日軍餓，趙括出鋭卒自搏戰，秦軍射殺趙括。括軍敗，數十萬之衆遂降秦，秦悉阬之。趙前後所亡凡四十五萬。明年，秦兵遂圍邯鄲。歲餘，幾不得脱。賴楚、魏諸侯來救，迺得解邯鄲之圍。趙王亦以括母先言，竟不誅也。

〔一〕【考證】詳，各本作「佯」，今從毛本。

自邯鄲圍解五年，〔一〕而燕用栗腹之謀曰「趙壯者盡於長平，其孤未壯」，舉兵擊趙。趙使廉頗將擊，大破燕軍於鄗，殺栗腹，遂圍燕。燕割五城請和，乃聽之。趙以尉文封廉頗，爲信平君，爲假相國。〔二〕

〔一〕【考證】張文虎曰：「五年」乃「七年」之誤。

〔二〕【集解】徐廣曰：「尉文，邑名也。」【索隱】信平，號也。徐廣云：「尉文，邑名。」按：漢書表有「尉文節侯」，云在南郡。蓋尉，官也；文，名也。謂取尉文所食之邑，復以封頗而後號爲信平君。

廉頗之免長平歸也，失勢之時，故客盡去。及復用爲將，客又復至。廉頗曰：「客退矣。」客曰：「吁，君何見之晚也？夫天下以市道交，君有勢，我則從君，君無勢則去，此固其理也，有何怨乎？」〔一〕居六年，趙使廉頗伐魏之繁陽，拔之。〔二〕

〔一〕【考證】王念孫曰：有讀爲又。柯維騏曰：市道交，即馮驩所論趨市者也。孟嘗唾面，翟公勒門。長平之吏移于冠軍，魏其之客移于長安。汲鄭廢而其門益落，任昉逝而其後莫恤。古今交態盡然，不獨廉頗也。

〔二〕【集解】徐廣曰：「屬魏郡。」【正義】在相州内黃縣東北也。

趙孝成王卒，子悼襄王立，使樂乘代廉頗。廉頗怒，攻樂乘，樂乘走。廉頗遂奔魏之大梁。其明年，趙乃以李牧爲將，而攻燕，拔武遂、方城。〔一〕

〔一〕【索隱】按：地理志武遂屬河間國，方城屬廣陽也。【正義】武遂，易州遂城也。方城，幽州固安縣南十里。【考證】梁玉繩曰：其明年，當作「後二年」。蓋廉頗奔魏，在孝成王卒年，李牧攻燕，在悼襄二年。

廉頗居梁，久之，魏不能信用。趙以數困於秦兵，〔一〕趙王思復得廉頗，廉頗亦思復用於趙。趙王使使者視廉頗尚可用否。〔二〕廉頗之仇郭開多與使者金，令毀之。〔三〕趙使者既見廉頗，廉頗爲之一飯斗米、肉十斤，被甲上馬，以示尚可用。趙使還報王曰：「廉將軍雖老，尚善飯，然與臣坐，頃之三遺矢矣。」〔四〕趙王以爲老，遂不召。

〔一〕【考證】楓、三本「趙」下有「亦」字。

〔二〕【考證】楓、三本「用」上有「得」字。

〔三〕【考證】郭開，趙王寵臣。又受秦金讒李牧，見下文。

〔四〕【索隱】謂數起便也。矢，一作「屎」。【考證】中井積德曰：三遺矢，是坐而不覺矢也，非起。

楚聞廉頗在魏，陰使人迎之。廉頗一爲楚將，無功，曰：「我思用趙人。」廉頗卒死于壽春。〔一〕

〔一〕【正義】廉頗墓在壽春縣北四里。藺相如墓在邯鄲西南六里。

李牧者，趙之北邊良將也。常居代鴈門，備匈奴。〔一〕以便宜置吏，市租皆輸入莫府，爲士卒費。〔二〕日擊數牛饗士，習射騎，謹烽火，多閒諜，厚遇戰士。〔三〕爲約曰：「匈奴即入盜，急入收保，有敢捕虜者斬。」〔四〕匈奴每入，烽火謹，輒入收保，不敢戰。如是數歲，亦不亡失。然匈奴以李牧爲怯，雖趙邊兵亦以爲吾將怯。趙王讓李牧，李牧如故。趙王怒召之，使他人代將。

〔一〕【正義】今鴈門縣，在代地，故云代鴈門也。

〔二〕【集解】如淳曰：「將軍征行無常處，所在爲治，故言『莫府』。莫，大也。」【索隱】按：注如淳解「莫，大也」云云。又崔浩云「古者出征爲將帥，軍還則罷，理無常處，以幕帟爲府署，故曰『莫府』」。則「莫」當作「幕」，字之訛耳。【考證】中井積德曰：莫、幕通。幕府，征行軍營。

〔三〕【索隱】閒諜，上紀莧反，下音牒。

〔四〕【正義】急入壘，收斂而保護。

歲餘，匈奴每來，出戰。出戰，數不利，失亡多，邊不得田畜。〔一〕復請李牧。牧杜門不

出，固稱疾。趙王乃復彊起使將兵。牧曰：「王必用臣，臣如前乃敢奉令。」王許之。〔一〕

〔一〕【正義】許六反。【考證】羣書治要引史、御覽引策並無下「出」字。崔適曰：「出戰」二字衍。

〔二〕【考證】楓、三本「兵」下有「李」字。

李牧至，如故約。匈奴數歲無所得，終以爲怯。邊士日得賞賜而不用，皆願一戰。於是乃具選車得千三百乘，選騎得萬三千匹，百金之士五萬人，彀者十萬人，〔一〕悉勒習戰。大縱畜牧，人民滿野。〔二〕匈奴小入，詳北不勝，以數千人委之。〔三〕單于聞之，大率衆來入。〔四〕李牧多爲奇陳，張左右翼，擊之大破，〔五〕殺匈奴十餘萬騎。〔六〕滅襜襤，破東胡，降林胡，單于奔走。〔七〕其後十餘歲，匈奴不敢近趙邊城。

〔一〕【集解】管子曰：「能破敵擒將者賞百金。」【索隱】彀，音古候反。彀，謂能射也。【正義】彀，滿弓張也，言能滿弦張射。【考證】中井積德曰：百金之士，是富實戰士，非賤役者。御覽引策「彀」下有「弓弩」二字。

〔二〕【考證】御覽引策「民」作「衆」。

〔三〕【索隱】委，謂弃之，恣其殺略也。

〔四〕【考證】御覽引策「大」下有「喜」字。

〔五〕【考證】御覽引策作「擊大破之」。

〔六〕【考證】「常居代雁門」至「十餘萬」，與御覽二百九十四所引國策合，今本國策無。

〔七〕【集解】襜，都甘反。襤，路談反。徐廣曰：「一作『臨』。」駰又案：如淳曰「胡名也，在代北」。【索隱】上音都甘反，下音路郯反。如淳云「胡名也」。【正義】襜襤，胡國名，在代北。

趙悼襄王元年，廉頗既亡入魏，趙使李牧攻燕，拔武遂、方城。居二年，龐煖破燕軍，殺劇辛。〔一〕後七年，秦破殺趙將扈輒於武遂，斬首十萬。〔二〕趙乃以李牧爲大將軍，擊秦軍於宜安，大破秦軍，走秦將桓齮。〔三〕封李牧爲武安君。居三年，秦攻番吾，〔四〕李牧擊破秦軍，南距韓、魏。

〔一〕【索隱】按：煖，即馮煖也。龐，音皮江反。煖，音況遠反，亦音暄。劇辛本趙人，仕燕者。【考證】梁玉繩曰：「元年」當作「二年」，「二年」當作「一年」。龐煖、馮煖自是別人。張照曰：燕世家云「劇辛故居趙，與龐煖善」，戰國策云「齊人有馮煖者」。史記作「馮驩」，不言其歸趙也。

〔二〕【索隱】扈，氏；輒，名。漢張耳時，別有扈輒。按：劉氏云「武遂本韓地，在趙西，恐非地理志河閒武遂也」。【考證】梁玉繩曰：「後七年」當作「後八年」。各本「殺趙」作「將殺」，從索隱本。愚按：楓山本「武遂」下有「方城」二字。張文虎曰：各本「武遂」下有「城」字，索隱本無。錢大昕曰：趙世家「武遂城」作「武城」。武遂在燕、趙之交，秦兵未得至其地。「遂」字衍。洪頤煊說同。

〔三〕【索隱】齮，音蟻。【正義】宜安在桓州槀城縣西南二十里。【考證】沈家本曰：王遷三年，世家及表同。

〔四〕【索隱】縣名。地理志在常山。音婆，又音盤。【正義】在相州房山縣東二十里也。【考證】沈濤曰：正義「房山」當「房子」之誤。沈家本曰：世家、表皆在四年。梁玉繩曰：「三年」當作「一年」。

趙王遷七年，秦使王翦攻趙，趙使李牧、司馬尚禦之。秦多與趙王寵臣郭開金，爲反閒，言李牧、司馬尚欲反。〔一〕趙王乃使趙葱及齊將顏聚代李牧。李牧不受命，〔二〕趙使人微捕得李牧，斬之。廢司馬尚。〔三〕後三月，王翦因急擊趙，大破，殺趙葱，虜趙王遷及其將顏聚，遂滅趙。〔四〕

〔一〕【考證】胡三省曰：郭開之閒廉頗，以其仇也。其讒殺李牧，則好貨耳。讒人罔極，其禍國可勝言哉！張照曰：按戰國策「秦王資頓弱以金，北遊燕、趙，而殺李牧」。史記稱秦多與趙王寵臣郭開金爲反閒，而殺牧。廉頗傳稱頗之仇郭開與使者金，使毀頗。張釋之傳云「趙用李牧幾霸。會趙王遷立，其母倡也。遷用郭開讒，卒誅李牧」。列女傳云「趙悼后者，邯鄲倡女。前嫁亂一宗族。既寡，悼襄王以其美而娶之。李牧諫，不聽。後子遷生，立爲幽閔王。后通於春平侯，多受秦賂，而使王誅其良將李牧。趙亡後，大夫怨倡后之譖太子喜殺李牧，乃殺倡后，滅其家」。諸説大同小異，今並著之。

〔二〕【考證】趙策無「不受命」三字。

〔三〕【考證】方苞曰：曰「欲反」，則無實迹可知。曰「使人微捕」，則非謀反迹見。此史遷之微指也。

〔四〕【考證】「秦使王翦攻趙」以下，采趙策。愚按：秦策文信侯出走章，爲李牧銜劍自刺，以趙滅爲牧死後五月。二策不同。梁玉繩曰：牧之死，策言其北面再拜，銜劍自刺，史言其不受命捕斬之。二説迥異。通鑑主史，大事記主策。鮑、吴注並以史爲誤也。趙王寵臣郭開誣牧欲與秦反，又牧以臂短用木接手，韓倉誣以上壽懷刃，遂賜之死，其冤甚矣。安有所謂不受命而捕斬者哉？大事記謂「因廉頗不受代事而誤載」是已。史公于趙世家及馮唐傳俱言王遷信郭開誅李牧，乃此以爲不受命，豈非矛盾？蓋郭開、韓倉比共陷牧，而列女傳又謂遷母譖牧，使王誅之也。

太史公曰：知死必勇，非死者難也，處死者難。〔一〕方藺相如引璧睨柱，及叱秦王左右，勢不過誅，然士或怯懦而不敢發。〔二〕相如一奮其氣，威信敵國，〔三〕退而讓頗，名重太山。其處智勇，可謂兼之矣。

〔一〕【考證】史公暗自道。

〔二〕【集解】徐廣曰：「一作『恇懦』。」

〔三〕【索隱】信，音伸。

【索隱述贊】清飈凛凛，壯氣熊熊。各竭誠義，遞爲雌雄。和璧聘返，澠池好通。負荆知懼，屈節推工。安邊定策，頗、牧之功。

史記會注考證卷八十二

田單列傳第二十二　　史記八十二

【考證】史公自序云：「湣王既失臨淄而奔莒，唯田單用即墨破走騎劫，遂存齊社稷。作田單列傳第二十二。」愚按：傳中記事多今本國策所不載。

田單者，齊諸田疏屬也，〔一〕湣王時單爲臨菑市掾，不見知。〔二〕及燕使樂毅伐破齊，齊湣王出奔，已而保莒城。燕師長驅平齊，而田單走安平，〔三〕令其宗人盡斷其車軸末，〔四〕而傅鐵籠。〔五〕已而燕軍攻安平，城壞，齊人走，争塗，以轊折車敗，爲燕所虜。〔六〕唯田單宗人以鐵籠故得脱，東保即墨。燕既盡降齊城，唯獨莒、即墨不下。燕軍聞齊王在莒，并兵攻之。淖齒既殺湣王於莒，〔七〕因堅守距燕軍，數年不下。燕引兵東圍即墨，即墨大夫出與戰，敗死。城中相與推田單曰：「安平之戰，田單宗人以鐵籠得全，習兵。」立以爲將軍，以即墨距燕。

〔一〕【索隱】單，音丹。

〔二〕【考證】胡三省曰：掾，掌市官屬也。

〔三〕【集解】徐廣曰：「今之東安平也。在青州臨菑縣東十九里，古紀之酅邑，齊改爲安平，秦滅齊，改爲東安平，縣屬齊郡，以定州有安平，故加『東』字。」【索隱】按：地理志東安平屬淄川國也。

〔四〕【索隱】斷，音都緩反。斷其軸，恐長相撥也。以鐵裹軸頭，堅而易進也。

〔五〕【集解】徐廣曰：「傅，音附。」【索隱】傅，音附。按：截其軸與轂齊，以鐵鍱附軸末，施轄於鐵中以制轂也。又方言曰「車轊，齊謂之籠」。郭璞云「車軸也」。【考證】胡三省曰：卷鐵以傅車轊，故曰之鐵籠。中井積德曰：索隱云「截其軸與轂齊」。按：此非長轂兵車，不必截轂。又曰：索隱「施轄於鐵中」至「車軸也」數句，援引無所用。

〔六〕【集解】徐廣曰：「轊，車軸頭也。音衛。」

〔七〕【集解】徐廣曰：「多作『悼齒』也。」

頃之，燕昭王卒，惠王立，與樂毅有隙。田單聞之，乃縱反閒於燕，宣言曰：「齊王已死，城之不拔者二耳。樂毅畏誅而不敢歸，以伐齊爲名，實欲連兵南面而王齊。齊人未附，故且緩攻即墨，以待其事。齊人所懼，唯恐他將之來，即墨殘矣。」燕王以爲然，使騎劫代樂毅。樂毅因歸趙，燕人士卒忿。〔一〕而田單乃令城中人食必祭其先祖於庭，〔二〕飛鳥悉翔舞城中，下食。燕人怪之。田單因宣言曰：「神來下教我。」乃令城中人曰：「當有神人爲我師。」有一卒曰：「臣可以爲師乎？」因反走。田單乃起引還，東鄉坐，師事之。〔三〕卒曰：「臣欺君，誠無能也。」田單曰：「子勿言也。」因師之，每出約束，必稱神師。乃宣言曰：「吾唯懼燕軍之劓所得齊卒，置之前行，與我戰，即墨敗矣。」〔四〕燕人聞之，如其言。城中人見齊諸降者盡劓，皆怒，堅守，唯恐見得。單又縱反閒曰：「吾懼燕人掘吾城外冢墓，僇先人，可爲寒心。」燕軍盡掘壟墓，燒死人。即墨人從城上望見，皆涕泣，俱欲出戰，怒自十倍。〔五〕

〔一〕【考證】楓、三本「忿」作「分心」。「惠王立」以下，與御覽二百九十二所引國策略同，「士卒忿」作「士卒離」，今本國策無。

〔二〕【考證】楓、三本無「人」字。

〔三〕【考證】楓、三本、通鑑無「坐」字。使卒東向也。淮陰侯傳「東鄉坐，西鄉對，師事之」。胡三省曰：田單恐衆心未一，故假神以令其衆。

〔四〕【正義】行，胡郎反。

〔五〕【考證】「乃宣言曰」以下，與御覽百八十二所引國策文同，今本國策無。張文虎曰：俱，各本作「其」，今依舊刻。愚按：通鑑作「共」。徐孚遠曰：樂毅攻兩城，數年不拔，欲以德懷齊人，騎劫代將，悉更樂毅所爲，故施虐于齊，而田單以爲資也。

田單知士卒之可用，乃身操版插，與士卒分功，妻妾編於行伍之閒，〔一〕盡散飲食饗士，令甲卒皆伏，使老弱女子乘城，遣使約降於燕，燕軍皆呼萬歲。田單又收民金得千溢，令即墨富豪遺燕將，曰：「即墨即降，願無虜掠吾族家妻妾，令安堵。」〔二〕燕將大喜，許之。燕軍由此益懈。〔三〕

〔一〕【索隱】操，音七高反。插，音初洽反。【正義】古之軍行，常負版插也。

〔二〕【考證】楓、三本「富豪」下有「遺人」二字。

〔三〕【考證】「田單知士卒可用」以下，與御覽百八十二所引國策文同，今本國策無。

田單乃收城中得千餘牛，爲絳繒衣，畫以五彩龍文，束兵刃於其角，而灌脂束葦於尾，燒其端，鑿城數十穴，夜縱牛，壯士五千人隨其後。牛尾熱，怒而奔燕軍，燕軍夜大驚。牛尾炬火光明炫燿，燕軍視之皆龍文，所觸盡死傷。五千人因銜枚擊之，而城中鼓譟從之，老弱皆擊銅器爲聲，聲動天地。燕軍大駭，敗走。齊人〔一〕遂夷殺其將騎劫。燕軍擾亂奔走，齊人追亡逐北，所過城邑皆畔燕而歸田單，兵日益多，乘勝，〔二〕燕日敗亡，卒至河上，〔三〕而齊七十餘城皆復爲齊。乃迎襄王於莒，入臨菑而聽政。

〔一〕【考證】「田單乃收城中」以下，與御覽百八十二所引國策文同，今本國策無。

〔二〕【考證】楓、三本「兵」上重「田單」二字。

〔三〕【索隱】河上，即齊之北界，近河東，齊之舊地。

襄王封田單，號曰安平君。〔一〕

〔一〕【索隱】以單初起安平，故以爲號。【考證】錢大昕曰：史不敍其後事。考趙世家，孝成王元年，齊安平君田單將趙師而攻燕中陽，拔之。二年，田單爲相，即齊王建之元年也。豈襄王已没，單遂去齊而入趙乎？

太史公曰：兵以正合，以奇勝。〔一〕善之者，〔二〕出奇無窮。〔三〕奇正還相生，〔四〕如環之無端。〔五〕夫始如處女，〔六〕適人開户；〔七〕後如脱兔，適不及距。〔八〕其田單之謂邪？

〔一〕【集解】魏武帝曰：先出合戰爲正，後出爲奇也。正者當敵，奇兵擊不備。【索隱】按：奇，謂權詐也。注引魏武，蓋亦軍令也。【考證】集解所引孫子魏武注文「奇兵」下有「自傍」二字，索隱以爲「軍令」者謬。

〔二〕【索隱】兵不厭詐，故云「善之」。【考證】「之」字承「兵」字。

〔三〕【索隱】謂權變多也。

〔四〕【正義】猶當合也。言正兵當陣，張左右翼，掩其不備，則奇正合敗敵也。

〔五〕【索隱】言用兵之術，或用正法，或用奇計，使前敵不可測量，如尋環中不知端際也。【考證】本孫子兵勢篇，文字小異。中井積德曰：正變爲奇，奇又變爲正。一奇一正，如循環之無端，正狀還相生也。

〔六〕【索隱】言兵之始，如處女之軟弱也。

〔七〕【集解】徐廣曰：「適，音敵。」【索隱】適，音敵。若我如處女之弱，則敵人輕侮開户，不爲備也。【正義】敵人，謂燕軍也。言燕軍被田單反間，易將及劓卒，燒壟墓，而令齊卒甚怒，是敵人爲單開門户也。【考證】索隱是。

〔八〕【集解】魏武帝曰：「如女示弱，脱兔往疾也。」【索隱】言克敵之後，卷甲而趨，如兔之得脱而走疾也。敵不及距者，若脱兔忽過而敵忘其所距也。【考證】女、户、兔、距，韻。孫子九地篇文。中井積德曰：脱兔，所以克捷，非克捷之後。索隱誤。

初淖齒之殺湣王也，莒人求湣王子法章，得之太史嬓之家，爲人灌園。嬓女憐而善遇之。後法章私以情告女，女遂與通。及莒人共立法章爲齊王，以莒距燕，而太史氏女遂爲后，所謂「君王后」也。〔一〕

〔一〕【考證】「淖齒」以下，本齊策。

燕之初入齊，聞畫邑人王蠋賢，令軍中曰：「環畫邑三十里無入。」〔二〕以王蠋之故。已而使人謂蠋曰：「齊人多高子之義，吾以子爲將，封子萬家。」蠋固謝。燕人曰：「子不聽，吾引三軍而屠畫邑。」王蠋曰：「忠臣不事二君，貞女不更二夫。齊王不聽吾諫，故退而耕於野。國既破亡，吾不能存；今又劫之以兵爲君將，是助桀爲暴也。與其生而無義，固不如烹。」遂經其頸於樹枝，自奮絶脰而死。〔二〕齊亡大夫聞之，曰：「王蠋，布衣也，義不北面於燕，況在位食祿者乎？」乃相聚如莒，求諸子立爲襄王。〔三〕

〔一〕【集解】劉熙曰：「齊西南近邑。畫，音獲。」【索隱】畫，一音獲，又音胡卦反。劉熙云：「齊西南近邑。」蠋，音觸，又音歜。【正義】括地志云：「戟里城在臨淄西北三十里，春秋時棘邑，又云澅邑。」蠋所居即此邑，因澅水爲名也。【考證】梁玉繩曰：齊有畫邑、晝邑。畫邑在臨淄西北三十里，齊將封王蠋以萬家，即此地。晝邑在臨淄西南，孟子出宿處。一北，一南，説詳志疑。

〔二〕【索隱】按：經，猶繫也。何休云：「脰，頸。齊語也。音豆。」

〔三〕【考證】「立」下脱「法章」二字。論贊補傳，與夏、殷、周、秦紀，樂毅傳同例。

【索隱述贊】軍法以正，實尚奇兵。斷軸自免，反閒先行。羣鳥惑衆，五牛揚旌。卒破騎劫，皆復齊城。襄王嗣位，乃封安平。

史記會注考證卷八十三

史記八十三

魯仲連鄒陽列傳第二十三

【索隱】魯連、屈原當六國之時，賈誼、鄒陽在文景之日，事迹雖復相類，年代甚爲乖絶。其鄒陽不可上同魯連，屈平亦不可下同賈生。宜抽魯連同田單爲傳，其屈原與宋玉等爲一傳，其鄒陽與枚乘、賈生等同傳。【考證】史公自序云：「能設詭説，解患於圍城，輕爵禄，樂肆志。作魯仲連鄒陽列傳第二十三。」陳沂曰：同傳者，或其國同，或其事同，而時不足以間之，若刺客等傳類也，索隱誤矣。觀扁鵲、倉公同傳，此可知也。張文虎曰：此史公合傳之最不可解者。自序云「能設詭説，解患於圍城，輕爵禄，樂肆志」，以論仲連，似矣，何與於鄒陽？陽之可取，在諫吴王，今反不載其書。班書載之，與賈山、枚乘、路温舒同傳，斯勝史公矣。愚按：陳氏論史公合傳之意，張氏譏魯、鄒合傳之非，各有一理，今併録之。

魯仲連者，齊人也。好奇偉俶儻之畫策，而不肯仕宦任職，好持高節。〔一〕游於趙。

〔一〕【索隱】按：廣雅云「俶儻，卓異也」。【正義】俶，天歷反。魯連子云：「齊辯士田巴服狙丘，議稷下，毀五帝，罪三王，服五伯，離堅白，合同異，一日服千人。有徐劫者，其弟子曰魯仲連，年十二，號『千里駒』，往請田巴曰：『臣聞堂上不奮，郊草不芸，白刃交前，不救流矢，急不暇緩也。今楚軍南陽，趙伐高唐，燕人十萬，聊城不去，國亡在旦夕，先生奈之何？若不能者，先生之言有似梟鳴，出城而人惡之。願先生勿復言。』田巴曰：『謹聞命矣。』巴謂徐劫曰：『先生乃飛兔也，豈直千里駒！』巴終身不談。」【考證】張文虎曰：蔡本、中統、舊刻、游本作「宦」，他本並譌「官」。愚按：漢藝文志儒家魯仲連子十四篇，今亡。馬國翰有輯本。沈欽韓曰：隋志「魯連子五卷，録一卷」。舊唐書與隋同，新志作一卷。玉海藝文類書目「五卷，仲連退隱海上，論著此書，今惟一篇」，即史記正義所引。御覽一百八十四「魯連子見孟嘗君於杏堂之門」，與鶡冠子兵政篇語相似。

趙孝成王時，而秦王使白起破趙長平之軍，前後四十餘萬，〔一〕秦兵遂東圍邯鄲。趙王恐，諸侯之救兵莫敢擊秦軍。魏安釐王使將軍晉鄙救趙，畏秦，止於蕩陰不進。〔二〕魏王使客將軍新垣衍閒入邯鄲，〔三〕因平原君謂趙王曰：「秦所爲急圍趙者，前與齊湣王爭彊爲帝，已而復歸帝；〔四〕今齊湣王已益弱，〔五〕方今唯秦雄天下，此非必貪邯鄲，其意欲復求爲帝。趙誠發使，尊秦昭王爲帝，秦必喜罷兵去。」〔六〕平原君猶預未有所決。

〔一〕【考證】秦昭王。

〔二〕【集解】地理志河内有蕩陰縣。【正義】蕩，天郎反，相州縣。

〔三〕【索隱】新垣，姓；衍，名也。爲梁將。故漢有新垣平。【正義】新垣，姓。衍，名。漢有新垣平。【考證】鮑彪曰：閒，謂微行。

〔四〕【考證】楓、三本「歸帝」下有「以齊彊」三字。趙策有「以齊故」三字。

〔五〕【考證】鮑彪曰：「湣王」二字衍。中井積德曰：是時齊湣王死已二十四年，宜言「齊益弱」。
〔六〕【考證】鮑彪曰：「昭」字衍。梁玉繩曰：史仍策之誤。

此時魯仲連適游趙，會秦圍趙，聞魏將欲令趙尊秦爲帝，〔一〕乃見平原君曰：「事將柰何？」平原君曰：「勝也何敢言事！前亡四十萬之衆於外，今又內圍邯鄲，而不能去。〔二〕魏王使客將軍新垣衍令趙帝秦，〔三〕今其人在是。勝也何敢言事！」魯仲連曰：「吾始以君爲天下之賢公子也，吾乃今然後知君非天下之賢公子也。梁客新垣衍安在？吾請爲君責而歸之。」〔四〕平原君曰：「勝請爲紹介，而見之於先生。」〔五〕平原君遂見新垣衍曰：「東國有魯仲連先生者，今其人在此，勝請爲紹介，交之於將軍。」〔六〕新垣衍曰：「吾聞魯仲連先生，齊國之高士也。衍，人臣也，使事有職，吾不願見魯仲連先生。」平原君曰：「勝既已泄之矣。」新垣衍許諾。

〔一〕【考證】中井積德曰：是文重複，蓋太史公欲删潤而未果者。餘多是類，可類推。
〔二〕【考證】李笠曰：趙策云「百萬之衆折於外」，蓋夸辭耳。
〔三〕【索隱】新垣衍欲令趙尊秦爲帝也。
〔四〕【考證】毛本「請」作「且」。
〔五〕【集解】郭璞曰：「紹介，相佑助者。」【索隱】按：紹介，猶媒介也。且禮，賓至，必因介以傳辭。紹者，繼也。介不一人，故禮云「介紹而傳命」是也。
〔六〕【考證】楓、三本，趙策「魯」下無「仲」字，下同。

魯仲連見新垣衍而無言。新垣衍曰：「吾視居此圍城之中者，皆有求於平原君者也；今吾觀先生之玉貌，非有求於平原君者也，曷爲久居此圍城之中而不去？」魯仲連曰：「世以鮑焦爲無從頌而死者，皆非也。〔一〕衆人不知，則爲一身。〔二〕彼秦者弃禮義而上首功之國也，〔三〕權使其士，虜使其民。〔四〕彼即肆然而爲帝，過而爲政於天下，則連有蹈東海而死耳，〔五〕吾不忍爲之民也。〔六〕所爲見將軍者，欲以助趙也。」

〔一〕【集解】鮑焦，周之介士也。見莊子。【索隱】從頌者，從容也。世人見鮑焦之死，皆以爲不能自寬容而取死，此言非也。【正義】韓詩外傳云：「姓鮑，名焦，周時隱者也。飾行非世，廉潔而守，荷擔採樵，拾橡充食，故無子胤，不臣天子，不友諸侯。子貢遇之，謂之曰：『吾聞非其政者，不履其地，汙其君者，不受其利。今子履其地食其利，其可乎？』鮑焦曰：『吾聞廉士重進而輕退，賢人易愧而輕死。』遂抱木立枯焉。」按：魯仲連留趙不去者，非爲一身。【考證】莊子盜跖篇「鮑焦飾行非世，抱木而死」。魯連以鮑焦自比，伏下文「蹈東海」。策「從頌」作「從容」。頌、容，通。

〔二〕【索隱】言衆人不識鮑焦之意。焦以恥居濁世而避之，非是自爲一身而憂死。事見莊子也。

〔三〕【集解】譙周曰：「秦用衛鞅計，制爵二十等，以戰獲首級者，計而受爵。是以秦人每戰勝，老弱婦人皆死，計功賞至萬數。天下謂之『上首功之國』，皆以惡之也。」【索隱】秦法，斬首多爲上功。謂斬一人首賜爵一級，故謂秦爲首功之國也。

〔四〕【索隱】言秦人以權詐使其戰士，以奴虜使其人。言無恩以恤下。【考證】梁玉繩曰：鹽鐵論論功篇引史「虜使」作「虛使」。

〔五〕【索隱】肆然，猶肆志也。過而爲政，謂以過惡而爲政也。【正義】至「過」字爲絶句。肆然其志意也。言秦得肆志爲帝，恐有烹醢納筦，偏行天子之禮。過，失也。【考證】正義「過」字句絶，索隱屬下讀。中井積德曰：「過」字屬下句。過者不必之辭，猶言萬一也。王念孫曰：過，猶甚也。言秦若肆然而爲帝，甚而遂爲政於天下，則吾有死而已，不忍爲之民也。愚按：言秦若肆然而爲帝，則將過誤以爲政，吾有死而已。「過」字上添「將」字看。諸解未得。

〔六〕【正義】若趙、魏帝秦，得行政教於天下，魯連蹈東海而溺死，不忍爲秦百姓。

新垣衍曰：「先生助之，將柰何？」魯連曰：「吾將使梁及燕助之，齊、楚則固助之矣。」新垣衍曰：「燕則吾請以從矣；若乃梁者，則吾乃梁人也，先生惡能使梁助之？」魯連曰：「梁未睹秦稱帝之害故耳。使梁睹秦稱帝之害，則必助趙矣。」

新垣衍曰：「秦稱帝之害何如？」魯連曰：「昔者齊威王嘗爲仁義矣，率天下諸侯而朝周。周貧且微，諸侯莫朝，而齊獨朝之。居歲餘，周烈王崩，〔一〕齊後往，周怒，赴於齊〔二〕曰：『天崩地坼，天子下席。〔三〕東藩之臣因齊後至，則斮。』〔四〕齊威王勃然怒曰：『叱，嗟，而母婢也！』〔五〕卒爲天下笑。〔六〕故生則朝周，死則叱之，誠不忍其求也。彼天子固然，其無足怪。」

〔一〕【集解】徐廣曰：烈王十年崩，威王之七年。【正義】周本紀及年表云烈王七年崩，齊威之十年也，與徐不同。

〔二〕【正義】鄭玄云：「赴，告也。」今文「赴」作「訃」。

〔三〕【索隱】按：謂烈王太子安王驕也。下席，言其寢苫居廬。【正義】天子，烈王嗣也。下席，謂居廬寢苫也。又云，下席言崩殁也。【考證】烈王太子，宜爲顯王。

〔四〕【集解】公羊傳曰：「欺三軍者，其法斮。」何休曰：「斮，斬也。」【考證】中井積德曰：因齊威王之名。國策作「田嬰齊」。斮，刖也。

〔五〕【正義】罵烈王后也。【考證】而，汝也。蓋嗣天子，非嫡出也。

〔六〕【考證】中井積德曰：爲笑者齊也，非謂周。又曰：此陳帝秦之害，爲梁言之，非以趙言也。

新垣衍曰：「先生獨不見夫僕乎？十人而從一人者，寧力不勝而智不若邪？畏之也。」〔一〕魯仲連曰：「嗚呼！梁之比於秦，若僕邪？」〔二〕新垣衍曰：「然。」魯仲連曰：「吾將使秦王烹醢梁王。」新垣衍怏然不悦曰：「噫嘻，亦太甚矣，先生之言也！〔三〕先生又惡能使秦王烹醢梁王？」魯仲連曰：「固也，吾將言之。昔者九侯、鄂侯、文王，紂之三公也。〔四〕九侯有子而好，獻之於紂，紂以爲惡，醢九侯。鄂侯爭之彊，辯之疾，故脯鄂侯。文王聞之喟然而歎，故拘之羑里之庫百日，欲令之死。〔五〕曷爲與人俱稱王，卒就脯醢之地？〔六〕齊湣王將之魯，夷維子爲執策而從，〔七〕謂魯人曰：『子將何以待吾君？』魯人曰：『吾將以十太牢待子之君。』夷維子曰：『子安取禮而來吾君？〔八〕彼吾君者，天子也。天子巡狩，諸侯辟舍，〔九〕納筦籥，〔一〇〕攝衽抱机，〔一一〕視膳於堂下，天子已食，乃退而聽朝也。』魯人投其籥，不果納。〔一二〕不得入於魯，將之薛，〔一三〕假途於鄒。當是時，鄒君死，湣王欲入弔，夷維子謂鄒之孤曰：『天子弔，主人必將倍殯棺，設北面於南方，然后天子南面弔也。』〔一四〕鄒之羣臣曰：『必若此，吾將伏劍而死。』固不敢入於鄒。鄒、魯之臣，生則不得事養，死則不得賻襚，〔一五〕然且欲行天子之禮於鄒、魯，鄒、魯之臣不果納。〔一六〕今秦萬乘之國也，梁亦萬乘之國也。俱據萬乘之國，各有稱王之名，睹其一戰而勝，欲從而帝之，是使三晉之大臣不如鄒、魯之僕妾也。〔一七〕且秦無已而帝，則且變易諸侯之大臣。彼將奪其所不肖而與其所賢，奪其所憎而與其所愛。〔一八〕彼又將使其子女讒妾爲諸侯妃姬，處梁之宮。梁王安得晏然而已乎？而將軍又何以得故寵乎？」

〔一〕【索隱】言僕夫十人而從一人者，寧是力不勝，亦非智不如，正是畏懼其主耳。

〔二〕【考證】嗚呼，趙策作「然」，見史公剪裁之妙。

〔三〕【索隱】噫嘻，上音依，噫者不平之聲；下音僖，嘻者驚恨之聲。【正義】怏，於尚反。

〔四〕【集解】徐廣曰：「鄴縣有九侯城。九，一作『鬼』。鄂，一作『邢』。」【正義】九侯城在相州滏陽縣西南五十里。

〔五〕【正義】相州蕩陰縣北九里有羑城。

〔六〕【考證】「曷爲」上添「梁」字看。岡白駒曰：秦，王也。梁亦王也。

〔七〕【索隱】按：維，東萊之邑，其居夷也，號夷維子。故晏子爲萊之夷維人是也。【正義】密州高密縣，古夷安城。應劭云「故萊夷維邑也」。蓋因邑爲姓。子者男子之美號。又云「子，爵也」。【考證】錢大昕曰：據世家，則之魯、之鄒兩事，俱在失國之後。

〔八〕【考證】王念孫曰：「來」下脱「待」字，當依趙策補。岡白駒曰：言子於何典取此禮法。

〔九〕【索隱】辟，音避。避正寢。案：禮「天子適諸侯，必舍於祖廟」。【考證】辟舍，謂避正朝而外舍，不敢有其國也。中井積德曰：索隱「案禮」云云，援引失當。

〔一〇〕【索隱】音管籥。【考證】管籥即鑰也。策作「管鍵」。

〔一一〕【索隱】音紀。【正義】衽，音而甚反，臥席也。枹，抱也。【考證】張文虎曰：官本、舊刻、毛本、凌引一本作

「抱」，他本作「枹」。中井積德曰：机，蓋食案之類，非憑几。

〔一二〕【索隱】謂闔內門不入齊君。【正義】籥，即鑰匙也，投鑰匙於地。

〔一三〕【正義】薛侯故城在徐州滕縣界也。

〔一四〕【索隱】倍，音佩。謂主人不在殯東，將背其殯棺，立西階上，北面哭，是背也。天子乃於阼階上，南面而弔之也。【正義】殯棺在西階也。天子弔，主人背殯棺，於西階南立，北面而哭。天子於阼階北立，南面弔也。

〔一五〕【正義】衣服曰禭，貨財曰賻，皆助生送死之禮。

〔一六〕【索隱】謂時君弱臣彊，故鄒、魯君生時，臣並不得盡事養，死亦不得行賻禭之禮。然齊欲行天子禮於鄒、魯，鄒、魯之臣皆不果納之，是猶秉禮而存大體。【考證】徐孚遠曰：索隱非也。言鄒、魯國小而貧，不備生死之禮。

〔一七〕【考證】鄒、魯之僕妾，上文所謂「鄒、魯之臣」。言鄒、魯之臣且不欲帝齊，今欲使堂堂三晉大臣帝秦，其可乎哉！

〔一八〕【考證】楓、三本，趙策「不肖」上有「謂」字。漸入新垣衍身上。

於是新垣衍起，再拜謝曰：「始以先生爲庸人，吾乃今日知先生爲天下之士也。吾請出，不敢復言帝秦。」秦將聞之，爲卻軍五十里。〔一〕適會魏公子無忌奪晉鄙軍以救趙，擊秦軍，秦軍遂引而去。〔二〕

〔一〕【考證】通鑑攷異云「仲連所言，不過論帝秦之利害耳。使新垣衍慙怍而去則有之，秦將何預，而退軍五十里乎？此游談者之誇大也」。

〔二〕【考證】事詳魏公子傳。

於是平原君欲封魯連，〔一〕魯連辭讓使者三，終不肯受。〔二〕平原君乃置酒，酒酣起前，以千金爲魯連壽。魯連笑曰：「所貴於天下之士者，爲人排患釋難解紛亂而無取也。即有取者，是商賈之事也，而連不忍爲也。」〔三〕遂辭平原君而去，終身不復見。〔四〕

〔一〕【考證】楓、三本「君」下有「乃」字，策無。

〔二〕【考證】王念孫曰：類聚、御覽引此作「辭謝者三」，無「使」字，趙策同。愚按：「使」字衍。

〔三〕【考證】各本「所」下有「謂」字，舊刻無。中井積德曰：「謂」字衍文，策無。王念孫曰：「解紛亂」，文與趙策同。類聚、御覽、文選注、後漢書注引史記皆無「亂」字。

〔四〕【考證】「秦兵遂東圍邯鄲」以下，采趙策。藝文類聚引魯連子曰：「連却秦軍，平原君欲封之，終不肯受。平原君乃置酒，酒酣起前，以千金爲壽。先生笑曰：『所貴於天下之士者，爲排患釋難，解人之締結。即是有取，商賈之事，連不忍也。』遂杖策而去。」中井積德曰：不復見，謂隱淪不復出也，不特以平原君言之。且魯連之傳止乎此句，若下文聊城事，蓋後人之擬撰而攙入者，非史遷之旨。鮑氏論之，在策注。愚按：魯連之傳，止乎是句亦可。但史公欲與鄒陽同傳，故又揭其遺燕將書，以與鄒陽上梁王書相偶，必非後人擬撰攙入也。

其後二十餘年，燕將攻下聊城，聊城人或讒之燕。燕將懼誅，因保守聊城不敢歸。齊田單攻聊城，〔一〕歲餘士卒多死，而聊城不下。魯連乃爲書，約之矢以射城中，遺燕將書，曰：

〔一〕【集解】徐廣曰：「案年表，田單攻聊城，在長平後十餘年也。」【索隱】按：徐廣據年表以爲田單攻聊城，在長平後十餘年耳，言「二十餘年」誤也。【正義】今博州縣也。【考證】錢大昕曰：按：六國表無田單攻聊城事，惟燕武成王七年書田單拔中陽，乃在長平前五年，又非聊城。或疑徐廣之誤。今細繹徐氏文義，特以仲連遺書有栗腹事，推檢時代，當在長平後十餘年，以正史公云二十餘年之誤，非謂年表有田單事也。仲連遺書之燕將，必非與樂毅同時。蓋其事在燕王喜之世，別有以偏師下齊城，懼讒不敢歸者，不用仲連之言，至身死城屠。史公所書，比戰國策爲得其實。吴師道謂田單相趙之後，必不返齊，亦恐未然。孟嘗君相秦，而歸爲齊相，此其證也。愚按：姚鼐亦有此説，見古文辭類纂魯仲連遺燕將書下。

吾聞之，智者不倍時而弃利，勇士不怯死而滅名，忠臣不先身而後君。〔一〕今公行一朝之忿，不顧燕王之無臣，非忠也；殺身亡聊城，而威不信於齊，非勇也；功敗名滅，後世無稱焉，非智也。〔二〕三者世主不臣，説士不載，故智者不再計，勇士不怯死。今死生榮辱，貴賤尊卑，此時不再來，願公詳計而無與俗同。〔三〕

〔一〕【索隱】却死，猶避死也。【考證】怯，畏也。索隱本作「却」。

〔二〕【考證】信，讀爲申。楓、三本「無」下有「所」字。

〔三〕【考證】此時不再來，齊策作「此其一時也」。

且楚攻齊之南陽，〔一〕魏攻平陸，〔二〕而齊無南面之心，以爲亡南陽之害小，不如得濟北之利大，〔三〕故定計審處之。〔四〕今秦人下兵，魏不敢東面；衡秦之勢成，楚國之形危；〔五〕齊弃南陽，斷右壤，定濟北，〔六〕計猶且爲之也。〔七〕且夫齊之必決於聊城，公勿再計。〔八〕今楚、魏交退於齊，而燕救不至。〔九〕以全齊之兵，無天下之規，〔一〇〕與聊城共據期年之敝，則臣見公之不能得也。〔一一〕且燕國大亂，君臣失計，上下迷惑，栗腹以十萬之衆五折於外，〔一二〕以萬乘之國被圍於趙，壤削主困，爲天下僇笑。國敝而禍多，民無所歸心。今公又以敝聊之民距全齊之兵，是墨翟之守也。〔一三〕食人炊骨，士無反外之心，是孫臏之兵也。〔一四〕能見於天下。雖然，爲公計者，不如全車甲以報於燕。車甲全而歸燕，燕王必喜；身全而歸於國，士民如見父母，交游攘臂而議於世，功業可明。上輔孤主以制羣臣，下養百姓以資説士，〔一五〕矯國更俗，〔一六〕功名可立也。〔一七〕亡意亦捐燕弃世，東游於齊乎？〔一八〕裂地定封，富比乎陶、衛，世世稱孤，與齊久存，〔一九〕又一計也。此兩計者，顯名厚實也，願公詳計而審處一焉。

〔一〕【索隱】即齊之淮北、泗上之地也。【考證】顧炎武曰：南陽者，泰山之陽，孟子「一戰勝齊，遂有南陽」。齊策無「齊之」二字。

〔二〕【索隱】平陸，邑名，在西界。【正義】兖州縣也。

〔三〕【索隱】即聊城之地也。【正義】言齊國無南面攻楚、魏之心，以爲南陽平陸之害小，不如聊城之利大，言必攻之也。【考證】中井積德曰：南面，出軍拒楚救南陽也。此未及西面拒魏，而意實包之耳，非兼言之也。

〔四〕【考證】審處之，策作「而堅守之」。

〔五〕【索隱】此時秦與齊和，故云「衡秦之勢成」也。

〔六〕【索隱】棄南陽，棄楚所攻之泗上也。斷右壤，又斷絶魏之所攻齊右壤之地，平陸是也。言右壤斷棄而不救也。定濟北，志在攻聊城而定濟北也。

〔七〕【考證】齊策「猶且」作「必」，無「也」字。

〔八〕【考證】齊策「且夫」以下十三字在下文「公之不能得也」下。

〔九〕【索隱】按：交者俱也。前時楚攻南陽，而魏攻平陸，二國之兵俱退，而燕救又不至，是勢危也。【考證】齊策無「於齊」二字。

〔一〇〕【正義】交，俱也。楚、魏俱退不攻，燕救又不至，以全齊之兵，別無規求於天下。言聊城必舉。【考證】中井積德曰：規，是規畫劫制之意。

〔一一〕【考證】「與」上添「而公」二字看。

〔一二〕【集解】徐廣曰：「此事去長平十年。」

〔一三〕【正義】如墨翟守宋卻楚軍。【考證】齊策「兵」下有「朞年不解」四字。

〔一四〕【正義】言孫臏能撫士卒，士卒無二心也。【考證】「外」當依齊策作「北」。北、背通。

〔一五〕【索隱】言既養百姓，又資説士，終擬强國也。劉氏云「讀『説士』爲『鋭士』」，意雖亦便，不如依字」。【考證】沈家本曰：説士，游説之士。中井積德曰：謂使以爲話柄。此句應上「説士不載」句。

〔一六〕【索隱】欲令燕將歸燕，矯正國事，改更弊俗也。【正義】資給説士，以招賢良，用彊國也。矯國更俗，矯正詐僞，與之更弊俗。【考證】正義非。

〔一七〕【考證】「雖然」至此，是爲第一計，歸燕全身也。

〔一八〕【索隱】亡，音無。言若必無還燕意，則捐燕，而東游於齊乎。【正義】亡，罔良反。亡，失也。若不歸燕失意，棄其忠良之名，東遊齊國也。【考證】齊策「亡意」作「意者」。意者，猶曰「或又」。

〔一九〕【索隱】按：延篤注戰國策云「陶，陶朱公也；衛，衛公子荆」，非也。王劭云「魏冄封陶，商君姓衛」。富比陶衛，謂此也。【考證】棄燕遊齊，是爲第二計也。

且吾聞之，規小節者不能成榮名，惡小恥者不能立大功。昔者管夷吾射桓公中其鉤，篡也；遺公子糾不能死，怯也；束縛桎梏，辱也。〔一〕若此三行者，世主不臣而鄉里不通。鄉使管子幽囚而不出，身死而不反於齊，則亦名不免爲辱人賤行矣。臧獲且羞與之同名矣，況世俗乎！〔二〕故管子不恥身在縲紲之中，而恥天下之不治；不恥不死公子糾，而恥威之不信於諸侯。故兼三行之過而爲五霸首，名高天下而光燭鄰國。〔三〕曹子爲魯將，三戰三北，而亡地五百里。〔四〕鄉使曹子計不反顧，議不還踵，刎頸而死，則亦名不免爲敗軍禽將矣。曹子棄三北之恥，而退與魯君計，桓公朝天下會諸侯，曹子以一劍之任，枝桓公之心於壇坫之上，〔五〕顏色不變，辭氣不悖，三戰之所亡，一朝而復之，天下震動，諸侯驚駭，威加吳、越。若此二士者，非不能成小廉而行小節也，以爲殺身亡軀，絶世滅後，功名不立，非智也。故去感忿之怨，立終身之名；棄忿悁之節，定累世之功。〔六〕是以業與三王争流，而名與天壤相獘也。願公擇一而行之。〔七〕

〔一〕**【索隱】**遺，弃也。謂弃子糾而事小白也。**【正義】**管仲傅子糾，而魯殺之，不能隨子糾死，是怯懦畏死。

〔二〕**【集解】**方言曰：「荆、淮、海、岱、燕、齊之閒，罵奴曰臧，罵婢曰獲。」

〔三〕**【正義】**按：齊桓最初得周襄王賜文武胙、彤弓矢、大輅，故爲五伯首也。**【正義】**趙岐注孟子，齊桓、晉文、秦穆、宋襄、楚莊是也。蒼頡篇云「燭，照也」。**【考證】**中井積德曰：齊桓稱霸首，亦以功烈耳。豈錫賚之謂哉？

〔四〕**【索隱】**魯將，曹昧是也。**【考證】**齊策「曹子」作「曹沫」，「五百里」作「千里」。李笠曰：淮南氾論訓亦云「喪地千里」，亦誇辭。魯地亦安得如此之廣？

〔五〕【索隱】按：枝，猶擬也。【正義】坫，都念切。【考證】岡白駒曰：枝與支通，持也。中井積德曰：「壇坫」之「坫」字，以類帶說耳，只是謂壇上也，「坫」字無意。齊策作「壇位之上」。

〔六〕【正義】忿，敷粉反。悁，於緣反。忿悁，悒憂貌。【考證】「感忿」、「忿悁」，「忿」字複，古文無此法，疑有誤。策作「去忿恚之心，除感忿之恥」，亦重「忿」字。

〔七〕【正義】天壤，天地也。齊策「名與天壤相敝也」，言天壤敝，此名乃敝。【考證】文見齊策，多異同。鮑彪曰：蓋好事者聞約矢之說，惜其書不存，擬爲之以補亡。而其人意氣橫溢，肆筆而成，不暇檢校細處。太史公亦愛其千里，而畧其牝牡驪黃，至于今二千歲，莫有知其非者也。愚按：史公取其「吾聞之」以下三百餘言，暗以自比。

燕將見魯連書，泣三日，猶豫不能自決。〔一〕欲歸燕，已有隙，恐誅；欲降齊，所殺虜於齊甚衆，恐已降而後見辱。喟然歎曰：「與人刃我，寧自刃。」乃自殺。聊城亂，田單遂屠聊城。〔二〕歸而言魯連，欲爵之。魯連逃隱於海上，曰：「吾與富貴而詘於人，寧貧賤而輕世肆志焉！」〔三〕

〔一〕【考證】楓、三本「自」下有「爲」字。

〔二〕【考證】梁玉繩曰：國策「燕將曰：『敬聞命矣。』因罷兵，倒韣而去」。吳注云「史稱燕將得書自殺，單屠聊城，非事實也。連之大意，在于罷兵息民。而其料事之明，勸以歸燕降齊，亦度其計之必可者。迫之于窮而置之于死，豈其心哉！夫其勸之，政將以全聊城之民，而忍坐視屠之。策得其實，史不可信」。孫侍御云「聊城齊地，田單齊將，何以反屠聊乎」？

〔三〕【索隱】肆，猶放也。【考證】齊策無此語，史公豈有所本乎？「吾與富貴而詘於人」一語，與莊周言相似。

鄒陽者，齊人也。游於梁，與故吳人莊忌夫子、淮陰枚生之徒交。〔一〕上書而介於羊勝、公孫詭之閒。〔二〕勝等嫉鄒陽，惡梁孝王。〔三〕孝王怒，下之吏，將欲殺之。鄒陽客游，以讒見禽，恐死而負累，〔四〕乃從獄中上書曰：

〔一〕【索隱】忌，會稽人，姓莊氏，字夫子。後避漢明帝諱，改姓曰嚴。枚生，名乘，字叔，其子皋，漢書並有傳。蓋以銜枚氏而得姓也。【考證】魯連亦齊人，游梁，與鄒陽相似。中井積德曰：夫子，美稱，非字。愚按：「忌」字後人旁注，誤入本文。

〔二〕【索隱】言鄒陽上書自達，而游於二人之閒，或往彼，或往此。介者，言有隔於其閒，故杜預曰「介猶閒也」。【正義】介，猶紹繼也。言與羊勝、公孫詭紹繼相接廁其閒。【考證】顏師古曰：介，謂閒廁也。中井積德曰：謂與比伍。漢書鄒陽傳云，吳王濞招四方游士，陽與吳嚴忌、枚乘等俱仕吳。吳王有邪謀，陽上書諫，吳王不內。是時梁孝王貴盛，亦待士。於是鄒陽、枚乘、嚴忌皆去之梁，從孝王游。羊勝、公孫詭，詳梁孝王世家。

〔三〕【正義】顏師古曰：惡，謂讒毁也。

〔四〕【正義】諸不以罪死爲累。【考證】中井積德曰：客居無親知爲白冤者，則死後尚爲世所疑，是爲累。

臣聞忠無不報，信不見疑，臣常以爲然，徒虛語耳。昔者荆軻慕燕丹之義，白虹貫日，太子畏之；〔一〕衛先生爲秦畫長平之事，太白蝕昴，而昭王疑之。〔二〕夫精變天地，而信不喻兩主，豈不哀哉！〔三〕今臣盡忠竭誠，畢議願知，左右不明，卒從吏訊，爲世所疑，〔四〕是使荆軻、衛先生復起，而燕、秦不悟也。願大王孰察之。

〔一〕【集解】應劭曰：「燕太子丹質於秦，始皇遇之無禮，丹亡去，故厚養荆軻，令西刺秦王。精誠感天，白虹爲之貫日也。」如淳曰：「白虹兵象，日爲君。」烈士傳曰：「荆軻發後，太子自相氣，見虹貫日不徹，曰：『吾事不成矣。』後聞軻死，事不立，曰：『吾知其然也。』」【索隱】烈士傳曰：「荆軻發後，太子自相氣，見虹貫日不徹，曰：『吾事不成。』後聞軻死，事不就，曰：『吾知其然。』」是畏也。又王劭云「軻將入秦，待其客未發，太子丹疑其畏懼，故曰畏之」，其解不如「見虹貫日不徹」也。戰國策又云聶政刺韓傀，亦曰「白虹貫日」也。【考證】中井積德曰：精誠感虹，反見疑，與衛先生一類。注引烈士傳，非也。應説亦舛。愚按：畏猶疑也。丹疑軻不往也。

〔二〕【集解】蘇林曰：「白起爲秦伐趙，破長平軍，欲遂滅趙，遣衛先生説昭王益兵糧，乃爲應侯所害，事用不成。其精誠上達於天，故太白爲之蝕昴。昴，趙地分野。將有兵，故太白食昴。食，干歷之也。」如淳曰：「太白乃天之將軍也。」【索隱】服虔云：「衛先生秦人，白起攻趙軍於長平，遣衛先生説昭王，請益兵糧，爲穰侯所害，事不成。精誠感天，故太白食昴。昴，趙分也。」如淳云：「太白主西方，秦在西，敗趙之兆也。食，謂干歷之也。」又王充云：「夫言白虹貫日，太白食昴，實也。言荆軻之謀，衛先生之策，感動皇天，而貫日食昴，是虚也。」【考證】中井積德曰：蝕，如「日食」之「食」。愚按：索隱本「蝕」作「食」，漢傳、文選並無「而」字。

〔三〕【正義】喻，曉也。

〔四〕【集解】張晏曰：「盡其計議，願王知之也。」【索隱】言左右之不明，不欲斥王。【考證】新序「議」作「義」。

昔卞和獻寶，楚王刖之；〔一〕李斯竭忠，胡亥極刑。是以箕子詳狂，〔二〕接輿辟世，〔三〕恐遭此患也。願大王孰察卞和、李斯之意，而後楚王、胡亥之聽，無使臣爲箕子、接輿所笑。〔四〕臣聞比干剖心，子胥鴟夷，〔五〕臣始不信，乃今知之。願大王孰察，少加憐焉。

〔一〕【集解】應劭曰：「卞和得玉璞，獻之武王。武王示玉人，玉人曰『石也』。刖右足。武王没，復獻文王，玉人復曰『石也』。刖其左足。至成王時，卞和抱璞哭于郊，乃使玉尹攻之，果得寶玉。」【索隱】楚人卞和得玉璞，事見國語及呂氏春秋。案世家，楚武王名熊通，文王名貲，武王子也。成王，文王子也，名惲。【考證】索隱本「卞和」作「玉人」，與漢書、文選合，但與李斯對言，則當以「卞和」爲正。

〔二〕【索隱】詳，音陽。謂詐爲狂也。司馬彪曰「箕子名胥餘」是也。

〔三〕【集解】張晏曰：「楚賢人，詳狂避世也。」【索隱】張晏曰「楚賢人」。高士傳曰「楚人陸通字接輿」是也。【考證】接輿，見論語、莊子、楚辭。

〔四〕【索隱】謂以楚王、胡亥之聽爲謬，故後之而不用。後，猶下也。

〔五〕【索隱】按：韋昭云「以皮作鴟鳥形，名曰『鴟夷』。鴟夷，皮榼也」。服虔曰「用馬革作囊也，以裹尸投之于江」。

諺曰：「有白頭如新，〔一〕傾蓋如故。」〔二〕何則？知與不知也！〔三〕故昔樊於期逃秦之燕，藉荊軻首以奉丹之事，〔四〕王奢去齊之魏，臨城自剄，以卻齊而存魏。〔五〕夫王奢、樊於期，非新於齊、秦而故於燕、魏也，所以去二國死兩君者，行合於志，而慕義無窮也。是以蘇秦不信於天下，而爲燕尾生；〔六〕白圭戰亡六城，爲魏取中山。〔七〕何則？誠有以相知也。蘇秦相燕，燕人惡之於王，王按劍而怒，食以駃騠；〔八〕白圭顯於中山，中山人惡之魏文侯，文侯投之以夜光之璧。〔九〕何則？兩主二臣，剖心坼肝相信，豈移於浮辭哉！

〔一〕【索隱】案：服虔云「人不相知，自初交至白頭，猶如新也」。

〔二〕【索隱】服虔云：「如吴札、鄭僑也。」按：家語「孔子遇程子於途，傾蓋而語」。又志林云「傾蓋者道行相遇，軿車對語，兩蓋相切，小欹之，故曰傾也」。【考證】中井積德曰：不傾蓋，則兩車不相接。

〔三〕【集解】桓譚新論曰：「言内有以相知與否，不在新故也。」

〔四〕【索隱】藉，音子夜反。韋昭云：「謂於期逃秦之燕，以頭與軻，使入秦以示信也。」【考證】中井積德曰：藉，猶資也。楓本「丹」上有「燕」字。

〔五〕【集解】漢書音義曰：「王奢齊人也，亡至魏。其後齊伐魏，奢登城謂齊將曰：『今君之來，不過以奢之故也。夫義不苟生以爲魏累。』遂自剄也。」

〔六〕【索隱】服虔云：「蘇秦於齊不出其信，於燕則出尾生之信。」韋昭云：「尾生，守信而死者。」案：言蘇秦於燕獨守信如尾生，故云「爲燕之尾生」也。【正義】尾生守信死，言蘇秦合從，諸侯不信，唯燕信之若尾生。【考證】中井積德曰：本文言「天下」，索隱特稱「齊」，何邪？愚按：「天下」言六國，正義是。或以爲「蘇代」訛，非。

〔七〕【集解】張晏曰：「白圭爲中山將，亡六城，君欲殺之，亡入魏，文侯厚遇之，還拔中山。」【索隱】案：事見戰國策及吕氏春秋也。

〔八〕【集解】漢書音義曰：「駃騠，駿馬也，生七日而超其母。敬重蘇秦，雖有讒謗，而更膳以珍奇之味。」【索隱】案：字林云「決啼二音，北狄之良馬也，馬父驘母」。【正義】食，音寺。駃騠，音決蹄。北狄良馬也。【考證】

恩田仲任曰：駃騠，匈奴奇畜也。王怒讒蘇秦之人，使駃騠食之，猶晉厲公怒趙盾嗾夫獒也。下文「投之以夜光璧」，意與此同。

〔九〕【考證】顏師古曰：以拔中山之功而尊顯也。愚按：漢書、文選不重「中山」二字，似長。投以夜光之璧者，憤怒之極，不暇擇物也。

故女無美惡，入宮見妒；士無賢不肖，入朝見嫉。昔者司馬喜髕腳於宋，卒相中山；〔一〕范雎摺脅折齒於魏，卒爲應侯。〔二〕此二人者皆信必然之畫，捐朋黨之私，挾孤獨之位，故不能自免於嫉妒之人也。〔三〕是以申徒狄自沈於河，〔四〕徐衍負石入海。〔五〕不容於世，義不苟取比周於朝，以移主上之心。〔六〕故百里奚乞食於路，繆公委之以政；〔七〕甯戚飯牛車下，而桓公任之以國。〔八〕此二人者，豈借宦於朝，假譽於左右，然後二主用之哉？〔九〕感於心，合於行，親於膠漆，昆弟不能離，豈惑於衆口哉？〔一〇〕故偏聽生姦，獨任成亂。〔一一〕昔者魯聽季孫之說而逐孔子，〔一二〕宋信子罕之計而囚墨翟。〔一三〕夫以孔、墨之辯，不能自免於讒諛，而二國以危。何則？衆口鑠金，〔一四〕積毀銷骨也！〔一五〕是以秦用戎人由余而霸中國，齊用越人蒙而彊威、宣。〔一六〕此二國，豈拘於俗牽於世，繫阿偏之辭哉？〔一七〕公聽並觀，垂名當世。〔一八〕故意合，則胡、越爲昆弟，由余、越人蒙是矣；不合，則骨肉出逐不收，朱、象、管、蔡是矣。〔一九〕今人主誠能用齊、秦之義，後宋、魯之聽，則五伯不足稱，三王易爲也。〔二〇〕

〔一〕【集解】晉灼曰：「司馬喜三相中山。」蘇林曰：「六國時人，被此刑也。」【索隱】事見戰國策及呂氏春秋。蘇林云：「六國時人，相中山也。」【考證】沈欽韓曰：攷呂覽及中山策所載，喜非被刖者也。

〔三〕【索隱】案：應侯傳作「折脅摺齒」是也。説文「拉，摧也」，音力荅反。【考證】摺，古「拉」字。

〔三〕【考證】楓、三本，漢書、文選「位」作「交」。「位」字爲長。

〔四〕【集解】漢書音義曰：「殷之末世人。」【索隱】申屠狄。按：莊子「申屠狄諫而不用，負石自投河」。韋昭云「六國時人」。漢書云「自沈於雍河」，服虔曰「雍州之河」，又新序作「抱甕自沈於河」，不同也。

〔五〕【集解】列士傳曰：「周之末世人。」【索隱】亦見莊子。張晏曰：「負石欲沈。」

〔六〕【考證】文選「容」下有「身」字。李善曰：言皆義不苟取比周，朋黨在朝廷，皆移主上之心妄求合也。中井積德曰：「義不苟取」爲一句，其下蓋脱數字。愚按：中説是。

〔七〕【考證】楓、三本，漢書「於」下有「道」字。

〔八〕【集解】應劭曰：「齊桓公夜出迎客，而甯戚疾擊其牛角，商歌曰：『南山矸，白石爛，生不遭堯與舜禪。短布單衣適至骭，從昏飯牛薄夜半，長夜曼曼何時旦？』公召與語，説之，以爲大夫。」【索隱】事見呂氏春秋。商歌，謂爲商聲而歌也。或云，商旅人歌也，二説並通。矸，音公彈反。矸者淨白貌也。顧野王又作岸音也。禪，音膳，如字讀，協韻失之故也。埤蒼云「骭，脛也」。字林音下諫反。

〔九〕【考證】漢書、文選「借」作「素」，「假」作「借」。

〔一〇〕【考證】文選「行」作「意」。漢書、文選「親於」作「堅如」。

〔一一〕【考證】姦、亂，韻。

〔一二〕【索隱】論語「齊人歸女樂，季桓子受之，三日不朝，孔子行」也。【考證】中井積德曰：逐孔子，隨文而解，可也，不必挾女樂爲説。

〔一三〕【索隱】案：左氏司城子罕姓樂名喜，乃宋之賢臣也。漢書作「子冄」。不知子冄是何人。文穎曰「子冄，子罕也」。又按：荀卿傳云「墨翟，孔子時人，或云在孔子後」。又襄二十九年左傳「宋饑，子罕請出粟」。按：時孔子適八歲，則墨翟與子罕不得相輩，或以子冄爲是也。【考證】沈欽韓曰：史記作「子罕」爲是。索隱疑其不與墨翟同時，不知春秋後復有一子罕也。梁玉繩曰：漢書陽傳及新序三「子罕」作「子冄」，豈冄、罕音近通用乎？而此子罕必子罕之後，以字爲氏，如鄭罕氏常掌國政也。墨翟與之並世，證一。李斯上二世書，韓子二柄、外儲右下、説疑、忠孝等篇，韓詩外傳七，淮南道應，説苑君道，皆言司城子罕劫君擅政，證二。而前人誤以爲樂喜，困學紀聞六謂子罕賢大夫，辨李斯諸説爲誣罔，而不知劫君之子罕並墨翟世，乃樂喜之後爲司城者。高誘注吕子召類云「春秋子罕，殺宋昭公」。攷宋有兩昭公。前昭公當魯文時，後昭公當戰國時，皆與樂喜不同世。諸書但言「宋君」，高氏以昭公實之，殊妄。況召類篇言子罕相宋平、元、景三子，孔子稱其仁節，則政是樂喜，奈何以爲殺君？或者樂喜之後，當後昭公時，有劫君之事歟？然不可以注春秋仁節之子罕也。因墨翟事無所見。

〔一四〕【索隱】案：國語云「衆心成城，衆口鑠金」。賈逵云「鑠，消也。衆口所惡，雖金亦爲之消亡」。又風俗通云「或説有美金於此，衆人或共詆訿，言其不純金，賣者欲其必售，因取鍛燒以見其真，是爲衆口鑠金也」。

〔一五〕【索隱】大顔云：「讒人積久譖毁，則父兄伯叔自相誅戮，骨肉爲之消滅也。」【考證】周語「衆志成城，衆口銷金」。史張儀傳「臣聞之，衆口鑠金，積毁銷骨」。漢書中山靖王聞樂對亦云：「衆口鑠金，積毁銷骨。」中井積德曰：金骨並以其堅難銷鑠而喻。又曰：是以必無之事，夸張言之耳。沈欽韓曰：師古弄巧，非本意。

〔一六〕【索隱】越人蒙未見所出。漢書作「子臧」。又張晏云「子臧越人」。或蒙之字也。【考證】顔師古曰：威、宣，齊之二王謚也。

〔一七〕【正義】阿偏，謂阿黨之言及偏辭。

〔一八〕【索隱】小顏云：「公聽，言不私；並觀，所見齊同也。」【考證】中井積德曰：並觀，謂所見不偏也。又曰：言「垂」則下宜言後世，言「當世」則上宜言「立」，是必有一誤。

〔一九〕【考證】漢書、文選「出逐不收」作「爲讎敵」。

〔二〇〕【考證】漢書、文選「稱」作「倂」。文選「爲」下有「比」字。

是以聖王覺悟，捐子之之心，〔一〕而能不說於田常之賢，〔二〕封比干之後，修孕婦之墓，〔三〕故功業復就於天下。〔四〕何則？欲善無厭也。夫晉文公親其讎，彊霸諸侯；齊桓公用其仇，而一匡天下。〔五〕何則？慈仁慇勤，誠加於心，不可以虛辭借也。〔六〕

〔一〕【集解】徐廣曰：「燕王讓國於其大臣子之也。」

〔二〕【集解】應劭曰：「田常事齊簡公，簡公說之，而殺簡公。使人君去此心，則國家安全也。」【考證】漢書、文選無「能」字，此衍。

〔三〕【集解】應劭曰：「紂刳姙者，觀其胎產也。」【索隱】案：比干之後，後謂子也，不見其文。尚書封比干之墓，又惟云「刳剔孕婦」，則武王雖反商政，亦未必修孕婦之墓也。

〔四〕【考證】漢書、文選無「就」字，「復」作「覆」。注云「覆猶被也」。

〔五〕【集解】謂晉寺人勃鞮，齊管仲也。

〔六〕【考證】文選「加」作「嘉」。

至夫秦用商鞅之法，東弱韓、魏，兵彊天下，而卒車裂之；〔一〕越用大夫種之謀，禽勁吳，霸中國，而卒誅其身。是以孫叔敖三去相而不悔，〔二〕於陵子仲辭三公，爲人灌園。〔三〕今人主誠能去驕慠之心，懷可報之意，〔四〕披心腹，見情素，墮肝膽，施德厚，〔五〕終與之窮達，無愛於士，〔六〕則桀之狗可使吠堯，〔七〕而蹠之客可使刺由；〔八〕況因萬乘之權，假聖王之資乎？〔九〕然則荆軻之湛七族，要離之燒妻子，豈足道哉！〔一〇〕

〔一〕【考證】楓、三本，漢書、文選「兵」作「立」。

〔二〕【索隱】案：三得相不喜，知其才之自得也。三去相不悔，知非己之罪也。【考證】梁玉繩曰：莊子田子方、呂覽知分皆云「孫叔敖三爲令尹，三去令尹」。荀子堯問亦有「三相楚」之語。故鄒陽述之，史記循吏傳載之，它如淮南道應、氾論，説苑尊賢、雜言並仍之。然不足信也。呂覽高注、論語云令尹子文，不云叔敖。隸釋漢延熹三年叔敖碑取材最博，獨不及三去相事。困學紀聞七謂「事與子文相類，恐此一事」。四書釋地又續曰：「叔敖爲令尹，見宣十一年癸亥。叔敖死于莊王手，約令尹僅七八年。以莊王之賢，豈肯暫已叔敖？意係子文事，傳譌爲叔敖耳。大全辨載一説謂叔敖實三仕三已，傳譌爲子文，不信論語，真顛倒見矣」。又經史問荅曰：「子文亦未嘗三爲令尹。子文于莊公三十年爲令尹，至僖公二十三年讓子玉，凡二十八年。子玉死，呂臣繼之，子上繼之，大孫伯繼之，成嘉繼之。是後楚令尹不見于左傳。文公十二年，追紀子文卒，鬭般爲令尹。意者成嘉之後，嘗再起子文爲令尹，而仁山先生以爲子上之後者，誤也。然則子文爲令尹者再，其初以讓人，其後卒于位。」據全氏説，則子文之事見于論語、國語，尚難盡憑，況叔敖乎？然國語鬭且曰「子文三舍令尹，無一日之積」，又曰「成王每出子文之禄必逃，王止而後復」。則二十八年中必有逃而後復者。三仕三已，概可想見。當以論語爲信。

〔三〕【集解】列士傳曰：「楚於陵子仲，楚王欲以爲相，而不許，爲人灌園。」【索隱】案：孟子云陳仲子，齊陳氏之族。兄爲齊卿，仲子以爲不義，乃適楚居于於陵，自謂於陵子仲。楚王聘以爲相，子仲遂夫妻相與逃，爲人灌園。烈士傳云「字子終」。【考證】於陵子，即陳仲子。又曰：田仲，見孟子滕文公篇、荀子非十二子篇、韓非子外儲篇、列女傳二。中井積德曰：據孟子，於陵亦齊地。索隱引「孟子云」，而所稱非孟子文。

〔四〕【考證】李善曰：言士有功可報者，思必報。

〔五〕【考證】情素，猶情實也。「心腹」下、「肝膽」下，並添「以」字看。王先謙曰：隳當訓輸。

〔六〕【正義】顏曰：「無愛，無恡惜也。」【考證】與之窮達，與士共患難安樂也。

〔七〕【集解】韋昭曰：「言恩厚無不使也。」【索隱】及下「跖之客，可使刺由」，此並見戰國策。服虔云「仲由也」。應劭云「許由也」。

〔八〕【集解】應劭曰：「跖之客爲其人使刺由。由，許由也。跖，盜跖也。」

〔九〕【考證】中井積德曰：桀狗蹠客之喻，甚非可陳於梁王之前者。異日刺袁盎者，豈鄒陽之爲邪？學術之不正，自然露出。又曰：「聖王」者，非所以稱梁王也。鄒陽失辭。

〔一〇〕【集解】應劭曰：「荆軻爲燕刺秦始皇，不成而死，其族坐之湛没。吴王闔閭欲殺王子慶忌，要離詐以罪亡，令吴王燔其妻子，要離走見慶忌，以劒刺之。」張晏曰：「七族，上至曾祖，下至曾孫。」【索隱】湛，音沈。張晏云「七族，上至曾祖，下至玄孫。」又一説云「父之族一也，姑之子二也，姊妹之子三也，女子之子四也，母之族五也，從子六也，及妻父母，凡七」。要離事，見吕氏春秋。【考證】梁玉繩曰：論衡語增云「秦王誅軻九族，復滅其一里」，與之不同。而漢書作「軻湛七族」，師古曰「此無『荆』字。尋諸史籍，荆軻無湛七族之事，不知陽所言何人」。野客叢書又云「湛之爲義，言隱没也。軻得罪秦，凡軻親屬皆竄迹隱遯，不見于世。非謂滅其七族。高漸離變姓名匿于宋子，政此意」。未知孰是。愚按：要離事，見吕氏春秋忠廉篇。漢書、文選「足」下有「爲大王」三字。

臣聞明月之珠，夜光之璧，以闇投人於道路，人無不按劒相眄者。何則？無因而至前也。〔一〕蟠木根柢，輪囷離詭，而爲萬乘器者。〔二〕何則？以左右先爲之容也。〔三〕故無因至前，雖出隨侯之珠、夜光之璧，猶結怨而不見德。故有人先談，則以枯木朽株，樹功而不忘。〔四〕今夫天下布衣窮居之士，身在貧賤，雖蒙堯、舜之術，〔五〕挾伊、管之辯，懷龍逢、比干之意，欲盡忠當世之君，而素無根柢之容，雖竭精思，欲開忠信，輔人主之治，則人主必有按劍相眄之跡，〔六〕是使布衣不得爲枯木朽株之資也。

〔一〕【考證】漢書、文選無「路」字，「人」作「衆」。

〔二〕【集解】張晏曰：「根柢，下本也。輪囷離詭，委曲槃戾也。」【索隱】孟康云：「蟠結之木也。」晉灼云：「槃柢，木根也。」【考證】楓、三本「離詭」作「離倚」。漢書、文選作「離奇」。

〔三〕【索隱】謂左右先加雕刻，是爲之容飾也。【正義】言先爲雕刻裝飾，故得爲萬乘之器也。【考證】中井積德曰：先容即先談，謂先白其形狀，薦其可用也，正與「無因」對，故稱「左右」。若夫雕刻容飾，豈左右之任哉？

〔四〕【考證】漢書「德」下無「故」字，「談」作「游」。

〔五〕【索隱】案：言雖蒙被堯舜之道。【考證】蒙，依索隱本，楓、三本，新序、漢書、文選。他本作「包」。包、抱通。

〔六〕【考證】漢書、文選「思」作「神」，「有」作「襲」，「跡」下有「矣」字。

是以聖王制世御俗，獨化於陶鈞之上，〔一〕而不牽於卑亂之語，不奪於衆多之口。故秦皇帝任中庶子蒙嘉之言，以信荊軻之說，而匕首竊發；〔二〕周文王獵涇、渭，載呂尚

而歸，以王天下。故秦信左右而殺，周用烏集而王。〔三〕何則？以其能越攣拘之語，馳域外之議，獨觀於昭曠之道也。〔四〕

〔一〕【集解】漢書音義曰：「陶家名模下圓轉者爲鈞，以其能制器爲大小，比之於天。」【索隱】張晏云：「陶，冶。鈞，範也。作器，下所轉者名鈞。」韋昭曰：「陶，燒瓦之竈。鈞，木長七尺，有絃，所以調爲器具也。」崔浩云：「以鈞制器萬殊，故如造化也。」【考證】中井積德曰：陶鈞，謂化俗之柄也，非以比於天。取喻於鈞，取其大小方圓任意也。

〔二〕【索隱】案：風俗通云「其頭類匕，故曰匕首，短而便用也」。【考證】沈家本曰：文選注「風俗通」作「通俗文」。

〔三〕【集解】漢書音義曰：「太公望塗覯卒遇，共成王功，若烏鳥之暴集也。」【索隱】韋昭云：「呂尚適周，如烏之集。」【正義】顏云「文王之得太公，非因舊故，若烏鳥暴集也」。【考證】中井積德曰：匕首發而已，秦王未嘗被傷也。此云殺，何也？

〔四〕【考證】顏師古曰：昭，明。曠，廣也。

今人主沈於諂諛之辭，牽於帷裳之制，〔一〕使不羈之士與牛驥同皁，〔二〕此鮑焦所以忿於世而不留富貴之樂也。〔三〕

〔一〕【集解】漢書音義曰：「言爲左右便辟，侍帷裳臣妾所見牽制。」【考證】漢書、文選「裳」作「牆」。帷牆，左右也。

〔二〕【集解】漢書音義曰：「食牛馬器，以木作如槽也。」【索隱】案：言駿足不可羈絆，以比逸才之人。應劭云「皁，櫪也」。韋昭云「皁，養馬之官，下士也」。案：養馬之官，其衣皁也。又郭璞云「皁，養馬器也」。【正義】顏云：「不覊，言才識高遠，不可覊係。皁，在早反。方言云『梁、宋、齊、楚、燕之閒謂櫪曰皁』。」【考證】與牛驥同皁，謂投圂圄也。「驥」只做「馬」字看。

〔三〕【集解】如淳曰：「莊子云鮑焦飾行非世，抱木而死。」【索隱】晉灼云：「列士傳鮑焦怨世不用己，採蔬於道。子貢難曰：『非其代而採其蔬，此焦之有哉！』弃其蔬，乃立枯洛水之上。」案：此事見莊子及說苑、韓詩外傳，小有不同耳。

臣聞盛飾入朝者不以利汙義，砥厲名號者不以欲傷行，〔一〕故縣名勝母而曾子不入，〔二〕邑號朝歌而墨子回車。〔三〕今欲使天下寥廓之士，攝於威重之權，主於位勢之貴，〔四〕故回面汙行以事諂諛之人，而求親近於左右，則士伏死堀穴巖巖之中耳，〔五〕安肯有盡忠信而趨闕下者哉！〔六〕

〔一〕【考證】漢書、文選「利」作「私」，「欲」作「利」。

〔二〕【集解】漢書云「里名勝母也」。【索隱】按：淮南子及鹽鐵論並云「里名勝母，曾子不入」，蓋以名不順故也。尸子以為孔子至勝母縣，暮而不宿，則不同也。【正義】淮南子、鹽鐵論皆云「里名」，尸子及此傳云「縣名」，未詳也。【考證】梁玉繩曰：「勝母」非縣，此誤。然諸書所說多異。不入勝母，水經注廿五及索隱並引尸子作「孔子」，與此及淮南說山、說苑談叢、論衡問孔、鹽鐵論晁錯、新論鄙名、顏氏家訓文章篇作「曾子」不同。迴車朝歌，新論、家訓作「顏淵」，水經淇水注引論語比考讖云「邑名朝歌。顏子不舍，七十弟子掩目，宰予獨顧，由蹙墮車」，與此及淮南作「墨子」不同。蓋所傳異詞。如水經注、說苑、論衡言「孔子不飲盜泉之水」，淮南言「曾子立廉，不飲盜泉」也。

〔三〕【集解】晉灼曰：「朝歌者不時也。」【正義】朝歌，今衛州縣也。

〔四〕【考證】文選「寥」作「忛」。攝，漢書作「籠」，文選作「誘」。主，漢書、文選作「脅」，楓、三本作「匡」。中井積德曰：「主」作「脅」爲長。

〔五〕【集解】詩云「節彼南山，維石巖巖」。【索隱】杜預云：「回，邪也。」【考證】漢書、文選「回」上無「故」字，「士」下有「有」字，「巖巖」作「巖藪」。李笠曰：今欲使至求親左右云云，一氣貫注。「回面」句上，不宜冠以「故」字，當刪。「士」下有「有」字，語勢爲足。中井積德曰：「巖巖」，作「巖藪」似優。回，轉也，易也。

〔六〕【考證】真德秀曰：此篇用事太多，而文亦寖趨于偶儷。董份曰：鄒陽書此體古所未有，獨起此格。愚按：鄒陽諫吴王書，全篇比物連類，寓正意於其中。蓋譬喻文字，鄒陽特長，是篇亦然。

書奏梁孝王，孝王使人出之，卒爲上客。〔一〕

〔一〕【考證】漢傳記鄒陽事特詳。

太史公曰：魯連其指意雖不合大義，〔一〕然余多其在布衣之位，蕩然肆志，不詘於諸侯，談說於當世，折卿相之權。鄒陽辭雖不遜，然其比物連類，有足悲者，亦可謂抗直不橈矣，吾是以附之列傳焉。

〔一〕【考證】梁玉繩曰：案：仲連不肯帝秦一節，政見大義。戰國一人而已，史公此語殊未當。

【索隱述贊】魯連達士，高才遠致。釋難解紛，辭祿肆志。齊將挫辯，燕軍沮氣。鄒子遇讒，見詆獄吏。慷慨獻說，時王所器。

史記會注考證卷八十四

屈原賈生列傳第二十四　　史記八十四

【考證】史公自序云：「作辭以諷諫，連類以争義，離騷有之。作屈原賈生列傳第二十四。」董份曰：屈原傳大概漢武帝命淮南王安爲原作者也，太史公全用其語，班固嘗有論矣。陳仁錫曰：屈、賈俱被謗，俱工辭賦，其事迹相似，故二人共傳。愚按：此傳以屈原爲主，故置諸魯仲連、呂不韋間。

屈原者，名平，楚之同姓也。〔一〕爲楚懷王左徒。〔二〕博聞彊志，明於治亂，嫺於辭令。〔三〕入則與王圖議國事，以出號令；出則接遇賓客，應對諸侯。王甚任之。

〔一〕【正義】屈、景、昭皆楚之族。王逸云：「楚王始都是，生子瑕，受屈爲卿，因以爲氏。」【考證】屈原離騷云「肇錫余以嘉名。名余曰正則兮，字余曰靈均」，與此異。朱熹云：「正，平也。則，法也。靈，神也。均，調也。高平曰原，故名平，而字原也。正則、靈均，各釋其義以爲美稱耳。」愚按：正義「是」疑當作「郢」。

〔二〕【正義】蓋今在左右拾遺之類。【考證】錢大昕曰：黄歇由左徒爲令尹，則左徒亦楚之貴臣矣。

〔三〕【集解】史記音隱曰：「嫺，音閑。」【正義】閑，雅也。【考證】嫺讀爲閑，習也。

上官大夫與之同列，爭寵而心害其能。〔一〕懷王使屈原造爲憲令，屈平屬草稾，未定。〔二〕上官大夫見而欲奪之，屈平不與，〔三〕因讒之曰：「王使屈平爲令，衆莫不知，每一令出，平伐其功曰『以爲非我莫能爲也』。」王怒而疏屈平。〔四〕

〔一〕【考證】王逸離騷經序作「同列大夫上官靳尚」。徐孚遠曰：史記張儀傳別出靳尚，不言即上官，疑是兩人也。愚按：說在下文。

〔二〕【索隱】屬，音燭。草稾，謂創制憲令之本也。漢書作「草具」。崔浩謂「發始造端也」。【考證】曾國藩曰：屈平屬草稾未定，此「屬」字則與「屬文」字有別。屬者適也，謂當此際也。左氏成二年傳「屬當戎行」，謂於此際在戎行也。昭四年「屬有宗祧之事於武城」，謂於此際有事於武城也。漢書李尋傳「屬者頗有變更」，謂近此之際，頗有更改也。「屈平屬草稾」云者，謂平於此際草創憲令也。顏師古匡謬正俗曰「草創蓋初始之時，亦未成之稱」。然則『草稾』二字之義，謂草創其文，同禾之稿秆，未甚整理」云爾。

〔三〕【正義】王逸云上官靳尚。【考證】陳子龍曰：上官欲豫聞憲令，以與幾事，非竊屈平之作以爲己作也。王本命平，上官無繇竊之也。

〔四〕【考證】治要「功」下無「曰」字，疑衍。

屈平疾王聽之不聰也，讒諂之蔽明也，邪曲之害公也，方正之不容也，故憂愁幽思而作離騷。〔一〕離騷者，猶離憂也。夫天者人之始也，父母者人之本也。人窮則反本，故勞苦倦極，未嘗不呼天也；疾痛慘怛，未嘗不呼父母也。〔二〕屈平正道直行，竭忠盡智，以事其君，讒人閒之，可謂窮矣。〔三〕信而見疑，忠而被謗，能無怨乎？屈平之作離騷，蓋自怨生也。國風好色而不淫，小雅怨誹而不亂。若離騷者，可謂兼之矣。〔四〕上稱帝嚳，下道齊桓，中述湯、武，以刺世事，明道德之廣崇，治亂之條貫，靡不畢見。其文約，其辭微，其志絜，其行廉，其稱文小而其指極大，舉類邇而見義遠。其志絜，故其稱物芳。其行廉，故死而不容自疏。濯淖汙泥之中，〔五〕蟬蛻於濁穢，〔六〕以浮游塵埃之外，不獲世之滋垢，〔七〕皭然泥而不滓者也。〔八〕推此志也，雖與日月争光可也。〔九〕

〔一〕【索隱】慅，亦作「騷」。按：楚詞「慅」作「騷」，音素刀反。應劭云「離，遭也。騷，憂也」。又離騷序云「離，別也。騷，愁也」。【考證】索隱本，楓、三本「騷」作「慅」。聰、明、公、容，韻。王應麟曰：楚語伍舉曰「德義不行，則邇者騷離，而遠者距違」。伍舉所謂「騷離」，屈平所謂「離騷」，皆楚言也。

〔二〕【正義】慘怛，上七感反，下丁達反。慘，毒也。怛，痛也。【考證】孟子萬章篇「舜往于田，號泣于旻天，于父母」。

〔三〕【正義】行，寒孟反。

〔四〕【正義】誹，方畏反。【考證】楚辭王逸注引班固離騷序云「昔在孝武，博覽古文，淮南王安敘離騷傳，以國風好色而不淫，小雅怨悱而不亂，若離騷可謂兼之。蟬蛻濁穢之中，浮游塵埃之外，皭然泥而不滓。推此志，雖與日月争光可也」。劉勰文心雕龍辨騷篇亦引「國風好色」以下五十字以爲淮南傳語。洪興祖曰：豈太史公取淮南語以作傳乎？

〔五〕【索隱】濯淖，上音濁，下音鬧。汙泥，上音烏故反，下音奴計反。【正義】濯淖，上音濁，下音女教反。汙泥，上音烏故反，下音年計反。【考證】岡白駒曰：稱物芳，如稱蘭蕙茝桂之類。王念孫曰：濯，直教反。廣雅曰：「淖，濁也。濯，滫也。」皇侃禮記疏曰：「濯，謂不浄之汁也。」是濯、淖皆汙濁之名。濯、淖、汙、泥四字同義。

〔六〕【正義】蛻，音稅，去皮也，又他臥反。

〔七〕【考證】王念孫曰：廣韻云「獲，辱也」。錢大昕曰：滋與茲同。說文云「茲，黑也」。春秋傳「何故使我水茲」。

〔八〕【集解】徐廣曰：「皭，疏靜之貌。」【索隱】皭，音自若反。徐廣云「疏浄之貌」。泥亦音涅，滓亦音淄，又並如字。【正義】皭然，上白若反，又子笑反。【考證】中井積德曰：潔白貌。

〔九〕【正義】言屈平之仕濁世，去其汙垢，在塵埃之外。推此志意，雖與日月争其光明，斯亦可矣。

屈平既絀，其後秦欲伐齊，齊與楚從親，〔一〕惠王患之，〔二〕乃令張儀詳去秦，厚幣委質事楚，曰：「秦甚憎齊，齊與楚從親，楚誠能絶齊，秦願獻商、於之地六百里。」楚懷王貪而信張儀，遂絶齊，使使如秦受地。張儀詐之曰：「儀與王約六里，不聞六百里。」楚使怒去，歸告懷王。懷王怒，大興師伐秦。秦發兵擊之，大破楚師於丹、淅，〔三〕斬首八萬，虜楚將屈匄，〔四〕遂取楚之漢中地。〔五〕懷王乃悉發國中兵以深入擊秦，戰於藍田。魏聞之，襲楚至鄧。〔六〕楚兵懼，自秦歸。而齊竟怒不救楚，楚大困。

〔一〕【正義】上足松反。

〔二〕【考證】秦惠王。

〔三〕【索隱】二水名。謂於丹水之北，淅水之南。丹水、淅水皆縣名，在弘農，所謂丹陽、淅。【正義】丹陽，今枝江故城。【考證】張文虎曰：索隱本，凌、毛本並作「丹淅」，注同；蔡本，中統、游、王、柯本並作「丹陽」，楚世家同。愚按：作「淅」者索隱本，作「陽」者正義本。梁玉繩曰：史各處皆作「丹陽」，而此作「丹淅」者，索隱云「丹、淅二水名，謂于丹水之北，淅水之南」，「皆爲縣名，在弘農」，然則即漢地理志丹水縣、析縣也。通鑑胡注云「丹陽，丹水之陽」。班志「丹水出上洛冢領山，東至析入鈞水」。其水蓋在丹水、析兩縣之間，武關之外。秦、楚交戰，當在此水之陽。楚師既敗秦，乘勝取上庸路，西入以收漢中，其勢易矣。據此則丹陽、丹淅元屬一地，惟國策言杜陵，是誤耳。但索隱既知丹、淅在弘農，而于楚世家又云「丹陽在漢中」，于韓世家云「在今均州」，三處不同，豈非自相牴牾乎？正義謂在枝江，胡注亦辨之云「楚遣屈匄伐秦，秦發兵逆擊之枝江之丹陽，則距郢逼近。秭歸之丹陽則不當秦、楚之路。索隱因下文『遂取漢中』，即謂丹陽在漢中，皆非也」。

〔四〕【索隱】屈姓，匄名，音蓋也。

〔五〕【索隱】徐廣曰：「楚懷王十六年，張儀來相。十七年秦敗屈匄。」【正義】梁州。

〔六〕【索隱】按：此鄧在漢水之北，故鄧侯城也。【正義】「至郢鄧」，一本無「郢」字。故郢城在荆州陵口縣東北六里。故鄧城在城州安養縣東北二十二里。按：二城相近也。【考證】梁玉繩曰：「魏」當作「韓」，說在楚世家。

明年，秦割漢中地，與楚以和。〔一〕楚王曰：「不願得地，願得張儀而甘心焉。」〔二〕張儀聞乃曰：「以一儀而當漢中地，臣請往如楚。」如楚，又因厚幣用事者臣靳尚，而設詭辯於懷王之寵姬鄭袖。懷王竟聽鄭袖，復釋去張儀。〔三〕是時屈平既疏，不復在位，使於齊，顧反，諫懷王曰：「何不殺張儀？」〔四〕懷王悔，追張儀，不及。〔五〕

〔一〕【考證】張儀傳云「秦要楚，欲得黔中地，欲以武關外易之」，與此異。說在楚世家。

〔二〕【考證】左傳杜注：「甘心，言快意戮殺也。」

〔三〕【考證】「其後秦欲伐齊」以下，與張儀傳出入。

〔四〕【考證】顧反，反也，連字一意，說見樂毅傳。

〔五〕【索隱】按：張儀傳無此語也。

其後諸侯共擊楚，大破之，殺其將唐昧。〔一〕

〔一〕【集解】徐廣曰：「二十八年敗唐昧也。」【正義】昧，莫葛反。【考證】張文虎曰：昧，各本作「眛」，依志疑改。

時秦昭王與楚婚，欲與懷王會。懷王欲行，屈平曰：「秦，虎狼之國，不可信，不如毋行。」〔一〕懷王稚子子蘭勸王行：「柰何絶秦歡！」〔二〕懷王卒行。入武關，秦伏兵絶其後，因留懷王，以求割地。〔三〕懷王怒，不聽。亡走趙，趙不内。復之秦，竟死於秦而歸葬。〔四〕

〔一〕【索隱】按：楚世家昭睢有此言，蓋二人同諫王，故彼此各隨録之也。

〔二〕【考證】李笠曰：「行」下疑脱「曰」字。

〔三〕【集解】徐廣曰：三十年入秦。

〔四〕【考證】楓、三本「之」作「入」。

長子頃襄王立，〔一〕以其弟子蘭爲令尹。楚人既咎子蘭以勸懷王入秦而不反也。

〔一〕【索隱】名橫。

屈平既嫉之，雖放流，睠顧楚國，繫心懷王，不忘欲反，冀幸君之一悟，俗之一改也。其存君興國，而欲反覆之，一篇之中三致志焉。〔一〕然終無可柰何，故不可以反，卒以此見懷王之終不悟也。〔二〕人君無愚智賢不肖，莫不欲求忠以自爲，舉賢以自佐，〔三〕然亡國破家相隨屬，而聖君治國累世而不見者，其所謂忠者不忠，而所謂賢者不賢也。懷王以不知忠臣之分，〔四〕故內惑於鄭袖，外欺於張儀，疏屈平而信上官大夫、令尹子蘭，兵挫地削，亡其六郡，身客死於秦，爲天下笑。〔五〕此不知人之禍也。易曰：「井渫不食，〔六〕爲我心惻，〔七〕可以汲。〔八〕王明，並受其福。」〔九〕王之不明，豈足福哉！〔一〇〕

〔一〕【正義】覆，敷福反。【考證】「興國」下疑有譌脱。

〔二〕【考證】楓、三本「不」下無「可」字。中井積德曰：屈原既疏，然猶在朝。此乃云放流，何也？懷王既入秦而不歸，則雖悟無益也。乃言冀一悟，何也？

〔三〕【索隱】此已下，太史公傷懷王之不任賢，信讒而不能反國之論也。

〔四〕【正義】分，符問反。【考證】張文虎曰：「臣」字疑誤。

〔五〕【考證】楓、三本「挫」作「銼」。

〔六〕【集解】向秀曰：「渫者，浚治去泥濁也。」【索隱】向秀字子期，晉人，注易。

〔七〕【集解】張璠曰：「可爲惻然，傷道未行也。」【索隱】張璠亦晉人，注易也。

〔八〕【索隱】按：京房易章句言「我道可汲而用也」。

〔九〕【集解】易象曰：「求王明受福也。」【索隱】按：京房章句曰：「上有明王，汲我道而用之，天下並受其福，故曰『王明並受其福』也。」【考證】周易井九三「以」作「用」。食、惻、福，韻。

〔一〇〕【集解】徐廣曰：「一云『不足福』。」【正義】言楚王不明忠臣，豈足受福，故屈原懷沙自沈。【考證】中井積德曰：豈足福哉，謂不能予福于人也。余有丁曰：序事未畢，中間雜以論斷，與伯夷傳畧同，蓋傳之變體也。

令尹子蘭聞之大怒，〔一〕卒使上官大夫短屈原於頃襄王，頃襄王怒而遷之。〔二〕

〔一〕【考證】凌稚隆曰：接上「屈平既疾之」。

〔二〕【集解】離騷序曰：「遷於江南。」【考證】梁玉繩曰：王逸離騷序云「上官靳尚」，蓋仍新序節士之誤。攷楚策，靳尚爲張旄所殺，在懷王世。而此言上官爲子蘭所使，當頃襄時，必別一人。故漢書人表列上官五等，靳尚七等。王懋竑曰：王逸離騷經序說謂屈原之仕在懷王時，後被讒見疏，乃作離騷。是時秦令張儀譎詐懷王，令絶齊交，又誘與俱會武關，原諫不聽，遂爲所脅，客死於秦。頃襄王立，復用讒言，遷原於江南。原復作九歌、天問、九章、遠遊、卜居、漁父等篇，終不見省，乃自沈而死。洪氏補注云「考原被放，在懷王十六年。至十八年，復召用之。三十年有諫懷王入秦事。頃襄王立，復放屈原」。兩說少異。余考其書，離騷之作，未嘗及放逐之云，與九歌、九章等篇，自非一時之語。而卜居言「既放三年」，哀郢言「九年之不復，壹反之無時」，則初無召用再放之事，洪說誤也。原之被放，在懷王十六年。洪說或有所考。以九年計之，其自沈當在二十四五年間。而諫懷王入秦者，據楚世家，乃昭睢，非原也。夫原諫王不聽，而卒被留以至客死，此忠臣之至痛，而原諸篇乃無一語以及之。至惜往日、悲回風，臨絶之音，憤懣伉激，略無所諱，而亦祇反復於隱蔽障壅之害，孤臣放子之冤，其於國家，則但言其委銜勒，棄舟檝，將卒於亂亡，而不云禍殃之已至是也。是誘會被留，乃原所不及見；而頃襄王之立，則原之自沈久矣。王說亦誤也。王之誤本於史，洪氏則以卜居有「既放三年」之語，而諫入秦在懷王之三十年，故爲「再召」之說，以彌縫之，其於史亦並不合。朱子辯證謂逸合張儀詐懷，及誘會武關二事爲一，失之不考；又謂洪氏解「施黄棘之枉策」，引襄王爲言，與上下文絶不相入，而於序說及哀郢註仍本之者，蓋偶失之。集註之作，真有以發明屈子之心，千載而下無遺議矣。而舊說之誤，猶有未盡袪者，故竊附論，以俟後之君子考焉。又曰：或曰「屈原本末，史所載甚明。王逸蓋本之。子云原不及襄王時，則史不足據乎？」余曰「史所載，得於傳聞。而楚辭原所自作，固不得據彼以疑此也。原所著，惟九章叙事最爲明晰。其所述，先見信，後被讒，與史所記懷王時相合。至於仲春南遷，甲之朝以行，發郢都過夏首，上洞庭，下江、湘，時日道里之細，無不詳載，而於懷王入秦諸大事，乃不一及，原必不若是之顛倒也。懷王客死，君父之讐，襄王不能以復宗社，危亡將在朝夕，此宜呼天號泣，以發其冤憤不平之氣，而乃徒歎息於讒諛嫉妬之害，而終之曰『不畢辭以赴淵兮，恐壅君之不識』，則原之反復流連，纏綿瞀亂，僅爲一身之故，而忠君愛國之意亦少衰矣。司馬公作通鑑，削原事不載，謂其過於中庸，不可以訓。此不足以爲原病，而恐後之人或有執是以議原者，九原之下，其不無遺憾焉！故不得而不辨也。蘇子由作古史，於伯夷傳獨載孔子之説，而於史所傳則盡去之。朱子嘗取其論，以爲知所考信。余蓋倣古史之例，以斷屈子之事。後之君子，其必有取於吾言也夫？」又曰：按楚世家，懷王六年，使昭陽將兵攻魏，破之於襄陽，取八邑。又移兵攻齊。十一年，六國共攻秦，懷王爲從約長。惜往日所云「國富强而法立，屬貞臣以自娱」，正屈原爲左徒任事之日也。至十六年，秦使張儀譎詐懷王絶齊交，楚遂爲秦所困，原列傳言上官大夫之譖，王怒而疏屈平。惜往日云「君含怒以待臣，不清澂其然否」，又云「弗參驗以考實，遠遷臣而弗思」，其指此甚明，而略不及譎詐絶交之云。則原之見疏被放，必在十六年以前。而張儀譎王，乃原被放以後之事，故不之及。史所載原諫釋儀，雖兩見於楚世家、原列傳，恐傳聞之誤，不足據也。以原之自叙考之，既見疏，即被放，相去無幾時。而史謂懷王時見疏，不復在位，至襄王時，乃遷江南，與原自叙不合。又史云「屈平雖放流，繫心懷王，不忘欲反，冀幸君之一悟，俗之一改，然終無可奈何」，卒以此見懷王之終不悟。則原在懷王時已放流矣。一篇之中，自相違戾，其不足據明甚。又史僅載作離騷及漁父、懷沙兩篇，其可據此而謂九歌、九章、天問、遠遊、卜居等篇，皆非原所作乎？又史言懷王幼子子蘭，頃襄王立，以子蘭爲令尹，當實有子蘭其人矣。朱子辯證則謂其因楚辭「蘭椒」之語而附會之，與班固古今人表令尹子椒其誤同，故於序説直削不載，是朱子固不盡以史爲可信，而非余今日一人之私言也。余曩有書楚辭後一篇。其原本失去，今偶於亂稾中録出之，而更考之史，爲附其説於此，庶來者有以識余言之非誣焉爾。愚按：屈原事迹，先秦諸書絶不録之，始見賈生弔文。史公蓋依淮南離騷傳述之，不深究其顛末，故多與楚辭不合，又與國策不合。司馬氏通鑑削而不筆，未必無由。今録王氏説，以質後之讀史者。

屈原至於江濱，被髮行吟澤畔。顔色憔悴，形容枯槁。漁父見而問之曰：「子非三閭大夫歟？何故而至此？」〔一〕屈原曰：「舉世混濁，而我獨清；衆人皆醉，而我獨醒。是以見放。」〔二〕漁父曰：「夫聖人者，不凝滯於物，而能與世推移。〔三〕舉世混濁，何不隨其流而揚其波？〔四〕衆人皆醉，何不餔其糟而啜其醨？〔五〕何故懷瑾握瑜，而自令見放爲？」〔六〕屈原曰：「吾聞之，新沐者必彈冠，新浴者必振衣。人又誰能以身之察察，〔七〕受物之汶汶者乎！〔八〕寧赴常流，而葬乎江魚腹中耳。〔九〕又安能以皓皓之白，而蒙世俗之温蠖乎！」〔一〇〕

〔一〕【集解】離騷序曰：「三閭之職，掌王族三姓，曰昭、屈、景，序其譜屬，率其賢良，以厲國士。」【索隱】父，音甫。【考證】王逸曰：三閭大夫，謂其故官。洪興祖曰：漁父，假設問答以寄意耳。太史公以爲實録，非也。王世貞曰：長卿子虛已極曼衍，卜居、漁父實開其端。

〔二〕【考證】王本楚辭「混」作「皆」，下同。清、醒，韻。

〔三〕【考證】二句，老子「和光同塵」之義。卜居篇亦云「將氾氾若水中之鳧乎？與波上下，偷以全吾軀乎」？

〔四〕【索隱】按：楚詞作「揚其泥」。

〔五〕【正義】釃，力知反。【考證】楚辭「啜」作「歠」，「醨」作「釃」。醨，希薄之酒。

〔六〕【索隱】按：楚詞此「懷瑾握瑜」作「深思高舉」也。【考證】瑾、瑜，美玉也。移、波、醨、爲，韻。

〔七〕【集解】王逸曰：「己静絜。」

〔八〕【集解】王逸曰：「蒙垢汚。」【索隱】汶汶，音閔閔。汶汶，猶昏暗也。【考證】楚辭「人又誰能」作「安能」。衣、汶，韻。荀子不苟篇「新浴者振其衣，新沐者彈其冠，人之情也，其誰能以己之僬僬，受人之掝掝者哉」，蓋襲此語。

〔九〕【索隱】常流，猶長流也。【考證】楚辭「常流」作「湘流」。

〔一〇〕【索隱】蠖，音烏廓反。温蠖，猶惛憒。楚詞作「蒙世之塵埃哉」。【正義】温蠖，猶惛憒也。【考證】楚辭無「又」字，下有「漁父莞爾而笑鼓枻而去歌曰滄浪之水清兮可以濯吾纓滄浪之水濁兮可以濯吾足遂去不復與言」四十字，史公削之，以直接懷沙賦。此文章剪裁之法。白、蠖，韻。

乃作懷沙之賦。〔一〕其辭曰：

〔一〕【索隱】按：楚詞九懷曰「懷沙礫以自沈」，此其義也。

陶陶孟夏兮，草木莽莽。〔一〕傷懷永哀兮，汩徂南土。〔二〕眴兮窈窈，〔三〕孔靜幽墨。〔四〕冤結紆軫兮，離愍之長鞠；〔五〕撫情効志兮，俛詘以自抑。〔六〕

〔一〕【集解】王逸曰：「陶陶，盛陽貌。莽莽，盛茂貌。」【索隱】音姥。【正義】莫古反。【考證】楚辭「陶陶」作「滔滔」。

〔二〕【集解】王逸曰：「汩，行貌。」【索隱】王師叔曰：「汩，行貌也。」方言曰：「謂疾行也。」【考證】朱熹曰：徂南土，泝沅湘也。莽、土，韻。

〔三〕【集解】徐廣曰：「眴，眩也。」【索隱】眴，音舜。徐氏云「眴，音眩。窈音烏鳥反」。【考證】張文虎曰：蔡、王、柯、凌本「窈窈」作「窈窕」。李笠曰：楚辭作「杳杳」。王逸云「杳杳，深冥貌」。窈、杳通。作「窈窕」者誤。

〔四〕【集解】王逸曰：「孔，甚也。墨，無聲也。」【正義】孔，甚。墨，無聲。言江南山高澤深，視之眴。野甚清浄，歎無人聲。【考證】楚辭「墨」作「默」。八字寫滿目荒凉之狀。

〔五〕【集解】王逸曰：「鞠，窮。紆，屈也。軫，痛也。愍，病也。」【索隱】離湣。湣，病。鞠，窮。【正義】惛，病也。【考證】楚辭「冤」作「鬱」，「愍」作「慜」，「之」作「而」。正義「愍」作「惛」。

〔六〕【考證】效，楓本作「没」，三本作「殁」。俛，楚辭作「冤」。墨、鞠、抑，韻。

刓方以爲圜兮，常度未替；〔一〕易初本由兮，君子所鄙。〔二〕章畫職墨兮，前度未改；〔三〕内直質重兮，大人所盛。〔四〕巧匠不斲兮，孰察其揆正？玄文幽處兮，矇謂之不章；〔五〕離婁微睇兮，瞽以爲無明。〔六〕變白而爲黑兮，倒上以爲下。〔七〕鳳皇在笯兮，〔八〕鷄雉翔舞。〔九〕同糅玉石兮，一槩而相量。〔一〇〕夫黨人之鄙妒兮，羌不知吾所臧。〔一一〕

〔一〕【集解】王逸曰：「刓，削。度，法。替，廢也。言人刓削方木，欲以爲圓，其常法度尚未廢也。」【索隱】刓，音五官反。謂刻刓方木以爲圓，其常法度尚未廢。【正義】被讒譖逐，欲使改行，終守而不易。【考證】中井積德曰：常度，猶故態也。替，變也。

〔二〕【集解】王逸曰：「由，道也。」【正義】本，常也。鄙，恥也。言人遭世不道，變易初行，違離常道，君子所鄙。【考證】楚辭「由」作「廸」。中井積德曰：初本，猶言初始也。

〔三〕【集解】王逸曰：「章，明也。度，法也。言工明於所畫，念其繩墨，修前人之法，不易其道，則曲木直，而惡木好。」【索隱】章，明也。畫，計畫也。楚詞「職」作「志」。志，念也。餘如注所解。【考證】楚辭「職」作「志」，「度」作「圖」。中井積德曰：職、識同，謂明著也，作「志」亦同。言規畫章明，繩墨昭著，無變於初本也。前度，即指初本也，非借工爲喻。愚按：替、鄙、改，韻。

〔四〕【集解】王逸曰：「言人質性敦厚，心志正直，行無過失，則大人君子所盛美也。」【考證】楚辭「直」作「厚」，

「盛」作「晠」。

〔五〕【集解】王逸曰：「玄，黑也。矇，盲者也。詩云『矇瞍奏公』。章，明也。」【正義】揆正，賢能。玄，黑色也。言待賢能之士，居於山谷，則衆愚以爲不賢也。【考證】揆正，正義本作「撥正」，與楚辭合。作「揆」義長。楚辭「幽處」作「處幽」，「矇」下有「瞍」字。

〔六〕【集解】王逸曰：「離婁，古明視者也。瞽，盲也。」【正義】離婁，古明視者也。睇，田帝反，眄也。言賢者遭時困戹，俗人侮之以爲癡狂也。【考證】盛、正、章、明，韻。

〔七〕【索隱】音户。

〔八〕【集解】徐廣曰：「笯，一作『郊』。」駰案：王逸曰「笯，籠落也」。【索隱】笯，音奴，又女加反。徐云「一作『郊』」。按：籠落，謂藤蘿之相籠絡。【正義】應瑞圖云：「黄帝問天老曰：『鳳鳥何如？』天老曰：『鴻前而麟後，蛇頸而魚尾，龍文而龜身，燕頷而鷄喙，首戴德，頸揭義，背負仁，心入信，翼俟順，足履正，尾繫武，小音金，大音鼓，延頸奮翼，五色備舉。』」

〔九〕【索隱】楚詞「雉」作「鶩」。【考證】下、舞，韻。

〔一〇〕【集解】王逸曰：「忠佞不異。」【正義】糅，女由反。【考證】洪興祖曰：糅，雜也。槩，平斗斛木。

〔一一〕【集解】王逸曰：「莫昭我之善意。」【索隱】按：王師叔云「羌，楚人語辭」。言卿何爲也。【正義】羌，音彊，發語端也。【考證】楚辭「夫」下有「惟」，「妒」作「固」，「吾」下有「之」。量、臧，韻。

任重載盛兮，陷滯而不濟；〔一〕懷瑾握瑜兮，窮不得余所示。〔二〕邑犬羣吠兮，吠所怪也；誹俊疑桀兮，固庸態也。〔三〕文質疏内兮，衆不知吾之異采；〔四〕材樸委積兮，莫知余之所有。〔五〕重仁襲義兮，謹厚以爲豐；〔六〕重華不可牾兮，孰知余之從容！〔七〕古固有不並兮，豈知其故也？〔八〕湯、禹久遠兮，邈不可慕也。〔九〕懲違改忿兮，抑心而自彊；〔一〇〕離湣而不遷兮，願志之有象。〔一一〕進路北次兮，日昧昧其將暮；〔一二〕含憂虞哀兮，限之以大故。〔一三〕

〔一〕【集解】王逸曰：「言己才力盛壯，可任用重載，而身陷沒沈滯，不得成其本志也。」【正義】言以才德盛大，可任用重載，無賢明主以用之，故使陷入而未濟。【考證】李笠曰：盛亦重也。此言所任者艱重，所載者盛大，以致陷滯而不濟耳。「任重」與「載盛」偶舉，與論語「任重道遠」語同。

〔二〕【集解】王逸曰：「示，語也。」【考證】楚辭「得」作「知」，無「吾」字。中井積德曰：示，如字。濟、示，韻。

〔三〕【集解】王逸曰：「千人才爲俊，一國高爲桀也。庸，廝賤之人也。」【索隱】按：尹文子云「千人曰俊，萬人曰桀」。今乃誹俊疑傑，固是庸人之態也。【考證】楚辭「桀」作「傑」，與索隱合。

〔四〕【集解】徐廣曰：「異，一作『奧』。」駰案：王逸曰：「采，文采也。」【考證】朱熹曰：內，舊音訥。

〔五〕【考證】朱熹曰：材，木中用者也。朴，未斲之質也。委積，言其多有，唯所用之。態、采、有，韻。

〔六〕【集解】王逸曰：「重，累也。襲，及也。」【正義】重，直龍反。襲，亦重也。【考證】朱熹曰：豐，猶富足也。集解「及」當作「仍」。

〔七〕【集解】王逸曰：「牾，逢也。」【索隱】楚詞「牾」作「遌」，並吳故反。王師叔云「牾，逢也」。【考證】朱熹曰：從容，舉動自得也。豐、容，韻。

〔八〕【索隱】楚詞作「莫知其何故」。【正義】豈有此死事故也，言人固有不比並。湯、禹久遠，不可慕也。乃怨憂不改其志，故進路北次，自投汨羅而死也。【考證】朱熹曰：有不並，言聖賢不並時而生也。林雲銘曰：豈知其故，言其理大不可解。

〔九〕【考證】楚辭「邈」下有「而」，無「也」字。故、慕，韻。

〔一〇〕【正義】懲，止也。忿，恨也。【考證】王念孫曰：懲，止也。違，恨也。言止其恨，改其念，抑其心而自彊勉也。廣雅曰：「怨、愇、狠，恨也。」班固幽通賦「違世業之可懷」。曹大家曰：「違，恨也。」楚辭「違」譌作「連」，王注以「連」爲留連，失之。

〔一一〕【集解】王逸曰：「象，法也。」【考證】楚辭「湣」作「愍」，「象」作「像」。朱熹曰：不以憂患改其節，欲其志之可爲法也。强、象，韻。

〔一二〕【正義】北次將就。【考證】王逸曰：路，道也。次，舍也。中井積德曰：北次，謂還鄂之宿次。

〔一三〕【集解】王逸曰：「娱，樂也。大故，謂死亡也。」【索隱】楚詞「含憂虞哀」作「舒憂娱哀」。娱音虞。娱者樂也。【考證】朱熹曰：將欲舒憂以娱哀，而念人生幾何，死期將至，其限有不可得而越也。王念孫曰：含，當「舍」字之誤。「舍」即「舒」字也。說文舒從予，舍聲。暮、故，韻。

亂曰：〔一〕浩浩沅、湘兮，分流汩兮。〔二〕脩路幽拂兮，道遠忽兮。〔三〕曾唫恒悲兮，永歎慨兮。世既莫吾知兮，人心不可謂兮。〔四〕懷情抱質兮，獨無匹兮。伯樂既殁兮，驥將焉程兮？〔五〕人生稟命兮，各有所錯兮。定心廣志，餘何畏懼兮？〔六〕曾傷爰哀，永歎喟兮。世溷不吾知，心不可謂兮。〔七〕知死不可讓兮，願勿愛兮。明以告君子兮，吾將以爲類兮。〔八〕

〔一〕【索隱】王師叔曰：「亂者理也。所以發理辭指，總撮其要，而重理前意也。」

〔二〕【集解】王逸曰：「汩，流也。」【索隱】沅、湘，二水名。按：地理志湘水出零陵海陽山，北入江。沅即湘之後流也。【正義】說文云：「沅水出牂牁東，北流入江。湘水出零陵縣海陽山，北入江。」按：二水皆經岳州而入大江也。

〔三〕【索隱】楚詞「幽拂」作「幽蔽」也。【正義】拂，風弗反。言拂欝幽蔽也。楚辭作「幽蔽」也。【考證】汩、忽，韻。

〔四〕【集解】王逸曰：「謂，猶說也。」【索隱】楚詞無「曾唫」已下二十一字。【正義】自「曾唫」已下二十一字，楚辭本或有無者，未詳。【考證】沈家本曰：萬曆本楚詞有此二十一字，而無王注，恐是後人據史文增也。

〔五〕【集解】王逸曰：「程，量也。」【考證】楓、三本「匹」作「正」。楚辭「懷情抱質」作「懷質抱情」，無「將」字，「質」下、「歿」下無「兮」字。朱熹曰：「匹」當作「正」，字之誤也。無正，與「并日夜無正」之「正」意同。程，謂校量才也。正、程，韻。

〔六〕【集解】王逸曰：「錯，安也。」【索隱】楚詞「餘」並作「余」。【考證】楚辭「人」作「民」，「餘」作「余」，「命」下無「兮」字。錯、懼，韻。

〔七〕【集解】王逸曰：「喟，息也。」【正義】溷，胡困反。亂也。【考證】楓、三本「溷」下有「濁」，「心」上有「人」，與楚辭合。楚辭「不」作「莫」。王引之曰：「曾傷爰哀」四句，乃後人據楚辭增入，非史記原文也。「曾唫恒悲」四句即「曾傷爰哀」四句之異文，特史記在「道遠忽兮」之下，楚辭在「余何畏懼兮」之下耳。後人據楚辭增入，而不知已見於上文也。又曰：此四句，似當從史記列於「道遠忽兮」之下。今循其文義讀之，「世既莫吾知兮，人心不可謂兮。懷情抱質兮，獨無匹兮」，皆言世無能知也。「定心廣志兮，餘何畏懼兮？知死不可讓兮，願勿愛兮」，皆言已不畏死也。其敘次秩然不紊，蓋子長所見屈原賦如此，較叔師本爲長。愚按：朱子楚辭集註既有此說。

〔八〕【集解】王逸曰：「類，法也。」【正義】按：類，例也。以爲忠臣不事亂君之例。【考證】讓，避也。類，王說是。喟、謂、愛、類，韻。

於是懷石，遂自投汨羅以死。〔一〕

〔一〕【集解】應劭曰：「汨水在羅，故曰汨羅也。」【索隱】汨水在羅，故曰汨羅。地理志長沙有羅縣，羅子之所徙。荆州記「羅縣北帶汨水」。汨，音覓也。【正義】故羅縣城在岳州湘陰縣東北六十里。春秋時羅子國，秦置長沙郡而爲縣也。按：縣北有汨水及屈原廟。續齊諧記云：「屈原以五月五日投汨羅而死，楚人哀之，每於此日以竹筒貯米，投水祭之。漢建武中，長沙區回白日忽見一人，自稱三閭大夫。謂回曰：『聞君常見祭，甚善。但常年所遺，並爲蛟龍所竊，今若有惠，可以楝榆葉塞上，以五色絲轉縛之，此物蛟龍所憚。』回依其言。世人五月五日作糉，并帶五色絲及楝葉，皆汨羅之遺風。」【考證】王念孫曰：自投，索隱本作「自沈」，下文皆曰「自沈」，則作「自沈」者是也。齋藤正謙曰：余嘗著屈原投汨羅辨，謂原自謂寧赴湘流葬于江魚腹中，一時憤激之言，而非實語也。子長弗察，引爲實録。果然，魯連之蹈東海，亦將爲真投水而死耶？是連憤激之餘，發此言耳。原語殆類此，決知其非實事也。後閲袁隨園隨筆，引黄石牧太史云「屈子未必沈水死也。其文曰『吾將從彭咸之所居』，又曰『願依彭咸之遺則』，又曰『寧赴湘流葬江魚之腹中』，皆憤怨之寓言，非實事也。太史公因賈生一弔，遂信爲真。不知宋玉親受其門，而招魂之作，上天下地，東西南北，無所不招，而獨不及水，何耶？惟『亂曰：湛湛江水上有楓，魂兮歸來哀江南』，則其善終于汨羅可知也。若楚詞注，招魂作于屈子生時，則豫凶非禮，宋玉不應詛其師矣」，是與余説暗合，更爲詳明。

屈原既死之後，楚有宋玉、唐勒、景差之徒者，皆好辭而以賦見稱；〔一〕然皆祖屈原之從容辭令，終莫敢直諫。〔二〕其後楚日以削，數十年，竟爲秦所滅。〔三〕

〔一〕【集解】徐廣曰：「差，或作『慶』。」【索隱】按：楊子法言及漢書古今人表皆作「景瑳」，今作「差」，是字省耳。又按：徐、裴、鄒三家皆無音，是讀如字也。【考證】漢藝文志詩賦略云「屈原賦二十五篇，相傳今楚辭離騷一篇，九歌十一篇，天問一篇，九章九篇，遠游、卜居、漁父三篇是也。唐勒賦四篇，今亡」。御覽六百六十三引宋玉賦曰：「景差、唐勒等並造大言賦。宋玉賦十六篇，楚辭録九辯十一篇、招魂一篇，文選録風賦、高唐賦、神女賦、登徒子好色賦四篇，凡十六篇。古文苑載諷賦、笛賦、釣賦、大言賦、小言賦五篇。」張惠言疑其爲五代、宋人假託。嚴可均亦云「笛賦有『宋意送荆卿』之語，非宋玉作」。愚按：古文苑所載未必皆擬作，但佗書不録。景差賦，藝文志不載。

〔二〕【考證】從容，見懷沙賦。徐孚遠曰：此稱屈原直諫以至放流，餘子不及也。

〔三〕【考證】陳仁錫曰：「楚以削」二句，見屈平之死，係楚之存亡也。沈家本曰：按自頃襄王元年至負芻被虜凡七十六年。

自屈原沈汨羅後百有餘年，漢有賈生，爲長沙王太傅。過湘水，投書以弔屈原。〔一〕

〔一〕【考證】馮班曰：太史公敘賈生，惟載二賦，不敘其新書。以賈生繼屈原，傷其遇，并重詞賦，與漢書異意。

賈生名誼，雒陽人也。〔一〕年十八，以能誦詩屬書聞於郡中。〔二〕吳廷尉爲河南守，聞其秀才，召置門下，甚幸愛。〔三〕孝文皇帝初立，聞河南守吳公治平爲天下第一，〔四〕故與李斯同邑，而常學事焉，〔五〕乃徵爲廷尉。〔六〕廷尉乃言賈生年少，頗通諸子百家之書。文帝召以爲博士。

〔一〕【索隱】名義，漢書並作「誼」也。

〔二〕【考證】屬書，綴輯文字也。漢書作「誦詩書屬文」。

〔三〕【正義】顏云：「秀，美也。」應劭云：「避光武諱改『茂才』也。」【考證】此秀才，言才學秀人，非科目之稱。

〔四〕【索隱】按：吳姓也，史失名，故稱「公」。【考證】梁玉繩曰：史于人之名字，每不盡著，多恐是疏缺，未必當時已失其傳。故凡稱「公」、稱「君」、稱「生」之類甚夥，史公亦何吝此一字乎？統觀全史，其中最可惜者河南守吳公，爲漢循吏之冠；朱建子以罵單于死節；樅公以守滎陽見殺；董公說高帝爲義帝發喪。四人皆當時英傑，不容失名，安得略而不書？它若不肯名籍之鄭君，傳尚書之伏生，幸別有可攷，知伏名勝，鄭名榮。餘子碌碌，姑勿深論。雖閒有足證，亦不必詳已。

〔五〕【正義】李斯，上蔡人。【考證】楓、三本「常」作「嘗」。上蔡，漢汝南郡。

〔六〕【考證】楓、三本、漢書「徵」下有「以」字。王先謙曰：公卿表在元年。

是時賈生年二十餘，最爲少。每詔令議下，諸老先生不能言，賈生盡爲之對，人人各如其意所欲出。諸生於是乃以爲能不及也。孝文帝說之，超遷，一歲中至太中大夫。

賈生以爲漢興至孝文二十餘年，天下和洽，而固當改正朔，易服色，法制度，定官名，興禮樂。〔一〕乃悉草具其事儀法，色尚黃，數用五，爲官名，悉更秦之法。〔二〕孝文帝初即位，謙讓未遑也。諸律令所更定，及列侯悉就國，其說皆自賈生發之。於是天子議以爲賈生任公卿之位。絳、灌、東陽侯、馮敬之屬盡害之，〔三〕乃短賈生曰：「雒陽之人，年少初學，專欲擅權紛亂諸事。」於是天子後亦疏之，不用其議，乃以賈生爲長沙王太傅。〔四〕

〔一〕【考證】中統、游本「法」作「改」，與上「改正朔」複。楓、三本「制度」作「度制」。法，正也。

〔二〕【正義】漢文帝時，黃龍見成紀，故改爲土也。【考證】王念孫曰：「色上黃」以下三句，皆是更秦之法，故言此以總之。中井積德曰：據「尚黃」、「用五」句，賈生亦惑於五行家異端之言也。周壽昌曰：案武帝紀「太初五年夏五月」，正曆，遂以正月爲歲首。色上黃，數用五，似皆追行賈生之言，即文帝十五年，黃龍見成紀，改爲土德，未嘗非由生言發之。釋幻雲曰：黄龍見成紀，文帝十五年春也。誼謫長沙作服賦，文帝六年夏也。而請改服色者，在未爲長沙傅之前。正義所言恐非。

〔三〕【正義】絳、灌，周勃、灌嬰也。東陽侯，張相如。馮敬，時爲御史大夫。【考證】梁玉繩曰：顔師古于漢書禮樂志、陳平傳云「楚漢春秋『高祖之臣，別有絳灌』，疑昧之文，不可明也」。師古殆不信之。而容齋三筆歷辨絳灌是別一人，非周勃、灌嬰。蓋本文選讓責太常博士書注，恐未可從。史、漢屢稱「絳灌」，即如陳平傳「絳灌」，世家作「絳侯灌嬰」，尤爲明證。今無楚漢春秋，莫由攷核。愚按：任，堪也。害，忌也。

〔四〕【考證】長沙王差，吴芮玄孫。文選李善注引應劭風俗通曰：「賈誼與鄧通爲侍中同位，數廷譏之。因是文帝遷爲長沙太傅。及渡湘水，投弔書曰『闒茸尊顯，佞諛得志』，以哀屈原罹讒邪之咎，亦因自傷爲鄧通等所愬也。」所傳不同。

賈生既辭往，行聞長沙卑溼，自以壽不得長，又以適去，意不自得。〔一〕及渡湘水，爲賦以弔屈原。〔二〕其辭曰：

〔一〕【集解】徐廣曰：「適，竹革反。」韋昭曰：「謫，譴也。」【索隱】韋昭云：「適，譴也。」字林云：「大戹反。」【正義】適，張革反，譴也。【考證】中井積德曰：「適」只作貶義。周壽昌曰：太中大夫秩比千石。諸侯王太傅，秩尚在内史中尉之上。以秩而較，初非左官。其曰「適去」者，以其去天子之側而官王國也。梁玉繩曰：案賈生因服鳥入舍，故以爲壽不得長，非但因卑溼也，此乃下文之複出者。漢書改曰「誼既以適去」，甚當。應衍「辭」字至「又」字十五字。文選同漢書。

〔二〕【考證】梁玉繩曰：賈賦以漢書、文選校之，辭各不同，當是所傳之別，依本書讀可也。

共承嘉惠兮，俟罪長沙。〔一〕側聞屈原兮，自沈汨羅。〔二〕造託湘流兮，敬弔先生。遭世罔極兮，乃隕厥身。〔三〕嗚呼哀哉，逢時不祥！鸞鳳伏竄兮，鴟梟翱翔。〔四〕闒茸尊顯兮，讒諛得志；〔五〕賢聖逆曳兮，方正倒植。〔六〕世謂伯夷貪兮，謂盜跖廉；〔七〕莫邪爲頓兮，〔八〕鉛刀爲銛。〔九〕于嗟嚜嚜兮，生之無故！〔一〇〕斡弃周鼎兮，寶康瓠；〔一一〕騰駕罷牛兮，驂蹇驢；驥垂兩耳兮，服鹽車。〔一二〕章甫薦屨兮，漸不可久；〔一三〕嗟苦先生兮，獨離此咎！〔一四〕

〔一〕【集解】張晏曰：「恭，敬也。」【正義】顏云：「恭，敬。嘉惠，詔命。『俟』作『竢』，同，待也。」【考證】漢書、文選「共」作「恭」。

〔二〕【考證】沙、羅，韻。

〔三〕【索隱】造，音七到反。【考證】張晏曰：讒言罔極，言無中正也。周書文王曰：「惟世罔極，汝尚助予。」生、身，韻。

〔四〕【索隱】竄音如字，又七外反。【考證】祥、翔，韻。

〔五〕【索隱】闒，音天臘反。茸，音而隴反。案：應劭、胡廣云「闒茸不才之人，無六翮翱翔之用，而反尊貴」。字林曰「闒茸，不肖之人」。

〔六〕【索隱】胡廣云：「逆曳，不得順隨道而行也。倒植，賢不肖顛倒易位也。」【考證】中井積德曰：倒植，與「逆曳」同意，謂項搶地，脚朝天也。志、植，韻。

〔七〕【索隱】案：漢書作「隨夷溷兮，跖蹻廉」，一句皆兼兩人。隨，卞隨也。夷，伯夷也。跖，盜跖也。蹻，莊蹻也。

〔八〕【集解】應劭曰：「莫邪，吳大夫也，作寶劍，因以冠名。」瓚曰：「許慎曰：莫邪，大戟也。」【索隱】應劭曰：

「莫邪，吴大夫也，作寶劒，因名焉。」吴越春秋曰：「吴王使干將造劒二枚，一曰干將，二曰莫邪。」莫邪、干將，劒名也。頓，鈍也。

〔九〕【集解】徐廣曰：「思廉反。」駰案：漢書音義曰：「銛謂利。」【索隱】鉛者，錫也。銛，利也，音纖，言其暗惑也。【考證】廉、銛，韻。

〔一〇〕【集解】應劭曰：「嘿嘿，不自得意。」瓚曰：「生，謂屈原也。」【考證】漢書、文選「嘿」作「默」。生，先生。鄧展曰：「言屈原無故遇此禍也。」

〔一一〕【集解】如淳曰：「斡，轉也。爾雅曰『康瓠，謂之甈』，大瓠也。」應劭曰：「康，容也。斡，音筦。筦，轉也。一曰，康，空也。」【索隱】斡，轉也，烏活反。爾雅云「康瓠謂之甈」。甈，音丘列反。李巡云「康，謂大瓠也」。康，空也。晉灼云「斡，古『管』字也」。【正義】李巡曰：「康謂大瓠也。」康，空也。鄭玄曰：「康瓠，瓦盆底也。」顧野王曰：「甈，壺破罌也。」【考證】張文虎曰：各本「兮」下有「而」字，索隱本無，與下二句一例。雜志云「漢書、文選『兮』在『瓠』下，亦無『而』字」。故、瓠，韻。

〔一二〕【索隱】戰國策曰：「夫驥服鹽車上太山，中阪遷延，負轅不能上，伯樂下車哭之也。」【正義】罷，音皮。服，猶駕也。【考證】驢、車，韻。

〔一三〕【集解】應劭曰：「章甫，殷冠也。」劉向別録曰：「因以自諭自恨也。」【考證】劉奉世曰：薦之言藉也。中井積德曰：謂履中之藉。

〔一四〕【集解】應劭曰：「嗟，咨嗟。苦，勞苦。言屈原遇此難也。」【考證】中井積德曰：苦，傷之也。久、咎，韻。

訊曰：〔一〕已矣，國其莫我知，獨堙鬱兮其誰語？〔二〕鳳漂漂其高逝兮，夫固自縮而遠去。〔三〕襲九淵之神龍兮，〔四〕沕深潛以自珍。〔五〕彌融爚以隱處兮，〔六〕夫豈從螘與蛭蟥？〔七〕所貴聖人之神德兮，遠濁世而自藏。使騏驥可得係羈兮，豈云異夫犬羊！〔八〕般紛紛其離此尤兮，〔九〕亦夫子之辜也！〔一〇〕瞝九州而相君兮，何必懷此都也？〔一一〕鳳皇翔于千仞之上兮，覽惪煇焉下之；〔一二〕見細德之險微兮，摇增翮逝而去之。〔一三〕彼尋常之汙瀆兮，豈能容吞舟之魚！〔一四〕横江湖之鱣鱏兮，固將制於螻蟻。〔一五〕

〔二〕【集解】李奇曰：「訊，告也。」張晏曰：「訊，離騷下章亂辭也。」【索隱】李奇曰：「誶，告也，音信。」張晏曰：「訊，離騷下章誶亂也。」劉伯莊音素對反。訊猶宣也，重宣其意。周成、師古音碎也。【考證】張文虎曰：索隱「周成」下疑有脱文。隋志梁有解文字義七卷，周成撰。

〔三〕【索隱】堙欝，漢書作「壹鬱」，意亦通。

〔三〕【索隱】遰，音逝也。縮，漢書作「引」也。【正義】漂漂，輕舉貌。【考證】漢書、文選「遰」作「逝」。語、去，韻。

〔四〕【集解】鄧展曰：「襲，重也。」或曰：襲，覆也，猶言察也。【索隱】襲，復也。莊子曰「千金之珠，必在九重之淵，而驪龍頷下」，故云「九淵之神龍」也。【正義】顧野王曰：「襲，合也。」師古曰：「九淵，九旋之淵，言至深也。」吕向曰：「襲，猶察也。言察於神龍，則知藏於深淵之處，可以自珍重也。言君子在亂世，可以隱也。」

【考證】王先謙曰：襲，深藏也。

〔五〕【集解】徐廣曰：「沕，亡筆反。潛，藏也。」【索隱】張晏曰：「沕，潛藏也。音密，又音勿也。」

〔六〕【集解】徐廣曰：「一云『偭蟂獺』。一本云『彌蝎爚以隱處』也。」【索隱】漢書作「偭蟂獺」。徐廣又一本作「彌蝎蝓以隱處」，蓋總三本不同也。案：蘇林云「偭，音面」，應劭云「偭，背也。蟂獺，水蟲害魚者，以言背惡從善也」。郭璞注爾雅云「似梟，江東謂之魚鴗」。【正義】顧野王云：「彌，遠也。融，明也。爚，光也。」没深藏以自珍，彌遠明光以隱處也。【考證】梁玉繩曰：徐注「一云『偭蟂獺』」是也。下句「從蝦與蛭蟥」政相對。

〔七〕【集解】漢書「螘」字作「蝦」。韋昭曰：「蝦，蝦蟇也。蛭，水蟲。螾，丘螾也。」【索隱】螘，音蟻。漢書作「蝦」。言偭然絶於蟂獺，況從蝦與蛭螾也。蛭，音質。螾，音引也。【正義】言寧投水合神龍，豈陸葬從蟻與蛭蚓。【考證】漢書注孟康曰：「言龍自絶於蟂獺，況從蝦與蛭螾也。」珍、螾，韻。

〔八〕【正義】使騏驥可得係縛羈絆，則與犬羊無異。責屈原不去濁世以藏隱。騏，文如綦也。驥，千里馬。【考證】漢書「藏」作「臧」。藏、羊，韻。

〔九〕【集解】蘇林曰：「般，音盤。」孟康曰：「般，音班。」或曰：盤桓不去。紛紛，構讒意也。【索隱】般，音班。又音盤，槃桓也。紛紛，猶藉藉，構讒之意也。尤，謂怨咎也。【考證】王先謙曰：經典，般、斑、班皆通用。離騷「斑陸離其上下」，注「斑，亂貌」，與此「般」字同。愚按：尤，咎也。

〔一〇〕【索隱】漢書「辜」作「故」。夫子，謂屈原也。李奇曰：「亦夫子不如麟鳳翔逝之故，罹此咎也。」【考證】張文虎曰：此言屈子遭此放逐，咎由自取，不能周遊擇君，而戀戀於楚都，以反己之今日時勢不同也。李奇説意簡而明。顔師古乃謂「誼自言今之離郢，亦猶屈原」。又云「言往長沙爲傅，不足哀傷，何用苟懷此故都」。夫誼生漢朝，與戰國異。雖爲長沙王傅，猶漢臣也，何得歷九州而相君？此解窒礙不如李。

〔一一〕【索隱】瞝，丑知反。謂歷觀也。漢書作「歷九州」。【考證】楓、三本「相」下有「其」字，與漢書、文選合。辜、都，韻。

〔一二〕【索隱】案：言鳳皇翔，見人君有德乃下。故禮曰「德煇動乎内」是也。

〔一三〕【集解】徐廣曰：「搖增翮，一云『遥增擊』也。」【正義】搖，動也。增，加也。言見細德之人，又有險難微起，則合加動羽翮，遠逝而去之。【考證】文選作「見細德之險徵兮，遥增擊而去之」。漢書一本作「險微」，一本作「險徵」。作「險徵」爲長。顔師古曰：言見苛細之人險阸之證，故重擊其羽而去之。李笠曰：「增」字同「層」，謂鳳皇見細德之兆，故搖動其重層之翮，而遠逝而去耳。下、去，韻。

〔一四〕【集解】應劭曰：「八尺曰尋，倍尋曰常。」【索隱】音烏獨二音。汙，潢。汙瀆，小渠也。

〔一五〕【集解】如淳曰：「鱣，大魚也。」瓚曰：「鱏魚無鱗，口近腹下。」【索隱】莊子云庚桑楚謂弟子曰「呑舟之魚，蕩而失水，則螻蟻能制之」。戰國策齊人説靖郭君亦同。案：以此喻小國暗主，不容忠臣，而爲讒賊小臣之所見害。【正義】鱣鱏，上哲連反，下音尋。【考證】索隱本「螻蟻」作「蟻螻」爲是。魚、螻，韻。張文虎曰：蟻螻，倒文以叶韻，蓋讀「螻」爲龍珠切。集韻十虞有此一音。此後世轉侯入虞之濫觴。讀者習見「螻蟻」字，以爲誤而乙之，不知「蟻」字不可與辜、都、下、去、魚爲韻也。今惟索隱本未改。梁玉繩曰：賈、屈同傳，以渡江一賦耳，不載陳政事疏，與董仲舒傳不載賢良策對同，幾等賈、董于馬卿矣。舍經濟而登辭賦，得毋失去取之義乎？

賈生爲長沙王太傅三年，〔一〕有鴞飛入賈生舍，止于坐隅。楚人命鴞曰「服」。〔二〕賈生既以適居長沙，長沙卑溼，自以爲壽不得長，傷悼之，〔三〕乃爲賦以自廣。〔四〕其辭曰：

〔一〕【索隱】爲長沙傅。案：誼爲傅，是吴芮之玄孫産襄長沙王之時也，非景帝之子長沙王發也。荆州記「長沙城西北隅有賈誼宅及誼石牀在矣」。【正義】漢文帝年表云吴芮之玄孫差襄長沙王也。傳爲長沙靖王差之二年也。括地志云：「吴芮故城在潭州長沙縣東南三百里。賈誼宅在縣南三十步。」湘水記云「誼宅中有一井，誼所穿，極小而深，上斂下大，其狀如壺。傍有一局腳石牀，容一人坐，形流古制，相承云誼所坐」。

〔二〕【集解】晉灼曰：「異物志有山鴞，體有文色，土俗因形名之曰服。不能遠飛，行不出域。」【索隱】案：鄧展云「似鵲而大」。晉灼云「巴蜀異物志云『有鳥小鷄，體有文色，土俗因形名之曰服。不能遠飛，行不出域』」。荆州記云「巫縣有鳥如雌鷄，其名爲鴞，楚人謂之服」。吴録云「服，黑色，鳴自呼」。【正義】鴞，大如斑鳩，緑色，惡鳥也，入人家，凶。

〔三〕【考證】陳仁錫曰：「長沙卑溼，自以爲壽不得長」二句兩見。

〔四〕【索隱】案：姚氏云「廣，猶寬也」。【考證】王先愼曰：賈子在長沙作服鳥賦。西京雜記「賈誼在長沙，鵩鳥集其承塵。長沙俗以鵩鳥至人家，主人死。誼作鵩鳥賦，齊死生，等榮辱，以遺憂累焉」。

單閼之歲兮，四月孟夏。〔一〕庚子日施兮，服集予舍，〔二〕止于坐隅，貌甚閒暇。〔三〕異物來集兮，私怪其故；發書占之兮，策言其度。〔四〕曰「野鳥入處兮，主人將去」。〔五〕請問于服兮，予去何之？〔六〕吉乎告我，凶言其菑。〔七〕淹數之度兮，語予其期。〔八〕服乃歎息，舉首奮翼；口不能言，請對以意。〔九〕

〔一〕【集解】徐廣曰：「歲在卯曰單閼。文帝六年，歲在丁卯。」【索隱】爾雅云「歲在卯曰單閼」。李巡云「單閼，起也，陽氣推萬物而起，故曰單閼」。孫炎本作「蟬焉」。蟬猶伸也。【正義】閼，烏葛反。【考證】汪中曰：按史記曆書「太初元年焉逢攝提格」，上推孝文五年，是爲昭陽單閼。賈生以孝文元年爲博士，歲中超遷至太中大夫，旋出爲長沙王傅，至此適得三年。愚按：呂氏春秋序意篇云「維秦八年，歲在涒灘」，歲星紀年見古書者，以此爲始。賈生是賦次之。屈原離騷「攝提貞于孟陬」，蓋以紀月，非紀年也。

〔二〕【集解】徐廣曰：「施，一作『斜』。」【索隱】施，音移。施，猶西斜也。漢書作「斜」也。【考證】李笠曰：施，移也。愚按：漢書削「兮」字，下同。文選有。

〔三〕【考證】夏、舍、暇，韻。

〔四〕【索隱】漢書「策」作「讖」。案：說文云「讖，驗言也」。今此「筴」，蓋雜筴辭云然。【正義】發策數之書，占其度驗。

〔五〕【考證】故、度、去，韻。

〔六〕【索隱】于，於也。漢書本有作「子服」，小顏云「子，加美辭也」。

〔七〕【正義】音災。

〔八〕【集解】徐廣曰：「數，速也。」【正義】數，音朔，速也。淹，留遲也。漢書作「淹速」。【考證】之、菑、期，韻。

〔九〕【索隱】協音憶也。【正義】協韻音憶。【考證】索隱、正義本作「意」，故云「音臆」。他本作「臆」。

萬物變化兮，固無休息。〔一〕斡流而遷兮，或推而還。〔二〕形氣轉續兮，化變而嬗。〔三〕沕穆無窮兮，胡可勝言！〔四〕禍兮福所倚，福兮禍所伏；〔五〕憂喜聚門兮，吉凶同域。〔六〕彼吳彊大兮，夫差以敗；越棲會稽兮，句踐霸世。〔七〕斯游遂成兮，卒被五刑；〔八〕傅說胥靡兮，乃相武丁。〔九〕夫禍之與福兮，何異糾纆；〔一〇〕命不可説兮，孰知其極？〔一一〕水激則旱兮，矢激則遠。〔一二〕萬物回薄兮，振蕩相轉。〔一三〕雲蒸雨降兮，錯繆相紛。大專槃物兮，〔一四〕坱軋無垠。〔一五〕天不可與慮兮，道不可與謀。〔一六〕遲數有命兮，惡識其時？〔一七〕

〔一〕【考證】翼、意、息，韻。

〔二〕【索隱】斡，音烏活反。斡，轉也。【考證】顏師古曰：斡，音管。斡，轉也。還讀曰旋。愚按：顏云「斡，音管」，與弔屈原文集解合。顧炎武日知録引説文云「斡，音古案切」，不得烏括切。

〔三〕【集解】服虔曰：「嬗，音如蟬，謂變蛻也。」或曰：蟬蔓相連也。【索隱】韋昭云：「而，如也。如蟬之蛻化也。」蘇林云：「嬗，音禪，謂其相傳與也。」【考證】張文虎曰：化變，毛本作「變化」，與索隱本及漢書、文選合，各本作「化變」。

〔四〕【索隱】漢書「無窮」作「無閒」。沕，音密，又音昧。沕穆，深微之貌。以言其理深微，不可盡言也。【正義】沕，音勿。【考證】還、嬗、言，韻。

〔五〕【索隱】此老子之言。然「禍」字古作「旤」。案：倚者立身也，伏下身也。以言禍福遞來，猶如倚伏也。【正義】倚，於犧反，依也。【考證】五十八章「福」下、「禍」下有「之」字。中井積德曰：謂有禍則福亦與此相依，有福則禍亦潛伏於其中也。

〔六〕【正義】言禍福相因，吉凶不定。【考證】伏、域，韻。

〔七〕【考證】敗、世，韻。

〔八〕【集解】韋昭曰：「斯，李斯也。」【考證】應劭曰：李斯西遊於秦，身登相位。二世時爲趙高所讒，身伏五刑。

〔九〕【集解】徐廣曰：「腐刑也。」【索隱】徐廣云：「胥靡，腐刑也。」晉灼云：「胥，相也。靡，隨也。古者相隨坐輕刑之名。」墨子云：「傅説衣褐帶索，傭築於傅巖。」傅巖在河東太陽縣。又夏靖書云「猗氏六十里，黃河西岸吳阪下，便得隱穴，是説所潛身處也」。【考證】刑、丁，韻。

〔一〇〕【集解】應劭曰：「福禍相爲表裏，如糾纆繩索相附會也。」瓚曰：「糾，絞也。纆，索也。」【索隱】韋昭云：「纆，徽也。」又通俗文云：「合繩曰糾。」字林云「纆，三合繩也，音墨」。糾，音九。

〔一一〕【考證】纆、極，韻。

〔一二〕【索隱】此乃淮南子及鶡冠子文也。彼作「水激則悍」。而呂氏春秋作「疾」，以言水激疾則去疾，不能浸潤；矢激疾則去遠也。説文「旱」與「悍」同音，以言水矢流飛，本以無礙爲通利，今遇物觸之，則激怒，更勁疾而遠悍，猶人或因禍致福，倚伏無常也。【考證】劉攽曰：旱讀爲悍，猛疾也。

〔一三〕【考證】遠、轉，韻。

〔一四〕【集解】漢書「專」字作「鈞」。如淳曰：陶者作器於鈞上，此以造化爲大鈞。【索隱】漢書云「大鈞播物」，此「專」讀曰「鈞」。槃，猶轉也，與播義同。如淳云：「陶者作器於鈞上，以造化爲大鈞也。」虞喜志林云：「大鈞，造化之神，鈞陶萬物，品授羣形者也。」案：上鄒陽傳注云「陶家名模下圓轉者爲鈞，言其能制器大小，以比之於天」。【正義】專，音均。【考證】朱錦綬曰：案專之與鈞，聲形各别。漢書作「鈞」，此作「專」者，漢書五行志注專有員義，故「大鈞」可作「大專」，猶言「大圜」耳，不必讀專爲鈞也。中井積德曰：槃轉制物形，不必訓播。愚按：槃、盤通用，旋也。

〔一五〕【集解】應劭曰：「其氣坱軋，非有限齊也。」坱，音若央。軋，音若乙。【索隱】坱圠無垠，應劭云「其氣坱圠，非有限齊也」。案：無垠，謂無有際畔也。説文云「垠，圻也」。郭璞注方言云「坱軋者，不測也」。王逸注楚詞云「坱軋，雲霧氣昧也」。【正義】坱，烏郎反。軋，於黠反。垠，音銀。【考證】紛、垠，韻。

〔一六〕【索隱】與，音預也。

〔一七〕【考證】謀、時，韻。朱熹曰：謀，叶謨悲反。

且夫天地爲鑪兮，造化爲工；〔一〕陰陽爲炭兮，萬物爲銅。〔二〕合散消息兮，安有常則；〔三〕千變萬化兮，未始有極。〔四〕忽然爲人兮，何足控摶；〔五〕化爲異物兮，又何足患！〔六〕小知自私兮，賤彼貴我；〔七〕通人大觀兮，物無不可。〔八〕貪夫徇財兮，烈士徇名；〔九〕夸者死權兮，〔一〇〕品庶馮生。〔一一〕怵迫之徒兮，或趨西東；〔一二〕大人不曲兮，億變齊同。〔一三〕拘士繫俗兮，攌如囚拘；〔一四〕至人遺物兮，獨與道俱。〔一五〕衆人或或兮，好惡積意。〔一六〕真人淡漠兮，獨與道息。〔一七〕釋知遺形兮，超然自喪；〔一八〕寥廓忽荒兮，與道翺翔。〔一九〕乘流則逝兮，得坻則止；〔二〇〕縱軀委命兮，不私與己。〔二一〕其生若浮兮，其死若休；〔二二〕澹兮若深淵之静，氾兮若不繫之舟。〔二三〕不以生故自寶兮，〔二四〕養空而游；〔二五〕德人無累兮，知命不憂。〔二六〕細故蔕薊兮，何足以疑。〔二七〕

〔一〕【索隱】此莊子文。【考證】莊子大宗師「今一以天地爲大鑪，以造化爲大冶，惡乎往而不可哉」。

〔二〕【索隱】既以陶冶喻造化，故以陰陽爲炭，萬物爲銅也。【考證】工、銅，韻。

〔三〕【索隱】莊子云：「人之生也，氣之聚也，聚則爲生，散則爲死。」【考證】莊子知北遊。

〔四〕【索隱】莊子云「人之形，千變萬化，未始有極」。【考證】莊子大宗師。則、極，韻。

〔五〕【集解】如淳曰：「控，引也。控摶，玩弄愛生之意也。」【索隱】按：控，引也。摶，音徒端反。控摶，謂引持而自玩弄，貴生之意也。又本作「控揣」。揣，音初委反，又音丁果反。揣者量也。故晉灼云：「忽然爲人，言此生甚輕耳，何足引物量度己年命之長短而愛惜乎！」

〔六〕【索隱】謂死而形化爲鬼，是爲異物也。患協音環。【考證】摶、患，韻。

〔七〕【索隱】莊子云「以物觀之，自貴而相賤」是也。【考證】莊子秋水。

〔八〕【索隱】莊子云「物固有所然，物固有所可，無物不然，無物不可」也。【考證】莊子齊物論。漢書、文選「通人」作「達人」。我、可，韻。

〔九〕【集解】應劭曰：「徇，營也。」瓚曰：「以身從物曰徇。」【索隱】此語亦出莊子。臣瓚云「亡身從物，謂之殉也」。【考證】莊子駢拇「小人則以身殉利，士則以身殉名」。刻意「野語有之曰：『衆人重利，廉士重名。賢士尚志，聖人貴精。』」張文虎曰：烈士，舊刻與索隱本同，各本作「列」。愚按：文選作「烈」。

〔一〇〕【集解】應劭曰：「夸，毗也。好榮死於權利。」瓚曰：「夸，泰也。莊子曰『權勢不尤，則夸者不悲』也。」【索隱】言好夸毗者死於權利，是言貪權勢以自矜夸者，至死不休也。按：揵爲舍人注爾雅云「夸毗，卑身屈己也」。曹大家云「體柔人之夸毗也」。尤，甚也。言勢不甚用，則夸毗者可悲也。【考證】中井積德曰：夸，謂矜伐，謂因權勢以致死而不悔也。

〔一一〕【集解】孟康曰：「馮，貪也。」【索隱】漢書作「每生」，音謀在反。孟康云「每者貪也」。服虔云「每，念生也」。鄒誕本亦作「每」，言唯念生而已。今此作「馮」，馮亦持念之意也。然案方言「每」字合從手旁，每音莫改反也。【正義】馮，音憑。【考證】史伯夷傳引賈子「品庶」作「衆庶」，義同。説文「品，衆庶也」。名、生，韻。

〔一二〕【集解】孟康曰：「怵，爲利所誘怵也。迫，迫貧賤，東西趨利也。」【索隱】漢書亦有作「私東」，應劭云：「仕諸侯爲私，時天子居長安，諸王悉在關東，羣小怵然，内迫私家，樂仕諸侯，故云『怵迫私東』也。」李奇曰：「『私』多作『西』者，言東西趨利也。」怵，音黜。又言怵者誘也。【考證】中井積德曰：怵，怵惕也。怵迫，謂畏懼迫促之人。

〔一三〕【索隱】張機云：「德無不包，靈府弘曠，故名『大人』也。」【正義】大人，聖人也。德無不包，體達性命，故不曲憂生死。【考證】漢書、文選「億」作「意」。王念孫曰：億變，猶上文言「千變萬化」也。億變齊同，即莊子齊物之旨。作「意」者借字耳。東、同，韻。

〔一四〕【集解】徐廣曰：「攌，音華板反，又音晥。」【索隱】攌，音和板反。説文云「攌，大木栅也」。漢書作「僒」，音去隕反。【考證】楓、三本、漢書、文選「拘士」作「愚士」，當依改。「拘」字與句末「因拘」複。中井積德曰：攌，蓋繫執之義。

〔一五〕【索隱】莊子云「古之至人，先存諸己，後存諸人」。張機云：「體盡於聖，德美之極，謂之至人。」【考證】莊子人間世。拘、俱，韻。

〔一六〕【集解】李奇曰：「或或，東西也。所好所惡，積之萬億也。」瓚曰：「言衆懷抱好惡，積之心意。」【正義】按：意，合韻音憶。【考證】漢書、文選「或」作「惑」。文選「意」作「億」。朱熹曰：積意，積之胸臆也。愚按：當作「憶」，滿也。

〔一七〕【索隱】莊子云：「古之真人，不知悦生，不知惡死，不以心損道，不以人助天。」呂氏春秋曰：「精氣日新，邪氣盡去，反其天年，謂之真人也。」【正義】澹漠，上徒濫反，下音莫。澹，薄也。漠，静也。【考證】漢書、文選「澹」作「恬」。意、息，韻。索隱引莊子大宗師、呂覽先己。

〔一八〕【集解】服虔曰：「絶聖棄知，而忘其身也。」【索隱】按：釋智，謂絶聖棄智也。遺形者，「形故可使如槁木」是也。自喪者，謂心若死灰也。莊周云「今者吾喪我，汝知之乎」？【考證】索隱「知」作「智」，與漢書、文選同。莊子齊物論。

〔一九〕【考證】喪、翔，韻。

〔二〇〕【集解】徐廣曰：「坻，一作『坎』。」駰案：張晏曰：「坻，水中小洲也。」【索隱】漢書「坻」作「坎」。按周易坎九二「有險」，言君子見險則止。【正義】坻，音持。張晏曰：「夷易則仕，險難則隱也。」【考證】漢書作「坎」，文選作「坻」，兩通。王先謙曰：言行止一聽自然，非有計較之私，亦無關仕隱之義。

〔二一〕【考證】止、己，韻。

〔二二〕【索隱】莊子云「勞我以生，休我以死」也。【考證】莊子大宗師。

〔二三〕【索隱】出莊子也。【考證】莊子列禦寇「汎若不繫之舟，虛而遨遊」者也。

〔二四〕【索隱】鄧展云「自寶，自貴也」。

〔二五〕【集解】漢書音義曰：「如舟之空也。」【索隱】言體道之人，但養空性而心若浮舟也。【正義】鄧氏云「道家養空虛，若浮舟也」。【考證】漢書、文選「游」作「浮」。中井積德曰：空只是虛，不必以舟喻。

〔二六〕【索隱】按：德人，謂上德之人。心中無物累，是得道之士也。

〔二七〕【集解】韋昭曰：「慸，音士介反。」【索隱】葪，音介。漢書作「介」。張揖云：「慸介，鯁刺也。以言細微事故，不足慸介我心，故云『何足以疑』也。」【正義】慸，忍邁反。葪，加邁反。【考證】今本漢書「葪」作「芥」。慸芥以喻細故也。休、舟、游、疑，韻。朱熹曰：疑，叶音牛。

後歲餘，賈生徵見。孝文帝方受釐，〔一〕坐宣室。〔二〕上因感鬼神事，而問鬼神之本。賈生因具道所以然之狀。至夜半，文帝前席。〔三〕既罷，曰：「吾久不見賈生，自以爲過之，今不及也。」居頃之，拜賈生爲梁懷王太傅。〔四〕梁懷王，文帝之少子，愛而好書，故令賈生傅之。

〔一〕【集解】徐廣曰：「祭祀福胙也。」駰案：如淳曰「漢唯祭天地、五時，皇帝不自行，祠還致福」。釐，音僖。【正義】釐，音希。禧福也。借「釐」字爲之耳。言受神之福也。

〔二〕【集解】蘇林曰：「未央前正室。」【索隱】三輔故事云：「宣室在未央殿北。」應劭云：「釐，祭餘肉也。音僖。」【正義】淮南子云「武王殺殷紂於宣室」，漢蓋取舊名以名殿也。

〔三〕【考證】漢書「狀」作「故」。顔師古曰：漸迫近誼，聽説其言也。愚按：史商鞅傳「衛鞅見孝公，公與語，不自知膝之前於席也」。

〔四〕【索隱】梁懷王名揖，文帝子。

文帝復封淮南厲王子四人，皆爲列侯。賈生諫，以爲患之興自此起矣。〔一〕賈生數上疏，言諸侯或連數郡，非古之制，可稍削之。文帝不聽。〔二〕

〔一〕【考證】賈生諫封淮南厲王子疏，見漢書本傳。

〔二〕【考證】徐孚遠曰：時梁王未之國，居京師。故賈生爲傅得上疏獻替。趙翼曰：治安策所言，皆有關治道，經事綜物，兼切於當日時勢，文帝亦多用其言。賈誼傳何得遺之。漢書全載。

居數年，懷王騎，墮馬而死，無後。〔一〕賈生自傷爲傅無狀，哭泣歲餘，亦死。賈生之死時年三十三矣。及孝文崩，孝武皇帝立，舉賈生之孫二人至郡守，而賈嘉最好學，世其家，與余通書。至孝昭時，列爲九卿。〔二〕

〔一〕【集解】徐廣曰：「文帝十一年。」

〔二〕【考證】梁玉繩曰：此文爲後人增改。「孝武」當作「今上」，而中隔景帝，似不必言「孝文崩」，宜云「及今上皇帝立」也。「至孝昭時」二句當删之。唐表誼子名璠，璠二子嘉、惲。徐孚遠曰：「與余通書」，史公本文。

「至昭帝」句，則後人所增也。

太史公曰：余讀離騷、天問、招魂、哀郢，悲其志。適長沙，觀屈原所自沈淵，未嘗不垂涕，想見其爲人。〔一〕及見賈生弔之，又怪屈原以彼其材游諸侯，何國不容，而自令若是。〔二〕讀服鳥賦，同死生，輕去就，又爽然自失矣。〔三〕

〔一〕【索隱】按：荆州記云「長沙羅縣北帶汨水。去縣四十里，是原自沈處，北岸有廟也」。

〔二〕【考證】何焯曰：即賦内「歷九州」三句，謂賈生怪之也。

〔三〕【集解】徐廣曰：「一本作『奭』。」

【索隱述贊】屈平行正，以事懷王。瑾瑜比潔，日月争光。忠而見放，讒者益章。賦騷見志，懷沙自傷。百年之後，空悲弔湘。

史記會注考證卷八十五

史記八十五

呂不韋列傳第二十五

【考證】史公自序云：「結子楚親，使諸侯之士斐然争入事秦。作呂不韋列傳第二十五。」

呂不韋者，陽翟大賈人也。〔一〕往來販賤賣貴，家累千金。〔二〕

〔一〕【索隱】翟，音狄，俗又音宅。地理志縣名，屬潁川。按：戰國策以不韋爲濮陽人，又記其事迹，亦多與此傳不同。班固雖云太史公採戰國策，然爲此傳，當别有所聞見，故不全依彼説。或者劉向定戰國策時，以己異聞改彼書，遂令不與史記合也。【正義】陽翟，今河南府縣。

【考證】中井積德曰：商、賈，分言之二也，通言之一也。賈，音古。鄭玄注周禮云「行曰商，處曰賈」。

〔二〕【集解】徐廣曰：「一本云『陽翟大賈也，往來賤買貴賣』也。」【索隱】王劭賣音作育。案：育賣義同，今依義。

秦昭王四十年，太子死。其四十二年，以其次子安國君爲太子。〔一〕安國君有子二十餘人。安國君有所甚愛姬，立以爲正夫人，號曰華陽夫人。〔二〕華陽夫人無子。安國君中男名子楚，〔三〕子楚母曰夏姬，毋愛。子楚爲秦質子於趙。〔四〕秦數攻趙，趙不甚禮子楚。

〔一〕【索隱】名柱，後立，是爲孝文王也。【正義】名柱，又名戍。

〔二〕【考證】胡三省曰：「蓋食湯沐邑於華陽，因以爲號。」稱謂録云：「集韻『姬，妾統稱』。案葉夢得石林燕語『婦人無名，以姓爲名。故周人稱「王姬」、「伯姬」。姬，周姓，後世不思其故，遂以「姬」爲通稱矣。以虞美人爲虞姬，戚夫人爲戚姬。政和間，帝女下嫁曰「帝姬」。嘗白蔡魯公欲改正之，不果』。郎仁寶七脩類稾辨之曰『姬固周姓，亦爲婦人美稱。毛詩曰「彼美淑姬」。師古曰「周貴於衆國之女，所以婦人之美者稱姬」。若以國姓而後世傳訛，則黄帝姓姬，炎帝姓姜。左傳雖有「姬」、「姜」連稱之辭，獨用一「姜」字稱婦人，可乎』。據此，則古人以『姬』爲婦人之通稱，後世乃專以之稱妾耳。」

〔三〕【索隱】即莊襄王也。戰國策曰本名異人，後從趙還，不韋使以楚服見，王后悦之曰「吾楚人也，而子字之」，乃變其名曰子楚也。

〔四〕【索隱】質，舊音致，今讀依此。穀梁傳曰「交質子，不及二伯」。左傳曰「信不由中，質無益也」。【考證】楓、三本「毋」作「不」。

子楚，秦諸庶孽孫，質於諸侯，〔一〕車乘進用不饒，居處困，不得意。〔二〕呂不韋賈邯鄲，見而憐之曰：「此奇貨可居。」〔三〕乃往見子楚，説曰：「吾能大子之門。」子楚笑曰：「且自大君之門，而乃大吾門！」呂不韋曰：「子不知也，吾門待子門而大。」子楚心知所謂，乃引與坐，深語。〔四〕呂不韋曰：「秦王老矣，安國君得爲太子。竊聞安國君愛幸華陽夫人，〔五〕華陽夫人無子，能立適嗣者，獨華陽夫人耳。〔六〕今子兄弟二十餘人，子又居中，不甚見幸，久質諸侯。即大王薨，安國君立爲王，則子毋幾得與長子及諸子旦暮在前者，爭爲太子矣。」〔七〕子楚曰：「然。爲之柰何？」呂不韋曰：「子貧，客於此，〔八〕非有以奉獻於親，及結賓客也。不韋雖貧，請以千金爲子西游，事安國君及華陽夫人，立子爲適嗣。」子楚乃頓首曰：「必如君策，請得分秦國與君共之。」

〔一〕【索隱】韓王信傳亦曰「韓信襄王孽孫」。張晏曰「孺子曰孽子」。何休注公羊「孽，賤子也」。以非嫡正，故曰「孽」。【考證】楓、三本無「諸」字。

〔二〕【索隱】按：下文云「以五百金爲進用」，宜依小顏讀爲「賫」，音才刃反。進者財也，古字假借之也。【考證】中井積德曰：進用，猶供給也。贐，是送行之財，非泛名。註非。愚按：下文「進用」義同。

〔三〕【集解】以子楚方財貨也。【正義】戰國策云：「濮陽人呂不韋賈邯鄲，見秦質子異人，謂其父曰：『耕田之利幾倍？』曰：『十倍。』『珠玉之贏幾倍？』曰：『百倍。』『立定國之主贏幾倍？』曰：『無數。』不韋曰：『今力田疾作，不得煖衣飽食；今定國立君，澤可遺後世，願往事之。』秦子異人質於趙，處於屏城，故往說之。乃說秦王后弟陽泉君曰：『君之罪至死，君知之乎？君門下無不居高官尊位，太子門下無貴者，而駿馬盈外廄，美女充後庭。王之春秋高矣，一日山陵崩，太子用事，君危於累卵，而不壽於朝生。今有計可以使君富千萬，寧於太山，必無危亡之患矣。』陽泉曰：『請聞其說。』不韋曰：『王年高矣，王后無子。子傒有承國之業，士倉又輔之。王一日山陵崩，子傒立，士倉用事，王后之門必生蓬蒿。子楚異人，賢材也，棄在於趙，無母，引領西望，欲一得歸。王后誠請而立之，是異人無國有國，王后無子有子。』陽泉曰：『諾。』入說王后，爲請於趙而歸之。」【考證】胡三省曰：賈人居積滯貨，何時以牟利，以異人方財貨也。釋幻雲曰：正義所引，與秦策小異。

〔四〕【索隱】謂既解不韋所言之意，遂與密謀深語也。

〔五〕【考證】楓、三本無「幸」字。

〔六〕【正義】適，音嫡。

〔七〕【索隱】毋，音無。幾，音冀。幾，望也。左傳曰「日月以幾」。戰國策曰「子傒承國之業」。高誘注云「子傒，秦太子異人之異母兄弟也」。【正義】言子楚無望得爲太子。【考證】岡白駒曰：「則無幾」以下十九字當做一氣讀。

〔八〕【考證】楓、三本「客」下有「在」字。

呂不韋乃以五百金與子楚，爲進用，結賓客，而復以五百金買奇物玩好，自奉而西游秦，求見華陽夫人姊，而皆以其物獻華陽夫人。因言子楚賢智，結諸侯賓客徧天下，常曰，楚也以夫人爲天，日夜泣思太子及夫人。夫人大喜。不韋因使其姊說夫人〔一〕曰：「吾聞之，以色事人者，色衰而愛弛。〔二〕今夫人事太子，甚愛而無子，不以此時蚤自結於諸子中賢孝者，舉立以爲適而子之，〔三〕夫在則重尊，夫百歲之後，所子者爲王，終不失勢，〔四〕此所謂一言而萬世之利也。不以繁華時樹本，即色衰愛弛後，雖欲開一語，尚可得乎？今子楚賢，而自知中男也，次不得爲適，其母又不得幸，自附夫人。〔五〕夫人誠以此時拔以爲適，夫人則竟世有寵於秦矣。」華陽夫人以爲然，承太子閒，從容言子楚質於趙者絕賢，來往者皆稱譽之。〔六〕乃因涕泣曰：「妾幸得充後宮，不幸無子，願得子楚，立以爲適嗣，以託妾身。」安國君許之，乃與夫人刻玉符，約以爲適嗣。〔七〕安國君及夫人因厚餽遺子楚，而請呂不韋傅之，子楚以此名譽益盛於諸侯。

〔一〕【索隱】戰國策作「說秦王后弟陽泉君」也。

〔二〕【正義】弛，尸氏反。

〔三〕【索隱】以此爲一句。子，謂養之爲子也。然欲分「立以爲適」作上句，「而子之夫在則尊重」作下句，意亦通。【正義】言華陽夫人舉才達子而爲安國君嫡嗣，而又養之爲嗣也。【考證】中井積德曰：「不」上脱「何」字。楓、三本「結」下有「言」字。愚按：正義有譌脱。

〔四〕【考證】張文虎曰：據上索隱引，「重尊」當作「尊重」。

〔五〕【考證】次，次序也。

〔六〕【索隱】閒，音閑。從，音七恭反。

〔七〕【考證】中井積德曰：時昭王在焉，故太子不能顯定計議立名號，故陰刻符爲約耳。

呂不韋取邯鄲諸姬絶好善舞者與居，〔一〕知有身。子楚從不韋飲，見而説之，因起爲壽，請之。呂不韋怒，念業已破家爲子楚，欲以釣奇，〔二〕乃遂獻其姬。姬自匿有身，至大期時生子政。子楚遂立姬爲夫人。〔三〕

〔一〕【索隱】言其姿容絶美，而又善舞也。

〔二〕【索隱】釣者，以取魚喻也。「奇」即上云「此奇貨可居」也。【考證】言不韋初無意於獻姬，既而以爲我已以子楚爲奇。今又獻姬，以我子爲秦嗣，更奇。通鑑「怒」上補「佯」字，非是。

〔三〕【集解】徐廣曰：「期，十二月也。」【索隱】徐廣云：「十二月也。」譙周云「人十月生，此過二月，故云『大朞』」，蓋當然也。既云自匿有娠，則生政固當踰常朞也。【正義】子政者，始皇帝也。【考證】梁玉繩曰：攷漢書王商傳「不韋求好女爲妻，陰知其有身，而獻之王，產始皇帝」。故始皇紀後所附班固文以始皇爲呂政。後儒俱稱，以呂易嬴。讀史管見論「作史者，宜自始皇元年書爲後秦，正其姓氏，庶幾實録」。均本斯傳言之，余竊惑焉。左傳僖十七年「孕過期」，疏云「十月而產，婦人大期」。乃十月之期，不作十二月解。即如史注十二月曰大期，夫不及期，可疑也，過期，尚何疑。若謂始皇之生，本不及期，隱之至大期，而乃以生子告，則子楚決無不知之理，豈非欲蓋彌彰乎？祇緣秦犯衆怒，惡盡歸之，遂有呂政之譏。而究其所起，必因不韋冒認厥考之誣辭。匿身一語，仍是奇貨可居故智。史公于本紀特書生始皇之年月，而于此更書之，猶云「世皆傳不韋獻匿身姬」，其實秦政大期始生也。別嫌明微，合于春秋書「子同生」之義，人自誤讀史記爾。

秦昭王五十年，使王齮圍邯鄲，急，趙欲殺子楚。子楚與呂不韋謀，行金六百斤予守者吏，得脱亡赴秦軍，遂以得歸。〔一〕趙欲殺子楚妻子。子楚夫人，趙豪家女也。得匿，以故母子竟得活。〔二〕秦昭王五十六年薨，太子安國君立爲王，華陽夫人爲王后，子楚爲太子。趙亦奉子楚夫人及子政歸秦。

〔一〕【考證】楓、三本「邯鄲」下重「邯鄲」，義長。館本考證云「秦策子楚歸，在孝文王立後，與此不同」。

〔二〕【考證】徐孚遠曰：子楚夫人，即不韋姬也，不得爲豪家女。當以秦質子故有豪家主之，得自匿免。錢大昕曰：蓋不韋資助之，遂爲邯鄲豪家。愚按：錢説較長。

秦王立一年薨，謚爲孝文王。太子子楚代立，是爲莊襄王。莊襄王所母華陽后爲華陽太后，〔一〕真母夏姬，尊以爲夏太后。莊襄王元年，以呂不韋爲丞相，〔二〕封爲文信侯，食河南雒陽十萬户。〔三〕

〔一〕【索隱】劉氏本「所母」作「所生母」，「生」衍字也。今檢諸本，並無「生」字。【考證】各本「所」下有「養」字，索隱本、三條本無。王念孫曰：莊襄王乃夏姬所生，而華陽后爲夫人時，立以爲適嗣，故曰「莊襄王所母華陽后」，對下文「真母夏姬」而言。「養」字後人妄加。

〔二〕【索隱】下文「尊爲相國」。案：百官表曰「皆秦官，金印紫綬，掌承天子，助理萬機。秦置左右，高帝置一，後又更名相國，哀帝時，更名大司徒」。【正義】莊襄立丞相，至始皇又改爲相國。秦有左右丞相，高帝置一丞相，後更名相國。孝惠、高后置左右丞相，文帝置一丞相，有兩長史。哀帝更名大司徒也。

〔三〕【索隱】戰國策曰「食藍田十二縣」。而秦本紀莊襄王元年，初置三川郡，地理志高祖更名河南。此秦代而曰「河南」者，史記後作，據漢郡而言之耳。【考證】金耀辰曰：河南即周王城，洛陽即成周，並東、西周之地，其名舊矣。索隱謂「河南」之稱，史據漢郡言之，謬也。而周策曰「食藍田十二縣」，與此不同。攷藍田，秦內史，豈河南洛陽爲封國，而藍田其采地歟？

莊襄王即位三年薨，太子政立爲王，〔一〕尊呂不韋爲相國，號稱「仲父」。〔二〕秦王年少，太后時時竊私通呂不韋。〔三〕不韋家僮萬人。

〔一〕【集解】徐廣曰：「時年十三。」

〔二〕【正義】仲，中也，次父也。蓋效齊桓公以管仲爲仲父。【考證】中井積德曰：仲父，猶叔父也。愚按：昭襄稱范雎爲叔父，始皇稱不韋爲仲父，蓋由其例也。楓、三本「號」上有「而」字。

〔三〕【考證】楓、三本無「通」字。梁玉繩志疑引劉氏史記紀疑云「此太后，乃不韋姬，子楚立爲夫人者。政立爲王，即宜書尊夫人爲『太后』，自是史公疏筆。而莊襄王立後，亦少『立夫人爲后』句」。

當是時，魏有信陵君，楚有春申君，趙有平原君，齊有孟嘗君，皆下士，喜賓客，以相傾。〔一〕呂不韋以秦之彊，羞不如，亦招致士，厚遇之，至食客三千人。是時諸侯多辯士，如荀卿之徒，著書布天下。呂不韋乃使其客人人著所聞，集論以爲八覽、六論、十二紀，二十餘萬言。〔二〕以爲備天地萬物古今之事，號曰呂氏春秋。布咸陽市門，懸千金其上，延諸侯游士賓客，有能增損一字者，予千金。〔三〕

〔一〕【索隱】按：王劭云「孟嘗、春申死已久」。據表及傳，孟嘗、平原死稍在前。信陵將五國兵攻秦河外，正當在莊襄王時，不韋已爲相。又春申與不韋並時，各相向十餘年，不得言死之久矣。【正義】年表云秦昭王五十六年，平原君卒，始皇四年，信陵君死，始皇九年，李園殺春申君。孟嘗君當秦昭王二十四年已後而卒，最早。【考證】四君喜客，敘當時風習耳。平原君傳亦云「是時齊有孟嘗，魏有信陵，楚有春申，故爭相傾以客」。

〔二〕【索隱】八覽者，有始、孝行、慎大、先識、審分、審應、離俗、恃君也。六論者，開春、慎行、貴直、不苟、以順、士容也。十二紀者，記十二月也，其書有孟春等紀。二十餘萬言二十六卷也。

〔三〕【索隱】地理志右扶風渭城縣，故咸陽，高帝更名新城，景帝更名渭城。案：咸訓皆，其地在渭水之北、北阪之南，水北曰陽，山南亦曰陽，皆在二者之陽也。【考證】呂氏春秋序意篇「維秦八年，歲在涒灘，秋甲子朔，朔之日，良人請問十二紀」。文信侯曰：「嘗得學黃帝之所以誨顓頊矣，爰有大圜在上，大矩在下，汝能法之，爲民父母。蓋聞古之清世，是法天地。凡十二紀者，所以紀治亂存亡也，所以知壽夭吉凶也。上揆之天，下驗之地，中審之人，若此，則是非、可不可無所遁矣。」高誘注云「秦八年，秦始皇即位八年也」。是呂氏春秋呂不韋爲相國時所爲。史公史記自序、答任安書曰「不韋遷蜀，世傳呂覽」者，誤也。吳裕垂曰：孟嘗、春申諸君皆稱好客。客曰食客，雖多至三千，不過養一羣雞鳴狗盜爾，從不聞有儒生而甘食其門下者。秦之謀士策士，雖代不乏人，而孔、孟之徒亦未聞西向入秦者，以秦不好文學故也。不韋丁七國爭雄，斯文淪喪之餘，獨禮文人學士，使各著所聞，集論以爲八覽、六論、十二紀二十餘萬言。其言天地萬物、古今之事備矣，迺猶不敢自以爲是，懸金市門，聿求增損。是戰國時，以卿相而有儒雅之風者，不韋一人而已。愚按：呂覽一書，儒、道、楊、墨、名、法、兵、農諸家之言皆在，蓋欲合九流以爲一也。雖間或缺統紀，而當時諸說賴此以存，則不韋傳學之功決不可没。漢淮南王書，殆學之乎？

始皇帝益壯，太后淫不止。呂不韋恐覺禍及己，乃私求大陰人嫪毐以爲舍人，〔一〕時縱倡樂，使毐以其陰關桐輪而行，令太后聞之，以啗太后。〔二〕太后聞，果欲私得之。呂不韋乃進嫪毐，詐令人以腐罪告之。〔三〕不韋又陰謂太后曰：「可事詐腐，則得給事中。」太后乃陰厚賜主腐者吏，詐論之，拔其鬚眉爲宦者，遂得侍太后。〔四〕太后私與通，絶愛之。有身，太后恐人知之，詐卜當避時，徙宫居雍。〔五〕嫪毐常從，賞賜甚厚，事皆決於嫪毐。嫪毐家僮數千人，諸客求宦爲嫪毐舍人千餘人。

〔一〕【考證】楓、三本「嫪」作「樛」。盧藏用曰：姓樛名毐。樛，力到反。毐，焉亥反。或曰：士無行曰毐。或作「膠」。膠，音交。學者不用此音。

〔二〕【正義】以桐木爲小車輪。

〔三〕【正義】腐，音輔，謂宫刑胥靡也。【考證】正義「胥靡」二字宜削。

〔四〕【考證】崔適曰：宦者無鬚，非無眉也。此拔其鬚眉，非并其眉拔之也。特以修辭之例，因鬚而及眉耳。愚按：「眉」字帶言。

〔五〕【正義】雍故城在岐雍縣南七里，有秦都大鄭宮。【考證】凌稚隆曰：此從宮居雍，即下文所遷者。

始皇七年，莊襄王母夏太后薨。孝文王后曰華陽太后，與孝文王會葬壽陵。〔一〕夏太后子莊襄王葬芷陽。〔二〕故夏太后獨別葬杜東，〔三〕曰：「東望吾子，西望吾夫。後百年，旁當有萬家邑。」〔四〕

〔一〕【正義】秦孝文王陵在雍州萬年縣東北二十五里。

〔二〕【索隱】芷，音止。地理志京兆霸陵縣，故芷陽。案：在長安東也。【正義】秦莊襄陵在雍州新豐縣西南三十五里。始皇在北，故俗亦謂之「見子陵」。

〔三〕【索隱】杜原之東也。【正義】夏太后陵在萬年縣東南二十五里。

〔四〕【索隱】按：宣帝元康元年，起杜陵。漢舊儀武、昭、宣三陵皆三萬户，計去此一百六十餘年也。【正義】漢宣帝元康元年，以杜東原上爲初陵，更改韓爲杜陵，萬年縣東南二十五里。從始皇七年葬太后，至宣帝元年，一百七十四年。【考證】梁玉繩曰：余攷始皇七年夏太后薨，至起杜陵，凡百七十六年。愚按：樗里子傳云「昭王七年，樗里子卒于渭南章臺之東，曰『後百歲，是當有天子之宮夾我墓』」，詞氣略同。蓋風水之說自秦人始也。方苞曰：夏太后、華陽夫人薨葬，本不應載不韋傳。以夏太后有「後百年，旁當有萬家邑」語，史公好奇，欲傳之，而入秦本紀則無關體例，故因莊襄王之葬，牽連書之。

始皇九年，有告嫪毐實非宦者，常與太后私亂，生子二人，皆匿之，與太后謀曰：「王即薨，以子爲後。」〔一〕於是秦王下吏治，具得情實，事連相國呂不韋。九月，夷嫪毐三族，殺太后所生兩子，而遂遷太后於雍。〔二〕諸嫪毐舍人皆没其家，而遷之蜀。〔三〕王欲誅相國，爲其奉先王功大，及賓客辯士爲游説者衆，王不忍致法。

〔一〕【集解】説苑曰：「毐與侍中左右貴臣博弈飲酒，醉争言而鬭，瞋目大叱曰：『吾乃皇帝假父也，窶人子何敢乃與我亢！』所與鬭者走，行白始皇。」【索隱】劉氏窶音其矩反。今俗本多作「屨」，字蓋相承錯耳，不近詞義。今按：説苑作「窶子」，言輕諸侍中，以爲窮窶家之子也。【正義】窶人，貧人也。【考證】説苑正諫篇。

〔二〕【索隱】按：説苑云遷太后棫陽宫。地理志雍縣有棫陽宫，秦昭王所起也。【考證】梁玉繩曰：按始皇紀，誅毐在四月，此誤。

〔三〕【索隱】家，謂家産資物，並没入官，人口則遷之蜀也。

秦王十年十月，免相國呂不韋。及齊人茅焦説秦王，秦王乃迎太后於雍，歸復咸陽，〔一〕而出文信侯就國河南。

〔一〕【集解】徐廣曰：「入南宫。」【考證】凌稚隆曰：詳始皇紀。

歲餘，諸侯賓客使者相望於道，請文信侯。〔一〕秦王恐其爲變，乃賜文信侯書曰：「君何功於秦？秦封君河南，食十萬户。君何親於秦？號稱仲父。其與家屬徙處蜀！」呂不韋自度稍侵，恐誅，乃飲酖而死。〔二〕秦王所加怒呂不韋、嫪毐皆已死，乃皆復歸嫪毐舍人遷蜀者。

〔一〕【考證】請，謁也。

〔二〕【集解】徐廣曰：「十二年。」駰案：皇覽曰「呂不韋冢在河南洛陽北邙道西大冢是也。民傳言呂母冢。不韋妻先葬，故其冢名『呂母』也」。

始皇十九年，太后薨，謚爲帝太后。〔一〕與莊襄王會葬茝陽。〔二〕

〔一〕【索隱】王劭云「秦不用謚法，此蓋號耳」，其義亦當然也。始皇稱皇帝之後，故其母號爲帝太后，豈謂誄列生時之行乎！

〔二〕【集解】徐廣曰：「一作『芷陽』。」

太史公曰：不韋及嫪毐貴，封號文信侯。〔一〕人之告嫪毐，毐聞之。秦王驗左右未發。上之雍郊，毐恐禍起，乃與黨謀，矯太后璽，發卒以反蘄年宮。〔二〕發吏攻毐，毐敗亡走，追斬之好畤，〔三〕遂滅其宗。而呂不韋由此絀矣。孔子之所謂「聞」者，其呂子乎？〔四〕

〔一〕【索隱】按：文信侯，不韋封也。嫪毐封長信侯。上文已言不韋封，此贊中言嫪毐得寵貴由不韋耳，今此合作「長信侯」也。【考證】中井積德曰：此蓋有錯文。崔適曰：當作「嫪毐以不韋貴，封號長信侯」。

〔二〕【正義】蘄年宮在岐州城西故城内。【考證】梁玉繩曰：案「上」字，誤仍秦史元文，説在始皇紀。

〔三〕【索隱】地理志扶風有好畤縣也。【正義】畤，音止。故好畤也。

〔四〕【集解】論語曰：「夫聞也者，色取仁而行違，居之不疑，在邦必聞，在家必聞。」馬融曰：「此言佞人也。」【考證】論語子張篇。

【索隱述贊】不韋釣奇，委質子楚。華陽立嗣，邯鄲獻女。及封河南，乃號仲父。徙蜀懲謗，懸金作語。籌策既成，富貴斯取。

史記會注考證卷八十六

史記八十六

刺客列傳第二十六

【考證】史公自序云：「曹子匕首，魯獲其田，齊明其信；豫讓義不爲二心。作刺客列傳第二十六。」愚按：此傳叙五刺客。以理論之，宜次游俠傳前。今置之吕不韋、李斯間者，以荆軻入秦，尤極壯烈慘毒，六國之事亦結其局也，故論贊亦主言荆軻。

曹沫者，魯人也。〔一〕以勇力事魯莊公。莊公好力。曹沫爲魯將，與齊戰，三敗北。魯莊公懼，乃獻遂邑之地以和。〔二〕猶復以爲將。

〔一〕【索隱】沫，音亡葛反。左傳、穀梁並作「曹劌」，然則沫宜音劌，沫、劌，聲相近而字異耳。此作「曹沫」，事約公羊爲説，然彼無其名，直云「曹子」而已。且左傳魯莊十年，戰于長勺，用曹劌謀敗齊，而無劫桓公之事。十三年，盟于柯，公羊始論曹子。穀梁此年惟云「曹劌之盟，信齊侯也」，又記不具行事之時。【考證】張照曰：按沫、劌聲近而字異。猶「申包胥」之爲「芬冒勃蘇」耳，必音沫爲濊，反涉牽混。三傳不一其説，傳疑可也。蘇子古史據左傳問戰事，謂沫蓋知義者，安肯身爲刺客？則直以劌爲沫，未免武斷。吕氏春秋貴信篇曰：「柯之會，莊公與曹翽皆懷劍至於壇上。莊公左搏桓公，右抽劍以自承。管仲、鮑叔進，曹翽按劍當兩陛之間，曰：『二君將改圖，毋或進者。』桓公許之，封於汶南，乃盟而歸。」按：此則以沫爲劌之證，而字又小異。胡非子「曹劌匹夫之士，一怒而劫桓公萬乘之主，反魯侵地」，亦以爲曹劌。梁玉繩曰：曹子之名，左、穀及人表、管子大匡皆作「劌」。吕覽貴信作「翽」，齊、燕策與史俱作「沫」，蓋聲近而字異耳。索隱于魯仲連傳作「昧」，疑譌。

〔三〕【索隱】左傳「齊人滅遂」，杜預云「遂國在濟北蛇丘縣東北也」。【正義】故城，在兗州龔丘縣西北七十六里也。【考證】梁玉繩曰：莊公自九年敗乾時，後至十三年盟柯，中閒有長勺之勝。是魯秖一戰而一勝，安得有三敗之事？齊桓會北杏，遂人不至，故滅之。遂非魯地，何煩魯獻？此皆妄也。沈家本曰：遂，國名，非魯邑。

齊桓公許與魯會于柯而盟。〔一〕桓公與莊公既盟於壇上，曹沫執匕首劫齊桓公，〔二〕桓公左右莫敢動，而問曰：「子將何欲？」〔三〕曹沫曰：「齊强魯弱，而大國侵魯，亦以甚矣。〔四〕今魯城壞，即壓齊境，君其圖之。」〔五〕桓公乃許盡歸魯之侵地。既已言，曹沫投其匕首下壇，北面就羣臣之位，顔色不變，辭令如故。〔六〕桓公怒，欲倍其約。〔七〕管仲曰：「不可。夫貪小利以自快，棄信於諸侯，失天下之援，不如與之。」〔八〕於是桓公乃遂割魯侵地，曹沫三戰所亡地盡復予魯。

〔一〕【索隱】杜預云：「濟北東阿，齊之柯邑，猶祝柯今爲祝阿也。」

〔二〕【索隱】上音比。劉氏云「短劒也」。鹽鐵論以爲長尺八寸，其頭類匕，故云「匕首」也。【考證】何焯曰：曹沫之事，亦戰國好事者爲之，春秋無此風也，況魯又禮義之國乎！梁玉繩曰：劫桓歸地一節，年表、齊、魯世家、管仲、魯連、自序傳皆述之，此傳尤詳。荆軻傳載燕丹語，仍國策並及其事，蓋本公羊也。公羊漢始著竹帛，不足盡信。即如歸汶陽田，在齊頃公時，當魯成二年。乃公羊以爲桓公盟柯，因曹子劫而歸之，其妄可見。況魯未嘗戰敗失地，何用要劫？曹子非操匕首之人。春秋初，亦無操匕首之習。前賢謂戰國好事者爲之耳。仲連遺燕將書云「亡地五百里」，吕覽貴信云「封以汶南四百里」，齊策及淮南氾論云「喪地千里」，魯地安得如此之廣？汶陽安得如此之大？不辨而知其誣誕矣。

〔三〕【索隱】公羊傳曰：「管子進曰：『君何求？』」何休注云：「桓公卒不能應，管仲進爲言之也。」

〔四〕【考證】楓、三本「以」作「已」。

〔五〕【索隱】齊、魯鄰接，今齊數侵魯，魯之城壞，即壓近齊之境也。【考證】公羊傳作「城壞壓境，君不圖與」。中井積德曰：城壞，設言之也。魯國都城壁即壞，即壓齊之境，言齊之境深入，逼魯之國都也。

〔六〕【考證】「齊桓公許與魯會」以下，本莊公十三年公羊傳。

〔七〕【索隱】倍，音佩也。

〔八〕【考證】楓、三本無「不如與之」四字。

其後百六十有七年，而吳有專諸之事。〔一〕

〔一〕【索隱】「專」字亦作「剸」，音同。左傳作「鱄設諸」。

專諸者，吳堂邑人也。〔二〕伍子胥之亡楚而如吳也，知專諸之能。伍子胥既見吳王僚，說以伐楚之利。吳公子光曰：「彼伍員父兄皆死於楚，而員言伐楚，欲自爲報私讎也，非能爲

吳。」吳王乃止。〔一〕伍子胥知公子光之欲殺吳王僚，乃曰：「彼光將有内志，未可説以外事」。〔二〕乃進專諸於公子光。〔四〕

〔一〕【索隱】地理志臨淮有（常）〔堂〕邑縣。

〔二〕【正義】公子光，諸樊之子也。

〔三〕【索隱】言其將有内難弑君之志，且對外專生文。吳世家曰「知光有他志」。【考證】外事，言伐楚。索隱有譌誤。

〔四〕【考證】「伍子胥之亡楚」以下采昭公二十年左傳。

光之父曰吳王諸樊。諸樊弟三人：次曰餘祭，〔一〕次曰夷昧，〔二〕次曰季子札。諸樊知季子札賢，而不立太子，以次傳三弟，欲卒致國于季子札。諸樊既死，傳餘祭。餘祭死，傳夷昧。夷昧死，當傳季子札。季子札逃不肯立，吳人乃立夷昧之子僚爲王。〔三〕公子光曰：「使以兄弟次邪，季子當立；必以子乎，則光真適嗣，當立。」故嘗陰養謀臣以求立。

〔一〕【索隱】祭，音則界反。

〔二〕【索隱】亡葛反。公羊作「餘末」。

〔三〕【考證】夏，父死子繼。殷，兄没弟承。周初太伯、虞仲避位，季歷以季子襲太王後。古今繼承之道不同。諸樊之意，季札之行，各有所本。

光既得專諸，善客待之。九年而楚平王死。〔一〕春，吳王僚欲因楚喪，使其二弟公子蓋餘、屬庸〔二〕將兵圍楚之灊，〔三〕使延陵季子於晉，以觀諸侯之變。楚發兵絶吳將蓋餘、屬庸路，吳兵不得還。於是公子光謂專諸曰：「此時不可失，不求何獲！且光真王嗣，當立，季子雖來，不吾廢也。」專諸曰：「王僚可殺也。母老子弱，而兩弟將兵伐楚，楚絶其後。方今吳外困於楚，而內空無骨鯁之臣，是無如我何。」〔四〕公子光頓首曰：「光之身，子之身也。」

〔一〕【索隱】春秋昭二十六年「楚子居卒」是也。吳世家云「十二年」，此云「九年」，並誤。據表及左傳，合在僚之十一年也。【考證】楓、三本「嘗」作「常」。中井積德曰：光得諸之後九年也，注謬。

〔二〕【索隱】屬，音燭。二子僚之弟也。左傳作「掩餘」、「燭庸」。掩、蓋義同，屬、燭字相亂耳。【考證】楓、三本無「二」字，「屬」作「燭」。

〔三〕【索隱】事在魯昭二十七年。地理志廬江有灊縣，天柱山在南。音潛。杜預左傳注云「灊，楚邑，在廬江六縣西南也」。【正義】灊故城在壽州霍山縣東二百步。

〔四〕【索隱】左傳直云「王可殺也，母老子弱，是無若我何」。則是專設諸度僚可殺，言其少援救，故云（我）「無柰我何」。太史公採其意，且據上文，因復加以兩弟將兵外困之辭。而服虔、杜預見左氏下文云「我爾身也」，「以其子爲卿」，遂彊解「是無如我何」，猶言「我無若是何」，謂專諸欲以老弱託光，義非允愜。王肅之説，亦依史記也。【考證】中井積德曰：太史公謬解左傳耳。杜注非，謬在史記。如索隱解可也。但「光之身，子之身也」之語，無所應也已。

四月丙子，〔一〕光伏甲士於窟室中，〔二〕而具酒請王僚。王僚使兵陳，自宮至光之家，門户階陛左右，皆王僚之親戚也。夾立侍，皆持長鈹。〔三〕酒既酣，公子光詳爲足疾，入窟室中，〔四〕使專諸置匕首魚炙之腹中而進之。〔五〕既至王前，專諸擘魚，因以匕首刺王僚，〔六〕王僚立死。左右亦殺專諸，王人擾亂。公子光出其伏甲以攻王僚之徒，盡滅之，遂自立爲王，是

爲闔閭。闔閭乃封專諸之子以爲上卿。〔七〕

〔一〕【索隱】注僚之十二年夏也，吴系家以爲十三年，非也。左氏經傳唯言「夏四月」，公羊、穀梁無傳，經更與左氏、吴系家同。此傳稱「丙子」，當有所據，不知出何書。

〔二〕【集解】徐廣曰：「窟，一作『空』。」【索隱】左傳曰「伏甲」，謂甲士也。下文云「出其伏甲以攻王」。

〔三〕【集解】音披。【索隱】音披，兵器也。劉逵吴都賦注「鈹，兩刃小刀」。【考證】中井積德曰：左傳云「門階户席皆王親也」。王親者，謂親信之人也，不必戚屬。史遷添一「戚」字，害文意不小。吴世家作「門階户席，皆王僚之親也」，無「戚」字。

〔四〕【索隱】詳爲，上音陽，下如字。左傳曰「光僞足疾」，此云「詳」，詳即僞也。或讀此「爲」字音僞，非也。豈詳、僞重言耶？【考證】楓、三本無「中」字。

〔五〕【集解】徐廣曰：「炙，一作『炮』。」【正義】炙，者夜反。

〔六〕【索隱】刺，音七賜反。

〔七〕【考證】「楚平王死」以下，采昭二十六年、二十七年左傳。

其後七十餘年，而晉有豫讓之事。〔一〕

〔一〕【集解】徐廣曰：「闔閭元年至三晉滅智伯，六十二年。豫讓，一作『襄』。」【考證】「七」當作「六」。

豫讓者，晉人也，〔一〕故嘗事范氏及中行氏，而無所知名。〔二〕去而事智伯，〔三〕智伯甚尊寵之。及智伯伐趙襄子，趙襄子與韓、魏合謀滅智伯，滅智伯之後而三分其地。趙襄子最怨智伯，〔四〕漆其頭以爲飲器。〔五〕豫讓遁逃山中，曰：「嗟乎，士爲知己者死，女爲説己者容。〔六〕今智伯知我，我必爲報讎而死，以報智伯，則吾魂魄不愧矣。」〔七〕乃變名姓爲刑人，入宮塗廁，中挾匕首，欲以刺襄子。〔八〕襄子如廁，心動，執問塗廁之刑人，則豫讓，內持刀兵，曰：「欲爲智伯報仇。」〔九〕左右欲誅之。襄子曰：「彼義人也，吾謹避之耳。且智伯亡無後，而其臣欲爲報仇，此天下之賢人也。」卒醳去之。〔一〇〕

〔一〕**【索隱】**案：此傳所說，皆約戰國策文。**【考證】**趙策云「豫讓，畢陽之孫」。王應麟曰：畢陽亦義士，送伯宗之子於楚。事見晉語。

〔二〕**【索隱】**案：左傳范氏謂昭子吉射也。自士會食邑於范，後因以邑爲氏。中行氏，中行文子荀寅也。自荀林父將中行，後因以官爲氏。**【考證】**「范」下「氏」字，依索隱本，楓、三本，治要補。

〔三〕**【索隱】**案：智伯，襄子荀瑶也。襄子，林父弟荀首之後。范、中行、智伯事已具趙系家。**【考證】**中井積德曰：據「去」字，是范、中行生時去之事智伯也。

〔四〕**【索隱】**謂初則醉以酒，後又率韓、魏水灌晉陽，城不没者三板，故怨深也。

〔五〕**【索隱】**案：大宛傳曰「匈奴破月氏王，以其頭爲飲器」。裴氏注彼引韋昭云「飲器，椑榼也」。晉灼曰「飲器，虎子也」。皆非。椑榼所以盛酒耳，非用飲者。晉氏以爲褻器者，以韓子、呂氏春秋並云襄子漆智伯頭爲溲杅，故云。**【正義】**劉云：「酒器也，每賓會設之，示恨深也。」按：諸先儒說恐非。**【考證】**呂氏春秋義賞篇「擊智伯，斷其頭爲觴」。韓非子難三「知伯身死，頭爲飲杯」。淮南道應訓「襄子大敗智伯，破其首以爲飲器」。索隱「溲」字恐有誤。

〔六〕**【考證】**史公答任安書亦用此語。

〔七〕**【考證】**「今智伯」以下二十三字，策作「吾其報智氏之讎矣」。

〔八〕【考證】楓、三本、趙策無「中挾匕首」四字，此蓋衍。趙策「名姓」作「姓名」。
〔九〕【考證】趙策「內持刀兵」作「刃其扞」。
〔一〇〕【索隱】卒，足律反。醳，音釋，字亦作「釋」。【考證】各本及趙策「醳」作「釋」，今從索隱本、楓、三本。

居頃之，豫讓又漆身爲厲，〔一〕吞炭爲啞，使形狀不可知，〔二〕行乞於市。其妻不識也。行見其友，其友識之曰：「汝非豫讓邪？」曰：「我是也。」其友爲泣曰：「以子之才，委質而臣事襄子，襄子必近幸子。近幸子，乃爲所欲，〔三〕顧不易邪？〔四〕何乃殘身苦形，欲以求報襄子，不亦難乎！」豫讓曰：「既已委質臣事人，而求殺之，是懷二心以事其君也。且吾所爲者極難耳！〔五〕然所以爲此者，將以愧天下後世之爲人臣懷二心以事其君者也。」〔六〕

〔一〕【集解】音賴。【索隱】癘，音賴。賴，惡瘡病也。凡漆有毒，近之多患瘡腫，若賴病然，故豫讓以漆塗身，令其若癩耳。然厲、賴聲相近，古多假「厲」爲「賴」，今之「癩」字從「疒」，故楚有賴鄉，亦作「厲」字，戰國策說此，亦作「厲」字。
〔二〕【索隱】啞，音烏雅反。謂瘖病。戰國策云：「漆身爲厲，滅鬚去眉，以變其容，爲乞食人。其妻曰：『狀貌不似吾夫，何其音之甚相類也？』讓遂吞炭以變其音也。」【正義】呂氏春秋云「豫讓欲報趙襄子，滅鬚去眉」云云。【考證】梁玉繩曰：案下文，豫讓與其友及襄子相問答，則不可言「啞」，當依策作「以變其音」爲是。
〔三〕【索隱】謂因得殺襄子。
〔四〕【索隱】顧，反也。耶，不定之辭。反不易耶，言其易也。【考證】陳仁錫曰：「襄子」俱當作「趙孟」。中井積德曰：顧，顧反念之也。邪，疑辭，因以爲問辭。
〔五〕【索隱】劉氏云：「謂今爲癘啞也。」

〔六〕【索隱】言寧爲厲而自刑，不可求事襄子而行殺，則恐傷人臣之義而近賊，非忠也。【正義】吾爲極難者，令天下後代爲人臣懷二心者愧之。故漆身吞炭，所以不事襄子也。

既去，〔一〕頃之，襄子當出，豫讓伏於所當過之橋下。〔二〕襄子至橋，馬驚，襄子曰：「此必是豫讓也。」使人問之，果豫讓也。於是襄子乃數豫讓曰：「子不嘗事范、中行氏乎？智伯盡滅之，而子不爲報讎，而反委質臣於智伯。智伯亦已死矣，而子獨何以爲之報讎之深也？」豫讓曰：「臣事范、中行氏，范、中行氏皆衆人遇我，我故衆人報之。至於智伯，國士遇我，我故國士報之。」〔三〕襄子喟然歎息而泣曰：「嗟乎，豫子！子之爲智伯，名既成矣，而寡人赦子亦已足矣。子其自爲計，寡人不復釋子！」〔四〕使兵圍之。豫讓曰：「臣聞明主不掩人之美，而忠臣有死名之義。前君已寬赦臣，天下莫不稱君之賢。今日之事，臣固伏誅，然願請君之衣而擊之焉，以致報讎之意，則雖死不恨。非所敢望也，敢布腹心！」於是襄子大義之，乃使使持衣與豫讓。豫讓拔劍三躍而擊之，〔五〕曰：「吾可以下報智伯矣！」遂伏劍自殺。死之日，趙國志士聞之，皆爲涕泣。〔六〕

〔一〕【考證】治要無「既去」二字。中井積德曰：二字冗。

〔二〕【正義】汾橋下架水，在并州晉陽縣東一里。

〔三〕【考證】呂氏春秋不侵篇豫讓之友謂豫讓曰：「子之行，何其惑也。子嘗事范氏、中行氏，諸侯盡滅之，而子不爲報。至於智氏，而子必爲之報，何故？」豫讓曰：「我將告子其故。范氏、中行氏，我寒而不我衣，我饑而不我食，而時使我與千人共其養，是衆人畜我也。夫衆人畜我者，我亦衆人事之。至於智氏則不然。出則乘我以車，入則足我以養，衆人廣朝，而必加禮於吾所，是國士畜我也。夫國士畜我者，我亦國士事之。」所傳與此異。

〔四〕【考證】楓、三本無「息」字。襄子不爲諸侯，不當稱「寡人」，蓋襲趙策。

〔五〕【索隱】戰國策曰：「衣盡出血。襄子迴車，車輪未周而亡。」此不言衣出血者，太史公恐涉怪妄，故略之耳。【考證】今本國策無此文。後人或以其怪删之與？

〔六〕【考證】以上采趙策。

其後四十餘年，而軹有聶政之事。〔一〕

〔一〕【集解】自三晉滅智伯至殺俠累，五十七年。【考證】梁玉繩曰：集解「七」宜作「六」。

聶政者，軹深井里人也。〔一〕殺人避仇，與母、姊如齊，以屠爲事。

〔一〕【索隱】地理志河内有軹縣。深井，軹縣之里名也。【正義】在懷州濟源縣南三十里。

久之，濮陽嚴仲子事韓哀侯，〔一〕與韓相俠累有郤。〔二〕嚴仲子恐誅，亡去游，求人可以報俠累者。至齊，齊人或言聶政勇敢士也，避仇隱於屠者之閒。嚴仲子至門請，數反，然後具酒自暢聶政母前。〔三〕酒酣，嚴仲子奉黄金百溢，前爲聶政母壽。聶政驚怪其厚，固謝嚴仲子。嚴仲子固進，而聶政謝曰：「臣幸有老母，家貧，客游以爲狗屠，可以旦夕得甘毳以養親。〔四〕親供養備，不敢當仲子之賜。」嚴仲子辟人，因爲聶政言曰：「臣有仇，而行游諸侯衆矣；然至齊，竊聞足下義甚高，故進百金者，將用爲大人麤糲之費，得以交足下之驩，豈敢以有求望耶！」〔五〕聶政曰：「臣所以降志辱身居市井屠者，徒幸以養老母。〔六〕老母在，政身未敢以許人也。」〔七〕嚴仲子固讓，聶政竟不肯受也。〔八〕然嚴仲子卒備賓主之禮而去。

〔一〕【索隱】高誘曰：「嚴遂，字仲子。」案：表聶政殺俠累在列侯三年。列侯生文侯，文侯生哀侯，凡更三代，哀侯六年，爲韓嚴所殺。今言仲子事哀侯，恐非其實。且太史公聞疑傳疑，事難的據，欲使兩存，故表、傳各異。【正義】年表云，韓列侯三年，盜殺韓相俠累。又云，哀侯六年，韓嚴殺其君。韓世家並同。戰國策云，傀走而抱哀侯，聶政刺之，兼中哀侯。按世家及年表，列侯後次文侯，文侯後次哀侯，凡三世也。列侯三年至哀侯六年，三十年，其縣隔未詳孰是。蓋太史公信傳信，疑傳疑，兩存之。【考證】梁玉繩曰：案仲子即嚴遂，俠累即韓傀，其事在列侯三年。年表、世家所書是也。而此傳稱哀侯，索隱謂史公聞疑傳疑，聞信傳信，欲使兩存，殊非事實。攷列侯三年，聶政刺俠累，十三年列侯卒，歷文侯十年，至哀公六年，韓嚴弑哀侯，年數相去甚遠。史蓋誤合嚴遂、韓嚴爲一人，故此傳獨異。然韓策固作「列侯」，史公反改「列」爲「哀」，豈又誤仍韓子内儲乎？而韓策于盩王策中，亦誤作「哀侯」。通鑑因之，古史疑之。惟大事記、國策吳注辨其非。

〔二〕【索隱】俠累，上古夾反，下力追反。案：戰國策俠累名傀也。戰國策云：「韓傀相韓，嚴遂重於君，二人相害也。嚴遂舉韓傀之過，韓傀叱之於朝。嚴遂拔劒趨之，以救解。」是有郤之由也。

〔三〕【集解】徐廣曰：「暢，一作『賜』。」【索隱】徐氏云一作「賜」。案：戰國策作「觴」，近爲得也。【正義】數，色吏反。【考證】寬永板標記云「正義『色吏反』，一本作『色庚反』」。

〔四〕【集解】毳，此芮反。【索隱】鄒氏音脆。二義相通也。

〔五〕【正義】糲，猶麤米也，脱粟也。韋昭云：「古者名男子爲丈夫，尊婦嫗爲大人。漢書宣元王傳『王遇大人益解，爲大人乞骸去』。按大人，憲王外祖母。古詩云『三日斷五疋，大人故言遲』是也。」【考證】各本「大人」作

「夫人」，今從正義本、館本。策作「丈人」，注云「一本『夫人』，或作『大人』」。李光縉曰：古父母皆可稱大人。范滂將就誅，與母訣曰「大人割不忍之愛」是也。

〔六〕【索隱】言其心志與身本應高絜，今乃卑下其志，屈辱其身。論語孔子謂「柳下惠降志辱身」是也。

〔七〕【索隱】禮記曰「父母存，不許友以死」。

〔八〕【考證】讓，責也。强欲使受金。

久之，聶政母死，既已葬，除服，聶政曰：「嗟乎，政乃市井之人，鼓刀以屠；〔一〕而嚴仲子乃諸侯之卿相也，不遠千里，枉車騎而交臣。臣之所以待之，至淺鮮矣，未有大功可以稱者，而嚴仲子奉百金爲親壽，我雖不受，然是者徒深知政也。〔二〕夫賢者以感忿睚眦之意，而親信窮僻之人，而政獨安得嘿然而已乎！〔三〕且前日要政，政徒以老母；〔四〕老母今以天年終，政將爲知己者用。」乃遂西至濮陽，見嚴仲子曰：「前日所以不許仲子者，徒以親在；今不幸而母以天年終。〔五〕仲子所欲報仇者爲誰？請得從事焉！」嚴仲子具告曰：「臣之仇韓相俠累，俠累又韓君之季父也，宗族盛多，居處兵衛甚設，臣欲使人刺之，衆終莫能就。〔六〕今足下幸而不棄，請益其車騎壯士而爲足下輔翼者。」〔七〕聶政曰：「韓之與衛，相去中閒不甚遠，〔八〕今殺人之相，相又國君之親，此其勢不可以多人，多人不能無生得失，生得失則語泄，〔九〕語泄，是韓舉國而與仲子爲讎，豈不殆哉！」〔一〇〕遂謝車騎人徒。

〔一〕【正義】古者相聚汲水，有物便賣，因成市，故云「市井」。【考證】中井積德曰：邑居如井畫，故曰「市井」。愚按：孟子「在國曰市井之臣，在野曰草莽之臣」。離騷「呂望之鼓刀兮，遭周文而得察」，注「鼓，鳴也。鼓刀而屠也」。

〔二〕【考證】徒，猶獨也。韓策無。楓、三本「不」下有「敢」字。

〔三〕【考證】韓策「已」作「止」。

〔四〕【考證】徒，猶特也。

〔五〕【考證】楓、三本無「母以天年」四字，「終」作「死」。

〔六〕【考證】「衆」字衍。王念孫曰：「『衆』與『終』一字，一本作『終』，一本作『衆』。後人並存之耳。」韓策無「衆」字。

〔七〕【考證】楓、三本「其」作「具」，與韓策合，義長。

〔八〕【索隱】高誘曰：「韓都潁川陽翟，衛都東郡濮陽，故曰『間不遠』也。」

〔九〕【索隱】無生得。戰國策作「無生情」，言所將人多，或生異情，故語泄。此云「生得」，言將多人往殺俠累，後又被生擒而事泄，亦兩俱通也。【正義】言多人不生擒韓相，其言即漏泄也。又一曰，多人殺韓相，不能無被生擒得之者，其語必泄。【考證】楓、三本「得」下「失」字並無。愚按：索隱、正義二本亦無「失」字，今本衍。不能無生得，索隱、正義後解是。

〔一〇〕【集解】徐廣曰：「讎，一作『難』。」【索隱】徐注云一作「難」。戰國策譙周亦同。【考證】今策與史同。

聶政乃辭獨行，杖劍至韓。韓相俠累方坐府上，持兵戟而衛侍者甚衆。聶政直入上階，刺殺俠累，〔一〕左右大亂。聶政大呼，所擊殺者數十人，因自皮面決眼，自屠出腸，遂以死。〔二〕

〔一〕【集解】徐廣曰：「韓列侯三年三月，盜殺韓相俠累。俠累名傀。戰國策曰『有東孟之會』，又云『聶政刺韓傀，兼中哀侯』。」【索隱】戰國策曰：「政直入上階刺韓傀，傀走而抱哀侯，聶政刺之，兼中哀侯。」高誘曰：

「東孟，地名也。」【考證】梁玉繩曰：韓策云「韓有東孟之會，王及相皆在，政刺殺韓傀，傀走抱烈侯，政刺之，兼中烈侯」。又云「東孟之會，聶政、陽堅，刺相兼君，許異蹵烈侯而殪之，立以爲君，許異終身相焉」。據此則史言俠累坐府上，非也。愚按：今本韓策「烈侯」作「哀侯」，誤。說既見上。

〔三〕【索隱】皮面，謂以刀割其面皮，欲令人不識。決眼，謂出其眼睛。戰國策作「抉眼」。此「決」亦通，音烏穴反。【正義】謂自剝其面皮，決其眼睛。【考證】中井積德曰：皮面，謂剝面皮。屠者熟習，急遽辨此，恰好，他人不能學也。愚按：列女傳「皮」作「披」。御覽五百七十四引史亦作「披」。文選注作「破」。楓、三本，文選注「決」作「抉」。

韓取聶政屍暴於市，購問莫知誰子。〔一〕於是韓購縣之，有能言殺相俠累者予千金，〔二〕久之莫知也。

〔一〕【正義】暴，蒲酷反。

〔二〕【考證】韓策「購縣」作「縣購」。王念孫曰：下文亦云「縣購其名姓千金」，謂縣金以購之也。

政姊榮，聞人有刺殺韓相者，賊不得，國不知其名姓，暴其尸而縣之千金，〔一〕乃於邑曰：「其是吾弟與？嗟乎，嚴仲子知吾弟！」〔二〕立起如韓，之市，而死者果政也，伏尸哭極哀，曰：「是軹深井里所謂聶政者也。」市行者諸衆人皆曰：「此人暴虐吾國相，王縣購其名姓千金，夫人不聞與？何敢來識之也？」榮應之曰：「聞之。然政所以蒙污辱，自棄於市販之閒者，爲老母幸無恙，妾未嫁也。〔三〕親既以天年下世，妾已嫁夫，嚴仲子乃察舉吾弟困污之中而交之，澤厚矣，可柰何！士固爲知己者死，〔四〕今乃以妾尚在之故，重自刑以絕從，〔五〕

妾其柰何畏殁身之誅，終滅賢弟之名！」大驚韓市人。乃大呼天者三，卒於邑悲哀而死政之旁。〔六〕

〔一〕【集解】「榮」一作「嫈」。【索隱】榮，其姊名也。戰國策無「榮」字。【考證】中井積德曰：是文重複煩冗，唯「聞之」二字可承當。是類蓋太史公欲刪定未果者，後人乃加賞贊，可笑。

〔二〕【索隱】劉氏云：「於邑，煩冤愁苦。」【正義】乃於本邑中而言也。【考證】索隱是。

〔三〕【索隱】爾雅云「恙，憂也」。楚詞云「還及君之無恙」。風俗通云「恙，病也。凡人相見，及通書皆云『無恙』」。又易傳云「上古之時，草居露宿。恙，齧蟲也，善食人心，俗悉患之，故相勞云『無恙』」。恙非病也。

〔四〕【索隱】案：察，謂觀察有志行，乃舉之。劉氏云「察，猶選也」。【考證】「市行者」至此一百三字，韓策無，未詳其所本。

〔五〕【集解】徐廣曰：「恐其姊從坐而死。」【索隱】重，音持用反。重，猶復也。爲人報讎死，乃以妾故復自刑其身，令人不識也。從，音蹤，古字少，假借，無旁「足」，而徐氏以爲從坐，非也。劉氏亦音足松反。【正義】重，直龍反。「自刑」作「刊」。說文云「刊，剟也」。按：重，猶愛惜也。本爲嚴仲子報仇訖，愛惜其事，不令漏泄，以絶其蹤迹。其姊妄云爲己隱，誤矣。【考證】中井積德曰：重，「輕重」之「重」。又曰：政之自刑，以護仲子也。姊已誤認矣，又顯仲子之蹤，是大失政之意。陳子龍曰：政重在報嚴之德，而姊重在揚弟之名，不能兼顧也。張文虎曰：正義「自刑」作「刊」。按：此正義本作「自刊」，而合刻者爲之詞。

〔六〕【考證】楓、三本無「悲」字。

晉、楚、齊、衛聞之，皆曰：「非獨政能也，乃其姊亦烈女也。〔一〕鄉使政誠知其姊無濡忍之志，〔二〕不重暴骸之難，〔三〕必絶險千里以列其名，姊弟俱僇於韓市者，亦未必敢以身許嚴

仲子也。〔四〕嚴仲子亦可謂知人能得士矣！」〔五〕

〔一〕【考證】以上本韓策。張文虎曰：游、王、柯、凌本「乃」譌「及」。

〔二〕【索隱】濡，潤也。人性溼潤，則能含忍，故云「濡忍」也。若勇躁則必輕死也。

〔三〕【索隱】重難，並如字。重，猶惜也。言不惜暴骸之爲難也。

〔四〕【考證】楓、三本「姊弟」作「昆弟」。余有丁曰：自「鄉使而下」四句，一氣不可斷。謂政知其姊必如此，未必以身許仲子也。

〔五〕【考證】敍事插議論。

其後二百二十餘年，秦有荆軻之事。〔一〕

〔一〕【集解】徐廣曰：「聶政至荆軻百七十年爾。」【索隱】徐氏據六國年表，聶政去荆軻一百七十年，則謂此傳率略，而言二百餘年，亦當時爲不能細也。【正義】按：年表從始皇二十三年至韓景侯三百七十年，若至哀侯六年，六百四十三年也。【考證】張文虎曰：案自韓景侯六年始爲侯，至秦始皇二十三年，首尾百八十年。若韓哀侯六年，又減三十六年。六國表書俠累事於韓烈侯三年，下至秦始皇二十三年，實百七十四年。此傳文及集解、索隱所言年數皆不合。正義更謬。疑並傳寫之失。

荆軻者，衛人也。〔一〕其先乃齊人，徙於衛，衛人謂之慶卿。〔二〕而之燕，燕人謂之荆卿。

〔一〕【索隱】按：贊論稱「公孫季功、董生爲余道之」，則此傳雖約戰國策，而亦別記異聞。

〔二〕【索隱】軻先齊人，齊有慶氏，則或本姓慶。春秋慶封，其後改姓賀。此下亦至衛而改姓荆。荆、慶聲相近，故隨在國而異其號耳。卿者時人尊重之號，猶如相尊美亦稱「子」然也。

荆卿好讀書擊劍，〔一〕以術説衛元君，衛元君不用。其後秦伐魏，置東郡，徙衛元君之支屬於野王。〔二〕

〔一〕【集解】呂氏劍技曰：「持短入長，倏忽從横。」

〔二〕【正義】懷州河内縣。【考證】梁玉繩曰：案徙野王者即元君，豈惟支屬哉！

荆軻嘗游過榆次，與蓋聶論劍，〔一〕蓋聶怒而目之。荆軻出，人或言復召荆卿。蓋聶曰：「曩者吾與論劍，有不稱者，吾目之；試往，是宜去，不敢留。」使使往之主人，荆卿則已駕而去榆次矣。使者還報，蓋聶曰：「固去也，吾曩者目攝之！」〔二〕

〔一〕【索隱】蓋音古臘反。蓋姓，聶名。【正義】榆次，并州縣也。

〔二〕【索隱】攝，猶整也。謂不稱己意，因怒視以攝整之也。【正義】攝，猶視也。【考證】王念孫曰：攝讀爲懾。鄭注樂記曰：「懾，猶恐懼也。」襄十一年左傳「武震以攝威之」，釋文「攝，之涉反」。是攝與懼同，言曩者吾怒目以懼之，彼固不敢不去也。

荆軻游於邯鄲，魯句踐與荆軻博争道，〔一〕魯句踐怒而叱之，荆軻嘿而逃去，遂不復會。〔二〕

〔一〕【索隱】魯姓，句踐名也，與越王同，或有意義。俗本「踐」作「賤」，非。

〔二〕【考證】舉二事，以證荆軻之沈深非庸人。

荆軻既至燕，愛燕之狗屠及善擊筑者高漸離。〔一〕荆軻嗜酒，日與狗屠及高漸離飲於燕市，酒酣以往，高漸離擊筑，荆軻和而歌於市中，相樂也，〔二〕已而相泣，旁若無人者。荆軻雖游於酒人乎，〔三〕然其爲人沈深好書；其所游諸侯，盡與其賢豪長者相結。〔四〕其之燕，燕之處士田光先生亦善待之，知其非庸人也。

〔一〕【索隱】筑似琴有弦，用竹擊之，取以爲名。漸音如字，王義之音哉廉反。【考證】張文虎曰：案：隋志有小學篇一卷，晉下邳內史王義撰。索隱「王義」下「之」字疑衍。蔡本、王本並無「之」字。作之廉反，與此音同。柯本改「王」爲「正」，割入正義，斯爲謬矣。

〔二〕【正義】歌衆人之中。

〔三〕【集解】徐廣曰：「飲酒之人。」

〔四〕【考證】以上燕策無。史公蓋得之公孫季功、董生。方望溪云：荆軻傳乃史公所自作，編國策者取焉而删其首尾。蓋以軻居閭巷間，事不可入國策，高漸離撲秦皇，在秦并六國後故也。愚按：此傳亦史采策，非策采史。方說非也。

居頃之，會燕太子丹質秦，亡歸燕。〔一〕燕太子丹者，故嘗質於趙，而秦王政生於趙，其少時與丹驩。及政立爲秦王，而丹質於秦。秦王之遇燕太子丹不善，故丹怨而亡歸。歸而求爲報秦王者，國小力不能。其後秦日出兵山東，以伐齊、楚、三晉，稍蠶食諸侯，且至於燕，〔二〕燕君臣皆恐禍之至。太子丹患之，問其傅鞠武。〔三〕武對曰：「秦地偏天下，威脅韓、魏、趙氏，北有甘泉、谷口之固，南有涇、渭之沃，擅巴、漢之饒，右隴、蜀之山，左關、殽之險，〔四〕民衆而士厲，兵革有餘。意有所出，則長城之南，易水以北，未有所定也。〔五〕柰何以見陵之怨，欲批其逆鱗哉！」〔六〕丹曰：「然則何由？」對曰：「請入圖之。」

〔一〕【正義】燕丹子云：「太子丹質於秦，秦王遇之無禮，不得意。欲歸，秦王不聽，謬言曰：『令烏頭白，馬生角，乃可。』丹仰天歎焉，即爲之烏頭白，馬生角，王不得已遣之，爲機發橋欲陷。丹過之，爲不發。」風俗通云：「燕太子丹天爲雨粟，烏頭白，馬生角也。」

〔二〕【考證】以上史公以意補。

〔三〕【索隱】上音麴，又如字。人姓名也。

〔四〕【考證】楓、三本「擅巴」以下十五字，作「巴蜀之饒右隴蜀左關殽」。

〔五〕【正義】以北，謂燕國也。【考證】楓本「之」作「以」。

〔六〕【集解】批，音白結反。【索隱】白結反。批，謂觸擊之。【考證】「北有甘泉」至「未有所定也」五十七字，史公補足。「逆鱗」見韓非説難，當時既爲通用語。

居有間，秦將樊於期得罪於秦王，亡之燕，太子受而舍之。鞠武諫曰：「不可。夫以秦王之暴，而積怒於燕，足爲寒心，又況聞樊將軍之所在乎？〔一〕是謂『委肉當餓虎之蹊』也，禍必不振矣！〔二〕雖有管、晏，不能爲之謀也。願太子疾遣樊將軍入匈奴以滅口。請西約三晉，南連齊、楚，北購於單于，其後迺可圖也。」〔三〕太子曰：「太傅之計，曠日彌久，心惛然，恐不能須臾。〔四〕且非獨於此也，夫樊將軍窮困於天下，歸身於丹，丹終不以迫於彊秦，而棄所哀憐之交，置之匈奴，是固丹命卒之時也。願太傅更慮之。」鞠武曰：「夫行危欲求安，造禍而求福，計淺而怨深，連結一人之後交，不顧國家之大害，〔五〕此所謂資怨而助禍矣。夫以鴻毛燎於爐炭之上，必無事矣。〔六〕且以鵰鷙之秦，行怨暴之怒，豈足道哉！〔七〕燕有田光先生，其爲人智深而勇沈，可與謀。」太子曰：「願因太傅而得交於田先生，可乎？」鞫武曰：「敬諾。」出見田先生，道太子願圖國事於先生也。田光曰：「敬奉教。」乃造焉。

〔一〕【索隱】凡人寒甚則心戰，恐懼亦戰。今以懼譬寒，言可爲心戰。【考證】中井積德曰：恐懼之切，心胸如酸如寒。戰，戰栗。

〔二〕【索隱】振，救也。言禍及天下，不可救之。【正義】振，動也。言舍樊將軍，禍必不動矣。【考證】正義非。索隱「天下」二字當削。是就燕而言。

〔三〕【索隱】戰國策「購」作「講」。講，和也。今讀購與「爲燕媾」同，媾亦合也。漢、史「媾」、「講」兩字常襍，今欲北與連和。陳軫傳亦曰「西購於秦」也。【考證】徐孚遠曰：戰國時，未有用胡騎爲援者。燕國弱，而近匈奴，故欲媾之。愚按：索隱「爲燕」二字衍。幻雲抄云：「陳軫傳無此語。」

〔四〕【正義】惛，音昏。【考證】岡白駒曰：言已憂思昏瞀且死，須臾不可待。楓、三本無「臾」字，策有。

〔五〕【考證】張照曰：後，疑當作「厚」。丹與樊於期交必舊矣。愚按：張說拘。

〔六〕【考證】「此」下「所」字，依舊刻補。慶長本標記云：「言秦擊燕，如燎鴻毛於爐炭，豈有大事乎？謂其輕易也。」

〔七〕【考證】「夫行」至「道哉」六十七字，楓、三本無。愚按：燕策亦無，蓋史公補足。

太子逢迎，卻行爲導，跪而蔽席。〔一〕田光坐定，左右無人，太子避席而請曰：「燕、秦不兩立，願先生留意也。」田光曰：「臣聞騏驥盛壯之時，一日而馳千里；至其衰老，駑馬先之。今太子聞光盛壯之時，不知臣精已消亡矣。雖然，光不敢以圖國事，所善荊卿可使也。」〔二〕太子曰：「願因先生得結交於荊卿，可乎？」田光曰：「敬諾。」即起趨出。太子送至門，戒曰：「丹所報，先生所言者，國之大事也，願先生勿泄也！」田光俛而笑曰：「諾。」〔三〕僂行見荆卿曰：「光與子相善，燕國莫不知。今太子聞光壯盛之時，不知吾形已不逮也，〔四〕幸而教之曰：『燕、秦不兩立，願先生留意也。』光竊不自外，言足下於太子也，〔五〕願足下過太子於宮。」荆軻曰：「謹奉教。」田光曰：「吾聞之，長者爲行，不使人疑之。今太子告光曰：『所言者國之大事也，願先生勿泄。』是太子疑光也。夫爲行而使人疑之，非節俠也。」〔六〕欲自殺以激荆卿，曰：「願足下急過太子，言光已死，明不言也。」因遂自刎而死。〔七〕

〔一〕【集解】徐廣曰：「蔽，一作『撥』，一作『拔』。」【索隱】蔽，音足結反。蔽，猶拂也。【正義】爲導，謂引導田光。【考證】張文虎曰：舊刻、毛本「逢」作「進」。張照曰：「蔽」疑當作「嫳」，音瞥。孟荀列傳「平原君側行嫳席」。愚按：燕策作「拂」。

〔二〕【正義】燕丹子云：「田光荅曰：『竊觀太子客無可用者：夏扶血勇之人，怒而面赤；宋意脈勇之人，怒而面青；武陽骨勇之人，怒而面白。光所知，荆軻神勇之人，怒而色不變。』」【考證】楓、三本「圖」作「乏」爲是。燕策亦作「乏」。或曰：當作「匱」。張文虎曰：正義武陽，疑即下秦舞陽。

〔三〕【正義】俛，音俯。

〔四〕【考證】岡白駒曰：僂行，曲背也。言老人狀貌。楓本「已」下有「衰」字，上文「壯盛」作「盛壯」。

〔五〕【考證】燕策注「不自外，不自疏於軻也」。横田惟孝曰：所託事重，故不自疎外太子也。

〔六〕【考證】楓、三本無「夫」字。楓本「之」作「已」。

〔七〕【考證】楓、三本，燕策「刎」作「剄」。高儀曰：其死非爲泄，實欲勉軻使死之耳。

荆軻遂見太子，言田光已死，致光之言。太子再拜而跪，膝行流涕，有頃而后言曰：「丹所以誡田先生毋言者，欲以成大事之謀也。今田先生以死明不言，豈丹之心哉！」荆軻坐定，太子避席頓首曰：「田先生不知丹之不肖，使得至前，敢有所道，此天之所以哀燕而不棄其孤也。〔一〕今秦有貪利之心，而欲不可足也。非盡天下之地，臣海内之王者，其意不厭。今秦已虜韓王，盡納其地，又舉兵南伐楚，北臨趙，王翦將數十萬之衆距漳、鄴，而李信出太原、雲中。趙不能支秦，必入臣，入臣，則禍至燕。燕小弱，數困於兵，今計舉國不足以當秦。〔二〕諸侯服秦，莫敢合從。丹之私計，愚以爲誠得天下之勇士使於秦，闚以重利；〔三〕秦王貪，〔四〕其勢必得所願矣。誠得劫秦王，使悉反諸侯侵地，若曹沫之與齊桓公，則大善矣；則不可，因而刺殺之。〔五〕彼秦大將擅兵於外，而内有亂，則君臣相疑，以其閒，諸侯得合從，其破秦必矣。此丹之上願，而不知所委命，〔六〕唯荆卿留意焉。」久之，荆軻曰：「此國之大事也，臣駑下，恐不足任使。」太子前頓首，固請毋讓，然後許諾。於是尊荆卿爲上卿，舍上舍。太子日造門下，供太牢具，異物閒進，車騎美女恣荆軻所欲，以順適其意。〔七〕

〔一〕**【索隱】**案：無父稱孤。時燕王尚在，而丹稱孤者，或記者失辭，或諸侯嫡子時亦僭稱孤也。又劉向云「丹，燕王喜之太子」。**【考證】**范睢傳秦昭王曰：「寡人得受命於先生，是天所以幸先王不棄其孤也。」詞氣正與此同，故索隱云「記者失辭」。

〔二〕**【考證】**楓、三本無「計」字。

〔三〕**【索隱】**闚，示也，言以利誘之。**【考證】**「闚」當作「闞」。闞、啗通。

〔四〕**【索隱】**絶句。

〔五〕【考證】「矣」下「則」讀如「即」。

〔六〕【考證】盧藏用曰：言有此願，不知所委寄。

〔七〕【索隱】燕丹子曰「軻與太子遊東宮池，軻拾瓦投鼃，太子捧金丸進之。又共乘千里馬，軻曰『千里馬肝美』，即殺馬進肝。太子與樊將軍置酒於華陽臺，出美人能鼓琴，軻曰『好手也』，斷以玉盤盛之。軻曰『太子遇軻甚厚』」是也。【正義】「所」字下有「欲」字者非也。【考證】楓、三本「太子」下無「日」字。「所」下「欲」字，燕策亦有。

久之，荊軻未有行意。秦將王翦破趙，虜趙王，盡收入其地，進兵北略地至燕南界。太子丹恐懼，乃請荊軻曰：「秦兵旦暮渡易水，則雖欲長侍足下，豈可得哉！」〔一〕荊軻曰：「微太子言，臣願謁之。〔二〕今行而毋信，則秦未可親也。夫樊將軍，秦王購之金千斤，邑萬家。誠得樊將軍首與燕督亢之地圖，奉獻秦王，〔三〕秦王必說見臣，臣乃得有以報。」〔四〕太子曰：「樊將軍窮困來歸丹，丹不忍以己之私，而傷長者之意，願足下更慮之！」

〔一〕【考證】張文虎曰：蔡本、毛本「太子」下無「丹」字。游、王本「侍」譌「待」。

〔二〕【考證】謁，告也，請也。

〔三〕【集解】徐廣曰：「方城縣有督亢亭。」駰案：劉向別録曰「督亢，膏腴之地」。【索隱】地理志廣陽國有薊縣。司馬彪郡國志曰「方城有督亢亭」。【正義】督亢坡在幽州范陽縣東南十里。今固安縣南有督亢陌，幽州南界。

〔四〕【考證】燕策「報」下有「太子」二字。

荊軻知太子不忍，乃遂私見樊於期曰：「秦之遇將軍可謂深矣，〔一〕父母宗族皆爲戮沒。今聞購將軍首金千斤，邑萬家，將柰何？」於期仰天太息流涕〔二〕曰：「於期每念之，常痛於骨髓，顧計不知所出耳！」荆軻曰：「今有一言可以解燕國之患，報將軍之仇者，何如？」於期乃前曰：「爲之柰何？」荆軻曰：「願得將軍之首以獻秦王，秦王必喜而見臣，臣左手把其袖，右手揕其匈，〔三〕然則將軍之仇報，而燕見陵之愧除矣。將軍豈有意乎？」〔四〕樊於期偏袒搤捥而進曰：〔五〕「此臣之日夜切齒腐心也，乃今得聞教！」〔六〕遂自剄。太子聞之，馳往伏屍而哭，極哀。既已不可柰何，乃遂盛樊於期首函封之。

〔一〕【正義】戮家室，及購千金，是遇深也。

〔二〕【考證】楓、三本「於期」上有「樊」字。

〔三〕【集解】徐廣曰：「揕，音張鴆切。一作『抗』。」【索隱】徐氏音丁鴆反。揕，謂以劍刺其胷也。又云：一作「抗」。抗音苦浪反，言抗拒也，其義非。【考證】王念孫曰：注「抗」當作「抌」，刺也。

〔四〕【考證】楓、三本、燕策「燕」下有「國」字。

〔五〕【集解】徐廣曰：「捥，一作『捾』。」【索隱】搤，音烏革反。捥，音烏亂反。勇者奮厲，必先以左手扼右捥也。捥，古「腕」字。

〔六〕【索隱】切齒，齒相磨切也。爾雅曰「治骨曰切」。腐，音輔，亦爛也。猶今人事不可忍云「腐爛」，然皆奮怒之意也。【考證】中井積德曰：憂悶不可忍，則心摧折，若腐爛然。愚按：「腐心」作「拊心」，亦通。

於是太子豫求天下之利匕首，得趙人徐夫人匕首，〔一〕取之百金，使工以藥焠之，〔二〕以試人，血濡縷，人無不立死者。〔三〕乃裝爲遣荆卿。燕國有勇士秦舞陽，年十三殺人，人不敢忤視。乃令秦舞陽爲副。〔四〕荆軻有所待，欲與俱；其人居遠未來，而爲治行。〔五〕頃之，未發，太子遲之，疑其改悔，乃復請曰：「日已盡矣。荆卿豈有意哉？丹請得先遣秦舞陽。」荆軻怒叱太子曰：「何太子之遣？往而不返者豎子也！〔六〕且提一匕首，入不測之彊秦，僕所以留者，待吾客與俱。今太子遲之，請辭決矣！」遂發。

〔一〕【集解】徐廣曰：「徐，一作『陳』。」【索隱】徐姓，夫人名。謂男子也。【考證】中井積德曰：徐夫人非女子未可知也。且其命匕首，非必工名。或所貯之人名盛，則亦以命焉。

〔二〕【索隱】焠，染也，音恩潰反。謂以毒藥染劍鍔也。【考證】中井積德曰：燒金內水，謂之焠。此謂以藥水焠之。

〔三〕【集解】言以匕首試人，人血出，足以沾濡絲縷，便立死也。【考證】中井積德曰：濡縷，謂傷淺血出，僅如絲縷。

〔四〕【索隱】忤者逆也，五故反。不敢逆視，言人畏之甚也。【考證】楓、三本無「年」字。燕策「十三」作「十二」。中井積德曰：年十三殺人，以狀其慓悍絶人耳，非是時年正十三。張文虎曰：國策、燕丹子、人表、隸續、武梁畫並作「武陽」，而史獨作「舞陽」，古字通用。愚按：匈奴傳云「燕有賢將秦開，與荆軻刺秦王秦舞陽者，開之孫也」。

〔五〕【考證】燕策「治行」作「留待」。

〔六〕【考證】「遣」下添「舞陽也」三字看。意迫語急。燕策「太子之遣」四字作「今日」二字。

太子及賓客知其事者，皆白衣冠以送之。至易水之上，既祖，取道，〔一〕高漸離擊筑，荆軻和而歌，爲變徵之聲，〔二〕士皆垂淚涕泣。又前而爲歌曰：「風蕭蕭兮易水寒，壯士一去兮不復還！」復爲羽聲忼慨，士皆瞋目，髮盡上指冠。〔三〕於是荆軻就車而去，終已不顧。

〔一〕【正義】易州在幽州歸義縣界。【考證】祖，行祭也。謂祭道路之神也。

〔二〕【正義】徵，知雉反。【考證】律呂本考云「五聲宮與商，商與角，徵與角，相去各一律。至角與徵，羽與宮，相去乃二律。相去一律，則音節和。相去二律，則音節遠。故角、徵之間，近徵收一聲，比徵少下，謂之變徵。羽宮之間，近宮收一聲，少高於宮，謂之變宮」。梁玉繩曰：攷藝文類聚四十四、初學記十六引宋玉笛賦云「宋意將送荆卿于易水之上」，文選二十八雜歌序云「荆軻歌，宋如意和之」，淮南泰族云「高漸離、宋意爲擊筑而歌于易水之上」，水經注十一云「高漸離擊筑，宋如意和之」，新論辨樂云「荆軻入秦，宋意擊筑」，陶潛靖節集詠荆軻詩云「宋意唱高聲」，策、史俱不及宋如意，何也？

〔三〕【考證】楓、三本「淚」作「髮」，無「又前」至「復還」二十字，「復」作「而後」。策與史文同，「爲」下無「羽聲」二字。寒、還，韻。錢大昕曰：楚詞招魂、大招多四言，去些、只助語，合兩語讀之，即成七言。荀子成相、荆軻送別，其七言之始乎？至漢而大風、瓠子，見于帝製，柏梁聯句，一時稱盛，而五言靡聞，其載於班史者，唯「邪徑敗良田」童謡，出于成帝之世耳。劉彥和謂西京詞翰莫見五言，所以李陵、班婕妤見疑于後代。

遂至秦，持千金之資幣物，厚遺秦王寵臣中庶子蒙嘉。嘉爲先言於秦王曰：「燕王誠振怖大王之威，不敢舉兵以逆軍吏，願舉國爲内臣，比諸侯之列，給貢職如郡縣，而得奉守先王之宗廟。恐懼不敢自陳，謹斬樊於期之頭，及獻燕督亢之地圖，函封，燕王拜送于庭，使使以聞大王，唯大王命之。」秦王聞之，大喜，乃朝服，設九賓，〔一〕見燕使者咸陽宮。〔二〕荆軻奉樊於期頭函，而秦舞陽奉地圖匣，〔三〕以次進。至陛，秦舞陽色變振恐，羣臣怪之。〔四〕荆軻顧笑舞陽，前謝曰：「北蕃蠻夷之鄙人，未嘗見天子，故振慴。願大王少假借之，使得畢使於前。」〔五〕秦王謂軻曰：「取舞陽所持地圖。」軻既取圖奏之，秦王發圖，圖窮而匕首見。因左手把秦王之袖，而右手持匕首揕之。未至身，秦王驚，自引而起，袖絶。拔劍，劍長，操其室。〔六〕時惶急，劍堅，故不可立拔。〔七〕荆軻逐秦王，秦王環柱而走。羣臣皆愕，卒起不意，盡失其度。而秦法，羣臣侍殿上者，不得持尺寸之兵；諸郎中執兵，皆陳殿下，非有詔召不得上。〔八〕方急時，不及召下兵，以故荆軻乃逐秦王。而卒惶急，無以擊軻，而以手共搏之。是時侍醫夏無且以其所奉藥囊提荆軻也。〔九〕秦王方環柱走，卒惶急，不知所爲，左右乃曰：「王負劍！」負劍，〔一〇〕遂拔以擊荆軻，斷其左股。荆軻廢，乃引其匕首，以擿秦王，〔一一〕不中，中桐柱。〔一二〕秦王復擊軻，軻被八創。軻自知事不就，倚柱而笑，箕踞以罵曰：「事所以不成者，以欲生劫之，必得約契，以報太子也。」〔一三〕於是左右既前殺軻，秦王不怡者良久。已而論功賞羣臣，及當坐者各有差，而賜夏無且黄金二百溢，曰：「無且愛我，乃以藥囊提荆軻也。」

〔一〕【正義】劉云：「設文物大備，即謂九賓，不得以周禮九賓義爲釋。」【考證】九賓，見藺相如傳。

〔二〕【正義】三輔黄圖云「秦始兼天下，都咸陽，因北陵營宫殿，則紫宫象帝宫，渭水貫都以象天漢，横橋南度以法牽牛也」。

〔三〕【索隱】户甲反。柙亦函也。

〔四〕【考證】楓、三本「陛」作「階」。

〔五〕【考證】楓、三本「前謝」作「爲謝」，「畢」下「使」字作「事」。燕策「前」下有「爲」字。蕃讀爲藩。

〔六〕【索隱】室，謂鞘也。【正義】燕丹子云：「左手揕其胷。秦王曰：『今日之事，從子計耳。乞聽瑟而死。』召姬人鼓琴，琴聲曰『羅縠單衣，可裂而絶，八尺屏風，可超而越，鹿盧之劍，可負而拔』。王於是奮袖，超屏風走之。」【考證】梁玉繩曰：惶急之際，何能聽琴，燕丹子不可信也。

〔七〕【考證】李慈銘曰：江南本「堅」作「豎」，義長。

〔八〕【索隱】郎中，若今宿衛之官。【考證】楓、三本，燕策無「寸之」二字。

〔九〕【索隱】且，音即餘反。【正義】提，姪帝反。【考證】楓、三本「囊」作「橐」，下同。李笠曰：案周勃傳「太后以冒絮提文帝」，索隱云「蕭該音底。提者擲也」。「提荆軻」下，策無「也」字，此疑誤衍。

〔一〇〕【索隱】王劭曰：「古者帶劍上長，拔之不出室，欲王推之於背，令前短易拔，故云『王負劍』。」又燕丹子稱琴聲曰「鹿盧之劍，可負而拔」是也。【考證】下「負劍」，秦王之爲，屬下讀。

〔一一〕【索隱】擿與「擲」同，古字耳，音持益反。

〔一二〕【正義】燕丹子云：「荆軻拔匕首擲秦王，決耳入銅柱，火出。」【考證】策無「桐」字。三條本、毛本作「銅」。

〔一三〕【集解】漢鹽鐵論曰：「荆軻懷數年之謀，而事不就者，尺八匕首，不足恃也。秦王操於不意，列斷賁、育者，介七尺之利也。」【考證】中井積德曰：「『欲生劫』云者，是回護之言，非實事。」愚按：曹沫於齊桓，亦生劫，但荆軻不必自期。又按：史公不言此時秦舞陽作何狀，蓋在階下，爲衛士之所執耳。

於是秦王大怒，益發兵詣趙，詔王翦軍以伐燕。十月而拔薊城。〔一〕燕王喜、太子丹等盡率其精兵東保於遼東。秦將李信追擊燕王急，〔二〕代王嘉乃遺燕王喜書曰：「秦所以尤追燕急者，以太子丹故也。今王誠殺丹獻之秦王，秦王必解，而社稷幸得血食。」其後李信追丹，丹匿衍水中，〔三〕燕王乃使使斬太子丹，欲獻之秦。秦復進兵攻之。後五年，秦卒滅燕，虜燕王喜。〔四〕

〔一〕【考證】始皇二十一年十月。

〔二〕【考證】「會燕太子丹」以下本燕策。

〔三〕【索隱】水名，在遼東。【考證】以上燕策所無，史公補足。

〔四〕【考證】「丹」下「欲」字疑衍。以上本燕策。

其明年，秦并天下，立號爲皇帝。於是秦逐太子丹、荆軻之客，皆亡。高漸離變名姓，爲人庸保，〔一〕匿作於宋子。〔二〕久之作苦，聞其家堂上客擊筑，傍偟不能去。每出言曰：「彼有善有不善。」從者以告其主曰：〔三〕「彼庸乃知音，竊言是非。」家丈人召使前擊筑，一坐稱善，賜酒，〔四〕而高漸離念久隱畏約無窮時，〔五〕乃退，出其裝匣中筑與其善衣，更容貌而前。舉坐客皆驚，下與抗禮，以爲上客，使擊筑而歌，客無不流涕而去者。宋子傳客之，〔六〕聞於秦始皇。秦始皇召見，人有識者，乃曰：「高漸離也。」秦皇帝惜其善擊筑，重赦之，〔七〕乃矐其目，使擊筑，未嘗不稱善。稍益近之，〔八〕高漸離乃以鉛置筑中，〔九〕復進得近，舉筑朴秦皇帝，不中。〔一〇〕於是遂誅高漸離，終身不復近諸侯之人。〔一一〕

〔一〕【索隱】欒布傳曰「賣庸於齊，爲酒家人」，漢書作「酒家保」。案：謂庸作於酒家，言可保信，故云「庸保」。鶡冠子曰「伊尹保酒」。【考證】岡白駒曰：賣傭定限期，故云「保」。

〔二〕【集解】徐廣曰：「縣名也，今屬鉅鹿。」【索隱】徐注云「縣名，屬鉅鹿」者，據地理志而知也。【正義】宋子故城在邢州平鄉縣北三十里。

〔三〕【索隱】從者，謂主人家之左右也。

〔四〕【索隱】劉氏云：「謂主人翁也。」又韋昭云：「古者名男子爲丈夫，尊婦嫗爲丈人。故漢書宣元六王傳所云「一丈人」，謂淮陽憲王外王母，即張博母也。故古詩曰『三日斷五疋，丈人故言遲』是也。」【考證】中井積德曰：家丈人，謂家主人也，決非女稱。按：宣元六王傳云「遇大人益解」，又云「爲大人乞骸骨」，未嘗稱「丈人」。此註則引之，字作「丈人」，以解「家丈人」，大謬，所引古詩亦然。張文虎曰：丈人、大人皆尊屬稱，無別乎男女也。此傳「家丈人」，自當如劉說耳。

〔五〕【索隱】約，謂貧賤儉約。既爲庸保常畏人，故云「畏約」。所以論語云「不可以久處約」。【正義】言久結其約契，逃避不敢出，有何窮極時。【考證】楓、三本無「隱」字。畏約，索隱是。

〔六〕【集解】徐廣曰：「互以爲客。」

〔七〕【考證】楓本「赦」作「殺」，爲是。重，猶難也。張文虎曰：風俗通作「殺」。

〔八〕【集解】矐，音海各反。【索隱】海各反，一音角。說者云：以馬屎燻，令失明。

〔九〕【索隱】案：劉氏云「鉛爲挺著筑中，令重以擊人」。

〔一〇〕【索隱】普卜反。朴，擊也。

〔一一〕【考證】燕策云「其後荊軻客高漸離，以擊筑見秦皇帝，而以筑擊秦皇帝，爲燕報仇，不中而死」。本傳録其顛末甚詳，蓋亦得之公孫季功、董生也。

魯句踐已聞荊軻之刺秦王，私曰：「嗟乎，惜哉，其不講於刺劍之術也！〔一〕甚矣吾不知人也！曩者吾叱之，彼乃以我爲非人也！」〔二〕

〔一〕【索隱】案：不講，謂不論習之。

〔二〕【考證】以句踐言結，以應傳首。顧炎武曰：古人作史，有不待論斷，而于序事之中，即見其指者，惟太史公能之。平準書末載卜式語，王翦傳末載客語，荊軻傳末載魯句踐語，鼂錯傳末載鄧公與景帝語，武安侯田蚡傳末載武帝語，皆於序事中寓論斷法也。

太史公曰：世言荆軻，其稱太子丹之命，天雨粟，馬生角也，太過。〔一〕又言荆軻傷秦王，皆非也。始公孫季功、董生與夏無且游，具知其事，爲余道之如是。自曹沫至荆軻五人，此其義或成，或不成，然其立意較然，〔二〕不欺其志，名垂後世，豈妄也哉！

〔一〕【索隱】燕丹子曰：「丹求歸，秦王曰『烏頭白，馬生角，乃許耳』。丹乃仰天歎，烏頭即白，馬亦生角。」風俗通及論衡皆有此説，仍云「廄門木烏生肉足」。【正義】太子丹質於秦，秦王遇之無禮，不得意。欲歸，秦王不聽，謬曰「烏頭白，馬生角，乃可」。丹仰天嘆焉，乃爲之烏頭白，馬生角，王不得已遣之。爲機發橋欲陷丹，過之，橋爲不發。

〔二〕【索隱】較，明也。

【索隱述贊】曹沫盟柯，返魯侵地。專諸進炙，定吴篡位。彰弟哭市，報主塗廁。刎頸申冤，操袖行事。暴秦奪魄，懦夫增氣。

史記會注考證卷八十七

李斯列傳第二十七　史記八十七

【考證】史公自序云：「能明其畫，因時推秦，遂得意於海内，斯爲謀首。作李斯列傳第二十七。」林伯桐曰：李斯外似剛愎，而内實游移。其於李由告歸咸陽而置酒，既而曰「物極則衰，吾未知所税駕」，似乎知退者矣。及李由爲三川守，羣盜西略地，則李斯恐懼，重爵禄，不知所出。其於趙高謀廢立，既曰「忠臣不避死而庶幾」，似乎以身殉國者矣。及趙高以禍福動之，則又曰「既以不能死，安託命哉」。其於二世無道，既數欲請閒諫，似乎能犯顏矣。及二世責問，則又勸之督責，欲以求容。其胸中惶惑愁亂，進退無據，安得不見制於趙高哉？當其辭於荀卿曰「詬莫大於卑賤，而悲莫甚於困窮」，自言其所見也。只此二語，便足斷送一生。

李斯者，楚上蔡人也。〔一〕年少時爲郡小吏，〔二〕見吏舍廁中鼠食不絜，近人犬，數驚恐之。斯入倉，觀倉中鼠食積粟，居大廡之下，不見人犬之憂。於是李斯乃歎曰：「人之賢不肖，譬如鼠矣，在所自處耳。」

〔一〕【索隱】地理志汝南上蔡縣，云「古蔡國，周武王弟叔度所封，至十八代平侯徙新蔡」。二蔡皆屬汝南。後二代至昭侯徙下蔡，屬沛，六國時爲楚地，故曰楚上蔡。

〔二〕【索隱】鄉小史。劉氏云「掌鄉文書」。【考證】索隱本、楓本「郡」作「鄉」，類聚獸部、御覽百八十八引史亦作「鄉」。王念孫曰：上蔡之鄉也。

乃從荀卿學帝王之術。〔一〕學已成，度楚王不足事，而六國皆弱，無可爲建功者，欲西入秦。辭於荀卿曰：「斯聞得時無怠，今萬乘方爭時，游者主事。〔二〕今秦王欲吞天下，稱帝而治，此布衣馳騖之時，而游說者之秋也。〔三〕處卑賤之位，而計不爲者，此禽鹿視肉，人面而能彊行者耳。〔四〕故詬莫大於卑賤，而悲莫甚於窮困。〔五〕久處卑賤之位、困苦之地，非世而惡利，自託於無爲，此非士之情也。〔六〕故斯將西說秦王矣。」

〔一〕【考證】荀子議兵篇李斯問孫卿子曰：「秦四世有勝，兵强海內，威行諸侯。非以仁義爲之也，以便從事而已。」孫卿子曰：「女所謂便者，『不便』之『便』也。吾所謂仁者，『大便』之『便』也。」此李斯仕秦之後，亦問道於荀卿。

〔二〕【索隱】言萬乘爭雄之時，游說者可以立功成名，當得典主事務也。劉氏云「游歷諸侯，當覓彊主以事之」，於文紆迴，非也。【考證】越語范蠡曰：「臣聞之，得時無怠，時不再來。」中井積德曰：游者，謂游宦浪士，不必說士。主事，謂持其柄也。此二句說已然之事。

〔三〕【正義】言秋時萬物成熟，今爭彊時，亦說士成熟時。【考證】李笠曰：秋亦時也。信陵君傳朱亥曰「此乃臣效命之秋也」。諸葛亮後出師表「此誠危急存亡之秋也」。中井積德曰：秋收，農務尤緊，故以喻急趨之時也，非成熟之謂。愚按：楓、三本無「說」字爲是。承「游者主事」。

〔四〕【索隱】禽鹿，猶禽獸也，言禽獸但知視肉而食之。莊子及蘇子曰：「人而不學，譬之視肉而食。」楊子法言曰：「人而不學，如禽何異？」言不能游説取榮貴，即如禽獸，徒有人面而能彊行耳。【正義】言處卑賤之人，如禽獸終日食之，覬視其肉，徒有人面，强行於地。【考證】中井積德曰：鹿不肉食者，乃以肉食喻，是偶然之失。索隱宜言禽獸視肉，唯知食之而已。

〔五〕【正義】詬，呼后反，恥辱也。

〔六〕【索隱】非者譏也。所謂處士横議也。【正義】言譏世富貴，惡其榮利，自託於無爲者，非士人之情，實力不能致此也。

至秦，會莊襄王卒，李斯乃求爲秦相文信侯呂不韋舍人；不韋賢之，任以爲郎。李斯因以得説，説秦王曰：「胥人者，去其幾也。〔一〕成大功者，在因瑕釁而遂忍之。〔二〕昔者秦穆公之霸，終不東并六國者，何也？〔三〕諸侯尚衆，周德未衰，故五伯迭興，更尊周室。自秦孝公以來，周室卑微，諸侯相兼，關東爲六國，秦之乘勝役諸侯，蓋六世矣。〔四〕今諸侯服秦，譬若郡縣。夫以秦之彊，大王之賢，由竈上騷除，足以滅諸侯，成帝業，爲天下一統，〔五〕此萬世之一時也。今怠而不急就，諸侯復彊，相聚約從，雖有黄帝之賢不能并也。」秦王乃拜斯爲長史，聽其計，陰遣謀士，齎持金玉，以游説諸侯。諸侯名士可下以財者，厚遺結之，不肯者，利劍刺之，離其君臣之計。秦王乃使其良將隨其後。〔六〕秦王拜斯爲客卿。

〔一〕【索隱】胥人，猶胥吏小人也。去，猶失也。幾者，動之微。以言君子見幾而作，不俟終日；小人不識動微之會，故每失時也。劉氏解幾爲彊，非也。【考證】王念孫曰：胥，須也。須，待也。「去」當作「失」。言有人釁可乘，不急乘其釁而待之，是自失其幾也。中井積德曰：幾，只是機會矣。愚按：去猶失也，不必改字。

〔二〕【索隱】言因諸侯有瑕釁，則忍心而翦除，故我將說秦以并天下。【正義】胥，相也。幾，謂察也。言關東六國與秦相敵者，君臣機密，並有瑕釁可成大功，而遂忍之也。【考證】中井積德曰：「人將忍子」，與此「忍」字同，謂行慘虐之事也。且此說秦之辭，索隱「將說秦」，失窾。

〔三〕【考證】中井積德曰：此言六國，據李斯之時而指他方之辭，其實不止六國。故曰「諸侯尚衆」也，不以辭害志可也。

〔四〕【正義】秦孝公、惠文王、武王、昭王、孝文王、莊襄王。

〔五〕【集解】徐廣曰：「騷，音埽。」【索隱】騷，音埽。言秦欲并天下，若炊婦埽除竈上之不淨，不足爲難。【正義】言秦國欲東并六國，若炊婦除竈上塵垢，言其易也。【考證】王念孫曰：由，與猶同。騷，與埽同。御覽引此，「竈」上有「老嫗」二字。據索隱，正文有此二字明矣。

〔六〕【考證】事見下文李斯上二世書。

會韓人鄭國來閒秦，以作注溉渠，已而覺。〔一〕秦宗室大臣皆言秦王曰：「諸侯人來事秦者，大抵爲其主游閒於秦耳，請一切逐客。」〔二〕李斯議亦在逐中。斯乃上書曰：〔三〕

〔一〕【正義】鄭國渠首起雍州雲陽縣西南二十五里，自中山西邸瓠口爲渠，傍北山，東注洛，三百餘里以溉田。又曰，韓苦秦兵，而使水工鄭國閒秦作注溉渠，令費人工不東伐也。【考證】事見河渠書。梁玉繩引孫侍講云「逐客之議，因嫪毐，不因鄭國。鄭國事，在始皇初年」。大事記云「是時不韋專國，亦客也，孰言逐客乎？本紀載于不韋免相後，得之矣」。

〔二〕【索隱】一切，猶一例，言盡逐之也。言切者譬若利刀之割，一運斤無不斷者。解漢書者，以「一切」爲權時義，亦未爲得也。【考證】中井積德曰：一切，譬如一刀切束芻。芻有長短，有巨細，而無所擇，唯一刀取齊整也。

〔三〕【正義】在始皇十年。

臣聞吏議逐客，竊以爲過矣。昔繆公求士，西取由余於戎，東得百里奚於宛，〔一〕迎蹇叔於宋，〔二〕來丕豹、公孫支於晉。〔三〕此五子者，不產於秦，而繆公用之，并國二十，遂霸西戎。〔四〕孝公用商鞅之法，移風易俗，民以殷盛，國以富彊，百姓樂用，諸侯親服，獲楚、魏之師，舉地千里，至今治彊。惠王用張儀之計，拔三川之地，西并巴、蜀，〔五〕北收上郡，〔六〕南取漢中，〔七〕包九夷，制鄢、郢，〔八〕東據成皋之險，〔九〕割膏腴之壤，遂散六國之從，使之西面事秦，功施到今。昭王得范睢，廢穰侯，逐華陽，〔一〇〕彊公室，杜私門，蠶食諸侯，使秦成帝業。〔一一〕此四君者，皆以客之功。由此觀之，客何負於秦哉！向使四君卻客而不內，疏士而不用，是使國無富利之實，而秦無彊大之名也。

〔一〕【索隱】秦本紀云「晉獻公以百里奚爲秦穆公夫人媵於秦，奚亡走宛，楚鄙人執之」，是也。【正義】新序云：「百里奚，楚宛人，仕於虞，虞亡入秦，號五羖大夫也。」【考證】楓、三本「昔」下有「者」字。

〔二〕【索隱】秦紀又云「百里奚謂穆公曰：『臣不如臣友蹇叔。蹇叔賢而代莫知。』穆公厚幣迎之，以爲上大夫」。今云「於宋」，未詳所出。【正義】括地志云：「蹇叔，岐州人也。時游宋，故迎之於宋。」

〔三〕【索隱】丕豹自晉奔秦，左氏傳有明文。公孫支所謂子桑也，是秦大夫，而云自晉來，亦未見所出。【正義】括地志云：「公孫支，岐州人，游晉，後歸秦。」【考證】來，各本作「求」，與上文「求士」複。今從索隱本、文選。

〔四〕【索隱】秦本紀穆公用由余謀伐戎王，益國十二，開地千里，遂霸西戎。此都言五子之功，故云「并國二十」；或易爲「十二」，誤也。【考證】王、柯、凌、毛本「五」下脱「子」字。中井積德曰：并國二十，或是有所據未可知也，或是誇張耳。

〔五〕【索隱】案：惠王時，張儀爲相，請伐韓，下兵三川以臨二周。司馬錯請伐蜀，惠王從之，果滅蜀。儀死後，武王欲通車三川，令甘茂拔宜陽。今並云張儀者，以儀爲秦相，雖錯滅蜀，茂通三川，皆歸功於相，又三川是儀先請伐故也。【考證】梁玉繩曰：李善文選注曰「通三川是武王，張儀已死，此誤也」。善注甚允。索隱彌縫其誤，不免曲説。至伐蜀是司馬錯，而亦以爲儀者，索隱謂儀爲秦相，雖錯滅蜀，歸功于相。余攷華陽國志，伐蜀乃儀爲主將，而錯副之，豈徒歸功已哉？又説在甘茂傳。

〔六〕【正義】惠王十年，魏納上郡十五縣。

〔七〕【正義】惠王十三年，攻楚漢中，取地六百里。

〔八〕【索隱】九夷，即屬楚之夷也。地理志南郡江陵縣云「故楚郢都」，又宜城縣云「故鄢」也。【正義】夷，謂并巴蜀，收上郡，取漢中，伐義渠、丹犂是也。九夷，本東夷九種，此言者，文體然也。【考證】中井積德曰：九，稱多數之辭。

〔九〕【正義】河南府汜水縣也。

〔一〇〕【集解】徐廣曰：「華，一作『葉』。」【正義】葉，車涉反。

〔一一〕【索隱】高誘注淮南子云「蠶食，盡無餘也」。

今陛下致昆山之玉，〔一〕有隨、和之寶，〔二〕垂明月之珠，服太阿之劍，〔三〕乘纖離之馬，〔四〕建翠鳳之旗，樹靈鼉之鼓，〔五〕此數寶者，秦不生一焉，而陛下説之，何也？必秦國之所生然後可，則是夜光之璧不飾朝廷，犀象之器不爲玩好，鄭、衛之女不充後宫，而駿良駃騠不實外廄，〔六〕江南金錫不爲用，西蜀丹青不爲采。所以飾後宫充下陳，娱心意説耳目者，必出於秦然後可，〔七〕則是宛珠之簪、傅璣之珥、〔八〕阿縞之衣、錦繡之飾不進於前，〔九〕而隨俗雅化，佳冶窈窕趙女不立於側也。〔一〇〕夫擊甕叩缶，彈箏搏髀，而歌呼嗚嗚快耳目者，真秦之聲也；〔一一〕鄭、衛、桑間、昭、虞、武、象者，異國之樂也。〔一二〕今弃擊甕叩缶而就鄭、衛，退彈箏而取昭、虞，〔一三〕若是者，何也？快意當前，適觀而已矣。今取人則不然。不問可否，不論曲直，非秦者去，爲客者逐。然則是所重者在乎色樂珠玉，而所輕者在乎人民也。〔一四〕此非所以跨海内制諸侯之術也。

〔一〕【正義】昆岡，在于闐國東北四百里，其岡出玉。

〔二〕【正義】括地志云：「濆山，一名崑山，一名斷蛇丘，在隨州隨縣北二十五里。説苑云『昔隨侯行遇大蛇中斷，疑其靈，使人以藥封之，蛇乃能去，因號其處爲斷蛇丘。歲餘，蛇銜明珠徑寸，絶白而有光，因號隨珠』。」下和璧，始皇以爲傳國璽也。【考證】中井積德曰：正義「徑寸」之下脱獻隨侯一事，而前文失解。又曰：秦璽非和璧，和璧豈可以爲璽！愚按：正義「璽」當作「寶」。

〔三〕【集解】見蘇秦傳。【索隱】越絶書曰：「楚王召歐冶子、干將作鐵劒三，一曰干將，二曰莫邪，三曰太阿也。」

〔四〕【集解】徐廣曰：「纖離、蒲梢皆駿馬名。」【索隱】皆馬名。徐氏據孫卿子而爲説。

〔五〕【集解】鄭玄注月令云「鼉，皮可以冒鼓」。

〔六〕【索隱】駃騠，決提二音。周書曰「正北以駃騠爲獻」。廣雅曰「馬屬也」。郭景純注上林賦云「生三日而超其母也」。

〔七〕【索隱】下陳，猶後列也。晏子曰「有二女，願得入身於下陳」，是也。【正義】下陳，謂下等陳列。

〔八〕【索隱】宛，音於阮反。傅，音附。宛，謂以珠宛轉而裝其簪。傅璣者，以璣傅著於珥。珥者瑱也，璣是珠之不圓者。或云宛珠，隨珠也。隨在漢水之南，宛亦近漢，故云宛。傅璣者女飾也，言女傅之珥，以璣爲之，並非秦所有物也。【考證】中井積德曰：璣，小珠也。又曰：宛地出珠耳，何必傅會于隨？

〔九〕【集解】徐廣曰：「齊之東阿縣，繒帛所出。」

〔一〇〕【集解】徐廣曰：「隨俗，一作『修使』。」【索隱】謂閑雅變化，而能通俗也。【正義】佳冶，佳麗姚冶。佳，音居膎反。

〔一一〕【索隱】說文云：「甕，汲缻也。於貢反。缶，瓦器也，秦人鼓之以節樂。」缻，音甫有反。【考證】楓、三本無「目」字。王念孫曰：文選、北堂書鈔、藝文類聚、太平御覽引此無「目」字。案：聲能快耳，不能快目。「目」字後人所加。

〔一二〕【集解】徐廣曰：「昭，一作『韶』。」【考證】楓、三本「虞」作「護」，下同。

〔一三〕【考證】楓、三本無「叩缶」二字。

〔一四〕【考證】楓、三本無「珠玉」二字。

臣聞地廣者粟多，國大者人衆，兵彊則士勇。〔一〕是以太山不讓土壤，故能成其大；河海不擇細流，故能就其深；王者不卻衆庶，故能明其德。〔二〕是以地無四方，民無異國，四時充美，鬼神降福，此五帝、三王之所以無敵也。今乃弃黔首以資敵國，卻賓客以

業諸侯，〔三〕使天下之士退而不敢西向，裹足不入秦，〔四〕此所謂藉寇兵而齎盜糧者也。〔五〕

〔一〕【考證】楓、三本「人」作「民」。

〔二〕【索隱】管子云：「海不辭水，故能成其大；泰山不辭土石，故能成其高。」文子曰：「聖人不讓負薪之言，以廣其名。」【考證】墨子親士篇「江河不惡小谷之滿己也，故能大。聖人者事無辭也，物無遠也，故能爲天下器」。中井積德曰：擇，揀擇而取舍也。故有取、舍二義。此「擇」字屬舍。張文虎曰：索隱「泰」字誤衍，管子無。

〔三〕【索隱】資，猶給也。

〔四〕【考證】裹足，謂足如有所裹，而不前也。范睢傳「杜口裹足，莫肯鄉秦耳」。

〔五〕【索隱】藉，音積夜反。齎音子奚反。說文曰「齎，持遺也」。「齎」或爲「資」，義亦通。【考證】兵、糧，韻。張照曰：按此必當時語，故范睢用之，李斯再用之。荀子大略篇亦曰「非其人而教之，齎盜糧借寇兵」也。

夫物不產於秦，可寶者多；士不產於秦，而願忠者衆。〔一〕今逐客以資敵國，損民以益讎，內自虛而外樹怨於諸侯，求國無危，不可得也。〔二〕

〔一〕【考證】文選無「而」字。

〔二〕【考證】楓、三本無「損民以益讎」五字。

秦王乃除逐客之令，復李斯官，〔一〕卒用其計謀，官至廷尉。二十餘年，竟并天下，尊主爲皇帝，〔二〕以斯爲丞相。夷郡縣城，銷其兵刃，示不復用。使秦無尺土之封，不立子弟爲王，功臣爲諸侯者，使後無戰攻之患。

〔一〕【集解】新序曰：「斯在逐中，道上上諫書，達始皇，始皇使人逐，至驪邑得還。」

〔二〕【考證】楓、三本「主」作「王」。梁玉繩曰：始皇十年有逐客令。至并天下，才十七年。

始皇三十四年，置酒咸陽宮，博士僕射周青臣等頌稱始皇威德。齊人淳于越進諫曰：「臣聞之，殷、周之王千餘歲，封子弟功臣，自爲支輔。今陛下有海内，而子弟爲匹夫，卒有田常、六卿之患臣，無輔弼，何以相救哉？〔一〕事不師古而能長久者，非所聞也。今青臣等又面諛以重陛下過，非忠臣也。」〔二〕始皇下其議丞相。丞相謬其説，絀其辭，乃上書曰：「古者天下散亂，莫能相一，〔三〕是以諸侯並作，語皆道古以害今，飾虛言以亂實，人善其所私學，以非上所建立。今陛下并有天下，辨白黑〔四〕而定一尊；〔五〕而私學乃相與非法教之制，聞令下，即各以其私學議之，入則心非，出則巷議，非主以爲名，異趣以爲高，率羣下以造謗。〔六〕如此不禁，則主勢降乎上，黨與成乎下。禁之便。臣請諸有文學詩書百家語者，蠲除去之。〔七〕令到，滿三十日弗去，黥爲城旦。所不去者，醫藥、卜筮、種樹之書。若有欲學者，以吏爲師。」〔八〕始皇可其議，收去詩書百家之語，以愚百姓，使天下無以古非今。明法度，定律令，皆以始皇起。同文書。〔九〕治離宮別館，周徧天下。〔一〇〕明年又巡狩，外攘四夷，斯皆有力焉。〔一一〕

〔一〕【考證】卒，音猝。田常弒齊簡公，范、中行、知、韓、趙、魏六卿分晉。楓、三本，始皇三十四年紀並無「患」字。

「臣」字屬上讀。輔弼，猶藩屏也，即上文「支輔」。

〔二〕【索隱】重，音逐用反。重者，再也。

〔三〕【考證】絀、黜同。楓、三本「一」下有「定」字。

〔四〕【索隱】劉氏云「前時國異政，家殊俗，人造私語，莫辨其真，今乃分別白黑也」。【考證】索隱本「辨」作「別」。

〔五〕【索隱】謂始皇并六國定天下，海內共尊立一帝，故云。

〔六〕【考證】楓、三本「趣」作「取」。

〔七〕【考證】楓、三本無「除」字。

〔八〕【考證】文與始皇三十四年紀略同。

〔九〕【正義】六國制令不同，今令同之。【考證】正義蓋解上文「明法度定律令」也。同文書，一文字也。始皇二十六年紀云「書同文字」。

〔一〇〕【考證】楓、三本「周」下有「道」字，亦通。

〔一一〕【考證】楓、三本「明年又巡狩」作「明帝者有巡狩」，義長。梁玉繩曰：始皇三十五年，無巡狩事。攘四夷亦不在是年。

斯長男由爲三川守，諸男皆尚秦公主，女悉嫁秦諸公子。三川守李由告歸咸陽，李斯置酒於家，百官長皆前爲壽，門廷車騎以千數。〔一〕李斯喟然而歎曰：「嗟乎，吾聞之荀卿曰『物禁太盛』。夫斯乃上蔡布衣，閭巷之黔首，上不知其駑下，遂擢至此。當今人臣之位，無居臣上者，可謂富貴極矣。物極則衰，吾未知所稅駕也！」〔二〕

〔一〕【考證】楓、三本「壽」上有「斯」字。

〔二〕【索隱】稅駕，猶解駕，言休息也。李斯言己今日富貴已極，然未知向後吉凶止泊在何處也。【正義】稅，舍車也，止也。【考證】中井積德曰：稅駕，行之終也，以喻身之終。

始皇三十七年十月，行出游會稽，並海上，北抵琅邪。〔一〕丞相斯、中車府令趙高兼行符璽令事，皆從。〔二〕始皇有二十餘子，長子扶蘇，以數直諫上，上使監兵上郡，蒙恬爲將。〔三〕少子胡亥愛，請從，上許之。餘子莫從。〔四〕

〔一〕【正義】今沂州。【考證】楓、三本並作「傍」，無「上」字。

〔二〕【考證】趙高詳于蒙恬傳。

〔三〕【正義】上郡故城在綏州上縣東南五十里。

〔四〕【集解】辯士隱姓名，遺秦將章邯書曰「李斯爲秦王死，廢十七兄，而立今王」也。然則二世是秦始皇第十八子。此書在善文中。【考證】隋志「善文五十卷，晉杜預撰」。

其年七月，始皇帝至沙丘，病甚，〔一〕令趙高爲書賜公子扶蘇曰：「以兵屬蒙恬，與喪會咸陽而葬。」書已封，未授使者，始皇崩。書及璽皆在趙高所，獨子胡亥、丞相李斯、趙高及幸宦者五六人知始皇崩，餘羣臣皆莫知也。李斯以爲上在外崩，無真太子，故祕之，置始皇居轀輬車中，〔二〕百官奏事上食如故，宦者輒從轀輬車中可諸奏事。〔三〕

〔一〕【正義】沙丘臺在邢州。【考證】楓、三本「病」作「疾」。

〔二〕【集解】徐廣曰：「一作『轀車』。」【考證】楓、三本無「置」字。

〔三〕【集解】文穎曰：「轀輬車，如今喪轜車也。」孟康曰：「如衣車有窗牖，閉之則溫，開之則涼，故名之『轀輬車』也。」如淳曰：「轀輬車，其形廣大，有羽飾也。」

趙高因留所賜扶蘇璽書，而謂公子胡亥曰：「上崩，無詔封王諸子，而獨賜長子書。長子至，即立爲皇帝，而子無尺寸之地，爲之柰何？」〔一〕胡亥曰：「固也。吾聞之，明君知臣，明父知子。父捐命不封，諸子何可言者！」趙高曰：「不然。方今天下之權，存亡在子與高及丞相耳，願子圖之。且夫臣人與見臣於人，制人與見制於人，豈可同日道哉！」胡亥曰：「廢兄而立弟，是不義也；不奉父詔而畏死，是不孝也；〔二〕能薄而材譾，彊因人之功，是不能也。〔三〕三者逆德，天下不服，身殆傾危，社稷不血食。」高曰：「臣聞湯、武殺其主，天下稱義焉，不爲不忠。衞君殺其父，而衞國載其德，孔子著之，不爲不孝。〔四〕夫大行不小謹，盛德不辭讓，〔五〕鄉曲各有宜，而百官不同功。故顧小而忘大，後必有害；狐疑猶豫，後必有悔。斷而敢行，鬼神避之，後有成功。願子遂之！」胡亥喟然歎曰：「今大行未發，喪禮未終，豈宜以此事干丞相哉！」〔六〕趙高曰：「時乎時乎，間不及謀！贏糧躍馬，唯恐後時！」〔七〕

〔一〕【考證】楓、三本「立」作「位」，而下「子」上有「諸」字。

〔二〕【考證】畏死，畏事露罹刑也。

〔三〕【集解】史記音隱「譾，宰顯反」。【索隱】音義云「宰殄反」。劉氏音將淺反，則「譾」亦淺義。古人語自有重輕，所以文字有異。

〔四〕【考證】錢大昕曰：春秋哀公三年，衛石曼姑帥師圍戚，公羊以爲「伯討」。孟子書衛君輒爲孝公，故趙高爲此言。然蒯聵未嘗死乎輒，輒亦無德可載也。中井積德曰：「載」疑當作「戴」。

〔五〕【考證】項羽本紀樊噲云「大行不顧細謹，大禮不辭小讓」。酈生傳酈食其云「舉大事不細讓，盛德不辭讓」。蓋當時有此語。

〔六〕【考證】癸辛雜識云「宮車晏駕曰大行。大行者，不返之辭也」。

〔七〕【正義】贏，裹糧也。【考證】贏，當作「嬴」，與「裹」同。

胡亥既然高之言，高曰：「不與丞相謀，恐事不能成，臣請爲子與丞相謀之。」高乃謂丞相斯曰：「上崩，賜長子書，與喪會咸陽，而立爲嗣。書未行，今上崩，未有知者也。所賜長子書及符璽皆在胡亥所，定太子，在君侯與高之口耳。事將何如？」〔一〕斯曰：「安得亡國之言！此非人臣所當議也！」高曰：「君侯自料能孰與蒙恬？功高孰與蒙恬？〔二〕謀遠不失，孰與蒙恬？無怨於天下，孰與蒙恬？長子舊而信之，孰與蒙恬？」斯曰：「此五者皆不及蒙恬，而君責之何深也？」高曰：「高固內官之廝役也，〔三〕幸得以刀筆之文進入秦宮，管事二十餘年，〔四〕未嘗見秦免罷丞相功臣，有封及二世者也，卒皆以誅亡。〔五〕皇帝二十餘子，皆君之所知。長子剛毅而武勇，信人而奮士，即位必用蒙恬爲丞相，君侯終不懷通侯之印，歸於鄉里明矣。〔六〕高受詔教習胡亥，使學以法事數年矣，〔七〕未嘗見過失。慈仁篤厚，輕財重士，辯於心而詘於口，盡禮敬士，〔八〕秦之諸子未有及此者，可以爲嗣。君計而定之。」斯曰：「君其反位！斯奉主之詔，聽天之命，何慮之可定也？」高曰：「安可危也，危可安也。安危不定，何以貴聖？」斯曰：「斯，上蔡閭巷布衣也，上幸擢爲丞相，封爲通侯，子孫皆至尊位重祿者，故將以存亡安危屬臣也。豈可負哉！〔九〕夫忠臣不避死而庶幾，〔一〇〕孝子不勤勞而見危，〔一一〕人臣各守其職而已矣。君其勿復言，將令斯得罪。」高曰：「蓋聞聖人遷徙無常，就變而從時，見末而知本，觀指而覩歸。〔一二〕物固有之，安得常法哉！方今天下之權命，懸於胡亥，〔一三〕高能得志焉。且夫從外制中，謂之惑，從下制上，謂之賊。故秋霜降者草花落，水搖動者萬物作，〔一四〕此必然之效也。君何見之晚？」〔一五〕斯曰：「吾聞晉易太子，三世不安；〔一六〕齊桓兄弟争位，身死爲戮；〔一七〕紂殺親戚，不聽諫者，國爲丘墟，遂危社稷：〔一八〕三者逆天，宗廟不血食。斯其猶人哉，安足爲謀！」〔一九〕高曰：「上下合同，可以長久；中外若一，事無表裏。君聽臣之計，即長有封侯，世世稱孤，必有喬、松之壽，孔、墨之智。〔二〇〕今釋此而不從，禍及子孫，足以爲寒心。〔二一〕善者因禍爲福，君何處焉？」斯乃仰天而歎，垂淚太息曰：「嗟乎，獨遭亂世，既以不能死，安託命哉！」〔二二〕於是斯乃聽高。高乃報胡亥曰：「臣請奉太子之明命，以報丞相。〔二三〕丞相斯敢不奉令！」〔二四〕

〔一〕**【考證】**徐孚遠曰：符璽及書本在高所，而云胡亥者，亦以刼斯也。
〔二〕**【考證】**楓、三本無「高」字。以上文推之，無者是。
〔三〕**【考證】**楓、三本「固」作「故」。
〔四〕**【考證】**楓、三本「秦宮」作「奏官」。
〔五〕**【考證】**以、已同。

〔六〕【考證】胡三省曰：徹侯，漢曰通侯，亦曰列侯。應劭云「通亦徹也。通者功德通於王室也」。張晏云「列侯者，見序列也」。愚按：「通侯」解又見始皇紀。

〔七〕【考證】楓、三本「受」作「有」，無「教」字。

〔八〕【正義】詘，猶訥也。

〔九〕【考證】楓、三本「故」作「固」。

〔一〇〕【索隱】斯言忠臣之節，本不避死，言己今日亦庶幾盡忠不避死也。【考證】余有丁曰：庶幾，謂貪生幸利也。愚按：謂徼幸於萬一也。索隱非。

〔一一〕【正義】言哀痛甚則危其身也。【考證】勤勞，勤勞怨恨也。見危，蹈危機也。

〔一二〕【考證】毛本「就」作「龍」。

〔一三〕【考證】楓、三本「命」、「縣」二字倒。淮陰侯傳「當今兩主之命，縣於足下」。

〔一四〕【索隱】水搖者，謂冰泮而水動也，是春時而萬物皆生也。【考證】惑、賊、落、作，韻。索隱本無「動」字。王念孫曰：原文當作「霜降而草華落，水搖者萬物作」。「秋」字、「動」字後人所加。

〔一五〕【考證】楓、三本「晚」下有「也」字。范雎傳蔡澤曰「吁，君何見之晚也」。王應麟曰：斷而敢行，鬼神避之，見末而知本，觀指而覩歸，秋霜降者草花落，水搖動者萬物作。此戰國諸子之言，趙高誦之爾。

〔一六〕【正義】謂廢申生立奚齊也。

〔一七〕【正義】謂小白與公子糾。【考證】公子糾見殺。

〔一八〕【正義】謂殺比干，囚箕子。

〔一九〕【索隱】言我今日猶是人，人道守順，豈能爲逆謀。故下云「安足與謀」。【正義】猶人，猶是人也。秉道守順，豈有叛逆，安足與謀也。

〔二〇〕【考證】秦策蔡澤說范睢云「長爲應侯，世世稱孤，而有喬、松之壽」。

〔二一〕【考證】王念孫曰：「以」字衍。文選報任安書注引作「足爲寒心」。燕策云「夫以秦王之暴，而積怨於燕，足爲寒心」，又其一證。

〔二二〕【考證】楓、三本「以」作「已」。中井積德曰：以、已通。

〔二三〕【考證】楓、三本「請」作「謹」，「命」作「令」，爲是。

〔二四〕【考證】楓、三本「敢」上有「不」字，爲是。

於是乃相與謀，詐爲受始皇詔，丞相立子胡亥爲太子。〔一〕更爲書，賜長子扶蘇曰：「朕巡天下，禱祠名山諸神，以延壽命。今扶蘇與將軍蒙恬將師數十萬以屯邊，十有餘年矣，〔二〕不能進而前，士卒多耗，無尺寸之功，乃反數上書，直言誹謗我所爲，以不得罷歸爲太子，日夜怨望。扶蘇爲人子不孝，其賜劍以自裁！將軍恬與扶蘇居外，不匡正，宜知其謀。〔三〕爲人臣不忠，其賜死，以兵屬裨將王離。」〔四〕封其書以皇帝璽，遣胡亥客奉書賜扶蘇於上郡。〔五〕

〔一〕【考證】崔適曰：「丞相」上當重「詔」字。

〔二〕【考證】楓、三本「師」作「帥」。

〔三〕【考證】楓、三本「不」下有「能」字。

〔四〕【考證】楓、三本「裨」下有「軍」字。

〔五〕【考證】楓、三本「於」上有「在」字。

使者至發書，扶蘇泣入內舍，欲自殺。蒙恬止扶蘇曰：「陛下居外，未立太子，使臣將三十萬衆守邊，公子爲監，此天下重任也。今一使者來，即自殺，安知其非詐？請復請，復請而後死，未暮也。」〔一〕使者數趣之。扶蘇爲人仁，謂蒙恬曰：「父而賜子死，尚安復請！」即自殺。蒙恬不肯死，使者即以屬吏，繫於陽周。〔二〕

〔一〕【正義】復，扶富反。復，重也。言再三重請，必然而未晚。

〔二〕【集解】徐廣曰：「屬上郡。」【正義】陽周，寧州羅川縣之邑也。【考證】事見蒙恬傳。

使者還報，胡亥、斯、高大喜，至咸陽發喪，太子立，爲二世皇帝，以趙高爲郎中令，常侍中用事。

二世燕居，乃召高與謀事，謂曰：「夫人生居世閒也，譬猶騁六驥過決隙也。〔一〕吾既已臨天下矣，欲悉耳目之所好，窮心志之所樂，以安宗廟而樂萬姓，長有天下，終吾年壽，其道可乎？」高曰：「此賢主之所能行也，而昏亂主之所禁也。〔二〕臣請言之，不敢避斧鉞之誅，願陛下少留意焉。夫沙丘之謀，諸公子及大臣皆疑焉，〔三〕而諸公子盡帝兄，大臣又先帝之所置也。今陛下初立，此其屬意怏怏，皆不服，恐爲變。且蒙恬已死，蒙毅將兵居外，〔四〕臣戰戰栗栗，唯恐不終。且陛下安得爲此樂乎？」二世曰：「爲之柰何？」趙高曰：「嚴法而刻刑，令有罪者相坐，誅至收族，滅大臣而遠骨肉，貧者富之，賤者貴之，盡除去先帝之故臣，更置陛下之所親信者近之。此則陰德歸陛下，害除而姦謀塞，羣臣莫不被潤澤，蒙厚德，陛下則高枕肆志寵樂矣。計莫出於此。」〔五〕二世然高之言，乃更爲法律。於是羣臣諸公子有罪，輒下高令鞫治之，殺大臣蒙毅等，〔六〕公子十二人僇死咸陽市，〔七〕十公主矺死於杜，〔八〕財物入於縣官，相連坐者不可勝數。

〔一〕【考證】胡三省曰：決，裂也。裂開之隙，其間不能以寸，喻狹小也。魏豹傳「人生一生間，如白駒過隙耳」。

〔二〕【考證】群書治要引史，「而」上無「也」字。

〔三〕【考證】治要「及」作「至」。

〔四〕【考證】梁玉繩曰：案始皇紀及蒙恬傳，將兵在外者恬也，而爲内謀者毅也。又胡亥先殺毅，而殺恬，此俱自相駮。當云蒙毅未死，蒙恬將兵在外，乃合耳。

〔五〕【考證】中井積德曰：寵，榮也。李笠曰：案出，猶逾也，過也。莫過於此者，言無有勝於此也。吴王濞傳云「臣愚計無出此」，義同。

〔六〕【考證】楓、三本，治要「殺」上有「誅」字。

〔七〕【考證】梁玉繩曰：案紀，言六公子僇于杜，公子將閭昆弟三人自殺，與此異。

〔八〕【集解】史記音隱曰：「矺，音貯格反。」【索隱】矺，音宅，與「磔」同，古今字異耳。磔，謂裂其支體而殺之。【正義】矺，磔也，音宅。【考證】中井積德曰：磔，陳死人也，古謂之尸。漢景中二年，改「磔」曰「棄市」。磔是在死後，非磔而後死。楓、三本「杜」下有「縣」字。

公子高欲奔，恐收族，乃上書曰：「先帝無恙時，臣入則賜食，出則乘輿，御府之衣，臣得賜之，中廄之寶馬，臣得賜之。〔一〕臣當從死而不能，爲人子不孝，爲人臣不忠。不忠者無名以立於世，〔二〕臣請從死，願葬酈山之足。唯上幸哀憐之。」書上，胡亥大説，召趙高而示之曰：「此可謂急乎？」〔三〕趙高曰：「人臣當憂死而不暇，何變之得謀！」胡亥可其書，賜錢十萬以葬。

〔一〕【考證】楓、三本無「寶」字。

〔二〕【考證】楓、三本不重「不忠」二字爲是。

〔三〕【考證】岡白駒曰：可謂事急乎？

法令誅罰日益刻深，羣臣人人自危，欲畔者衆。又作阿房之宮，治直馳道，賦斂愈重，戍傜無已。〔一〕於是楚戍卒陳勝、吴廣等乃作亂，起於山東，傑俊相立，自置爲侯王叛秦，兵至鴻門而卻。〔二〕李斯數欲請閒諫，二世不許。而二世責問李斯曰：「吾有私議，而有所聞於韓子也，曰：『堯之有天下也，堂高三尺，采椽不斲，茅茨不翦，雖逆旅之宿不勤於此矣。〔三〕冬日鹿裘，夏日葛衣，粢糲之食，藜藿之羹，〔四〕飯土匭，〔五〕啜土鉶，〔六〕雖監門之養不觳於此矣。〔七〕禹鑿龍門，通大夏，疏九河，曲九防，〔八〕決渟水致之海，〔九〕而股無胈，〔一〇〕脛無毛，手足胼胝，面目黎黑，遂以死于外，葬於會稽，臣虜之勞不烈於此矣。』〔一一〕然則夫所貴於有天下者，豈欲苦形勞神，身處逆旅之宿，口食監門之養，手持臣虜之作哉？〔一二〕此不肖人之所勉也，非賢者之所務也。彼賢人之有天下也，專用天下適己而已矣，此所以貴於有天下也。夫所謂賢人者，必能安天下而治萬民，〔一三〕今身且不能利，將惡能治天下哉！故吾願肆志廣欲，長享天下而無害，爲之柰何？」〔一四〕李斯子由爲三川守，羣盜吴廣等西略地，過去弗能禁。章邯以破逐廣等兵，〔一五〕使者覆案三川相屬，誚讓斯居三公位，如何令盜如此。李斯恐懼，重爵禄，不知所出，乃阿二世意，欲求容，以書對曰：

〔一〕【考證】治要「直」下有「道」字。王念孫曰：秦始皇紀二十七年「治馳道」，集解應劭曰「馳道，天子道也，若今之中道也」。六國表曰「始皇三十五年，爲直道，道九原通甘泉」。蒙恬傳贊曰「蒙恬爲秦塹山堙谷通直道」，是直道與馳道不同。今本「直」下脱「道」字，則文義不明。

〔二〕【考證】中井積德曰：至鴻門而卻，周文之師也。

〔三〕【集解】徐廣曰：「采，一名櫟。一作『柞』。」【索隱】采，木名，即今之櫟木。【正義】言采取木作也，不斵削。【考證】中井積德曰：椽材采於山，而不加斵也。愚按：韓非子五蠹篇無「雖」以下十字。

〔四〕【索隱】粢，音資。糲，音郎葛反。粢者稷也。糲者麤粟飯也。

〔五〕【集解】徐廣曰：「一作『溜』。」

〔六〕【集解】音刑。【考證】始皇紀「甌」作「溜」，「鉶」作「刑」。

〔七〕【集解】徐廣曰：「鬻，音學。鬻一作『轂』，推也。」【索隱】鬻，音學。爾雅云「鬻，盡也」。言監門下人飯猶不盡此。若徐氏云「一作『轂』。轂，推也」，則字宜作「較」。鄒氏音角。

〔八〕【正義】謂河之九曲，別爲隄防。【考證】中井積德曰：九河，是九州之河。九防，即九州澤之隄。是語本于尚書「九澤既防」。

〔九〕【集解】徐廣曰：「致，一作『放』。」

〔一〇〕【集解】胈，膚毳皮。

〔一一〕【正義】烈，酷也。不酷烈於此也。【考證】以上本韓非子五蠹篇，語多敷演，與始皇紀亦異。

〔一二〕【考證】「然則」二字，始皇紀無。張文虎曰：疑衍。

〔一三〕【考證】楓本「必」下有「將」字。治要「民」下有「也」字。

〔一四〕【考證】董份曰：二世紀亦載此文，而辭不同。此太史公不及整頓處。

〔一五〕【考證】楓、三本「以」作「已」。

夫賢主者，必且能全道而行督責之術者也。〔一〕督責之，則臣不敢不竭能以徇其主矣。此臣主之分定，上下之義明，則天下賢不肖，莫敢不盡力竭任，以徇其君矣。〔二〕是故王獨制於天下而無所制也。能窮樂之極矣，賢明之主也，可不察焉！〔三〕

〔一〕【索隱】督者察也。察其罪，責之以刑罰也。

〔二〕【考證】治要「臣」上無「此」字。

〔三〕【考證】楓、三本、治要「焉」作「耶」。

故申子曰「有天下而不恣睢，命之曰以天下爲桎梏」者，〔一〕無他焉，不能督責，而顧以其身勞於天下之民，若堯、禹然，故謂之「桎梏」也。夫不能修申、韓之明術，行督責之道，專以天下自適也，而徒務苦形勞神，以身徇百姓，則是黔首之役，非畜天下者也，何足貴哉！夫以人徇己，則己貴而人賤；以己徇人，則己賤而人貴。故徇人者賤，而人所徇者貴，自古及今，未有不然者也。凡古之所爲尊賢者，爲其貴也；而所爲惡不肖者，爲其賤也。而堯、禹以身徇天下者也，〔二〕因隨而尊之，則亦失所爲尊賢之心矣，夫可謂大繆矣！謂之爲「桎梏」，不亦宜乎？〔三〕不能督責之過也。〔四〕

〔一〕【索隱】恣睢，上音資二反，下音呼季反。恣睢，猶放縱也，謂肆情縱恣也。【正義】恣睢，仰白目也。恣，縱也。言有天下不能自縱恣督責，乃勞身於天下若堯禹，即以天下爲桎梏於身也。【考證】楓、三本無「梏」字。

申子之言止于此。中井積德曰：正義「督責」二字當削。

〔二〕【考證】楓、三本「堯」上「而」字作「夫」。

〔三〕【考證】蔡本、中統、王、柯、毛本並無「梏」字。

〔四〕【考證】楓、三本、治要「能」作「知」。

故韓子曰「慈母有敗子，而嚴家無格虜」者，何也？〔一〕則能罰之加焉必也。故商君之法，刑弃灰於道者。〔二〕夫弃灰，薄罪也，而被刑，重罰也。彼唯明主爲能深督輕罪。夫罪輕且督深，而況有重罪乎？故民不敢犯也。是故韓子曰「布帛尋常，庸人不釋，〔三〕鑠金百溢，盜跖不搏」者，〔四〕非庸人之心重尋常之利深，而盜跖之欲淺也；〔五〕又不以盜跖之行爲輕百溢之重也。搏必隨手刑，則盜跖不搏百溢；〔六〕而罰不必行也，則庸人不釋尋常。〔七〕是故城高五丈，而樓季不輕犯也；〔八〕泰山之高百仞，而跛牂牧其上。〔九〕夫樓季也而難五丈之限，豈跛牂也而易百仞之高哉？峭塹之勢異也。〔一〇〕明主聖王之所以能久處尊位，長執重勢，而獨擅天下之利者，非有異道也，能獨斷而審督責，必深罰，故天下不敢犯也。今不務所以不犯，而事慈母之所以敗子也，則亦不察於聖人之論矣。夫不能行聖人之術，則舍爲天下役，何事哉？可不哀邪！〔一一〕

〔一〕【索隱】格，彊扞也。虜，奴隸也。言嚴整之家，本無格扞奴僕也。【正義】劉曰：「格，彊悍也。虜，奴隸也。」按：嚴整之家，無彊悍似奴虜，子弟皆勤也。【考證】韓非子顯學篇「格虜」作「悍虜」。格虜，索隱是，正義「似」字、「子弟」字皆可削。

〔二〕【正義】弃灰於道者黥也。韓子云「殷之法，弃灰於衢者刑。子貢以爲重，問之。仲尼曰：『灰弃於衢必燔，人必怒，怒則鬬，鬬則三族，雖刑之可也。』」【考證】北地多風，棄灰，有失火之虞，所以爲禁。

〔三〕【索隱】八尺曰尋，倍尋曰常，以言其少也。庸人弗釋者，謂庸人見則取之而不釋，以其罪輕。故下云「罰不必行，則庸人弗釋尋常」是也。【正義】八尺曰尋，倍尋曰常，言其少也。【考證】索隱「以其罪輕」四字當削。

〔四〕【索隱】爾雅「鑠，美也」。言百溢之美金在於地，雖有盜跖之行亦不取者，爲其財多而罪重也。故下云「搏必隨手刑，盜跖不搏」也。搏猶攫也，取也。凡鳥翼擊物曰搏，足取曰攫，故人取物亦謂之搏。【正義】鑠金，銷鑠之金也，熱不可取也。【考證】鑠金，正義是。故下文云「搏必隨手刑」。

〔五〕【考證】李笠曰：案「深」字疑衍。此以庸人、盜跖對舉，上言庸人不釋布帛，盜跖不搏鑠金。此承上，謂非庸人之心重尋常之利，而盜跖之欲，淺百鎰之利也。不云「百鎰」者，省辭也。

〔六〕【考證】刑，言鑠金傷手也。

〔七〕【考證】韓非子五蠹篇「布帛尋常，庸人不釋。鑠金百鎰，盜跖不掇。不必害，則不釋尋常。必害手，則不掇百鎰。故明主必其誅也」，文字少異。

〔八〕【集解】許慎曰：「樓季，魏文侯之弟。」王孫子曰：「樓季，魏文侯之兄也。」

〔九〕【集解】詩云「牂羊墳首」，毛傳曰「牝曰牂」。【考證】韓非子五蠹篇「十仞之城，樓季弗能踰者，峭也。千仞之山，跛牂易牧者，夷也。故明主峭其法而嚴其刑也」。

〔一〇〕【索隱】峭，峻也，高也。七笑反。塹，音漸。以言峭峻則難登，故樓季難五丈之限；平塹則易涉，故跛牂牧於泰山也。

〔一一〕【索隱】舍，猶廢也，止也。言爲人主不能行聖人督責之術，則已廢止，何爲勤身苦心，爲天下所役，是何哉？「可不哀邪」，言其非也。【考證】中井積德曰：言舍聖人之術，而反爲天下之所役，甚可哀也。

且夫儉節仁義之人立於朝，則荒肆之樂輟矣；諫説論理之臣閒於側，則流漫之志詘矣；〔一〕烈士死節之行顯於世，則淫康之虞廢矣。〔二〕故明主能外此三者，而獨操主術，以制聽從之臣，而修其明法，故身尊而勢重也。凡賢主者，必將能拂世摩俗，而廢其所惡，立其所欲，〔三〕故生則有尊重之勢，死則有賢明之謚也。〔四〕是以明君獨斷，故權不在臣也。然後能滅仁義之塗，掩馳説之口，困烈士之行，塞聰揜明，内獨視聽，故外不可傾以仁義烈士之行，而内不可奪以諫説忿争之辯。故能犖然獨行恣睢之心，而莫之敢逆。若此然後可謂能明申、韓之術，而脩商君之法。法脩術明，而天下亂者，未之聞也。故曰「王道約而易操」也。唯明主爲能行之。若此，則謂督責之誠。督責之誠，則臣無邪；〔五〕臣無邪，則天下安；天下安，則主嚴尊；主嚴尊，則督責必；督責必，則所求得；所求得，則國家富；國家富，則君樂豐。故督責之術設，則所欲無不得矣。羣臣百姓，救過不給，何變之敢圖？若此，則帝道備，而可謂能明君臣之術矣。雖申、韓復生，不能加也。〔六〕

〔一〕**【考證】**閒，蔡、王、柯、毛本作「開」，楓本作「闕」。

〔二〕**【考證】**虞，讀爲娱。

〔三〕**【索隱】**拂，音扶弗反。磨，音莫何反。拂世，蓋言與世情乖戾。磨俗，言磨礪於俗使從己。

〔四〕**【考證】**梁玉繩曰：死亡之言，非臣子所宜語于君父。乃直陳無隱，雖暴秦之多忌，不以是爲罪。蓋秦漢時近質，諱猶少。故賈誼告孝文曰「生爲明帝，没爲明神。顧成之廟，稱爲太宗」。此與端木氏言夫子「其死也哀」同。

〔五〕【考證】各本不重「督責之誠」，今從楓、三本。

〔六〕【考證】淩稚隆曰：此仍以申韓結截。王維楨曰：斯學帝王之術于荀卿，而用申商之術于秦，何也？

書奏，二世悅。〔一〕於是行督責益嚴，稅民深者爲明吏。二世曰：「若此，則可謂能督責矣。」〔二〕刑者相半於道，而死人日成積於市，殺人衆者爲忠臣。二世曰：「若此，則可謂能督責矣。」〔三〕

〔一〕【考證】楓、三本「悅」作「說」。

〔二〕【考證】張文虎曰：王本、治要無「督」字。

〔三〕【考證】張文虎曰：蔡本，中統、王、柯、毛本，治要皆無「責」字。

初趙高爲郎中令，所殺及報私怨衆多，恐大臣入朝奏事毁惡之，乃說二世曰：「天子所以貴者，但以聞聲，羣臣莫得見其面，故號曰『朕』。〔一〕且陛下富於春秋，未必盡通諸事，〔二〕今坐朝廷，譴舉有不當者，則見短於大臣，非所以示神明於天下也。且陛下深拱禁中，與臣及侍中習法者待事，事來，有以揆之。〔三〕如此，則大臣不敢奏疑事，天下稱聖主矣。」二世用其計，乃不坐朝廷見大臣，居禁中。趙高常侍中用事，事皆決於趙高。〔四〕

〔一〕【考證】朕，「朕兆」、「朕漠」之「朕」，微也，少也。趙高取義於不可見不可聞。

〔二〕【集解】徐廣曰：「通，或宜作『照』。」

〔三〕【集解】徐廣曰：「揆，一作『撥』也。」

〔四〕【考證】楓、三本無「事皆決於趙高」六字。

高聞李斯以爲言，乃見丞相曰：「關東羣盜多，今上急益發繇治阿房宮，聚狗馬無用之物。〔一〕臣欲諫，爲位賤。此真君侯之事，君何不諫？」李斯曰：「固也，吾欲言之久矣。今時上不坐朝廷，上居深宮，吾有所言者，不可傳也，欲見無閒。」〔二〕趙高謂曰：「君誠能諫，請爲君候上閒語君。」於是趙高待二世方燕樂，婦女居前，使人告丞相：「上方閒，可奏事。」丞相至宮門上謁，如此者三。二世怒曰：「吾常多閒日，丞相不來。吾方燕私，丞相輒來請事。丞相豈少我哉？且固我哉？」〔三〕趙高因曰：「如此殆矣！〔四〕夫沙丘之謀，丞相與焉。今陛下已立爲帝，而丞相貴不益，此其意亦望裂地而王矣。且陛下不問臣，臣不敢言。丞相長男李由爲三川守，楚盜陳勝等皆丞相傍縣之子，以故楚盜公行，〔五〕過三川，城守不肯擊。高聞其文書相往來，未得其審，故未敢以聞。且丞相居外，權重於陛下。」二世以爲然，欲案丞相，恐其不審，乃使人案驗三川守與盜通狀。李斯聞之。

〔一〕【索隱】房，音旁，一如字。

〔二〕【考證】治要「言」上有「欲」字。

〔三〕【索隱】謂以我幼故輕我也。云「固我」者，一云以我爲短少，且固陋於我也，於義爲疏。【考證】中井積德曰：固，鄙之也。

〔四〕【考證】治要無「如」字。

〔五〕【集解】徐廣曰：「公，一作『訟』，音松。」

是時二世在甘泉，方作觳抵優俳之觀。〔一〕李斯不得見，因上書言趙高之短曰：「臣聞之，臣疑其君，無不危國；妾疑其夫，無不危家。〔二〕今有大臣於陛下，〔三〕擅利擅害，與陛下無異，此甚不便。昔者司城子罕相宋，身行刑罰，以威行之，朞年遂劫其君。〔四〕田常爲簡公臣，爵列無敵於國，私家之富與公家均，布惠施德，下得百姓，上得羣臣，陰取齊國，殺宰予於庭，即弒簡公於朝，遂有齊國。〔五〕此天下所明知也。今高有邪佚之志，危反之行，如子罕相宋也；〔六〕私家之富，若田氏之於齊也。〔七〕兼行田常、子罕之逆道，而劫陛下之威信，其志若韓玘爲韓安相也。〔八〕陛下不圖，臣恐其爲變也。」二世曰：「何哉？夫高故宦人也，〔九〕然不爲安肆志，不以危易心，絜行脩善，自使至此，以忠得進，以信守位，朕實賢之，而君疑之，何也？〔一〇〕且朕少失先人，無所識知，不習治民，〔一一〕而君又老，恐與天下絶矣。朕非屬趙君，當誰任哉？且趙君爲人精廉彊力，下知人情，上能適朕，君其勿疑。」〔一二〕李斯曰：「不然。夫高，故賤人也，無識於理，貪欲無厭，求利不止，列勢次主，求欲無窮，〔一三〕臣故曰殆。」二世已前信趙高，恐李斯殺之，乃私告趙高。〔一四〕高曰：「丞相所患者獨高。高已死，丞相即欲爲田常所爲。」於是二世曰：「其以李斯屬郎中。」令趙高案治李斯。

〔一〕**【集解】**應劭曰：「戰國之時，稍增講武之禮，以爲戲樂，用相夸示，而秦更名曰角抵。角者角材也。抵者相抵觸也。」文穎曰：「案：秦名此樂爲角抵，兩兩相當，角力，角伎藝射御，故曰角抵也。」駰案：觳抵，即角抵也。**【考證】**楓、三本「觳」作「角」。中井積德曰：角觝，蓋今相撲之類，非通他技藝射御。

〔二〕**【考證】**余有丁曰：疑，即易「陰疑于陽」之「疑」。言勢相近均敵也。愚按：不曰「婦」，曰「妾」，措詞不苟。

〔三〕**【考證】**楓、三本「臣」下有「側」字。

〔四〕【考證】韓非子二柄篇子罕謂宋君曰：「夫慶賞賜予者，民之所喜也，君自行之。殺戮刑罰者，民之所惡也，臣請行之。」于是宋君失刑，子罕用之，故宋君見劫。高誘注呂覽云「子罕殺宋昭公」。子罕與宋名臣司城子罕名同人異，説見鄒陽傳。

〔五〕【考證】中井積德曰：田常所殺，是監止字子我，非宰予，亦傳聞之謬云。

〔六〕【考證】王念孫曰：危，讀爲詭。詭亦反也。

〔七〕【考證】楓本「若」作「如」。

〔八〕【索隱】「玘」亦作「起」，並音怡。韓大夫弑其君悼公者。然韓無悼公，或鄭之嗣君。案表，韓玘事昭侯，昭侯已下四代至王安，其説非也。【考證】胡三省曰：余觀李斯書，意正以胡亥亡國之禍近在旦夕，故指韓安以其用韓玘而亡韓之事警動之。韓安之臣必有韓玘者，特史逸其事耳。李斯與韓安同時，而韓安亡國之事接乎胡亥之耳目，所謂殷鑒不遠也。索隱于數百載之後，議其説爲非，可乎？

〔九〕【考證】楓、三本「宦」作「宮」。中井積德曰：故宦人者，對今尊官而言，謂内宦賤役也。

〔一〇〕【考證】楓、三本「實」作「甚」。

〔一一〕【考證】楓、三本無「所知」二字。

〔一二〕【考證】楓、三本、治要「人情」作「民情」。

〔一三〕【考證】治要「列勢」作「烈勢」。凌稚隆曰：威勢亞於人主。

〔一四〕【考證】楓、三本「乃私」作「以」。

李斯拘執束縛，居囹圄中，仰天而歎曰：「嗟乎，悲夫！不道之君，何可爲計哉！昔者桀殺關龍逢，紂殺王子比干，吳王夫差殺伍子胥，此三臣者，豈不忠哉！然而不免於死，〔一〕身死而所忠者非也。〔二〕今吾智不及三子，而二世之無道過於桀、紂、夫差，吾以忠死，宜矣。且二世之治，豈不亂哉！日者夷其兄弟而自立也，殺忠臣而貴賤人，作爲阿房之宮，賦斂天下。吾非不諫也，而不吾聽也。凡古聖王，飲食有節，車器有數，宮室有度，出令造事，加費而無益於民利者禁，故能長久治安。今行逆於昆弟，不顧其咎；侵殺忠臣，不思其殃；大爲宮室，厚賦天下，不愛其費：三者已行，天下不聽。今反者已有天下之半矣，而心尚未寤也，而以趙高爲佐，吾必見寇至咸陽，麋鹿游於朝也。」〔三〕

〔一〕【考證】楓、三本「不」上有「身」字。

〔二〕【正義】所忠，謂吴太宰嚭之類。【考證】言三子所忠非其君也。正義非。

〔三〕【正義】麋鹿，上音眉，亦作「糜」。

於是二世乃使高案丞相獄治罪，〔一〕責斯與子由謀反狀，皆收捕宗族賓客。趙高治斯，榜掠千餘，不勝痛，自誣服。斯所以不死者，自負其辯有功，實無反心，〔二〕幸得上書自陳，幸二世之寤而赦之。李斯乃從獄中上書曰：「臣爲丞相，治民三十餘年矣。逮秦地之陜隘。〔三〕先王之時，秦地不過千里，兵數十萬。臣盡薄材，謹奉法令，陰行謀臣，資之金玉，使游說諸侯，陰脩甲兵，飾政教，官鬭士，尊功臣，盛其爵禄，故終以脅韓弱魏，破燕、趙，夷齊、楚，卒兼六國，虜其王，立秦爲天子。罪一矣。地非不廣，又北逐胡、貉，南定百越，以見秦之彊。罪二矣。尊大臣，盛其爵位，以固其親。罪三矣。立社稷，脩宗廟，以明主之賢。罪四矣。更剋畫，平斗斛度量文章，布之天下，以樹秦之名。罪五矣。〔四〕治馳道，興游觀，以見主之得意。罪六矣。緩刑罰，薄賦斂，以遂主得衆之心，萬民戴主，死而不忘。罪七矣。〔五〕若斯之爲臣者，罪足以死固久矣。上幸盡其能力，乃得至今，願陛下察之！」〔六〕書上，趙高使吏弃去不奏，曰：「囚安得上書！」

〔一〕【考證】楓、三本「相」下有「下」字。

〔二〕【考證】治要無「其辯」二字。

〔三〕【考證】梁玉繩曰：案始皇二十八年，李斯尚爲卿，本紀可據。疑三十四年始爲丞相，則相秦纔六年。若以始皇十年斯用事數之，是二十九年，亦無三十餘年也。

〔四〕【考證】岡白駒曰：更，改也。剋畫，謂器物制度儀飾也。文章，即制度儀飾之已成者。中井積德曰：「文章」上疑有脫文。愚按：「文章」二字，疑當移「剋畫」下。

〔五〕【考證】淩稚隆曰：按李斯所謂七罪，乃自侈其極忠，反言以激二世耳。愚按：此與白起、蒙恬臨死自罪者相似，蓋秦人之語。中井積德曰：唯第七罪，爲虛飾非實。

〔六〕【考證】楓、三本無「乃得」二字。

趙高使其客十餘輩詐爲御史、謁者、侍中，更往覆訊斯。斯更以其實對，輒使人復榜之。後二世使人驗斯，斯以爲如前，終不敢更言，辭服。奏當上，二世喜曰：「微趙君，幾爲丞相所賣。」〔一〕及二世所使案三川之守，至則項梁已擊殺之。〔二〕使者來，會丞相下吏，趙高皆妄爲反辭。〔三〕

〔一〕【考證】胡三省曰：秦當者，獄具而奏，當處其罪也。漢路溫舒曰「奏當之成，雖咎繇聽之，猶以爲死有餘辜」。

〔二〕【考證】楓、三本無「及」字。至，使者至三川也。項梁所擊殺者李由。通鑑「守」下補「由」字。

〔三〕【考證】楓、三本「皆」上有「因」字。

二世二年七月，具斯五刑，論腰斬咸陽市。〔一〕斯出獄，與其中子俱執，顧謂其中子曰：「吾欲與若復牽黃犬，俱出上蔡東門，逐狡兔，豈可得乎？」〔二〕遂父子相哭，而夷三族。

〔一〕【考證】商君傳「不告姦者要斬」。秦策范子因王稽入秦篇「今臣之胸不足以當椹質，要不足以待斧鉞」。腰斬之刑，非始於李斯。

〔二〕【考證】凌稚隆曰：應前「上蔡布衣」。

李斯已死，二世拜趙高爲中丞相，事無大小輒決於高。〔一〕高自知權重，乃獻鹿謂之馬。二世問左右：「此乃鹿也？」左右皆曰：「馬也。」〔二〕二世驚，自以爲惑，乃召太卜令卦之。太卜曰：「陛下春秋郊祀，奉宗廟鬼神，齋戒不明，故至于此。可依盛德而明齋戒。」於是乃入上林齋戒。日游弋獵，有行人入上林中，二世自射殺之。〔三〕趙高教其女壻咸陽令閻樂劾不知何人賊殺人移上林。〔四〕高乃諫二世曰：「天子無故賊殺不辜人，此上帝之禁也，鬼神不享，天且降殃，當遠避宮以禳之。」二世乃出居望夷之宮。

〔一〕【考證】中丞相，在宮中執政，故名。

〔二〕【考證】治要無「皆」字。凌稚隆曰：與本紀參互。

〔三〕【考證】楓、三本無「行」字。

〔四〕【正義】移牒勘問。【考證】沈家本曰：趙高宦者，何以有女？愚按：說又見蒙恬傳。

留三日，趙高詐詔衛士，令士皆素服，持兵內鄉，〔一〕入告二世曰：「山東羣盜兵大至！」二世上觀而見之，恐懼，高即因劫令自殺。引璽而佩之，左右百官莫從；上殿，殿欲壞者三。〔二〕高自知天弗與，羣臣弗許，乃召始皇弟授之璽。〔三〕

〔一〕【考證】楓、三本「衛士」下重「令」字。

〔二〕【考證】林伯桐曰：始皇本紀二世曰：「丞相可得見否？」閻樂曰：「不可。」則是二世之死，不得見趙高也。李斯列傳則曰「趙高入告二世曰：『羣盜大至。』二世恐懼。高即因劫令自殺」。則是趙高見二世之死也。此秦之大事，紀與傳自相矛盾如此。

〔三〕【集解】徐廣曰：「一本曰『召始皇弟子嬰授之璽』。秦本紀云『子嬰者二世之兄子也』。」【索隱】劉氏云「『弟』字誤，當爲『孫』。子嬰，二世兄子」。【正義】弟，音孫。【考證】說見始皇紀。

子嬰即位，患之，乃稱疾不聽事，與宦者韓談及其子謀殺高。〔一〕高上謁請病，因召入，令韓談刺殺之，夷其三族。

〔一〕【考證】錢大昕曰：太史公父名談，如「李談」、「趙談」之屬皆改稱「同」。此「韓談」獨不改，何也？滑稽傳云「談言微中」，司馬相如傳「因此以談」，此皆不避「談」字。徐孚遠曰：史記諱「談」，此後人所改也。

子嬰立三月，沛公兵從武關入，至咸陽，羣臣百官皆畔不適。〔一〕子嬰與妻子自係其頸以組，降軹道旁。〔二〕沛公因以屬吏。項王至而斬之。遂以亡天下。

〔一〕【集解】徐廣曰：「適，音敵。」

〔二〕【正義】軹道，在萬年縣東北十六里。

太史公曰：李斯以閭閻歷諸侯，入事秦，因以瑕釁以輔始皇，卒成帝業，斯爲三公，可謂尊用矣。〔一〕斯知六藝之歸，〔二〕不務明政以補主上之缺，〔三〕持爵祿之重，阿順苟合，嚴威酷刑，聽高邪說，廢適立庶。諸侯已畔，斯乃欲諫爭，不亦末乎！人皆以斯極忠而被五刑死，察其本，乃與俗議之異。〔四〕不然，斯之功，且與周、召列矣。

〔一〕【考證】楓、三本「因」下無「以」字。中井積德曰：衍。愚按：本傳云「李斯說始皇曰『成大功者在因瑕釁而遂忍之』」。

〔二〕【考證】言學帝王之術。

〔三〕【考證】楓、三本「不」下有「知」字，「明」下無「政」字。

〔四〕【考證】李笠曰：案「之」字疑衍。俗議者上言「人皆以斯極忠」也，謂察其本，咎由自取，與俗說異。

【索隱述贊】鼠在所居，人固擇地。斯效智力，功立名遂。置酒咸陽，人臣極位。一夫誑惑，變易神器。國喪身誅，本同末異。

史記會注考證卷八十八

蒙恬列傳第二十八　　史記八十八

【考證】史公自序云：「爲秦開地益衆，北靡匈奴，據河爲塞，因山爲固，建榆中。作蒙恬列傳第二十八。」

蒙恬者，其先齊人也。恬大父蒙驁，自齊事秦昭王，官至上卿。〔一〕秦莊襄王元年，蒙驁爲秦將伐韓，取成皋、滎陽，作置三川郡。〔二〕二年，蒙驁攻趙，取三十七城。始皇三年，蒙驁攻韓，取十三城。〔三〕五年，蒙驁攻魏，取二十城，作置東郡。始皇七年，蒙驁卒。驁子曰武，武子曰恬。恬嘗書獄典文學。〔四〕始皇二十三年，蒙武爲秦裨將軍，與王翦攻楚，大破之，殺項燕。二十四年，蒙武攻楚，虜楚王。〔五〕

〔一〕【索隱】音敖，又鄒氏音五到反。【正義】驁，五高反。

〔二〕【考證】張文虎曰：各本「成」作「城」，從蔡本、毛本。

〔三〕【考證】通鑑作「十二城」。

〔四〕【索隱】謂恬嘗學獄法，遂作獄官，典文學。【考證】中井積德曰：謂作獄辭文書。楓、三本，索隱本無「典」字。

〔五〕【考證】張照曰：按此與年表同。本紀二十三年虜荆王，二十四年項燕自殺。

蒙恬弟毅。始皇二十六年，蒙恬因家世得爲秦將，攻齊，大破之，拜爲內史。〔一〕秦已并天下，乃使蒙恬將三十萬衆，北逐戎、狄，收河南，〔二〕築長城，因地形用制險塞，〔三〕起臨洮，〔四〕至遼東，〔五〕延袤萬餘里。於是渡河據陽山，〔六〕逶蛇而北。暴師於外十餘年，居上郡。〔七〕是時蒙恬威振匈奴。〔八〕始皇甚尊寵蒙氏，信任賢之。而親近蒙毅，位至上卿，出則參乘，入則御前。恬任外事，而毅常爲內謀，名爲忠信，故雖諸將相莫敢與之爭焉。

〔一〕【考證】毛本無「得」字。張照曰：紀、表攻齊者，將軍王賁，皆不言有蒙恬。或恬此時亦從軍，非大將。

〔二〕【正義】謂靈、勝等州。

〔三〕【考證】張文虎曰：蔡本，中統、舊刻、毛本作「制險」，他本作「險制」。

〔四〕【集解】徐廣曰：「屬隴西。」

〔五〕【正義】遼東郡在遼水東。始皇築長城，東至遼水，西南至海之上。

〔六〕【集解】徐廣曰：「五原西安陽縣北有陰山。陰山在河南，陽山在河北。」

〔七〕【考證】梁玉繩曰：此言恬築長城，起臨洮至遼東萬餘里，恬亦以絶地脈爲己罪，後世遂言長城是秦築之，其實不盡然也。以趙世家、蘇秦、匈奴傳及竹書攷之，大半七國時所築，蒙恬特繕治增設，使萬里相連屬耳，豈皆恬築哉？又淮南子人間訓言「蒙公、楊翁將築城」，史但舉蒙恬，遂令楊翁之名不著，始皇紀有楊端和，豈即楊翁邪？又曰：案恬自始皇三十二年將三十萬衆擊胡，至三十七年死，首尾僅六年，而云十餘年，與主父、匈奴傳同誤。

〔八〕【考證】楓、三本「是」上有「當」字。

趙高者，諸趙疏遠屬也。趙高昆弟數人，皆生隱宮，〔一〕其母被刑僇，世世卑賤。秦王聞高彊力，通於獄法，舉以爲中車府令。高即私事公子胡亥，喻之決獄。高有大罪，秦王令蒙毅法治之。毅不敢阿法，當高死罪，除其官籍。〔二〕帝以高之敦於事也，赦之，復其官爵。〔三〕

〔一〕【集解】徐廣曰：「爲宦者。」【索隱】劉氏云「蓋其父犯宮刑，妻子沒爲官奴婢，妻後野合，所生子皆承趙姓，並宮之，故云『兄弟生隱宮』。謂『隱宮』者，宦之謂也」。【考證】中井積德曰：徐說蓋謂昆弟生，輒腐爲奄官也。是說勝索隱。愚按：趙高有女壻閻樂，則非生輒腐者。「隱宮」又見始皇紀三十五年。

〔二〕【考證】劉氏、宋本、王本、凌、毛本「官」作「宦」。楓、三本「籍」上有「名」字。阿，曲也。

〔三〕【集解】徐廣曰：「敦，一作『敏』。」【考證】王念孫曰：爾雅云「敦，勉也」。凌稚隆曰：按此突然插入趙高起家及其有罪一段，所以著蒙氏之禍實本於此。

始皇欲游天下，道九原，〔一〕直抵甘泉，〔二〕迺使蒙恬通道，自九原抵甘泉，塹山堙谷，千八百里。道未就。

〔一〕【正義】九原郡，今勝州連谷縣是。

〔二〕【正義】宮在雍州。

始皇三十七年冬，行出游會稽，並海上，北走琅邪。〔一〕道病，使蒙毅還禱山川，未反。

〔二〕【索隱】並，音白浪反。走，音奏。走，猶向也。鄒氏音趨。趨亦向義，於字則乖。【考證】楓、三本並作「傍」。

始皇至沙丘崩，祕之，羣臣莫知。是時丞相李斯、少子胡亥、中車府令趙高常從。〔一〕高雅得幸於胡亥，欲立之，又怨蒙毅法治之，而不爲己也，因有賊心，迺與丞相李斯、少子胡亥陰謀，立胡亥爲太子。太子已立，遣使者以罪賜公子扶蘇、蒙恬死。扶蘇已死，蒙恬疑而復請之。〔二〕使者以蒙恬屬吏，更置。胡亥以李斯舍人爲護軍。〔三〕使者還報，胡亥已聞扶蘇死，即欲釋蒙恬。趙高恐蒙氏復貴而用事，怨之。

〔一〕【考證】張文虎曰：蔡、中統、王、柯、毛本「少子」作「公子」。

〔二〕【考證】事見李斯傳。

〔三〕【考證】徐孚遠曰：「更置」二字連下，言更以李斯舍人典軍，奪蒙恬兵也。方苞曰：「胡亥」二字衍。

毅還至，趙高因爲胡亥忠計，欲以滅蒙氏，〔一〕乃言曰：「臣聞先帝欲舉賢立太子久矣，而毅諫曰『不可』。若知賢而俞不立，則是不忠而惑主也。〔二〕以臣愚意，不若誅之。」〔三〕胡亥聽而繫蒙毅於代。〔四〕前已囚蒙恬於陽周。喪至咸陽，已葬，太子立爲二世皇帝，而趙高親近，日夜毀惡蒙氏，求其罪過，舉劾之。

〔一〕【考證】屠隆曰：「趙高因爲胡亥忠計」一句，太史公惡之之詞。看上文「因有賊心」句可見。

〔二〕【索隱】俞即踰也，音臾。謂知太子賢而踰久不立，是不忠也。

〔三〕【考證】楓本「若」作「如」。

〔四〕【正義】今代州也。因禱山川，至代而繫之。【考證】中井積德曰：上文云「毅還至」，是道中會胡亥也。乃繫於代者，亦以道路之便，管事之要耳，非要至代者而繫之也。

子嬰進諫曰：「臣聞故趙王遷，殺其良臣李牧，而用顏聚；燕王喜，陰用荆軻之謀，而倍秦之約；齊王建，殺其故世忠臣，而用后勝之議。此三君者，皆各以變古者失其國，而殃及其身。今蒙氏，秦之大臣謀士也，而主欲一旦弃去之，臣竊以爲不可。臣聞輕慮者不可以治國，獨智者不可以存君。〔一〕誅殺忠臣而立無節行之人，〔二〕是内使羣臣不相信，而外使鬭士之意離也，臣竊以爲不可。」

〔一〕【集解】徐廣曰：「一無此字。」

〔二〕【考證】凌稚隆曰：無節行之人，暗指趙高。

胡亥不聽。而遣御史曲宫乘傳之代，〔一〕令蒙毅曰：「先主欲立太子，而卿難之。今丞相以卿爲不忠，罪及其宗。朕不忍，乃賜卿死，亦甚幸矣。卿其圖之。」毅對曰：「以臣不能得先主之意，則臣少宦，順幸没世，可謂知意矣。〔二〕以臣不知太子之能，則太子獨從，周旋天下，去諸公子絶遠，臣無所疑矣。〔三〕夫先王之舉用太子，數年之積也，臣乃何言之敢諫，何慮之敢謀！〔四〕非敢飾辭以避死也，爲羞累先主之名，願大夫爲慮焉，使臣得死情實。且夫順成全者，道之所貴也；刑殺者道之所卒也。〔五〕昔者秦穆公殺三良而死，罪百里奚而非其罪也，故立號曰『繆』。〔六〕昭襄王殺武安君白起，楚平王殺伍奢，吴王夫差殺伍子胥。此四君者皆爲大失，而天下非之，以其君爲不明，以是籍於諸侯。〔七〕故曰『用道治者不殺無罪，而罰不加於無辜』。唯大夫留心！」使者知胡亥之意，不聽蒙毅之言，遂殺之。

〔一〕【索隱】曲，姓；宮，名。

〔二〕【索隱】蒙毅言己少事始皇，順旨蒙恩，幸至始皇没世，可謂知上意。

〔三〕【考證】楓、三本「獨」下有「少」字，「旋」作「遊」。

〔四〕【考證】楓、三本無「諫何慮之敢」五字。

〔五〕【考證】楓、三本「卒」作「末」。

〔六〕【考證】而死，疑有誤。楓、三本無「三良而死罪」五字。風俗通皇霸篇「繆公殺賢臣百里奚，以子車氏爲殉，故謚曰穆」。

〔七〕【索隱】言其惡聲狼籍，布於諸國。而劉氏曰「諸侯皆記其惡於史籍」，非也。【正義】言諸侯皆書籍其事。

【考證】方苞曰：劉説是也。春秋傳「非禮也，勿籍」。

二世又遣使者之陽周，令蒙恬曰：「君之過多矣，而卿弟毅有大罪，法及內史。」恬曰：「自吾先人及至子孫，積功信於秦三世矣。今臣將兵三十餘萬，身雖囚繫，其勢足以倍畔，然自知必死而守義者，不敢辱先人之教，以不忘先主也。〔一〕昔周成王初立，未離襁緥，周公旦負王以朝，卒定天下。〔二〕及成王有病甚殆，公旦自揃其爪，以沈於河曰：『王未有識，是旦執事。有罪殃，旦受其不祥。』乃書而藏之記府，可謂信矣。〔三〕及王能治國，有賊臣言『周公旦欲爲亂久矣，王若不備，必有大事』。王乃大怒，周公旦走而奔於楚。成王觀於記府，得周公旦沈書，乃流涕曰：『孰謂周公旦欲爲亂乎！』殺言之者，而反周公旦。〔四〕故周書曰：『必參而伍之。』〔五〕今恬之宗，世無二心，而事卒如此，是必孽臣逆亂內陵之道也。〔六〕夫成王失而復振，則卒昌；〔七〕桀殺關龍逢，紂殺王子比干而不悔，身死則國亡。〔八〕臣故曰『過可振，而諫可覺』也。〔九〕察於參伍，上聖之法也。凡臣之言，非以求免於咎也，將以諫而死，願陛下爲萬民思從道也。」使者曰：「臣受詔行法於將軍，不敢以將軍言聞於上也。」蒙恬喟然太息曰：「我何罪於天，無過而死乎？」良久徐曰：「恬罪固當死矣。起臨洮，屬之遼東，城塹萬餘里，此其中不能無絕地脈哉？此乃恬之罪也。」〔一〇〕乃吞藥自殺。〔一一〕

〔一〕【考證】「畔」下「然」字，楓、三本、舊刻、毛本有。

〔二〕【考證】楓本「卒」作「平」，毛本「卒」下有「平」字。

〔三〕【考證】楓、三本「公旦」上有「周」字，當依補。

〔四〕【考證】事又見魯世家。中井積德曰：周公揃爪奔楚，謬傳耳，不足辨。又曰：沈書，世家作「禱書」，蓋沈者爪也，非書。世家爲優。

〔五〕【索隱】參，謂三卿，伍即五大夫。欲參伍更議。【考證】李笠曰：參伍猶錯互也。史公自序云「參伍不失」，集解以爲參錯交互，正得其義。索隱説謬。愚按：中井積德亦有此説。

〔六〕【集解】徐廣曰：「亂，一作『辭』。」【考證】楓、三本「必」下有「有」字。凌稚隆曰：暗指趙高。

〔七〕【考證】楓、三本「成王」作「周」。

〔八〕【考證】則，猶而也。凌引一本作「則身死國亡」。

〔九〕【索隱】此「故曰」者，必先志有此言，蒙恬引之以成説也，今不知出何書耳。振者，救也。然語亦倒，以言前人受諫可覺，則其過乃可救。【考證】楓、三本無「臣」字。中井積德曰：故曰，猶言故以爲，是序己之意，非引先志。又曰：過、諫，兩平語，非倒語。

〔一〇〕【考證】「地脈」下「哉」字衍。御覽六百四十七、論衡禍虚篇無。凌約言曰：白起之引劍自裁也，曰「我何罪乎天，而至此哉」，良久曰「我固當死。長平之戰，趙卒降者數十萬人，我詐而盡坑之，是足以死」，與蒙恬之咎地脈同，然實以敘其功耳。

〔一一〕【考證】楓、三本「乃」作「遂」。

太史公曰：吾適北邊，自直道歸，行觀蒙恬所爲秦築長城亭障，塹山堙谷，通直道，固輕百姓力矣。〔一〕夫秦之初滅諸侯，天下之心未定，痍傷者未瘳，〔二〕而恬爲名將，不以此時彊諫，振百姓之急，養老存孤，務修衆庶之和，而阿意興功，此其兄弟遇誅，不亦宜乎？何乃罪地脈哉？

〔一〕【考證】張文虎曰：舊刻、毛本「障」作「鄣」。曾國藩曰：始皇紀二十七年治馳道，六國表三十五年爲直道，道九泉通甘泉。直道與馳道不同也。

〔二〕【考證】楓、三本「痍」作「夷」。

【索隱述贊】蒙氏秦將，内史忠賢。長城首築，萬里安邊。趙高矯制，扶蘇死焉。絶地何罪？勞人是愁。呼天欲訴，三代良然。